生肖奇谭

[上卷]

[日]南方熊楠 著

栾殿武 译

湖南人民出版社

目　录

虎 …………… 001

兔 …………… 087

龙 …………… 115

蛇 …………… 229

鸡 …………… 325

狗 …………… 431

猪 …………… 487

鼠 …………… 547

马 …………… 609

羊 …………… 761

猴 …………… 779

译后记 …………… 895

虎

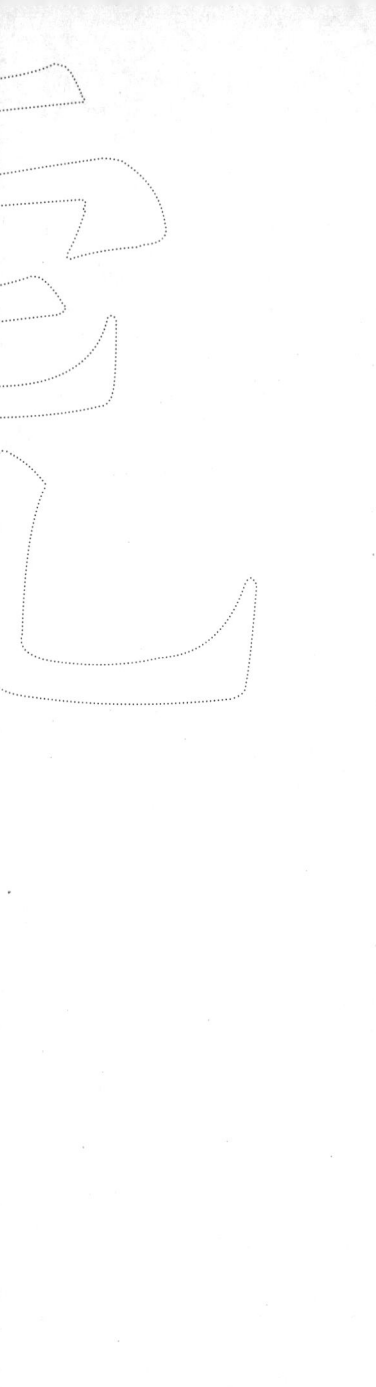

名称的起源

虎，梵语称之为"vyaghra"，印度语"bagh nakh"、南印度的泰米尔语"puli"、爪哇语"macan"、马来语"harimau"、阿拉伯语"namur"等都各有其名。英语称之为"tiger"，其他欧洲各国的名称则大同小异。这些名称都源于希腊语和拉丁语的"tigris"。所谓的"tigris"，在希腊语中，原意为弓箭，这大概是因为古人认为奔驰的猛虎好似飞驰的弓箭一般迅捷。在日本古代，人们并没有亲眼见过虎，但是仍然相信虎行千里之说，因此，在戏剧中用"千里一跳虎之助"的美名来赞扬身手敏捷的打虎英雄加藤清正①。据老普林尼②的《博物志》记载，古罗马人最初看到虎，是在罗马帝国皇帝奥古斯都③

---

① 加藤清正（1562—1611），安土桃山时代的武将，跟随丰臣秀吉，人称虎之助，在文禄、庆长战役中立下战功，后在关原战役中投向德川家康，被封为肥后（现在的熊本县）的藩主。——译注
② 盖乌斯·普林尼·塞孔都斯（Gaius Plinius Secundus，23—79），又称老普林尼，古罗马作家、博物学者，以《博物志》一书留名后世。——编注
③ 奥古斯都（前63—前14），原名盖乌斯·屋大维·图里努斯（Gaius Octavius Thurinus），罗马帝国的开国君主。——译注

执政时期。在此之前欧洲人很少有机会能看到真正的老虎，因此，在听到希腊人描述猛虎捕食好像飞驰的弓箭一样快的传说之后，老普林尼在《博物志》第八卷第二十五章中这样介绍虎："虎出没于赫卡尼亚及印度，行走如飞，多产子。当虎崽被全部掠走时老虎奔跑得最快。比如，有一次猎人从虎穴中悄悄地偷出了虎崽，然后快马加鞭地飞驰离去。雄虎视而不见，而雌虎回洞后发现异常则寻迹穷追不舍。当雌虎追近时，猎人从马上丢下一个虎崽，雌虎马上叼回洞后再继续猛追。于是，猎人再丢下一个，虎又叼回洞里。当虎重新赶回来的时候，猎人已经带着余下的虎崽逃上了船，雌虎只能望洋兴叹。"从17世纪起，欧洲人开始航海寻找新大陆，从而有机会在自然界亲眼见到虎的雄姿，知晓虎并不能像传说中那样长距离飞奔。于是，英国的托马斯·布朗在《俗说辨惑》[1]中纠正了老普林尼的误解。

李时珍曾说："虎，象其声也。"也就是说，虎名取自其吼声。这一见解极为精辟。自古以来，动物的名称多源于其吼叫之声。滨田健次郎[2]曾经在《学艺志林》中以日语的事例验证了这一观点。另外，虎还有许多别名。在中国晋代和梁代以后的书籍中，多称虎为"大虫"。这如同瑞典

---

[1] 托马斯·布朗（Thomas Browne，1605—1682）于1646年写下《俗说辨惑》（*Vulgar Errors*）。该书主要思索和考察人类错误的根源，分析民间流传的迷信。——译注
[2] 滨田健次郎（1860—1918），东京大学毕业后，就职于日本政府机关，负责财政经济调查。——编注

的牧牛姑娘尊称狼为"沉默者""灰脚兽""金牙",尊称熊为"老爷""大伯""十二人力""金脚"一样,绝不直呼其名。瑞典的农民为了避邪,在耶稣升天节的前两周忌讳直呼鼠和蛇的名字。① 坎纳拉族人也不直呼虎名,孟加拉人则尊称虎为"舅父"。② 在日本的各行各业中也有许多隐语,据《北越雪谱》③记载,伐木工和猎人都用隐语称呼熊、狼以及女子的阴部,在熊野地区则称兔子为"巫女",把狼叫作"山神"或者"客官",在山中绝不直呼天狗的名字而称其为"上人"。

在中国,有时还称虎为"李耳"。晋代的郭璞曾说:"虎食物,值耳则止,故呼李耳。触其讳。"汉代的应劭则说是因为南郡李翁化为虎才称呼为"李耳"。明朝李时珍则认为这些解释都是"穿凿不经之言"。李时珍解释说:"李耳当作狸儿,盖方音转狸为李,儿为耳也。今南人犹呼虎为猫,即此意也。"日本人将貉称为"狸",在中国,人们习惯将狐狸和野猫统称为狐狸,而将猫叫作"家狸"。由此推断,"狸儿"是虎的一种贬称,正如佛经中贬称龙为"小蛇子"一样。与此相似,日本人将猫比拟为虎,《世事百

---

① 参照洛德《瑞典小农生活》。——原书注
② 参照利维司《斯里兰卡俗传》。——原书注
③ 铃木牧之(1770—1842)写作的随笔集,共7卷,1836年至1842年间出版。书中记述了作者的故乡越后的雪景和风俗习惯。书中涉及的山区方言、雪中的用具等是民俗学的重要资料。——译注

谈》中有这样一段："虎与猫在大小刚柔方面虽有很大悬殊，但其外貌极为相似，我国自古以来就有猫是驯养的虎的说法。"《古今和歌六帖》中的和歌以及《源氏物语》中的女三宫篇里也有相应的记载。中国的小说俗称虎为山猫，《西游记》第十三回"陷虎穴金星解厄，双叉岭伯钦留僧"中有"伯钦道：'风响处，是个山猫来了……只见一只斑斓虎，对面撞见。'"这样的片段，这段描述表明伯钦恃勇蔑视猛虎为山猫。

关于虎的文献记载概略

在此省略学术研究上对于虎的烦琐记述，《本草纲目》援引《格物论》的有关虎的记述颇为简洁明了。据《格物论》记载："虎，山兽之君也。状如猫而大如牛，黄质黑章，锯牙钩爪，须健而尖，舌大如掌生倒刺，项短鼻齃。"这段文字言简意赅且描述得惟妙惟肖，其中"凡虎夜视，一目放光，一目看物""声吼如雷，风从而生，百兽震恐"之类的言辞虽略有夸张，但也不完全是虚构。我曾经多次在黑暗的室内实验过观察猫眼，确实可以看到猫的一只眼亮一只眼暗的现象。另外"虎啸生风""风随虎走"之类的说法，正如中国的阴历中的"立秋虎始啸"一样，秋风和虎啸有着紧密的联系。笔者居住的和歌山的船夫迷信在遇到大风浪时高声呼喊可以止住风浪，附近的男人每当狂风肆虐时也大声吆喝，民俗传说这样可以镇住暴风。笔者曾经亲临现场体验，据我所见，并不是呼喊声制止了风浪，而是人们的喊声一直持续到风平浪静为止而已。在巴齐所著《埃及诸神谱》中记载："古埃及人认为旭日从地平线升起之后即化为狐猴，故称狐猴为拂晓精灵。"实际上这种猴多栖居于非洲大陆的丛林中，每到日出前都喧嚣不止，这只不过是日出引起猴子躁动的缘故。

老虎和狮子都属猫科动物，两者外貌有较大的差别，但是骨骼、爪子以及牙齿都很相似，毛与皮则差异很大。

相比之下,狮子的鼻梁与上颚骨成一线而与前额骨分开,而虎的鼻梁要高于上颚骨直达前额骨。狮子从头到尾最长为十英尺六英寸[①],老虎则可长达十一英尺。原产于印度以及南亚诸岛的虎的毛虽然短但十分光滑,毛色深且条纹鲜明,生活在中国东北和西伯利亚等寒冷地带的虎则毛长而色浅。老虎仅产于亚洲,北至阿姆贡,南达苏门答腊、爪哇以及巴厘岛,东到库页岛,西至土耳其所属的格鲁吉亚地区,这些地区都可以发现虎的踪影。日本、斯里兰卡以及婆罗洲等地则不产老虎。印度虎一般以牛、鹿、野猪、孔雀等动物为食,有时也捕捉青蛙和其他小动物,偶尔伤人。如果不是受伤或迫不得已的话,一般不会主动攻击人,伤人的老虎大多是老弱病残,这种虎多出没于村落附近,而且多栖身于草丛和沼泽地区,也喜好藏身于丛林或古建筑的废墟里。虎善于涉水,入水前经常会谨慎地用前爪试探水的深浅。虎的斑纹各有不同,而且同一只虎的身体两侧也不完全相同。据《渊鉴类函》[②]第四百二十九卷记载:"虎骨甚异,虽咫尺浅草能身伏不露,及其虓然发声则巍然大矣。"虎虽然在动物园和博物馆里很醒目,但是伏在荒野草丛中时极其隐蔽,即使在低矮的荒草中也很难分辨。于是,古时的中国人误认为虎骨可以大小变幻、自由伸缩。

---

① 1英尺约为0.3048米,1英寸约为0.0254米。——编注
② 由清朝张英、王士禛、王掞等编撰,共450卷。——编注

据鲍尔弗所著的《印度事典》记载，曾经有人枪杀了十七只怀有身孕的雌虎，解剖后发现每只虎都怀有四个虎崽。但是出生后成活的虎崽一般在三只以下，而跟随母虎觅食的幼虎最多不超过两只。由此可见，雌虎生产时总有一两只死产。因此，印度人传说虎崽出生后有一只会被雄虎吃掉。据朗曼兹说猫也很疼爱刚刚出生的猫崽，如果有人随意摆弄猫崽，母猫就会咬死其子。这确有其事，我曾经亲眼看见。虎也许是因为生下四子但无法抚养而杀死其中的一两只。据《渊鉴类函》记载："虎一生一乳，乳必双虎。"而且还说："人遇之者，当作势与敌而屡退，引至曲路，即可避去。盖虎项短不能回顾，止直行故也。"另据伍德《博物画谱》记述，虎伏于道边捕捉猎物时必定选择虎穴对面的一侧。这是因为捕到猎物后可以马上径直返回，如果在虎穴一侧捕食，就要折返绕道回去。而且虎捕食时若第一跳扑空会感到羞耻紧张，然后缩头逃窜。中国的《本草纲目》也讲："其（虎）搏物，三跃不中则舍之。"宛如日本的打油诗描述的那样："三番送秋波，无功而返悄然去，情场失意客。"《尔雅》将虎分成几类，"浅毛曰虪，白虎曰魋，黑虎曰黸，似虎而五趾曰貙，似虎而非真曰彪，似虎而有角曰虞"。《唐国史补》中将四趾的虎称作"天虎"，五趾的俗称"人虎"。这些名称并不是古人肆意炮制的，中国大陆自古多虎，民间特别注重虎的分类，这和日本多产鹰，鹰的名称、分类较多一样。爱斯基摩人特别关注驯鹿，可以用十一二种名称区别灰褐色的深浅。非洲的赫雷罗人[①]善于牧牛，区分牛毛颜色的词汇很多，他们并不介意混淆草地的绿色和天空的蓝色，但是嘲笑说错牛的褐色的人是白痴。[②]和歌山的渔夫根据尺寸可以轻而易举地说出鲫鱼的五种名称，但分不清绵羊和山羊的区别。以文明自居的英美人士表述兄弟和姐妹时，只能分类统称，但是不分长幼；去非洲传教的牧师在讲读《圣经》时常常被当地人追问书中的人物是兄长还是胞弟，牧师往往无言以对。[③]在意大利语中，外甥和孙子是同一个单词，每当读到这个词时笔者总是无法分辨。

据《本草纲目》记载："虎食狗则醉，狗乃虎之酒也。闻羊角烟则走，恶其臭也。虎害人兽，而猬鼠能制之。"佐藤成裕所著的《中陵漫录》[④]第二章记载，虎喜食狗，吃了狗会纵欲；狗喜食红小豆，吃了红小豆可以治百病；猫喜食葛枣，吃了葛枣可发情；狐狸喜食山火烤死的老鼠，看到烤鼠会不要命；猩猩喜爱桃子，摘到桃子会抛向天空；老鼠喜食荞麦，看见荞麦会忘了家；野鸡喜爱芝麻，有了芝麻每天必来。这些说法虽有些奇特，但并不完全虚假。尽管没有听说过虎惧怕刺猬，但是近年经常听到虎同豪猪

---

① 赫雷罗人是西南非洲的民族，主要居住在纳米比亚北部和安哥拉南部。——译注
② 参照拉采尔所著的《人类史》第1卷。——原书注
③ 参照拉采尔所著的《人类史》第2卷。——原书注
④ 《中陵漫录》是江户后期本草学者佐藤成裕撰写的随笔集。——译注

搏斗受伤而死的事例。《物类相感志》中写道，虎伤人后耳朵上会增加一条伤痕或裂痕，由此可以查验出伤人的次数。《渊鉴类函》中说："虎不食小儿，儿痴不知虎可惧，故不食。又不食醉人，必坐守以俟其醒，非俟其醒，俟其惧也。"文中还说虎吃人时"凡食男子必自势起，妇人必自乳起，惟不食妇人之阴"。这真是天下奇闻。16世纪，利奥·阿弗里卡纳斯[1]所著《非洲纪行》中曾经写道："妇女在山中遭遇狮子时，如果露出阴部，狮子会垂头自行避开。"这似乎和女子暴露下阴避开邪视[2]的做法一样，起源于同一个迷信。不过，中国民间的传说只是讲虎不食女子的下阴，并没有说虎害怕女子的下阴，这和非洲狮子会自行避开不同，仅仅是因为不喜欢下阴的气味罢了。

---

[1] 利奥·阿弗里卡纳斯（Leo Africanus，1494—1526），原名是哈桑·瓦赞（al-Hasan al-Wazzan），出生在伊比利半岛的格拉纳达，后随家族迁至北非的费兹（位于现在的摩洛哥），曾任外交官游走于北非各政权之间。《非洲纪行》是轰动一时的名作，描述了作者在苏丹的生活。——译注
[2] 关于邪视的问题，详见《东京人类学会杂志》第278期第292页。——原书注

虎与人及其他野兽的关系

据《大英百科全书》第十一版第二十六卷记载:"雌虎一次可产二至五六子,平均一次生三子。产后甚爱其子,细心守护,虎崽出生后第二年即可独立觅食,在此之前与雌虎同行。其间,雌虎性情极为残暴。虎崽断奶时,雌虎经常示范捕捉鹿、小牛、猪等,传授狩猎方法。此时的雌虎凶猛异常,以促使幼子掌握生存之术。当虎崽充分掌握狩猎方法之后,就会离开雌虎独立生活。年轻的老虎比成年虎更嗜杀,有时一次捕杀三四头牛。而成年虎一次捕杀的牛一般不超过一头,而且三四天,有时甚至七天猎食一次。"虎伤人后会成癖,在印度的尼尔吉里丘陵地带,虽然有老虎出没却极少伤人,但多危害农户的水牛。[1]最近,在新开辟的阿仙药园中劳作的华工身受其害,平均每天有一人被虎咬死。18世纪去世的华莱士[2]六十年前曾侨居新加坡,他在《马来群岛自然考察记》第二章中记述经常有老虎出没于他的寓所附近。传教的纳瓦列特曾经听信徒说有一两百只虎在广东至海南一带群居为患,商旅只有集结一百五十人以上才敢通过这一带。据说因虎患数年间有五万人丧命。由此可知,当时在中国大陆虎患危害之严重。

---

[1] 参照里弗斯所著《洛塔人》第432页。——原书注
[2] 阿尔弗雷德·拉塞尔·华莱士(Alfred Russel Wallace,1823—1913),英国博物学家、探险家、地理学家、人类学家、生物学家。——译注

中国的文献里记载有"马虎",外貌似马,有鳞甲,四爪似虎,凶猛异常,春天从河底上岸,危害人畜。欧洲人曾经专程前往湖南搜寻马虎,但无功而返,于是定论马虎是传说。① 这可能是欧洲人误传《水经注》中有关水虎的传说。《本草纲目》虫部和《和汉三才图会》②第四十卷中也有相关记载,有人认为是日本的河怪。艾摩尼埃在《越南记》中说,侵人村落的人畜如果遭受虎的伤害,即使伤到一条狗、一头猪也会举村迁徙。另据库鲁克的《印度西北各邦》记载,在1769年,印度西北部发生饥荒,牧牛大量死亡。虎找不到食物便窜入巴哈瓦尔浦尔③市区肆虐,咬死四百多人。居民惊恐万状,四散奔逃,数年间该地区变成了死城。其后,随着社会发展,虎才逐渐减少。猎虎的方法有多种,有老虎触碰后即发射弓箭的石弩,有落入后无法脱身的陷阱,还有在树叶上涂抹黏胶致使其迷眼等多种圈套,但欧洲人在印度多骑乘大象用火枪猎杀老虎。另外欧洲人曾目睹并记述康熙帝使用长枪队围猎虎的场面。辽代和元代则多使用弓箭,据《渊鉴类函》第四百二十九卷记载:"陈氏家义兴山中,夜闻虎当门大虓。开门视之乃一少艾,虽衣

---

① 参照阿斯特列的《新编纪行航记全集》第4卷第313页。——原书注
② 寺岛良安(1654—?)撰写的图画百科全书。该书效仿明代王圻的《三才图会》,将日本和中国古今各种事物分为天文、人伦、地理、山水等,天、地、人三界105卷,列举图示、汉文名称和日本名称,以汉文解读。——译注
③ 巴哈瓦尔浦尔曾是英属印度的土邦,1947年印度独立时加入巴基斯坦,1955年与西巴基斯坦合并。——译注

襦裯损而妍姿不伤。问知是商女，随母上冢作寒食，为虎所搏至此。陈妇见其端丽，讽之曰：'能为吾子妇乎？'女谢，惟命。乃遂配其季子。逾月，其父母踪迹得之，喜甚，遂为婚姻，目曰虎媒。"

表彰打虎英雄历来是有虎出没地区的传统。秦昭襄王在位时，有白虎肆虐危害居民。于是，国王招募打虎壮士，夷朐、廖仲药、秦精等外邦武士藏在高楼上，用弓弩射杀了白虎。昭襄王赞道："虎历四郡，凡害千二百人，一朝降之，功莫大焉。"于是将壮士的功绩刻在石碑上，并立下盟约。① 射杀如此猛虎不可能仅仅是刻碑结盟，大概还有金钱财宝之类的褒奖。另据温琴佐·玛利亚的《东方游记》②（1683年威尼斯版）记载，西印度戈庆王必须亲自在重臣目睹之下捕获白质黑章的猛虎才能即位。这个地方的虎分三等，根据打虎者的武力大小分别以不同虎皮装饰盾牌，并且规定打虎者要将虎须和虎舌敬献给国王。国王焚烧后，授予壮士们武士称号，并赐予金环或镀金银环。环中装有沙砾或者植物种子，壮士将金环套在手臂上，金环随身体摇动发出声响，清脆如铃。他们带着死虎或携带死虎部分肢体巡游各方，民众聚集围观，人们纷纷赠钱赠物，不出

---

① 参照《渊鉴类函》中的《华阳国志》。——原书注
② 温琴佐·玛利亚·穆尔奇奥（Vincenzo Maria Murchio，1626—1679），1672年在罗马出版了《东方游记》（*Il viaggio all'Indie orientali*），该书于1683年在威尼斯再版发行。书中详细记述了他从1656年至1658年在印度的见闻。——译注

几日即成富户。

另外列举一相似事例,非洲的法属刚果以螃蟹为大海的标志,以虎的近亲斑豹为陆地以及皇家的标志。因此当地崇尚斑豹,只有王室成员才能佩戴豹皮。猎杀豹子的时候也有多种规矩。例如登纳特的《峡湾民俗》(1898年)第十八章记载,听到有人猎杀了豹子之后,人们纷纷匆忙赶回家。因为当地风俗认为猎杀豹子之后可以随意掠夺村民。猎人将豹皮献给国王的那天,可以通行无阻地拿任何自己想要的东西。当他面见国王毕恭毕敬地献上用布包裹好的豹子头后,国王便询问杀豹的原因。猎人回答豹子危害臣民的家畜,于是国王赞扬猎人,并让他数豹子的胡须。如果胡须少于二十七根,猎人要向国王赔偿两匹布;如果胡须是二十七根,国王便命猎人拔除胡须,剥去豹皮,割下爪和牙,赏赐猎人美女、奴隶和锦衣,并设筵席犒赏猎人。小说《水浒传》中的行者武松和黑旋风李逵打虎后受到村民的款待,这显示了宋元时期中国社会的风俗。

虎虽然危害人畜,但这是自然法则,食肉类动物只有猎杀其他动物才能维持生命。已故的赫胥黎[1]曾说:"人类无故残杀自然界中的野兽是不道德行为,虎与熊伤害牛马则属于非道德行为。"

---

[1] 托马斯·亨利·赫胥黎(Thomas Henry Huxley,1825—1895),英国生物学家。——编注

虎在猛兽中形体偏大，皮毛艳丽，姿态雄伟，行动稳健。在亚洲各国，尤其是在中国被尊为"百兽之王"。《说文》中称虎为兽君、山兽之君、山君。日本称狼为大神，在熊野地区至今仍然尊称狼为兽王、山神。《扬子法言》将圣人、君子、弁官依次比作虎、豹、狐狸。《管子》中有这样一段："虎豹，兽之猛者也，居深林广泽之中，则人畏其威而载之。人主，天下之有势者也，深居则人畏其势。故虎豹去其幽而近于人，则人得之而易其威。人主去其门而迫于民，则民轻之而傲其势。故曰：'虎豹托幽而威可载也。'"谈到这里，笔者想起王阮亭的记述："朱彤，京兆人，隐居不仕。阎负使凉，以彤与王猛并称。坚以猛为侍中，猛表让于彤。其后猛死，坚欲南寇，引群臣会议太极殿。苻融、石越等皆谏，彤独赞之。卒致淝水之败，以至亡国，此岂景略匹耶？处士盗虚声，何代无人。"[1] 这如同虎豹在树林沼泽可以逞威为王，离开老巢就威风锐减一般。

印度同欧洲一样以狮子为百兽之王，在佛经中多将佛比作狮子。例如隋代译本《大集譬喻王经》中讲道："（佛言）舍利佛，譬如须弥山王有金色边，若诸鸟兽至其边者，皆同一色所谓金色，即与狮子兽王同色。舍利佛，虽与狮

---

[1] 原注为《池北偶谈》第2卷。经译者查阅《四库全书》，本文引自《池北偶谈》第6卷。——译注

子兽王同一金色，然其力势、功德、名称，彼悉不共狮子王等，亦复不如狮子兽王游戏，频申无畏吼声。如是舍利佛，声闻独觉虽与如来同于一味，谓解脱味不得即共如来阿罗诃三藐三佛陀等。"可见其悟性虽略似如来佛，但是相距甚远。玄奘所译《阿毗达摩大毗婆沙论》第一百零三卷讲菩萨在菩提树下修行时魔王前来偷袭，菩萨念咒道："如魔军是鸟，我即为猫和狐狸；如魔军是猫和狐狸，我便做狗和狼；如魔军是狗和狼，我即为豺和豹；如敌是豺和豹，我即为虎；如敌为虎，我即为狮；如敌是狮，我即化作龙和麒麟；如敌是龙和麒麟，我即为猛火；如敌是猛火，我即是暴雨；如敌为暴雨，我便化为大蓬御敌。"从鸟到大蓬，后者逐次胜过前者，虎、狮、龙、麒麟、火、雨，直到大蓬达到极点。但是大蓬可以轻而易举地被鸟啄破，因此最强者也是最弱者。

由此，笔者想起了十返舍一九[①]等人的小说中经常出现的故事情节即来自这段佛经。故事讲道："有人家畜一猫，苦于命名，初命为'猫'。思绪良久，虎强于猫，龙猛于虎，龙升天须浮云，雨过则云消雾散，雨不敌风，风受隔扇门所阻，而隔扇门虽固，维鼠穴之，遂改为'鼠猫'。猫强于鼠，最终醒悟道：'猫即猫耳。'于是又改回到最初的

---

① 十返舍一九（1765—1831），江户时代的小说作者和画师，他最著名的作品是《东海道中膝栗毛》。——译注

名字'猫'。"①谈及狮虎为王，顺便谈一个谚语"狐假虎威"。这是《战国策》中江乙对楚王讲的故事。《今昔物语集》②第五卷第二十一条写道："在天竺山住着狐狸和老虎，狐狸借虎威震慑百兽，虎得知后去责备狐狸，狐狸吓得抱头鼠窜，落入井里。"这是弁财天和坚牢地神的因缘故事，但是出典不详。芳贺矢一③博士也没有具体考证。我认为这个故事的出典不是印度，大概源于中国。

据《马可·波罗游记》记载，元世祖曾将刻有狮头的金银勋牌赏赐给将官佩戴。根据玉尔④的解释，马可·波罗的书中误将虎写成狮。自古有一种武官名为"虎贲"⑤，使用虎符，所以元世祖所授勋牌应该是虎头牌。即使在今天，非洲人错将豹当作虎，美洲人误以为美洲虎即是虎，并且他们认为是狮子的动物其实是东半球根本不存在的美洲狮。猫科动物外貌相似，因此极易被混淆。

---

① 据查，这个故事出自明代著名理学家刘元卿所著《应谐录》中的《猫号》，原作是一篇寓言故事。——译注
② 《今昔物语集》据推测成书于12世纪前半期，编者不详。全书共31卷，现存28卷。书中以佛教故事为主，世俗故事占三分之一以上，生动描绘了古代社会各个阶层人们的生活。——译注
③ 芳贺矢一（1867—1927），日本著名的学者，曾任东京大学教授和国学院大学校长。他主张文献学研究，奠定了日本语言文学的研究基础，终生致力于社会教育和提高国民素质的教育。著有《国文学史十讲》和《国民性十论》等。——译注
④ 亨利·玉尔爵士（Henry Yule，1820—1889），英国军人，曾在印度的孟加拉军服役。著名东方学家，1871年曾译注《马可·波罗游记》，他还撰写了多部东西方交流史方面的著作。——译注
⑤ 引自《周礼·夏官》，夏朝先有，周朝沿用，后用来形容勇士和勇猛的军队。——译注

据《战国策》记载:"人有置系蹄者而得虎,虎怒决蹯而去。虎之情非不爱其蹯也,然而不以环寸之蹯害七尺之躯者,权也。"这段文字盛赞虎的决断。另据朗曼兹介绍,当狐狸被绳索套住之后,如果情况危急,狐狸会毫不迟疑地咬断腿逃生。查核《大英百科全书》第十一版所载有关狮子的条目,可以看到近来有许多人说狮子是胆小如鼠的动物。其实,狮子和人一样并不是个个勇敢顽强,其中也有懦夫。这个结论并不始于今,利奥·阿弗里卡纳斯早在16世纪就已经阐明过,在摩洛哥的姆里马市郊有很多狮子出没,但个个胆小如鼠,甚至听到小孩子的呵斥声都会狼狈逃窜。摩洛哥的大都市菲斯城的人们嘲笑虚张声势的懦夫时经常会说:"这家伙胆小的如同姆里马的狮子,连牛犊都敢咬它们的尾巴。"其实,虎也有胆小如鼠之辈,我曾在书中读到斯文·赫定[1]前几年在西藏附近看到涉水渡河的老虎被顽童抓住尾巴而无可奈何的场景。

打虎英雄中也有并非勇士而正巧遇上懦弱老虎的幸运儿。《琐语》中说:"周王欲杀太子宜臼,释虎将执之。宜臼叱之,虎弭耳而服。"据《冲波传》讲:"孔子尝游于山,使子路取水。逢虎于水所,与共战,揽尾得之,内怀中,取水还。问孔子曰:'上士杀虎如之何?'子曰:'上士杀虎

---

[1] 斯文·赫定(Sven Hedin,1865—1952),瑞典地理学家、地形学家、探险家、摄影家、旅行作家。曾多次在新疆、西藏和内蒙古进行探险考察。——译注

持虎头。'又问曰:'中士杀虎如之何?'子曰:'中士捉耳。'又问曰:'下士杀虎如之何?'子曰:'捉虎尾。'子路出尾弃之。"据说子路是个勇士,而周王、太子都是柔弱之士。那只低耳垂服的虎大概天生就是懦夫。另据《朝野佥载》记载,有人大醉睡在悬崖边,老虎走近嗅其气味,虎须触到醉汉的鼻孔,醉汉打了一个喷嚏,老虎大吃一惊,落下悬崖摔死了。

罗马帝国全盛时期,曾驯养老虎用于搏击和拉车。爪哇也有虎斗犀牛的游戏。[1]《管子》中记载:"桀之时,女乐三万人,放虎于市,观其惊骇。"可见中国古代帝王也曾养虎。

在中国,有很多虎侍奉仙人或高僧的传说。例如,传说西晋末期,由印度来到中国的僧人耆域拒乘渡船,骑虎渡河。北齐高僧僧稠曾用锡杖拨开两虎争斗。后梁法聪的坐床两边各卧一虎,晋安王来访不敢上前,于是法聪用手将虎头按在地上,并合上虎眼,请安王入内展礼。安王诉说境内虎患严重,请求根治妙方,法聪闭目入定片刻,须臾之间,即来十七只猛虎,于是对虎授戒,吩咐它们勿再扰民,并让弟子用旧布衣拴住虎颈。七天以后,安王来设斋坛,众虎与僧徒同来参拜。安王赐予食物并解开脖套,从此虎患绝迹。另外,唐代丰干禅师骑虎入松门的美谈天

---

[1] 参照拉采尔所著的《人类史》第2卷。——原书注

下闻名。后赵的竺佛调上山遭遇风雪，虎让出自己的洞穴请客人躲避风雪。唐僖宗之子普闻禅师进山之后因缺乏青菜而发愁，虎化作行者前来赠送菜种。南岳慧思在山中因无水忧愁，有两只虎带慧思登上山峰，以爪刨地，片刻涌出清泉，人称"虎跑泉"。朝廷特使闻讯前来查看，二虎坐守石桥，吓退朝官。据《独异志》记载："（刘牧）尝居南山野中，植果种蔬，野人侮之，多伐树践囿。俄有二虎近居，惟见牧则摇尾，牧曰：'汝来护我也？'虎辄俛首。历数年，牧卒，虎乃去。"

二十四孝中有虎怜孝子的故事。除此之外，宋代的朱泰因家贫行百里以卖柴为生，有一天，朱泰打柴遇到虎，当虎发威施蛮把他掠走时，朱泰高声叹息道："食我不足惜，但母无托耳。"虎听后便放下朱泰而去，邻里众人得知后争相赠送金银，并送他"虎残"的称号。另外，杨丰曾被虎咬，年仅十四岁的女儿见状赤手空拳捉住虎头，在危急之中解救了杨丰。

历史故事

史书和传记中有关虎的记载相当多，以下略述几则，首先举一些老虎报恩的历史故事。据晋代干宝所著《搜神记》记载，庐陵有个叫苏易的妇人善于接生，有一天晚上，苏氏忽然被虎掠走，夜行六七里，到达一山洞才将苏氏放下。苏氏见一雌虎正难产，眼中流露出痛苦的神色，于是她帮助雌虎产下了三子。而后虎再将苏氏背回家，自此以后多次给苏家送来各种兽肉作为回报。另据天主教教士尼古拉斯·戴尔·特克的《南美诸州志》记载，1535年，门多萨在阿根廷首都布宜诺斯艾利斯初建殖民地时，与土著人对立，交战后惨败，城中粮草断绝，人们自相残杀。这时有一妇人心想，与其坐等饿死，不如干脆让野兽或印第安人杀死更痛快。于是她来到荒郊野外独自徘徊，偶尔在洞穴中看到一只雌性美洲虎产子，雌虎因难产极端痛苦。妇人壮着胆子助产，虎崽出生后，雌虎为了谢恩，外出狩猎，将猎物带回分给虎崽与妇人，她才得以活下来。可是后来，妇人最终被印第安人俘获，受尽磨难后才被西班牙人赎回。这个妇人性格刚烈，多次违背官命，最终被判处曝陈野外喂群兽的酷刑。但万幸的是，最先来到的是她曾经助产的那只雌性美洲虎。虎虽然是畜生，但也通人性。当虎认出恩人之后，为了报恩，便以西大陆百兽之王的威风和利爪震慑住其他野兽，不许它们接近妇人。城里的人见到如此奇观深受感动，纷纷为妇人求情，要求看在美洲虎的面子上饶恕妇人，否则连畜生都不如。最终妇人获释，得以延寿天年。

《渊鉴类函》中记载："晋郭文……尝有猛兽忽张口向文，文视口中有横骨，乃以手探去之。虎明旦致一鹿于其室前。"① 又有"都区宝者，后汉人。居父丧，邻人格虎，虎走趋其庐中，即以蓑衣覆藏之。邻人寻迹问宝，宝曰：'虎岂有可念而藏之乎？'此虎后送禽兽以助宝祭。"② 古希腊有人曾为狮子拔刺，后来获罪被官人判处喂狮子的极刑，但狮子感恩，绝不伤害恩人，因此得到赦免。这些故事听起来似乎是奇谈怪论，但根据朗曼兹的观点以及笔者的经验，猫和猫头鹰抓获猎物后喜爱炫耀，不光抓老鼠，有时还抓来蝙蝠。猫头鹰则叼来蛇和蟾蜍放在主人面前，摇来晃去，让主人心惊胆战，哭笑不得。

一般学者曾经断定猿猴类是哺乳动物中智力最发达的，但已故圣·乔治·米瓦德则认为人和猴类体格相似，人类自认为是万物之灵，猴子也似乎在百兽之中占据最高地位，但从体格发育程度上看，人和猿猴远不如虎、豹、狮以及美洲虎等猫科动物。关于这一观点，笔者有未公布于世的

---

① 经查，《渊鉴类函》中没有该文。译文引自《四库全书》中《同姓名录》第9卷、《山堂肆考》第217卷以及《花木鸟兽集类》下卷也有记载，但文字略有不同。——译注
② 经查，《渊鉴类函》中没有该文，在《广博物志》第46卷中有上述记载。——译注

论著，以前在大英博物馆以各种标本为例对福本日南[①]说教过一番，当时得到了他的盛赞，但是日本的政府官僚视野狭隘，笔者的著述无法在日本出版，一旦问世会被官僚们当作异端邪说问罪，今后如有机会，将在海外公开。总之，至少在外观上，正如米瓦德指出的那样，人类的观察并不正确。至于其他动物的心理，当今的学者们还没有认真仔细观察。西方学者信奉上帝，认为人类是上帝区别于其他动物而特别创造的，但相信因果因缘、转世轮回等佛教教义的东方学者，除了在佛教经典中略谈了一些动物的心性以外，后代的学者从未深入研究过动物心理。人类与各类动物的心理比较论虽不能简单地一言以蔽之，但是可以肯定地说，各种动物都有不同的特殊心理。乐凯萨尼曾举例阐述说："狗极其聪敏，善解人意，但在众目睽睽之下交配却丝毫不感觉羞耻。与此相反，猫并不十分通人性，却很少在光天化日之下交欢。"不过猫里也有不轨之徒，堂而皇之地当街寻欢。笔者曾在英国的大街上看到过一次，在日本看到过两次。贝原益轩[②]曾说过："猫不愿意让主人看到临死时的惨相，这是猫的特性。"猫科动物羞耻心较强，人们多次观察到虎与豹捕

[①] 福本日南（1857—1921），日本的政治家、史学家和政治评论家。他曾支援孙中山组织的革命运动。1898年在伦敦与南方熊楠相识，1910年在《大阪朝日新闻》刊登连载随笔，在日本首次介绍南方熊楠。——译注

[②] 贝原益轩（1630—1714），江户时代前期的儒学家、教育家和本草学者。曾是筑前福冈的武士，并在长崎、京都、大阪、江户等地游学。著有《慎思录》《大疑录》《大和本草》《益轩十训》等。——译注

食失手后会低头逃走，好像感到羞耻一样。《本草纲目》中记载："其（虎）搏物，三跃不中则舍之。"

在野兽中也有秉性特殊的动物，有一种介于黄鼬和熊之间、出没于北极、人称"多食兽"的动物。冬季受困于洞穴之中，每天也要吃十三磅[1]肉，平时更不知道要吃多少。这种动物为了储蓄食物，不仅盗取食物，还经常爬入猎人家中偷走毛毯、猎枪、火药罐、小刀等危害自己的各种器具。藏匿这些器具当然不是为了吃，而是出于好奇心。[2]换句话说，这种动物的藏匿心理异常发达，好像人难以控制盗窃心理一样。以此类推，像猫和猫头鹰捉到猎物后会在人面前炫耀一样，老虎、狮子和美洲虎有时也会对帮助过自己的人产生极强的友爱之情。其实老虎和狮子并不是来送礼的，但是从人的角度来看，结果像是来报恩的。

在日本，虎年生的孩子多取名为"於菟"，这源于《左传》。据说是"初若敖娶于䢵[3]，生斗伯比。若敖卒，从其母畜于䢵。淫于䢵子之女，生子文焉。䢵夫人使弃诸梦中，虎乳之。䢵子田见之惧而归，夫人以告，遂使收之。楚人谓乳谷，谓虎于菟"。因此子文的乳名是斗谷于菟，即由虎乳育的斗氏之子的意思。朗曼兹所著《动物智慧论》中说

---

[1] 1磅等于0.4536千克。——编注
[2] 参照伍德《博物画谱》第1卷，《大英百科全书》第12卷。——原书注
[3] 春秋战国时期的国名，现位于湖北省安陆县附近。——译注

有的猫饲养非亲生的幼猫，有时甚至哺育老鼠。贝原益轩曾经说猫多邪气，但哺育被遗弃的幼猫，疼爱如亲生子女，可谓博爱之举。虎是猫的近亲，有时乳育幼童和其他野兽的幼崽也并非罕见之事。

顺便谈一下狼哺育狼孩之事。众所周知，罗马的创始人罗慕路斯兄弟[①]出生后不久即被抛弃在河中，顺水漂流，在帕腊钦山的山麓被冲上河岸，由母狼哺育长大。后世对此传说有各种解释，其中有人推论，因罗马人称低贱娼妓为母狼，所以实际上哺育罗慕路斯兄弟的不是狼而是娼妇。结论如何另当别论，狼哺养幼儿的事例在印度和欧洲曾屡次被发现。保罗撰写的《印度丛林生活》（1880年）第四百五十七页以下有详细介绍，在此引述其中一部分。

印度发现狼孩的事例在乌里地区最多，而且这个地区在印度是狼害多发地区，平均每年就有超过百人被狼咬死。据苏里曼上校介绍，那里每年都有许多幼童被狼吃掉，在狼穴附近散落着许多黄金饰物，都是父母给孩子佩戴的。曾经有人以捡拾这些黄金饰物为生，由此可见其数量之多，这些人为了维持生计而反对打狼运动。

1872年末，斯利那加孤儿院的报告中刊登了一个十岁左右的男孩被人们从狼窝里用烟熏出来并得到救治的事例。这个男孩与狼生活了多长时间不得而知，从他善于四肢爬

[①] 罗慕路斯和雷穆斯兄弟，他们是罗马神话中罗马市的奠基人。——译注

行且只吃生肉等习惯判断，男孩长期与狼同居，已经完全将狼的行为方式变成了自己的天性，他被孤儿院收养后始终像狼一样嚎叫。此外，1872年在米尔普尔，猎人从狼窝里熏出一个男孩，并将这个满身疮痍的男孩送到孤儿院。男孩的动作完全如同野兽，像狼一样喝水，特别喜欢吃骨头和生肉。他平时不愿和其他孩子聚群玩耍，总是独自一人缩在黑暗的角落，把身上的衣服撕扯成碎片。在孤儿院生活数月之后，男孩突然染上热病，发高烧，饮食不进，最后在病痛中死去。另外一个被救助的狼孩在这个孤儿院生活了六年，有十三四岁，会发出各种叫声，但不会说话，可以表达喜怒哀乐，偶尔做一些轻活，最喜欢吃。他慢慢地摆脱了吃生肉的习惯，不过有时仍旧捡拾骨头磨牙。这些狼孩都习惯于四肢行走，吃食物前总是先用鼻子嗅气味。保罗曾亲自前往孤儿院观察狼孩，见其外貌如同患有白痴症的儿童，前额低平，牙齿略微龇出，行为躁动，时而呼气使牙齿发出声响并不断抽动下颌。当他进入房间后，首先环视四周，坐在地板上双掌着地，不时伸手捡拾地上的纸片或面包渣嗅闻，动作如同猴子。这个狼孩体型干瘦，大约十五岁，已经在孤儿院生活了九年。他最初无法独立行走，直到1874年前后，双腿才可以略微直立走动，并可以试着做一些工作，但是如果没有人监管，就会经常偷懒。最奇特的是他的手臂很短，大概是因为长期用四肢爬行。最初狼孩被抓获时，连同一只母狼的死尸以及两只幼狼一起被送到地方法院。当时男孩四肢爬行，行为方式完全和野兽一样，而且不吃煮熟的食物，只吃生肉。为了使他能站立行走，人们将他的双腿绑在床上，几个月后终于可以站立。另外一个较为年幼的狼孩在夜晚经常窜入草丛中寻找骨头，像狼一样不时地发出哀嚎。这两个狼孩相互间极其友善，年长的教年幼的用杯子喝水。幼童在孤儿院仅仅生活了四个月，其间，常有印度教徒前来顶礼膜拜，他们相信这样可以免遭狼害。

1851年，苏里曼上校曾说，数年前乌里王的大臣骑马经过河岸，看见三只野兽到河边饮水，其实是两只幼狼和一个幼童，便急忙上前将其捉住。只见男孩全身赤裸，四肢行走，而且膝肘部坚硬，被擒时拼命反抗，后被带到勒克瑙抚养。他不通人语，智力和狗差不多，但很快学会通过手势理解人意。上校又说，另外一个从狼群中捉来的狼孩，很长一段时间浑身都散发出一种强烈的气味，曾经有三只狼寻味找上门来，狼孩丝毫不惧，与狼一同玩耍。几天后又有六只狼前来，大概是以前狼群中的伙伴。

另据马克斯·米勒说，昌迪加尔地区的税务官曾在河边看到一只大狼从洞中出来，后面跟着三只狼崽和一个狼孩，于是冲上前去准备捉拿，狼崽和狼孩全部随母狼逃窜回洞中。于是，官员招集村民挖开洞穴捕获了狼孩。狼孩面有惧色，见到洞口就想钻，看到其他孩子就想冲上去撕咬，而且拒吃熟食，喜好生肉和骨头，吃时像狼一样用手按住食物。教他学说话，但结果只会叫唤。这个狼孩后来由英国的尼克莱茨大尉监管收养，他一直喜欢吃生肉，一次可以吃掉半只羊羔，而且不愿穿衣服，晚上给他棉被御寒，他却撕破被子，咽下棉花。这个狼孩在1850年9月夭折，生前从来没有笑过，从未对人表示过友善，而且不理解人语。被抓获时他年仅九岁，三年后死亡。在世时始终四肢爬行，偶尔直立，不会说话，肚子饿时仅会以手指嘴示意。米勒除此之外还列举了多项狼孩事例，得出的结论是所有的狼孩都不通人语，古埃及王和普鲁士腓特烈二世、苏格兰王詹姆斯四世以及印度莫卧儿帝时期都曾将婴儿隔离抚养，试验婴儿是否通人语。虽然现在已经不能进行这种试验，但人的语言能力是天赋还是经他人传授，通过狼孩已经得到了证明。

狼为什么会哺育人的孩子呢？保罗解释说有可能是一只狼偶尔叼回一个幼童，正巧另外一只狼带回一只羊。于是群狼饱餐了一顿羊肉，幼童也就幸免一死。其间，幼童吮吸狼乳，从而被狼群认同，成为其中一员。另一种解释是母狼失去狼崽，因乳房肿胀疼痛难忍，便掠来幼童，让他吸吮，自然产生感情，从而抚养幼儿长大。奇怪的是迄今为止狼孩全部是男孩。

勇士打虎的历史故事在《渊鉴类函》和《佩文韵府》中有许多，例如《烈士传》曾记载："秦王大怒，将朱亥著虎圈中，亥瞋目视虎，眦裂血出溅，虎终不敢动。"《周书》

则记有:"杨忠从太祖狩于龙门,独当一虎,左挟其腰,右拔其舌。"《水浒传》的武松、李逵只身打虎的佳话还有很多。但是,如前节所述,虎中也有强弱之分,因此也有正巧遇上胆小鬼而侥幸成为英雄的。《五杂俎》第九卷中说:"虎据地一吼,屋瓦皆震。余在黄山雪峰,常闻虎声。黄山较近,时坐客数人,政饮酒满樽,虓然之声,如在左右,酒无不倾几上者。"虎虽吼声很大,但远不及狮子。《渊鉴类函》中记述:"魏明帝于宣武场上断虎爪牙,纵百姓观之。王戎方七岁亦看。虎承间攀栏而吼,其声震地,观者无不辟易颠仆,戎湛然无恐色。"笔者曾经见过许多狮子和老虎在笼子里怒吼,一点也不觉得恐惧,相反坐在家中听到山上的老虎吼叫就吓得洒了杯中酒,实在是胆小鬼。

《五杂俎》又说:"时谢于楚在坐,因言近岁有壮士守水碓,为虎攫而坐之,碓轮如飞,虎观良久,士且苏,手足皆被压不可动。适见虎势,翘然近口,因极力啮之,虎惊,大吼跃走,其人遂得脱。"《五杂俎》还讲道:"胡人射虎,惟以二壮士觳弓两头射之,射虎逆毛则入,顺毛则不入。前者引马走避,而后者射之,虎回则后者复然,虎虽多,可立尽也。"这种方法好像是和虎捉迷藏,看起来似乎很容易。书中还说:"中国马见虎,则便溺下不能行,惟胡马不惧,猎犬亦然。"与此相似,据拉亚德所著的《波斯锡斯坦及巴比伦探险记》(1887年)讲,在库尔德斯坦，马很怕狮子，当狮子走近时不敢直视，只会拼命嘶叫并挣脱绳索逃脱。为此，附近的酋长纷纷将狮子皮剥下放在马的眼前，让它逐渐习惯，久而久之马便不再恐惧了。与动物相同，人如果习惯了也不怕虎。由此可见，打虎者也未必个个都是英雄。贝卡利记述马六甲的马来人中曾经有一个人生擒十四只虎。库鲁克则说在印度西北有一个地方官曾经枪杀一百多只老虎。《国史补》中记载："（裴）旻善射，尝一日毙虎三十有一，既而于山下四顾自矜。有父老至曰：'此皆彪也，似虎而非。将军若遇真虎，无能为也。'旻曰：'真虎安在？'父老曰：'自此而北三十里，往往有之。'旻越马而往，次丛薄中，果有一虎腾出，状小而势猛。据地一吼，山石震裂。旻马辟易，弓矢皆坠，殆不得免。自此惭惧，不复射虎。"据字典解释，"彪"称为小虎，大概是虎的一个变种。《渊鉴类函》说："（虎）能识人气。未至百步，辄伏而嗥，声震山谷，须臾奋跃搏人。人有勇者，不为之动，虎止而坐，逡巡弭耳而去。"欧洲人也曾经讲过遇到猛兽时坐下则可逃避危难。如果真是如此，谁都可以做到。

日本自古以来没有虎，只有到国外才能和虎决一雌雄。膳臣巴提便[①]（《日本书纪》）、壹岐郡主宗行的家臣（《宇治

[①] 膳臣巴提便，生卒年不详，日本6世纪上半叶的地方豪族。《日本书纪》第19卷记述他被钦明天皇派往百济。——译注

拾遗物语》)、加藤清正(《常山纪谈》)都属此类。据《常山纪谈》记载，有一次，一只老虎闯入黑田长政①的马厩，人们惊恐万状不敢靠近，只有菅正利②和后藤基次勇猛，上前斩杀了猛虎。黑田长政道："你们身为先锋大将和畜生斗勇，实在幼稚。"打虎英雄菅正利佩带的是著名工匠罗山打造的名为"南山"的宝刀。这个故事源于周处刀斩白额虎的传说。据查《菅氏世谱》，菅正利于宽永六年（1629）五十九岁时去世，因此在文禄年间（1592—1595）打虎时应该是三十四五岁。黑田长政命令部下诛杀罪犯时总是向部下俯首帖耳嘱咐一番，部下承命退出时，在外面待命的其他武士从他的面色就可以猜测出内容，但是菅正利受命之后却面不改色。贝原好古，曾在书中赞颂菅正利生性勇猛，临危不惧。《纪伊风土记续》第九十卷记载，尾鹫乡士世古庆二郎曾随新宫城主堀内远征高丽国，打虎献给丰臣秀吉，可惜因打虎所受的伤恶化，回国后不幸身亡。

《前汉书》列传中曾记载："广出猎，见草中石，以为虎而射之，中石没镞，视之石也。因复更射之，终不能复入石矣。"另据《韩诗外传》记载："楚熊渠子夜行，见寝石以为伏虎，弯弓而射之，没金饮羽，下视知其为石。"这

---

① 黑田长政（1568—1623），安土桃山和江户初期的武将，曾经随丰臣秀吉征伐朝鲜，后来在关原战役时投靠德川家康。——译注
② 菅正利（1567—1621），战国时期至江户时期的武将，据《日本战史朝鲜役》记载，他曾经在朝鲜刺杀老虎。——译注

段文字要比李广的故事更早。《曾我物语》①则将这个故事扩展，内容为李广的妻子怀孕想吃虎肝，李广猎虎不幸身亡。李广之子长大成人后为父报仇，射中虎的左眼，下马斩伤虎时才发现射中的不是虎，而是长满苔藓的巨石，而且插在石头上的箭也是石竹草。另据《宋史》记载："（元达）尝醉，见道旁槐树，拔剑斩之，树立断。达私喜曰：'吾闻李将军射石虎饮羽。今树为我断，岂神助欤？'"另据记述南宋淳熙三年（1176）出使金国的游记《北辕录》记载："至赵州，道经光武庙有二石人，首横于路。俗传光武欲渡河，二人致饷，虑泄其踪，乃除之。又云遇二人问途，不答，怒而斩之，已而皆石也。"

沈约在《宋书》中写道："林邑王范阳迈倾国来拒，以具装被象，前后无际，士卒不能当。悫曰：'吾闻狮子威服百兽，乃制其形，与象相御。'象果惊奔，众因溃散，遂克林邑。"《左传》中"胥臣蒙马以虎皮，先犯陈蔡，陈蔡奔楚，右师溃"的一段记述足以证明这个计谋古已有之。

林宗甫在《和州旧迹幽考》第五卷中写道："超升寺，真如法亲王建，天正年中荒绝，今存虚庐有大日如来佛像一尊。"平城帝的第三皇子，其母为从三位伊势朝臣继子，皇子于大同年末坐东宫，世人敬奉为"蹲踞太子"。弘仁元

---

① 室町前期的英雄传记故事，作者以及著作年代不详。书中描写了曾我十郎、五郎兄弟为父报仇的故事。——译注

年（810）九月十二日，太子三十七岁时落发为僧，入东大寺道诠法师之门授法名"真如亲王"，后随弘法大师钻研真言宗。贞观三年（861），太子上奏天皇御准东渡大唐。渡唐后抱怨大唐没有名师，于是准备再远涉印度。唐朝皇帝被他不畏艰险求取真经的精神感动，赐予他大量珠宝，但真如亲王觉得不能无功受禄，便将珠宝全数退还，只留下三个柑橘以便旅途中食用。后来宗睿和尚返回日本时，人们不见真如亲王，便写信到大唐询问缘由。大唐回信说，亲王远涉印度途中在狮子州不幸遭遇虎群，当时他大呼我身死不足惜，但我乃佛法器物，不容有失，便挥舞锡杖与虎搏斗，但还是命丧虎口。其实上述记载提到的太子弘仁元年为三十七岁并不正确。事实上，真如亲王被老虎吃掉时应该是七八十岁高龄。即将登上九五之尊的皇太子却不幸葬身虎口，真所谓世事难测。真如亲王曾经有诗云："王侯与乞丐，沉沦阴曹地府时，往生无优劣。"空海赠诗赞道："大悟既如此，可比如来佛。"可见真如亲王曾大彻大悟。

在印度也有类似的历史故事。据《贤愚因缘经》第十二卷记载："（佛在王舍城鹫头山中）尔时波罗奈王名波罗摩达。王有辅相，生一男儿，三十二相，众好备满，身色紫金，姿容挺特。辅相见子，倍增怡悦，即召相师，令占相之。相师披看，叹言奇哉，相好毕满，功德殊备，智辩通达，出逾人表。辅相益喜，因为立字。相师复问：'自从生来，有何异事？'辅相答言：'甚怪异常，其母素性，不能良善。怀妊已来，悲矜苦厄，慈润黎元，等心护养。'相师喜言：'此是儿志。'因为立字，号曰弥勒。父母喜庆，心无有量，其儿殊称，合土宣闻。国王闻之，怀惧言曰：'念此小儿，名相显美，傥有高德，必夺我位，曼其未长，当豫除灭，久必为患。'作是计已，即敕辅相：'闻汝有子，容相有异，汝可将来，吾欲得见。'时宫内人，闻儿晖问，知王欲图，甚怀汤火。其儿有舅，名波婆梨，在波梨弗多罗国，为彼国师，聪明高博，智达殊才。五百弟子，恒逐咨禀。于时辅相，怜爱其子，惧被其害，复作密计，遣人乘象，送之与舅。舅见弥勒，睹其色好，加意爱养，敬视在怀，其年渐大，教使学问。一日咨受，胜余终年，学未经岁，普通经书。时波婆梨，见其外甥，学既不久，通达诸书，欲为作会，显扬其美。遣一弟子，至波罗奈，语于辅相，说儿所学，索于珍宝，欲为设会。其弟子往，至于中道，闻人说佛，无量德行，思慕欲见，即往趣佛。未到中间，为虎所啖，乘其善心，善心所报，得以升天。师父波婆梨如期为慈氏做法会，波罗门前来诅咒，使波婆梨大为困惑。此时，那位被虎所伤的弟子从天而降，诉说脱灾之法，教化众人，使之皈依佛教。"另据《经律异相》第四十五卷所述："有一小儿厥年七岁，城外牧牛遥闻比丘讽诵经声，即诣精舍礼拜比丘。听其经言，时说色空，卒闻即解。儿大欢喜，便问比丘。比丘应答不可儿意。是时小儿反为比丘解说其义。昔所希闻比丘欢喜，怪此小儿智慧非凡。时儿即去还至牛所,所牧牛犊散走入山。儿寻其迹追逐求索。时值一虎害此小儿,小儿命终生长者家。夫人怀妊,口便能说般若波罗蜜。从朝至暮初不懈息,其长者家怪此夫人口为妄语,谓呼鬼病,卜问谴祟无能知者。是时比丘入城分卫诣长者门,遥闻其声心甚喜悦,即问长者,内中谁有说此深经。长者报言,我妇鬼病,昼夜妄语口初不息。比丘报言,此非鬼病。但说尊经佛之大道,愿得入内与共相见。长者言善。即至妇所,比丘难问反覆披解,即留比丘与作饮食。辗转相谓,夫人怀妊口诵尊经,其音妙好。后日长者复请比丘,悉令诣舍办饭食具。时夫人出礼,众比丘复为说法。诸有疑难不能及者,尽为解说,众僧欢喜。日月满足产得男儿,适生叉手长跪说波罗蜜。夫人产已还复如本,长者问言,此为何等?比丘答曰:'真佛弟子好养护之。此儿后大,当为一切众人作师,吾等悉当从其启受。'时儿七岁道法悉备,举众超绝智度无极。"

在中国也有不知道是被老虎所害,还以为升天得道的历史故事。《渊鉴类函》中援引《传异志》讲:"唐朝天宝中,河南缑氏县仙鹤观,每年九月二日夜有一道士得仙,其夜皆不扃户以求上升之应。后张竭忠摄令疑之,至日令二勇者以兵器潜窥之。至三更后见一黑虎入观,须臾衔出一道士。二人射之不中,竭忠大猎于太子陵东石穴中,格杀数虎,获金简玉箓冠帔人发甚多。"这和后汉张道陵被蟒蛇吞噬,其弟子以为他升天了的历史故事极为相似。

佛教故事

印度不但盛产虎，同时也是佛教的发源地之一，因此在佛教经典中有许多关于虎的传说、比喻和故事。释尊前世也与虎有关，据北凉法盛所译《菩萨投身饲饿虎起塔因缘经》记载，如来佛的前世是乾陀摩提国的栴檀摩提太子，经常以财物赈济贫民，直至将自己的财产完全施舍。然后又将自身变卖为千文分送给众人，自己则沦为婆罗门的奴隶。一天，如来上山砍柴，拾到一个牛头栴檀。这时正值国王身患癞病，遵医嘱悬赏重金寻找牛头栴檀，婆罗门向太子面授机宜，用栴檀可以换得荣华富贵。于是太子谒见国王，献上栴檀，国王涂在身上后立即痊愈，便如约将国土的一半赐予太子，但是太子坚拒不受，恳求国王打开粮仓五十天赈济饥民。国王被太子的志向所感动，布施五十天并赏赐太子大量金银财宝，送他回国。太子回国后将财宝全部分给贫民，并且不顾父母和妃子的劝阻，进山跟随仙人修行，太后时而派人送来佳肴供奉。太子修行所居的高山深谷中有一只雌虎，新生七只虎崽。当时天降大雪，雌虎猎食三天却不得一物，饥寒之中雌虎欲食其子，五百道士见状互相商量谁可以舍身解救众生。太子听后来到悬崖绝壁，见雌虎衔子暴露在暴风雪中，慈悲大发，寂然入定，看见过去无数劫，归来后禀告师父说："自己曾经发愿舍千身，至今已经舍九百九十九身，如果今日为虎舍身即可满愿。"师父听后喜出望外,称颂弟子志愿高妙无能及者,必先得道,勿复见弃。于是,师父偕同五百道士流泪将太子送到悬崖峭壁边,太子呵责其身以往的种种罪孽,誓言今日以我血肉之躯挽救饿虎,留下舍利骨,日后父母必将建塔收藏佛舍利,天下众生患有医药针灸不可治愈的疾苦都可以来供奉舍利塔,即日便可消灾除病。如果此言当真,诸天应降香华。言犹未落,天降曼陀罗花,大地随之震动。太子便解开鹿皮衣,蒙住面目,合掌投身于虎口之前。雌虎吃后,母子得以存活。正巧太后的仆人第二天来送食物,听到此事后慌忙跑回报告国王。国王立即派人收拾太子的遗骨,取舍利在平地建起四面纵贯十里的七宝塔,并派佛门四类弟子[①]昼夜守护。这座宝塔保存至今,重症的麻风病人不分贫富,经常有百余人来昼夜参拜。佛祖传道说,舍身喂虎的太子是我的前世,仙人师父是我的后世,都是弥勒菩萨。为挽救众生不惜舍身,自古以来总是比我师弥勒先于九劫成道。《大智度论》总结,当时太子的父母因失去儿子哭瞎了双眼,太子的行为既让父母烦恼,又让老虎蒙受杀生之罪,本来是天理不容的,但是为了实现自己的大愿,这些都置之度外。

古印度有一种选婿仪式,即招集众多贵公子,宴请一番之后让皇女在其中任选一个如意郎君,授予华鬘和水,

[①] 佛门四类弟子是出家的比丘、比丘尼,在俗的优婆塞、优婆夷的总称。——译注

定为夫婿。《罗摩衍那》①中讲述密西拉王为了给迦那卡招女婿而招集诸多王子，让他们当众比试武功，罗摩拉开了强弓，于是国王的女儿选他为夫婿。当佛祖是悉达太子时，瞿多弥释女来参加选婿仪式，她对到会的五百释种童子都不满意，唯独中意太子，选他为夫。佛祖最初得道时，优婆夷问及其中的缘由，佛祖回答说："从前雪山下有无数野兽出没，其中有一只雌虎，端庄秀丽，群兽无一可以与它媲美，于是都争先恐后要娶它为妻。经过一番争斗后，群兽商定听从雌虎自选。这时候有一牛头王向雌虎偈颂说：'世上的人们都捡拾牛粪，涂在地上以为清静。所以我比你要高贵，你应该嫁给我。'雌虎听后回答说：'你的脖颈宽大、形态丑陋，只配驾辕拉犁，怎么敢来求婚？'又有一只大白象气势汹汹地对雌虎说：'我乃雪山大象之王，打仗时象兵势如破竹，威力无穷。你为什么不嫁给我呢？'老虎听后反驳道：'你如果遇到了狮子王，会吓得惊慌失措，屁滚尿流，你不配做我的丈夫！'这时，百兽之王的狮子来到老虎面前说：'你仔细看看，我前庭宽阔，后腰苗条，在山中逍遥自在，体贴各种生灵。我乃百兽之王，威震四方。天下的动物见到我，甚至听到我的吼声就吓得惊魂不定，四处奔逃。而且我力大无穷，所以我们是天生的一对，地配的一双。'老虎回答道：'你既勇猛强壮又神威无比，而且

---

① 印度古代梵语叙事诗，是印度两大史诗之一。——译注

英姿潇洒，正是我意中的郎君。'于是，狮子和老虎欢欢喜喜地结为夫妻。"那只狮子是佛祖的前身，雌虎是现在的瞿多弥释女，群兽则是眼前的五百释种童子，理所当然要遭瞿多弥释女的白眼。

据玄奘所著《大唐西域记》第三卷记载："（从印度北部）呾叉始罗国北界渡信度河，南东行二百余里，度大石门，昔摩诃萨埵王子，于此投身饲饿乌菟。"法国的儒莲[①]未加任何解释便将"乌菟"翻译为"虎"，比尔对此解释为音译自猫的梵名。根据上一节所述，在《左传》中称虎为"於菟"，其他还有"乌樏"（《汉书》）、"於𪒠"（扬雄《方言》），由此看来"乌菟"无疑是指虎，只不过其发音恰巧和猫的梵名相似罢了。《大唐西域记》中还记载："（王子投身喂虎的地方）其南百四五十步有石窣堵波，摩诃萨埵愍饿兽之无力也，行至此地，干竹自刺，以血啖之，于是乎兽乃啖焉。其中地土洎诸草木，微带绛色，犹血染也。人履其地，若负芒刺，无云疑信，莫不悲怆。"早于玄奘二百多年以前远涉印度的法显在游记中记载，竺刹尸罗国有一座用宝石镶嵌的宝塔，用来颂扬佛祖前世舍身救饿虎的事迹，邻国的王公贵族以及平民百姓争相参拜，敬献祭品众多，散花点灯从不间断。前面提到的《菩萨投身饲饿虎起

[①] 儒莲（Stanislas Aignan Julien，1797—1873），法国籍犹太汉学家，不仅精通汉文，还精通梵文，研究佛学，译有《大慈恩寺三藏法师传》和《大唐西域记》等。——译注。

塔因缘经》似乎也是根据这个传说编撰的，后来又根据当地土质草木泛红、遍地丛生荆棘的自然环境特点，创作了王子舍身前刺身流血的故事。近年，康宁将军发现了王子舍身的遗迹，据说土色依然鲜红。①

在世界上，人们经常传说红色的土壤、岩石和花草是鲜血留下的痕迹抑或鲜血促生而成。离和歌山不远有个叫星田的地方，那里有一处带有血色斑点的白色岩石群，传说此处是诛杀土蜘蛛的遗迹。《日本书纪》第二卷和《丰后国风土记》②中记载，景行帝十二年十月巡幸硕田国，在稻叶河上诛杀土蜘蛛时血流至脚踝，于是人们称那里为"血田"。这大概是当地土壤带有红色的缘故。中国的《易经》中说："龙战于野，其血玄黄。"因为荒野中的土壤和荒草好像用染料染过一样，一片赤红，于是形容那里是龙搏斗留下的痕迹。英国人相信新福里斯特的红土是以前丹麦人在此战败时鲜血染成的，新西兰的毛利人传说库克峡谷的红色悬崖是古代酋长失去女儿，由于过度悲伤，自己用石片割裂额头流出的鲜血染成的。以上数例见于泰勒所著《原始文化》第一卷。

读过莎翁作品的读者都知道，希腊美少年阿多尼斯和

---

① 参照比尔译《大唐西域记》第1卷（1906年版）第146页。——原书注
② 《丰后国风土记》是奈良时代初期编纂的关于丰后国（今九州大分县一带）文化和地理的书籍，其中包括地理、历史、农业、神话等，是现存较为完整的5部古代风土记之一。——译注

女神维纳斯有染，引起维纳斯的丈夫阿瑞斯嫉妒，当他变成野猪来杀阿多尼斯时，维纳斯急忙赶来用蜜汁浇在血上，于是立刻长出了青草。这种草被称为"阿多尼斯"，和日本的福寿草同属一科，花开时是血红色。比拨罗城[1]附近的河水每年夏天上涨时都会泛出红色，古希腊人认定这是阿多尼斯的最后一滴血在流淌。阿西斯得到海仙女加拉蒂亚的深深爱恋，独眼巨兽基克洛普斯却妒火中烧，用巨石将他压死，血流如注，于是海仙女将血流化作爱达山下的阿西斯河。实际上是因为这条小河从岩石下流出才杜撰出这个故事的吧。[2]名为"阿西斯"的花传说也是他的血变的，实际上是生长在欧洲各地的花蔺。[3]萨拉米斯岛的首领埃阿斯在希腊军队攻打特洛伊城时英勇卓绝，但听到交战双方异口同声盛赞奥德修斯后，便愤然自尽，他的血孕育出了紫色的百合花。在德国，人们称蔷薇为阿多尼斯花，据说是阿多尼斯死后，维纳斯极为悲伤，于是尸体中每淌下一滴血，女神的眼里就会流下一滴泪，血化作蔷薇，眼泪变成了阿多尼斯花。另外有一个传说是女神飞奔时踩到蔷薇的刺，脚上的血将原本白色的蔷薇花染成了红色。于是斯宾塞说："自古蔷薇花乃白，神血染红又绽开。"伊斯兰教徒

---

[1] 地处地中海东岸，在今天的黎巴嫩境内。——译注
[2] 参照史密斯《希腊罗马人传神志字典》第1卷。——原书注
[3] 参照戈佩尔纳其斯的《植物谭原》第1卷。——原书注

认为穆罕默德升天之际，额头上流淌下的汗水变成了白蔷薇，其他地方落下的汗水化成了黄蔷薇。古希腊人传说宙斯趁妻子赫拉熟睡之时，让幼儿赫拉克勒斯①吸吮赫拉的乳汁使他获得长生不老的神力。但是吸吮时用力过度，乳汁流到嘴外边变成了百合或银河。因妒忌洁白的百合花，女神维纳斯从碧浪白波中闪现出来，在洁白无瑕的花瓣中插上了一根如同叫驴的阴茎一般的雌蕊。但是贞节女神赫拉以及史培斯喜爱百合冰清玉洁的颜色便手持此花，而爱神维纳斯和好色的萨提洛斯②则喜爱百合花蕊的外形，也乐于手持此花。③这种百合也叫作"谷间百合"。基督教徒相传圣母为基督哺乳时，乳汁落到地上化成了这种花。④

和歌山田边附近上芳养村的民间传说讲，弘法大师曾经用马蓼叶擦毛笔，从此叶子上落下了黑斑，所以叫作"擦笔草"。《渊鉴类函》第二百四十一卷记载："湘州记舜巡狩苍梧而崩，二妃不从，以泪染竹，竹尽为斑而死也。"另外《博物志》中讲："舜南巡狩不返，葬于苍梧之野，尧二女娥皇、女英追之不及至洞庭之山，泪下染竹成斑，妃死为湘水神。"这个传说讲的是像虎斑竹那样有花纹的竹

---

① 宙斯神乘忒拜国王安菲特律翁出征之际，现身变成国王，和王后阿尔克墨涅生下了赫拉克勒斯，所以赫拉克勒斯生长在人间时一直受到赫拉的折磨。——译注
② 萨提洛斯是希腊神话中的山林之神，生性淫荡好色。——译注
③ 详见上述戈佩尔纳其斯的著作第2卷。——原书注
④ 参照本杰明·特洛的《传说学》第9章。——原书注

图 1 毒草 "arum maculatum"

子，是尧的两个女儿娥皇和女英为亡夫舜哭丧时留下的泪痕。英国的森林以及围墙下常见的毒草"arum maculatum"（见图 1）和魔芋以及菖蒲同属天南星科植物。基督教传说中讲，基督被钉在十字架上时，这种草正巧生长在十字架之下，基督的血滴在草上，所以至今仍留有褐色斑点。[1]英国达文垂地区传说从前丹麦人战败后留下的血迹培育出了一种草，人们认为在特定的一天里祈祷，它就会流出鲜血。这大概是桔梗科的聚花风铃草，或者是毛茛科的银莲花。[2]亚美尼亚的大阿勒山的冰雪中生长着一种鲜艳绝伦的红花，只有根茎而无叶，但开花，土耳其人称之为"七兄弟之血"。[3]日本

---

[1] 详见弗雷得《花与花论》第 1 卷第 191 页。——原书注
[2] 详见《花与花论》第 315 页，《随笔问答》杂志（1910 年 12 月 17 日）第 488 页。——原书注
[3] 详见马尔其廉科·切扎雷斯克《民谣研究论》第 57 页。——原书注

有一种叫作"石蒜"的毒草，开花时也不长叶，常见于坟墓附近，被称为"死人花"，一般人家忌讳栽培这种植物。①大概这种毒草的花色很像鲜血，所以才得此名。据《说文》讲，距今一千八百多年的中国人相信茜草是人血所化。德国汉诺威的人们在圣徒约翰生日（6月24日）的早上前往附近的沙丘，捕捉一种栖息在草根上的名为"胭脂虫"的血红色小虫，人们认为这种虫子为再现圣徒的冤死而只在这一天早上出现。挪威人相信小连翘根上的红点是巴鲁兹鲁神和约翰圣人的血染成的，在他们的忌日必会出现。②古希腊人与罗马人相信与水木和四照花属于同一类的血树，是波利德洛斯被杀后化成的，特洛伊王普里阿摩斯曾经有五十对儿女，仅第二个妻子赫卡拉就生了十九个儿子。波利德洛斯是最小的儿子，深受父母宠爱，当特洛伊城被围攻的时候，父王以重金将他委托给波里墨内斯托斯照顾。但是当特洛伊城失守时，波里墨内斯托斯贪图小利，将孩子杀死，后来，其母最终刺瞎了波里墨内斯托斯的双眼并杀死了他的两个孩子为子复仇。③

在熊野地区的民间流传着一种传说，红耳猎狗名贵，因为这种狗的祖先杀死了山鬼女妖，将血涂在耳朵上作为

---

① 详见《和汉三才图会》第92章。——原书注
② 参照前述弗雷得的著作第1卷第11章第147页。——原书注
③ 详见前述戈佩尔纳其斯的著作第2卷，赛法德《希腊罗马考古辞典》（1908年英译本）第501页。——原书注

证据遗留至今。在美国黑人中流传着这样一个故事：很早以前，青脚鹬的幼雏被老鹰叼走，老鸟马上追踪，但没有找到，筋疲力尽卧在草地上喘息。此时传出一些轻微声音引得老鸟竖耳细听。只见蚋在草丛中飞舞，蚋问道："那只青脚鹬在愁什么？"青草回答说："它的孩子被老鹰叼走了。"蚋又问："你听谁说的？"青草答道："听风说的，是真正的风闻。"蚋追问道："那只老鹰在哪里？"青草答道："在梧桐树上的窝里。"蚋又问："为什么青脚鹬不去报仇呢？"青草说："它和其他的鸟一样害怕老鹰！"躲在草丛中的小虫子听到这里齐声呐喊："老鹰，老鹰，天下第一，青脚鹬胆小如鼠，赔了儿子又折兵。"青脚鹬听到喊叫，胸中的无名之火直上千尺，展翅腾飞，直奔鹰的老巢。恰巧老鹰饱餐了青脚鹬的幼雏后又出窝觅食，窝里只有雏鹰，愤怒的青脚鹬杀死了所有雏鹰。正在这时，老鹰回巢见状猛扑上去，一怒之下用喙和爪子将青脚鹬撕烂。青脚鹬身上溅出的血风干后变成了老鹰翅膀上的条纹，其保留至今。[①]

据高木敏雄《日本传说集》记述的天草地区的民间传说讲，从前有个母亲去寺院拜佛，让三个孩子看家。山鬼女妖吃掉母亲之后装扮成母亲回家，先吃掉了最小的儿子。第二个儿子发现后跑出门，爬上桃树仰天大呼，于是从天上降下一条铁锁，男孩便顺着铁锁爬上去。山鬼女妖也照

[①] 参照欧文所著《老兔巫术篇》第136页。——原书注

方抓药朝天大叫，天上却降下一根烂绳子，山鬼女妖爬到一半时绳子断裂，女妖落下，摔死在荞麦田里。女妖的血将荞麦秆染成了红色。另外，在出云地区流传着一个故事，讲述高粱为什么是红色的。这个故事和《嬉游笑览》①第九章所载的越瓜姑娘的传说大同小异。越瓜姑娘的故事中说，从前有一对老夫妇，老爷爷上山砍柴，老奶奶到河边洗衣服。从上游漂来一只瓜，老奶奶捡回家准备给老爷爷吃，切开一看，瓜里面有一个小姑娘，长得非常可爱。老夫妇喜出望外，将小姑娘收养在家。小姑娘长大成人后擅长织布，从不外出。有一天，鸟在屋外的树上高声啼叫，细听起来是说女妖落在越瓜姑娘的织布机上。老夫妇觉得奇怪便进到屋里一看，看到女妖已经用绳索将小姑娘绑上。老夫妇大吃一惊，赶紧将女妖抓获，用绳索绑紧，用芒叶将她割死。芒叶根部的红色就是那时流下的血。据喜多村信节介绍，这个故事至今仍然在信浓地区的乡村流传。出云地区流传的故事在情节上有些出入，是说老夫妇和小姑娘准备去祠堂参拜，女妖趁老夫妇出去雇轿子时将越瓜姑娘骗到屋后的庄稼地里，剥掉她的衣服并将她绑在柿子树上。女妖换上越瓜姑娘的衣服乘轿子准备去祠堂参拜时，绑在树上的姑娘的哭声让老夫妇发现破绽，他们用镰刀砍下女妖的头颅丢到屋

---

① 喜多村信节著，共12卷，附录1卷。该书从日本和中国的古籍中节选出有关近世风俗习惯和歌舞音曲进行叙述和考证。——译注

后的高粱地里，就这样女妖的血将高粱染红了。

此前讲述的用芒叶割死女妖的故事和《大唐西域记》第十卷的故事极为相似。据该书记载："（从前侨萨罗国的引正王尊崇龙猛菩萨）龙猛菩萨善闲药术，餐饵养生，寿年数百，志貌不衰，引正王既得妙药，寿亦数百。王有稚子，谓其母曰：'如我何时得嗣王位？'母曰：'以今观之，未有期也。父王年寿已数百岁，子孙老终者盖亦多矣。斯皆龙猛福力所加，药术所致。菩萨寂灭，王必殂落。夫龙猛菩萨智慧弘远，慈悲深厚，周给群有，身命若遗，汝宜往彼，试从乞头，若遂此志，当果所愿。'王子恭承母命，来至伽蓝，门者敬惧，故得入焉。时龙猛菩萨方赞诵经行，忽见王子，伫而谓曰：'今夕何因，降迹僧坊，若危若惧，疾驱而至。'对曰：'我承慈母余论，语及行舍之士，以为含生宝命，经语格言，未有轻舍报身，施诸求欲。'我慈母曰：'不然。十方善逝，三世如来，在昔发心，逮乎证果，勤求佛道，修习戒忍，或投身饲兽，或割肌救鸽，月光王施婆罗门头，慈力王饮饿药叉血，诸若此类，羌难备举。求之先觉，何代无人？今龙猛菩萨笃斯高志，我有所求，人头为用，招募累岁，未之有舍，欲行暴劫杀，则罪累尤多，虐害无辜，秽德彰显。惟菩萨修习圣道，远期佛果，慈沾有识，惠及无边，轻生若浮，贱身如朽，不违本愿，垂允所求。'龙猛曰：'俞，诚哉是言也。我求佛圣果，我学佛能舍，是身如响，是身如泡，流转四生，去来六趣，宿契弘誓，不违物欲。然王子有一不可者，其将若何？我身既终，汝父亦丧，顾斯为意，谁能济之？'龙猛徘徊顾视，求所绝命，以干茅叶自刎其颈，若利剑断割，身首异处。王子见已，惊奔而去。门者上白，具陈始末，王闻哀感，果亦命终。"所谓茅叶，大概梵语称作"矩奢"，在中国称为"上茅"的一种草的叶子。在日本，茅叶的花语与血有关。记得小时候在和歌山听过传说，从前有人脚被茅刺割伤，流出的血染红了茅叶。

另据《大唐西域记》第十二章记载："昔者东国军师百万西伐，此时瞿萨旦那王亦整齐戎马数十万众，东御强敌。至于此地，两军相遇，因即合战。西兵失利，乘胜残杀，虏其王，杀其将，诛戮士卒，无复孑遗，流血染地，其迹斯在。"几十里土地都被染成黑褐色，寸草不生。印度南部马德拉斯附近的马拉巴尔地区在日本的江户时代初期是葡萄牙的殖民地，当时被称作"圣多美"，原产于此地的染织布在日本以"栈留"织布闻名。基督的大弟子圣托马斯曾经远涉米底亚、波斯、大夏、印度、埃塞俄比亚以及南美洲各地传教。南印度基督教派和唐代传入中国的景教一样，都是信奉聂斯脱利派的教宗。因此，虽然同是信仰基督，但是从基督教、天主教以及希腊圣教来看，仍然属于异教。据《中国历史道德论》[①]所述，圣托马斯到中国传教，据说后世尊称其为"达摩"，这是由于尊者多梅和达摩的发音相

---

① 参照纳瓦列特著（1676年）第86页。——原书注

近，而且《续高僧传》等都记载达摩从印度南部来到中国。据说现在圣托马斯山上仍保留着圣托马斯的遗骨，但也有其他的传说。一是说圣托马斯触犯了马拉巴尔王而被处死，另一种说法是他被猎杀孔雀的土著人误杀而死。13世纪马可·波罗的游记记载，圣托马斯的墓地总是有许多基督徒和伊斯兰教徒参拜，他们挖取墓地的红土带回家给病人当药服用，相信这样可以包治百病。据16世纪胡安·帕尔洛斯记述说，圣徒临终时脚踏过的石头鲜血淋漓，留存至今，好像刚刚滴上去的一样。1890年出版的库克所著《淡水藻序论》第十二章讲，1066年英国最后的撒克逊国王爱德华与丹麦人在黑斯廷斯激战身亡，此后当地有些地方的土地雨后会变红，有人说是因为冤死的亡灵使大地渗出血水。实际上，这是一种微小的红藻在湿地生长，看起来好像血水罢了。这种藻在和歌山市的墓地较多，在墙壁上形成大大小小的斑点，好像杀人时溅出的鲜血一样。

我从几年前便勘查了多处号称奇异的血迹，有些地方是红土质或红色岩石，有些地方则是由于各种生物质变色而呈现出红色。如果在此详细论述，一般读者会感觉枯燥乏味。简单扼要地说，从颜色来讲，藻类分蓝、绿、褐、红四类。蓝、绿、褐色的藻类中，既有海藻，也有淡水藻；而红色的藻类大约有两百种。其中生长在淡水中的藻类极少，纯属淡水藻的只有七种，在日本有四种。除此之外，"胭脂藻"类的数种生长在日本各地的海岸，外表呈薄皮坚硬状，附着在海水中的岩石上，好像红色痔斑一样。十二年前，我曾经在那智的瀑布边发现飞流之下的岩石表面像血一样呈现出红色。开始我还以为是岩石含有铁成分，经采回样本确认，发现是一种叫作"红斑藻"的红藻。其后在熊野十津川以及日高奥等山区发现许多水边的岩石都带有红色，经查都是同一种红藻在作怪。这种水藻在欧洲的阿尔卑斯等地自古就有，三十年前我在美国留学的时候只发现过一处。

长期居住在那智这种穷乡僻壤，人会变得孤陋寡闻，但同时可以冥思苦想，增强对事物的洞察力，自然可以想起以前听过见过的诸多问题。大多数红藻泛生在海水中，胭脂藻类的藻也属此类。红斑藻的其中一种生存在高山野岭的瀑布急流之下，究其原因，这类水藻并不是原产于高山野岭后迁移到海洋中繁殖，而是由于地壳变化，海底的陆地逐渐隆起成为高山，原来丛生在海边的藻类逐渐演变为淡水藻并存活下来。或者是原来的海藻慢慢地沿着河流或瀑布逆流而上，攀登上山。这是因为有些地方的高山并没有地质资料显示过去曾经是海洋，而且水藻不可能被风刮上高山，因此只能推测它是逆流攀登上山的。

十一年前，我在和歌山西牟娄郡朝来沼地区发现青鳉鱼身上寄生着一种绿藻，三四年后有人在爱尔兰发现这种藻类寄生在金鱼身上。[1] 本来，这种藻类只能在溪水和喷泉

---

[1] 参照刊载于1908年11月《自然》杂志第79卷第99页的拙论《寄生于鱼体的藻类》。——原书注

等流水中存活，可能是偶然的原因，这种藻类的孢子掉入静水中，为了生存，寄生于鱼的身体上，随着鱼的游动，藻类获得与流动活水中相同的震荡，从而得以存活。与此相同，胭脂藻类红藻本来也泛生在海水中，由于大量繁殖而进入海水和淡水混杂的河口，然后随着海浪拍打海岸，借助急流和瀑布冲击岩石的反弹力跳到高处继续生存。澳洲的鲨鱼生存在内陆的淡水湖中，与此相似，印度以及南美洲的鲸鱼存活在河流中等。胭脂藻类红藻的孢子和大多数的绿藻和褐色藻不同，自身不会浮游，从海洋攀登到高处时孢子几乎都被急流冲刷掉。大概由于上述原因，我在岩壁上生存的藻类之中从未发现过孢子，一般是从藻类的细胞体生芽繁殖。在大和北山的田户附近，我曾经见到过这种水藻攀登到二丈多高的飞流瀑布之上，情景极为壮观。在那智，我还见到过一丈见方的岩石表面上长满这种水藻，对岸的石板水道上的花岗岩洗手水盆下半部也布满了水藻。如果仔细观察研究，可以通过了解这种水藻向高处攀升的速度，推算出此处山地的形成年代，对学术研究非常有益。但是很遗憾，由于我不能长期逗留，只好中断研究。前述的水缸中的水好像血水一样呈现黑红色，在显微镜下观察，发现是从未听说过的红色双鞭藻，大概是新型种类（见图2）。双鞭藻一般呈现黄褐色或绿色。

根据贝恩的解释，对于树叶为什么是绿色的问题，大多数人认为是因为树叶含有叶绿素。叶绿素从字面上理解

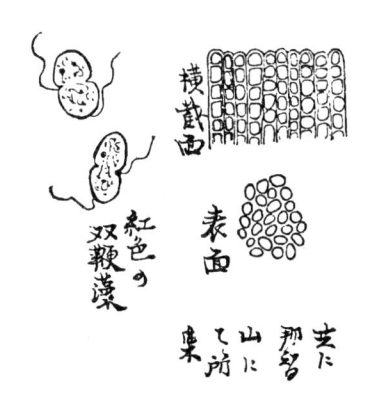

图2 红色双鞭藻

是可以将树叶染成绿色，含有叶绿素的树叶自然显现出绿色。这种解释等于说树叶本来是绿色的，所以看起来是绿色，并不恰当。树叶之所以呈现绿色是因为树叶中含有能利用阳光从碳酸中吸取碳素的物质，这种物质是绿色的，所以树叶才是绿色的，这才是正确的解释。现在所谓的开明人士不懂装懂，看到奇异的现象便说是电的作用，见到疑难病症就认为是神经症状，这解决不了任何问题，却恰恰暴露出自己的无知。许多人听到各国的民间传说，便认定是荒唐无稽，斥之为迷信邪说。其实这种人本身也是一种迷信的信徒。自古以来的各种传说和民俗虽然有许多不科学之处，但究其根源也各有根据，认真调查研究就可以发现许多科学研究的课题。以上的杂谈虽然与本文无关，但都是由摩诃萨埵王子施血喂虎的故事受到感触而想到的。

唐代义净所译著的《根本说一切有部毗奈耶》第十五

卷中记载："往昔婆罗尼斯城有一贫人，常取柴樵卖以活命。其人后于一时，执持绳斧诣于山林，至一树边欲采其樵，遂逢大虫惊怕却走，上一大树，不觉树上有熊，见已，复怕不敢更上。熊见惊怕渐下报言：'汝不须怕，但依投我。'樵人闻已，亦不敢近，熊见悲愍自来执抱，于其树上选安隐处。熊抱而坐，是时树下大虫报其熊曰：'此是无恩众生，后殃害汝，何须守护，当可掷于树下，我须食之，若不得食我终不去。'……时熊报大虫曰：'此人投我，终不违信。'虫闻此语，为饥乏故亦不肯去。熊报樵人，我今抱汝疲乏暂睡，少时汝自警觉并守护我。头枕樵人便起思念，我暂睡息，当为樵人说十颂法，作此念已，熊即便睡。虫见熊睡，报樵人曰：'汝能几时树上而住，应可掷熊树下，我食即去，免害于汝当得还家。'时采樵人闻此语已，即起恶念，此虫好语，我于此处能几时住？作此念已，便即掷熊树下推落，觉已未至地间，即说十字，说已至地。虫既得熊，遂便食噉，饱足便去。樵人闻熊说十字秘密之法，便即思念，熊有好法应说视我。遂起贪求即生烦恼，为失法故心迷狂走。"熊是佛祖前世，书中认为恩将仇报的樵夫是提婆达多的前身。但是没有说明虎是谁的前世。《中阿含经》第十六卷记载："大猪为五百猪王，行崄难道。彼于中路遇见一虎，猪见虎已，便作是念：'若与斗者，虎必杀我。若畏走者，然诸亲族便轻慢我。不知今当以何方便得脱此难。'作是念已，而语虎曰：'若欲斗者，便可共斗。

若不尔者，借我道过。'彼虎闻已，便语猪曰：'听汝共斗，不借汝道。'猪复语曰：'虎，汝小住，待我被着祖父时铠，还当共战。'彼虎闻已，而作是念：'彼非我敌，况祖父铠耶？'便语猪曰：'随汝所欲。'猪即还至本厕处所，婉转粪中，涂身至眼已。便往至虎所，语曰：'汝欲斗者，便可共斗，若不尔者，借我道过。'虎见猪已，复作是念：'我常不食杂小虫者，以惜牙故，况复当近此臭猪耶。'虎念是已，便语猪曰：'我借汝道，不与汝斗。'猪得过已，则还向虎而说颂曰：'虎汝有四足，我亦有四足，汝来共我斗，何意怖而走。'时，虎闻已，亦复说颂而答猪曰：'汝毛竖森森，诸畜中下极，猪汝可速去，粪臭不可堪！'时，猪自夸复说颂曰：'摩竭鸯二国，闻我共汝斗，汝来共我战，何以怖而走。'虎闻此已，复说颂曰：'举身毛皆污，猪汝臭熏我，汝斗欲求胜，我今与汝胜。'"日本有一句谚语说："雄鹰宁肯饿死也不会像麻雀那样捡拾米粒。"① 在中国，人们将虎豹比作君子，将豺狼比作小人。在印度则有猛虎珍惜牙齿而不同无谓小人争斗的谚语。

《四分律》第十一卷中说："古昔有两恶兽为伴，一名善牙狮子，二名善搏虎，昼夜伺捕众鹿。时有一野干逐彼二兽后，食其残肉以自全命。时彼野干窃自生念，我今不

---

① 即"志士不饮盗泉之水，廉者不受嗟来之食"之意。另外，俗语讲"大鸡不食细米"，也是此意。——译注

能久与相逐，当以何方便斗乱彼二兽令不复相随。时野干即往善牙狮子所，如是语善牙，善搏虎有如是语，言我生胜处，种姓胜，形色胜汝，力势胜汝，何以故我日日得好美食，善牙狮子逐我后，食我残肉以自全命……后二兽共集一处瞋眼相视。善牙狮子便作是念，我不应不问便先下手打彼。尔时善牙狮子向善搏虎而说偈曰：'形色及所生，大力而复胜，善牙不如我，善搏说是耶？'彼自念言必是野干斗乱我等……即打野干杀尔。"① 据谢菲尔德所著的《西藏故事》（1906年）中记述，从前有一只母狮和一只母虎各带着一只幼崽栖息在丛林中，有一天狮子外出时，幼狮迷路不慎走到母虎身旁。母虎本想咬死幼狮，但是转念一想不如让它和虎崽做伴，便收养在身边。母狮回来后发现幼狮失踪，大吃一惊，四处寻找，终于发现母虎正在给幼狮喂奶。母虎见到狮子，惊慌失措，正要逃窜时，母狮安慰道："如果我们一起住便可以互相照应幼崽，你看如何？"母虎欣然同意。于是它们为幼狮取名"善牙"，为虎崽取名"善搏"。幼崽双双长大后，它们的母亲不幸身患重病，临终时嘱咐幼崽道："你们虽然生有不同，但是同吃一奶长大，亲如手足。世上险恶，要小心提防不要被歹人的谗言所惑。"善牙外出觅食时捉到羚羊，总是饱餐一顿之后立即回洞休息，而善搏猎杀羚羊时筋疲力尽，吃饱后将剩余的羊肉藏

---

① 译文引自《四库全书》所收《法苑珠林》第93卷。——译注

匿好才回窝。有一天，善搏吃完剩肉后早早归来，善牙便问："你今天为什么回来得这么早？"善搏答道："我吃了事先藏好的剩肉。"狮子又问："你为什么储备剩肉？我每次都是抓获猎物后立即享用并不贮藏。"虎则说："因为你强我弱，我不得已才储备剩肉。"狮子说："那太麻烦。以后我们一起去打猎吧。"有一只狡猾的胡狼，总是跟随善牙后面捡拾残羹剩饭，现在虎和狮子一起出猎，胡狼得到的剩饭骤然减少，于是胡狼想出一条离间计，它垂耳俯首走到狮子面前说："那只老虎整天抱怨每天都吃残羹剩饭，总有一天要杀死狮子。"狮子听后便将二位母亲的遗训告诉胡狼，训斥它以后不要再胡说八道。胡狼听后低声嘟囔道："你不听我的忠告必有恶果。"在狮子的追问下，胡狼回答说："虎出洞后会伸懒腰打哈欠，然后巡视四方，再长啸三声，这样肯定是要杀你。"然后胡狼又到虎那里告发狮子，虎也同样说出母亲的遗言，不信胡狼的谗言。胡狼又把告诉狮子的话重复了一遍，告诫老虎，狮子对它不怀好意。其实，这一连串的动作都是狮虎出洞时的习惯，平时并不介意，经胡狼提醒，留心一看，果然狮子和老虎出洞时都做同样的动作，于是它们疑神疑鬼，各自怀疑对方对自己抱有歹意。狮子心里盘算，虎比我弱，怎么敢对我起杀心？一定另有蹊跷。老虎虽身形敏捷，但力不敌我，与我为敌真是自不量力。老虎也觉得事出有因。双方对质，才终于醒悟胡狼是挑拨离间的元凶，于是狮子杀死了胡狼。

这本书里还记载了另一个情节相似的有关狮子和牛的故事，只是结果不同，双方误中了胡狼的奸计，执迷不悟，相互争斗，两败俱伤。

日本自古以来认为胡狼是狐狸，笔者曾在《东京人类学会杂志》①中指出，胡狼与狐狸完全不同。胡狼英文名是"jackal"，由此转译成日语为"射干"或"野干"（见图3）。《松尾笔记》第六十四段中记述道："《曾我物语》等著作多称狐狸为野干，但是由于体形比狐狸小，《法华经疏》解释说野干是由野豻省略而来，《大和本草》风俗篇称狐狸为射干，但《本草纲目》中的狐狸无此别名，故二者不同。"《和汉三才图会》和《和名抄》②都记载："狐狸名木豆祢，乃射

图3 胡狼（野干）

---

① 参照第291期第325页。——原书注
② 全名为《和名类聚抄》，是一部词典，作者源顺，编撰于931年至938年，彼时正是平安时代中期。该书模仿《尔雅》，有10卷本和20卷本等不同版本。——译注

干,关中地区称野干乃语误,野干乃别兽。"《礼记·玉藻篇》中记载:"麛裘青豻褒绞衣以裼之。"注中解释为胡地的野犬,疏中则解释为"一解为狐犬",大概是外貌似狐狸的狗的意思。据《尔雅》注解,豻属虎科,《本草纲目》中记载:"豻,胡狗也,状似狐而黑,身长七尺,头生一角,老则有鳞,能食虎、豹、蛟、龙、铜、铁,猎人亦畏之。"在印度有一种野狗成群结伙围攻老虎,而鬣狗的牙齿据说十分坚硬,再有胡狼偶尔长角,这些事实混淆在一起就产生了上述奇谈。印度西北地区的迷信认为胡狼额头上长角,可以施隐形术,即使截断角,剃掉上面的毛仍会不断生长。[1]登纳特在《斯里兰卡博物志略》第三十六页登载了胡狼角的图画,据作者注释,当地土著人说胡狼只有头狼有角,长仅半英寸,表面长有茸毛。传说持有此角者可以心想事成,万一丢失或被盗,它也可以径自返回。将兽角和宝玉一起收藏可以防盗。持有此角者打官司必胜,即使原告屡诉屡败,如果在法庭上出示此角,也可以使对方改变口供,从而胜诉。

总之,自周代以来,中国就有名为豻的野狗出没,之后由印度传来胡狼偶尔有角的消息,于是就将胡狼译成射豻或野干。《博物新编》则译为豪狗。胡狼介于野狼与狐狸之间,生性狡猾,成群结伙将其他小野兽围困在荆榛中,堵住退路,在头狼叫声的指挥下一齐冲入荆榛,将猎物赶

---

[1] 参照《随笔问答》杂志(1883年)第3页。——原书注

出由伏兵负责抓获。之后，胡狼会将猎物藏匿于草丛中，巡视周围，确认附近没有其他野兽之后才开始进食。见到有人走近，胡狼会叼着椰子壳跑开，这样会使人误认为胡狼已经带着猎物逃走。等人走后，胡狼会返回来取出事先藏好的猎物慢慢享用，真是狡智百出。因此，佛教和阿拉伯故事中多讲述其诡计多端。据说《圣经》中描述的狡猾的狐狸其实是胡狼。所以，在中国和日本流传的关于狐狸的民间故事中有许多夹杂着胡狼的传说。芳贺博士曾经考证《今昔物语》引用佛经中讲述的狐狸也是胡狼。该书第四百四十九页引用《经律异相》中的一段："过去世近雪山下，有狮子兽王住，作五百狮子主。是狮子王，后时老病瘦眼暗，在诸狮子前行坠空井中。五百狮子皆舍离去，尔时有一野干见狮子王，作是念言：'我所以得此林住安乐饱满肉者由狮子王，今坠急处云何当报。'时此井边有渠水流，野干即曰：'以脚通水，水入满井狮子浮出……佛言狮子王我身是，五百狮子者诸比丘是，野干者阿难是。'"

故事中描述的胡狼感受到狮子的恩惠是因为胡狼经常尾随狮子老虎捡拾残羹剩饭。据鲍尔弗所著《印度事典》记载，夜晚胡狼咆哮的地方必定有老虎出没，年老体弱的胡狼既无法在狼群中生存，又不能单独觅食，只好跟随老虎游荡，看到离群走失的牛便报告老虎，等虎猎杀之后捡拾残羹剩饭。伍德曾经记述，人们常根据胡狼的叫声寻迹追踪到老虎，由此被猎杀的虎不计其数。《未曾有经》中讲像胡狼这样可恶至极的畜生绝食七日，心念十善后转生在兜率天。①拉采尔在《人类史》中记载，非洲的特布族人效仿胡狼将外族人的财产视为公有加以掠夺。

在佛教盛行的各国中流传着众多有关虎的笑话，在此略谈一例。克朗斯敦的《通俗小说的移化》第一章中引述了克什米尔地区的民间传说。织布工法茨有一天用纺锤一次打死了七只蚊子，号称武功盖世无双，于是便携带纺锤和干粮出外闯荡江湖。他来到都城，听说有一只大象肆虐，残害平民。为了铲除这只大象，当地的勇士多次出猎，但是无一生还。法茨听说后，心想："凭我一次打死七只蚊子的绝技，区区一只象对我来说如同踩死一只苍蝇。"他前去拜见国王，主动请战。国王认为他是疯子便阻止他，他不听劝阻，于是随他自便。更有甚者，他不听人们的规劝，连刀枪弓箭也不带，并夸下海口要大家看他如何用纺锤打败大象。城中的居民登城观望，当大象冲上来时，法茨已经吓破了胆，丢弃手中的纺锤和干粮行李，拔腿逃窜。他带的干粮不是一般的面饼，他的老婆对他早已失望，希望他此次外出永远别再回家，于是在干粮里下了毒药，为了掩盖真相又掺了许多香料和砂糖。当大象追赶法茨时，被面饼的香味所吸引，舔了一下，觉得味道香甜，便一口吞

---

① 欲界六天之第四。在须弥山顶，有内外二院，内院是弥勒的净土，外院是天人游乐的地方。——译注

下。当大象赶上法茨时，他自认已经走投无路，准备和大象决一死战。正巧此时毒性发作，大象瘫倒在地上。人们以为法茨会被大象压死，跑下城楼一看，法茨从容不迫地骑在大象的死尸上，对众人说大象实在不耐打，稍微拍一下就一命归天了。国王听报不敢怠慢，立刻拜他为元帅。这时又有一只猛虎在境内骚扰百姓，国王命令元帅带兵讨伐。法茨见到虎时，吓得魂不附体，爬到树上躲避。不料这只老虎很有耐性，在树下一连等了七天。事有凑巧，已经到了穷途末路的法茨在树上不停颤抖，手里宝剑不小心落下，插入虎口，老虎就此毙命。国王不知其中内情，以为他真是绝艺超群的猛将，便将艳如桃花的妙龄公主许配给了法茨。

萧齐所译的《百喻经》中有一个内容相似的故事。从前有一个刁妇图谋陷害自己的丈夫，当丈夫要出外做事时她便做了五百个饭团，并在其中下了毒药。丈夫没吃没喝，跋山涉水走了一天，夜晚露宿在荒山野岭。为了躲避野兽，他将饭团放在树下，自己爬到树上休息。当晚有五百个盗贼偷窃国王的五百匹马和各种金银财宝后来到树下，分吃了五百个饭团充饥，结果全部中毒身亡。第二天早上，那个男人从树上下来，用盗贼的兵器在死尸身上乱戳一阵之后，牵着马带上财宝来面见国王，禀报自己如何勇猛搏杀盗贼并夺回财宝的经过。国王派人查验现场，回报说群贼皆受伤而死。国王大为惊讶，便赐给他封地并加官晋爵，委以重任。国王的旧臣都大为不满，无法容忍一个外来的无名小辈一夜之间官居高位。那个男人听说后便挑战说："如果不服气，我们可以比试武艺。"但是无人敢应声。正巧此时有一只狮子为非作歹，人们吓得平日不敢出城。于是众臣商议并给国王献计说："既然那个男人武功高强，就应该让他去杀死狮子，为民除害。"国王赐给那个男人刀仗，命他去猎杀狮子。他不敢推托，只好硬着头皮出城，当狮子猛扑上来的时候，那个男人已经吓得魂魄出窍，蹿到树上时宝刀滑落，正好掉到狮子张开的血盆大口之中，狮子当即送命。国王不知内中详情，对男人加倍赏识，国中百姓从此也都俯首听命。

据谢菲尔德的《西藏故事》记载，古时候，湖畔的树林中住着六只兔子。有一天，一棵树倒下掉到湖水里，发出一声巨响，兔子吓得惊慌逃窜。胡狼看到后打听究竟，听说是地动山摇，便逃之夭夭。路上遇到猴子，猴子听说后也惊慌失措。就这样，一传十，十传百，羚羊、猴子、野猪、水牛、犀牛、大象、熊、鬣狗、斑豹等都望风而逃。虎从豹那里听到消息后传给狮子，狮子逃往山脚下时遇到了威风凛凛的狮王。狮王问狮子："你们身强爪利，为什么这样狼狈不堪？"狮子们回答有地动山摇之声。狮王问响声在何处，狮子无一能答对。狮王训斥道："混账！没有听到声音就跑，简直是一群废物！你们听谁说的？"于是狮子问老虎，老虎问斑豹，斑豹问鬣狗，如此追根究底终于找到了兔子。兔子理直气壮地说可以带它们去亲眼见识发出巨响的怪物。树林中的各种野兽这才发现是大树掉到水里，于是大家放心回去安歇。佛祖教诲说："不可轻信他人之言，必须亲自观察事物的真相。"真所谓风声鹤唳。

这个寓言是告诫人们不可凭空相信流言蜚语，在寓言中使用了递进式的表现形式，这种形式多见于格林童话、克朗斯顿以及其他的民间故事。在此列举克朗斯顿所记录的马达加斯加的一个故事。[①]一头野猪爬上树，风吹断了树枝，野猪掉下来摔伤了脚，于是大家认为树比野猪厉害；树则说风更强；而风则说山可挡风，比我强大；山则认为老鼠可以穿山。如此说来，猫克鼠，绳绑猫，铁割绳，火炼铁，水灭火，船压水，岩石胜船，人开凿岩石，巫师可操纵人，毒咒胜巫师，上帝克巫咒，一物克一物，侏儒由此领悟到上帝是最强大的存在。另据印度旁遮普邦的民间故事讲，从前有一只老孔雀喜新厌旧娶了一个新媳妇，结发之妻很伤心，外出时在乌鸦巢下避雨。乌鸦巢中有许多布片，染料溶在雨水中流下来，滴落在孔雀身上，雌孔雀瞬间变得五彩斑斓，高高兴兴地打道回府。新媳妇见到后很羡慕，追问是在什么地方打扮得如此漂亮。老妻告诉她是在染布店的染锅里泡过的。新媳妇听后大喜，立即飞往

[①] 据考证，这个故事出自 William Alexander Clouston 所著 *"Popular Tales and Fictions: Their Migrations and Transformations"*，见第146页。——译注

染布店，一头扎进了滚沸的染锅里，结果被烫得半死。老孔雀将新媳妇救出，衔在嘴上返回巢来，老妻见到后开怀大笑，老孔雀见状不由得怒吼道："老婆娘闭嘴！"于是，新媳妇从半空中落下掉在河里淹死了。老孔雀悲哀至极，拔掉了全身的羽毛，躲在树上痛哭。树也跟着伤心落泪，掉光了所有的树叶。水牛听说后失落了双角，到河边饮水时，河水奇怪牛没有角，听到水牛的叙述后，河水也伤心痛哭，由此河水也变咸了。杜鹃听后伤心得哭瞎了眼睛，店铺的老板听后伤心痛苦变得六神无主，王宫侍女来采购食品，店主心不在焉，一错再错。侍女打听原因后也极为伤心。回到王宫，皇后问其究竟，听到故事后伤心得捶胸顿足。王子则不停地击鼓撞钟，国王不断地弹琴。

日本也有类似的故事。近松门左卫门①所著《姬山姥》第二章中，荻野屋的八重桐与另一个艺伎纮卷太夫争夺情夫也使用了相同的递进手法。

---

① 近松门左卫门（1653—1724），江户中期的歌舞伎剧作家，原名杉森信盛，一生中创作了《国姓爷会战》《曾根崎鸳鸯情死》以及《情死天网岛》等著名的剧作。——译注

关于虎的迷信

《大英百科全书》中有关印度的条目中记述道:"现在虎主要栖息于喜马拉雅山麓、瘟疫流行的泰莱地区、人烟稀少的恒河三角洲沼泽以及中部高原的丛林地带。虎喜食鹿、羚羊、野猪,当野兽数量充足时不会骚扰家畜,可控制危害农作物的各种野兽数量的增长,居民一般认为虎是保护神。"白井光太郎[1]博士曾经说:"古人早已懂得保护有益动物,利用它们驱除危害农作物的有害动物,并不一律排斥虫蛇禽兽,将狮子奉为神兽,将蛇供为神虫并昭示世人,这绝不是起源于迷信。"[2]现在在和歌山地区大兴土木修建神社,滥伐树木,致使许多益鸟丧失栖息之地,从而销声匿迹。于是害虫大量滋生,遍及田野,县郡的地方官慌忙下令张网捕捉麻雀,而且夸大事实谎报说一次可以捉八百至一千只之多,实际上麻雀要比地方官聪明得多,它们会散开飞行,吃光大面积的农作物。相比之下,在英国保护鸟类的呼声日益高涨,伯克朗德曾说:"只有先保护鸟类才能保护好田林,人类无论制定什么样的田林保护法都不如自然界的鸟类清除害虫、鹰类驱赶害禽有效。"如果偶尔

---

[1] 白井光太郎(1863—1932),日本早期推动植物病理学研究的专家,1886年毕业于东京帝国大学理科大学植物学科,毕业后在东京农林学校任教,1890年就职于东京帝国大学农科大学,直至1929年退休。——译注

[2] 参照《日本及日本人》(1911年11月1日)第5页。——原书注

被鹰或猫头鹰偷吃了一只鸡雏或一条金鱼绝不可生气，就算是为神仙多上了一炷香。在田边地区，人们抓光了狐狸，于是野兔猖獗，破坏农作物的生长，其危害胜过狐狸十倍。自古以来，中国人就知道动物有益于耕作，在腊月祭祖的同日祭祀谷物之神，而且犒赏农夫、监工以及有益的禽兽。《礼记》称赞这是"仁至义尽"。另外还有子贡观蜡的故事。据《论语》记载，子贡观于蜡，孔子曰："赐也乐乎？"对曰："一国之人皆若狂，赐未知其乐也。"子曰："百日之蜡，一日之泽，非尔所知也。"孔子讲百日劳苦而有此蜡，农民终年勤劳耕作，现在只让他们一日饮酒欢乐，这是作为人君的恩泽，非你所知，其言意大。在休息日不仅是农夫，连各种益兽也受到犒赏，古时的君子懂得用之必报。养猫为捕田鼠，护虎为抓野猪，虎可以防止野猪危害庄稼，因此虎和猫在祭祀中受到特别重视。日本供奉狼为山神的原因是狼可以阻止野猪和鹿破坏庄稼。

可是，随着时代的发展，人与野兽的生活圈的距离日益接近，因此人受到野兽的危害也越来越严重，对野兽的恐惧心也越来越强，于是将野兽供奉为神兽，为躲避危害献上家畜也是顺理成章之事。《大英百科全书》中有关印度的条目还说："虎一旦伤人就会成癖，危害极大。"吃人的老虎多是年迈高龄不能远涉觅食之辈，吃人并非饥饿而是性情嗜杀。曾经有过一只虎三年内残害一百零八人以及年平均伤害八十人的事例。由于有虎出没，十三个村庄的村民失去家园，方圆二百五十英里的土地荒芜的事例并不罕见。1896年有一只虎曾经残害了一百二十七人，为此数周内路上断绝人迹，直到有个英国人偶尔路过此地枪杀了为非作歹的老虎才解除了虎患。这些虽然都是以前发生的较为罕见的事件，但足以使印度人惧怕虎并产生各种迷信。同一书中有关图腾崇拜的条目指出，印度教有湿婆及其妻子杜尔伽二神，皆与虎有缘，而且在土著各族中都有崇拜虎的风俗。一般的湿婆像腰缠虎皮，以虎为印号，杜尔伽右脚踏着狮子背。尼泊尔有老虎节，信徒们披着虎装手舞足蹈。河内以及中国东北地区的居民也相信虎神。印度的贡德人和廓尔喀人都信奉虎神，比尔族人也以石头或虎像的方式祭祀虎神。曾经有一个英国人看到两个比尔人在树丛里对着虎神像咒骂道："我已经施舍了豆子、肉羹和鸡，你却咬死了我的水牛。"另一个人则叫道："我供奉了三只鸡和一只山羊，你却抓走了我的孩子，你也太贪心了！"[①] 神仙到了这种地步也同日本的官吏一样，毫无威风可言。

印度德干高原的洛塔人仅有八百人，这个民族的男人汗毛较重，专以蓄养水牛榨取牛奶为业。据传说讲，以前老虎白天放牛，晚上回村。一天虎空腹难耐，非常恼火。傍晚赶着水牛回村的路上遇到猫，求猫分给它一点食物。猫讥笑老虎说："放着牛不吃，你实在太蠢了。"以前虎夜

---

① 参照鲍尔弗《印度事典》第3卷。

里总是睡在村里，当晚偷吃了一头水牛便去了森林，自此以后虎便开始吃水牛了。[①]据同书记载，以前洛塔人路上遇到虎会行礼，洛塔族的妇女被虎咬之前会跪下向虎顶礼膜拜。印度的桑塔尔人坐在虎皮上发的誓是最庄严的誓言。这个族的人认为虎是他们的祖先。以前日本和歌山地区的小孩子赌咒发誓时经常会说父母头上长三棵松，大人听了不明白是什么意思。其实这个誓言是说："如果不守信，父母就会暴死，埋入坟墓会长出三棵松树。"

《渊鉴类函》第三百二十卷中引述《河图》列出五方之神的名字，其中有"西方白帝，神名白招拒，精为白虎"。《文选》中讲到汉朝有神虎殿，《山海经》中的昆仑山神陆吾是"虎身九尾，人面虎爪"，这个神仙还掌管天庭九部和天帝的动物园。《神仙传》中还记载："东郭延者，山阳人也。服云飞散，能夜书。有数十人乘虎豹来迎，比邻尽见之，与亲友辞别而去。云诣昆仑山。"昆仑山的山神是虎与人的混种，可以自由驱使虎豹。我以前在南肯辛顿博物馆任职期间研究过贝克福德购回的大量密画彩色道教神像，发现其中有许多画着龙和虎的神像。从《山海经》中的记载也可以得知，自上古时代以来中国就有许多虎身或虎头的神仙和怪物。例如《吕览》所载的和山吉神泰逢司之，其状如人而虎尾，出入有光，能惊天动地呼风唤雨。《西游

[①] 参照里弗斯《洛塔人》第431页。——原书注

记》中也有许多虎怪，可见中国人早已关注虎的存在。

苏门答腊岛的居民认为人死后灵魂托生为虎，所以听到虎的名字都会敬畏。如果不是面临被虎袭击或家人朋友受到虎所伤等危急情况，即使有重金奖赏也不会打虎。欧洲人设下捕虎的陷阱，晚上土著人会到那里低声祷告说："这个陷阱不是我们所设，而是白人们不听劝告擅自设下的，与我们无关。"这一切似乎是向老虎汇报一样。① 在爪哇，虎不伤人时人们尊称虎为祖父或老先生。许多村庄附近都有虎出没，村里的人死了，人们都认为死人转生为虎，以死者的名字为虎命名。村里的居民猎到野兽之后会将剩肉喂虎，虎为村民保持生态平衡。但是一旦危害人畜，村民就会齐心协力打杀这只虎。② 在中国，被虎吃掉的人的灵魂被称为"伥鬼"，人们认为伥鬼会做虎的向导再来伤人，而且还会剥掉死者的衣服。印度也有同样的迷信。③ 据兰特所著《越南民俗迷信记》记载，越南有一种迷信认为伥鬼会模仿弃婴的哭声，将行人引向虎出没之处，尤其会带虎来到自己亲人的住所，所以被虎残害的家人会在房门上贴一个强大的护符避难，被虎咬死的尸体不能埋葬在家族的墓地里。每到正月，丛林地区的村民要杀一头猪，贴上盖有村庄标记的敬神符放在树林中等虎来吃，否则当年村里

---

① 参照马斯顿《苏门答腊史》第292页。——原书注
② 参照拉采尔所著《人类史》第1卷。——原书注
③ 参照《日本及日本人》（1914年第1期）第232页。——原书注

的人就会受虎残害。

在亚洲有像塞诺人那样将虎奉为图腾的民族。所谓图腾，是个人或一个民族群体将动物或植物崇拜为祖先或认为与其有某种因缘，这种现象被称为图腾崇拜。图腾崇拜产生的原因众说纷纭，至今未有定论。根据图腾崇拜的迹象可以推断出该民族的祖先有图腾制度，简而言之，禁止猎虎，禁食虎肉，喜爱养虎，保存虎的遗骨，为死虎悲伤，厚葬死虎，惩罚不敬虎者，以虎像为标记和徽章，相信虎会助人，穿着虎皮装，以虎命名等，都是祖先有图腾制度的迹象。因此，从亚洲各民族的风俗可知其祖先多有图腾制度。

例如孔子的时代有个名叫阳虎的人，高辛氏之子叫伯虎、仲熊、叔豹、季狸等。日本虽不产虎，但以虎命名者很多。这是因为生年属虎，和图腾崇拜无关。加藤清正幼名虎之助，大矶虎女也是因为虎年出生才得此名。高丽国产虎，早有虎助人的传说。《日本书纪》第二十四章中记载，据高丽的学僧讲，同学鞍作得志曾经以虎为友，学得巫术，或变荒山为绿岭，或变黄土为白水，种种奇术无穷无尽。虎授予他一根神针，用此神针可治百病，但叮嘱他务必慎用，不可让他人得知。果然正如虎所言，神针无病不治，鞍作得志随身携带此针，时常藏于房柱之中，后来虎折断柱子收回了神针。高丽国得知得志要返乡，于是将他毒死。文中所讲到的虎大概是崇拜虎的巫师装扮成虎行医。东晋李暠任凉州牧时曾微服私访，路上遇见一只虎，虎旋即变成人，李暠正准备用弓箭射杀，虎赶上前说此地风水不好，君之子孙命该做西凉王，希望君赶快迁都到酒泉。于是李暠迁都酒泉，建立西凉国。这大概是算命先生装扮成虎。《本草纲目》中记载有貙虎、貙人或貙氓的名称。前者是虎变成人，后者是人变成虎。中国、印度、马来半岛等产虎的地区都有人变成虎的迷信。日本也有道照和尚入唐亲眼看到高僧变成虎的传说。总之图腾崇拜以及貙人、貙虎的迷信是构成崇拜虎的风俗的重要因素。在中国，不光是人，连北斗七星那样的神仙也会变成虎。

中国古代的神仙以虎为宠物或坐骑的例子多见于《列仙传》。希腊的酒神狄俄尼索斯忌讳猫头鹰，但喜爱海豚、蛇、驴、虎、野猫、斑豹。[1]据古代传说，这个神仙曾经征服过印度，因此喜爱虎也是可想而知的。在去印度之前，大地女神为他举行了灌顶仪式。女神出生后被遗弃，由花豹抚养成人，平日出入乘坐狮子。此外虎为体现神佛的真理而惩罚恶人的事例也很多。据《渊鉴类函》记载："扶南王范寻常畜虎五六头鳄鱼六头，若有讼未知曲直，便投与鱼虎。鱼虎不噬则为有理。秽貊之人，祭虎为神，将有以也。"又"天宝中，巴人伐太白庙大松，有老人止之不听。乃登山呼斑子，俄群虎出噬巴人"。又"嘉陵江侧有妇人，

---

[1] 参照史密斯的《希腊罗马人传神志字典》第1卷。——原书注

年五十已来，自称十八姨，往往来民家不饮不食。每教谕人做好事。若为恶事者常令猫儿三五个巡检汝来，语毕遂去。或奄忽不见。民间知其是虎化皆敬而惧之"。梁代释宝唱所著《比丘尼传》第二卷中有"静称，本姓刘，名胜，谯郡人也。戒业精苦。诵经四十五万言，寺旁山林无诸嚣杂，游心禅默永绝尘劳。曾有人失牛推寻不已，夜至山中望寺林火光炽盛，及至都无。常有一虎随称去来，称若坐禅蹲踞左右，寺内诸尼若犯罪失不时忏悔，虎即大怒，悔罪便悦"。同书第一卷中讲道："明感，本姓朱，高平人也。世奉大法经，为虏贼所获，欲以为妻，备加苦楚，誓不受辱。谪使牧羊经历十载，怀归转笃反途莫由，常念三宝兼愿出家。忽遇一比丘就请五戒，仍以观世音经授之，因得习诵昼夜不休，愿得还家立五层塔。不胜忧念逃走东行，初不识路昼夜兼涉，径入一山见有斑虎，去之数步，初甚恐惧，小却意定心愿逾至，遂随虎而行。"在虎的引导下，他终于回到家中。智者大师的《观世音义疏》中写道："晋惠达，凶年掘甘草为饿羌人所掳，彼之辈从肥者食，故达与一小儿留。明日必为之所食，达称名诵经，近晓羌人引出时跳出一虎，使诸羌人奔逃，达与小儿得免，此乃心诚所致。"

在洛刚所著《柔佛巴鲁的塞诺人》中，伯阳是既懂医术又通晓经文的神人，既可治病也可以使人生病。他出入乘坐老虎，故而人们认为虎吃人是因为冒犯了伯阳。据

1832年考察印度曼尼普尔邦的格兰特大尉说:"朱昂族人认为虎不会伤人,即使虎走到身边也并不惧怕。但是虎一旦伤人,十之八九会继续为非作歹,为此村民只有举村迁徙避难。他们不懂得虎尝到了吃人的甜头才连续伤人,误以为是触怒了土地神,当虎初次吃人后,他们会祭神;再次吃人后,他们则认为无法请土地神息怒,便只好搬迁。"里弗斯在《洛塔人》中指出,洛塔人相信经过某些特殊地区时必须用手捂面并向四面顶礼膜拜,否则会被虎吃掉。另外,洛塔人认为创生了水牛和洛塔人的是现在的魔王,即比齐神之子翁。他的儿子普依伯有一天为了捞取掉在水里的戒指而被淹死,翁不忍心儿子独自一人流落冥府,便召集世人、水牛和树木宣布告别人世准备前往冥府陪伴儿子,但是阿桑丹人和阿尔索尔水牛以及一些树木没有到场,于是大神翁怀恨在心。自那时起,阿桑丹部落的人便受到巫咒的困惑,阿尔索尔水牛会遭到老虎屠杀,那些树木也只结苦果。

这些都是虎代替神灵实施惩罚的传说,除此之外还有民间传说表明死后也要受到虎的折磨。据《马来半岛异教民族篇》第二百二十二页介绍,塞芒族人认为酋长死后会变成虎。塞芒族人以前会用一根烧焦了的木棒放在毒蛇和老虎尸体的上面或兽嘴的前面,或者用木炭触摸虎的条纹,以此避免死后被虎折磨。同时他们也相信虎和蛇会震慑地狱里的恶人。佛经中讲述奸污了严守戒规的净行童女和善比丘尼的不法之徒死后会落入地狱被烈火焚烧,死前阳具

图4 吃鬼兽

萎缩嵌入粪门，而且还会看到地狱的惨境，受尽痛苦煎熬。例如不能贪色，否则会遭遇凶猛异常的雄狮和猛虎，听闻恶虎咆哮，极端恐怖。生前为非作歹以残害他人为乐趣的歹徒死后会落入地狱，被火牙狮子折磨无数次。这只狮子獠牙喷火，一旦被咬住，要受撕裂和烧灼双重痛苦。此外还有豺狼、铜狗、铁鸟等种种折磨罪人的动物。[1]埃及不产虎，因此在其传统宗教中没有虎而多狮子。著名的阿尼的莎草纸画[2]中有一幅画着阿努比斯神奉地狱判官奥里西斯神的命令，将死者的心脏与象征诚实的翅膀放在天平上称重，旁边坐着"吃鬼兽"（见图4）。阿努比斯神身体像人，头似

---

[1] 参照《正法念处经》第10、第11章，《经律异相》第49章。——原书注
[2] 作于公元前1500年至前1400年的古代埃及的《死者之书》，书中记载了为死者复活及永生的咒文和祈祷文，现保存在大英博物馆。——译注

胡狼，因为胡狼多在墓地里吃死尸，所以被认为是陵墓的守护神和司掌木乃伊之神。"吃鬼兽"是鳄鱼头、狮子身、河马尾，如果死者的心脏与象征诚实的翅膀重量相同，死者的灵魂将升入天堂；如果死者罪行累累，天平上放有死者心脏的那一端就会下沉，于是死者就会被"吃鬼兽"吞下，灵魂落入地狱受苦。[1]

1914年2月刊《太阳》杂志上刊载的《汉族南下问题》一文曾经阐述，孔子对死后的灵魂一向置之度外。但是在中国古代，对死后的灵魂世界并不是漠不关心，有事例为证。周末战国时期，宋玉凭吊屈原之灵的楚辞中有这样一段："魂兮归来！东方不可以讬些。长人千仞，惟魂是索些。十日代出，流金铄石些。彼皆习之，魂往必释些。归来兮，不可以讬些。魂兮归来！南方不可以止些。雕题黑齿，得人肉以祀。以其骨为醢些。蝮蛇蓁蓁，封狐千里些。雄虺九首，往来倏忽，吞人以益其心些。归来兮，不可以久淫些。魂兮归来！西方之害，流沙千里些。旋入雷渊……玄蜂若壶些。五谷不生……求水无所得些。彷徉无所倚……魂兮归来！北方不可止些。增冰峨峨，飞雪千里些。归来兮！不可以久些。魂兮归来！君无上天些。虎豹九关，啄害下人些。一夫九首，拔木九千些。豺狼从目……悬人以娭，投之深渊些。致命于帝……魂兮归来！

---

[1] 参照马伯乐《文明拂晓》第191页，巴齐《地狱经》以及《埃及诸神谱》。——原书注

君无下此幽都些。土伯九约……叁目虎首，其身若牛些。此皆甘人，归来！恐自遗灾些。"十返舍一九的滑稽小说《安本丹》中提到，死人的灵魂再打也不会死，不但不会死，还有可能被打活。古代中国人和近世的南洋岛民惧怕死者的灵魂被怪兽吃掉之后，死者的身心会完全消亡，无法再生或无法升入极乐世界。而佛教认为即使罪大恶极落入地狱的死者也可以再生，两者截然不同。萨摩亚岛的居民相信死者的灵魂会吃掉以前死人的鬼魂。[①] 更有趣的是据《风俗通义》记载，虎可以吃掉鬼魂。"上古之时，有神荼与郁垒昆弟二人，性能执鬼。度朔山上有桃树，二人于树下简阅百鬼，无道理妄为人祸害。神荼与郁垒缚以苇索，执以食虎。于是县官常以腊除夕，饰桃人、垂苇茭、画虎于门。皆追效于前事，冀以御凶也。"在日本，一般在5月祭祀钟馗，而在中国，这种祭祀一般在腊月举行。明代刘若愚所著《酌中志》第二十卷中记述辞旧迎新的仪式时说："室内悬挂福神、鬼判、钟馗等画像。"这是年末驱除穷鬼之意，大概源于钟馗以腊祭祀神荼、郁垒兄弟之说。

---

① 参照沃茨和格尔兰共著的《未开化民族志》第6卷。——原书注

关于虎的民俗

上一节阐述了对于虎的迷信，本节论述有关虎的民间风俗和习惯。在中国等地，有将虎骨及器官入药的习俗。印度马拉巴地区[①]的居民认为，虎的左肩上有一处不长毛，将此处的皮或骨取下口含可以治疗胃热。印度人认为虎肉是治疗痘疮这种疑难病症的唯一良药。[②]越南人认为虎身上有一根骨头可以随季节移动，这根骨并非所有的虎都有，凶猛异常的猛虎才有。如果随身携带这根骨，弱者也会变强，心里会有主心骨。因此人们争相求购。[③]这根骨在中国被称作"威骨"，是附在虎肩骨上的一根小骨，据说佩戴在身上可以增威。印度人也以此骨为贵。越南人还认为虎须有毒，杀死虎之后必定焚烧虎须。将虎须烧成灰给他人服用，可以使对方患咳嗽症，但没有生命危险。如果将虎须插在竹笋上，虎须会化作毛虫，将毛虫的毛与粪便烧成灰会形成剧毒，可以用来毒杀敌人。越南人认为虎王的皮毛呈白色，绝不伤人，有神力，隐居在神山。普通的老虎要献上各种野兽肉，一般的虎如果不伤人，乃有神力，为虎中仙。即使饥饿难耐，宁愿吃土，也绝不吃人。其他则属于伤人的老虎，人们会毫不留情地打杀这种虎。当虎落入

---

① 现为印度南部的喀拉拉邦。——译注
② 参照玛利亚的《东方游记》。——原书注
③ 参照兰特《越南民俗迷信记》。——原书注

陷阱时，人们一时难以分辨是神虎还是伤人虎，这种情况一律打杀。他们认为虎能听懂越南语，会在丛林中偷听人们如何议论自己，因此人们会用甜言蜜语接近老虎，趁其不备将其打死。另外，越南人相信人被虎伤是前世的因果恶报，在劫难逃，即前世曾吃过虎肉或前世是猪狗之类的动物。阎王故意让这些动物降生在讨厌的人家里，因此虎伤人早已有定数，他们会将树枝抛向空中，以树枝落下的方向来占卜虎的去向。柬埔寨人认为虎出洞时虎尾会无意识卷曲，人们可以从虎尾尖的方向预言虎要去哪里。[1]

传说认为虎嗜好卜卦，不但自己占卜，还会遍访看相师。例如《搜神后记》中记载："丹阳沈宗，以卜为业。义熙中有一人著皮袴，乘马，从一人，亦著皮袴来诣宗卜，云：'西去觅食好？东去觅食好？'宗为作卦。卦成告之，东向吉。因就宗乞饮，内口著瓯中，状如牛饮。既出，东行百余步，从者及马皆化为虎。自此以后，虎暴非常。"《南史》曰："（齐沈僧）又尝校猎，中道而还，左右问其故，答曰：'国家有边事，须还处分。'问何以知之？曰：'向闻南山虎啸知耳。'俄而使至。"这是人以虎啸声来预测国事的事例。防州地区[2]的居民相信，如果明知朝向"熊尾"出行，会遭遇杀身之祸，而无意中朝向"熊尾"出行，则有

---

[1] 参照艾摩尼埃所著《柬埔寨人风俗迷信记》。——原书注
[2] 古时称为"周防国"，现为日本山口县东部地区。——译注

不测之灾。这一天要忌出行，更忌乘船。"熊尾"在子、辰、申之日指北方，以后依次顺时针转向。如果当日往返，则出行无碍。① 这里所指的"熊尾"是以熊尾的方向占卜的传说，还是依照西洋的习惯将北斗星称为大熊星，以大熊星转动为熊尾，笔者不得而知。

《本草纲目》中记载："虎者阳物，百兽之长，能辟鬼魅。令人卒中恶病，烧皮饮之，或系衣服，亦甚验也。主治疟疾，辟邪魅。"笔者以前听大阪的老药商说："男女在虎皮上云雨，两人都会精力虚脱，只有服用熊胆汁才能复原。"笔者对此深感怀疑，曾多次跃跃欲试，亲身体验是否属实，无奈手中没有虎皮，一直不能如愿，各位读者如有此物，恳请赐借为盼。《本草纲目》还记载："虎膏主治狗啮疮，纳下部，治五痔下血。服之，治反胃，煎消，涂小儿头疮白秃。"此方倒可一试，但虎膏比虎皮更稀少名贵。古时佛祖在王舍城②时，六群修行僧将狮、虎、豹、豺、熊的油脂涂在脚上，来到圈养象、马、牛、羊、驴的舍厩中，群畜嗅到猛兽的气味，挣断缰绳惊惶逃窜。修行僧以此吹嘘自己威德无量，神力无比，诸居士痛骂修行僧仅仅是模仿猎人，并在佛祖面前揭穿他的骗局，于是佛祖惩罚了修行僧。③

---

① 参照1913年12月刊《乡土研究》杂志第627页。——原书注
② 古代印度中部马迦达国的首都，频婆娑罗王、阿阇世王的居城。——译注
③ 参照东晋译《十诵律毗尼序》下卷。——原书注

艾摩尼埃说柬埔寨人相信远古时猫曾经向虎传授了狡猾与跳跃之术，但是保留了掩埋粪便的秘诀，所以虎至今仍嫉恨猫。柬埔寨人还认为虎无缘无故闯入村庄是传染病流行的凶兆。熊野地区的居民认为狼喜欢痘疮的气味，夜里会偷偷窜入痘疮流行的村庄，寻找病人。《山海经》中有这样一段文字："又西三百五十里，曰玉山，是西王母所居也。西王母其状如人，豹尾虎齿而善啸，蓬发戴胜，是司天之厉（灾难）及五残（残杀之气）。"由此可知，古代中国人也认为流行病与虎豹有关。《渊鉴类函》中记述虎可以使人生病，"清源人陈褒，隐居别业，临窗夜坐。外即旷野，忽闻人马声。见一妇人骑虎自窗下过，径之屋西。室内壁下先有一婢卧，妇人即取细竹杖从壁隙中刺之。婢即云腹痛，开户如厕。褒方骇愕，未及言，婢始出已为虎所搏，遽前救之仅免。乡人云村中恒有此怪，所谓鬼虎者也"。骑虎的女鬼用手杖戳人使之腹痛，外出时遭遇虎害，属于前一节所讲的伥鬼之类。瓦尔赫斯曾听印度的猎人说过，曾经有一只虎在科因巴托尔地区伤人无数，肆虐成患，当地悬赏打虎，但无人响应。人们说这是曾经被虎吃掉的婆罗门族的僧人之灵骑在虎身上为它指路，躲避猎人的围捕。有个猎人立志打虎扬名，便攀上村外的高大树木之上，持枪等候虎的出现。夜里见到丛林中有一条亮光闪现，定睛细看，只见虎头上有亮光闪烁，猛虎的身影依稀可辨。当虎走近巨树时，猎人已经吓得魂不附体，无法扣动扳机。

后来他回忆说一生从未见过如此凶猛的虎。①

捷克蒙在《1828年至1832年印度纪行》中记述，印度人前往加德满都朝圣时，用扁担挑着行李，为了震慑猛虎，在行李上绑上红色布条。难道这种雕虫小技可以护身保命吗？《西京杂记》中记载："有东海人黄公，少时为术，能制蛇御虎。佩赤金刀，以绛缯束发，立兴云雾，坐成山河。及衰老，气力羸惫，饮酒过度，不能复行其术。秦末有白虎见于东海，黄公乃以赤刀往厌之，术既不行，遂为虎所杀。"《吕氏春秋》中讲："单豹好术，离俗弃尘，不食谷实，不衣芮温，身处山林岩堀，以全其生，不尽其年，而虎食之。"即所谓养蛇反倒被蛇咬。印度的贡德人每村都有一位施展方术的人，以法术镇虎，防止它伤人。霍人杀死虎之后，必定拔取虎须作为护身符。②洛塔族人丢失水牛时，术士偷偷捡拾三块石头趁黑夜前往牛舍，并将虎牙绑在祖先的神主像上，祈祷能以此震慑熊与豪猪。然后将三块石头裹在布片里藏于屋脊下，认为这样做第二天水牛会自行返回。即使水牛在树林中迷路，只要将石头藏在屋脊下就会平安无事。牛回来之后要将石头丢弃。③据斯基特和布拉克顿共著的《马来半岛异教民族篇》中记载，普来族人有两个制服老虎的咒语。其中一个是口诵加重身体的咒语，虎便在出没的森林动

---

① 参照1894年12月刊《民俗学》杂志第296页。——原书注
② 参照1895年6月刊《民俗学》第209页。——原书注
③ 参照里弗斯所著《洛塔人》第267页。——原书注

弹不得，而且会讨厌人头，前后爪好似拴在石头上，人们便会受到坚如铜墙铁壁似的保护。

据该书记载，马来半岛上有个土著民族认为家犬和青蛙是虎的祖先。普来族人相信最初虎身上没有条纹，生长在河岸边上的树的果实落下时打在虎的身上，形成了条纹。《本草纲目》中讲："海中有虎鲨能变虎。"1846年，康宁大尉所著《印度罗塔克游记》中讲述，在现今阿格拉堡的所在地，从前克里安·昌德王打猎时见到一只兔子逃入树林变成了虎。这是非常吉祥的预兆，它显示外邦人误以为这个国家像兔子一样懦弱，当他们来征伐时才发现实质上强大如虎。于是国王决定在此地定都。兰特的《越南民俗迷信记》中记载有一种猴子面貌似人，容貌俊美，年老后则会变成虎。

《本草纲目》中记载："越地深山有治鸟，大如鸠，青色。穿树作巢，大如五六升器，口径数寸，饰以土垩，赤白相间，状如射侯。伐木者见此树即避之，犯之则能役虎害人，烧人庐舍。白日见之，鸟形也。夜间其鸣，鸟声也。时或作人形，长三尺，入涧中取蟹，就人间火炙食，山人谓之越祝之祖。"[①]《和汉三才图会》认为这是日本的怪物天狗，另外有人认为是山怪，原本是鸟却能千变万化，还会驱使虎来害人，且与天狗和山怪手段不同，总之是福井县

---

① 原文出自干宝所著《搜神记》。——译注

地区特有的迷信。

鸟与虎有关联的迷信还有其他事例。伯芒·斯其本斯说马来半岛的塞芒族人怀孕后，孩子的父亲事先会以住宅周围的树名为婴儿起名字。婴儿出生时，接生婆会高声呼叫婴儿的名字，并将胎盘埋在为婴儿命名的树下。孩子的父亲要在树上刻下印记，标志着一个新的生命降生在人世。这棵树绝不能采伐，孩子长大成人之后也不会砍伐与自己同名的树木，不吃这种树结出的果实。如果是女儿，长大以后怀孕生子时要祭祀自家附近的同名的树木，用鲜花绿叶装饰树干。这时附有婴儿灵魂的鸟会飞落在树上等待女人将自己杀死并吃掉，这只鸟会紧紧跟随女人，而且只会选择与女人同名的树枝歇息。这只送魂鸟是女人的母亲怀孕时飞来的托魂鸟的后代。万一女人没有在怀孕期间吃掉这只送魂鸟，那么婴儿就会流产或夭折。如果捕杀这只鸟时，鸟不慎落在虎乳菌上，新生儿就会有残疾。虎乳菌属于地下生长的硬菌类，与茯苓和雷丸相似，其中附有虎的灵魂。雌虎产子之后食用此菌，灵魂才会与幼虎合体。因为雌虎每胎必生雌雄一对幼崽，因此这种菌中也孕育着一双鬼魂。当孕妇捕杀送魂鸟时，如果鸟落在菌上，虎的鬼魂便附在鸟身上，孕妇吃掉之后，虎的鬼魂进入胎儿体内引起魂灵的争斗，致使胎儿残疾或流产。但是人的灵魂最终一定会战胜虎的鬼魂。在这种菌中托生的虎魂并不是死虎转世，而是天神栽种的。

另据传说虎的鬼魂在产妇分娩时会来骚扰，要招方士镇妖降魔。[①]同书还介绍贾海族人相信酋长的灵魂死后托生为虎、鹿、猪、鳄鱼，而且该书还刊载梅尼族人传唱的老虎唱诵的滑稽歌谣。他们相信虎有自己的歌谣。塞芒族人相信虎与蛇关系密切，以前虎害人时，神用柏树枝赶走了老虎，自此以后虎便同神作对，企图灭绝柏树。这时蛇做虎的帮凶，犀鸟为神助阵。当犀鸟啄住蛇准备将它抓走时，正巧神也赶来，鸟想向神打招呼，不小心将蛇滑落在地上。神用脚踩住蛇头，让鸟去追踪虎。经过神脚踏后，蛇头呈扁平状，被鸟啄后，蛇颈出现了斑纹。自此以后，犀鸟见到蛇必啄食，见到虎必尖叫驱赶。所以塞芒族人射虎时用的弓箭一定使用犀鸟的羽毛做箭羽。而且梅尼族的术士相信将名为"虎草"的小草碾碎涂在胸前可以战胜虎。这种草的叶子有虎皮斑，因此术士才会涂在身上。塞芒族人引诱虎的方法有两种，一种是将草丛中吸血的木蛭剥下放在屋外烧死，虎闻到血烧焦的气味会赶来。另一种是虎嫉恨中途召回上山打猎的人，必定追到村里来杀这个人。

智者大师说《山海经》中记载的《金光明经文句》的释舍身品中，有从幼虎头上有七个斑点可知生后经过了七天的说法，但笔者在《山海经》中未曾见到。这种说法究竟是出自印度，还是来自中国，还是智者大师自己炮制的，不得

[①] 参照斯基特和布拉克顿共著的《马来半岛异教民族篇》第3至第5页。——原书注

而知。

印度西北部有一种风俗，认为前窄后宽的房子是牛面，前宽后窄的房子是虎面，牛面为吉，虎面为凶。[1]佛祖第二世祖阿难[2]的本名叫"舍头谏"，其意为虎耳。与此相同，日本历史上也有以虎命名的著名人士，男英雄是加藤虎之助，女豪杰是大矶虎女。在此补充两点说明。

首先根据《曾我物语》的第四章记载，大矶虎女的母亲是大矶的富豪，父亲曾经是流落关东地区的伏见大纳言实基。大矶虎女是一夜夫妻的产物。关于大矶虎女的生年，《异本曾我物语》以及《东鉴》[3]等文献众说纷纭。据笔者考证，《异本曾我物语》为虚，《东鉴》为实，大矶虎女并不是虎年出生，而是因为在寅时出生才得此名。

其次加藤清正之子加藤忠广幼名虎藤丸，[4]这个名字来源于他是藤原氏的后裔，而且父亲的幼名是虎之助，《常山纪谈》等文献描述虎藤丸是个迂腐之辈，但笔者根据曾亲眼见过虎藤丸的英国人的日记以及游记考证，虎藤丸是个文武双全的奇才。

---

[1] 参照《旁遮普随笔问答》第16章。——原书注
[2] 又名"阿难陀"，是提婆达多的弟弟，释尊的堂弟，十大弟子之一，被称为"多闻第一"，也是十六罗汉之一。侍奉佛祖二十余年，释尊坐化后，成为教团领袖之一。——译注
[3] 《东鉴》即《吾妻镜》，是日本的一本编年体史书。全书共52卷（缺第45卷），用变体汉文和日记体裁写成。——译注
[4] 参照古桥又玄《清正记》第3章。——原书注

兔

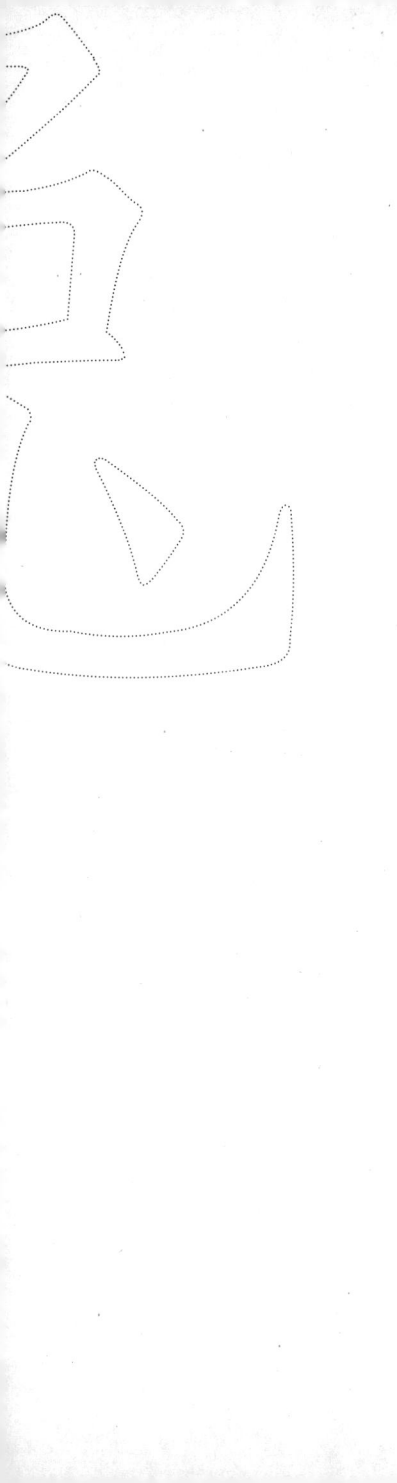

兔子分野兔和家兔。野兔英语称为"hare",德语称为"hase",拉丁语称为"lepus",意大利语称为"lepre",西班牙语称为"liebre",阿拉伯语称为"arnb bry",土耳其语称为"tavsan",梵语称为"舍舍迦"。据德国人莫廉道夫讲,在北京称之为山兔、野兔或野猫儿。笔者幼时在和歌山地区听到的摇篮曲中唱道:"打火石山的兔子,吃了竹叶耳朵变长。"这个故事可能来源于梵语"舍舍迦"。之所以称其为野猫儿,大概是认为野兔是食肉动物野猫的儿辈。据说挪威的野兔能在积雪下捕食鼷鼠,[1]与此相同,也许北京的野兔也能捉老鼠。在日本一般称作兔子或野兔,古代在和歌中曾用过"窃露"这一名称。[2]家兔英文称作"rabbit",法语是"lapin",德语是"kaninchen",意大利语是"coniglio",西班牙语是"conejo",这些名称都源于拉丁文"cuniculus"。在

---

[1] 参照萨西《随得手录》(1867年)第3章。——原书注
[2] 参照《本草启蒙》第47章。——原书注

英国以前也曾经称为"cony",而在日本,因为是外来品种,所以称为"南京兔"。

兔子有许多种类,除了澳洲和马达加斯加以外,世界各地均产兔子,但南美洲较少。日本的野兔学名是"lepus brachyrus",栖息在北方高山上,冬季皮毛蜕变为白色的是"lepus. timidus ainu"[①];北京附近的兔子是"lepus tri";琉球地区的是"pentalagus furnessi",其耳朵和后脚比野兔生得要短,比较接近家兔。据帕金斯所著《亚比西尼亚[②]旅居记》(1853年)介绍,当地所产的兔子既不像野兔也不像家兔。家兔同野兔种类不同,其学名为"oryctolagus cuniculus"。野生的家兔比野兔体形小,耳朵和后腿较短,头骨小且轻。另外野兔的幼崽出生时即有视力而且全身有毛,出生后可以独立寻找食物,无须母兔照料,所以野兔的窝很浅。相比之下,家兔出生时既看不到周围的东西,皮肤也不长毛,需要母兔照顾,因此母兔要深挖洞之后才产子。据赫秦的《家兔》介绍,家兔原产于西班牙,希腊、意大利及以东地区没有家兔。古代犹太人未曾见过家兔,因此在《圣经》中没有任何记载。英译本《圣经》中提及的家兔实际上是岩兔,这是从希伯来语译成英语时产生的错误。岩兔外表和家兔相似,但骨骼和身体构造与兔类完全不同,而与大象和河马等

---

① 译者对照当今的动物学资料无法确认原文相应的学名,因此采用定论的学名。以下北京的兔子学名相同。——译注
② 亚比西尼亚是埃塞俄比亚的旧称,以下为行文方便均译为现代名称。——译注

有蹄兽同属一类。岩兔有几个种类，原产于非洲[1]和叙利亚，栖息于岩石缝之间，十分聪敏，聚集时会有哨兵专门瞭望警戒，而且可以十分敏捷地攀岩上树。前后脚外表看似爪子，实际上是蹄子，同犀牛的蹄子极为相似。[2]野兔和家兔吃食的方式不同。比如吃芜菁时，野兔和老鼠先咬掉外皮只吃里面的果实，而家兔连皮带肉一起吃。另外，野兔并不区分根和茎叶，而老鼠先从根的四周吃起最后才吃中心，家兔则从根的一侧开始啃食。[3]

据斯特拉波[4]介绍，从前，地中海的马略卡岛和梅诺卡群岛的居民曾因家兔繁殖过剩、农作物受害严重而请求罗马赐给新土地，让居民移居，随后当地居民从非洲引进了鼬獾以便铲除家兔。老普林尼也曾说过巴利阿里群岛因家兔群体数量激增，致使农作物受到毁灭性的打击，当地居民上书请求奥古斯都皇帝派军队帮助清剿。日本也曾经多次有过猎人杀光了狐狸导致野兔肆虐，严重困扰农家生活的事例。家兔的繁殖能力极其旺盛，在古代只是栖息在地中海地区的各国，19世纪初在苏格兰，家兔还极为少见，但是现在不仅是苏格兰，连英格兰和爱尔兰，家兔都肆虐成患。在澳大利

---

[1] 图3是原产于南非的岩兔。——原书注
[2] 参照伍德《博物画谱》第1卷。——原书注
[3] 参照赫秦《家兔》第6页。——原书注
[4] 斯特拉波（Strabo，前64—前23），希腊历史学家、地理学家，被誉为"地理学之父"，著有《地理学》等。——译注

亚和新西兰，最初人们为了打猎或养殖，人为地引进了家兔，但是不久家兔数量暴增，远远超过当地的原产动物，严重危害农作物。为了根绝兔患，人们利用各种手段，但至今仍未达到目的。笔者以前作为苦读书生，曾在英伦漂泊九年，由于澳洲和新西兰的兔肉罐头物美价廉，经常以此作为佐餐佳肴，与之相比，花费在啤酒上的钱却不断增加。

在日本，养殖家兔已经有数百年的历史，但没有因繁殖过剩而产生兔患，一是自然条件不适合家兔繁殖，另一个原因是天敌较多。虽然家兔没有肆虐成患，但是自古野兔危害居民的事例屡见不鲜，为此古书中记载许多预防兔患的妙计。例如《中陵漫录》第五章记载："兔多喜食荞麦苗，所过之处好似用镰刀收割一样，其他的草木也全部被吃光。为防兔患，只有取山下黏土，以水拌和，灌溉于田内，泥水黏附于茎叶之上，兔则不食。泥水虽黏附于茎叶之上，但不妨碍麦苗生长。以此法施于苗圃周围二三畦，兔则不入。兔不知深入圃内觅食。羽州米泽深山之中，山农多用此法避山兽之害。"与此相比，《甲子夜话》[①]第十一卷中的记述更为奇特，书中讲："在平户，因兔入麦田为害，为避此害，农夫多于田边立一木牌，牌上写兔曰此乃狐之所为，如此兔则不入。"文字的意思是狐狸见到木牌的文字会生气，追究兔子

---

① 肥前平户藩主松浦静山著。文政四年（1821）十一月十七日甲子之夜起稿，故名《甲子夜话》。分3篇共278卷，撰写长达20年。书中笔录了地方大名的趣闻和市井轶事等。——译注

图1 野兔

图2 家兔

图3 岩兔

撒谎的责任，兔子则不再危害庄稼。农夫互相传授都用此法，虽可笑但立牌后兔害即止，实在不可思议。英国也有许多名为"兔径"的村庄和田野，据说是因为野兔成群结队经过此处而得名，野兔经过后留下的痕迹比家兔明显许多，日本的"菟道"等地名大概也来源于此。

中国有一种跳兔，又名"蹶鼠"的动物，据莫廉道夫讲属于"pedetes capensis"，与兔子同属啮齿类动物，但亲缘关系较远。《本草纲目》中记载："跳兔头目毛色皆似兔，而爪足似鼠，前足仅寸许，后足近尺，尾亦长，其端有毛。一跳数尺，止即蹶仆。"跳兔英语称作"spring hare"，后腿很长，外貌和习性同澳洲的袋鼠相似（见图4）。《孔丛子》记载："北方有兽，名蹶者，常假足于蛩蛩巨虚，食得甘草，必啮以遗蛩蛩巨虚。二兽见人来必负蹶以走。"二兽背蹶逃走，并非为了保护蹶，仅为了得到甘草而已，而蹶为二兽提供甘草也只是为了要借它们的腿。这和日本与英国结盟一样，只不过互相利用罢了。据《山海经》记载："天池之山，其上无草木，多文石，有兽焉。其状如兔而鼠首，以其背飞（用其背上毛飞，飞即仰也），其名曰飞鼠。"这个动物可能就是跳兔。

自古以来，无论是东方还是西方，对于兔子都有许多错误认识。例如《本草纲目》指出："《礼记》谓之明眎，言其目不瞬而了然也。"这虽是事实，但认为兔子没有脾脏则未必正确。书中还记载兔子臀部有九个孔，我平时对各种事物

图4 跳兔

比较关心，经常做周密调查，但对于动物臀部有多少孔则不得而知。据陈藏器讲："兔尻有孔，子从口出。故妊妇忌之，非独为缺唇也。"臀部有肛门并不奇怪，但是这段文字特别指出兔子肛门周围有几个孔。笔者曾经请教过猎人，据说兔子生完幼兔之后会剥下腹部的兔毛覆盖幼兔。人们比照牛反刍的事例以为兔子从嘴里吐出幼兔。中国人相信孕妇吃兔肉生出的孩子要么长痔疮，要么经常呕吐，要么是裂唇。《埤雅》中写道："盖咀嚼者，九窍而胎生，独兔雌雄八窍。"另据《博物志》记载："兔舐毫望月而孕，口中吐子。"所谓"雌雄八窍"是指兔子与鸟类相同，生殖和排泄共用一个器官，这大概是因为兔子的生殖器外表不明显。王充在《论衡》中讲："兔吮毫而怀子。"《楚辞》中曾出现过"顾兔"一词，注释说："天下兔皆雌，惟顾兔为雄，故望之以禀气，是以顾兔为月兔之名矣。"因此流传着仰望仲秋月的明暗推算兔子出生数量的说法。日本古时也认为兔子是八窍，与鸟类相同，可用于祭祀那些忌讳兽肉的神仙，亦可日常食用，且计数时使用的数量词也与鸟相同。

古希腊罗马的学者以及犹太学者都认为兔子兼有雌雄两性，故将兔子作为淫秽不净的象征。[1]据布朗说，这似乎是因为雄兔和雌兔的生殖器附近有排泄分泌物的特别腺体，形状酷似睾丸，而且肛门附近有多个小孔，因此误认为兔子雌雄同体。基于这种误解，人们认为兔子向后排放小便。据科尼利厄斯·保罗所著《美洲土著人研究》（1772年）第二卷第九十七页记载，雌性野兔和家兔的阴蒂很长，酷似雄兔的阴茎，于是人们误以为兔子雌雄同体。中国人的看法与此相似。据《南山经》和《列子》记述："类自为牝牡，食者不妒。"文中提到的"类"，据《本草纲目》讲是指灵狸。《嬉游笑览》第九章中说："异物志云灵狸一体，自为阴阳。"这也是将灵狸下腹部释放气味的腺体误认为是雌雄同体的事例。与此相似，自古以来在欧洲和非洲盛传豺狗是雌雄同体的兽妖。布朗还说兔子怀孕时仍然不停交尾，可以再次受孕，因此人们认为兔子也是妖兽。亚里士多德、希罗多德[2]、老普林尼早已指出这是兔子繁殖速度快的原因。另据《本草

---

[1] 参照托马斯·布朗《俗说辨惑》第3卷第17章。——原书注
[2] 希罗多德，公元前5世纪希腊历史学家，出生在小亚细亚，曾游历各国。著有《历史》一书，有"历史之父"之称。——译注

纲目》记述:"《主物薄》云,孕环之兔怀于左腋,毛有文彩间色,至百五十年,当转环于脑,能隐形。人不复见矣。王廷相《雅述》曰:'兔以潦为鳖,鳖以旱为兔。荧惑不明则雉生兔。'"真可谓是奇论。《竹生岛》的谣曲中有"绿树影沉鱼攀树,月浮海上兔逐波,真乃奇观"这样的歌词。据查《南亩莠言》上卷,这段歌词是从建长寺僧人自休和尚的以竹生岛为题的诗改写的。该诗的第五、第六句为"绿树影沉鱼上树,清波月落兔奔流"。我曾经以为兔子被赶入海或者被抛入急流时会立即溺死,于是认为上述的诗句仅仅是虚构,但是佛经中将佛门弟子比作涉水渡河时浮在水面上的兔子。伍德的《博物画谱》第一卷也描述兔子为逃脱猎犬追踪会跃入河流或湖水中,长距离涉水之后再上岸,而且有时为挣脱狗的追赶,不惜奔入波浪翻滚的大海中。由此看来,谣曲的歌词和诗句并不是无稽之谈。

如上所述,兔子危害庄稼,兔肉可以食用,因此自古以来各国都有猎兔的历史。《渊鉴类函》第四百三十一卷记载:"后羿猎于巴山,获一兔大如驴,异之,置椑中。中途失去,椑掩如故。羿夜梦一人,冠服如王者,谓羿曰:'我鹓扶君,为此土地神,而何辱我?我将假手于逢蒙。'是日,逢蒙弑羿而夺之位。兔曰鹓扶,自此始也,至今土人不敢猎取。"还有后汉刘昆弟子常有五百余人,每春秋飨射,备列典议,以素木瓠叶为俎豆,桑弧蒿矢,以射兔首,并率悬宰(即部下)观看。辽国风俗三月三日以木雕为兔,分朋走马射之,因此这一天被称为"陶里桦"(射兔)。这大概是为了避免兔害而模仿射兔的动作。天主教教士毕嘉[①]在1688年至1698年奉康熙皇帝之命巡游西鞑靼,当时写作的游记之中[②]记述了康熙帝为和俄罗斯人议和而派遣的代表团一行在迦勒加地区[③]猎兔的情景。步兵三四百人携带弓箭将猎物团团围住,正使、副使以及诸位高官在圈中骑马射兔,不足三个小时便猎杀一百五十七只之多。兔子为了逃避密如雨点的弓箭,窜到四周的士兵脚下,士兵用脚将兔子踩死并踢回圈内。有的兔子拖着受伤的腿在箭雨中不停地逃窜,士兵们站在四周用棍棒或猎枪以及猎犬围堵兔群,防止它们逃出围外。自文政元年(1818)起,每年二月和九月,长崎地方官以猎兔为名率领部下列队游街,[④]结束之后也许大家还要喝上一杯。《渊鉴类函》第四百三十一卷还记载,张璠汉记曰:"梁冀起兔苑于河南,移檄在所调发生兔,刻其毛以为识,人有犯者,罪至刑死。"到底为什么这么爱护兔子不得而知。英国詹姆斯二世执政时期曾经流行穿皮衣,连贫民也不例外,但是贫民没有钱只好穿兔皮衣,于是伦敦周围骤然增加了许多兔子饲养场。[⑤]

[①] 毕嘉(G. Gabiani,1623—1694),意大利耶稣会士。——译注
[②] 参照阿斯特列《新编纪行航记全集》第4卷第676页。——原书注
[③] 经译者查原著,该地名为Kalka。1223年,蒙古军曾在迦勒加河大败钦察、罗斯8万联军。——译注
[④] 参照《甲子夜话》第64卷。——原书注
[⑤] 参照萨西《随得手录》第1章和第2章。——原书注

《礼记》中有"脊兔去尻",大概是因为从外表上看兔子有多个排泄粪便的肛门而使人觉得很肮脏。关于兔肉的药效和毒害,《本草纲目》中有多种记述,例如,"陶弘景曰:'兔肉为羹益人,妊娠不可食,令子缺唇。'"日本的《调味故实》中记载,妇女自怀孕至生产一百二十天之内忌食兔肉。瑞典民间迷信孕妇看到楔子打入木桩时的裂缝或兔子的头部,生出的孩子必定是裂唇。瑞典人还制定了许多孕妇忌讳的守则,比如孕妇如果在锯台下走过,新生儿的哭声会像拉锯一样;如果吃了有花纹的鸟蛋,生出的孩子脸上就会长满雀斑;如果吃了鸡蛋,孩子的皮肤就会像鸡皮一样粗糙;如果触摸了猪,孩子会像猪一样哼哼;如果看到失火现场或受伤的马,孩子会长痣斑;如果嗅到腐烂尸体的气味,孩子喘气会有臭味;如果在坟地踩到腐烂的棺材,新生儿会患癫痫病等,真是千奇百怪,五花八门。[①] 但是孕妇如何做才能生出海量的酒豪则只字未提。达文尼埃所著《波斯纪行》(1676年)中曾经记述拜火教信徒因为兔子和松鼠像女人一样有月经来潮,所以绝不食用,不知是否属实。

据《抱朴子》记载:"采女丹法,以兔血和丹与蜜蒸之,百日,服之如梧子者大一丸,日三,至百日,有神女二人来侍之,可役使。"这种药方简直荒唐。两个仙女自愿送上门来,如果家里缺少保姆帮忙倒不妨一试。欧洲也有类似的故

---

① 参照洛德《瑞典小农生活》(1870年)第90页。——原书注

事。大阿尔伯特①的《秘诀》讲，人如果随身携带兔子的四只腿和黑鹁头就会刀枪不入，连死也无所畏惧。如果绑在胳膊上便可随心所欲去任何地方。如果配上黄鼬的心脏喂狗，狗会变得异常凶猛，宁死也不听人使唤。②不知养这种狗派何用场？美国黑人相信生吃兔子的脑髓能增强脑力，将兔脑晒干磨成粉末摩擦牙龈，长牙时不会感觉到疼痛。③陈藏器曾说："（兔肉）久食绝人血脉，损元气阳事，令人痿黄。"此言如果属实，好色之徒肯定会敬而远之。兔肉可以防治痘疮的说法在中国早已有之。④笔者幼年在和歌山的家乡时曾用兔腿瘙痒，兔腿密毛丛生，家姐化妆时曾用它涂脂粉。佩皮斯在1664年1月的《日记》中写到，听说随身携带兔腿不会发生因胆结石等引起的腹痛，觉得很好笑便尝试了一下，没想到果然有效。真所谓心诚则灵，护身符和巫术对于无神论者也起作用。对于此种现象，玛亚斯在《人类性格篇》中解释说，这是由于人们的潜在意识不自觉地感受到后在患部产生作用。笔者天生喜爱喝酒，几年前曾听到一个戒酒的偏方，即当夫人苦劝戒酒淌下眼泪时，取三滴放在布片上，将布片揣在衣袖里即可见效。笔者尝试了一下，果然立竿见影。

---

① 大阿尔伯特（Albertus Magnus，1200—1280），德国神学家，多明我修会的修士，以博学著称，号称"全能博士"。——译注
② 详见克兰·布朗奇《妖怪事典》第4版第283页。——原书注
③ 参照《老兔巫术篇》第207页。——原书注
④ 详见《本草纲目》第51卷。——原书注

据老普林尼的《博物志》第八卷第八十一章记载，曾经有人尝试以兔毛织布，结果发现并不柔软，而且易折断，没有实用价值。这对于不做深入研究只是一味奖励养殖家兔的政府官员应该引以为戒。《盐尻》[①]第三十卷中讲："某记曰永享七年十二月，天野民部少辅远干于其领内秋叶山猎获一兔，由信州林某献给德川将军。同八年正月三日，德川将军新年赛歌时以此兔为羹。自此松平家每逢岁首皆以兔为羹，林氏又献款冬，此乃款冬之兴始也。"林某的手法很巧妙，新年伊始朝廷官员都要举办庆典和宴会，可以借此推销兔子和款冬。日本没有与兔子有关的游戏，在英国有一种名为"野兔与猎犬"的游戏。一个年轻人扮作兔子首先出发，在途中各处藏匿一些东西，余下的人则扮成猎犬追踪搜索，他们为了便于奔跑都穿着运动衣，不分季节，一般定为周六下午在野外开展此项运动。但是由于运动量过大，大多数人都不能坚持到底。[②]

《今昔物语集》中讲到大和国有以杀生为乐之徒，将活兔的皮生剥后放生到野外，不久兔子毒疮遍及周身，腐烂至死。已故朗曼兹曾经说过，"人类特别是少年和土著人以及猴子和猫都有虐待其他动物取乐的秉性"。比如猫捉到老鼠以后并不马上吃掉，而是故意放在爪下不断玩耍，以此为

---

① 《盐尻》的作者是天野信景（1663—1733），他是尾张藩士，自幼研习朱子学，《盐尻》涉及日本史、地理、文学等。——译注
② 参照哈茨利特《信仰与民俗》（1905年）第1卷第305页。——原书注

乐。至今在日本，仍然有少年甚至是成人将螃蟹的眼睛和小腿拔掉，只剩两只钳子，看螃蟹如何行走，或者在苍蝇的背上插入仙人掌的刺，然后让它们赛跑。另外警察拘捕女犯后刨根问底地盘问一些与案件无关的事，和歌山前知事川村竹治毫无理由地撕毁与国会和县议会的约定，擅自拆毁笔者家族数百年代代供奉的祖庙等，这些行径都如同法国的吉尔·德·雷男爵奸杀多名幼女一样，都是将自己的快乐置于他人的痛苦之上的行为。正巧最近英国格拉斯哥市的出版社经伦敦大学前校长弗莱德里克·维克多·希金斯推荐前来约稿要出版笔者的自传，于是笔者将川村竹治的恶行逐一列举，让他在国外臭名远扬。总之，这个世界仍然充斥着残暴之徒，远没有达到文明开化的境界。即使再小的昆虫都是一条生命，玛亚斯在《人类性格篇》中谈到狗也有灵魂，笔者也曾研究过灵魂，有所心得，但遗憾的是从没有亲眼见到过离开肉体的灵魂。假设人有灵魂的话，那么畜生也应该有相应的鬼魂。《渊鉴类函》第四百三十一卷中有司农卿杨迈遇到兔子幽灵的故事，《法苑珠林》第六十九卷中记述有王将军生性喜爱杀生，于是女儿患怪病喘息如兔鸣，不治身亡的逸事。

《治部式》一书从中国古籍中筛选了各种吉兆，其中赤兔最佳，白兔次之。赤兔到底为何物，本人没有亲眼见过，但自汉末以后民间流传着"人中吕布，马中赤兔"的说法，以此赞誉名驹，由此推断大概天生红色皮毛的兔子极为罕见，所以尊为上品。《渊鉴类函》中记载："后魏书，有兔入于后宫。检问门官，无从得入。太祖令崔浩推其咎征。浩以为当有邻国贡嫔嫱。明年姚兴来献女。"此文主要讲的是白兔是肤色白皙、容颜美丽的少女到来的先兆，而且这种吉兆还会降临到孝子的家里，于是就有"王者恩加耆老，则白兔见"的说法。古人认为赤兔是帝王德政昌盛的结果，《古今注》中的"成帝建平元年，山阳得白兔，目赤如朱"，这种白兔并非像日本越后地区的兔子那样冬天下雪后才变白，而是指天生的白毛兔。谁都知道家兔中白兔较多，这种白兔是在明代崇祯皇帝的时候才由海外引进到中国，之后再传到了日本的。[1]古时候，人们并不认为黑兔子吉祥，石勒[2]执政时期人们开始认为黑兔是水德的吉兆。老普林尼曾经讲人们认为白兔因为冬季吃了雪才变白，果真如此的话，兔子早就绝种了。刘向撰写的《说苑》第一卷中讲到弦章回答齐景公时说："尺蠖食黄则其身黄，食苍则其身苍。"无论东西方学者都曾认为动物的身体颜色源于所吃的食物。但是早在古代就有先知察觉到动物的身体颜色是所谓的保护色。唐代段成式在《西阳杂俎》中指出："成式书斋前每雨后多颠当[3]，巢深如蚓穴，网丝其中，土盖与地平，大如榆荚，常仰捍其盖，

---

[1] 参照《本草启蒙》第47卷。——原书注
[2] 石勒（274—333），五胡十六国后赵的高祖，出生于现在山西省羯族部落，由贼首领归顺后成为前赵的将领，329年推翻了前赵朝廷后占据了华北，继而称帝。——译注
[3] 颠当是指一种地蜘蛛，身长12到18毫米，头大，身体呈红黑色。——译注

伺蝇蠖过，辄翻盖捕之。才入复闭与地一色，并无丝隙可寻也。"这段记录了段成式的日常观察，同书归纳说："凡禽兽，必藏匿形影同于物类也。是以蛇色逐地，茅兔必赤，鹰色随树。"这段概述非常卓越，具有前瞻性。1894年，笔者发现这篇文章后便翻译刊登在《自然》杂志上，为东亚人争得了名誉。那时我住在伦敦的陋室斗屋之中，当时的驻英公使河濑真孝以及使馆秘书内田康哉闻讯后，便通过我的同乡熟人中井芳楠①邀请我去使馆赴宴，虽然我当时婉言谢绝了，但是对于二位官员的爱才之举深表佩服，他们与前文所述的川村竹治有天壤之别。老普林尼的《博物志》第八卷第三十五章有蛇与土同色为隐其形，第九卷第四十八章载有章鱼随巢穴的环境不同而改变颜色的记述。

《本草启蒙》中写道："兔生性狡猾，栖息之处窟穴非一道。"猎人以烟火熏一道则由他道逃出，故《战国策》曰："狡兔有三窟，仅得免其死耳。"兔子的后腿长，所以奔跑迅猛，其毛色与土地、青草等环境很接近，而且极其狡猾，据学者说兔子的狡诈程度要超过狐狸。例如野兔懂得猎犬追踪的特性，可以用极巧妙的方式奔跑来掩藏踪迹，有时向前奔跑长距离之后再沿原路折返数百英尺，然后突然横向跳跃隐身在草丛中。猎犬不知其中有诈，穷追下去，

---

① 中井芳楠（1853—1903），出生于和歌山，是明治时期的银行家和教育家，1885年毕业于庆应义塾后在和歌山的藩校执教。1880年进入横滨正金银行后被派驻伦敦，任分行长。此时与南方交往甚密。——译注

兔子便趁机向相反方向逃离。并且，野兔逃跑时会选择适合自己而不适合猎狗的地形，非常机智。[1] 于是美国黑人相信吃了兔子肉能像兔子一样机警和敏捷，[2] 非洲班图人的民间故事中形容兔子是动物中最狡诈的家伙，但是抄录这个故事的欧洲人误译兔子为狐狸。[3]

俄罗斯的民间故事讲兔子嘲笑幼熊时向熊吐口水，母熊愤怒赶来要教训兔子，兔子飞快逃脱，而熊却掉进了陷阱。蒙古的传说讲在一个月光明亮的十五之夜，兔子和羊结伴出游，路上遇到野狼，狼要吃羊的时候，兔子灵机一动，谎说自己是帝释天的使臣，来猎取千张狼皮，狼听后惊慌逃走了。日本的民间故事《打火石山》也讲述了兔子以智慧战胜狐狸的故事。《五杂俎》第九卷记载："狡兔遇鹰来扑，辄仰卧，以足擘其爪而裂之，鹰即死……鹰遇石则不能扑，兔见之，辄依岩石傍旋转，鹰无如之何，则盘飞其上，良久不去。"《伊索寓言》有一个故事讲家兔被老鹰叼走幼兔之后，盛怒之下连根拔掉了大树，摔死了老鹰巢中的幼雏。印度有兔子将狮子骗入陷阱的故事，这个故事还讲到，月亮湖边住着一群兔子，兔王号称"葬王"。由于象群踩死了许多兔子，兔王非常愤怒，对象王说月亮厌烦大象。象希望去面见月亮，于是兔子随象群来到湖畔，指示映在湖水中的月影。象

---

[1] 详见伍德前述的著作。——原书注
[2] 参照欧文前述著作第230页。——原书注
[3] 详见华纳《英属中非土著人篇》（1906年）第232页。——原书注

王将鼻子插入湖水准备向月亮道歉时，平静的水面不停地摇曳，月影骤然间增加了许多。于是兔子对象王说你扰乱了湖水的宁静，月亮更加恼怒了，象王诚惶诚恐，率领群象逃离了此地。自此以后兔群重新过上了安居乐业的生活。①

由于兔子富于智慧，许多民族将兔子奉为神明。《古事记》中有兔神，熊野地区至今仍称兔子为"巫伴"，当地人认为狼是山神，顾名思义兔子是侍奉在山神左右的女巫。《抱朴子》中说："山中卯日称丈人者兔也。"中国和日本都认为兔子是神仙，忌讳直呼兔名。前文已经讲述了兔神让逢蒙弑杀后羿的故事。南美奇楚亚人相信，大兔神率领诸兽在水上定居，从大洋海底采来沙粒创造了陆地，将诸兽造化为人，但是身为水魔王的虎神拒绝变化成人，于是二神争斗至今仍未平息。②居住在北美的阿尔刚津族认为兔神是至高无上的神明，有的说兔神住在东方，有的说住在北方，而人死后会前往兔神的住所。③佛教药师十二神中有兔神，《大集经》第二十二卷中有"（净道窟中有一兔）初游行，以声闻乘教化一切兔身众生"④，讲述兔子中有兔佛。《宝星陀罗尼经》第三卷记载："（佛入首楞严三昧）所有事

---

① 参照戈佩尔纳其斯《动物谭原》（1872年）第2卷第8章。——原书注
② 详见前述的克兰·布朗奇著作第284页。——原书注
③ 参照《大英百科全书》第11版第2卷。——原书注
④ 据查，引用文有误，原文应为"七月一日鼠初游行，以声闻乘教化一切鼠身众生"，文中讲述的不是兔，而是鼠。——译注

象事龙事阿修罗，乃至所有事兔神者，彼等众生即见如来，同兔形相威仪在道而行。"由此可以推测当时印度可能有尊奉兔子为图腾的民俗。"虎"一章中已经阐述过，所谓图腾是相信本民族与某种动物有密切的渊源，将这种动物奉为本族的神灵的习俗。笔者几年前曾在《人类学杂志》上撰文，说明日本传说中的诸神的侍从多是崇拜这个神的氏族的图腾。例如兔子是气比宫或白山神的仆从。罗马的恺撒攻打英国时曾记录有的百姓不吃兔子、雄鸡、鹅，这种风俗延续至近代，据说饲养兔子的人宰杀兔子之前要向它禀告其中原委，之后兔子就会自尽。在罗森海姆，每到9月22日，村民们都用红线绳扎在兔子身上作为装饰，歌唱赞颂圣女亚加莎的圣歌列队游街。未婚女子见到后会伸出左手的拇指和食指，口中念念有词说："姑娘，姑娘，将她埋葬在这里。"具体含义不甚明了，但是可以肯定这是古时以兔为图腾厚葬兔子流传下来的遗风。①

公元62年，驻留在英国的罗马士兵攻打波阿地西亚女王，并奸污了她的两个女儿，因此波阿地西亚举兵抗击，女王首先放出宠物兔子，观察兔子的跳跃姿态算定此战必胜。众臣倍受鼓舞，奋勇征战诛杀罗马官兵七万人，但最终还是惨败，女王也服毒自杀。甘邦由此得出结论说古代不列颠人以兔子作为图腾用于占卜。不过当时的罗马人同

---

① 详见甘邦《作为历史科学的民俗学》第287页。——原书注

样也将兔子用于占卜而不食用。[1] 笔者对于这种占卜方法没有研究，但据老普林尼《博物志》第十一卷第七十三章介绍，博洛尼亚附近的兔子有两个肝脏，迁移到其他地方就失去一个肝，罗马人似乎利用兔子的这个特性来占卜。阿博德在《马其顿民俗》第一百〇六页指出，阿尔巴尼亚人的一个民族绝不宰杀兔子，也不愿触摸死兔。信奉基督教的国家有在复活节互赠彩蛋的习俗。在英国的约克郡，人们将彩蛋放入鸟巢中藏匿于户外，让孩子们去寻找。在施瓦本，人们将彩蛋和兔子藏在一起称之为兔蛋。在德国各地，人们则大多制作兔子形状的蛋糕。日本古代也有一种叫作"伏兔"的点心，听说外形很像兔子，但是笔者没有亲眼看见过。复活节起源于盎格鲁-撒克逊时代祭祀曙光女神。这让我联想起兔子是这个女神的仆从，库克斯曾经说过复活节可能是史前英国的居民在春季大祭隆重祭奠兔子的遗风。[2] 古埃及人认为天神威普哇威特是人身兔子头。这是因为埃及人将清晨旭日东升比喻为兔子跳跃。[3] 对此，一直以为兔子只与月亮有缘的东亚人会感到很奇怪。据库克斯介绍，古代雅利安人的神谱将春天的太阳比作红色和金色的鸡蛋，当基督教兴起时便将鸡蛋作为复活的标志。在

---

[1] 参照前述的哈茨利特的著作。——原书注
[2] 详见《民俗学入门》第102页。——原书注
[3] 详见巴齐《埃及诸神谱》第1卷。——原书注

古代的欧洲和埃及都有将太阳比作兔子的文化传统，这与将太阳比喻成鸡蛋的文化结合，便产生了今天在复活节这一天互赠兔蛋以及制作兔子形状的蛋糕的风俗，这大概是为了表达冬季微弱的阳光到春季恢复灿烂之意。笔者的一位老友曾说，在德国的许多地方，农民在这一天大多猎杀兔子举办歌舞野餐会。一般人们敬奉图腾动物忌讳食用，不过尽管乌贼是南洋岛民的族神，但他们并不忌讳食用。①与此相同，德国人也不介意宰杀作为图腾的兔子，塔斯马尼亚人②也曾有绞杀并吃掉年老双亲的习俗，这可能是肥水不流外人田的缘故。萨西的书中曾讲有个葡萄牙的青年被狼群围困，他急中生智爬到树上才脱险，为了纪念，青年伐倒了这棵树，只留下树墩表示谢意。卡尔纳冯伯爵听闻此事，在目睹树桩后说："为了表达谢意，英国人会永远保存这棵树而葡萄牙人却伐倒它，真是地区不同风俗各异。以后这里的人无论遇到任何灾难，我们都不会伸出援助之手，帮了忙结果却遭杀身之祸，得不偿失。"德国人宰杀世代守护本民族的族神，用兔肉做祭奠的野餐行为也是同出一辙。尽管如此，日本人也没有资格嘲笑德国人，笔者胸怀一颗赤子之心长期在穷乡僻壤艰苦度日，倾尽家财研究

---

① 参照《大英百科全书》（第9版）"图腾"条目。——原书注
② 塔斯马尼亚人是澳大利亚东南塔斯马尼亚岛的土著人，自1825年起，白人实施种族灭绝计划，这个岛的居民也由原来的数千人逐渐减少，终于在1876年消亡。——译注

生物长达十四年，但是结果却遇到诸如川村前知事那样的谎话连篇、独断专行的官吏，受尽凌辱，有过如此遭遇的人并不在少数。

据民俗学者介绍，世界各国都有一个风俗，即在收割谷物时都要在田地里保留少许庄稼，这起源于敬畏大地之神的思想。例如德国人称大地为谷物之母、母亲、麦子新娘、燕麦新娘，英国人则称之为收获女王、秋收贵妇人等，收割完毕后用麦秆编制成野兽的形状，或者将野兽的雕像装饰在田地里。这种标志谷物精灵的野兽多种多样，在欧洲各国以兔子像为最多，原因详见弗雷泽[①]的名著《金枝》。格佩戈纳其斯曾说月亮女神洛其娜指使兔子守护女人生产。鲍桑尼亚[②]的著作中记载月亮女神向人面授机宜，让他们在兔子逃进的森林中建设了流浪人的露营地。印度古时昌德王打猎时见到一只兔子逃入树林变成了虎，国王断定这是吉兆，预兆显示外邦人误以为这个国家像兔子一样懦弱，当他们来征伐时才发现实质上强大如虎。于是国王决定在此地兴建阿格拉堡。英国少女相信在每月第一天说第一句话时，如果高呼白兔的名字，这个月就会交好运。如果在

[①] 弗雷泽（James Frazer, 1854—1941），英国人类学家、民族学家、宗教史学家。生于格拉斯哥，先后在利物浦大学及剑桥大学任教。1914年受封为爵士。1920年当选为英国皇家学会会员和英国科学院院士。著有《金枝》《图腾与族外婚》《对永生的信仰与对死者的崇拜》等。——译注

[②] 鲍桑尼亚是2世纪后半叶希腊的地理学家，曾经旅游各地，撰写了长达10卷的《希腊介绍》，这是了解希腊鼎盛时期的重要历史资料。——译注

烟囱下呼叫效果最好，贵重礼物会随之而来。[1]日本的《古事记》中有大国主神从他的兄弟那里救出了饱受煎熬的兔子之后得到善报的故事。以上这些都是认为兔子是吉兆的事例，相反认为兔子是凶兆的事例也不少。如前所述，这是因为人们认为兔子兼有雌雄两性，生性淫乱，或者认为兔子生性懦弱。[2]除此之外，信奉兔子为图腾的民族相信兔子现身预兆凶信。[3]所有国家和民族的风俗以及信仰都是经过长年累月，经历了无数的灾难，久经曲折才形成的，因此很难确切指出每一个风俗及信仰的起源和成因，只能说人们认为兔子兼有雌雄两性生性淫乱或者生性懦弱或者信奉兔子为图腾，才认定兔子是凶兆。

笔者认为除了以上的原因之外，兔子极其狡猾的特性也是其被视为邪恶之物的一个原因。据猎人讲，外出打猎的途中如果遇见野兔，猎狗会穷追不舍，野兔更会翻转腾挪不断躲闪，于是猎狗疲惫不堪异常兴奋，不服从主人的命令，所以猎人在途中遇到了野兔大多中途返回。在熊野地区不但是中途看到野兔，就是听到兔子的名字都会原路返回。阿博德在书中介绍，马其顿人认为遇到野兔在眼前横过道路是最大的凶兆，旅行的人不论是步行还是骑马，都会马上返回，路遇家兔和蛇也是一样。苏格兰人和美国人也是如此。在希腊

---

[1] 详见《随笔问答》杂志（1909年）第10辑第11卷。——原书注
[2] 参照阿博德《马其顿民俗》。——原书注
[3] 详见甘邦《作为历史科学的民俗学》。——原书注

累斯博斯岛，人们认为在路上见到家兔是凶兆，而见到蛇则是吉兆。英国的布朗（17世纪人）曾经说："当时六十岁以上的人大多迷信遇到野兔在眼前横过道路是凶兆。"赫姆附加说明，和孕妇一起出门时遇到野兔在眼前横穿道路，便会撕开孕妇的衣服来辟邪。福法尔郡的渔民出海打鱼的途中，如果见到野兔横穿道路便中止出航。[1]康沃尔的矿工去淘金的路上，如果遇到家兔或老太婆则中途返回。[2]忌讳在途中遇到野兔横穿道路的风俗除了欧洲之外，印度、拉普兰[3]、阿拉伯、南非等地都有。[4]在希腊，如果遇到这个场面，这个人便会止步，等没有遇到兔子横穿过道路之后才敢重新行走。[5]

瑞典人相信5月1日妖怪会变成黑兔来牛舍偷窃牛奶，因此这一天将牛关在牛舍里，用硫黄烟熏驱赶妖怪。这一天不会派放牛娃去放牛，而是主人亲自跟随牛群外出并仔细观察。如果发现牛身上有创伤，就会认定是妖魔在作怪，便用打火石在牛背的上方不停地打出火星驱邪。人们认为妖怪附身在黑兔上，一般的鸟枪弹丸打不死，必须使用银弹或钢珠才能置其于死地。[6]以前熊野地区的猎人每个人都

---

[1] 详见哈茨利特《信仰与民俗》（1905年）。——原书注
[2] 参照泰勒《原始人篇》第1卷第4章。——原书注
[3] 芬兰北极圈以北的地区，号称"欧洲最后一块原始保留区"，现在是芬兰重要的观光地。——译注
[4] 参照库克斯的著作第109页。——原书注
[5] 详见克兰·布朗奇《妖怪事典》。——原书注
[6] 参照前述洛德的著作。——原书注

有三粒保命子弹，这种子弹由铁铸造，上面刻着咒文，当遭遇到巨大的蟒蛇等关键时刻才肯使用。在伊势地区一个叫巨势的地方，有一块方圆四里的从未砍伐过的深山老林，有一个男人在此烧炭，有一年的10月15日他要下山到山下的村子里，正巧男人的妻子生孩子。于是男人步行二里半到巨势采药，当他返回来之后发现屋外有一个硕大的脚印，房门口有血滴，屋内空无一人。男人察觉情形不妙便抓起猎枪寻迹追踪，进山之后发现一只巨大的白猿已经吃掉了新生婴儿，用一只手抓住女人的头发行走如飞。听到男人的叫声，白猿将女人挂在树枝上回头张望，然后又从树上摘下女人，打算咬断喉咙。说时迟那时快，男人举枪打死了这只怪兽，但是白猿身躯硕大，无法将其背回家，于是猎人割下尾巴回去。那条尾巴如同僧人的佛掸子一样，白毛纤细，美丽绝伦，据说现在保存在当地的大夫家，这是笔者从亲眼见过此物的人那里听说的。据说猎杀所有的猛兽时都要瞄准其腋下的部位，猎人在紧急情况下要使用铁质子弹。瑞典和日本远隔重洋但是方法极为相似，十分耐人寻味，所以在此略述。在英国的部分地区，传说如果野兔穿过村庄，该村必会有难，即使没有大祸也会有火灾。1908年4月，哈罗市发生大火之前有人曾经看到一只兔子穿过市区。[1]

---

[1] 参照《随笔问答》杂志（1909年6月5日）第458页。——原书注

最后谈及和田垣博士①的《兔粪录》，笔者还没有拜读，内容不详，但知道兔粪之中生长各种罕见的菌类，笔者曾经收集了许多种兔粪打算制作图解。据广岛县东南部地区的人介绍，用糖水口服兔粪可以治疗尿床症。笔者的干儿子曾经将兔粪晒干用线串起来谎称是田边地区的佛珠土特产，兜售给来此地的庙宇朝拜的香客。现在的世道是只要有本事赚钱发财，人们就会另眼相待，真是世道难测。

---

① 和田垣谦三（1860—1919），出生于但马国（现兵库县），东京帝国大学毕业后赴欧洲留学，1883年回国。1886年任帝国大学法科大学教授，主张引入德国的财政学。1898年转为农科大学教授，后又出任日本女子商业学校、东京商业学校校长。除经济学和法学方面的著作之外，还著有《兔粪录》《吐云录》等随笔。——译注

龙

田原藤太探龙宫的故事

据笔者所知,《太平记》①第十五卷收录的原文是这个故事最早最全的版本。曲亭马琴②在《昔语质屋库》第二章中引用的故事大概抄自《太平记》,原文大意如下:

延元元年(1336)正月,官军攻陷三井寺时,寺庙在大火中化为灰烬,众僧始终爱护有加的九乳凫钟失落在地上。据说这口大钟古时由龙宫传来,看官且听原委。承平年间有个人名叫俵藤太秀乡,一天他独自渡过势多桥时,有一条身长二十丈的巨蛇盘伏在桥上,双睛闪耀如天挂二日,双角锐利宛如寒冬的枯木,上下铁牙交错,口吐红舌似火。寻常百姓见到这条蛇早就吓得魂不附体,寸步难移,但是秀乡乃天下第一勇者,在大蛇面前目不转睛,面不改

---

① 《太平记》是描写日本南北朝时期动乱的小说,作者据传是小岛法师。全书共40卷,是仅次于《平家物语》的战记小说代表作,对后代的文学和思想都有很深刻的影响。——译注
② 曲亭马琴(1767—1848),江户时代后期的著名小说作家。代表作有《南总里见八犬传》《椿说弓张月》等。《昔语质屋库》刊于1810年。——译注

色，从容不迫地踩着大蛇的背渡过了桥。巨蛇若无其事，依旧伏在桥上，秀乡也并不回头径直向前走。这时有个矮人突然闪现在秀乡的面前对他说："我在此桥下住了两千多年，贫富贵贱见过无数人，但从来没有见过像你这样的勇者。我有一个宿敌，他同我争夺封地，经常骚扰我，今欲借君之神力帮我讨敌。"秀乡并未细问原委，就让他在前带路返回了势多。两人分开湖水前行约五十町①，见到一个楼门，推门进去一看，只见琉璃沙铺地，玉阶石暖，落花缤纷，朱楼紫殿，白玉栏杆，金铛银柱，秀乡从未目睹过如此富丽堂皇景色壮观之地。

矮人进去后，须臾之间换上正装，虚位恭请秀乡上座。左右侍卫官锦衣花帽，个个尽善尽美。于是布下酒宴，酒过数巡已到半夜三更，忽然周围骚动，据说是敌军来袭。秀乡平时随身携带一张五人才能拉开的强弓，弓箭乃是用十五根三年生的竹节绑成，箭头是超长的铁尖。秀乡手持三只利箭，急不可耐地等着敌人的出现。夜半时分，风雨交加，雷电轰鸣。正在此时，从比良山峰处闪现出一道火光。只见两三千只松明火把排列成两行，中间有一黑物，形状如海上的岛屿。怪物直奔龙宫城来，仔细看来，才知两行火把乃怪物双手所持。秀乡顿悟此乃蜈蚣变化，等怪物接近，便拿出强弓搭上利箭猛力拉开，瞄准怪物的眉心便射，只听"当啷"

---

① 1町约109米。——译注

一声响,箭应声落地。秀乡第一支箭没有射中要害,怒冲心头,立即搭上第二支箭,依照第一支箭的目标分毫不差又射出去,果不其然这支箭也被反弹回来。秀乡两箭不中要害,手中只剩最后一支。他从容不迫,在箭头上吐了一点口水,搭上利箭第三次射向蜈蚣的眉心。不知是这支箭头上的毒药奏效,还是连射的三支箭均正中同一要害,毒箭穿透怪物眉心,深深地插入它的咽喉。先前的两三千只松明火把骤然消失,怪物瘫倒之声震撼大地。秀乡上前定睛观瞧,果然是一只百足蜈蚣。龙王见状大喜,设宴款待秀乡,并赠予他大刀一把、丝绢一匹、盔甲一副、装满财宝的麻袋一只、赤铜大钟一口,并告知秀乡,一门弟子必定良将辈出。

秀乡衣锦还乡之后,发现得到的宝物取之不尽用之不竭,财宝满仓,丰衣足食,于是将宝袋取名"俵藤太"存在仓库中,将大钟供奉在三井寺。文保二年(1318),三井寺失火时将钟移到山门,早晚撞击却毫无声响。众僧人皆说,此钟实在可恶,我等誓要撞至出声为止,于是换上粗木,二三十个僧人一起上阵,其势如同要将钟撞裂。就在此时,铜钟发出巨响,声如洪钟,大呼要回三井寺。于是众僧越发厌恶此钟,将它从数千丈高的山崖上抛下,终于摔成碎片。有人将碎片拣回放在寺庙,以备将来所用。有一天,一条一尺长的小蛇经过,以尾敲钟,一夜之间铜钟恢复原状,毫无瑕疵。

与此钟相似的故事在以前中国的文献中早有记载。笔者于1908年6月在《早稻田文学》第六十二页中指出，《酉阳杂俎》[1]第三卷记载："历城县光政寺有磬石，形如半月，腻光若滴。叩之，声及百里。北齐时移于都内，使人击之，其声杳绝，却令归本寺，叩之声如故。土人语曰，磬神圣，恋光政。"《古事谈续》第五卷中讲到经信大纳言说名为"玄象"的琵琶有时不出声。资通大貮弹此琵琶仍无声息，其父济政说今日此琴心绪不佳，不宜弹奏。经信在白川院天皇[2]的演奏会上再次试弹此琴，终无佳音，于是众人皆叹古人之言无误。就像这样，在中国和日本，人们认为贵重之物和人一样富有感情。钟不响就砸碎简直是天大的笑话，自古以来东方和西方都曾有这类现象，成年人的行为方式简直如同顽童，让人哭笑不得。在欧洲直到中世纪，动物和人同样享有权利和义务，既可上法庭做证人，也要接受惩罚[3]，有时甚至将器物人格化与人同等相待。1628年，在法国拉罗舍尔[4]暴动的清教徒投降时，国王派遣的军队的将军命人将教堂的大钟摘下，重刑鞭挞并公开拍卖。国王派人向购买大钟的旧教徒追收欠款时，教徒们强辩说新教徒归化旧教时可以缓期三年交纳欠款，因此大钟的钱

---

[1] 假设秀乡制服蜈蚣是承平元年，此书是死于68年前的唐朝段成式所著。——原书注
[2] 即白河天皇（1053—1129），平安朝中期的天皇。1072年至1086年间在位。——译注
[3] 参照《科学杂志》第3辑第3卷乐凯萨尼的文章。——原书注
[4] 法国西部的海港城市，大西洋航线的起点和终点。12世纪以后英法两国争夺支配权，16世纪以后清教徒聚集在此，因而受到法国皇家军队的镇压。——译注

款也要求缓期三年。①

　　《太平记》所记述的三井寺的钟破碎之后由小蛇复原之事，大概是此物原本出自龙宫，所以龙亲自来修理，或者是大钟上的龙头显现神灵。宝物上雕刻的动物显示神力的事例在《西阳杂俎》第三卷中也有记载："僧一行穷数有异术。开元中尝旱，玄宗令祈雨。一行言当得一器，上有龙状者方可致雨。上令于内库中遍视之，皆言不类。数日后，指一古镜，鼻盘龙，喜曰此有真龙矣。乃持入道场，一夕而雨。"《近江舆地志略》②第十一卷中写到，秀乡亲自铸此钟赠予三井寺，钟面存有直径五寸的圆形瑕疵，传说铸造此钟时曾将一面铜镜赠予工匠，后来秀乡心中懊悔，于是大钟的表面出现了铜镜大小的瑕疵。《淡海录》③则讲，从前赤染卫门女扮男装来看此钟，用手抚摸大钟时手被粘在钟上，当她拼命挣脱之后，大钟便留下了一个印记。《近江舆地志略》的作者是享保年间人，曾经目睹此钟并写道："此钟有一宽大裂缝，十年前裂缝里可以放入一把扇子，后来慢慢复原，瑕疵完全消失。"守护破钟的僧人讲小蛇每夜来舔，所以裂缝才修复。这真是笑谈。赤铜有自然愈合裂缝的特

---

① 参照格兰特·布朗奇《遗宝灵像事典》（1821—1822）第3卷第214页。——原书注
② 《近江舆地志略》的作者是寒川辰清，作于1734年，全书共101卷，描述了近江国（现滋贺县）的自然景观和历史。——译注
③ 《淡海录》的作者是原田藏六，作于1688年，全书共25卷，是一部关于近江的地理志。——译注

性，如果龙宫的蛇有舔钟愈合瑕疵的神力，为何不在铸造时避免瑕疵呢？赤铜自然愈合裂缝的特性是笔者从锻造工匠那里听说的。笔者也曾听一位七十六岁的友人讲年轻时在三井寺见到的那口大钟上有一道裂缝，当时听说是古时候弁庆①比试腕力，双手提起这口钟扔下悬崖摔成两半。他下到谷地将摔裂的大钟合到一起，再用长刀担上山放在庙殿旁保存至今。大钟的表面上有一个坑洼之处，据说是龙宫的公主做铜镜时取走的。僧人还编撰印制了大钟的各种故事在寺里贩卖。

为了赚钱，僧人们不惜为一口钟编造出两个不同的故事，实在滑稽可笑。在欧洲的教堂里，为了欺骗善男信女等虔诚的教徒，现在仍保存着无数的人工捏造的基督遗物。在此由格兰特·布朗奇的《遗宝灵像事典》略举数例。在罗马保存着基督的脐带、包皮以及基督和圣女佳琳幽会的房间、亚历克赛圣人登天的梯子。1914年受德军蹂躏的里姆斯大教堂里，有一块石头上印有基督坐过的印记。在卡坦岛保存着女圣人爱捷特的两个乳房，巴黎等地有基督的褪裸。在凡登有基督的眼泪，法国革命时经检查，实际上是玻璃。在罗马还有日本天主教开山鼻祖沙勿略的一只手臂和罗耀拉圣人的臀部。在布洛亚附近曾经听到过基督的父亲约瑟伐木时的喊

---

① 镰仓初期的僧人，号为"武藏坊"，曾在比睿山西塔修行，后跟随源义经征战扬名，源义经落败时仍忠心耿耿，后来在衣川之战中阵亡。现在一般以弁庆之名比喻强者。——译注

声，在圣塔仑和奥班保存着圣母玛利亚的月经带，在奥格斯堡和特雷维佐有贝尔特米圣人的生殖器。除此之外，在布鲁塞尔还有格兹罗女圣人的遗体，而生殖器和大腿却在奥格斯堡。不知日本是否也有此趣事。

无论是弁庆比试腕力还是赤染卫门的手掌印之类的传说，与基督教教士们编造的圣物相比可以说是小巫见大巫。据《川角太阁记》①第四章记述，自文禄元年（1592）二月起，三井寺的大钟突然不响了，这个奇闻马上传遍了全国各地。这个"奇闻"大概也是寺院僧人们的骗术，这口钟本来就虚弱，而且在战火纷飞多灾多难的时代，大钟多次受损又多次修复，这次终于沉寂了。于是僧人利用钟上的裂缝和瑕疵做文章，编造出各种传说欺骗百姓。三井寺的大钟全国闻名之后，类似的传说层出不穷。在江户、播州以及和歌山等地流传着怨死女鬼的怪谈，真言教传播的地区必定有弘法大师的金刚杵的松树的故事。②特别可笑的是天主教的圣亚基略和圣聂勒两位圣徒竟然分别有五个头骨被保存在各地接受朝拜，而且欧洲各地的教堂中都保存着圣母玛利亚的奶汁，似乎人们错把她当成了奶牛来供奉。

---

① 《川角太阁记》据传作者是川角三郎右卫门，江户时代初期成书，共5卷，书中记述了自本能寺叛乱至关原会战之间的丰臣秀吉和周围群臣的各种逸事。——译注
② 除了高野以外，《会津风土记》中记载磐梯山惠日寺的弘法三钴松，《江海风帆草》所载筑前立花山传教的独钴松，《卫藏图识》记载西藏拉萨北部十里"一色拉寺中有一降魔杵，番民称之多尔济，自大西天飞来。其寺堪布以此为珍品，番人每岁必朝观一次"。——译注

《近江舆地志略》第六十一卷讲述了蒲生郡川守村的钟与龙王寺的因缘关系。宝龟八年（777），这个村里住着一个名叫小野时兼的美男子。有一天，一个美女来访，两人便结为夫妻。三年后女人说："我原本是平木的河主，因前世因缘前来与你成婚，今日要走，留此作纪念。"于是她放下一个宝盒便匆匆离去。时兼想念爱妻，找到平木，只见一条长达十丈的巨蟒闪现出来。时兼大吃一惊，急忙返回家打开宝盒一看，里面放着一口钟，他便将钟捐献给了寺庙。由于平木河中经常有龙灯或奇观出现，一条院天皇便赐给这个寺庙一块"龙寿钟殿"的匾额，寺名也由雪野寺改为龙王寺。承历二年（1078）十月下旬，比叡山延历寺的僧人们将此钟搬到比叡山，猛力撞击却没有任何声响，众僧恼羞成怒，就将这口钟抛下山谷。大钟撞破，惨状不忍目睹，后有人将钟送回龙王寺，破损之处自然愈合，但伤痕犹在。每到大旱，村民向此钟求雨必然灵验。文明六年（1474）九月，浓州的领主石丸丹波欲夺此钟，但是遭遇雷电，未能如愿，便拔下吊着钟的铁钉，钟悬空两年竟无人察觉，这和欧洲人传说伊斯兰教的教主穆罕默德的铁棺悬挂在半空很相似。[1]

有关上述传说中的龙灯，笔者已在《乡土研究》（1915

---

[1] 详见爱德华·吉本《罗马帝国衰亡史》第50章注。哈克斯特豪森的《高加索》中也有类似的故事。——原书注

年9月、10月、11月）做了详细的考证。高木敏雄的《日本传说集》第一百六十八页记述的故事说："女人现身为龙，对丈夫讲夫妻缘分已尽，将一个紧闭的盒子交给他作为纪念并嘱咐他一百天之内绝不可打开，然后乘上黑云飘然而去。丈夫等不及，在第九十九天打开了盒子，只见一道紫色云霞腾空升起，云中出现了一口大钟。"从情节看，这是融合浦岛太郎和深草少将传说①的拙劣作品。另外平木河里沉着两口钟，被打捞上来的一只亮如明镜，沉在水底的另一只则混浊不清。外观明亮的钟忌讳女人，钟上也没有龙头，平常要用棉花严密包裹。三百年前，一向宗的武僧曾在战阵使用过此钟，战败时扔下了山谷，从此之后每晚都有白衣女鬼现身，口舔裂缝修复大钟。由此可知，龙王寺大钟的故事是根据三井寺大钟的著名传说捏造出来的，而且从宝盒现身的大钟沉入河里，还有女鬼每晚前来舔钟愈合裂缝等，可以想象这些情节都是牵强附会的捏造。

《太平记》中龙神赠给秀乡长刀、缎子、盔甲、宝袋、钟等五件宝物，②岩谷小波③在《东洋口碑大全》中讲，《神社

---

① 渔夫浦岛太郎搭救了一只乌龟，由乌龟引导前往龙宫和仙女结为夫妻，带回一个百宝箱。他违背诺言，打开箱子，变成了白头老翁。深草少将传说曾经向小野小町求爱，连续访问99天后突然病死，是个悲剧人物。——译注
② 《尘添埃囊抄》第19卷的记载是如意、宝袋、缎子、盔甲、宝剑、大钟。盔甲保存在坂东小山家，宝剑在伊势赤堀家。——原书注
③ 岩谷小波（1870—1933），日本近代儿童文学作家、德国文学研究者、俳句诗人兼记者。他曾将传说改写成《桃太郎》《金太郎》《浦岛太郎》等童话，被誉为日本儿童文学的先驱。——译注

考》的记载没有长刀,只有四件。《和汉三才图会》中有长刀、盔甲、锦旗、帷幕、缎子、宝锅、宝袋、菜刀、钟和如意童子,共计九件宝物和一个童子,长刀取名"迟来箭"。宽永十年(1633)前后写作的《氏乡记》^①上卷也列举了上述十件宝物,锅是速熟锅,袋是百宝袋。长刀相传在伊势赤堀家,盔甲保存在下野国佐野家,如意童子一直侍奉在主人左右,后来出走。缎子开始不断伸长,不久便失去了威力。宝锅可以速熟,适合在战阵中使用,但是锅底脱落,现在碎片保存在蒲生家。宝袋里的粮食取之不尽用之不竭,因此改名为"俵藤太",但是平将门战败后,一个宫廷女官倒米时拍打袋子底,一条一尺长的小蛇溜出去了,自此以后宝袋也失效了。这是日本忌讳拍米袋的风俗的起源,秀乡的子孙在上阵打仗时不带女官也是出于这个原因。在势多地区有供奉秀乡的神社,^②秀乡的后代子孙过势多桥时都要下马脱帽,并将随身带的调羹、小刀、鞭子、折扇等投到河里,据说过桥行礼时天必降雨。另据《氏乡记》传说,下野国佐野家中保存着秀乡的盔甲,要经常礼拜。从龙宫拿来盔甲的是龙二郎和龙八,两人一直在佐野家做家臣,龙二郎后代断了烟火,而龙八的子孙现在仍住在佐

---

① 《氏乡记》全名是《蒲生氏乡记》,该书是蒲生氏乡的传记,记述了氏乡自1568年(13岁)至1591年出任参议的各种事迹。作者是氏乡的家臣满田出云守。——译注
② 据《近江舆地志略》记载,势多桥南有秀乡神社和龙王神社,龙王神社供奉着龙女。据龙光山云寺住持介绍,秀乡去龙宫时曾经和龙女订婚。——原书注

野的秋山，他的子孙据说身上都长着鱼鳞。

据《近江舆地志略》记载，蒲生忠知的正室是内藤家的女儿，在蒲生家断代后宝锅传至内藤家。长刀则传到佐野的旁系赤堀家（蒲生和佐野都是秀乡的后裔）。从龙宫背来宝物之如意童子的子孙叫龙次郎，一直寄住在佐野家，后改姓宫崎。蒲生氏上升为地方豪族之后，势多的秀乡神社香客不断，新造了各种宝物都假称是秀乡从龙宫带回的。《近江舆地志略》的作者曾经去洛西妙心寺参观秀乡的箭头，只见箭头硕大，不是一般人使用的武器，很像长矛。从上面的雕刻和材料推断，这件武器的年代要比秀乡晚许多。因此他便问僧人，结果发现是中世纪由蒲生家寄赠的武器，并不是传说中的秀乡的弓箭，不过香客们误传是秀乡的遗物。

《明良洪范》[①]第二十四卷中写道："天正十七年（1589）四月，丰臣秀吉得了长子，氏乡家将世代相传的秀乡射死蜈蚣的神箭作为礼品献上，后来这个男孩三岁夭折，神箭也随葬在妙心寺。"可见神箭是氏乡家的传家宝。

秀乡人称俵藤太，最初家住下野国的田原，[②]因为是藤原氏的长子，所以名叫田原藤太，借字写作俵藤太，曲亭

---

① 《明良洪范》是江户中期的见闻录，作者是江户千驮谷圣轮寺的住持增誉和尚，全书共25卷，续篇15卷。书中记述了德川氏和地方大名以及武士们的言行和事迹，共720余条。——译注
② 也有出生在大和田原或统领近江田原的说法。——原书注

马琴曾讲大概是有人编造出田原藤太入龙宫的故事，这个见解很精辟。《和汉三才图会》中写到，秀乡之勇人人皆知。三上山有蜈蚣，湖中有龙。十件宝物是日常生活用具，不知海底也有此物。只可惜盛米的宝袋和缎子已经失传。《五杂俎》第四卷记载："苏州东入海五六日程，有小岛阔百里余，四面海皆浊，独此水清，无风而浪高数丈，常见水上红光如日。舟人不敢近，云此龙王宫也。而西北塞外人迹不到之处，不时闻数千人砍树拽木之声，及明远视，山木一空，云海龙造宫也。余谓龙以水居，岂复有宫？即有之，亦当鲛宇贝阙，必不藉人间之木殖也。愚俗之不经，一至于此。"《和汉三才图会》结尾说龙宫、龙女等在佛经以及神谱中多有谈及，不足详论。笔者不赞同这种一概否定的态度，认为应该详细分析细节，以便研究秀乡入龙宫传说的故事形式。

《氏乡记》中特别将速熟锅作为宝物，而且记述秀乡的子孙作战时不准女官随军，由此可知秀乡入龙宫的故事产生于尚有妇女随军征战的时代。另外至今在某些地方仍然忌讳清洗米柜，与此相似产生了忌讳拍打米袋底的风俗，于是就编造女官拍打米袋赶走了小蛇的传说。在国外也有认为米与龙有关的文化，这可能是因为蛇捕杀老鼠保护粮仓。在日本，人们将米仓里的蛇供奉为宇贺神，绝不伤害。

《渊鉴类函》第四百三十七卷记载，外国事曰："毗呵罗寺有神龙往来仓中，奴取米龙辄却后，奴若长取米龙不与。仓中米若尽，奴向龙拜，仓即盈溢。"《高僧传》第三卷写道："迦施国精舍里有白耳龙，每与众僧约，令国内丰熟，皆有信效。沙门为起龙舍，并设福食。每至夏坐讫日，龙辄化作一小蛇。两耳悉白，众咸识是龙，以铜盂盛酪，置龙子中，从上坐至下行之，遍乃化去，年辄一出，显亦亲见此龙。"

对于某些蛇喜爱喝乳汁这个现象，弗雷泽在《阿多尼斯》（1907年）中解释说土著民族认为蛇是人的祖先，为了祖先能再生，将蛇当作婴儿抚养。对此，笔者列举蛇有嗜好喝乳汁的习性，所以崇拜蛇的民族才以乳汁哺育的事例予以反驳。关于蛇和龙能带来丰收信念的解释，见于弗雷泽的《阿多尼斯》第五十九页以及《大英百科全书》第十一版第二十四卷"蛇崇拜"的条目。特别有趣的是，哈克斯特豪森的《高加索》上刊载的传说《米的发现》。当沙赫·伊斯迈尔统治了整个世界以后，命令部下的所有士兵每人每天从海洋里打一桶水，认为这样可以把大海捞干。就这样海水不断减少，于是海里的臣民赶紧向龙王禀告，龙王问他们："敌军取水的动作是紧急还是缓慢？如果是急忙捞水，大概已经疲劳了。如果是不慌不忙地取水，那我们就俯首称臣，年年进贡。"这段话十分精辟，内典中也有类似的故事。大施太子从龙宫得到如意宝珠，渡海小眠休息，被诸龙辈盗取此珠。"菩萨眠觉，看珠不在，即自思惟，此中无人，必是海龙，持我宝去。我为此珠，经涉遐崄，今垂还国满我所愿。龙虽取我珠，吾终不放，会当尽力抒此海水，誓心克志，毕命于此。若不得珠，终不空归。思惟已定，即行海边，得一龟甲，两手捉持，方欲抒海。海神知意，来问之曰：'海水深广，三百三十六万里。正使一切人民之类，尽来共抒，不能使减，况汝一身，而欲办此。'菩萨答言：'若人至心，欲有所作，事无不办。我得此宝，当用饶益一切群生。以此功德，用求佛道，我心不懈，何以不能。'"在菩萨的劝诲下，龙拿出宝珠还给了菩萨。这时海神见菩萨精进强力所作，便说你精进不休，必成佛道。我愿为作精进弟子。菩萨得珠复更飞去。大施太子就是当今的释迦菩萨，而海神则是离越。①

　　海里的臣民回来报告说："大陆皇帝的军兵每天只打一桶水，绝不慌张。"于是龙王决定归顺，派使者谒见大陆皇帝。由于语言不通，皇帝将使者关进地牢，但赐给他一个女人做妻子，并生了一个孩子。当孩子长到七岁时，能通晓水陆两种语言，于是龙王的使者带着孩子再次拜见皇帝，询问龙王归顺应该敬献什么贡品。皇帝回答说送一百加瓦粮食来。使者回龙宫禀报龙王之后，龙王十分为难地说：我们即使献上海里所有的宝物，也凑不够这么多的粮食。一百加瓦相当于九千零七十二千克，并不是很大的

―――――――――――
① 参照《贤愚因缘经》第8卷。——原书注

数量，但是在当时的鞑靼，几乎是天文数字。于是皇帝说一半也可以，龙王仍然为难，便打算献上自己的王后和公主，但是皇帝不喜欢女人，便再次打折扣说二十五加瓦也可以，龙王欣然同意。龙王的粮食就是水稻，原来只生长在水里，从这时开始，人们便在内陆的湖边栽培水稻。

秀乡从龙宫带回的缎子以及米袋虽然取之不尽用之不竭，但是一旦使用不当便会失去效力，这样的故事在各国普遍存在。《五杂俎》第十二卷讲："巴东寺僧得青磁碗，投米其中，一夕满盆皆米，投以金银皆然，谓之聚宝碗。国朝沈万三，富甲天下，人言其家有聚宝盆。"碗里放入几粒米便可增长为满满的一碗，这与量无穷尽的缎子和米的情节略有出入。欧洲有很多可以不断变出钱来的百宝袋的故事，例如库莲的《意大利通俗故事》（1885年）中有三段，《近江舆地志略》第三十九章中秀乡从龙宫带回来的十件宝物之一的砂金袋也属同类。古希腊的宙斯神幼时曾经饮山羊奶长大，后来他折断羊角送给梅里修斯的女儿们，赋予羊角神力，可以随心所欲地取出想要的东西。[①]

佛说："摩竭国中有一长者，生一男儿，相貌具足，甚可爱敬。其生之日，藏中自然出一金象……与儿俱生。因瑞立字名曰象护，儿渐长大，象亦随大。既能行步，象亦

[①] 详见史密斯的《希腊罗马人传神志字典》第1卷。——原书注

行步。出入进止,常不相离。若意不用,便住在内。象大小便,唯出好金……时阿阇贳王,凶暴无道,贪求悭吝,自父尚虐,何况余人。今者唤卿,将贪卿象,傥能被夺。其子答曰:'我此象者,无能劫得。'父子即时,共乘见王。时守门人,即入白王:'象护父子,乘象在门。'王告之曰:'听乘象入。'时守门者还出具告。象护父子乘象径前,既达宫内,尔乃下象。为王跪拜,问讯安否。王大欢喜,命令就座,赐与饮食,粗略谈语。须臾之顷,辞王欲去。王告象护,留象在此,莫将出也。象护欣然,奉教留之,空步出宫。未久之间,象没于地,踊出门外。象护还得乘之归家。"后来,象护害怕国王加害于己,便带着金象拜佛出家,舍卫国人和众僧人闻有金象,都聚集来观看,于是佛命令象护立即让金象离开。象护对佛祖说早想让它走,但它不肯去。佛祖听后便说:"你可以对它讲,'我今生分已尽,更不用汝'。"象护遵佛祖言,于是即入地中。佛说:"迦叶佛时,时彼世人,寿二万岁。彼佛教化周讫,迁神泥洹,分布灵骨,多起塔庙。时有一塔,中有菩萨本从兜率天所乘,象来下入母胎时像。彼时象身,有少剥破。时有一人,值行绕塔,见象身破,便自念言:'此是菩萨所乘之象,今者损坏,我当治之。'取泥用补,雌黄污涂,因立誓愿:'使我将来恒处尊贵,财用无乏。'彼人寿终,生于天上,尽天之命,下生人间,常生尊豪富乐之家。颜貌端正,与世有异。恒有金象,随时侍卫。佛告阿难:'欲知尔时治象人者，今象护是。'"这个故事讲金象大小便都是好金子，但没有说金象放什么屁。[1]

《今昔物语》第六卷讲述天竺的戒日王皈依玄奘三藏，赠送的各种宝贝里有一只铁锅，里面的食物取之不尽，吃了锅里的食物还可以去病消灾。芳贺矢一博士的参考书中没有指出类似的故事和出处，笔者也不晓得《大唐西域记》以及其他文献中是否有这个传说，大概是当时从中国传来的民间传说。印度教的《谭流朝海》记述了一个樵夫从夜叉得到一只瓶子，凭它可以随心所欲地获取任何食物，但如果瓶子破碎了，神效就会消失。樵夫开始时一个人偷偷地享用，有一天晚上和朋友聚餐，宝瓶中的食物应有尽有，樵夫不觉心花怒放，肩扛宝瓶手舞足蹈。宝瓶落在地上摔得粉碎，又回到夜叉手里，樵夫失魂落魄，重新过上孤独的生活。冰岛的民间传说中讲从前有个人听说一只磨有神力，出于好奇，让磨碾出盐来，可是磨不停地转，白色的盐不断增加，最后男人坐的船上堆满了白盐，他便被淹死了。《酉阳杂俎》记载，新罗国有一贵族金哥，其远祖名旁㐌，有一天在山中见一群穿着红衣玩耍的小儿，手里拿着金锥可以敲打出各种财物，于是将金锥偷回家，随心所欲，从此丰衣足食。后来这人死后，他的子孙开玩笑，敲金锥让它变出狼粪，顿时雷声大震，金锥销声匿迹了。这些故

---

[1] 参照《贤愚因缘经》第12卷。——原书注

事讲的和女官拍打米袋使宝袋失去神力一样，宝物也会因使用不当而震怒。

在此略记一个与龙神赠送秀乡宝物相似的事例。哈克斯特豪森记述的波斯民间故事中提到，中国的伏羲流浪时曾向一位富贵人家的主妇借宿，被主妇白眼回绝。伏羲又去敲贫妇家的门，不但受到热情款待，而且贫妇对他待如上宾。晚上贫妇让伏羲睡在床上，而自己则席地而坐，彻夜不眠，为伏羲赶制了一件衣服。第二天，贫妇打点伏羲吃完早饭后一直将他送到村外。伏羲十分感激，临走前对妇人说："你今天早上做的第一件活儿一定要做到傍晚。"贫妇回家后开始织布，直到傍晚，织机不停，新布不断涌出，贫妇不久便过上了丰衣足食的生活。那个富贵人家的主妇听说后又后悔又羡慕，几个月后伏羲再次来到村里时，妇人强拉到自己家，先端上饭菜，晚上又点上蜡烛装作通宵达旦地工作。第二天早上拿出事先准备好的衣服，待伏羲吃完早饭后，恭恭敬敬地将他送出家门。听到伏羲讲完前次的话之后，妇人兴高采烈地跑回家一心想去织布，刚打开家门，正巧圈里的牛吼叫，于是想起织布前应该先给牛喂水，当她将打来的水倒入槽里时，桶里的水宛如河水一样倾出，顿时妇人家如水漫金山，房子田地全部被淹没，家畜被淹死，村民极为愤怒，那个妇人只身逃离，才幸免于难。

1610年出版的贝罗阿·贝鲁贝约的《升官之道》第三

十九章中讲述了一个内容相似但更有趣的故事。有一个贫僧来到阿尔萨斯帕拉塞镇，先向富人家借宿，主妇借口丈夫不留外人住宿，便一口回绝了。贫僧又去问穷人家，受到穷人家无微不至的款待。第二天贫僧对穷人家的妇人深表感谢，但抱歉地说自己没有钱付住宿费。妇人并不介意，于是贫僧祈祷上天，告诉妇人早上做的第一件活儿一定要做到傍晚。妇人并未在意，回家后就开始织布，布越织越长，只要手一摸就会伸长。这时富人家的主妇看到便询问究竟，听说后急忙追赶僧人，对他说自己的丈夫改变了主意，请僧人今晚一定来住宿。贫僧欣然同意，诵完经后便来到富人家借宿。第二天临别的时候，僧人讲了相同的话就离开了。妇人迫不及待地让使女拿来布，但是不巧突然想去小便，焦急难耐，就跑到院子里方便，顿时骚臭的尿水如同洪水泛滥一样，泛着泡沫卷着漩涡奔流直下。《氏乡记》讲述从龙宫来的龙二郎和龙八的子孙身上有鳞，有人认为可能是污垢沉积所致。日本的古书《平家物语》的绪方三郎，《予章记》的河野道清以及松村武雄的祖先传说都是大蛇和妇人所生之子，全身遍布蛇鳞。中国的隋高祖也是龙的私生子，据说高祖出生时长相如龙，额上有五柱顶，出生时就很怪异。他家附近的寺院有一位尼姑，见到后抱回去亲自抚养。有一天，尼姑让他母亲抱婴儿，他的母亲见婴儿额上长角，身上有鳞，便大吃一惊，将婴儿扔在地上。尼姑感到十分心痛，立即抱着婴儿返回寺院，叹息道：

"惊吓了自己的孩子，会导致他迟得天下。"《群书类丛续》①中所收的《稻荷镇座由来》中提到，荷田氏的祖先叫龙头太，在和铜年间住在稻荷山麓历经百年之久，是耕田采薪的山神，长相似龙面部有光，夜晚闪烁亮如白昼。和弘法大师相约长期镇守此地，弘法大师临摹龙头太的头像放在神殿中。龙头太面相似龙，身上长着鳞片，龙二郎和龙八可能是以龙头太为原型创作出来的。穆勒的《柬埔寨王国志》（1883年）第二章讲道："从前佛祖率领阿难来到一个岛屿，在双舌大蜥蜴筑巢的大树下向帝释天神和天龙八部讲授佛法时，将吃剩下的食物一边喂蜥蜴一边说：'这个蜥蜴听了我的佛法，来世必定转生为一国之尊，但是那个国家的臣民不幸受到国王前世的业报，都是虚伪的善于说谎的人。'正如佛祖预言的那样，柬埔寨人都不诚实。"这个故事表明不仅是龙的后代身上长鳞片，连双舌龙幻化的国王统治下的臣民都受到影响。《大摩里支菩萨经》中记载的"龙口出二舌，身似弦线"大概讲的就是双舌大蜥蜴。美国的亚利桑那州的印第安人、克什米尔的龙种人等，传说是龙蛇后代的民族各地都有，这些民族传说在远古都是有鳞的部族。

《氏乡记》中的如意童子长期侍奉主人，但是后来因受

---

① 《群书类丛续》是《群书类丛》的续篇，作者是塙保己一，正篇530卷666册，续篇1150卷1185册，是日本最大的丛书。正篇编撰花费41年，塙保己一在编撰续篇中，于1821年去世，其子忠宝继承遗志，直到1911年，其孙忠韶才完成全卷。——译注

到主人的责难而出走，这个童子和《近江舆地志略》中记述的从龙宫背出十件宝物之一，与龙次郎的祖先是同一个人，所谓如意是万事可以随主人意的意思。《今昔物语》中记述了中国的古代圣人命令宫迦罗作为使者背来王后使她怀孕的故事。唐朝的金刚菩提三藏翻译的《不动使者陀罗尼秘密法》中有"若不现者心决定念诵不动使者，必须得见莫生狐疑，直至平明无不来者，现已种种驱使处分皆得，乃至洗手或用柳枝，令取皆得，欲得上天入山，亦扶行人将去，欲得见欲界上天女等，令将来相见亦得，何况人间取人及物乃至种种饮食"。《部多大教王经》和《大宝广博秘密陀罗尼经》中也都有相似的情节。据《不空罥索陀罗尼经》记述了让紧羯罗童子报告世间所有新闻的方法，这个童子在世上无事的日子会拿来一百金钱给予持咒者。紧羯罗童子讲这个款项要献给佛法僧，决不可吝啬。这是和尚胡乱编造的，如果真是那样的话，持咒者则是白干，没有报酬。这个紧羯罗瞋面怒目，头发是红黄色，狗牙龇在外面，吐舌舔唇，身穿红衣。与此相反，制吒迦是笑面，黄白色的身相，取悦人意。他为持咒者拿来一切所需物品，除去一切不快之物，而且还取来宅舍，清扫干净，避免毒害殃及此处，发挥着极其重要的作用。但是持咒者吃饭时必须先给他饮食，而且每天必须供奉鲜花和香蔓，如果懈怠，他便会擅自离去。

《不动使者陀罗尼秘密法》中说："此神（不动使者）

作小童子形，有两种：一名矜羯罗恭敬小心者是，一名制吒迦难共语恶性者是。犹如人间恶性在下，虽受驱使常多过失也。"《天方夜谭》中的阿拉丁只要点燃神灯就会有如意使者出现，《格林童话》的废兵每当吸烟时就会现身的鬼使者等都是听从主人的吩咐，但是在日本的《今昔物语》中，如果主人的要求过于苛刻，宫迦罗则会反抗，他曾经多次拒绝主人的残暴行为。秀乡的如意童子受到主人的子孙训斥之后离家出走也是源于不能满足主人愿望的行为，与矜羯罗相比更接近制吒迦的形象。这个如意使者在欧洲的巫术或人类学中被认为是眷属鬼的一种，《大英百科全书》第十一版第八卷第六页中刊载着有关各国眷属鬼的说明。

恩特赫本所著的《古吉拉特民俗记》（1914年）第六十六页中记述：从前印度曼德维地区的一个农民每当耕作的时候，总有一个长发少年闪现在眼前。有一天农夫剪下少年的头发，于是少年紧随农夫左右，恳求他归还头发，农夫不肯而且将头发藏在小豆罐中。从那以后，少年便作为奴仆帮助耕种。有一天主人播种小豆，让少年去取豆种，少年发现了自己的头发，于是他拿来一担小豆作为谢礼，告别了主人。这个少年也是上述的如意童子的一种，只是法力不大。

以上考察了田原藤太入龙宫的一些细节，现在探讨一下龙为何物。

龙是什么动物？

据《庄子》说："孔子见老聃归，三日不谈。弟子问曰：'夫子见老聃，亦将何规哉？'孔子曰：'吾乃今于是乎见龙！龙合而成体，散而成章，乘乎云气而养乎阴阳，予口张而不能嗋，予又何规老聃哉？'"《史记》中记载，孔子去谓弟子曰："鸟吾知其能飞，鱼吾知其能游，兽吾知其能走，走者可以为罔，游者可以为纶，飞者可以为矰，至于龙，吾不能知其乘风云而上天。吾今日见老子，其犹龙邪。"连孔子这样的圣人也不知龙为何物，因此史书上有"（太昊）有景龙之瑞，故以龙纪官"，还有"女娲氏杀黑龙以济冀州"和"黄帝得土德，黄龙地螾见""夏得木德，青龙止于郊"等，从龙的动静卜测吉凶作为国家政务的大事大书特书，或将天子的颜面比作龙颜，将名士称为卧龙，汉高祖以及文帝和北魏的宣武帝等传说都是母亲感受龙气生出的皇帝。

在中国受到如此尊崇的龙到底是什么动物呢？《本草纲目》的记述极为切中要领，在此引用如下："龙者鳞虫之长。王符言其形有九似：头似驼、角似鹿、眼似兔、耳似牛、项似蛇、腹似蜃、鳞似鲤、爪似鹰、掌似虎，是也。背有八十一鳞，具九九阳数。声如戛铜盘，口有须髯，颔有明珠，喉有逆鳞，头有博山。又名尺水，龙无尺水，不能升天，呵气成云，既能变水，又能变火。龙火得湿则焰，得水则燔，以人火逐之即息。故人之相火似之，龙卵生思抱①，雄鸣上风，雌鸣下风，因风而化，②龙交则变为二小蛇。又，龙性粗猛而爱美玉空青，嗜燕肉③，畏铁及芒草、蜈蚣、楝叶、五色丝，故食燕者忌渡水，祈雨者用燕，镇水患者用铁。"《说文》中有龙"春分登天，秋分潜渊"之说。

印度也和中国一样自古以来将龙供奉为神，在某种意义上认为龙是高于人类的神灵，在各种经书的开始都记述有龙和各种天神一起守护佛祖的段落，另外将佛祖的大弟子比作龙象也是世人皆知的。《大方等日藏经》第九章中记载："今此世界诸地分中，各有龙王停止守卫，如娑伽罗龙、婆娄那、德叉迦、宝护大行、瞿娑罗、婆苏婆、呼嚧俱叉、婆私无俱叉等。此八龙王护于海中，能令大海无有增减。阿奴驮致、毗昌伽苏致、婆娄那得、于问娄叉婆，此四龙王守护池中出一切河，是故诸河流注无竭。难陀、

---

① 思抱是指抱雏的母禽一心思念蛋中的幼雏，思念之情可以孵化远距离的卵，印度的《阿毗达摩俱舍论》也有相似的记述，例如，"大海中有大众生，登岸生卵埋于沙内还入海中。母若常思卵便不坏，如其失念卵即败亡。"这是古人不懂得太阳和地热可以孵化鸡卵，误认为母禽的思念之情使小鸡出壳。——原书注

② 人们误认为可以用父母的念力孵化，于是雌雄鸡的啼叫声也可以随风孵化鸡卵。《渊鉴类函》第438卷讲有一对夫妇来到画龙的画师之处，看到龙画后说："龙有雌雄其状不同。雄者角浪凹峭，目深鼻豁，鬐尖鳞密，上壮下杀，朱火烨烨。雌者角鬐浪平鼻直鬐目圆鳞薄，尾壮于腹洞。"画师问："何以知之？"见到画师不服气的样子，那人便说："吾乃龙也。"于是化作雌雄双龙飞走了。该书第437卷还说齐国的卢潜曾听到龙鸣觉得不吉就迁移了都城。笔者也曾经数次听到鳄鱼的鸣叫。——原书注

③ 据罗兰著《法国动物俗谈》第2卷第322页介绍，法国南部人认为燕子轻盈地飞旋是为了躲避龙来捕食。——原书注

优波难陀，此二龙王守护山中，是故诸山丛林郁茂。婆须吉、娑罗啰、盖输卢、瞿摩只利，亦为守护。毗梨沙、阎浮伽、赤眼娑罗婆帝，于小河水而为守护。"除此之外还列举了守护大地以及各种草药、风火、树木花草和果实等世上万物的各种龙的名字。《大灌顶神咒经》和《大云请雨经》中分别列举了三十五个和一百八十六个龙王，《大方等大云经》中有三万八千个龙王聆听佛祖说法的片断。《经律异相》第四十八卷中记述说："龙有四种，一者卵生，二者胎生，三者湿生，四者化生……皆先多瞋恚心曲不端，大行布施今受此形，以七宝为宫，身高四十里，衣长四十里，广八十里，重二两半，神力自在百味饮食，最后一口变为虾蟆。若自化眷属发于道心，施乞皂衣能使诸龙各兴供养者。沙不雨身及离众患食鼋鼍鱼鳖，以为揣食洗浴衣服为细滑食。亦有婚姻，身相触以成阴阳。寿命一劫，或有减者，免金翅鸟食。"金翅鸟是捕食龙的一种巨鸟，有卵、胎、湿、化四种形态，被称作"迦楼罗鸟王"，在佛教绘画中被描绘为伴随观音的众神中的鸟神。这种鸟神是以栖息于欧亚大陆的高山峻岭中被称作"金雕"的鹰为原型想象出来的，据说前世以傲慢的态度布施的人死后转生为金雕。

《僧护经》中写道："龙有五法，不能隐身。一者生时，二者死时，三者淫时，四者瞋时，五者睡时，是为五事。"又僧护到龙宫，教授四龙佛经，"僧护比丘即便教之，第一龙者，默然听受；第二龙者，眠目口诵；第三龙者，回顾听受；第四龙者，远住听受。此四龙子，聪明智慧。于六月中，诵四阿含，领在心怀，尽无遗余。时大龙王，诣僧护所，拜跪问询，不愁闷也。僧护答曰：'甚大愁闷。'龙王问曰：'何故愁闷？'僧护答曰：'受持法者，要须轨则，此诸龙等，在畜生道，无轨则心，不知佛法，受持诵习。'龙王白言：'大德，不应诃诸龙等。所以者何？护师命故。龙有四毒，不得如法受持读诵。何以故？默然受者，以声毒故，不得如法。若出声者，必害师命，是故默然而受。眠目受者，以见毒故，不得如法，若见师者，必害师命，是故闭目。回顾受者，以气毒故，不得如法，若气嘘师必当害命，是以回顾。远住受者，以触毒故，不得如法，若身触师，必害师命。'"龙虽然是各种有鳞兽之长，处明处暗，可大可小，变化无穷。但是龙有所谓三患，第一是怕热风热沙，第二是身上的鳞甲经不住狂风的吹打，第三是如果遇到金雕则难逃劫难。另外龙还有四个不可思议，世间的众生生前源于何处，死后又去向何方，不得而知。所有的世界都是世上众生的业力合成的，形成后毁灭，毁灭后再生，周而复始，永不间断。龙降雨时并不是从口里，也不是从眼里和鼻子耳朵里喷水，而是使用神力，喜怒都可以降雨。①《正法念处经》中讲："若多行瞋痴，生大海中，深万由旬，受毒龙身，迭共瞋恼，瞋心乱心，吐毒相害，

---

① 详见《大明三藏法数》第11卷和第18卷。——原书注

常行恶业。龙所住城，名曰戏乐。其城纵广三千由旬，龙王满中。有二种龙王，一者法行，二者非法行。一护世界，二坏世间。于其城中法行龙王所住之处，不雨热沙。非法龙王所住之处，常雨热沙。若热沙著顶，热如炽火，焚烧宫殿，及其眷属，皆悉磨灭。"又"观法行龙王所住之城，七宝城郭，七宝色光。诸池水中，优波罗花，众花具足，酥陀味食，常受快乐，香鬘璎珞，末香涂香，庄严其身，神通忆念，随意皆得。然其顶上，有龙蛇头"。当今世上的龙王塑像背上必定盘着一条龙，这种造型大概依据上述的经文。另外转生为龙的不只是白痴，吝啬鬼或淫棍也能转化为龙，有趣的是吝啬鬼转生的龙也吝啬，色鬼变成的龙仍然多淫。在此略举一两个事例以悦各位读者。《大毗卢遮那成佛神变加持经》中将人的各种本性比喻成各种动物，其中将梦想暴富的贪心比作龙心。在日本则用"熊鹰根生"这个词来形容残暴和贪婪。现在在印度仍然认为守财奴断子绝孙死后会化作蛇守护遗留下的财产。[1]在印度，守财奴变成的蛇都是眼镜蛇，大多与译经的龙是同类。《贤愚因缘经》第四卷[2]中记载："有一大国，名波罗奈。时有一人，好修家业，意偏爱金，勤力积聚。作役其身，四方治生，所得钱财，尽用买金，因得一瓶，于其舍内，掘地藏之。

---

[1] 参照恩特赫本的《古吉拉特民俗记》第119页。——原书注
[2] 经查该段经文应出自《贤愚因缘经》第3卷《七瓶金施品》第18章。——译注

如是种种，勤身苦体，经积年岁，终不衣食，聚之不休，乃得七瓶。悉取埋之，其人后时，遇疾命终。由其爱金，转身作一毒蛇之身，还其舍内，守此金瓶，经积年岁。""到本金所，残金六瓶，尽用施僧。作福已讫，便取命终，由其福德，生忉利天。"《今昔物语》第十四卷中有无空律师因隐藏万贯家财而变成蛇身的故事。圣武天皇曾经赐给有一夜幽会之情的女子千两黄金，但那个女子十分贪心，临终前留下遗言让人将黄金陪葬在墓中，于是女子死后变成蛇守护财宝，倍受煎熬。吉备大臣见到女子的幽灵，得知事情的原委，派人掘出财宝超度亡灵，女子才由蛇脱身成为兜率天。据芳贺博士考证，这些故事都起源于印度的佛经故事。《因果物语》①下卷第五章载有两段僧人蜕变成蛇看守钱财的故事。《新著闻集》②第十四卷中登载了一个京城的富商宁可将食物扔到水沟里，也不肯施舍给乞丐，于是死后变成了蛇落在水池里，被无数的水蛭吸血受尽折磨的故事。

淫乱者化作龙的故事见于《毗奈耶杂事》和《戒因缘经》，故事的主人公名为"妙光女"或"善光女"，故事的

---

① 《因果物语》是江户时代前期出版的假名草子，内容是铃木正三记录的各种民间传说和故事。铃木去世后，他的弟子们于1661年出版了3卷本的片假名版。该书对后世产生了巨大影响。——译注
② 《新著闻集》是1749年出版的故事集，其中收录了日本各地的奇谈和怪谈以及各种逸事。全书共8卷18篇377个故事。作者不详。——译注

梗概如下：室罗伐城首富的妻子生得容颜美丽，光彩耀人，怀孕后生下一个女儿也是十分俊美，女孩出生时室内出现彩霞，光亮夺目。消息传出之后，城里居民赞不绝口。有一个卜卦先生和众人一起看过女孩之后便说，这个女孩长大之后会和五百男子欢爱。众人听后则说，如此美女即使被五百男子钟爱也不足为奇。女儿出生后三十七天，富人大摆筵宴以示庆贺，并命名"妙光"。妙光长大成人之后，果然生得容貌雅丽，举止端庄大方，琴棋书画无一不能，加之家中十分富有，周身上下珠光宝气，更显得光彩照人，宛如天女下凡一般。即使超凡脱俗的仙人，只要看上一眼便会灵魂出窍，更不用说年少的凡夫俗子，只要瞥上一眼都会痴迷不悟，可见这个女子确实是天下无双的美女。于是请人询问各国的王公、太子、大臣，希望喜结良缘，但是他们都顾虑卜卦先生的预言，不肯应允。但是前来偷窥闺窗的不轨之徒却络绎不绝，防不胜防。富商想赶紧让女儿出嫁，只是苦于找不到适合的人家。此时城里有一个富豪，曾经七度娶妻，但妻子不久都早早地去世，为此周围众人给他取了个绰号"杀妻"。人们认为他天生注定杀妻，不用说未婚的女子，甚至连寡妇也不敢嫁给他。就这样，卜卦先生的一句话害得女儿空有一张美如桃花的容貌却无人敢娶，在家虚度年华。最终富商百般无奈，只好忍痛将女儿嫁给了"杀妻"。

"杀妻"已经死了七个老婆，深觉自己罪孽深重，此次娶了新娘之后，立即将家里所有的钥匙悉数交给妙光，并说按照本家的家规，如果信奉佛教，可以随时为僧人施舍斋饭。自此以后，每当宴请僧人的时候，妙光总是亲自出面招待，见到有眉清目秀的僧人便暗暗记在心里。有一天，富豪外出，临行前嘱咐妙光，如果僧人来吃斋饭要好好招待，而且在路上遇见僧人时，叮嘱他们随意到家里吃斋饭。于是众僧人来到富豪家，妙光本相毕露，在僧人面前媚相百出。众僧人吃过饭后回到寺里，互相告诫今后还是不去妙光那里讨斋为妙。主人外出归来，问起妻子僧人是否来过。妙光说只来了一天，以后未见来过。富豪便前往寺中询问究竟，僧人回答说："根据戒规，僧人不进不守佛规的家门。"于是富豪保证今后恪守佛规，希望众僧一如既往前来吃斋饭，众僧人听后才重新登门。富豪将妙光锁在房里，亲自招呼众僧，妙光则独自在房里思念眉清目秀的僧人，欲火在胸中不断高涨，通身大汗淋漓，一命归西了。富豪送走僧人之后，打开房门看到此景，不觉大吃一惊，不得已只好用五彩毛毡包裹妙光的尸体，送到林中准备厚葬。不巧正好有五百盗贼在林中聚集，送葬的人群吓得四散奔逃。群贼打开人们丢弃的毛毡，只见妙光虽然魂已归天，但是容颜依旧如在世时光彩照人，艳丽如花。面对妙光的绝世美貌，盗贼们顿生邪念，竟然纷纷奸尸，临走时还留下了五百金钱作为谢礼。等到天亮，城中谣言四起，内容是果不其然，妙光即使死后仍然可以和五百人欢爱，赚得五百金钱。妙光死后变成天竺国北部毗怛吐泉的龙，此后经常有五百龙来此寻欢。

佛祖世尊对众比丘讲解其中的因缘，从前迦叶佛坐化后众人火葬，拾取佛舍利建塔收藏时，有一个女居士发大愿将一块明镜放在塔中，希望以此功德可以使后世代代家中阳光灿烂，光亮耀人。那个女子转世即为妙光，她的大愿成真，居屋室内明亮异常。就这样女子经过几次转世，在梵授王的时代，降生为婆罗疤斯城的卖淫妇，名为贤善，容貌端正，喜欢为人注目，曾私通国舅。有一天，有五百牧人在芳园聚会狂欢，酒到酣处，觉得没有美女陪酒助兴极为遗憾。于是商议要招徕一个女子，结果大家一致同意要叫贤善来寻欢，当有人去找她时，贤善回答说只要给一千文钱便去。众人商议先付五百文钱作为定金，等欢娱已毕再付余下的五百文钱。淫女欣然同意，收下五百文钱，对牧人说你们先回去，等我收拾停当之后立即前往。等牧人们走后，贤善想如果今天去和五百牧人寻欢，肯定身体吃不消，甚至还有性命之危，一定要想一个金蝉脱壳之计。于是贤善去找国舅，一五一十讲述了事情的原委，告之如果违约要加倍赔偿，请求国舅帮助她想一个不必还钱又可脱身的妙计。国舅借助国王的势力，强行压服了牧人们，使她得以脱身。这时正巧辟支佛来到城下，牧人们奉献各种物品许愿说即使她死了，也要付余下的五百文钱，如约和她交欢。这种业力使他在五百轮回中一直都可以用五百文钱和这个女子交媾。佛祖讲经的本意是善有善报，恶有恶果，因果必报，绝不可能消灾免祸。也就是说当初供奉一面镜子的功德如愿转生为艳丽照人的美女，但是由于其他的业报无法逃脱转世为娼妇的命运。娼妇欺骗牧人的业报，使得牧人发愿，使她难逃死后受辱的劫难。这和当今所谓大功消小过，一善减一恶的因果业报的说法大相径庭，按照此种说法，罪孽深重的罪犯即使积小善也无法减罪，这很可能导致罪犯自暴自弃。另一方面，当今信奉小乘佛教的教徒没有成就大事业、积大功德的原因也在此。

阿道夫·埃尔曼的《世界周游记》[1]中介绍，西伯利亚的俄罗斯人在新年举行的戒指占卜法中有龙的名称，由此可知这个占卜法源于蒙古。蒙古流传着多种印度和中国的文物，两国都有崇拜龙的文化传统，因此推断龙经蒙古传入西伯利亚。笔者大致同意此结论，但是如果认为龙只是在亚洲的部分国家想象出来的动物就大错特错了。关于龙的信仰，不仅仅局限于印度和中国以及近邻各国，在世界各地都广泛存在。例如新几内亚的塔皮罗人在元服时，要求即将要成人的青年要被龙吞噬一次，这样才算真正成人。[2] 北美西部的瓦卡什印第安人中流传着龙角生在人头上，一旦生根，无论如何剪割也无法根除的传说。[3] 欧洲人还没有发

---

[1] 参照1838年版第2卷第13页。——原书注
[2] 详见弗雷泽的《不死的信仰》（1913年）第1卷第301页。——原书注
[3] 详见《世界美洲学者会刊》（1906年魁北克版）第92页。——原书注

现墨西哥时，当地的土著人用宝石制作的拼图画中有一种背部深绿、腹部深红、怒目獠牙、形象很似龙的动物，我在大英博物馆初次见到时，曾说这可能是模仿歌川派画师笔下的龙。查尔斯·里德让我拿在手里仔细察看，于是经过一番端详，发现这是东半球不产的响尾蛇，和东亚的龙很相似。后来读到法国人塞缪尔·沙姆普尔所著《1599—1602年西印度以及墨西哥航行记》(1859年英译版)，据说墨西哥的响尾蛇的背上有双翼，且当地出产龙，外貌是鹰头，蜥蜴身，蝙蝠翅膀，有两只大脚，大小和羊差不多，外表可怕但并无害（见图1）。由此可知，在墨西哥自古也是以蛇、蜥蜴等为基础夸张想象出龙的。传说栖息在澳洲墨尔本一带的巨蛇（见图2）奉神①之命，散布痘疮和瘟疫

图1　塞缪尔·沙姆普尔《1599—1602年西印度以及墨西哥航行记》中的龙

---

① 南澳洲土著部落神话中提到，这个神开辟天地创造万物，是一个半人半神的生物，名为Bun-jel。——译注

图 2 澳洲的巨蛇

杀死恶人，攀上高树用尾巴挂在树上，爬行穿越丛林，到处横行。而且同伙众多，窜到四方引发瘟疫。据说这种蛇经过的地方，人们惊慌失措，甚至连死人也来不及安葬，只在丛林里放上一把火就急忙逃之夭夭，[①] 这种动物与其说是蛇，不如说更接近欧亚各国的毒龙。

例如波斯的古代史诗《王书》中夸张地形容勇士桑姆杀死的龙，长发拖地，立起如山，双眼如湖，喷出血水，狂吼一声，地动山摇，口中吐出的毒水如山洪海啸，飞鸟绝迹，走兽无踪，从河中吞吃鳄鱼，在空中击落雄鹰，世间充斥恐怖，一个国家为此丧失了一半的人口。各类经书拔萃而成的《杂譬喻经》中讲，从前商客在海上遇见龙神，龙神问："你去某国吗？"商客回答说："去。"于是龙神给他一个五升瓶大小的蛋，让他到那里之后埋在大树下，否

---

① 参照史密斯《维多利亚土著人篇》第 2 卷。——原书注

则就杀死他。商客很害怕，只好按吩咐埋下了蛋，从此以后某国瘟疫流行。国王占卜之后才挖出那只蟒蛇的蛋用火烧掉，疫病才平息。后来商客再次见到那个龙神，详细叙述了经过。龙神听后遗憾地说："可惜没有把他们全都杀死！"问其究竟，龙说："我本来是那个国家出身的男儿某甲，平时自恃力大过人，称霸欺凌平民百姓，但是从来没有一个人规劝过我，放任我肆虐，因此死后转生为龙，在此地受苦，为了报复才要杀死他们。"另外在舍卫国，一天方圆四十里突降血雨，卜卦师说这是人蟒降生的征兆，于是让人将国内的新生儿全部送来，并让每个新生儿向一个空壶里分别吐唾沫，唾沫变成火的婴儿即是人蟒，以此方法果然分辨出了人蟒。于是将这个婴儿隔离在无人岛，送来的死刑囚犯立即被人蟒以毒液杀死，前后共六万二千人。有一次一只雄狮出没，吼声远达四十里，骚扰百姓，遂派人蟒去，不消片刻即制服猛狮。后来人蟒衰老，临终前舍利佛前去规劝它解脱。人蟒怒目圆睁吼道："我还没死，你就来愚弄我，竟敢擅自闯到我的面前。"他向佛喷吐毒气，舍利佛以慈惠赶开毒气，面色光彩异常，毫毛不伤。人蟒见后顿生慈悲之心，回目凝视舍利佛七次才升天。人蟒和蟒蛋只受了一点龙气就如此剧毒汹剧，龙本身的毒气之大就不言而喻了。例如难陀和邬波南陀，这两个龙王分别有八万四千个眷属，招徕祸孽，心怀烦恼妒忌，每日三时喷吐毒气，二百五十踰缮那①内的鸟兽死绝，众僧中修心养性者都皮肉变色，憔悴枯萎，佛祖以目莲调伏二龙。②

如上所述，龙这种动物在世界各地自古以来都有传说，因此只考察东亚，即日本、中国以及印度等地，其结果只能是管中窥豹。英国的沃尔塔·阿里逊·菲利浦有关龙的学说考察广泛且简明扼要，在此略加注释抄译如下。前一节曾讲述看相师见妙光女，算定其将来必定和五百人交欢，与此相似，巴顿翻译的《天方夜谭补遗》（1894年）第一卷中讲述了一个故事。在阿拉伯有一个女子出生时，占卜的女相师说此女长大成人后必定向五百人卖淫，后来果然成真。日本的古典《水镜》③中惠美押胜受到讨伐的故事讲，有一件令人伤心的事情，该大臣有一个女儿，容颜美丽举世无双，鉴真和尚曾说："此人有遇千人之相。"这之后她一直无缘结婚，不过当她的父亲被杀死之后，官军的士兵一千人奸污了此女。笔者曾在《早稻田文学》（1908年6月号）上撰文说明以上故事皆起源于妙光女的佛教故事。《吴越春秋》或《越绝书》中记载说伍子胥曾经率领越国的军

---

① 踰缮那是古印度计程单位名，一般含义为"套一次牛所行的路程"，并无确定的长度。——译注
② 详见《根本说一切有部毗奈耶》第44卷。——原书注
③ 《水镜》是日本史书《大镜》《今镜》《增镜》等四镜之一，叙述从神武天皇到仁明天皇嘉祥三年（850）之间57代的事迹，相传作者为中山忠亲。推定成书于镰仓时代初期（1195年）。该书偏重于佛教史。——译注

队讨伐楚国①，在抢掠楚王的宫殿时，奸污了楚王的妃妾以泄多年的郁愤。《将门记》②中记述平贞盛和源扶兵败后，他们的妻妾受到平将门的军兵凌辱，羞耻难耐感伤题诗。受辱吟诗可能是世上罕见的风流之举，但是在古代世界各国的军队都军律松懈，虽然在史书中没有记载，像惠美押胜的女儿被众多官兵奸污之事屡见不鲜，只是将妙光女的故事中的五百人夸张为一千人。

菲利浦说，龙的英法语名"dragon"的语源来自希腊语和拉丁文，取自希腊语的"dracon"和拉丁语的"draco"，意为龙眼的犀利目光，《韦氏大词典》解释说是源于龙眼的恐怖目光。例如前面列举的波斯的《王书》将龙眼比作血湖，欧洲的各类传说都异口同声地讲龙眼的目光可怕，特别是毒龙蛇怪是由蛇和蟾蜍抱孵鸡卵诞生的，眼中有剧毒，经常用眼光瞪死其他动物。古人传说猎杀这种龙的唯一方法是每人手拿一面镜子，将龙的眼光反射回去将自身击毙。③据舒密特的《银河征服史》介绍，16世纪南美洲流传的迷信讲杀死井中鳄鱼的唯一办法也是镜子，鳄鱼见到自己的

---

① 此处作者有误，这段文字应指春秋后期的吴国和楚国的柏举之战，伍子胥和孙武率领吴军攻克楚国郢都。——译注
② 《将门记》是日本早期的战记文学作品，作者不详，成书于天庆三年（940）。该书描述了10世纪中叶平将门在关东发动叛乱而被平贞盛和藤原秀乡镇压的历史故事。——译注
③ 详见布朗《俗说辨惑》第3卷第7章。斯科凡《科学民俗学拾叶》第342页以下。——原书注

面容便会被吓死，这是前面传说的翻版。日本也有和鬼魅蝮蛇对上目光会被夺魂而死的迷信，[①]印度也有毒龙目光所至之处可以破坏一切的说法。[②]菲利浦说龙是想象的动物，一般是指有双翼口吐火的巨大的蜥蜴或巨蛇。东亚的龙的外貌千差万别，西洋的龙的记载也不尽相同。中世纪英国德高列写作的《骑士修行赋》描述有龙，现略举一例。从前有一条恶龙，周身包着烈火和毒气，颈宽牙大，向前挺进要击杀骑士，这条龙双足如雄狮，后尾修长，首尾之间生长二十二只脚，身躯粗壮如酒桶，在阳光下耀眼发光，双目明亮烁烁有神，鳞甲坚硬胜过黄铜，仰首如骏马，口吐火焰，其状如见地狱的凶神恶煞。[③]菲利浦还说，希腊语"dracon"原载于大蛇的神谱，龙虽然有各种形态，实际上仍是蛇。迦勒底、亚述、腓尼基、埃及等出产毒蛇的各国都将蛇和龙作为邪恶的标志。例如埃及教的阿佩皮是阴曹地府的巨蛇，被太阳蛇降服，迦勒底的女神查玛迪在开天辟地混沌时期代表阴性，同时也是七头七尾的巨龙。希伯来的典籍文献记述蛇和龙是死亡与罪孽的根源，基督教的教典也沿袭了这种思想。因此在希腊和罗马，人们一方面认为蛇是创造蛇发女怪戈冈、九头蛇海德拉等妖怪的凶神，另一方面却认为龙眼光锐利，供奉为地下守护神。例如药

[①] 参照《鹿冢物语》第3卷。——原书注
[②] 参照《毗奈耶杂事》第9卷。——原书注
[③] 详见艾利斯《古代英国野史诗赋集》第2版第3卷第336页。——原书注

神阿斯克利匹司等神殿的蛇神、特尔菲的大蛇、赫斯帕里得斯的神龙等。笔者查阅巴齐等从事埃及研究的学者的著作，古埃及人和古代中国人一样，并不单纯地将龙蛇看作凶神，而更多认为龙代表善性和吉祥，神和帝王将自身比作蛇的事例屡见不鲜。

菲利浦还说，一般地讲对于龙的评价，贬多于褒，现今在欧洲各国流传的龙的形象都是邪恶的。古代宗教中的龙本来是毁誉参半，但是基督教则全都摒弃为凶煞。于是人们将古代的传说改写为米迦勒圣徒、乔治圣徒祈祷上帝诛杀恶龙的故事，以前曾经辅助大地女神有益于人类而供奉在罗马神殿中的神蛇，在教皇西弗斯一世当政时销声匿迹。北欧的蛇神与东欧和南欧的蛇神一样是罪恶之源，隐秘财宝的守护神，阻挠他人的幸福，所以中世纪的著名骑士都以屠龙为荣。距今并不久远的过去，仍有学者相信龙真的存在。随着研究的深入，学者们渐渐认为龙远离人境，潜藏在人迹罕至的阿尔卑斯山中，直到杰克·巴尔蒙证实这种观点的错误之后，人们才终于理解龙是想象中的生物。死于1565年的学者格斯纳[1]，其学识在当时的学者中可算是出类拔萃的，他写的《动物志》中毫无疑问地刊载着龙，可见当时的人们毫不怀疑龙的存在。

---

[1] 格斯纳（1516—1565），瑞士博物学家，精通博物学、医学以及古典语，集当时的知识之大成，写作了《动物志》，该书共5卷，奠定了现代动物学的基础。——译注

菲利浦又说，龙的形象从诞生时就不统一，迦勒底的女神查玛迪身上有鳞甲，兼具四足双翼，而埃及的阿佩皮和希腊古代的龙只不过是巨蟒。《新约圣经》尾章中记述的龙是多头兽，西格尔德屠杀的龙有脚，欧洲和中国的龙的外形则更接近于已经灭绝了的大蜥蜴之类的动物。中国和日本的龙如天马行空自由自在，但是并没有飞翼。

笔者认为在中国古代黄帝时代传说的应龙有翅膀。另外汉代邹阳上书劝谏吴王时写道："蛟龙骧首奋翼，则浮云出流，雾雨咸集。"直到汉朝，人们一直认为一般的龙都有飞翼，所以《山海经》中记述"太华之山……鸟兽莫居，有蛇焉，名曰肥遗，六足四翼"，还有若干记载龙有飞翼的段落。有的认为龙即使没有翅膀也可自由飞行，有的则认为龙与蛇、蜥蜴相似，从而添上了翅膀，两者内容各异但结果相同。据菲利浦所说，古埃及的龙无非是巨蟒，太阳神的仇敌阿佩皮的外貌有时是巨蛇，有时是鳄鱼。[1] 其他的巨蟒既有脚也有翅膀，应该属于龙一类的动物（见图3）。

图3 古埃及画中的有翅膀和脚的蛇

---

[1] 参照巴齐《埃及诸神谱》第1卷。——原书注

图4 罗马帝国的龙旗

西洋的龙的形象见于罗马帝国的旗帜，皇帝的旗帜的龙嘴镶银，其他各部族的用彩线绣成，遇上大风天整条龙飘舞，令人惊奇（见图4），这种龙也没有飞翼。罗马帝国的老普林尼的《博物志》中有几章特别记述过龙，但从没有提到龙有翅膀，所以并不像菲利浦想象的那样，以有无翅膀来区别东西方的龙。

《五杂俎》中有"莫灵于龙，人得而豢之"。汉译《华严经》第七十八卷中记载："有人善调龙法，于诸龙中而得自在。"西洋也有类似的记载，老普林尼的《博物志》第八卷第二十二章讲希腊人托阿斯年幼时曾饲养一条龙，其父担心龙长大为患，便丢弃到沙漠里。后来托阿斯被盗贼打劫时，那条龙赶来救难。菲利浦从来没有谈及印度的龙，《大云请雨经》第七十八卷中罗列了大步、金发、马形等龙王,《大孔雀咒王经》记载说:"诸有龙王行地上,或在水中作依止,或复常于空里行,或有恒依妙高住。一首龙王我慈念,及以二头亦复然,如是乃至有多头,此等龙王我慈念。或复诸龙无有足,二足四足诸龙王,或复多足龙王身,皆起慈心相护念。"可见印度的龙也和中国的龙一样有头发有脚,有的还是多头多足。至于双足龙,除了《咒王经》以外,沈约的《宋书》中讲:"(徐羡之)尝行经山中,见黑龙长丈余,头有角,前两足皆具,无后足,曳尾而行。"但是东亚古书的记载并不多。在西洋,中世纪的文献中描绘的龙多是双足,图5是拉克洛的《中世纪的科学及文学》英译本中的几种龙的形象,这是从14世纪的手抄本《世界奇观》中转载的。图6是1600年在巴黎出版的弗朗西斯科·格伦纳所画的龙蛇相斗图,由此可见这些龙都是双足。与此画相似,1908年出版的斯普鲁斯写作的《亚马孙及安第斯采集植物纪行》第二卷第一百一十八页记述一条两尺长的鳄鱼吞吃了一条大小相同的蛇,著者杀死这只鳄鱼,剖开腹部一看,蛇仍然活着。16世纪的贝斯贝奇斯讲述曾经看到一条刚刚吞吃蟾蜍的蛇,开始以为是长着双足的奇蛇。[1] 马来人认为雄鳄鱼由于腹部的外皮碍事,上到岸上之后只用后面的两只脚行走。[2] 古代的禽龙、笔者曾

---

[1] 参照《土耳其纪行》(1744年)第120页。——原书注
[2] 详见《印度群岛以及东亚杂志》第5卷第5期的埃普文章。——原书注

在哈瓦那郊外见到过蜥蜴等，这种蜥蜴类动物都像袋鼠那样，用尾巴和后脚跳跃或爬行，因此斯普鲁斯在南美发现的古代土著人的画像中的四脚蜥蜴和鬣蜥都只有两只脚（见图7）。

《兼葭堂杂录》中收录的在日本捕获的双脚蛇的图画似乎并不是凭空捏造。正如瓦拉斯等人所言，鳄鱼和各种

图5 14世纪手抄本中的龙画

图6 1600年出版的龙蛇相斗图

图7 斯普鲁斯在南美发现的四脚蜥蜴和鬣蜥的雕刻画

蜥蜴遇到危机情况时只用两只前脚奔跑，或者有时干脆不用四肢，而只用腹部和尾部支撑身体前行，其结果是本来短小的四肢逐渐萎缩越来越短，反之身体像蛇和蚯蚓一样伸长。加利福尼亚和墨西哥产的一种蜥蜴只有短小的两只前脚，中国、缅甸、美国等地的玻璃蛇以及澳洲的一种蜥蜴等均没有前足，后足也只是两个微小的突起或是两个小鱼鳍，仅仅留下后足的痕迹。英法等国的盲虫、南亚和非洲的双头蛇既没有四足，双目也不明显。据《渊鉴类函》第四百四十八卷中记载："黄州有小蛇，首尾相类。因谓两头蛇。余视之，其尾端盖类首而非也。土人言此蛇老蚯蚓所化，无甚大者，其大不过如大蚓，行不类蛇，宛转甚钝，又谓之山蚓。"《燕石杂志》中讲的日向地区有巨大蚯蚓在天空飞翔可能是模仿上述文章。总之蜥蜴钻入地下退化成了蚯蚓之类，身上的各种颜色全部变成横向的条纹，有的极为光滑。《文字集略》中说螭无龙角呈赤白苍色。螭在日本称作螭龙（见图8），条纹虽多但是只有龙形而外貌纤弱，丝毫没有龙气，大概是根据退化的蜥蜴等动物想象出来的。依以上各例判断，西方认为龙是两足动物也并不是毫无根据，龙有双翼，因此被认为属于鸟类，理所当然地想象为两足。在中国虽然多见有四脚的应龙的画像，但是在日本所见的龙的画像则像燕子一样，画中看不到龙脚，大概是认为龙和燕子一样只有两只短足的缘故吧（见图9）。

1330年出版的法国传教士佐丹努斯所著《东方奇闻

图 8　两头蛇和螭龙

图 9　应龙

录》中描述，埃塞俄比亚多产龙，头顶红冠，栖息在金沙中，身躯硕大，口吐雾状毒气，定期聚集，展翅翱翔。上帝为了预防龙危害四方，便将龙身加重，使它们全部陷入从天堂流出的一条河中死亡。人们在龙绝灭七十天之后采集死龙尸体头顶上的红玉献给国王。16世纪阿弗里卡纳斯所著《非洲纪行》中曾经写到，阿特兰提斯山上的洞穴中栖息着许多巨龙，上身巨大，尾部细长，身躯沉重，动作缓慢。头上有剧毒，触摸到龙头或被龙咬伤的人会中毒，肌肉软化而死。所有的鳄鱼和蛇以及各种蜥蜴等吃饱后都动作缓慢，大概由此人们想象出龙身硕大沉重。印度、斯里兰卡、缅甸等国出产的璎珞蛇是一种长达五尺、色彩斑斓的巨毒蛇，有时可以盘踞在车水马龙的闹市之中丝毫不动，而一旦被触摸，它便会突然起身致人畜于死地。[①]

"（佛在竹园说法时）尔时，有长老比丘在彼众中，向世尊舒脚而睡。尔时，修摩那沙弥年向八岁，去世尊不远结加趺坐，计念在前。尔时，世尊遥见长老比丘舒脚而眠，复见沙弥端坐思惟……世尊告曰：此长老比丘，前五百世中恒为龙身。"[②] 另外《僧护经》讲："一时佛住舍卫国祇树给孤独园……尔时有一大海龙王，初发信心，变为人形，来至园中，依诸比丘，求欲出家。时诸比丘，不知是龙，即

[①] 参照桑吉马诺的《缅甸帝国志》第21章。——原书注
[②] 原注此段经文引自《长阿含经》第22卷，据译者查应为《增一阿含经》第22卷。——译注

度出家……龙性多睡，天时暑热。龙有五法，不能隐身。一者生时，二者死时，三者淫时，四者嗔时，五者睡时，是为五事。时龙比丘，不能隐身，即便睡眠，身满房中。同房比丘，后来入房，唯见龙身遍满房中，即大惊怖，驰走失声，唤诸比丘……尔时世尊告诸比丘，此非人也，乃是龙王，汝可往唤。比丘受教，唤彼龙王。时龙比丘，即诣佛所，头面作礼，却坐一面。佛为说法，示教利喜，佛即默然。尔时龙王，心自思惟，便生欢喜。佛慰劳曰：'汝可还宫。'龙王闻已，哀泣堕泪，顶礼佛足，绕佛三匝，即便还去。"《渊鉴类函》第四百三十八卷中记载："坤雅广要由灌阳军溯牛溪而行百里，地境幽绝，人迹罕到，邑士王赵等世居之。一日有僧至乞食，食讫假寐于磨上，鼾鼾有声，王出见龙蟠睡讫之，既而求一袈裟地，及展衣覆其处，募工匠为巨室，遂陷为池。尝以接骨方遗王氏，至今成都祷雨必命王氏至潭，乞水则雨随至，名其地曰滋茂。"《阿育王传》中的高僧摩田提乞求巨龙借得一席之地从而盗取了罽宾国，柳田国男①在《山岛民谭集》②中收录的河童传授接骨方的各类故事都是源于上述故事。《幽明录》中河伯的

---

① 柳田国男（1875—1962），日本民俗学的奠基人，他从东京大学毕业后进入农商部任职，年轻时喜爱文学，1919年辞去贵族院书记官之后进入朝日新闻社做评论员，1932年辞职专心致力于民俗学研究。著作有《远野物语》《海南小记》以及《蜗牛考》等。——译注

② 《山岛民谭集》第1卷出版于1914年，该书的内容引自地理志、乡土志、随笔、游记和书信等文献资料。——译注

女儿将三卷药方书交给丈夫也与此有关。总之这些故事都起源于蛇这种嗜睡的爬虫类动物。热带地区最热的时候，温带地区整个冬季，鳄鱼一直都蛰伏在洞内。[1]舒贝因菲尔德所著《非洲之心》第十四章中讲在旱季即使再浅的水洼都是鳄鱼栖身之地，帕金斯的《埃塞俄比亚旅居记》第二十三章中讲述了一条鳄鱼离开栖息地，藏在一口井里危害牧羊，最后要残害来打水的少女时被抓住杀死的故事。中国的古书中常见的蛰龙和龙藏在井中的故事，大概就是源于并夸张上述事例。

托扎的《土耳其高原探险记》第二卷中记载近世立陶宛、塞尔维亚、希腊等地，龙并没有张牙舞爪的外貌，而外表是一种巨人，以打柴狩猎为主，吃人肉。而邻国瓦拉几亚[2]人则说龙是有飞翼和利爪，口吐火焰和毒气的动物。书中还刊载了一个和巨人龙有关的故事。从前有个名叫拉扎洛斯的鞋匠，见到苍蝇密集之处，一掌打死四十只，于是打造一口刀，特意刻上"一击毙四十"的铭记，外出闯荡江湖。当他在泉水边歇息时，栖息在水潭中的蛟龙见到刀上的铭记十分惊奇，等鞋匠苏醒后与他结拜为把兄弟。按照龙的规矩，每天轮流有一条龙去伐木打水。不久轮到鞋匠去担水，龙使用的水桶一个可以装五十加仑，鞋匠只

---

[1] 参照福伯特的《回归线内墨洲纪行》英译本第19章。——原书注
[2] 罗马尼亚南部地区。——译注

拿两只空桶都极为吃力,更不用说挑满两桶水。因此,鞋匠心生一计,不断挖掘泉水的周围打算引水。龙见鞋匠担水迟迟不回,便一路追来,见鞋匠不断挖土便问其究竟,鞋匠回答说每天担水太费事,不如引水到家。龙说等你挖好了,我们也都渴死了,不劳烦老兄,我等每天自己来挑便可。接着鞋匠又去伐树,来到林中用绳索绑住所有的大树。龙又赶来询问究竟,回答仍是一棵两棵太麻烦,不如全部搬回去。龙又说等你全搬完,我等早就冻死了,以后你休息,我们自己搬。

龙后悔不该与这种人拜把兄弟,于是商议趁鞋匠睡熟后用板斧将他砍死。鞋匠偷听到这个消息,当天夜里将衣服穿在木头上放在房内,自己则躲到一旁。龙不晓得内中蹊跷,赶来后用板斧将木头剁成碎片方才离去。鞋匠扔掉木头,倒头便睡,鼾声大作。龙觉得奇怪,前来察看,只见鞋匠说:"今晚被蚊子咬了,有些痛。"龙心想,我用力砍了那么多刀,对他来说只如同蚊子刺一下,我好歹不是他的对手,于是绞尽脑汁要打发他离开。第二天,龙对鞋匠说:"我送给你一笔钱,你应该回家探望一下老婆孩子。"鞋匠便说:"你们如果有谁担着钱袋随我一起回去,我就走。"于是一条龙跟随他回家,当走到离家不远的地方时,鞋匠对龙说:"你在此地等我一会儿,我先进去将孩子绑上以免他吃掉你。"说完后便进到房里将孩子捆绑好,小声说:"只要一见到龙便大喊想吃龙肉。"当龙进屋后听到孩子的喊声惊慌失措，扔下钱袋便抱头鼠窜。路上遇到狐狸，述说究竟，狐狸说："你开什么玩笑，鞋匠的儿子有什么可怕，他家养着两只鸡，我们昨天夜里吃了一只，今天晚上再去吃掉另外一只，如果你不信可以跟我们去看一下。"说完便将龙拴在自己的尾巴上，一起来到鞋匠家。鞋匠见到便对狐狸说："我让你把龙全带来，你怎么只带来一只？"龙以为狐狸和鞋匠串通要谋害他，于是拔腿飞奔，狐狸被拖死在地上。鞋匠知道龙不敢再来，便用得来的钱盖了一座宫殿，安度晚年。这个故事将龙形容为愚蠢笨拙的动物，主要是起源于前述龙身躯巨大，动作迟缓，落在河中淹死的传说。

1211年贾贝所著《皇帝消闲录》介绍，当时在法国人们就已经认为龙是河怪一样的怪物，主要潜伏在水中，时而化作人形出没于闹市，并不危害人畜，只是偷窥妇女儿童嬉水沐浴，化作金杯金环浮在水面，引诱女人入水后绑架到水底做妻子，有时也有杀害男人的事例。在日本自古传说有一种叫作蛟龙的水怪。《延喜式》[①]中记载在下总国（千叶县）的相马郡有蛟蜩神社，在加贺有野蛟神社。本居宣长和柳田国男曾分析过蛟龙的日语名称的来历，笔者参照巨蛇和巨蟒的日文名称，认为依照《和名抄》和《日本

[①] 《延喜式》是平安时代的法令集，905年，左大臣藤原忠平奉醍醐天皇之命开始撰写，927年完成，共50卷。——译注

书纪》中的蛟和虬的日文名称，蛟螭应该是水蛇，而野蛟应该是野蛇的神灵，至今在和泉、大和、熊野等地仍然称一种无尾短蛇为"野槌"。[1]这种蛟龙似乎和法国的龙一样随着时代变化，在加贺、能登、南部、虾夷等地名称各异。越后地区的人认为河怪忌讳葫芦。[2]《日本书纪》第十一章讲，武藏国和吉备中国的人请求河伯和大虬将葫芦沉入水底，二神不能，于是人们由此分辨出是假神，斩杀了二神。由此可知龙因为不能将葫芦沉入水底，所以忌讳葫芦。不仅是日本，《大唐西域记》也记述说凌山冰雪中的龙忌讳葫芦。比尔曾解释说装满水的葫芦冻结后裂开时会发出巨大的声响，因而龙忌讳葫芦，这个解释不切实际。据华纳的《英属中非土著人篇》（1906年）介绍，沙里河附近鳄鱼出没的地方，妇女打水时不敢下到河边，而是在高处用一根长杆挑上一个葫芦打水，由此可见葫芦在各种意义上确实是龙和鳄鱼的天敌。

　　菲利浦说，由于自古龙就是守护神并极为可怕，因此常用于装饰兵器。荷马的诗中描述的亚加米农的盾牌上画着三条龙，罗马和英国军队的元帅旗上绣着龙的图案，挪威人乘坐龙头船，等等，在此不再重复，只略微补充一二前人未提及的现象。古埃及人认为仰头直立的蛇是益虫，便奉为神

---

[1] 详见笔者在《东京人类学会杂志》第291期刊载的文章《日本的动物崇拜》。——原书注
[2] 参照《山岛民间故事集》第82页。——原书注

灵，太阳神的头上盘踞着两条蛇，而其他的神和诸国王则在头上装饰着一条蛇。[1]佛教的弁财天和各种神王、龙王的额头及头上也都装饰着龙蛇，日本古代武士的龙头盔大概也源于此。在中国，据《渊鉴类函》第二百二十八卷介绍，在盾牌上画龙，"桓玄，置龙头角。或曰，所谓亢龙角者也"。如此用龙头装饰盾牌和喇叭，理所当然也会同样装饰头盔。

艾利斯的《古代英国小说诗赋集》第二版第一卷第六十二页讲述，古代不列颠阿瑟王的父亲阿瑟，在征战途中见到天上有一条如同龙一样的彗星，据此听算命师说这是称霸为王的吉兆，于是命工匠打造了两只金龙，一个装饰在曼彻斯特的王宫的屋顶上，另一个则随身携带在中军营内。从此他被称为"龙头阿瑟"。这是英国以龙为元帅旗的开端，爱德华七世钦定龙为皇太子的徽章。阿瑟在伦敦会见各位诸侯的宴席上，在众人的面前毫不掩饰地向康沃尔大公高卢的艳妻英格露娜调情，大公和妻子不悦，回到领地关城抗战。国王久攻不下，巫师献计说应该先设法攻下女人。于是国王乔装打扮成高卢，进城会见英格露娜，当晚英格露娜怀上了身孕。不久高卢战死，国王终于如愿娶英格露娜为妻。后来国王也在战阵中身亡，于是阿瑟王即位威震天下，仿效父亲，平时佩戴雕着龙的金盔。由此可见在英国，早在5世纪至6世纪就已经在头盔上装饰龙了。

---

[1] 参照巴齐《埃及诸神谱》第2卷第377页。——原书注

菲利浦还解释基督教至今仍然将龙定为罪恶的标志、魔王的印记的原因。在中世纪将异端邪教比喻为龙，西吉斯孟德为了庆祝约翰·弗斯的异端邪说的破灭，特设了伏龙这一勋爵。而且中世纪描绘地狱时总是画一条张开血盆大口、吐着烈焰的龙，同时在宗教祭奠的游行行列中拉着标志邪恶的龙像也十分盛行，其中法国卢昂的龙（见图10）最为著名。人们后来遗忘了这些龙像的原本含义，将这种龙与古代希腊的善龙混淆，误认为是当地的土地神加以崇拜。日本各地神社的祭礼中，八岐大蛇原本是危害人的凶神，但人们忘记了本意，相信大蛇可以消灾免疫，这两者如出一辙。天文学中龙星的名称的由来也是因为形状似蛇，希腊的神谱中讲龙被赫拉克勒斯屠杀之后升上天空变成了

图10 法国卢昂的游行行列中的龙

星群。笔者认为在印度"柳星属蛇，形状似蛇。室星属蛇头天。龙王身上的光叫忧流迦"，"在日本则称为天狗"。在日本，人们认为是天火，在英国则认为是火龙，实际上是巨大的陨石落下。中国称亢星为亢金星，总之将星座比作龙蛇的事例很多。《圣经》中记述说约翰在一千年后打破天魔狱危害世上的所有人，但人们误解了这段文字，公元1000年临近时整个欧洲人异常骚动，1881年世界末日即将来临的流言四起，在日本也引起慌乱，有人甚至变卖所有的家产，吃喝用尽。当时欧洲流传基督的敌人将会出现，天下即将大乱，于是欧洲各地都有报告称见到了基督的敌人。传说中的基督的敌人大多是龙的外形。[①]图11是大龙和基督搏斗的图画。另外一个盛行的故事是如安教皇的传说，据说9世纪女扮男装和年轻的教士私奔的女子后来摇身变成了大学者，并且继列奥四世之后成为罗马教皇，装扮成男人欺骗世人，后来和侍从通奸并怀孕，在大街上生下孩子后当场去世。这是上天的惩罚，那个婴儿据说被魔鬼掠走作为基督教的对头在世界末日时现身。图12描绘的是如安教皇落入地狱后的情景，图中的地狱是龙张开的巨口。[②]佛教中也有类似的故事，《大法炬陀罗尼经》中讲乱世中世间所有的恶龙都肆虐猖獗，毒蛇遍地喷吐毒火，屠杀人畜，恶人恶马当道，罪恶横行。

---

① 参照《大英百科全书》第3卷。——原书注
② 参照贝林·格罗特的《中世纪的妖怪》。——原书注

图11 1493年出版的反基督时代的图画

图12 1600年出版的沃尔夫《百谈选集》中的如安教皇落入地狱的图画

龙的起源和发展（1）

哥特斯海尔所著的《希伯来鬼神志》(1876年)中解释说《圣经》中认为龙可以呼风唤雨，其中的龙起源于对蛇的敬畏。阿拉伯人马苏德[①]等的著作中叙述的海蛇（与《圣经》的龙相同），根据描述可以断定是旋风卷起海水产生的现象，在日本称之为龙卷风。在中国和印度，人们为了求雨而拜龙王，认为各种自然现象都是龙的所为，例如《武江年表》[②]中记载的"元文二年（1737）四月二十五日，从外山一带飞来一条龙，自马场至早稻田一带盘旋，房屋人畜多有损伤"，这明显是旋风。《新著闻集》第十八卷中讲在高知地区大龙发威摧毁住房，《甲子夜话》第三十四卷记载在江户的暴风中目睹龙等，这些都是龙卷风的夸张。《甲子夜话》第十一卷中讲在深夜的暴风中见到龙明亮的双眼，这实际是暴风中的闪电在发光。《熊野权现宝殿造功日记》[③]记载龙飞入新建的宫殿从而使其毁于一炬，这应该是前述的陨石降落。《今昔物语》第二十四卷记述的在电闪雷

[①] 马苏德（895？—957？），10世纪阿拉伯著名的历史学家、地理学家和旅行家。行迹东到爪哇，西至非洲。著有《黄金牧场》一书。——译注
[②] 《武江年表》是关于江户（东京）的市井杂事的年表，作者是斋藤月岑，起始自1590年德川家康入主江户城，截止至1873年。正篇出版于1850年，续篇出版于1882年。——译注
[③] 《熊野权现宝殿造功日记》据传著于镰仓时代初期，其中记述了有关祭祀熊野十二处权现的相关事宜。——译注

鸣中见到金色龙爪的故事，这实际上是作者胆小如鼠，眼花看错了闪电产生的错觉。《论衡》中讲雷劈断树木，汉代的民俗称之为天取龙。《法显传》中讲毒龙降雪；慈觉大师的《入唐求法记》中讲述的龙搏斗时会降下冰雹；《历代皇纪》记载，传教士入唐出发的时候，突降暴风骤雨，众人悲哀，于是将随身携带的佛舍利赐给众龙，从而平息了风暴。门戈斯人相信龙是有角的巨蛇，和地龙、海龙搏斗后战败逃到天上变成了火，成为彩虹。[1]越南北部的金兰人认为月食是龙在作怪。[2]

像这样认为龙是种种天象或以龙命名各种天象似乎都起源于对蛇的敬畏，为何将云雨和暴风比作蛇呢？究其原因，不仅蛇比蚯蚓和鳗鱼更接近云雨的形状，而且无论什么民族自古以来都认为蛇极为神秘，因此泛泛地认为暴风雨和龙卷风甚至某些星宿都是龙和蛇。斯坦利·阿瑟·库克在《大英百科全书》第十一版第二十四卷中论述有关蛇崇拜的风俗时说："这个问题和研究树木的起源及发展一样，关联到人类思想史的各个方面，是个极为复杂的问题。"至于龙，头长角口吐火，形态有各种各样，欲完全解释清楚要比蛇更复杂，连孔子都无能为力，更何况笔者这样才疏学浅之辈，在此只能借手中的资料尽力而为。

---

[1] 参照斯基特和布拉克顿共著的《马来半岛异教民族篇》第2卷。——原书注
[2] 参照里昂版《布教书简集》（1819年）第9卷第130页。——原书注

首先库克解释说："蛇常栖息于建筑物和废墟周围，沿池塘、墙壁、树木蜿蜒爬行，转瞬间消失在地下，与其他鸟兽不同，尤为引人注目。"蛇蜿蜒爬行之状如河水在流淌，有时首尾相连如同河水环绕陆地，有时目不转睛地凝视猎物，其姿态如同引猎物入魔，致其身不由己。有些蛇易于驯养，有些蛇则有剧毒，可以致人畜于死地，攻击猎物时迅雷不及掩耳等，这一切都令远古的人类敬而生畏，驯养蛇的艺人可以使众人惊奇赞叹。蛇的寿命较长，人们见到蛇定期蜕皮，于是相信蛇灵魂不死且可以复活。库克还详细叙述了龙的各种传说皆源于人们对蛇的敬畏，解释将蛇和龙混淆的原因并介绍了龙和蛇的种类，但是没有提及龙和蛇的区别以及蛇如何演变成龙的过程。

如前所述，古埃及和西亚以及古代欧洲的龙或是无脚巨蟒，或是四足双翼，到了中世纪，演变为双足双翼，偶尔也有无足有角的龙（见图13）。印度的那伽在中国译为龙，但在印度的古籍中，那伽是人面蛇尾，头顶眼镜蛇，住在庄严华丽的地下龙宫，和修吉是那伽的首领。和修吉在佛经中翻译为多头龙王，传说他是梵天之孙，迦叶波之子（见图14）。斯里兰卡、缅甸等信奉小乘佛教的国家中释迦牟尼像的后面大多站立着一条眼镜蛇，而这种塑像最近才传到日本。《四分律》中讲，佛于文翱骥水边七日坐禅时曾经暴风雨不绝，"文骥龙王自出其宫，以身绕佛头荫佛上。而白佛言，不寒不热耶，不为风飘日曝，不为蚊虻所触娆

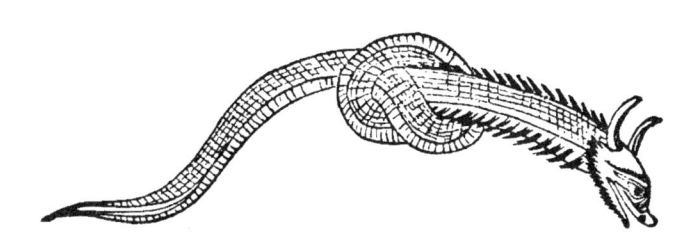

图13 12世纪手抄本中的龙

图14 印度阿旋塔石窟
第二洞的龙王像

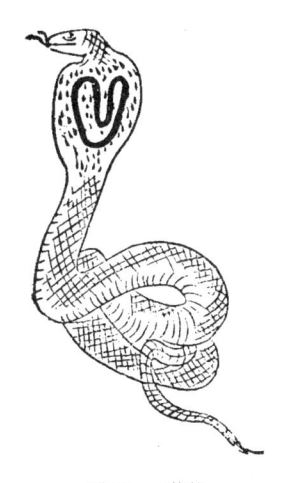

图15 眼镜蛇

耶"。风停雨止之后，那条龙化作一年少梵志，拜佛皈依佛门。这是动物皈依佛门的起始。

众所周知，眼镜蛇（见图15）是一种广泛栖息于南亚至印度洋诸岛的蛇类，身长六英尺，体宽六英寸，牙中含有剧毒但并不随意伤人。头部附近的肋骨较长，当瞄准猎物或

175

听到笛声时，喉咙部会像团扇一样扩张开，身体的三分之一可以直立并发出瑟瑟之声，令人胆战心寒。因此自古以来印度人将眼镜蛇奉为神仙，至今除身份低贱的种族以外，其他部族决不轻易伤害此蛇。身份卑微的种族如果杀死眼镜蛇也必定以礼相待，火葬蛇的尸体，以此向蛇谢罪。据库克所著《北印度民间宗教及民俗志》（1896年）第二卷第一百二十二页介绍，当时仅在西北各邦，那伽崇拜眼镜蛇的信徒就有两万五千人之多。从前雅利安人攻入印度时，那伽族人口众多，他们以眼镜蛇为图腾，自称是眼镜蛇的子孙，这就是所谓的龙族人。他们后来归顺了雅利安人，成为身份卑微的部落，前面讲述的动物中最先皈依佛门的龙王传说就是这个部族的酋长。民间传说当时佛祖对于龙王皈依佛门十分欣慰，问龙王想要什么礼物，龙王说我们龙族经常遭受金翅鸟的残害，恳求佛祖使他们能逃离劫难。于是佛祖在他的背上画了一个印记，自此之后，身上有印记的眼镜蛇便不必担心被鸟叼食。那伽原本是眼镜蛇，但是佛教传入中国时，中国人不知眼镜蛇是何物，就如同中国的龙一样，认为此物受到众人的崇敬一定有非凡的神力。为了区别于其他的蛇类，便将此蛇译为龙。不过印度人也认为那迦有非凡的魔力，往往在传说中添加一些蛇以外动物的特性，如《大孔雀咒王经》中描述的有二足、四足或者多足，演变出近似于龙的动物，至今在印度，正统的那迦仍然是眼镜蛇。在中国，自古龙和蛇的区别很明显，而在日本将特殊的蛇记述为龙的文献同样很多，这是由于想象产生的牵强附会。

到底龙和蛇有什么区别呢?《本草纲目》中将近代动物学中爬虫类的龟类排除在外，将余下的分为有足和无足两类，有足类为龙，无足类为蛇。亚里士多德则将爬虫类分为有鳞卵生四足（龟和蜥蜴），卵生无足（蛇），无鳞卵生四足（蛙类）。与此相比，《本草纲目》的分类法排除了龟和蛙，略显不足，但是即使在欧洲的学者中，到近代之前仍然有人将兽、鸟、鱼以外的所有动物称为虫，比起这些学者，《本草纲目》将龙和蛇同鱼和虫区别开来，根据是否有脚区别龙类，即蜥蜴类和蛇类，这种分类法值得称赞。后来日本的《训蒙图汇》[①]等却将龙作为鳞虫之首列为鱼类，蛇则因为有虫字旁而作为蝶和蝇的一种列为虫类，简直莫名其妙。中国古代的和尚大概比较悠闲，对动物观察十分精细，后唐的可止和尚曾经托钵乞讨养活老母，托钵周游期间，三年一直口诵青龙疏，于是有一条巨蟒出现在房内。同寺的居晓和尚是个见多识广的僧人，他指着巨蟒说蛇不眨眼，而这只蟒的眼会眨动，可见这是一条龙。于是可止和尚焚香面朝巨蟒口中诵道:"贫僧念诵青龙疏并非出于乐趣，而是想让老母吃上可口的食物，祈求龙神保佑我遇上一个好施主。"果然几天后贵人召见，得到大量的施舍。[②]居晓和尚的博识值得钦

[①]《训蒙图汇》是日本江户时代出版的百科全书，配有插图，作者为中村惕斋，著于1666年。——译注
[②] 详见《宋高僧传》第7卷。——原书注

佩，壁虎是不眨眼的，然而除了少数例外，蛇类不眨眼而蜥蜴类眨眼这一事实已经被现代科学所证实。居晓和尚先于欧洲人认识到这一点实在可贵。总之，龙和蛇的区别主要是看是否有脚，其次才是有无翅膀和角。

《想山著闻奇集》[①]第五卷记述说蚯蚓变成蜈蚣，《和汉三才图会》中虽然有蛇入海变成章鱼，播州的鱼变成海豹等无稽之谈，这是因为人们根据蛆变蝇、蛹变蛾等现象推论，于是认为如同蝌蚪变成有脚的青蛙一样，无脚的生物可以变化成相应的有脚动物，其实这是不正确的。自古以来有很多事例错误地认为无足的蛇可以化作有足的龙，或认为蛇是龙的后代。南非的蜥蜴蛇（见图16）的四肢退化，而身体细长，外貌和蛇一样，谁见了都会认为是蛇变成了蜥蜴。除《兼葭堂杂录》[②]中记载的双足蛇之外，日本并没有类似蛇的蜥蜴。产生这种蜥蜴蛇的原因是由于蜥蜴长期栖息于土中，脚的用途锐减从而萎缩退化。这种现象不仅限于非洲，在世界各地都普遍存在。这实际上助长了蛇变化成龙的错误观念，并成为低级龙即螭龙这种想象中的动物的原型。不仅是中国人，印度人也相信螭龙的存在。[③]《本

[①] 《想山著闻奇集》是江户后期的书法家和随笔作家三好想山的随笔集，1850年出版，共5卷，书中收集了动植物的奇闻、神仙显灵等各种故事共57段。——译注
[②] 《兼葭堂杂录》是江户时代末期的随笔，作者是木村兼葭，1859年出版，全书共5卷，书中记述了对于书画和珍奇动植物的考证以及各种奇闻怪事等。——译注
[③] 参照《起世因本经》第7卷及《大乘金刚髻珠菩萨修行分经》。——原书注

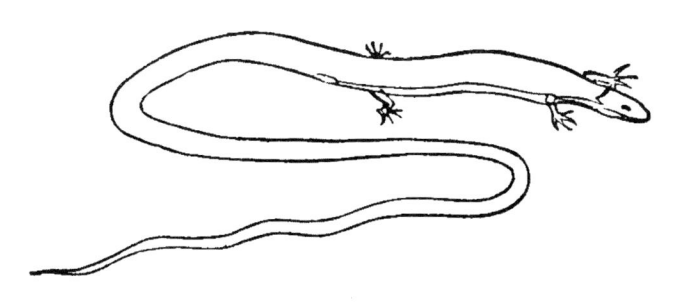

图 16　蜥蜴蛇

草纲目》中讲："时珍曰：此物生山石间，能吐雹可祈雨，故得龙子之名。蜥蜴本作析易，许慎云易字篆文象形。陆佃云蜴善变易吐雹，有阴阳析易之义。周易之名，盖取乎此……蜥蜴形细而长，尾与身类似蛇，有四足，去足便是蛇。"《十诵律》中有"佛在舍卫国，尔时龙子信乐佛法，来入祇桓，为听法故。有比丘，以绳系咽弃无人处，时龙子向母啼泣"。蛇母极为愤怒，向佛祖申诉，佛祖说从现在开始用网捕蛇者以突吉罗罪问罪，见到蛇应该放入器皿中拿到远离人烟之处放掉。这些都是认为蛇是龙子的事例，每到十月初卯日，就会从龙宫取来龙子献给出云地区的佐田神社，所谓龙子实际上是海蛇。《折焚柴记》①中提到的灵山的蛇等，蛇变成龙升天的故事很多。②

---

① 《折焚柴记》是日本江户时代政治家兼学者新井白石的自传，写于1716年。书中谈及他的从政经历，揭露了德川家宣和德川家继执政期间的政治内幕。——译注
② 蛇变化成龙所需要的年数详见哈克斯特豪森的《高加索》。——原书注

因此菲利浦和库克阐述的龙生于蛇的观点有许多疏漏，实际上在世界各国有许多外貌似蛇的有足蜥蜴，人们认为这是由蛇变化的，或者认为蜥蜴和鳄鱼也是奇异的动物，并作为崇拜的对象，由此产生出龙这一想象中的神灵，这和崇拜蛇的风俗掺杂在一起演变出了许许多多龙的传闻。《古今图书集成·边裔典》第二十五卷记载，明朝的太守徐兢出使高丽国的途中，在定海县总持院连续七天拜祭名为"显仁助顺渊圣广德王"的龙王，于是神仙现身，貌似蜥蜴，实为东海龙王。书中记述的龙王和画像上的龙不同，外貌如同蜥蜴，由此判断可能是寺院畜养的一种蜥蜴作为龙来供人祭祀。《渊鉴类函》第四百三十七卷记述说："《戎幕闲谈》曰：'茅山龙池中，其龙如蜥蜴而五色。自昔严奉，贞观中，敕取龙子以观，御制歌送归，黄冠之徒竞诧其神。李德裕恐其惑世，尝捕而脯之，龙亦竟不能神也。'"这实际上是将一只色彩斑斓的大壁虎认作龙了。日本出产的蜥蜴和壁虎的种类少，外貌也不奇特，因此也没有产生出神秘的奇谈怪论。在国外，特别是盛产蜥蜴和壁虎的热带地区有很多迷信传说，其数量和蛇的传闻相比，有过之而无不及。在欧洲，俄罗斯人还没有信奉东正教之前，几乎每家每户都有饲养蛇的风俗，[1]特别是萨尤季斯地方的百姓在16世纪将蜥蜴作为家神敬奉。[2]

---

[1] 参照茨贝《莫斯科坤舆志》（1658年）第86页。——原书注
[2] 详见哈伯斯坦《俄国记》英译本第2卷第99页。——原书注

《抱朴子》中说："谓蜥蜴为神龙者，非但不识神龙，亦不识蜥蜴。"由此可知在晋代有人将蜥蜴作为神龙崇拜。《汉书》中记述："（汉武帝）置守宫盂下，射之皆不能中，（东方）朔自赞曰：'臣尝受《易》，请射之。'乃别蓍布卦而对曰：'臣以为龙又无角，谓之为蛇又有足，跂跂脉脉善缘壁，是非守宫即蜥蜴。'上曰：'善。赐帛十匹。'"据说《周易》的"易"字是蜴的象形字，可见在中国古代，蜥蜴作为龙的一种受到崇拜。蜥蜴常见于坟地，动作敏捷，时隐时现，因此桑塔尔人相信人在熟睡时灵魂会变成蜥蜴在外夜游。[①]《西湖游览志》中记载："钱武肃王居宫中轮差，诸院敏利老妪监更，一夕有大蜥蜴沿银缸噏油，既竭而倏然不见，监更妪异之不敢语人也。明日，王曰：'吾昨夜梦饮麻膏而饱。'监更妪以所见对王，微哂而已。"[②]由此可见，在中国也有同样的说法。印度人传说和变色龙一样可以变色的蜥蜴原来是守卫皇宫城门的卫士。[③]

澳洲的土著人传说大神慕拉慕拉创造世界时塑造了许多小黑蜥蜴，作为各种爬行动物的首领，然后用蜥蜴的脚塑造了手指、鼻子、眼睛、嘴和耳朵，当蜥蜴站立时发现尾巴碍事，便割去了尾巴，于是蜥蜴开始站立行走，就这

---

① 参照弗雷泽《金枝》第1版第1卷第126页。——原书注
② 原注说引自《渊鉴类函》第449卷，但据译者查该文登载在《西湖游览志》第21卷。——译注
③ 详见《印度群岛以及东亚》杂志第4卷第203页刊载的洛所著文章。——原书注

样人类出现了。[1]古埃及人视蜥蜴为神（见图17），将蜥蜴的尸体做成木乃伊保存并供奉。西非的沃洛夫人将蜥蜴作为家神每天喂牛奶，马达加斯加人也认为蜥蜴是守护神。[2]在近代以前的希腊，人们认为斯多基亚神夜晚出没时，有时是蛇或蜥蜴，有时是矮小的黑人。[3]最崇拜蜥蜴的是太平洋上的岛国，波利尼西亚人认为蜥蜴是神，而且是人类的祖神，将蜥蜴和鲨鱼作为忌讳的标志。[4]在斐济岛，人们认为大蜥蜴是地震神的使者，毛利人则相信蜥蜴神可以使人头痛。新赫布里底群岛的传说中讲最初造物主是让人爬行，让猪直立行走。鸟与爬行动物聚会讨论此事，蜥蜴主张应该改变

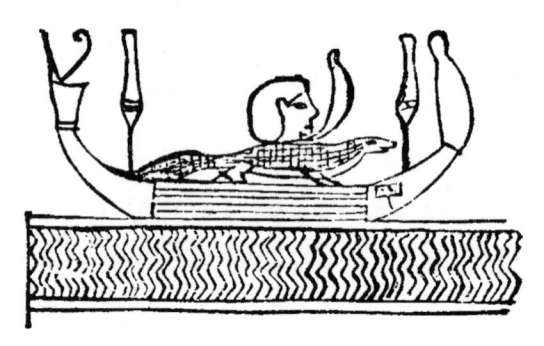

图17 古代埃及绘画中开路神的形象是人头戴白帽的大蜥蜴

---

[1] 参照史密斯《维克多利阿玻利人篇》第2卷第425页。——原书注
[2] 详见《大英百科全书》第2卷、第9卷、第28卷。——原书注
[3] 参照赖特《中世英国文学迷信历史论文集》第1卷第286页。——原书注
[4] 参照瓦尔茨和格兰特《土著民族史》第6卷。——原书注

人和猪走路的方式，而脊令鸟对此表示反对，认为应该保持原状。蜥蜴立即拨开群兽，爬上椰子树跳到猪的背上，于是猪便趴在地上。从此以后，猪开始四脚爬行，而人则直立行走。①

美拉尼西亚人说如果蜥蜴进到家里，意味着死者的灵魂回来。②非洲的祖鲁人说开天辟地之时，大老神曾派变色龙去通告人类长生不死，但是变色龙十分懒惰，途中爬到树上偷懒睡觉。后来神又改变了想法，派蜥蜴去告诉人类最终会死亡。当变色龙睡醒姗姗来迟时，蜥蜴早已传达完神的旨意，于是人最终都会死亡。因此祖鲁人憎恨蜥蜴动作敏捷，使人不能永生，于是见到便杀死。同时也怪罪变色龙误了人类的好事，给它吃烟丝，以使它不停地变色，痛苦不堪。南洋贝劳岛民说神让两个少年去取火，如果取来就不会死，否则灵魂不死而肉体会死亡，可是少年没有取来火，因此必死。鬣蜥和巨蜥以及蛇有时蜕皮但不会死亡，而人则无法摆脱死亡的命运。弗雷泽讲述了许多这样的故事之后得出结论说，土著人见到蛇和蜥蜴时常蜕皮从而返老还童，认为在古时这两种动物和人进行长寿比赛最终人类败北，所以人才注定会死，这也是人类崇拜蛇和蜥蜴以及龙的一个原因。

---

① 参照拉采尔《人类史》（英译本）第1卷。——原书注
② 参照弗雷泽《不死的信仰》（1913年）第1卷第380页。——原书注

前面谈到的巨蜥是广泛分布于非洲以及澳洲等地的一种大蜥蜴，有三十余种。图18是栖息在尼罗河的蜥蜴，为了便于游泳，尾部变得较宽。图17是古埃及人崇拜的蜥蜴神。这种蜥蜴喜爱吃鳄鱼卵，所以受到土著人的保护，而且这类蜥蜴和其他的蜥蜴不同，舌头极长，分开两叉在嘴边晃动，和蛇极为相似，所以在中国此类蜥蜴被归为蛇类。《本草纲目》中讲："鳞蛇出安南、云南、镇康州、临安、沅江、孟养诸处，巨蟒也，长丈余，有四足，有黄鳞黑鳞二色，能食麋鹿。春冬居山，夏秋居水，能伤人，土人杀而食之，取胆治疾，以黄鳞者为上，甚贵重之。"这种蜥蜴的学名是"varanus salvator"，自印度北部以及中国南部至澳洲北部都可以见到，身长可达七英尺，是蜥蜴中最大的一类。前面曾讲到的柬埔寨最初的国王的前身是大蜥蜴，大概指的也是这种蜥蜴。在斯里兰卡，人们用这种蜥蜴的油治疗皮肤病，而且相信在蒟酱叶子上涂上蜥蜴油吃下去可以毒死人。《翻译名义集》中将德叉迦龙王翻译成现毒龙王、多舌龙王，所指的一定是鳞蛇，而所谓毒龙的迷信主要出自这种蜥蜴（见图19）。

佛祖在世时，有一个民族吃龙肉，众比丘也同样。于是龙女到佛祖的床前哭诉，因此佛祖下旨禁止吃龙，仅允许患皮肤病时涂龙的骨灰，这个所谓的龙大概是蜥蜴。俱利迦罗龙王在中国译成黑龙，盘旋在不动明王的宝剑上。这种龙也是一种蜥蜴。除此之外，笔者查证了佛经中的各

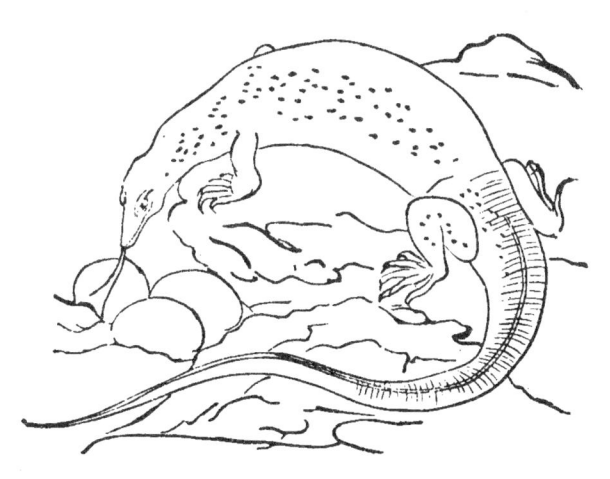

图 18 埃及的巨蜥

图 19 鳞蛇

种龙的名称，发现大多是各种蜥蜴，但遗憾的是笔者无暇考证。在印度的马德拉斯和印度支那有二十余种被当今的学者称为飞龙的蜥蜴，这种蜥蜴身长十英寸，肋骨极长并包有皮膜，形状如同扇面伸缩自如，从高处侧身飞降十分灵巧（见图20）。这种蜥蜴无害，但是蜥蜴中有毒的种类较多，自然免不了受到怀疑。巴鲁伯萨和16世纪的著名航海家玛杰兰一起遭土著人杀害，他在航海日记中曾经写到，在马拉巴尔附近的山区有一种长着翅膀可以在树木之间飞翔的蛇，有剧毒可以毒死人，这就是上述的飞龙的误传。[1]马来半岛的海人相信造物主将人的灵魂封在石头中，让大盲飞龙把守。大盲飞龙的部下是普通的飞龙，经常在天空中飞翔，从大盲飞龙那里取得人的灵魂植入新生儿的体内。如果杀死飞龙，那个人生的孩子也不会有灵魂，因此当地

图20 飞龙

---

[1] 详见拉姆西奥《航海纪行全集》第1卷第300页。——原书注

人都十分爱护这种动物。据说这种飞龙经常变化成鳄鱼，奉大盲飞龙的指令将人淹死在水中。① 关于中国的应龙以及各地方流传的有飞翼的龙的传说，有人说源于有翼恐龙等有翅膀的蜥蜴，是人们看到化石后联想出来的，但笔者认为这种传说产生于至今仍然存在的飞龙这种蜥蜴。在印度，人们见到了蜥蜴马上就会去算命，泰米尔的谚语中有一句话说："预告全村吉凶的蜥蜴落进了汤锅。"意思大概是算卦的先生不知自己出门会遭殃。② 贡德人诅咒发誓时引用蜥蜴皮作证。③ 这些都是以前崇拜蜥蜴的现象。

正如前文中多次讲到的，龙的另外一个原型是鳄鱼，从前认为是蜥蜴的一个分支，但据研究结果表明，鳄鱼是比蜥蜴高等的爬行动物。现在的鳄鱼有六属十七种，主要栖息于东西半球的热带和亚热带地区。印度有三种，中国的南部和长江流域各有一种。古埃及人以及现在的印度人崇拜鳄鱼人尽皆知，以前曾献上人畜作为祭品。近来在西非的贝宁和苏拉威西岛、布敦岛以及吕宋岛的居民都将鳄鱼奉为神灵，列队奏乐行至鳄鱼的栖息地，献上食物和烟草。在苏拉威西岛和布敦岛，人们在家里饲养鳄鱼。非洲的黑人也认为鳄鱼住在自己家附近是吉兆，丝毫不惧怕，④

---

① 参照斯基特和布拉克顿共著的《马来半岛异教民族篇》第2卷第27页。——原书注
② 《孟加拉亚细亚协会杂志》（1898年）第68卷第3部第51页。——原书注
③ 详见鲍尔佛《印度事典》第3版第2卷730页。——原书注
④ 参照舒尔茨的《物神崇拜》第5章第6节。——原书注

邦加岛的马来人认为晚上梦见鳄鱼是吉兆但不能告诉女人，马达加斯加的一部分居民相信鳄鱼是祖酋长的化身，而在塞内加尔河畔人们猎杀了鳄鱼会举办宴会以示庆祝。菲律宾的塔加洛人认为被鳄鱼吃掉的人和被雷电击打或因刀伤而死的人一样住在彩虹宫殿。[1]由于鳄鱼捕食狡猾巧妙，索罗门群岛的居民相信除了人以外只有鳄鱼有灵魂。[2]尼日利亚人认为鳄鱼只残害有罪之人，而且相信鳄鱼是祖神或河神，如果杀死了鳄鱼，河水将枯竭，鳄鱼身上寄生着吃过的人的灵魂。[3]婆罗洲的居民尊崇虎和鳄鱼，自称是虎和鳄鱼的后裔，在盾牌上描绘虎和鳄鱼的图像。[4]

这些传说和迷信都多少和龙有关，利奥·阿弗里卡纳斯曾经说尼罗河的鳄鱼以开罗为界，上游的伤人，而下游的从不吃人，这和龙分善恶两种的观点相似。从前，吕宋岛的人们认为发誓时撒谎的人会被鳄鱼咬死。[5]1683年出版的玛利亚主教的《东方游记》第四百一十五页介绍，马拉巴尔的证真寺中有一个水池，饲养着许多鳄鱼，平时喂食人肉。那里之所以称为证真寺，是因为人们为了验证嫌疑犯供词的真伪，会将此人投入水池中，如果供词是真，则

---

[1] 科姆佩斯的《棉兰老岛以及宿劳岛史》（1897年马德里版）第64页。——原书注
[2] 参照布朗《美拉尼西亚以及波利尼西亚》（1910年）第209页。——原书注
[3] 见莱昂纳尔《下尼日利亚及其各民族》。——原书注
[4] 参照拉采尔的《人类史》第1卷。——原书注
[5] 详见安托尼·摩根《菲律宾诸岛》第273页。——原书注

幸免于难，如果撒谎则必死无疑。为此，撒谎作伪证之徒经常贿赂僧人施法术制服鳄鱼，使自己免遭杀身之祸。《南史》中也讲到现在的印度支那有一个扶南国，在护城河中喂养鳄鱼，抓住罪犯后丢入河中，三日内不被鳄鱼吃掉则无罪赦免。登纳特所著的《佛得角民俗记》中，在刚果河边有盗贼扮作鳄鱼掀翻渔船，抓住乘客贩卖到其他地方，这和目连借助神力化作龙的佛教故事有相通之处。鳄鱼的梵名有多种多样，每一种都有不同的名字加以区别，笔者对此不甚了解。其中有一种叫作"gavial"的鳄鱼是现存种类中最大的，身长可达二十五英尺，栖息于恒河以及印度河以北的各大河流中，嘴巴细长，尾部隆起，同中国画中的龙相似（见图21）。

《马可·波罗游记》中记述，宋代的皇帝卜卦听说只有百眼的敌将才能推翻大宋，元将伯颜最终灭亡了宋朝，原

图21 鳄鱼

来他的名字恰巧和百眼同音，这个故事同样见于《辍耕录》。玉尔注释，在近世也有相似的事例。印度的预言说法特普尔的要塞除非大鳄鱼谁都无法攻陷，当英军攻克后，僧人们觉得很奇怪。原来英军主帅的名字和印度语的鳄鱼发音相似，正中预言。这个鳄鱼的词根译成汉语就是药师十二神将之一的宫毗罗，佛祖的大弟子金毗罗比丘，在佛教经典中多译为蛟龙。

在中国，最早记载蛟龙的文献是《吕览》，其中说佽飞得到宝剑涉水渡江时，两条蛟龙夹住渡船，于是佽飞跳入江中挥剑斩杀了蛟龙。《博物志》中记载："（孔子弟子）澹台子羽渡河，赍千金之璧于河，河伯欲之，至阳侯之波起，两鲛夹船。子羽左操璧，右操剑，击鲛皆死。既渡，三投璧于河，河伯跃而归之，子羽毁而去。"当时好像这种夸张的无稽之谈非常流行，在《吴越春秋》中有这样一段文字："椒丘䜣者，东海上人也。为齐王使于吴，过淮津欲饮马于津。津吏曰：'水中有神，见马即出，以害其马，君勿饮也。'䜣曰：'壮士所当，何神敢干？'乃使从者饮马于津水，神果取其马。马没，椒丘䜣大怒，袒裼持剑入水，求神决战。连日乃出，眇其一目。遂之吴，会于友人之丧，䜣恃其与水战之勇也，于友人之丧席而轻傲于士大夫，言辞不逊，有陵人之气。要离与之对坐，合坐不忍其溢于力也，时要离乃挫䜣曰：'吾闻勇士之斗也，与日战不移表，与神鬼战者不旋踵，与人战者不达声，生往死还，不受其辱。今子与神斗于水，亡马失御又受眇目之病，形残名勇，勇士所耻，不即丧命于敌而恋其生，犹徽色于我哉。'于是椒丘䜣卒于诘责，恨怒并发，暝即往攻要离。于是要离席阑至舍，诫其妻曰：'我辱壮士椒丘䜣于大家之丧，余恨蔚恚，暝必来也，慎无闭吾门。'至夜，椒丘䜣果往，见其门不闭，登其堂不关，入其室不守，放发僵卧无所惧。䜣乃手剑而捽要离，曰：'子有当死之过者三，子知之乎？'离曰：'不知。'䜣曰：'子辱我于大家之众，一死也。归不关闭，二死也。卧不守御，三死也。子有三死之过，欲无得怨。'要离曰：'吾无三死之过，子有三不肖之愧，子知之乎？'䜣曰：'不知。'要离曰：'吾辱子于千人之众，子无敢报，一不肖也。入门不咳，登堂无声，二不肖也。前拔子剑，手挫捽吾头乃敢大言，三不肖也。子有三不肖而威于我，岂不鄙哉。'于是椒丘䜣投剑而叹曰：'吾之勇也，人莫敢眥占者，离乃加吾之上，此天下壮士也。'"曹操十岁时在谯水沐浴，击败了蛟龙，日后看到人遇到大蛇吓得抱头鼠窜，便讥笑说："我面对蛟龙都毫不畏惧，他见到蛇就吓得屁滚尿流。"晋朝的周处少年时代为非作歹，同义兴河中的蛟龙和山中的老虎并称为三害。周处感到很羞耻，先打死了虎又去杀蛟龙，和龙搏斗了三天三夜，时沉时浮，鏖战了数十里，终于宰杀了蛟龙，从此改邪归正，青史留名。

这些蛟龙都是栖息在河中的大型爬行类动物，所以大概是鳄鱼。据调查，中国的鳄鱼现在有扬子鳄和湾鳄两种，根据地方不同有少许变化。古代的一些种类现在已经绝种，分别取名为鼍龙、蛟龙和鳄鱼，现在种类和数量减少且不像古代那样可以频繁见到，因此本来有关龙和蛟龙的故事就千奇百怪，后来就更加夸大复杂了。与此相同，佛教经典中混入了许多印度的有关眼镜蛇和鳞蛇的故事之后，逐渐演变出了龙王、龙宫以及无数的龙的传说。

龙的起源和发展（2）

　　正如前面引述的菲利浦的观点表明的那样，目前已经绝迹的各种爬行动物的骨骼化石大大地助长了龙这一想象中的动物的演变。《渊鉴类函》第四百三十七卷中讲："《拾遗记》曰：'方丈之山东有龙场。有龙皮骨如山阜，布散百顷。遇其蜕骨之时，如生龙或云龙常斗此处，膏血如流水。'《述异记》曰：'普宁县有龙葬洲，父老云龙蜕骨于此洲，其水今犹多龙骨。按山阜冈岫，龙兴云雨者，皆有龙骨。或深或浅，多在土中。齿角脊足，宛然皆具。大者数十丈，或盈十丈，小者绕一二尺，或三四寸。体皆具焉，尝因采取见之。'又曰冀州鹄山传，龙千年则于山中蜕骨，今有龙冈，冈中出龙脑。"这里所谓的葬龙洲就是像大量发掘出古代巨兽化石的南澳洲的泥湖那样的地方，所谓龙兴风雨之处都有龙骨，只不过是埋有动物化石的地方，经风吹雨打，化石裸露出来，于是人们相信龙换骨后兴风作雨驾云离去，其实只不过是颠倒了因果造成误解罢了。许多人认为《拾遗记》和《述异记》的记载都言过其实，但是上述的文章无疑都是事实。日本的《云根志》记载，宝历六年（1756）美浓地区巨势村，因大雨发生山崩，一丈见方的龙头显露出来，龙口半张，大小可以钻进五六个人，龙生双角，牙齿黝黑发光，大小如饭盆。邻近的百姓极为恐慌，无人敢走近，更无人敢下地耕种。过了两年，邻近几个村子的百姓聚会协商，人们带着板斧和铁锹胆战心惊地走近一看，原来是石头，于是挥起工具将"怪兽"打碎。两颗巨齿看似石头其实是兽齿，挖掘土地可以看到许多巨大的像骨头一样的白石，书中记载的是一个姓三宅的人讲述的亲身经历。在中国古代，人们认为是龙骨的并不只是爬行类动物的骨头，在化石方面的知识还不发达的时代，人们将犀牛、象和其他巨型动物的遗骨都说成是龙，[①]我曾经听说过赞岐小豆岛发现的龙骨是牛类动物的骨化石。前不久在中国宜昌附近发现了恐龙化石，于是就有人吹嘘这是上天为袁世凯带来的龙瑞吉兆。

山本亡羊笔下的《百品考》[②]引用的《荒政辑要》中解释《礼记·月令》的"季夏命鱼师伐蛟，郑氏曰伐蛟须持兵卫"之一段文字说，蛟是山鸡和蛇交配所生的，卵如同车轮一样，埋在土中冬天不积雪，夏天不长苗，鸟雀不筑巢，月夜中望去，只见一团黑气直冲九天。幼蛟孵化时，发出鸣叫声如同蝉鸣，升天时则如同雷鸣。所谓地动山鸣就是蛟的嘶叫声，蛟出洞后天崩地裂，水害四起，但有各种方法预防。《月令》中讲每年夏天派兵围剿蛟是因为周代时土地未开垦，文武周公御驾周围都有鳄鱼危害人畜，但是到了汉代，由于这种例行的猎杀鳄鱼的活动已经不存在，所以

---

① 参照鲍尔弗《印度事典》第1卷第978页。——原书注
② 《百品考》的作者是山本亡羊，全书分上、中、下篇，共6卷。出版时期为1838年至1853年。——译注

郑氏特别做了注释。此后鳄鱼数量锐减，所谓蛟逐渐退化成为地下孵化的爬虫，或者山体滑坡及地下冒水等自然现象的代名词，究其原因，并不是鳄鱼出洞引起天崩地裂，而是由于雷雨造成水土流失，埋在地下的动物化石暴露出来了。

《和汉三才图会》第四十七卷中讲："有未地震而山岳崩裂之事，相传乃宝螺跳出者也。"《东海道名胜记》第三卷中写道：远州今切渡口，从前是山连山的陆地，百余年前从山中现出无数的海螺，纷纷跃入海中，于是山崩地裂，出现了一条海湾，这如同中国的华山，一只巨龟爬出之后的地方变成了一个湖，湖水灌溉田地。笔者所住的和歌山田边附近的坚田浦，自古有一个深谷，当地有很多海螺化石。民间传说这里从前生活着大量的特殊生物，体长五六尺，粗细如面盆，头和躯体呈直角好像铁锤，从谷顶上落下来伤人，人们吓得不敢走进山谷。这和中国的蛟的传说一样，是因为出了同类动物的化石而编造的。

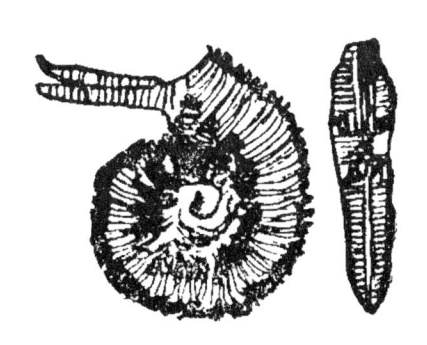

图22　石蛇

《渊鉴类函》第二十六卷中记载:"福建将乐县有蛟窟,相传昔有小儿,见溪傍巨螺拾归,穴地潴水蓄之。未竟日,其地横溃,水势汹汹。民惧以铁投之方息。今周回宽可亩许,水清澈不涸。"在中国也有人认为山崩地陷和蛟以及海螺有关。印度人认为螺石是大神卫世奴的化身,外形和蛇或外阴相似。汉语称作石蛇,所谓石蛇实际上与乌贼或航鱼一样,是多种软体动物菊石的化石(见图22),从动物学分类上说和海螺不同,但是外貌和海螺极为相似。从形状上看好像盘卷着的蛇和蛟,于是人们将它看作蛇和蛟的化身,误认为滑坡是蛇和蛟所为。菊石在佛教文献中译为螺石,[1]被认为是珍贵的宝物。鹤冈八幡宫所收藏的宝物弁财天,锦囊中包藏着如同蛇一样的自然石,[2]这大概也是石蛇。

近年来,随着考古学的发展,科学家们不断发现古时候在陆地上生存过的大量的恐龙化石,其中有很多龙的传说的原型(见图23)。但是画中所描绘的龙那样的动物,除了鳞蛇、鳄鱼、飞龙以外,在世界上还有很多(见图24)。因此,笔者认为龙并不是像过去的老友卡比等人讲的那样,是人类的远祖见到过的曾经称霸世界的恐龙,他们认为龙的形象和传说经过几千年后变得十分模糊,如影子一样存在于人类的记忆当中,这似乎和佛教的宿命论一样难以把握。笔者认为

---

[1] 参照《根本说一切有部毗奈耶》第11卷。——原书注
[2] 详见《新编镰仓志》第1卷。——原书注

图23 远古时代的恐龙

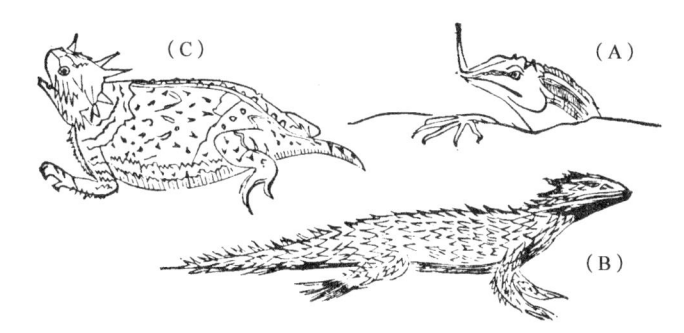

(A)斯里兰卡产 (B)南非产 (C)北美产
图24 多少像龙的现存的蜥蜴

图25 斯里兰卡海的海蛇

龙是当今仍然生存在地球上的鳄鱼等动物的夸张，再加上对蛇的崇拜以及龙卷风、滑坡等自然现象引起的对土地神的畏惧，或者是对恐龙化石的曲解等，这些现象综合在一起便产生了龙这一想象中的动物。

龙的传说在演变中夹杂最多的是海蛇的传说。有关海蛇的研究，笔者在国外工作期间曾经数次在《自然》等杂志上论述了传说的起源，由于内容十分复杂，无法在此详述，只略谈一下有关龙的传说的部分。《玉叶》[①]第四十卷记载，寿永三年（1184）正月初一，伊势地区发生怪异现象，在上奏给源义仲的报告中描述说初一夜晚暴雨雷鸣，大量的蛇、蝮蛇被冲上岸，海岸上到处都是身缠海藻的毒蛇，大概有二三百条或四五百条之多，全都活着，两三天之后则杳无踪迹。从古至今伊势地区都没有蝮蛇被冲上岸的前例，这些蛇大概是从海中聚集来的。这就是海蛇，外表像鳗鱼，尾部扁平，生息在海水中，只出没于印度洋、太平洋和附近海域，大约有五十种（见图25）。笔者认识的英国皇家院士布朗士曾经见过印度洋的海蛇，其长七八英尺。在熊野有时也可以打捞到，笔者曾尝试亲自饲养，觉得布朗士和其他欧洲人的学说有错误，将来有机会一定撰文加以批驳。《唐大和上东征传》和荷兰人林斯柯顿所著的《东印度纪行》[②]中讲到从

[①] 《玉叶》是平安时代末期至镰仓时代初期日本宫廷贵族九条兼实的日记，其中记述了贵族政治向武家政治体制转换的各种事件，是学术研究的重要史料。——译注
[②] 1638年阿姆斯特丹出版，第122页。——原书注

前亚洲的南海各地有鉴真和尚所说的蛇海，即海蛇聚集出没的地方。《天方夜谭》的"文莱漂流记"中讲有许多蛇守卫海岛女龙王的宫殿，《贤愚因缘经》中描述说大施去龙宫时在海上见到无数的毒蛇，《正法念处经》中则说热海中多生毒蛇，毒蛇的毒气使海水沸腾，无一生物可以存活，蛇毒毒死众生。这说明海蛇都有毒牙。

除此之外，在欧洲，自古人们相信海中有一种巨蛇，近年仍然有许多目击报告说在各大洋中见过。在古印度，勇士色列萨斯帕误以为海蛇是海岛，在蛇背上点起篝火，蛇大吃一惊将勇士掀翻在海里，16世纪奥罗斯记录的瑞典

图26 （上）远古时代的恐龙蛇颈龙
（下）18世纪挪威的传教士汉斯·埃哥德在格陵兰海见到的巨大的海蛇

的海蛇长二百英尺、宽二十英尺，以牛、猪、羊为食，而且像桅杆一样在海上竖起并拉走客船。1876年的报纸上刊载了有人见到过智利附近的海洋中大蛇吞吃两条小鲸鱼的目击新闻。《大英百科全书》第十一版第二十四卷中解释说这些巨蛇的传说产生的原因是海豚、海鸟、鲸鱼、海狗以及海藻等列队在海中起伏游动时产生的错觉，或者是将身体细长的鱼类或巨大的墨鱼看错为巨蛇，也可能是远古时期称霸世界的恐龙蛇颈龙（见图26），有一部分至今仍然隐藏在大洋中。《甲子夜话》第二十六卷介绍，鹿每年一两次从佐渡涉水渡海到越后时，只能看到领头的鹿的颈和背，后面的鹿则将下颚放在前面的鹿的尾巴上，如此首尾串连，数十只鹿一起渡海，远远望去如同一条巨龙在海中游动。至今熊野地区的渔民有时在海上见到巨虾和鱼群聚集在一起移动，十分恐怖，急忙收帆返航。另外还有一种巨大的水生物，连日在海中游过，不知哪里是头，哪里是尾，一望无际。先不追究这种动物是否真正存在，总之在欧洲有许多有关巨大的海蛇的传说，同样在印度和中国，人们相信巨龙生活在海洋中，也认为海底有龙宫。民间认为所谓龙宫即海市蜃楼，也是蜃这种动物制造的。蜃外形似蛇，体形巨大，腰部以下的鳞片倒生，有的像螭龙，有耳和角，有的背上的鬃毛呈红色，有的似蛟，没有爪，总之外貌多种多样。海市蜃楼在海上和陆地上都会出现，人们传说蜃呼气时在空中形成楼阁，高飞的鸟雀见到之后想落下来歇息便被一口吞掉。①《月令》中讲季秋，麻雀入水变成海蚌，孟冬，山鸡入水变成蜃。这里所讲的蜃是一种大型的海蚌。古代欧洲人也相信石蜥会变成野鸭，日本人认为鸻鸟会变成鸟贝和平贝，这是因为蚌类的肉的形状和鸟的形状有些相似，从而产生了这种迷信，日本的绘画中有一些作品，画着海蚌壳张开，飘出的彩云中有海市蜃楼，即龙宫。

印度、阿拉伯、东南欧以及波斯等地流传着许多龙蛇看守宝藏的故事。所谓宝藏，英语称为"hidden treasure"，是隐藏在地下的财宝。在日本挖掘出的财宝最多不过是月牙玉或铜剑之类的东西，而在上述地区埋藏着的大多是金银、宝玉、钻石或其他无价之宝，所以挖到财宝的人一夜之间暴富，乐极生悲而发疯的人很多，以探宝为生的人和寻宝的偏方秘诀也有许多。《起世因本经》第二卷中说转轮圣王出世后，主藏臣宝便来跟随他。这人开了天眼，可以穿透土地看到地下一切有主和无主的宝贝，看来古代印度就已经有人掘宝充公。《大乘大悲分陀利经》中写到，诸大龙王展示埋藏的宝藏，财宝现世，所以世上珍宝无数。前文曾经讲过藏有财宝的地窖和废墟以及沼泽地带经常有蛇和蜥蜴之类的动物出没，更有甚者是有时为了守住财宝而在水塘中人工饲养鳄鱼，于是人们自然认为这些动

---

① 见《渊鉴类函》第438卷。原注。经查，没有在该书发现类似的文章，可能是作者误记。——译注

物是神灵，或者是吝啬鬼死后变成龙蛇看守埋藏的财宝。在印度等地，蛇大多喜爱居住在水边，连栖息在沙漠中的蛇有时也在湖水中游动。[1] 前面讲述的毒龙的化身鳞蛇，因为喜欢出没在河边而被印度的英国人称为水蜥蜴，蛟龙的原型鳄鱼栖息在水潭边是世人皆知的。地下埋藏的财宝不仅局限在地下，在沼泽中也有很多，因此人们认为龙是地下或水中财宝的主人，同时相信金玉满堂、富丽堂皇的龙宫在地下或水中。印度教认为地下有七层，夜叉、罗刹等住在里面，最下层则是多头龙王等诸龙居住的地底龙宫。《施设论》第六卷中说："山下有龙宫，故多草树。山下无龙宫，故无树草。"水中的龙宫除了著名的无热池以外，在河湖泉井等地为数众多，秀乡所去的龙宫也在琵琶湖的水底。《出曜经》第八卷写到，有一个名叫无厌足的贪婪的龙王指使婆罗门将富贵人家的财宝全部沉入地下，富贵人家的主人来到龙泉说我的财宝是正道获取的，龙不能霸占，于是将金宝投入泉水中，顿时泉水沸腾。龙王心虚，便归还了全部财宝。《古事谈续》第四卷中记载，祇园社宝殿中有一龙穴，延久年间失火时，梨本座主曾试探龙穴的深度，深达五十丈仍未见底。由此可知，地底之水都和海水相通，井泉河湖水中的中小龙王都是海里的大龙王的徒子徒孙，与河泉湖沼的龙宫相比，海底龙宫也格外富丽

---

[1] 参照鲍尔弗的《印度事典》第3卷第574页。——原书注

堂皇，就像陆上的河流汇到大海一样，陆地上的各种财宝也将归到大海。人们认为这是船载的大量财宝在海难中沉入海底的原因。不久前，日本船"八坂丸"随同大量的金银财宝沉入海底，①如果在古代，人们相信这都送到龙宫去了。日本的弟橘媛、古代英国的季里亚为解救丈夫奋不顾身跳入海中的故事很多，佛经中也有很多记载，为了平息风暴，不得已把比生命还宝贵的佛舍利以及佛经投入大海。非洲几内亚的海滨没有船到来时，当地的居民会将所有的财产抛入大海来隆重祭神，为此没有礼物赠给祭官，所以祭官不愿意举办这种隆重的祭奠，②于是长年累月龙宫中积累的财宝无数。与此相似，在坛之浦沉入海底淹死的众多妃子受到龙王的宠爱从而改良了龙种，婵娟这个龙女诱惑人的故事流传极广。龙宫拥有众多宝物，在《施设论》等佛经中都讲由于龙王住在海里，海中才有无尽的财宝。

鲨鱼由于形状和龙蛇相似，这也在一定程度上助长了海中有龙的迷信的产生和发展。鲨鱼梵语称为"makarra"，内典译为摩竭鱼。由于鲨鱼捕食时异常机智狡猾，所以非洲和太平洋岛国都将其作为神仙崇拜，熊野地区的老人说七福神之一的海神实际上是鲨鱼，人们祭祀鲨鱼是为了让它将鱼驱赶到海边。海人认为鲨鱼和鳄鱼是兄弟，关于龙

---

① 第一次世界大战期间，1915年12月21日，日本邮船"八坂丸"装载着横滨正金银行伦敦支行的巨额金条行驶在地中海时，被德军的潜艇击沉。——译注
② 详见平卡顿的《航海旅行记全集》第16卷第500页。——原书注

和鲨鱼的关系，最初日本人对于龙的认识不过是龙卷风，海外的思想传入之后才在《日本书纪》第二十六卷中有关于龙的记述。齐明天皇元年，五月庚午朔时，空中有一乘龙者，貌似唐人，着青油斗笠。由此可知，在日本的神武天皇以前的时期还没有出现中国那样的龙。《日本书纪》第二卷记载，丰玉公主生孩子时，她的丈夫彦火火出见尊违背诺言偷看产房，发现丰玉公主化作了龙。此外书中列举了另一个传说，讲丰玉公主变成八寻①大鳄匍匐爬行，被丈夫偷看到此景觉得很羞耻，记恨在心。《古事记》中也说丰玉公主生产时化作八寻大鳄匍匐爬行。在前文还引述公主的话说："所有佗国人临产时都恢复原貌，故妾身也将恢复原貌，恳求不要偷窥。"现在波利尼西亚人中以鲨鱼作为图腾的人总是模仿鲨鱼的动作，与此相似，大概公主出身的部族以鳄鱼为族神，公主也相信自己是鳄鱼的后代，于是临产时也像鳄鱼一样匍匐爬行。换句话说，狐狸精附体是狐狸精在作怪，在非洲，鳄鱼神附在神官的身上时，神官会精神错乱，语言和平时完全不同，而且总要潜水，像鳄鱼那样躺在泥中。②

《古事记》还记载，在此之前，彦火火出见尊从丰玉公主的父王海神那里返回时乘坐的是一寻大小的鳄鱼，鳄鱼

---

① 日本古代测量绳子和水深时所用的长度单位。1寻为1.515米或1.818米。——译注
② 参照莱昂纳多《尼日尔以及各民族》第231页。——原书注

要回去时，他便解下了自己身上佩戴的小刀挂在鳄鱼的脖子上，因此这种鳄鱼至今仍被视为"佐比持神"。《日本书纪》中，大神稻饭命在熊野附近的海上遇到暴风，高声叹息道："我的祖先是天神，母亲是海神，为什么我在陆上在海上都遇到灾难？"于是拔剑跳入海中，变成了锄持神。这个锄字音同"佐比"，笔者认为外形像镐头那样的锄头叫"佐比"，弯曲的刀称作"锄钩"。古代有的人名叫纪朝臣佐比物、玉作佐比毛知等都是取自当时的农具。彦火火出见尊将刀挂在鳄鱼的脖子上，那形状很像佐比即镐头，但是人们将鳄鱼称作佐比持神的说法过于牵强，实际上在古时，日本有将鳄鱼之类的奇特的水生物奉为神灵的习惯。鲨鱼中有一种叫双髻鲨（见图27）的，英语称为"hammer headed shark"，头呈丁字形，两端有眼，长相奇特，多产于印度洋、欧洲和日本周围的海域，可以肯定地说这种鲨鱼

图27 双髻鲨

205

就是所谓的佐比持神。十二年前，熊野胜浦的渔夫曾经打捞到这种鲨鱼，当拉上船时，被它咬掉了大半个腿肚子，笔者曾亲眼看到渔夫被送去医院时的惨状。这种鲨鱼面貌狰狞而且异常凶猛，古人作为神灵敬畏也可以理解，在古代已经认识鲨鱼并分类识别。

国史混淆了鳄鱼和鲨鱼，这个谬误在《和名抄》《新撰字镜》中才加以纠正，这是因为那时的学者不熟悉博物学。在日本的北方以及和歌山的一部分地区至今仍然将鲨鱼称为鳄鱼，1893年就有人在《日本》新版上指出国史中的"鳄鱼"不是鳄鱼而是鲨鱼，这一见解非常卓越。

1915年10月的《乡土研究》中有一个记者说吃人的鲨鱼类是栖息在深海中的动物，而国史中的故事发生在海岸边，所以认为主张国史中的鳄鱼即鲨鱼的人不懂动物分布变迁。其实不懂动物分布变迁的正是这位记者本人。鲨鱼出没的地方多种多样，《大英百科全书》第十一版第二十四卷中简略地分为海边、大海、深海底。在非洲、南美、澳洲等地出没在河流中的鲨鱼很多，从前在江户的河里是否见过鲨鱼不得而知，但是据《盐尻》第五十三卷记载，尾张国名古屋的下堀川中涌入大量的鱼群，这是因为干旱，鲨鱼进入内海捕食时来到海岸附近。直到近年，田边湾都有鲨鱼追赶鱼群进入狭长的湾内，渔民坐得渔利，因此现在也称鲨鱼为神仙或海神，但忌讳直呼其名。夏天在日高郡南部町附近洗海水澡时，不少儿童被鲨鱼所害。

在没有汽轮和机动船的时代，日本的海岸受鲨鱼肆虐危害的地区很多，《今昔物语》中的私市宗平、《东鉴》中的朝比奈义秀等在海边捕获的应该是鲨鱼而不是鳄鱼。夏威夷和塔希提岛的海滩上都有祭拜鲨鱼的庙宇，鲨鱼游来时可以得到食饵，有时还会载着神官游离海岸二十英里[①]左右，艾利斯所著的《波利尼西亚研究》第四章与瓦尔茨和格兰特的《土著民族史》第六章中都有记载，关于日本三重县矶部大明神相关的鲨鱼崇拜的问题，请参考笔者的文章《日本国内的动物崇拜》。

总之，日本古文献中记载的动物是鲨鱼而不是鳄鱼，这一点不容置疑。但是在热带地区，鳄鱼出没海边以及鲨鱼进入河流里的情况并不罕见，不懂动物学的民族将两者混淆是可以想象的。因此海人认为两者是兄弟，或者《王书》中描述的鳄鱼栖息在大海中也在情理之中。

---

① 1英里约为1609.344米。——编注

田原藤太入龙宫的故事的渊源

以上三节详细论述了有关龙的各个方面，因为不了解龙就无法解释秀乡入龙宫故事的细节。龙的问题很复杂，在此所述的内容仍然不充分，但由于篇幅所限，有些问题只好割爱，下面略谈秀乡入龙宫故事的渊源。首先《左传》讲郑国发生洪水时，龙在时门之外搏斗。《正法念处经》第七十卷中讲到，龙和阿修罗住在赤海下为了饮食经常打斗，而且说有一个大海，名为龙满，其中有各种龙，名叫旃遮罗，住在海中，相互争斗。古英国的梅林故事讲，地下有红龙和白龙互相争斗，损坏了宫城。沃里克的故事中说凯龙看见龙和狮子打斗，便帮助狮子打败了龙，狮子深受感动，从此跟随凯龙忠心耿耿。佛经中将龙形容为瞋恚炽盛之物，各国都认为龙凶猛异常，互相残杀，而且喜爱和其他猛兽搏击，在争斗中有时请人帮忙的事例很多。《渊鉴类函》第三百六十六卷记载："张路斯，颍上人。隋初明经登第，景龙中为宣城令。夫人关州石氏生九子，自宣城罢归，尝钓于焦氏台之阴。一日，顾见钓处有宫室楼殿，遂入居之。自是夜出旦归，归辄体寒而湿。夫人惊问之，公曰：'我龙也。'蓼人郑祥远者，亦龙也。骑白牛据吾池，自谓郑公池，吾屡与战，未胜，明日取决，可使九子助我。领有绛绡者我也。青绡者郑也。明日九子以弓矢射青绡者，中之。怒而去，公亦逐之，所过为谿谷达于淮，而青绡者投于合淝之西山以死，为龙穴山，九子皆化为龙。"同书第四百三十八卷引述《太平广记》讲："徽歙黄墩湖有蜃，尝与吕湖蜃斗，湖之近邨有程灵铣者，好勇善射，梦蜃化为道人，告之曰：'吾为吕湖蜃所厄，君其助我，我必厚报。束白练者，我也。'明日灵铣与邨少年鼓噪湖边，须臾波涛涌激，声似雷霆，见二牛相驰，其一甚困而腹肋皆白，灵铣射中后，蜃水变成血，其伤蜃归吕湖，未到而毙。"此后程灵铣一定如约得到了各种礼物。

《法苑珠林》引述《搜神记续》说："吴末，临海人入山射猎，为舍住。夜中有一人长一丈，著黄衣白带，径来谓射人曰：'我有仇，尅明当战，君可见助，当有相报。'射人曰：'自可助君耳，何用谢为。'为答曰：'明日食时，君可出溪边，敌从北来，我南往应。白带者我，黄带者彼。'射人许之。明出，果闻岸北有声，状如风雨，草木四靡。视南亦尔，唯见二大蛇，长十余丈，于溪中相遇，便相盘绕，白蛇势弱。射人因引弩射之，黄蛇即死。日将暮，复见昨人来，辞谢云：'住此一年猎，明年以去，慎勿复来，来必为祸。'射人曰：'善。'遂停一年猎，所获甚多，家致巨富。数年后，忽忆先所获多，乃忘前言，复更往猎。见先白带人告曰：'我语君勿复更来，不能见用。仇子已大，今必报君，非我所知。'射人闻之，甚怖，便欲走，乃见三乌衣人，皆长八尺，俱张口向之，射人即死。"这大概是中了毒气。芳贺博士认为这段故事是《今昔物语》第十卷第三十八段的原始故事。这个故事是，从前震旦[1]的猎人藏在海边的悬崖下静静地等待猎鹿，这时海上出现青红两条龙，互相撕咬，扭打成一团，青龙战败，仓皇逃窜。当天夜里猎人宿营在海边，第二天发现两只龙又在死斗，青龙再次战败。猎人觉得十分有趣，当天继续露宿在海边。第三天双龙再战，青龙仍然不敌赤龙，于是猎人弯弓搭箭，一箭射出，正中赤龙，赤龙仓皇逃入海中，青龙也随即潜入大海，不久口衔一块宝玉来到岸边，放在猎人脚下又返回大海。猎人收下宝玉返回家中，原来那块宝玉是如意宝，猎人从此丰衣足食。

人如果得到如意宝珠，便随心所欲，生活富足。龙有如意宝珠是印度古代的迷信，《新编镰仓志》[2]上讲如意宝珠有两种，一种在龙的颈项之上，另一种则号为"能作生珠"，须履行真言法才能得到，鹤冈八幡神宫所收藏的珍宝据说就是能作生珠，它的制法和咒法就是真言秘法。《华严经》讲一切宝物中如意宝珠最为珍贵。《圆觉钞》中说所谓如意即尽如人意，财宝、衣物、饮食、各种器物样样皆有，随心所欲。《大智度论》讲如意宝珠出自佛舍利，佛法没尽之时，诸舍利皆变为如意宝珠。《渊鉴类函》第三百六十四卷记载："潜确类书曰：龙珠在颔，鲛珠在皮，蛇珠在口。"《摩诃僧祇律》第七卷记载："过去世时，有五百仙人，住

---

[1] 中国的古称。——译注
[2] 《新编镰仓志》是水户藩主德川光圀让彰考馆的河井恒久等人编撰的镰仓地志，内容收录了德川光国在镰仓旅行时的见闻，全书共8卷12册，于1685年出版。——译注

雪山中。时一仙人，于别处住。有好泉水，花果茂盛，去是不远，有萨罗水，中有龙住。见是仙人威仪庠序，心生爱念。时此水龙来诣仙人，正值仙人结跏趺坐。龙即以身绕仙人七匝，以头覆其顶上而住。日日如是，唯有食时不来。仙人以龙绕身故，日夜端坐不得休息，身体萎羸，便生疥疮。尔时近处有人居止，有供养仙人者，彷徉游行诣仙人所。见是仙人羸劣疥疮，即问仙人：'何故如是？'仙人具为广说上事，彼语仙人言：'欲令此龙不复来耶？'答言：'欲尔。'复问仙人：'是龙有所著不？'答言：'唯有咽上璎珞宝珠。彼人教言，但从索珠，龙性极悭，终不与汝，可使不来。'言已便去。须臾龙来，便从索珠，龙闻乞珠声，心即不喜，徐舍而去。"参照《正法念处经》第二十九卷可知，为求宝珠而屠杀龙的人很多，现在的印度人仍然认为蛇的头上有宝石，夜晚可以照亮周围并吸取蛇毒，见到人后蛇会吞下宝石，为了报恩蛇会将宝石送给人，但是欲得此石极难。[①]在亚美尼亚人的传说中，大阿勒山上的蛇中有一群特殊的蛇类，其中有一条雌蛇是女王，如果有蛇群从国外来入侵，蛇群会背负着女王迎战，只要女王不死，对方就不能取胜。女王锐利的目光可以让对方瘫软无力，这是因为女王的口中含有一块光明宝玉，夜晚吐出升在半

---

① 详见恩特赫本编著的《古吉拉特民俗记》第143页。——原书注

空，有如太阳一般光彩夺目。[1]据说1839年去世的北印度王兰吉特·辛格右臂的皮下镶嵌着一块刻有咒文的宝石，有此石可以心想事成。这大概是一块人造的如意宝珠即能作生珠。[2]《大智度论》中讲龙象狮子和雄鹰的头上都有一块赤玉。在欧洲，绿冠蛇王头戴一只宝玉桂冠，[3]而蟾蜍的头上则有一块有魔法的可治百病的蟾蜍石。[4]这些传说之所以广泛传播是因为在交通不发达的古代，人们不知道宝石和珍珠的产地，于是认为和地位高贵的人头上的宝玉一样，稀有动物的头顶上也藏有宝玉，尽管后来人们了解了宝石的产地和形成的原因，却仍然相信龙蛇的头上藏有贵重的宝石。

如上所述，龙在争斗中战败向人求援的故事屡见不鲜，曲亭马琴在《昔语质屋库》第三章中断定湖水中的龙向秀乡求助的故事是唐朝蒋武帮助大象杀死巴蛇从而收到诸多象牙成为富翁这一故事的翻版，这一分析有疏漏。[5]早于《昔语质屋库》问世的伴蒿蹊所著《闲田次笔》第二卷，以及在七十年前寒川辰清写作的《近江舆地志略》第十一卷

---

[1] 参照哈克斯特豪森的《高加索》英译本第355页。——原书注
[2] 冯·费格尔《克什米尔以及悉克王国游记》第3卷第382页。——原书注
[3] 参照布朗的《俗说辨惑》第3卷第7章维尔金的注释。——原书注
[4] 参照本纳德的《英国动物学》第3卷第5页。——原书注
[5] 正如马琴所述，《山海经》中就已经讲到巴蛇吞噬大象时三载方才吐骨，在中国古代就有此说法，罗马的老普林尼的《博物志》第8卷第11章也讲印度的龙象相斗，巨龙用身体缠死了大象，但当巨象摔倒在地时又压死了巨龙。——原书注

中都引述了《古事谈》中的故事，这说明勇士为龙助阵而得到大钟作为回报的故事在镰仓幕府时代就已经存在。伴蒿蹊记述的故事大略如下：三井寺的大钟来自龙宫，时代不详，从前有一个名叫粟津冠者的勇士，为建造庙堂去出云地区寻找铁。渡海时狂风骤起波涛汹涌，船上的人吓得不知所措，大声哭叫。这时，划来一只小舟，舟上的人要勇士上船。冠者觉得莫名其妙，但不敢违命，坐上小船后顿时风平浪静。小舟上的人命渡船在此等待，便带冠者潜到海底来到龙宫。只见龙宫楼阁宏伟，富丽堂皇，龙王出来对勇士说："龙宫的人很多遭受仇敌的残杀，因此今天请你来是想借助你的弓箭的神力。"冠者答应后便登上高楼等待敌人的出现，这时正巧巨蛇率领部下来袭，于是冠者一箭射到巨蛇口中，箭割断了蛇的舌根，穿透了蛇的喉咙。巨蛇逃窜时勇士又补射了一箭。龙王为了谢恩要送勇士一件礼物，勇士诉说了铸造大钟的辛苦，于是龙王命人将龙宫的大钟卸下送给勇士。粟津冠者欣然接受，带回去后特意建造了庙宇挂在堂上，这就是广江寺。光阴荏苒，后来寺庙毁坏之后，大钟归住持所有。藤原清衡施舍千两沙金给三井寺的一千个僧人时，有个叫三纲的人收集了五十两，用这个钱从广江寺的住持手里买下了这口大钟，从此大钟便挂在三井寺。广江寺是叡山的一个分支，叡山的众僧听说此事后便来兴师问罪，将卖钟的住持沉下了湖底。由此看来，《太平记》中的秀乡入龙宫的故事出自上述粟津冠者入龙宫的传说。

秀乡帮助龙王以后得到了米袋、稻米、绢布等礼物，这些都是取之不尽、用之不竭的如意宝，这个故事取自《今昔物语》第十六卷第十五章，概略如下：从前京城里有一个年轻人，孤苦伶仃贫穷度日，但是多年来一直每月18日持斋遍访百寺，祭祀观音。有一年9月18日按惯例去寺庙拜佛，当走到南山科一带深山老林中时，见到一个五十岁上下的男人用竹竿挑着一条一尺长的小蛇，于是便询问究竟。男人说为了制作如意，要用蛇油来撑牛角。年轻人又问为什么要制作如意，男人说为了糊口。年轻人十分怜悯小蛇，便用身上的棉衣换下了蛇，然后将蛇放生在原来的池塘，继续赶路。不久就遇见一个十二三岁身着艳丽衣裙的女孩，女孩说她父母让她来感谢年轻人的救命之恩，年轻人和她一起来到池塘边，女孩让他稍等片刻便消失在水中，一会儿出来让年轻人闭上眼睛。等他睁开眼看时，只见一道华丽的门楼，走进去后不久看到一座由七宝装饰的宝殿，穿过宝殿来到中殿，出来一个六十岁开外的服饰华丽的老人，让年轻人落座，然后说自己的年幼的女儿不听劝阻，今天到池塘边去玩耍，不慎被人捉住，险些丧命，多亏了恩人相救，我们十分感谢，便请恩人来，又拿出一种不知名的美味食物让年轻人品尝。主人自报自己是龙王，为了表示感谢要送年轻人如意宝珠，但是人心叵测，担心他无法保留此珠，因此便拿出一个盒子，打开一看里面有一个金元宝。金元宝厚两寸，龙王拿出金元宝掰成两半，将其中的一半交给年轻人，嘱咐他使用时一定要掰开，这样可以享用终生。年轻人将宝贝揣入怀里，准备告辞时，先前的女孩又将他送到池塘边，再三道谢后消失在水里。年轻人返回家反复思索，不觉经过数日，年轻人三缄其口，没有对任何人谈起宝贝之事，这只金元宝掰开后会恢复原状，不会穷尽，年轻人从此丰衣足食，一生供奉观音菩萨，但是他死后金元宝失效，没能传给后代。

芳贺博士在《考证今昔物语集》中列举了上述的故事之后说，该故事参照了《今昔物语》第三卷第十一条以及浦岛的故事，浦岛的故事尽人皆知，在此不再重复。《今昔物语》第三卷第十一条讲述的是迦毗罗卫的释种灭绝时，剩下的一个人流浪来到龙池边，身心困乏，坐在池边打瞌睡的时候，龙女来到他身边，和他结为夫妻。按照龙王的计谋，他用上等白毡包上宝剑献给乌仗那的国王，挥剑刺杀了国王，篡位继任为国王，立龙女为王后。这两个故事都和秀乡入龙宫的关系相距甚远，而且考证中也没有提及前述救龙女获得金元宝的故事的出处，笔者在二十年以前就已经发现了这个故事的本源。东晋的佛陀跋陀罗和法显共译的《摩诃僧祇律》第三十二卷记述说："佛住舍卫城，南方国土有邑名大林时有商人，驱八牛到北方俱哆国。复有一商人，共在泽中牧牛，时离车捕龙食之，捕得一龙女，龙女受布萨法无害心，能使人穿鼻牵行。商人见之形象端正，即起慈心。问离车言：

'汝牵此欲作何等?'答言:'我欲杀啖。'商人言:'勿杀我与汝一牛贸取放之令去。'捕者不肯,乃至八牛,方言:'此肉多美,今为汝故我当放之。'即取八牛放龙女去。时商人寻复念言:'此是恶人恐复追逐更还捕取,即自随逐看其向到池边。'龙变为人语商人言:'天施我命,我欲报恩,可共入宫,当报天恩。'商人答言:'不能。汝等龙性卒暴嗔恚无常,或能杀我。'答言:'不尔,前人系我,我力能杀彼,但以受布萨法故都无杀心,何况天今施我寿命而当加害。若不去者小住此中,我今先入拼挡宫中。'"

"即便入去,是龙门边见二龙系在一处。见已商人问言:'汝为何事被系?'答言:'此龙女半月中三日受斋法,我弟兄守护此龙女不坚固,为离车所捕得,以是故被系。唯愿天慈语令放我,此龙女若问欲食何等食者,龙宫中有食,尽寿乃能消者。有二十年消者,有七年消者,有阎浮提食,若索者当索阎浮提人间食。'龙女拼挡已,即便呼入坐宝床褥上,龙女白言:'天今欲食何等食?为欲食一食尽寿乃至。'答言:'欲食阎浮提人间食。'即持种种饮食与,问龙女言:'此何故被系?'龙女言:'天但食用问为。不尔我要欲知之,为问不已。'即语言:'此人有过,我欲杀之。'商人言:'汝莫杀。不尔要当杀之。'商人言:'汝放彼者我当食耳。'白言:'不得直尔放之,当罚六月摈置人间。'即罚六月人间,商人见龙宫中种种宝物庄严宫殿。商人问言:'汝有如是庄严,用受布萨为?'答言:'我龙法有五事苦。何等五?生时龙，眠时龙，淫时龙，嗔时龙，死时龙。一日之中三过，皮肉落地热沙爆身。'复问：'汝欲求何等？'答言：'我欲求人道中生，所以者何，畜生道中苦不知法故。我已得人身应求何等。'龙女言：'出家难得。'又问：'当就谁出家？'答言：'如来应供正遍知今在舍卫城，未度者度未脱者脱，汝可就出家。'便言：'我欲还归。'龙女即与八饼金，语言：'此是龙金，足汝父母眷属终身用不尽。'语言：'汝合眼。'即以神变持着本国，行伴先至语其家言，入龙宫去。父母谓儿已死，眷属宗亲聚在一处悲啼哭。时放牧者及取薪草人，见已先还语其家言。某甲来归，家人闻已即大欢喜出迎入家，入家已为作生会。作会时以八饼金持与父母，此是龙金，截已更生，尽寿用之不可尽也。唯愿父母听我出家，其父母不放，即便走诣祇洹精舍，比丘即度出家。"

龙女遇害前被解救出来，恩人被接到龙宫受到款待，特别是获得如意金元宝等内容都相同，因此《今昔物语》的故事出处肯定是印度的佛教故事，《近江舆地志略》第三十九卷中列举的秀乡从龙宫得到的十件宝贝中有沙金袋，前述的入龙宫得到金元宝的佛教故事保留着秀乡入龙宫的部分痕迹。《曼陀罗私抄》中讲胎藏界的观音院里有不空胃索，《佛像图汇》中讲不空胃索是七观音之一。南天竺的菩提流志在唐代翻译的《不空胃索神变真言经》中记载，持菩萨真言入龙宫从龙女那里得到如意宝珠，并设计让龙女痛苦从而得到龙女的眼泪，喝下这个眼泪可以长生不死，采集到龙女的头发挂在身上可以制服天下所有的天龙罗刹等。前面援引的《今昔物语》中记载用龙油撵如意，这个故事的主人公一生供奉观音，这大概是作者将七观音之一的不空胃索的箴言求百事如意之法中的如意同日常生活中的如意相混淆。

以前没有人发现秀乡受龙王之托射杀蜈蚣的故事也有先例。《今昔物语》第二十六卷中，加贺某郡的百姓七人结伙出海打鱼，有一天遇到大风时见到天边有一个大岛，好像在召唤他们，于是将船停泊在岛边，上岸一看，有一个二十多岁眉清目秀的青年走来对他们说，你们不晓得是我兴风将你们接到岛上来的。青年拿出美味佳肴招待众人，然后说距此不远的岛上的主人企图杀死我夺取这个岛屿，经常来挑战，到目前为止都被我打退了，明天要决一雌雄，我想请你们助阵才请你们来。渔民们欣然同意，并问敌人有多少人马和船只。年轻人十分高兴，解释说我和敌人都不是人类，明天就可以看到本来的面目，从前敌人来袭时决不让他上岸总是在海边搏斗，明天要依赖你们帮忙，所以让他上岸一战，如果我坚持不住会给你们使眼色，那时你们一定要拼命射箭。年轻人告诉他们开战的时间，让他们一定要吃饱饭养精蓄锐以备明日恶战。七人搭建了一个草棚磨砺箭头、修缮了弓箭，彻夜未眠。第二天凌晨，吃完早饭等到时刻到来，远远望去，只见狂风大浪之中有两个巨大的火团，回头向山上望去，草木晃动之中同样闪现出两个火团。从海上袭来的怪物飞临岛上，原来是十丈左右的巨大蜈蚣，头上发光，两眼射出红光，从山上来的则是同样大小的巨蛇，双方吐出火焰般的长舌互相对阵。蛇和蜈蚣竖起长颈，怒目圆睁，凝视对方。七人按照蛇的嘱咐登上岩石，弯弓搭箭等待蛇眼示意，蜈蚣赶到后双方大战，血肉模糊。蜈蚣有许多只手脚，搏斗时占尽上风。过了两个时辰，蛇渐渐感觉体力不支，便向渔民们示意，于是七人瞄准蜈蚣连发利箭，蜈蚣身中多支利箭，渔民们便拔刀割断蜈蚣的手脚，见到蜈蚣软倒在地，分开蛇杀死了蜈蚣。过了很久，年轻人疲惫不堪，面部带伤淌着鲜血，手捧美味佳肴来犒赏渔民，表情十分喜悦。渔民们割断蜈蚣，伐倒树木火化了蜈蚣。年轻人再三向渔民道谢，对他们说这个岛上土地肥沃，你们何不携家眷搬到这里住，我兴风送你们返回家园，再来时你们可以到加贺的熊田宫祈祷。于是七人满载食物乘风返回故乡，后来七人商议再赴宝岛，便分乘七艘船，携带各种菜种来到岛上，此岛从此繁荣昌盛。他们禁止日本内地人登岛，中国人来敦贺的途中，曾靠岸补充食物，换取鲍鱼等。

由此考证，秀乡帮助龙王射杀蜈蚣的故事，传说中的蜈蚣双眼放光等描述并不是《太平记》作者凭空想象出来的，至少在其三百年前就有类似的故事。英国有两种夜晚发出磷光的蜈蚣，学名分别是"lithobiomorpha acuminata"和"lithobiomorpha crassipes"。另外笔者曾在美国发现一种，只是学名不详，四年前一直保存在舍弟家中，可惜变成了碎片。这种蜈蚣日本大概也有一些，蜈蚣的毒素和蝮蛇的毒素化学反应完全不同，因此在田边地区，被蜈蚣咬了并不感觉疼痛的人，被蝮蛇咬伤时则反应剧烈，反之亦然。《庄子》讲："蝍蛆甘带。"注释说，所谓"带"是指小蛇，即蝍蛆喜爱吃小蛇的眼睛。《广雅》则说："蝍蛆，蜈蚣也。"《史记》记载："腾蛇之神而殆于即且（蝍蛆）者。"《抱朴子》中有"南人入山，皆以竹管盛活蜈蚣，知有蛇之地便动作于管中。如此则详视草中，必见蛇也。大蛇丈余，身出一围者，蜈蚣见之而能以气禁之，蛇即死矣"。《五杂俎》第九卷记载了一个龙用雷电击蜈蚣的故事说："蜈蚣长一尺以上，则能飞，龙畏之，故常为雷击。"入龙宫的故事中将蜈蚣作为龙的劲敌也是有原因的，西洋有蜈蚣杀龙的说法，详细内容如下：

也许有人认为秀乡入龙宫的故事中蜈蚣袭击湖水中的龙宫的立意奇特，而《今昔物语》中的加贺海岛的蜈蚣渡海攻击巨蛇的情节更是稀奇古怪，但是事实上，欧洲西部的海滨栖息着两种蜈蚣，四十年前笔者在故乡和歌山码头边的岩石下见到过小蜈蚣。贝原益轩曾经在《大和本草》中写道："蜈蚣鲸，巨大如鲸鱼。背长五鬣，尾分为二。足分左右各六共十二只，肉红，食之即死，有剧毒。"《唐土训蒙图汇》中刊载着蜈蚣鲸的图画，似乎是参照贝原的描述想象出来的。至今谁都没有对这种奇特的生物提出异议倒是怪事，笔者在国外工作期间曾经多方查询，终于在托马斯·布朗所著《关于诺福克海岸栖息的鱼类》（17世纪）中

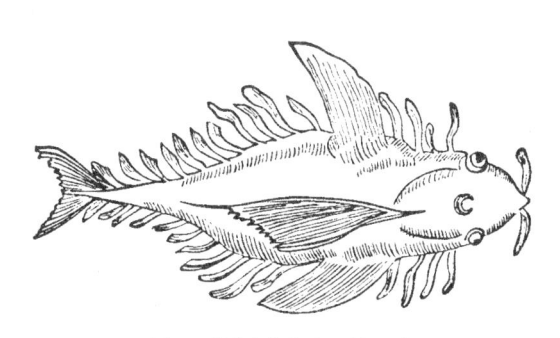

图 28 朗德奇修斯绘画的蜈蚣鲸

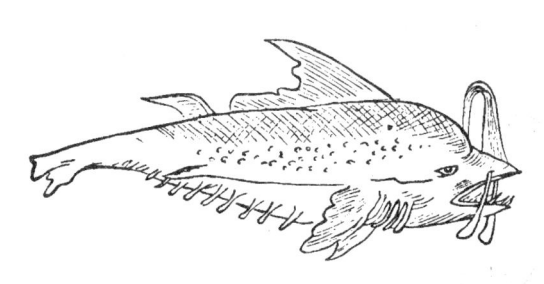

图 29 云斯顿绘画的蜈蚣鲸

见到一段记录，其中说："我见到渔夫从海中捕捞到的鱼和朗德奇修斯所画的蜈蚣鲸相同，长约十英寸。"笔者由此得到启发，便去寻找朗德奇修斯的《海鱼谱》（1554 年）和《水族志余篇》（1555 年），但是这两本书都是珍品，无法到手，幸好发现盖斯内尔所著《动物全志》（1604 年）第四卷中引用了朗德奇修斯的原画（见图 28）。云斯顿的《鱼鲸博物志》（1766 年）第五卷第四十四页刊登的图画（见图 29）更富于想象力，据这两本书介绍，详细记述蜈蚣鲸的著作

221

只有公元200年左右罗马人埃里亚努斯所著的《论动物的特性》第十三卷第二十三章，该书说有人从海中打捞出蜈蚣鲸，鼻上有长须，尾巴扁平如虾（或蝗虫），大小如同鲸鱼，两侧有许多脚，外观很像古罗马的快艇，在海中游行速度极快。所谓古罗马的快艇是一种细长的木船，两侧有长、中、短三种桨，分三段排列，为数众多的划水夫分三排划水，这和日本的蜈蚣船有些相似。盖斯内尔曾说蜈蚣鲸生存在印度，云斯顿则说蜈蚣鲸全身是青色，两侧和腹部略带红色。《韦氏大词典》中则解释斯比赛的诗中所讲的蜈蚣是鱼的名称。

笔者曾经在《自然》杂志（1897年）第五十六卷中列举上述文章，探讨蜈蚣鲸为何物，有一个名叫辛克里亚的从前好像做过印度总督的人写信告诉我可以参照《希腊诗集》中特奥德里达斯和安奇帕托罗斯的诗，于是笔者查询了半天终于找到了，大意如下："巨风掀起南海万重波，将多足蜈蚣抛上岩石，渔民从怪物的巨大躯体上抽取肋骨奉献给海神。"安奇帕托罗斯的诗则说："在大海中漂泊的这个巨大的动物残骸，残缺不全被冲上海岸，身长四丈八尺任海水冲刷，被岩石割裂，渔民们用渔网打捞上岸，献给了伊诺和帕莱蒙两位海神，海神欣然接受了海里的珍品。"马克格莱戈鲁的注释是，这里所说的蜈蚣并不是因为脚的数目多，而是因为身体细长才比喻成蜈蚣，大概是近世鼓噪一时的大海蛇，舒奈德则断定这就是埃里亚努斯笔下的蜈蚣鲸。这大概是因为鲸鱼类的尸体被冲上海岸，人们看到肋骨的数量很多，误以为是蜈蚣的脚。亚非利加努所著的《非洲记》中讲，梅萨海滨的神庙华表全是由鲸鱼的肋骨做成的，当地的人们认为蜈蚣鲸吞吃了预言家约纳，然后将他吐在这个神庙，从此以后从这里经过的鲸鱼总是暴死并被冲上海岸，这只不过是为给上帝增添威严而编造的故事。《续博物志》中说，李勉在汴州得异骨一节为砚，居南海时由海商所得。由此可见在中国，无知的人们也因鲸鱼的骨头多结果误认为是蜈蚣。1808年9月，在苏格兰设得

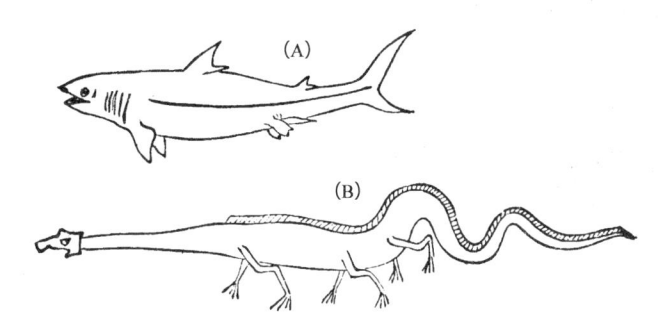

图30 （A）苏格兰设得兰群岛被冲上海岸的巨大海蛇（B）大鲨鱼

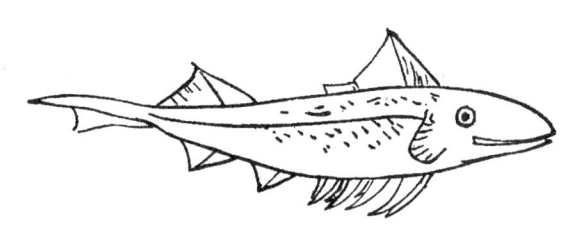

图31 远古时代类似鲨鱼的鱼

223

兰群岛，有一条五十五英尺长的大海蛇被冲上海岸，曾经目睹过的人画下了图30（A），人们认为是罕见的怪物而鼓噪一时，欧文等著名的学者经验证骨骼，断定其为鲨鱼[见图30（B）]。实际目睹过的人由于缺乏专业知识也难免出错。[①] 因此，《隋书》中的"真腊国（柬埔寨）有浮胡鱼，形似鳢，嘴如鹦鹉，有八足"，《渊鉴类函》第四百四十九卷中的"天宝四载，广州因海潮淹一蜈蚣死，割其爪得肉一百二十斤"等记述都是出于对鲸鱼类或鲨鱼类的尸体的误解。图31是远古时代类似鲨鱼的鱼，外形和所谓的蜈蚣鲸有相似之处。

以上的论点大要曾经刊载在1913年的《随笔问答杂志》第十一辑第七卷以听取多方的指证，爱丁堡的詹姆斯·里奇博士指出，埃里亚努斯记载的蜈蚣鲸应该是多毛类环状动物，此类动物的头上有须。因此原文记载说鼻上长有长须，尾部有节有刺很像虾（或蝗虫），两侧有许多脚很像古罗马的快艇，其原因是多毛类环状动物有二十对两百只侧足，上下分为两片，不断波动以便移动躯体，古代人将巨大的海生动物统称为鲸鱼，英国、挪威、北美等地的海域中偶尔可以捞到名为"neanthes virens"的鳕鱼，体长约一英尺到三英尺，背部呈深紫色而且有许多暗青色和绿色的斑点，两侧和

[①] 详见《索内里安博物学会报告》（1811年）第1卷第426至第439页。《爱丁堡皇家学士院纪要》（1857年）第3卷第208至第215页。戈斯《博物奇谈》（1860年）第327页。——原书注

腹部则呈肉色或略带青色，这和云斯顿记述的"全身是青色，两侧和腹部略带红色"相吻合。罗马的老普林尼曾将这类动物命名为海蜈蚣，并记述说当这种动物吞下鱼钩时会将肠子全部吐出，脱掉鱼钩后再重新吞下肠子。女作家戈斯坦丁·拉赛尔夫人来函说，哲学家约翰·洛克在1696年曾经解剖鲑鱼，从其胃中取出一只海蜈蚣，他将这只海蜈蚣寄给爱尔兰的硕学、英国皇家院士莫里诺男爵，男爵解剖之后得出结论说，这与伦德切乌斯和云斯顿所记述的蜈蚣鲸不同，这个结论和洛克的著作同年问世。笔者提出了这个学术上的疑问后，拉赛尔夫人曾多次来函和我争论。

得到多方的指教，感觉信心倍增，于是努力查询后发现老普林尼记述的海蜈蚣，早在里奇博士之前丘比埃就已经指出是多毛类环状动物。两位论证不同但是结论一致，具体内容在此不便详述。丘比埃是著名的动物学家，曾受到拿破仑的重用掌管法国的教育行政部门，波旁王朝复辟后担任内务大臣，但不久便故去了。他在政务繁忙之中仍然兼顾学问，不忘考察海蜈蚣的精神让人敬佩，这和日本的大臣花天酒地吃喝玩乐相比有天壤之别。在萨摩亚群岛，每年只有两次机会能够捕捞到多毛类环状动物，十分珍贵，因此只有国王才能吃，这种虫类和日本的海蛭、中国的土笋与禾虫一样可以食用，但是外观好像蚯蚓加上脚，因此一般只做钓鱼用的鱼饵，很少有人食用。克莱蒙所著《毒物二书》(1568年)第一百三十八页讲古代人认为有一种蜈蚣可以杀死毒蛇，贝原益轩也说人的唾液可以杀死蜈蚣，这和秀乡在弓箭上涂抹唾液相吻合。据说海蜈蚣即多毛类环状动物，不仅有毒可以伤人，而且摸上去像荨麻一样扎手。十二年前，笔者曾经在胜浦港听说附近的海底有长着黄黑斑点、身长四至六米的海蜈蚣，起初以为是吹牛并没在意，随着研究的深入便去当地调查，在田边湾询问渔民，听说夏天从海底可以打捞到海蜈蚣，一般藏在石灰岩缝里，长约零点三至一点八米。笔者到当地一看，虽然可以打捞到但在暴晒之下会马上融化，变成黏稠的油漆一样的东西，要想保存这种动物必须有巨大的容器。

根据以上所述，秀乡击败蜈蚣以及加贺的蜈蚣渡海大战巨蛇的故事在佛经中都有本源，贝原记述说蜈蚣鲸有剧毒也是事实。贝原在《大和本草》中称颂长崎的医生向井元升的为人，并经常向他咨询，有关蜈蚣鲸的信息有可能是向井从西洋人或翻译那里听说再转告给贝原的。图32是多毛类环状动物的一种，主要在水中蜉蝣，图示比实物略大，虽然大小不同，但足以通过图示认识海蜈蚣和蜈蚣鲸为何物。

因此，秀乡入龙宫的故事不是凭空想象出来的，每一个情节都有据可查。其中秀乡第一只和第二只箭射偏，第三只箭才射中的情节也有相似的故事。而且《近江舆地志略》中有秀乡和龙女调情的情节，自古以来世界各国都认为龙蛇为女人，有人和龙蛇交媾生出后代的传说，所谓"夜半无人白波起，一目红龙出入时"，将龙蛇作为崇拜对象的宗教等。

世上有许多奇闻逸事，上到王公贵族，下至贫民乞丐对此都很感兴趣，笔者在伦敦生活的九年期间时常向人讲述这些故事，深受好评。顺便补充一点，秀乡得到的如意宝可以随心所欲，而且取之不尽、用之不竭，这种如意瓶的制作方法出自《大陀罗尼末法中一字心咒经》，想要的人敬请参考。

图32 多毛类环状动物

蛇

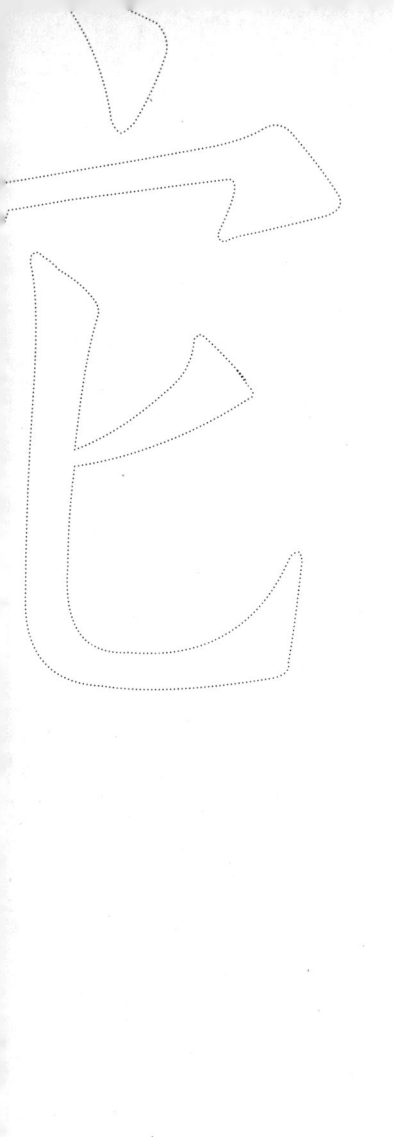

《古今要览稿》第五百三十一卷中论述，十二生辰配上动物始见于王充《论衡》，《抱朴子》中所称山中未日称主人者羊也，《庄子》中有未尝为牧而羊生于奥，《释文》中讲西南隅未地以羊配当未，其由来已久。如果上述观点属实，那么十二生辰配上十二种动物在战国时代就已经存在。《抱朴子》中记载："巳日称寡人者，社中蛇也。"蛇和巳搭配在一起的民俗大概在西汉以前就已经出现。

　　所有的蛇类都喜欢栖息在水边，经常潜入水中，甚至栖息在沙漠无水地带的蛇也会游水。印度人崇拜的眼镜蛇既可以栖息在水井中，有时也会追随航船远涉海洋中。所以在世界各国流传的所谓水怪大多是栖息在水中或水边的蛇。[①]在日本，蛇也生活在水边，人们很惧怕各种蛇，称蛇为"mizuchi"，意思是水王，以蛟、蝄、虬等汉字表示，这也

---

① 参照鲍尔弗《印度事典》有关蛇的条目，登纳特《斯里兰卡博物志略》第9章，戈佩尔纳其斯《动物谭原》第2卷。——原书注

是因为这些汉字分别是中国的水怪的名称。[1]古代的蛇的名称，现今在加能、南部、虾夷地区所指的是名为河童的一种水怪，传说最上川和佐渡地区的水蛇经常危害人类，[2]和中国的蛟龙一样，传说中讲水中的蛇变成人上岸行凶，所以人们称之为水王，但是后来逐渐变形为水怪，而蛇则退位成为水池或水潭的守护神。已是蛇，这和十二生肖中的子鼠、卯兔是一样的。日本的《和名抄》中谈到蛇的古代日语名称是倍美（hemi），蝮蛇则是波美（hami），蛇类的最原始的名称是"mi"，据本居宣长讲古代蛇的名称的后一部分表示尊称，意思是蛇群的首领，这和中国将蟒蛇称为蛇王一样。[3]

戈佩尔纳其斯曾经说在动物传说中流传最广的是蛇的故事，现存的蛇类有一千六百余种，除了高寒地区和新西兰、夏威夷等少数岛屿以外，世界各地的平原、山林、沼泽、湖泊和海洋等各种环境都有各种各样的蛇栖息，其大小、外貌、颜色、动作以及习性均不相同。剧毒的蛇类严重危害人畜，而蛇类大部分都是无毒蛇。蛇自古和人类的历史关系密切，所以有关蛇的民俗和传说数量繁多，笔者无才，很难简明扼要地概括，以下列出几项分别叙述各国关于蛇的民俗和传说，在上一章中涉及的部分在本章省略。

---

[1] 参照前一章"龙"中的"龙是什么动物？"一节。——原书注
[2] 参照《善庵随笔》。——原书注
[3] 参照《尔雅》。——原书注

名称

本居宣长曾经讲："《古事记》所记远吕智，《日本书纪》写作大蛇，《和名抄》所载蛇之大和名为倍美，一曰久知奈波，《日本书纪》私记曰乎吕知。今之俗世称寻常小蛇为久知奈波，稍长则为币毗，更大者为宇波婆美，最大者为蛇。所谓远吕智俗称蛇。"本居还说："《和名抄》所载蛇之和名为倍美，蚖蛇为加良须倍美，蚪蛇为仁之木倍美，币美乃蛇主之名。"《和名抄》中所记蝮蛇一项记载："俗称蛇为反鼻，其音为片尾（heimubi），此音虽与倍美相似，但据所闻意思则不同。反鼻本非正名，以一名取其音为和名不当。远古日本未有之物，以汉名命名之例早已有之，蛇等自神代即出没于日本，不应无名……另币美之名广为流传，故与反鼻之音相似。"《和名抄》中的蟒蛇的日本名为"夜万加加知（yamakagachi）"，而《古事记》中的"赤加贺智（akakagachi）"则是酸浆果，所以山中的目光敏锐的蛇应该是"山酸浆（yamakagachi）"。

现在名为赤练蛇的毒蛇是一种红色花斑蛇，栖息在野外，长可达六七尺，性情刚烈，可以和人对峙。三河（爱知县）的民间传说认为蛇是山神的仆从，打雷时返回天庭。这种蛇在日本众多的蛇中体形最大，所以人们将它当作中国的巨蟒。小野兰山将另外一种蟒蛇认定为《和名抄》中的"夜万加加知"，这种蛇栖息在深山老林，眼大有光，舌头深红而且有两只两寸左右的耳朵,饱食后高卧熟睡。[1] 不知为什么,最近很少听说捕到这种蛇。从前树木繁茂,山高林深,赤练蛇也比现在要长,于是人们胆战心惊,引起各种误解,从而产生了许多夸大不实的故事。《本草纲目》讲巨蟒又名鳞蛇,这种巨蛇应该是巨大的四脚蜥蜴。《尔雅》注释讲:"蟒蛇最大者,故曰王蛇。"各种书籍只记载这种蛇的巨大体形而不讲它有四脚,从这一点看应该是亚洲热带地区栖息的蟒蛇类巨蛇,也可能是其他巨蛇的总称。印度出产的一种蟒蛇不怕人,身长可达两丈多,英国人称之为岩蛇。

日本没有《和名抄》中所记载的名为"仁之木倍美"的蚺蛇日本没有。笔者遍查东西方各种书籍,断定这种蛇是原产于印度支那和马来群岛的巨蛇"网纹蟒"。该名称起源于这种蛇背上的花纹很像网眼,非常美丽,在当地常用于装饰三弦之类的乐器。《本草纲目》中记载:"蚺蛇今岭南诸郡皆有之,大者五六丈,围四五尺,小者不下三四丈。"《大英百科全书》第十一版记述说这种蛇仅次于南美洲产的蟒蛇,在一般蛇中体形最大。据贝斯讲南美产蟒蛇身长可达四十英尺,网纹蟒蛇则长达三十英尺。《本草纲目》的记载稍有夸张但是可以原谅,因为这种蛇是东半球最大的。《本草纲目》中所述"身有斑纹,如故锦缬,春夏于山

---

[1] 详见《和汉三才图会》。——原书注

林中伺鹿吞之"的描绘也是事实,同书中记载的蛇肉以及蛇胆的药效和欧洲人的旅行记的记述有许多相同之处,这使我确信两者相同(见图1)。马可·波罗曾经讲南诏国[①]有一种巨蛇,"其长三丈,粗如大桶,大者周长三尺。头部有双前足,后足极小,似鹰和狮子的爪尖。头部硕大,眼睛大过面包,嘴部宽大可吞噬活人,牙齿巨大而尖利。见到此状,人畜皆战栗。午间暑热,蛇潜入地下,夜间出没觅食,去河湖泉水边饮水。其身体笨重,爬行时尾部在地上划出深沟,犹如在地上拖拉酒桶。这种蛇往返必经同路,猎人在其所过之处打入木桩,在顶部插上利刃,表面覆盖沙土,当蛇返回时便命丧利刃之下。猎人听到乌鸦鸣叫赶到取走蛇胆高价出售,被狂犬咬伤者稍服即可治愈,对治疗难产和疥癣有神效。其肉味甘美,人喜食"。《淮南子》说越人将蚺蛇奉为上肴,而中原人则弃之不食。《岭表录异》中记载晋安州养蚺蛇取胆上贡。《五杂俎》中有"蚺蛇大能吞鹿,惟喜花草妇人……其胆噙一粟于口,虽拷掠百数,终不死。但性大寒,能萎阳道,令人无子"。兰特的《越南民俗迷信记》说这种蛇俗名"孔特兰",涂上蛇油可以不长胡须,可见中医认为蛇油属大寒性颇为有理。《坤雅》中记载:"蚺蛇脂著人骨辄软。"

[①] 南诏国是唐代出生于西藏的蒙氏在云南建立的王国,人称六诏国之一,诏表示国王的意思。——译注

图1 网纹蟒

玉尔注释马可·波罗的著作说，书中记述的蛇应该是鳄鱼，意大利的马乔里则说鳄鱼胆是治疗小疮和眼肿的特效药，这两者的解释均略显不足。蛇和鳄鱼的胆都可入药，所以马可·波罗将两者混淆，笔者对此解释不敢苟同。笔者查遍所有的鳄鱼也没有发现马可·波罗描述的那种奇特的脚。笔者认为马可·波罗所记述的是从别人那里听说的，所以难免有误，也就是说头部附近有双前足是误传。从这一点也可判断这种蛇就是蚺蛇，即网纹蟒，其最主要的证据是所有的蛇都是新生代时期蜥蜴类逐渐失去四脚进化而成的，很难严格地区分蜥蜴类和蛇类进化的时代，所以远古时代的拟蟒蛇身长接近蟒蛇，而且有四只脚。蚺蛇一共有大约六十种，美洲热带地区的王蛇和蟒蛇以及蚺蛇中都有顶级巨蛇。笔者的熟人、英国皇家学院的院士布朗士说蚺蛇类的蛇保存着蛇类最原始的本性，其原因是这一类蛇与蜥蜴类似，腰骨和后脚都留有进化的痕迹，也就是说腹部下残留着一对没有任何作用的脚尖。这正同马可·波罗所描述的后足极似鹰和狮子的爪尖相吻合。南诏国一带除了蚺蛇之外，如果没有其他带有后脚尖的巨蛇的话，那么马可·波罗所记载的虽然略微有误，但肯定是蚺蛇。笔者早年去伦敦时，曾经想和玉尔探讨这个问题，于是拜托一位名叫道格拉斯的人介绍，但是听说玉尔在五年前已经去世，所以至今没有公布于世，但如果就此作罢又觉得可惜。笔者的见解虽有井底之蛙之嫌，在此略记聊以自慰。这种蚺蛇的存在也是龙有两足这一传说形成的一个原因。

世人皆知蛇在英语中是"serpent"或"snake"，有时能在文章中看到这两个词。一般前者指危害人类的蝮蛇和蟒蛇等，后者表示其余的普通蛇类。所谓"埃及眼镜蛇"是上颚极短长着巨大毒牙的蛇类，日本和中国则将此类归为蝮蛇。还有一种名为"阿斯善"的蛇，埃及艳后克里奥佩特拉为了免遭被俘游街示众的耻辱，放出这种毒蛇自杀。这就是盛产于非洲各地的非洲毒蛇。这与"龙"一章中的插图所示的印度的眼镜蛇很相似，但颈项上没有眼镜模样的花纹。印度人认为眼镜蛇是神，耍蛇人在众人面前百般舞动，古埃及人也同样认为眼镜蛇是神，现在埃及的江湖艺人仍然当街舞蛇献艺。眼镜蛇的梵名是"naga"，现在仍然通用，汉译为那迦，在佛经中意为龙，理由在"龙"中已经做了解释。佛教中有一种名为"摩睺罗伽"的小神，排列在天、龙、夜叉、乾闼婆、阿修罗、迦楼罗、紧那罗的后面，组成八部，这些神都比人类能力高强，但前途无望，所以地位较低。这种摩睺罗伽一般翻译为蟒神或大腹。罗什曾说"地龙腹行"，此处龙即眼镜蛇，高挺着蛇头前进，而蟒神则拖着长身爬行，这是以蚺蛇为神的原因。

产地

新西兰、夏威夷、亚述尔群岛等岛屿和南北极寒带地区不产蛇。希腊海上的小岛很多而且相距很近，但是出产的动物各有不同。例如锡罗斯岛有毒蛇，提诺斯岛有毒蝎，厄木波利斯岛有小蝮蛇，邻近的佩罗斯岛有较长的毒蛇，安德罗斯岛则只有蜥蜴没有蛇。[1]《大和本草》中说四国没有狐狸，而《沙石集续》却记述了在四国被狐狸精迷惑的故事。到底哪个正确?《甲子夜话》讲壹岐没有鼹鼠。

伦敦近代不产蛇，爱尔兰以无蛇著称于世，传说这是由于传教士圣帕特里克禁蛇的缘故。这位基督教圣人的身世不明，据说是公元372年左右出生，十六岁时被海盗绑架，然后被贩卖到爱尔兰做奴隶。他逃走后渡海来到欧洲大陆，在法国信奉基督，经过十四年的艰苦修行终于升任主教，奉教皇之命赴爱尔兰传教。由于当地的德鲁伊教的教士激烈反抗，圣帕特里克不得已将沃野变成荒芜的沼泽，诅咒河水不长鱼，诅咒水罐烧水不沸，最终将那些教士陷入地底。有诗人写诗赞道:"有一天在山中饥寒交迫走投无路的时候，遇到神人能聚集冰雪吹一口气，顿时冰上燃烧出火苗。如果将这种技艺传授出来，即使再冷漠无情的女人的心也会被融化。"圣人为了将毒虫驱赶出爱尔兰，击鼓

---

[1] 详见本特《基克拉泽》第90页。——原书注

游行，但由于用力过猛，鼓皮被击穿。当他的手击出血时，神的使者下凡及时修补了鼓，于是驱除了毒虫，从此以后蝮蛇进入爱尔兰立即会死。将这里的沙石运到国外，圈住毒虫，毒虫便无法逃离，全部死亡。用爱尔兰的树枝在地上画一个圆圈也有相同的效用。有人说对狼和黄鼬以及狐狸不起作用，另外也有人说这些都是编造的，实际上是威尔士人将他的名字听错，误认为他可以驱除蟾蜍。欧洲人认为蟾蜍有剧毒，从而由此扩展，认为他可以禁止所有的有毒动物在这里出没。[1]

冰岛也以无蛇闻名。波斯维尔的《约翰逊传》讲约翰逊曾经在丹麦夸耀自己可以背诵赫雷伯的《冰岛博物志》，人们让他当众演示，于是他振振有词地说："第五十二章关于蛇，全岛无蛇。"笔者查阅了《韦氏大词典》"ridiculous"（荒谬的）的示例中也讲引用德昆西的文章，即冰岛无蛇。前年听说一个英国人特意从丹麦买来此书查证，结果没有发现此章节，大概是德昆西旧病复发又在胡言乱语。

---

[1] 参照钱伯斯《日记》第 2 卷，《民俗学》第 5 卷第 4 期。——原书注

身长

贝茨的《亚马孙河畔的博物学者》记载，美洲蟒蛇有时可长达四十二英尺，当儿童在廷斯河畔玩耍时，蟒蛇潜来缠住儿童的身体，使他动弹不得。父亲听到儿子的哭声疾步赶来，奋不顾身地抓住蛇头，扯裂了蛇的上下颚。日本的版画和五姓田芳柳[①]的油画中所描绘的鹭池平九郎的故事并不是凭空想象的。亚马孙河畔的居民相信河中有水母，所谓水母是身长数百英尺的怪物，头尾依次在河中隐现。《天方夜谭》的故事讲到富商辛巴达和朋友爬到树上过夜，晚上有一条巨蛇前来吞下了那个同伴，然后紧紧缠住树干，这时他听到蛇腹中的人骨折断的声响。游历过亚洲和非洲的著名旅行家兼牛皮大王的平托[②]曾经说在苏门答腊见过一条可以吹气杀人的巨蛇，多拉赛塔则记述说在巴西的圣保罗旅行时，刚刚坐在圆木上休息，树干却动了起来，仔细一看不是树干而是巨蛇。《山海经》中有巴蛇吞象的故事。玛利亚在《东方游记》(1683年威尼斯版)第四百一十六页中说，在印度的马杜赖地区有一种长达九丈的巨蛇经常缠死大象，这种蛇的油脂可入药。据《梁书》记载："(倭国)

[①] 五姓田芳柳（1827—1892），活跃于江户末期和明治初期的浮世绘画家、油画家。——译注
[②] 平托（约1509—1583）是葡萄牙旅行家、探险家，曾游历亚洲和非洲，据说是将火绳枪传入日本种子岛的欧洲人之一。——译注

有兽如牛，名山鼠，又有大蛇吞此兽。蛇皮坚不可斫，其上有孔，乍开乍闭，时或有光，射之中，蛇则死矣。"对此，日本人可能会觉得莫名其妙，大概是从鲸鱼的喷水口联想出来的人工编造的故事。在古罗马和迦太基的战争中，非洲的班达马河里有一条长达一百二十英尺的巨蛇阻挡住了罗马军队，罗马的名将勒古鲁斯让士兵像攻城一样发射强弓硬弩，终于杀死了这条蛇，并带回了蛇皮和蛇牙保存在罗马的宫殿。[1]北欧的古代传说中说，蛇魔王在海洋中首尾相连围住陆地，蛇体移动时就会引发地震。[2]印度的佛教故事讲乳洋中有巨蛇，毗湿奴睡卧在蛇身上，这条蛇头顶大地。《山海经》中说："昆仑西北有山，周回三万里。巨蛇绕之得三周，蛇长九万里。蛇居此山，饮食沧海。"[3]十六年前，安德鲁斯[4]在埃及发现了长达六十英尺的蛇化石。

---

[1] 详见老普林尼的《博物志》第8卷第14章。——原书注
[2] 参照马来的《北方考古篇》。——原书注
[3] 据查这段文字出自《玄中记》，原文标注引自《艺文类聚》第96卷。——译注
[4] 安德鲁斯（1884—1960），美国动物学家、探险家。曾作为美国自然历史博物馆亚洲探险队队长深入亚洲各地考察，这期间在戈壁沙漠发现恐龙的卵化石。——译注

蛇的秉性

蛇的秉性非常多，在此略述一些。丰后的三浦鲁一说将蛇放入河流里，如果头面向自己则自动返回，如果头面向对岸则不回。这似乎并不奇怪，但是乌龟和蟾蜍与蛇不同，游动的方向和最初的朝向相反，这个现象很有趣。《古史通》记载，《神代卷》曰："弃咒人之神符于身后则灾祸不及己身，弃反鼻（蛇）于身后则不复返回。"和歌山西牟娄郡地区至今仍然以此法弃蛇。

无论是在日本还是在国外，夏天蛇有时盘卧在人烟稀少的公路上，可能是因为这样可以捕捉到过往的人马和行李上附带的昆虫以及人们丢弃的各种垃圾。罗马尼亚的民间传说讲，从前狗头痛难忍，四处飞窜狂吠不止。这时候巧遇到蛇，于是便请教偏方。蛇说我也有头痛病，世上不能同时治疗蛇和狗的头痛。狗不耐烦地说先别管你，要先告诉我治头疼的偏方。于是蛇向狗传授了吃草药治病的方法。狗按方治病，果然立竿见影。世上忘恩负义的人不少，而狗总是知恩必报，头疼病痊愈之后想表达一下谢意，便找到蛇说，多亏了你治好了我的病，我也想起了治疗蛇头痛病的方法。在蛇的要求下，狗对它说，你头痛时就去公路平躺在地上，肯定有效。蛇照计行事，刚在公路上躺下，就见有人手持木棒猛击蛇的头部，头痛病顿时消失。蛇不知这是狗的诡计，从此以后头痛病发作时蛇总是来到公路横卧。也就是说蛇被打得头破血流而死,当然无须治疗,即使能幸免逃之夭夭,蛇也会大惊失色,头痛早被忘得一干二净。①

克兰·布朗奇的《妖怪事典》第四版第四百一十四页记载,在欧洲,有人相信蛇随着蜕皮可以返老还童长生不死。英属圭亚那的阿拉瓦克人传说从前上帝降临人世视察人类,但是人类居心不良要杀死上帝,于是上帝震怒,剥夺了人类长生不死的特性,将其赐给了蛇、蜥蜴、甲虫等,从此这些动物都可以蜕皮并青春常在。弗雷泽的《不死的信仰》(1913年)第一章引述了大量上述事例,论述说人们相信从前这些动物和人类竞争长生不死,结果人类落败,于是注定要寿终正寝。在日本,人们相信用蛇皮擦身可以使皮肤光滑,大概和这类迷信有关。《和汉三才图会》中讲,如果将没有被雨水泡过的蛇皮烧焦,在油中浸泡后涂在秃头上可以生发。欧文的《老兔巫术篇》记载蛇卵和蛇油可以使老年妇女返老还童。《连环画太阁记》讲淀君②让妖僧日耀修炼秘法,将自己的大腿内侧的肉换成蛇肉,由此可保持妖艳无双,姿色不改并淫欲无度,为此深受宠爱。这虽然是编造的故事,但多少有些根据。在日本,人们说蛇即使身体断开仍然扭动,所以蛇复仇心强,决不宽容。

---

① 详见加斯达《罗马尼亚动物故事》(1915年)。——原文注
② 淀君(1567—1615),丰臣秀吉的侧室,俗称茶茶。父亲是浅井长政,母亲是织田信长的妹妹。淀君生下的秀赖深受秀吉的宠爱。秀吉死后,她拥立秀赖为幕府将军,与德川家康对抗,最终在大坂之战中战败自尽。——译注

与此相反，蝮蛇则一击即死。《和汉三才图会》讲蝮蛇骁悍，农夫见到此蛇如果手无寸铁，便会对蛇说："你这个懦夫，在这儿等着我来收拾你！"于是回家取来锄锹，返回时蝮蛇仍会在那里等待，用竹竿拨弄蛇头决不离去，蛇身会渐渐缩小，达到五六寸时会蹦跳过来，扭断蛇头则立即死去。蝮蛇不像普通蛇那样迅速逃离，所以人们误认为蝮蛇会等待人取来刀仗。

在英国和美国南部以及牙买加，人们相信蛇即使被打成稀烂，尾部仍然会蠕动，显示仍有生命，到日落才会死。[①]英国格里诺克的民间传说认为蛇被切成碎片仍然会蠕动，碎片接触后可以自动接合重新复活，所以要杀死蛇必须将其切成尽可能细小的碎片，拖延时间使它不能完全接合，日落后便会死去。日向地区的民间迷信认为在刚刚死去的蛇尸上盖上马粪浇上小便可以使其复活。[②]格里诺克的传说是误将生息在欧洲、中国、缅甸、美国的蛇形蜥蜴当作蛇，才产生了这种误解。这种蜥蜴外表和蛇很相似，实际上是蜥蜴退化失去了前脚，后脚只剩下两个小刺。区分退化的蛇状蜥蜴和真正的蛇的方法是蛇状蜥蜴的眼帘眨动，而蛇的眼皮不眨动（除少数例外）。蛇的下颚的前端有一个缺口，蛇不需要张开嘴也可以吐出长舌，而蜥蜴必须张开

---

① 参照《随笔问答》杂志第10辑第1卷第254页。——原书注
② 详见《乡土研究》第4卷第555页。——原书注

图2 欧洲产的无脚蛇状蜥蜴

嘴才能吐出舌头。蛇的腹部横宽,并有一道宽大的鳞片(偶尔有两道),而蜥蜴的腹部鳞片有七八道,有时数量会有出入,但绝不会只有一道。另外蜥蜴腹部的鳞片逆方向抚摸仍然光滑,而抚摸蛇腹部时鳞片的前端略微刺手。无脚蜥蜴不像蛇那样行走如飞,而是行动缓慢(见图2)。无脚蛇状蜥蜴一共有三种,全部都是尾部比身体长,难以区分两者。尾部有许多节,受到惊吓时尾部肌肉紧缩,当被人抓到时会断成两三节在地上跳跃。这种现象常见于蜥蜴,蜥蜴的尾巴断掉后不断蠕动,于是吸引了敌人的注意力,蜥蜴趁此机会逃跑。因此,在美国和欧洲称蛇状蜥蜴为玻璃蛇,因为它的鳞片像玻璃一样闪亮,修长的尾巴像玻璃一样容易折断。中国的《淮南子》记载:"神蛇自断其身而自相续,长三尺,色似金,熟视之微黑,不毒,人触其怒则自断若刀截,怒定相就如故。"《潜确类书》中讲:"脆蛇,一名片蛇,出云南大侯御夷州,长二尺许,遇人辄自断为三四,人去则复续,干之治恶疽。"在美国,人们也说玻璃蛇被人触摸后会断成数段,然后再接合成一体。由此发展,人们说真正的蛇断开后可以用艾草自己缝合。[1]

老普林尼曾经说，非洲的眼镜蛇的眼睛不在头的前方，而在头部两侧的太阳穴处，所以蛇一般不是靠视觉而是靠听觉行动。登纳特的《斯里兰卡博物志略》说，在斯里兰卡，蛇危害人几乎都在夜晚。白天人们见到蛇会留心，而在黑夜行路时不小心踩在蛇身上，蛇出于正当防卫才攻击人。因此当地人夜晚外出时必手持一根锡杖，蛇听到声响会自动避开人。蝮蛇行动缓慢，所以英国的工人认为蝮蛇耳聋，说蛇背上的花纹是一种文字，书写着歌谱。笔者将其译成顺口溜就是"俺的眼睛尖，可惜耳朵背，被人捉了去，真乃不走运"。日本人认为黄莺和青蛙会唱歌，而西洋人却认为蝮蛇能高歌。蛇多是卵生，而蝮蛇和海蛇以及大多数的水蛇和响尾蛇则是胎生。《和汉三才图会》中讲蝮蛇之子出生时，先由尾出，然后卷起竹叶或树叶分开母子，出生后即可爬行，一胎产六七子。怀特的《塞尔堡博物志》[2]记载说，蝮蛇之子刚一出生没有牙齿却有咬人的天性；雏鸡脚上没有距却可以蹬腿；羊羔和小牛没长角却天生可以用头顶人。这就是所谓蛇小志大，蟾蜍等蛙类在走投无路时也有用头顶击对手的天性。记得科浦博士曾经讲过这些

---

[1] 参照欧文《老兔巫术篇》。——原书注
[2] 英文书名 The Natural History and Antiquities of Selborne。英国南部汉普顿塞尔堡村周围的动植物考察记录。作者是当地的牧师怀特（Gibert White, 1720—1793），1789年出版后掀起了19世纪博物学的热潮。——译注

蛙可能在远古时代曾经长角。

中国的古书中记载说蟾蜍有角，虽然这可能是虚构，但笔者经常目睹南美洲出产的一种名为"饰纹角花蟾"的巨蛙双目上端有两只角。羊羔无角却模拟顶击，蝮蛇之子无牙却有撕咬的天性，这些都是父母的遗传，但是据科浦说，在远古顶撞和撕咬的念头使牛羊的祖先长出了角，蝮蛇的祖先生出了牙。布朗的《俗说辨惑》第三卷第十六章记述说，希罗多德等古代学者认为蝮蛇之子撕破母蛇的肚皮出生，这是因为蝮蛇交尾后雌蛇咬死雄蛇，子报父仇从而破肚出生。因此希腊人认为蝮蛇会报杀父之仇，为了惩罚杀死生父之罪，将犯了此罪的罪犯和蝮蛇放在一条麻袋中投入水中淹死。但是天主教的特克拉圣人被投入蛇坑，英国中世纪的故事中描述回教王将汉普敦的毕维斯关进布满龙的地牢等故事显示，罗马人以外也不乏以蛇行刑的事例。在东方，《通鉴》中记载南汉高祖聚集毒蛇放入水中，然后将罪犯投入水里，谓之"水狱"。佛经中讲述地狱的苛责时列举多种罪人被蛇咬死的事例，这大概反映印度当时也有蛇刑的实例。在日本没有听到过这种刑罚，评书《加贺内乱》①中有大规的同伙女管家浅尾在奸计败露时受到蛇咬的惩罚这一片段，这大概是虚构的。据说发洪水时蛇聚集

---

① 18世纪中期加贺（金泽）藩前田家的内乱。以家老前田直躬为首的保守派和以大规传藏为首的革新派对立，由此引发了藩主继位的纷争，结果以大规派失利而告终。——译注

在屋顶上，当妇女和儿童到屋顶避难时见到蛇惊恐万状，吓得落入水中，命丧黄泉之事屡见不鲜。

经常听说毒蛇在走投无路时会咬破自身自尽，将毒蛇泡入酒精溶液中，蛇会痛苦不堪咬死自身。另外以火围住毒蝎时，毒蝎会将毒尾插入背中自杀，这和狂人自残一样，绝非有意识的自杀行为，而且这类动物的毒素并不危害自身，所以仅是看似自杀罢了。前不久居住在朝鲜的冲绳人说，以前在毒蛇出没的野山烧山开荒时见到过许多类似自杀的蛇大量死亡。佛祖在寺门下画上鸽子、蛇、猪，表示贪婪、嗔怒、痴呆，① 除此之外以蛇作为嗔恚的标志有很多，这可能是受到上述看似自杀的现象的影响。古印度人似乎也相信蛇会自杀，例如《弥沙塞部五分律》中说："时舍利佛患风，有一呵梨勒果着床脚边。瞿伽离来，以是上座驱舍利佛，舍利佛即避之忘呵梨勒。瞿伽离见语诸比丘，世尊赞叹舍利佛少欲知足，而今藏积我等所无。舍利佛闻作是念：'我今云何以此小事堕讥嫌中，便取弃之。'诸比丘语言：'大德风患所须，勿弃此药，可还取之。'答言：'以此小物乃使同梵行人致此嫌怪，我已弃之终不复取。'诸比丘以是白佛。佛言：'舍利佛不但今弃此药不肯复取，过去世时亦曾如是。'乃往过去时有一黑蛇，螫一犊子，还入穴中。有一咒师，以殺羊咒，咒令出穴，不能令出。咒师便

---

① 参照《根本说一切有部毗奈耶》第34卷。——原书注

于犊子前燃火咒之，化成火蜂，入蛇穴中，烧螫黑蛇。蛇不堪痛然后出穴，殳羊以角抄着咒师前。咒师语言：'汝还舐毒不尔投此火中。'黑蛇即说偈言：'我既吐此毒，终不还收之，若有死事至，毕命不复回。'于是遂不收毒自投火中。佛言：'尔时黑蛇者舍利佛是，昔受如此死苦犹不收毒，况今更取所弃之药。'"《十诵律毗尼序》中有上述故事的类似传说，列举大要如下：舍婆提的一个居士宴请众僧，舍利佛居上座。佛法规定比丘饭后要询问对今天的饮食是否满意，众僧回来之后，佛祖问自己的儿子，当时还是沙弥（童僧）的罗睺罗回答说："得者满足，未得者不足。"佛祖追问究竟，他说上座和中座的众僧有美味佳肴，而下座的僧人和沙弥只能吃到用剩饭和碎芝麻加上青菜煮成的粗食，所以仍然不饱。舍利佛听到佛祖说自己不该吃美味佳肴等不净食，便将吃下的食物吐出来，下定决心从此不再接受宴请，不受布施，总是沿街乞讨。各位居士恳求佛祖劝舍利佛出席宴请，佛说舍利佛的秉性即是如此，受则受，弃则弃，前世也是一样，于是讲起舍利佛曾是毒蛇时在大火中自杀的故事，并以种种因缘训斥舍利佛，告诫他们今后如受到邀请，上座的僧人不应急于吃斋，要等所有的僧人都吃上饭后才可用餐。因此诅咒毒蛇的咒法写作"舍伽罗咒"，这种咒法保留至今。恩特赫本所著的《古吉拉特民俗记》（1914年孟买版）第一百四十二页记载说，有位道人以咒符招来伤人的毒蛇，命令它从伤口中吸出毒液，以此治疗伤者。懂得治疗蛇伤咒语的道人绝不吃和蛇同色的食物，如果接触了产褥和行经中的女人，咒语就会失灵。万一失灵，道人就会沐浴洁身，吸食乳烟念诵咒语，恢复功力。

蛇与迷信

印度盛产毒蛇，咒法也极多。《弥沙塞部五分律》记载，有一比丘欲燃浴室中火破薪，蛇从木孔中出螫脚即死。诸比丘以是白佛。佛言："彼比丘不知八种蛇，名不慈心向，又不说咒，为蛇所害。八种蛇者，提楼赖吒蛇，怛车蛇，伊罗漫蛇，舍婆子蛇，甘摩罗阿湿波罗呵蛇，毗楼罗阿叉蛇，瞿昙蛇，难陀跋难陀蛇。咒蛇者，我慈诸龙王，天上及世间，以我此慈心，得灭诸恚毒，我以智慧力，用之杀此毒，味毒无味毒，破灭入地去。"佛言："若彼比丘以此咒自护者，不为毒蛇之所伤杀。"所谓味毒、无味毒指的是从蛇牙喷出的毒液有味和无味，古代印度人曾亲身尝试过。

杜拉科特女士的《西姆拉村话》（1906年）第二百一十八页记述说，印度的小国拉杰普特的国王代代传授治疗眼镜蛇以及各种毒蛇蛇伤的秘方。有一个人被毒蛇咬后，在一条线绳上系七个结，一边念着咒语一边解开绳结，当走到王宫时解开了六个结。进到王宫，他在国王面前解开了第七个绳结。国王用清水为他清洗创口，然后按卜双手。这时一个梵士前来祈祷，于是创伤治愈，这个人平安回家。[1]不知为什么，和歌山有一种鱼刺到人以后，人会感到剧痛，甚至会想到自杀，据说这时用三根女人的阴毛刺伤口可以治

---

[1] 详见里弗斯的《洛塔人》。——原书注

愈。《乡土研究》第二卷第三百六十八页中记述说，在门司地区如果被虎鱼刺伤，用女人的三根阴毛按在伤口上有奇效。

《古事记》中也有一段故事讲须佐之男命的女儿须势理毗卖授予大国主命大穴牟迟一条制服蛇的领巾，使他在满是蛇的房子里震慑住群蛇，使它们不能伤害自己，由此可见日本古代就有女人懂得降蛇之术。印度的道人熟知咒语，可以不使用手操纵蛇。[1]阿博德在《马其顿民俗》中讲当地有阻止蛇接近的咒语，那就是"驱除各类害虫的摩西，在石柱和木棒上绑上投枪做成十字架，又加上爬行在地面上的蛇，这样可以战胜一切邪恶。如此摩西扬威大地，我等面向我主基督放声歌唱"。在欧洲中世纪，人们烧死了巫师和魔女，但是在亚当和夏娃的时代，人们从来不会惩罚以咒语操纵蛇的术士。发现蛇后控制它并使它动弹不得的咒语是："以创造我等的上帝之名命令你，不论你愿意不愿意，你必须留在原处不许动，我们以上帝诅咒你之言诅咒你。"[2]《嘻游笑览》中记载，《萩原随笔》有蛇类惧怕的一首歌谣，内容是"恶魔横卧路中阻我前行，我要禀告山梨神女"。此歌应源于北泽村北见伊右卫门传授的歌谣。原歌是"路上横卧一条锦衣虫，禀告山立娘娘捉走它"。《四神地名

---

[1] 参照恩特赫本《柯钦民俗记》（1915年）第77页。——原书注
[2] 参照钱伯斯《日记》第1卷第129页。——原书注

录》多摩郡喜多见村的条目解释说，这个村里有一个制蛇神人名叫伊右卫门，当被毒蛇咬时可以用咒语击退蛇。据当地百姓讲，踏入毒蛇繁多的草丛中时，如果口诵伊右卫门的名字可以避开蛇。伊右卫门还发放护身符，多蛇地区三里五里的人都纷纷来请此符，可说是奇闻。此歌也可护身，其中的恶魔是红斑蛇，山梨神女是山立娘娘，也就是野猪。野猪喜爱吃蛇，尤其爱吃蝮蛇。笔者在美国的时候，宾夕法尼亚州的某地为了铲除蛇害，从欧洲引进了大量的野猪，放入山野之中。上述的歌谣中将蛇比作恶魔，和天主教教义相同。所谓山梨神女指的是野猪，大概是因为野猪嗜好啃食山梨的缘故，如有错误，恳请读者指教。

爱知县池鲤鲋大明神社的护符可以避蛇害。神社信徒所住之处无蛇，而其他神社的信徒所住之处即使只隔一条小路也有蛇出没，杂居也如此。① 在和歌山附近，据说矢宫神社发放的护符对蝮蛇很灵验，遇到蝮蛇时投出此护符，蝮蛇像被施了魔法一般动弹不得。笔者曾经用普通的纸折叠成护符试验过，效果差不多。有一种所谓的蝮指，即用力伸开五指，只弯曲前端的第一个关节形成蛇头的钩状，据说五指都做成蝮指很困难。蛇见到这种人会吓得不敢动弹，可以轻而易举地捕捉。②

---

① 详见《甲子夜话》续篇第80卷。——原书注
② 详见《乡土研究》第4卷第502页。——原书注

以蛇占卜，在《渊鉴类函》第四百三十九卷中记载说："菜花蛇，绿色。江西人捕之以作蛇卦，随所蟠之形则曰某卦，以断祸福，俚俗信之。"①《酉阳杂俎》则讲"见蛇交，三年死"。哈茨利特《信仰与民俗》第二章说古罗马人以蛇的动作占卜吉凶。洛斯说水蛇和陆上的蛇搏击，预示着百姓将发生不幸。阿博德则说马其顿人在道路当中见到蛇认为不吉利，会折返回家。拉姆哈立特说在印度人们认为仙鸟是女神西塔吉的使者而受到保护，如果有人看到眼镜蛇口衔青蛙头顶这种鸟渡河，此人翌年必为国王。

哈茨利特说，1869年阿尔及利亚的君士坦丁市的法院在审理一桩伤害案件，该案是丈夫怀疑妻子不忠而割伤妻子的鼻子和上唇，妻子的母亲诉说这男人嫉妒心极强，为此请教一位著名的道人。道人将蛇头裹上麻叶，准备放在女婿的头巾里。法官问旁听的人们这个办法是否有效，于是在座的阿拉伯人纷纷解开头巾，拿出那个神秘的东西，异口同声地赞同说我们也都是嫉妒心很强，所以都使用这个方法。陪审席中的一位地方官不等法官发问便主动说，自己也是没有一天不嫉妒老婆，所以也戴着蛇头，蛇头可以使男人变得强悍，同时可以使女人保持贞洁。据布朗特的《偏方》第五十九页记载，英国的萨塞克斯地区的民间认为脖子浮肿时，将蛇缠在脖颈上，然后再将蛇封在坛子

---

① 经查未在《渊鉴类函》中发现此文，译文引自《格致镜原》第99卷。——译注

里埋在地下，随着蛇的腐烂，浮肿也会消失。英国人相信肉赘可以转移到蜗牛和牛肉以及苹果上，日本人也相信可以将肉赘移到神社的门柱和蚊母树叶上，与此相似，英国人认为可以将浮肿移到蛇身上。在和歌山和三重县等地区，人们相信如果小心翼翼地礼葬死蛇，每天烧一炷香礼拜，可以治好牙痛，为此笔者小时候经常受人所托去打蛇。同样，中世纪时期，人们相信将西班牙著名的天主教神父罗纳德的遗骸分葬并隆重祭奠可以功德无量，于是虔诚的教徒竟然等不及神父去世就要杀死他。死蛇医治牙疼的详细方法不清楚，大概是将死蛇放在牙上，等疼痛转移后再埋葬。在爱知县，人们认为病人长期卧床会被草蛇吸去血液。[①]

《英国人类学会杂志》第十卷第三百零九页说，在所罗门岛，用剩饭喂神池的鱼和蛇的人会死。印度的旁遮普人相信被孕妇的影子罩住的蛇会瞎眼。[②]罗马人认为黑眉锦蛇是医药神阿斯克勒庇俄斯的仆从，所到之处可以消灾去病，于是罗马军队远征时必定会携带数条这种蛇。美国人李兰特在《民间故事中的特腊契纳和罗马的风俗》(1892年)中说，意大利的博洛尼亚地区的居民在墙壁上画蛇，以此避开魔眼和邪气迎进吉祥。但是这些蛇必须尾朝上头向下，身体各部互相缠绕在一起，而且会将两三条蛇盘绕在一起

[①] 参照《乡土研究》第3卷第118页。——原书注
[②] 参照《随笔问答》杂志第1章。——原书注

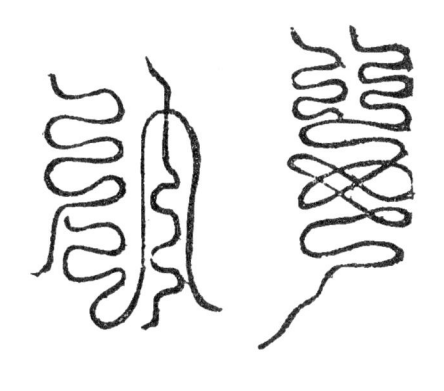

图3 《秽迹金刚法禁百变法门经》中刊载的预防火灾的护符图

的图案织成饰物挂在房门口。波斯地毯的图案都是互相缠绕的复杂的花纹，这也是为了预防魔眼。将蛇交错盘绕的图案作为护身符躲避各种灾祸的想法不仅在意大利，图3是一切经中预防火灾的图案，仔细端详便知这也是蛇画。在日本，笔者小时候见到出云地区的龙蛇画，其他地区的蛇画作为避邪的咒符，多贴在房门口。李兰特说魔女以及可以邪视的人看到这种错综复杂的图案，会沿线条从头看到尾仔细端详，邪气和邪视力会大幅减弱，不会带来危害。与此同理，幼儿哭闹时给他复杂图案的线团，小孩会专心致志地看画或解开线团，而忘记最初哭闹的原因。这里所说的魔女，英文是"bitch"，主要指修炼邪术、辅佐鬼魅以邪念危害人畜的女人，特别是老太婆，其中有的部落和家庭有世袭的魔女。这种魔女的眼睛的威力就是魔眼。在日本岐阜县北部有一个姓牛蒡的家族，这家的男女如果心怀恶意凝视他人，不光是人就连萝卜等蔬菜也会枯萎。牛蒡家的女儿嫁到他家，如果用眼瞪她的丈夫就会使他患病，于是丈夫都是"妻管严"，这和西方的巫女一样。

魔眼，英文是"evil eye"，笔者曾经在 1909 年 5 月刊《东京人类学杂志》上撰文详述此种现象，文中译为邪视。后来查验一切经，发现《四分律》中有邪眼，《玉耶经》中有邪眄，《增一阿含经》中有恶眼，《僧护经》《菩萨处胎经》中有见毒，《苏婆呼童子经》中有眼毒，邪视一词在《普贤行愿品》第二十八卷也有用例，词义相符，柳田国男等人也曾使用过，因此译为邪视。除了真正的邪视以外，在印度有一种眼神并无恶意，而是不经心的，或是用赞赏的眼神看他人，但是被注视的人也会受到危害，所以笔者将此种眼神译为视害，这在有些经文中称为见毒。

从南欧和北非直到波斯、印度，至今仍然有这种迷信，并非是恶意的，即使是善意地凝视他人的面部都会惹恼对方，有时甚至引发冲突。因此担心魔眼的人会身着破旧的衣服，在面部涂上黑灰并画上黑痣，尽量使自己的相貌不引人注目，或者身上佩戴男女的阴部画像，使对方的眼光首先注目在画像上从而减弱危害。中国的古墓中埋藏有淫秽的画像，日本的书箱和盔甲柜中经常放上一本春画用来避邪，归根到底都是基于上述的原因。在爱尔兰，古建筑特别是教堂前都设有一个裸露阴部的女人像，据说邪视的人盯住哪里，哪里就会发生火灾，于是此像可以将那人的眼光吸引到女人的阴部，以此减弱眼神的邪气，从而保护教堂不会失火。换句话说，女人的阴部发挥着类似避雷针的作用，这是大英博物馆人类学部长利德亲口对我说的。在日本，将拇指夹在食指和中指之间示人表示对方是好色之徒。在意大利如果对人做出上述的动作，对方会火冒三丈，有时甚至惹出杀身之祸。这是因为对方会认为你认定他有邪视的能力，为避免加害自己才会做出上述淫秽的动作，所以才会发火。佛经说鸯掘摩罗出家为僧，在树下闭目养神，国王来访，命他张开双目相面，他回答说我的眼睛光亮耀目，无从相面。国史中记载说猿田彦大神眼神亮如八尺镜，红似赤酸酱果，八十万众神皆不敢对视，无法相问。这两个神都是邪视力极强，可以置人于死地。天钿女是眼力胜人的女神，受众神的推荐前往猿田彦大神处，露出胸乳，宽衣解带，裙带垂至肚脐下，笑容满面，当面对立，和猿田彦对答。从这段记载可知女神露出了女人的下阴，以此制服了猿田彦的见毒。

《乡土研究》第四卷第二百九十六页刊载的尾佐竹猛关于伊豆新岛的故事说，正月二十四日是大岛的泉津村、利岛、神津岛等地的忌日，人们认为这一天海难坊来袭，夜晚关门闭户，将柊叶或海桐花的树枝插在门口，并在上面罩上竹箩，静静地躲在房内，不能偷看外面，掩住门户不露一丝光亮，等待天明。据岛上的传说讲，古时候泉津的地方官暴虐无道，村民奋起杀死贪官，逃到利岛时不能登陆，只好来到神津岛。那个贪官的幽灵为报仇前来骚扰，但是详情不得而知。这也难怪，笔者父亲年轻时的事情问其本人也讲不清楚，祖父少年时代的逸事问祖父更是摸不着头脑，阅读曾祖父和高祖父亲笔写下的履历，内容如云里雾一样，不知所云为何。他们都曾是村里的乡绅，绝非狂人，只是他们当时朝夕所见的日常事物随时光变迁，一切都已改变，对我们来说都是稀世奇闻，所以不得要领。

1903年至1904年，丹麦人拉斯穆森[①]在格陵兰岛考察了爱斯基摩人部落并写下了《北极人》一书。据该书介绍，近来爱斯基摩人信奉基督教的日益增多，于是关于上一代人的生活传闻听起来都好像是天方夜谭。经向部落的长老询问，原来欧洲人认为极为残暴的非现实的奇闻，对他们来说都是极普通的常事。欧洲人认为不堪入耳的话，对他们来讲却都是饶有趣味的故事，因此许多欧洲人认为难于理解的人工编造的奇谈怪论，实际上都是现实生活中的事实。伊豆新岛的传说也是如此，即居民暴动杀死贪官的故事应该属实，渔民惧怕贪官的亡灵前来报复，藏在岛上闭门守夜也是事实。柊叶的尖刺，海桐花释放出的臭味明显都是为了抵御幽灵，那么使用竹笋是何缘故？种彦的《用舍箱》上卷讲，在岛上的一个漆黑的夜晚，人们传说游鬼夜行，皆足不出户。当夜如有紧急要事出门，可用一只竹

[①] 拉斯穆森（1879—1933），丹麦探险家、民俗学家。出生于格林兰岛，1902年以后在格林兰岛各地以及北极圈探险，长达30年，特别对爱斯基摩人的研究有较深的造诣。——译注

己，有实例可以佐证。《豫章记》中，吴猛杀死的大蛇长达十余丈，以吸气吞噬路上的行人，为此大路上人烟断绝。《博物志》记述说："（天门山）有大岩壁直上数千仞，草木交连，云雾拥蔽。其下有径途微细，行人往，忽然上飞而出林表，若升仙，遂绝世。如此者渐不可胜纪，往来南北，号为仙谷。时有乐于道者，不远千里而来，洗浴岩畔，以求升仙。在此林下，无不飞去。会一夕，有智能者谓他人曰：'此必妖怪，非是仙道。'因以石自系而牵一犬入其谷，犬复飞去，然知是妖邪之气以噏之。乃遣近山乡里募年少者数百人，执兵器，持大棒，而先纵火烧其草及伐竹木，至山畔观之，遥见一物，长数十丈，高下隐隐，垂头下望，及更渐逼，乃一大蟒蛇。于是命少年鼓跃击射，然后斫刺，而口张尺余，尚欲害人，力不加众，久乃卒。"[1]

老普林尼说，小亚细亚的托罗斯地区的大门德雷斯河畔的蛇可以吞吃上空飞跃的飞鸟，鸟无论飞得多么高多么快，蛇都可以捕捉到。沙米尔·佩皮斯的《日记》1661年2月4日中记述说，作者听说英国兰开斯特城的郊外有巨蛇，见到云雀在天空翱翔，就爬到下面昂首喷吐毒气，云雀立即会坠落成为蛇的口中之食。克兰·布朗奇《妖怪事典》第五版第四百一十三页写到，宾夕法尼亚的黑蛇仰卧在树下，凝视树上的鸟和松鼠，于是鸟和松鼠即刻落入蛇

---

[1] 参照《渊鉴类函》第439卷。——原书注

口。桑吉马诺在《缅甸帝国志》中说，缅甸人传说蛇可以诱惑各种动物，将其吸入口内。曾经有一只野猪和猛虎互相撕咬搏斗时，巨蛇以其诱惑力吞噬了野猪。青蛙被眼镜蛇盯上后会发出哀鸣，跳入蛇口。登纳特说响尾蛇如果盯住树上的松鼠，松鼠就会瘫软在原地，悲哀地发出叫声，行人听到叫声便可知道附近有响尾蛇。[1]松鼠在树上跳跃，上下往返，逐渐接近地面，其间蛇目不转睛地凝视松鼠，即使有人走近也置若罔闻，除非人敲出巨大声响才会逃窜。蛇等松鼠逐渐跳到附近便一口吞食。洛·巴洋曾亲眼见到一只鸟距离蛇有四英尺就瘫软在地，全身痉挛，在场的人杀死了蛇，但发现鸟还是一命呜呼了，解剖鸟没有发现任何外伤，由此可知鸟是受到惊吓而死。另外还有一只老鼠距蛇有两码就全身瘫软，不断痉挛，人们赶走蛇之后发现老鼠已经死亡。美国的巴顿评述此现象说，世人渲染的所谓蛇的诱惑力只不过是鸟兽被蛇盯住之后，担心幼雏有生命危险而恐慌啼叫。研究人们所讲的蛇的诱惑力，只有一点十分奇特，令人不可思议，那就是富有观察力和理解力的人仍相信这种无稽之谈。菲拉曾解释说有的动物并不惧怕蛇，但被蛇凝视之后也不身不由己，最终难逃被蛇吞食的命运也是被蛇所诱惑，这种诱惑力其实是恐怖。

1886年秋天，笔者在和歌山附近的岩濑村路旁的粪池

---

[1] 笔者在美国南部曾经多次目睹这种情景。——原书注

听到青蛙的哀鸣，走近一看，原来是一条普通的青蛇在捕捉青蛙，每吃下一只都有蛙鸣声响起，但是蛇附近的青蛙并不惊慌，仍然像往常一样游水嬉戏，于是青蛙一只接一只地葬身蛇腹。笔者观察了四十分钟左右，可惜日落西山，只好怏怏离去。当时如果蛇的诱惑是恐怖的话，四十分钟之内池中的青蛙没有一只逃出粪池却是奇事。所以这和鸦片鬼无论如何踢打都不会离开鸦片馆一样，看到同类一只又一只被蛇吞吃，听到痛苦的鸣叫声，仍然悠然自得地在池中游玩而没有逃离，这说明诱惑和恐怖是两回事。笔者当时不懂动物心理学，认为此事十分奇特，在当天的日记中特别做了记录。朗曼兹研究了各种专家的学说之后得出结论说，某种动物当被蛇盯住后引起精神错乱，不知所措瘫软在地，从而葬身蛇腹，或自己送上蛇口。

川口孙次郎说民间传说蛇吃草莓，实际观察发现蛇不是吃草莓，而是躲在草莓下，等口渴的小鸟飞来吃熟透的草莓时捕捉小鸟。[①]《酉阳杂俎》第十六卷记载："蛇有水、草、木、土四种。"日本也有栖息在水中和草丛中的蛇。中国的双头蛇栖息在土中。栖息在树上的蛇一般多产于热带，身体的颜色美丽并且光滑，夹杂在树叶和鲜花中难以分辨。这些伪装都是为了使其他动物误认为蛇的身体是花和树叶，使它们易于接近以便捕捉，这和日本的蛇藏在草莓叶下捉

---

① 参照《飞弹史坛》第2卷第9期。——原书注

鸟相同。笔者幼年时期曾经饲养蟾蜍，经常见到蟾蜍捕捉小虫，先是盯住小虫，接着小虫自动落入蟾蜍口中。后来曾向爬虫和两栖类以及鱼类学专家、英国皇家院士布朗吉讲起此事，被他付之一笑，但是我坚信自己的观察没有错，从海外归来后长期饲养蛙类，仍然能见到幼年时看到的奇异的情景。在坛中放入日本浮树蛙，从盖网上放入苍蝇，有的马上会被吞咽下去，有的则自己飞向青蛙嘴里。经过仔细观察，我才发现坛中石头的位置和光线、苍蝇飞入的小孔的位置以及放入苍蝇时人手的左右，等等，各种因素十分复杂，但苍蝇飞入的角度基本上是固定的。其中有一只最聪明的青蛙知道这一特点，总是事先坐等，苍蝇飞入后就如同被青蛙吸入嘴里一样飞下来。五六次皆如此，绝无差错。那只青蛙吃饱休息时，苍蝇仍然会飞到附近停留，然后再飞起落入蛙嘴，好像这只青蛙有诱惑力一样。仔细观察还发现，高坐在岩石上的青蛙附近是苍蝇容易停留的地方，所以这些青蛙易于捕捉到食物。另外苍蝇飞行的路线固定，青蛙在这些路线上随情况调整姿势，昂首等待，只是时间和位置以及青蛙的种类稍有不同，但都是尽可能吸引苍蝇接近。有一次笔者的儿子从养牛场捉到许多苍蝇，拔掉翅膀放在袋子里拿来，然后全部倒入坛子中。坐在石头上的青蛙都欣喜雀跃，抢食苍蝇，只有那只聪明的青蛙，见到有人来喂食，便跳到盖子附近的有利位置，像往常一样做好独占苍蝇的准备，没想到今天的苍蝇出乎意料没有翅膀,所以没有吃到一只,十分扫兴。

蛇的诱惑力虽没有详述完,但所谓蟾蜍喷吐毒气吸落远距离的昆虫,既不是因为恐怖也不是诱惑力,正如老虎和美洲大蟒在鹿会经过的地点预先埋伏一样,蟾蜍和青蛙的舌头伸缩迅速,所以人们以为昆虫是被吸落的。莱昂纳多《尼日尔以及各民族》记述说有一种蛇体内有宝珠,吐出来放在森林中,用宝珠的光亮吸引老鼠和青蛙等,捕食后吞回宝珠。这种珠圆滑光亮,白天呈蓝色,夜晚发光,放在食物中可以解毒,但只不解蛇毒。这种宝珠失去光彩仍然可以吸引各类动物,因此猎人十分重视,高价交易,著者评论说这是因为夸大了蛇眼的魅力。

蛇与财宝

如前所述，由于埋藏珠宝的地方经常有蛇出没，所以欧亚各国大多有龙和蛇隐藏并守护珠宝的传说，而且传说守财奴死后变成蛇。《十诵律》讲："时天大雨水突伏藏出多有宝物，尔时世尊乞食，食已还耆阇崛山。佛见是藏多有宝物，佛在前行，阿难随后一寻徐行。阿难自念：'我若近佛，口气脚声或恼佛故。'佛见是藏，语阿难言：'毒蛇！阿难。作是语已即便直过，不往物所。'阿难见已白言，恶毒蛇世尊，作是语已即便直过，不往物所。是山下有一贫人刘麦，闻是二种语，作是念：'我未曾见沙门释子毒蛇恶毒蛇，今当往看。'即往，见藏为水突出。见已欢喜言：'沙门释子毒蛇皆是好物。'即以车舆衣囊，及日取着家内，以是宝物现富贵相……是人先有不相可者，作大舍时妨其生业。是人妒嫉，便白王言……王即唤问，尽夺财物。"《沙石集》说财宝像毒蛇一样能给人带来灾难，所以佛祖和阿难如此训导也是理所当然的。在印度，人们相信藏有珠宝的地方必定有毒蛇守护，所以才会产生出相关的名言。《南史》记载："帝又与宫人幸元洲苑，复见大蛇盘屈于前，群小蛇绕之，并黑色。帝恶之，宫人曰：'此非怪也，恐是钱龙。'帝敕所司，即日取数十万钱，镇于蛇处以厌之。"由此可见，在中国也认为蛇是守财神。

阿尔巴尼亚的民间传说讲，蛇守护地下的财宝，有时带上地面晾晒，以便防止财宝生锈发霉。有一个牧羊人曾经看见蛇身上缠满无数金币，于是将事先准备好的一桶牛奶放在附近，然后藏在暗处观察，果然那条蛇爬来喝光了牛奶，蛇感到口渴难忍，便放下财宝前往远方找水。于是牧羊人趁机盗取了全部财宝，实现了发财致富的梦想。① 哈克斯特豪森记述说，亚美尼亚人说从前亚列山大王将妻妾封闭在地下让蛇看守，这是将美女视为财宝的故事。印度至今仍然传说守护财宝的蛇都是年纪衰老、肤色苍白而且身上有长毛。如果蛇要将财宝赠人，就会托梦告诉这人财宝的地点，这人醒来后依照梦示取出财宝，蛇会悄然消失。② 另外命中注定不该得宝的人，如果以暴力或咒语等不正当手段篡夺财宝，会断子绝孙。③《类聚名物考》第七卷引述《辍耕录》讲："赵生者，宋宗室子也。家苦贫，居闽之深山，业薪以自给。一日，伐木溪浒，忽见一巨蛇，章质尽白，昂首吐舌，若将噬己。生弃斧斤奔避得脱。妻问故，具以言。因窃念曰：'白鼠白蛇，岂宝物变幻耶？'即拉夫同往，蛇尚宿留未去，见其夫妇来，回首溯流而上，尾之行数百步，则入一岩穴中，就启之，得石，石阴刻押字与岁月姓名，乃黄巢手瘗。治为九穴，中穴置金甲，余八穴金银无算。"

蛇守护藏匿于地下的财宝的传说有所演变，产生出了

---

① 参照汉恩所著《阿尔巴尼亚怪异》第1卷。——原书注
② 详见恩特赫本所著《柯钦民俗记》第76页。——原书注
③ 参照恩特赫本所著《古吉拉特民俗记》第140页。——原书注

271

财宝化作蛇，或者蛇身是名贵药材等迷信。德国的古典民间故事说，聪明的蛇王通晓世上的一切，这个蛇王午饭后必然背着他人吃一种东西，无人知道这种东西的详细内容。仆人觉得十分好奇，偷偷揭开罩布，发现盘子上有一条白蛇，舔上一口就能通晓鸟语，人们终于明白蛇王智慧的原因。北欧传说萨迦的故事说，有一仆人偷尝了一片银白蛇肉，于是通晓鸟语，听院子中的鸡、鹅和鸭子、鸽子以及麻雀的对话说城堡不久就会陷落。老普林尼的《博物志》第十卷第七十章记载说，吃了某种鸟类和蛇混血产生的蛇可以通晓鸟语。

哈克斯特豪森在《高加索》中记述说，有一个年轻的牧牛人单身去蛇山打猎，路上偶然遇到一个美丽的少女因迷路而痛哭，于是让她和自己同乘一匹马前往少女所指的方向，途中两人一见钟情，少女说自己是无家可归的孤儿，今日有幸遇到郎君顿觉难分难舍，所以刚才谎说要回家，是想和郎君结发为妻。年轻人听后心花怒放，于是带少女回家结为夫妻。有一天，来了一个印度和尚，他依靠戒指上的玛瑙的魔力立刻看透了少女是蛇精，因为玛瑙遇到妖怪会立即失去颜色。于是和尚偷偷地通报给其丈夫，并说如若不信，可以让其妻子烹煮她爱吃的食物，然后偷偷在里面撒上一些盐，同时将门窗紧锁，房内不放一滴水，再假装熟睡把守住房门。丈夫依计行事，暗自观察，只见夜里娇妻爬起，在房中四处找不到水，这时妻子的脖子变得细长，从烟囱中伸出头在附近的河里饮水。丈夫见此情景吓得魂不附体，第二天找到和尚乞求铲除蛇精的妙方。和尚让他吩咐妻子烤面包，当妻子在壁炉前低头时趁机将她推入火中，用石头堵住炉口，无论她如何哀求都不要打开，如果放她出来则丈夫必死无疑。丈夫照计执行，妻子在炉中苦苦哀求但都无济于事，于是绝望地嚎叫道："一定是那个和尚向你面授机宜，他是为要我的骨灰，如果我早发现你知道我的秘密，我早就要你的命了。"丈夫看到娇妻惨死在火中，悲痛万分，变得精神恍惚，离家出走去向不明。和尚则十分欢喜，收集了蛇精的骨灰，用它点化金属为黄金，一夜之间摇身成为富翁。

爱沙尼亚的传说讲，有两个樵夫在树林中杀死许多蛇，最后遇到一堆蛇团抱在一起，于是拔腿逃窜，头戴金冠的蛇王随后追赶。其中一个樵夫回头用斧头击中蛇头，蛇王立即变成金块。于是两人回到原处，只见先前的蛇团变成了一堆黄金。两人平分了黄金，用其中的一半兴建了一座寺庙。在日本偶尔可以见到大量的蛇聚集在竹林，民间迷信认为这是蛇在比武。在熊野地区，偶尔有蝮蛇聚集，人们称之为蝮冢。[1] 蛇成群聚集的原因不得而知，可能是发情期求偶的表现。这种现象在世界各国尤其是在热带地区常见，在藏有财宝的地方也很常见，由此产生了蛇王有宝玉

---

[1] 参照《中陵漫录》第12卷。——原书注

图4 《甲子夜话》中号称蛇冢的蛇团

的传说。亚美尼亚人相信,大阿勒山上的蛇中有一群特殊的蛇类,其中有一条雌蛇为女王,如果有蛇群从国外来入侵,蛇群会背负着女王迎战。只要女王不死,对方就不能取胜,女王锐利的目光可以让对方瘫软无力。女王的口中含有一块光明宝玉,夜晚吐出升在半空,如太阳一般光彩夺目。所谓蛇群比武只不过是夸张了争夺雌蛇的行为罢了,这种行为和海豹、蛤蟆的同类行为一样。

《甲子夜话》第八十七卷记载,文政九年(1826)六月二十五日,有许多蛇聚集在小石川三石坂,重叠缠绕宛如一只水桶,往来的行人大都驻足观看。附近的田安殿侍卫的儿子、年仅十四岁的高桥千吉讲,听说这种像箱子一样重叠缠绕的蛇团中一定有宝贝,于是卷起衣袖将右手插入蛇中,直至肘部,摸索不久便抓到一枚刻着篆文的元祐通宝铜钱,蛇顿时散开,不知去向。在乡下,往往可以见到号称蛇冢的蛇团,形象如图4所示,直径和高度均为一尺六七寸。龙蛇有如意宝珠的佛教故事在"龙"一章已经有所介绍。现在在印度柯钦地区，人们认为如意珠单指蛇头中的一块白石，如果取出此石，蛇会立即死亡。如果被蛇咬伤，此石放在伤口上会吸取毒液而变成绿色，投入牛奶中又会吐出毒液恢复成白色，而牛奶则染成绿色。如此可以反复使用数次。人们还说年老的蛇身上有长毛，头上有美玉，颜色胜过彩虹。蛇夜里取出宝玉以此照明觅食。这种蛇栖息在幽深偏僻的丛林中，一般远离人家，而且受神支配，被命名为神蛇。萨西《随得手录》第二章记载有印度人身穿皮衣，闯入蛇群杀死蛇王取出宝玉的故事。

爱沙尼亚的民间故事讲，有一个青年喜爱魔术，通晓鸟语，于是请求道人授予他打开黑夜之门的钥匙。道人几番劝阻他都无效，便说正巧马克圣人显灵的日子快到了，当天夜里按惯例，蛇王会每七年一次在某处召集群蛇聚会，那时蛇王面前会供奉着一盘天上的山羊奶，你用一片面包蘸上羊奶，逃跑之前吃下去就能知道黑夜的秘密。不久4月25日圣人下凡的日子来临了，当天黄昏，青年按照道人的指示来到宽阔的水池旁，只见许多山丘，连绵不断。半夜有一个山丘发出亮光，这是蛇王的信号，潜伏在各个山丘上的无数的蛇纷纷爬向蛇王，在山丘上重叠缠绕，形状如同干草堆。青年胆战心惊地走近一看，数千条蛇围聚在头戴金冠的巨蛇四周。青年毛发倒竖，全身血液几乎凝固，他横下一条心咬牙挤到蛇群里。群蛇愤怒地张开嘴要咬他，无奈互相密集缠绕，身不由己。青年趁此机会飞速地用面

图5 《想山著奇闻集》中刊载的尾尖上有玉的蛇

包蘸上蛇王面前的羊奶,一口吞下去便跑了出来。众蛇紧追不舍,他疲于奔命直到昏厥。第二天旭日照在背上,青年醒来一看,已经距水池四五英里。他知道已经脱离了危险,便睡了一天养精蓄锐,第二天晚上果然如愿得到灵验。青年进入树林,眼前立即出现一个浴池,黄金的座椅和白银的浴具整齐地排列在一起。青年藏在树丛中偷偷窥视,不久就见艳丽超群的倾城丽人从四面八方汇集到浴池,赤身裸体在皎洁的月光下沐浴。正所谓"昭君村柳疏雨外,巫女庙花留梦中",青年心中如恶鹰见到雏鸡,恨不得立即跳出去,但仔细一看,每一位都是绝世佳丽。就在他左右为难前后比较之时,不觉到了破晓黎明时分,佳丽顷刻踪迹皆无。这些丽人都是花草女王的女儿,都是森林中的精灵。从此以后,青年每夜前往森林想再次目睹佳丽们的芳容,但是佳丽和浴池都无影无踪,于是青年欲火中烧,在焦虑之中死去。所以黑夜中的秘密可以忘记但不可以研究。

《想山著奇闻集》中记述说，在武州捕获的白蛇尾尖上有一块玉（见图5）。蛇尾的顶端有一个大小如小豆的颗粒、形状如同舍利的美玉，自然形成。十六年以前，笔者在和歌山的舍弟住宅的仓库里捉到一条大黄颔蛇，发现蛇的尾部曾经断裂，伤口硬化，形状和图示相似。由此可见《想山著奇闻集》夸大事实。截断了尾部的蛇似乎都如此，其道理和徘徊在伦敦地铁中的野猫的尾巴会变短一样。从这段记述可知，日本以前也有将断尾蛇视为神明，向蛇祈祷富贵的风俗。《乡土研究》第一卷第三百九十六页记载广岛地区的蛇神外形似蛇而短小，大概是一种严重的畸形。印度的卡萨地区的迷信认为蟒蛇所住的人家可以致富，恶人走江湖弑杀无辜，割取耳鼻唇发献给蟒蛇，将蛇引入家中，百姓害怕不敢单身深入丛林。崇奉蟒蛇的人家无论卖什么，数量都不会减少，因此能发财致富。[①]

[①] 参照《孟加拉亚洲协会杂志》（1844年）第13卷第628页。——原书注

特殊的蛇类

前面所讲到的广岛地区的蛇神由于身体短粗，使人们往往联想起想象中的蛇怪。《沙石集》中记载，比叡山的两个和尚相约先死的一定告诉后者自己转生的地方，于是先死的和尚托梦说自己转生为蛇怪，那是一种栖息于深山老林中的巨兽，没有眼鼻手足，只有一张嘴用来吃人。该书记述说这是因为学习佛法时专注名利，所以才转生为只会动嘴，没有智慧眼、诚信手和戒恶脚的怪物。《和汉三才图会》中讲这种怪物属蛇类，所谓"生于深山树木之穴，大者径宽五寸，体长三尺。首尾均等尾不尖细，似无柄铁锤，故俗称之曰野槌。和州吉野山中菜摘川清明大溪之处常可见此蛇。其口宽大可咬人脚，从坡上滑下逐人飞速异常，然登行迟缓。故如遇此蛇即急登高处，遂不能追逐"（见图6）。《纪伊风土记续》中的记述相似，说是"全身像蝮蛇，咬后有剧毒，牟娄郡山中偶尔可见"。《岭南杂记》讲："琼州有冬瓜蛇，宽如柱，长仅二尺有余。其行跳跃，逢逢有声。蜇人即死。"这和前述是同一种动物。笔者听说，蛇怪的大小、形状等没有定论，有的是像鼹鼠一样的小动物，发出恶臭，和《沙石集》中描述的较接近。有的则长五六尺，像面盆一样粗，头和身体呈直角状，就像椰头一样。而有的像身长两尺左右的短粗的蛇，像孑孓一样滚动，或者像钱虫一样弯曲前进，还有人说像短粗的圆木如同山炮，所以又称为"野大炮"。有

图6 《和汉三才图会》中的野槌蛇

人亲眼在熊野广见川见过,外表好像蝌蚪或河豚,前部肥大,见到人怒目凝视,张开大口做出一副咬人的样子,十分滑稽。在日高郡川又听说,这种动物往往藏在仓库里。据说有人在大和丹波市附近捕捉来养在地下室,小眼,身体像米袋一样短粗,翻转身体前来讨吃饭团,样子十分愚钝。笔者曾经请熟人拍照,但是六七年也没有回音。

野槌最初是神明的名字,伊邪那岐和伊邪那美两位大神在生日照大神之前还生下几位神仙,这是在《古事记》中记载的原野的神仙,他的名字是鹿屋野比卖,又名野椎。《日本书纪》中记述的青草的始祖,草野公主的名字就是野槌,表示是草原的神仙。后来这种信仰逐渐退化,类似于古代希腊罗马的诗和雕刻中久负盛名的诸神,今天大都堕落成为潜伏于草丛沼泽中的妖怪一样。在《文选》的日文读本中,古人将在人间为非作歹的中国的恶鬼称为野仲,日本的恶鬼称为野槌。这如上述的古希腊罗马的神明堕落为蛇妖一样，日本的古神野槌也是从草原的神仙逐渐演变成为恶鬼，后来又变成了形状怪异的蛇。

距今一千多年撰写的《新撰字镜》中将蝮蛇读作"乃豆知"，同时代撰写的《延喜式神名帐》记载加贺有两座野蛟神社，据《古事记》讲野蛟是原野之主的意思。笔者曾在山中水边打伤了一条蝮蛇，当我沿着苔藓的痕迹寻踪时，负伤的蛇弯曲蠕动着滑落到我的脚边，于是我又用力抽打了三四次才打死。因此传说的野槌也是从滑落的蝮蛇产生出来的误解，或许是古代认为水边的蛇是水神，野山的蝮蛇是地神。不过，与所谓的野槌相似的动物在现实生活中也并非不存在，例如栖息在南印度和斯里兰卡的圆盾尾蛇的一类。这类蛇大约有四十种，一般出没在山林中的土中，眼睛极小，两颚有牙齿，尾巴短粗，好像被从斜面截断一样，尾巴的截面好像圆盾，表面粗糙，行走时拖在地面，形状如同古代欧洲的士兵手持的圆盾。和歌山有一种不知名的树虫也有同样的尾巴。笔者没有见过圆盾尾蛇，但可以推测出是一种不太活跃的蛇，有时惊慌失措从溪边落下来惊吓行人，中国的所谓冬瓜蛇大概就是这一类蛇，但在日本未曾见过。

《西游记》[1]第一章记载肥后五日町的一棵古树的树洞里

---

[1] 此书为日本橘南谿所著随笔游记，前后共10卷，1795年至1798年间出版。书中记述了作者1782年游历山阳、西海、南海各道时见到的奇闻异事。——译注

有一条长约三尺、宽二三尺的白蛇，形状好像没有腿的狗，或酷似青虫，当地人称之为寸蛇。据说这种蛇并不伤人，但是如果对视会生病，因此从树下经过的人都低头不看它。戴尔·特克的《巴拉圭等国历史》说16世纪中叶，西班牙的卡贝查·德·巴卡进入秘鲁时，在一个有八千户的村子的圆塔中有一条巨蛇，以吃战死的尸体为生，人们相信魔神附在蛇身上预测未来。这条蛇长二十五英尺，腰围如牛，头部短宽，眼睛极小但烁烁有神，牙齿利如镰刀，尾巴光滑，身体的各部分披有大如盘子的鳞甲。他命令士兵开枪时，蛇竟然不断大吼，尾巴拍打地面，声响巨大，人们胆战心惊，经过一番搏斗才最终杀死这条蛇。保罗所撰写的《印度丛林生活》（1880年）记载，印度山间小国的国王崇拜一种名为"耐克文斯"的蛇，他们相信这种蛇和世界同生死。书中引用目击过这种蛇的人的笔记讲，这种蛇栖息在岩石洞中，一周出来一次，吃完信徒们奉献的山羊羔和鸡后在水沟里饮水，在泥中打滚，然后回洞。根据留在泥上的痕迹推测，这种蛇非常粗，直径大约超过两英尺。依照这些记录推理，大概东西方有时都会有某种蛇患上怪病，身体变得异常粗。据早川孝太郎[①]介绍，在爱知县人们相信蛇抬头时被杀，头会飞走，如果不尽快找到并根绝，世界

---

① 早川孝太郎（1889—1956），日本近代民俗学者、画家。1930年曾出版《花祭》，主要研究农村和山村的民俗。——译注

上将充斥着只有头的蛇。这种蛇形状类似榔头，所以被称为槌蛇。佐佐木繁也说陆中远野地方的人们认为割草时不慎斩断蛇头，经过三年蛇头会变成榔头形状并结下冤仇，因此不慎失手杀死蛇的时候人们会向蛇解释。从这些见解可以得出结论，那就是远古时期人们认为蛇是荒野的神灵，所以尊称为野槌，以上的传说都源于此。

美国有一种类似野槌的蛇，名叫"hoop snake"。这种蛇有红黑相间的斑纹，身体像瓷器一样光滑，长约三至六英尺，身体总是不停地卷曲。从前人们认为这种蛇以毒攻击其他动物时，会咬住尾部形成环状，以迅雷不及掩耳之势追赶猎物。其实这完全是错误的，这种蛇无毒。但是黑人至今仍然相信有时数百万计的蛇会聚集在旷野上，眼冒火花跳跃起舞，此时人如果闯入蛇群会被包围，无法脱身，昏倒在地。牡牛蛇也产自美国，人们说这种蛇经常像牡牛一样鸣叫。据亚梅利·莫利的《来自美国的书信集》(1856年)介绍，当时在路易斯安那州有一种挤奶蛇，可以模仿牛犊的叫声引来牝牛，榨取牛奶。另据《渊鉴类函》第四百三十九卷记载，中国南部的蛇精经常变成人，呼唤行旅之人的名字，如果应声，夜晚蛇会到客店伤人。当地人在枕头中豢养蜈蚣，在夜里听到声响后打开枕头放出蜈蚣，蜈蚣会直奔向蛇，吸食蛇脑。这种故事纯属编造。

柯林伍德的《博物学者中国海漫游记》(1868年)第一百七十二页的注释记载说，有一种可以放电的蛇。班卡福特所著的《圭亚那博物论》（1769年）第二百零八页记述，火蛇是圭亚那毒性最强的蛇，喜欢接近火，经常咬伤在火旁熟睡的土著人。还有一种水陆两栖蛇，长十五英尺，周长十八英寸，头部扁阔，尾部细长而尖，周身呈褐色，背和两侧有棕色的斑点。这种蛇虽然无毒，但绝不可等闲视之，它们经常出没于悬崖和水池附近，杀死鹅和鸭子等水禽。当地人说这种蛇遇到比自己大的动物时，会将尖尖的尾部插入敌手的肛门，从而致敌于死地，所以当地白人称之为鸡奸蛇。这大概是误传，不过巴西有一种鱼和这个传说有些相似之处，这种鱼极小，喜好尿的味道，会钻入在河里游泳的人的尿道，一直能爬到面部。因此，亚马孙河附近的居民游水时都会用椰子壳扎上一个小孔套在腰上。顺便提一点，法属刚果的土著人认为男人是同性恋如同小蛇吃人一样，不可想象。①

日本也有类似鸡奸蛇的蛇类，《善庵随笔》中记述说，水中有捕杀人者，一为河童，一为鳖，一为水蛇。江户近处中川河中有很多。在水面下一尺左右，由此岸游向彼岸，快如飞箭，肉眼很难确认，但大多和青蛇相似。这种蛇在水下缠住人的手脚，但从未听说过伤害人之事。另外出羽②最上川河中有一种淡黑色、体形扁平的小蛇，藏在木筏下

---

① 参照登纳特的《佛得角民俗篇》。——原书注
② 日本东北地区的旧地名，是现在的山形和秋田两县的大部分。——译注

面伤人。据说这种蛇在佐渡岛最多，被河怪杀死的人会张开嘴如同在微笑，而被水蛇咬死的人则咬紧牙关，因此多缺门齿，被鳖咬死的人腹部两侧有鳖爪的痕迹。《鸟鸣集》中记载："水边有一种奇蛇，长七八寸至二尺有余。色白而腹为薄青色，从人之肛门入体内吃脏腑，打碎牙齿由口出。北国尤多，在越后称为川蛇，在出羽则称之为贪蛇。故为蛇所害之人，如肛门异常则水怪所为……另据传此类水蛇喜钻入女子阴门，因此乡下女子绝不在水边撒尿。"笔者在英国期间曾经研究过日本的水蛇，结果是在日本本土没有发现真正的水蛇。在和歌山田边附近，曾听说朋友钓到过类似水蛇的动物，但此物既像蛇又像鱼，结果不能确定。上述北国的水蛇只不过是传说中的动物，实际是否存在不得而知，如果读者有高论，定请赐教。柳田国男在《山岛民谭集》中收集了大量的有关河怪的名称，但从未涉及水蛇。本篇开始曾经讲过，中国的龙、蛟、鼍等想象中的怪物都是源于蛇和鳄鱼以及大蜥蜴，这些怪物一般被认为是住在河、湖、深潭和泉水中的神明，时而上岸诱惑他人，使人怀胎。《日本灵异记》和《今昔物语》中也有类似的故事，比如人和蛇女交欢使她受孕，或者是河怪和人间的妻子、少女通奸生下孩子等。

各地都流传有河怪吃马的传说，中国也有许多蛟龙伤害马的故事。《坤雅》有"俗称其为马绊"的说法，这大概是拴住马不让它跑掉的意思。《酉阳杂俎》第十五卷记载：

"近传有白将军者，尝于曲江洗马。马忽跳出惊走，前足有物，色白如衣带，萦绕数匝。遽令解之，血流数升。白异之，遂封纸帖中，藏衣箱内。一日，送客至浐水，出示诸客，客曰：'盍以水试之？'白以鞭筑地成窍，置虫于中，沃盥其上。少顷，虫蠕蠕而长，窍中泉涌，倏忽自盘若一席，有黑气如香烟，径出檐外，众惧曰：'必龙也。'遂急归，未数里，风雨骤至，大震数声。"这可能是根据这种怪物才命名的马绊。《想山著闻奇集》中所记载的日本颓马，讲的是一股特殊的旋风袭来，马被击毙，死马的肛门开脱，和被河怪杀死的人的惨状相似。《说文》讲："蛟，龙属也。鱼满三千六百，则蛟为之长，率鱼而飞去。"《淮南子》中有"一渊无两蛟"。这些都是讲蛟龙是水族动物的神明。综上所述，日本的水神最初是水边的蛇变化成人，和中国的蛟龙一样，可以杀害人马，诱惑并奸淫妇女，但是经过逐渐变化，蛇退居为水池和深潭的神明，人们也逐渐忘记蛇曾是水神。而另一个身分的河怪则继续保留水神的名称，伤

图7　江之岛的神宝蛇角

图8 （上）19世纪英国人伍德所著《博物画谱》中的有角蝮蛇的写生
（下）18世纪荷兰人哥尔本的《好望角博物志》中的有角蝮蛇以及蛇角

害人的肛门并诱惑村妇，杀害马匹。如果日本的什么地方实际存在有害的水蛇之假设得到证实的话，所谓河怪的传说是起源于日本固有的水蛇传说，从而可以确切地说这些传说和中国的蛟龙传说相似的原因只是偶然现象。

关于有角蛇，《大清一统志》第一百五十三卷讲："邠州神龙山产寸约小蛇，头有两角。"《和汉三才图会》中记述说，青蛇在山中石岩间，青黄色有小点，头大如龙，大者丈余，老者生耳，蟒蛇有如老鼠般的小耳。几年前从立山回来的朋友说现在当地仍然有带角或耳朵的蛇。《新编镰仓志》记载，江之岛的神宝蛇有两只角，角长约一寸。据展示的蛇角的说明书介绍，庆长九年（1604）闰八月十九日，羽州秋田常荣院有位名叫"尊龙"的僧人，曾去参拜伊势神宫，在内宫见到两只蛇角落在地上便拾回来（见图7）。

虽然日本现在没有长角或有耳的蛇，但是在国外，柬埔寨的博彻波雷蛇、西非的犀咝蝰等蛇的鼻子上有类似角的东西。北非的有角蝮蛇眼睛的上部长着角（见图8）。《荀子·劝学》中所谓的"螣蛇无足而飞"虽属无稽之谈，但能飞的蛇有许多种类。巴尔沃亚[①]（16世纪）的航海记中说印度的马拉巴尔地区的山上有一种长着飞翼的蛇，可以在树木间飞行，这似乎是指英语中通称飞龙的蜥蜴，或者是类似鼯鼠的动物。鼯鼠的肋骨长着宽大的皮膜，张开后如蒲扇一样，可以从高处滑翔下来。

《天野政德随笔》记载，京都的某人登上屋顶，顿时风雨大作，有一物从面前飞过，嘈嘈有声。此人用手中的铁锤将其击落，等天晴后一看是一条四尺长的蛇，左右肋骨长着肉翅，长四五寸，如同飞鱼翅膀。老普林尼和路卡斯在书中提及的快如利箭可以伤人的飞蛇，类似前述的日本的野槌传说。埃诺克的《太平洋的秘密》(1913年再版) 第一百三十一页讲，南墨西哥的玛雅人遗迹中描绘的长着飞翼的蛇也是表示蛇会飞。由此可见，蛇神能自由飞翔的说法不仅仅局限于东半球。上述的所谓飞龙只不过是将蜥蜴误认为是蛇，而所谓"螣蛇无足而飞"的记述，和蛇有翅

[①] 巴尔沃亚（Vasco Balboa，1475？—1519），西班牙探险家，1513年经巴拿马地峡到达太平洋沿岸。——译注

图9 飞蛙

膀一样，只不过是崇拜蛇的信念所产生的一种想象罢了。不过几年前笔者曾在《自然》杂志上读到荷兰学者的文章，①文中说大概是爪哇、婆罗洲或者苏拉威西岛有一种栖息在树林中的蛇，身体的构造可以承风，从树枝之间滑落时能像鼯鼠和飞龙那样飘然落地，因此这个学者认为古代飞蛇的传说也是言之有据。

　　顺便提及一点，蛇经常捕食的青蛙中有一种飞蛙。早年，华莱士在婆罗洲发现了这种飞蛙并在《马来群岛自然考察记》中展示了画像，这种飞蛙的四只脚上长有硕大的脚蹼。脚蹼原本是用来游水的，但这种蛙展开脚蹼作为滑翔的手段（见图9）。笔者早年在大英博物馆见过这种飞蛙的标本，当时觉得这种蛙的脚蹼虽比其他蛙类要大，但绝不像图示的那么大。于是我向布朗士问及此事，他回答说

---

① 笔者此处的记忆不确切。——原书注

书中的图夸大事实，我当时也没有深思，便相信了这种解释。后来读瓦列斯的书时发现书中记载着飞蛙的身体和脚蹼的比例，相比较发现图示并未夸大事实。仔细想来，飞蛙活着时与死后泡在酒精中身体的大小差异很大，仅凭标本很难正确判断飞蛙的实际状态。

在此为有志于钻研真正艺术的人士提及一点以供参考。古时候一位高僧曾批评一位法师的画描绘得过于夸张，那位法师毫不介意地说看古人所画的春画，画中之物都很夸张，于是高僧心悦诚服。[①] 这位法师的意思是如果画家按实际尺寸作画，画面缺乏魄力，所以故意使用夸张手法，实际上世上的各种动物在跳跃活动时，大小和气势都会增强许多。笔者曾在深山观察植物，黄昏时分匆匆归来的途中，突然有一个大如包袱皮一样的东西从眼前滑过，不时发出异样的叫声绕过大树飞走。等惊魂落定仔细一看，原来只是普通的鼯鼠，而且落在树上时比飞翔时要小许多。这种鼯鼠展翅滑翔时的尺寸要比博物馆中的标本大得多。

欧洲著名画家描绘的春画，很多都如同临摹酒精瓶中的标本一样毫无生气，这些画和日本画师的作品相比略显逊色的原因在于过于强调临摹，画面缺乏动感。所以西方人的写生未必是真正的临摹，而东方的写意画有时反倒表

---

① 详见《古今著闻集》画图第16卷。——原书注

现了事物的真实一面。1897年前后,笔者在伦敦的萨维俱乐部对阿瑟·莫里森讲起此事,受到他的赞赏。记得后来曾经读到一篇文章说,河锅晓斋①向一位意大利人说明绘画和照片的区别时曾使用相似的例子。莫里森从一介书生经过不懈努力成为著名的小说家,他十分欣赏日本绘画,和笔者曾经有过交往,我回国后在《大英百科全书》第十一版第十八卷上发现介绍该氏的条目,才了解到他是世界知名人士,可见他是西方罕见的恬淡谦恭、礼贤下士的君子。

---

① 河锅晓斋(1831—1889),江户后期和明治前期的日本画家。画风兼备狩野派和浮世绘的手法,笔墨富于活力。——译注

蛇脚

前一节引述的《鸟鸣集》中讲出羽地方有一种叫作贪蛇的伤人并损害下身的奇蛇，所谓贪是古时人们称呼鸡奸的一种说法。这和南美的鸡奸蛇意思相近，如果这种蛇在日本实际存在的话，国史中记载的虬，这种至今仍在民间广为流传的俗名"河童"的河怪应该是从这类水蛇泛生出来的迷信。驻守旅顺要塞的司令官黑井中将最近来函说，自己熟知出羽地方，那里有一种叫作通蛇的细小的淡黑色蛇，经常可以看到这种蛇在河中游动。因此母亲从小时候就禁止孩子们在河中游泳，经常对孩子们说通蛇从游泳的小孩子的肛门钻入体内蚕食肠子，咬碎门牙逃走。虽然从未目睹过这种恐怖的事实，但见过淹死的尸体的肛门洞开，大概是水蛇在作怪。所谓通蛇似乎是可以从肛门通行进入腹中的意思，后来可能变化成为贪蛇，总之这种水蛇和传说确实存在于羽州。古代史书中记载的虬和现在民间流传的河怪的原形同出于一种水蛇，笔者的这一见解由此得到了佐证。水蛇的尾巴不像海蛇那样扁平，而且海蛇在陆地上不能自由行动，换皮时和蜥蜴一样局部脱落，而水蛇可以上陆地自由活动，换皮时整体脱落。不过水蛇的鳞、眼和鼻孔等与陆地的蛇不同，不实际解剖，细微之处不详。因此《本草启蒙》《和汉三才图会》等记载日本也有水蛇，但到底是普通的陆生蛇偶尔进入水中，还是将浮游在水面的蛇状的鱼误认为是水蛇则不得而知。由黑井将军的信得知，至少在日本北部的浅滩中实际存在一种水蛇，在此对黑井将军的赐教深表谢意。

据《大英百科全书》第十一版第二十五卷记载，海蛇的牙有剧毒而水蛇则无毒，可是该书第十二卷却说非洲有剧毒的水蛇。《大英百科全书》以内容精确著称于世，但是内容增加后也会出现如此自相矛盾之处，令读者感到困惑。由此可见著书时保持始终如一的观点何其难也。本文是作者忙中偷闲写成的，所以难免文中有一些前后不统一的地方，希望各位读者谅解。人们知道琉球群岛有一种名叫"永良部"的鳗鱼，这是可以食用的海蛇，南非的班图人喜欢观赏生息在萨克河中的水蛇。① 顺便提一点，开普的科萨人因为鱼和蛇相似所以不吃鱼。②

画蛇添足的比喻见于《战国策》。据该书记载："昭阳为楚伐魏，覆军杀将得八城，移兵而攻齐，陈轸为齐王使，见昭阳，再拜贺战胜，起而问：'楚之法，覆军杀将其官爵何也？'昭阳曰：'官为上柱国，爵为上执珪。'陈轸曰：'异贵于此者何也？'曰：'唯令尹耳。'陈轸曰：'令尹贵矣，王非置两令尹也。臣窃为公譬可也。楚有祠者，赐其舍人卮酒。舍人相谓曰："数人饮之不足，一人饮之有余，

---

① 参照利比格斯顿的《传教纪行》第3章。——原书注
② 详见巴顿《东非初行记》第5章。——原书注

请画地为蛇，先成者饮酒。"一人蛇先成，引酒且饮之，乃左手持卮，右手画蛇，曰："吾能为之足。"未成，一人之蛇成，夺其卮，曰："蛇固无足，子安能为之足？"遂饮其酒。为蛇足者，终亡其酒。今君相楚而攻魏，破军杀将得八城，不弱兵，欲攻齐，齐畏公甚，公以是为名居足矣。官之上非可重也，战无不胜而不知止者，身且死，爵且后归，犹为蛇足也。'"陈轸以画蛇添足的比喻说服了绍阳。穆晓的《艳话事典》记述说，有位名医感叹男人遇到处女的机遇比寻找鸟飞过长空、蛇攀越岩石的踪迹还难。人都知道蛇没有脚，但是看到蛇飞奔，有些人怀疑蛇身上一定在什么地方藏着脚。而另一部分人则嘲笑蛇有脚的说法，可又解释不清蛇如何飞奔，笔者对此也研究不深，只好兜售其他学者的见解。

蛇是一种比较罕见的被一般人经常误解的动物，例如人们都认为蛇的身体总是保存湿润并带着黏液，这是因为蛇的鳞片闪亮。实际上如果真是湿润黏稠的话，蛇身上会沾满沙尘而无法飞奔。关于蛇足的错误认识就更多，人们认为只有长脚才能走路，所以无论如何也要给蛇添上脚，因此出现了各种牵强附会的论调。中国的《宣室志》讲"以桑薪灸之，蛇出足"。欧文说美国黑人也认为蛇有脚，用火烤就可出现。老普林尼的《博物志》第十一卷记载，有人见到蛇足和鹅脚相似。据《五杂俎》第八卷记述，中国道教的始祖张道陵在汉末为避疟疾，藏身在丘社，招魂唤鬼，习得治疗疾病的方法，受到热烈欢迎，但后来被蟒蛇吞吃了。他的儿子张衡四处寻找父亲的尸体都没有发现，于是将天鹅的脚串在一起放在悬崖顶，宣布父亲白日升天了，愚昧的百姓相信他的说法于是将张道陵的子孙崇拜为天师。

希腊哲学家赫拉克勒迪斯平时养一条蛇作为宠物，临终时嘱托朋友将自己的尸体藏起来，将蛇放在床上以此寓意自己变成了蛇并证明自己加入了神明的行列。张衡为什么要将天鹅脚串在一起放在悬崖顶上呢？请教精通道教的学者妻木直良[①]，但是没有得到明确的答复。笔者认为天鹅和白鹅脚上都有脚蹼，总体说古罗马人和古代中国人都相信蛇脚和水鸟的脚相似，张衡为了掩盖父亲被蟒蛇吞吃的事实，编造说张道陵乘巨蛇登到悬崖顶，然后升天了，天鹅的脚象征巨蛇留下的脚印。有升天之力的大仙要借助巨蛇才能登上崖顶实在是不合逻辑，吴国的刘纲和妻子樊氏一起升天成仙，登上大兰山上的巨树，夫妇一起飞升上天等故事有很多。蜻蜓和蝉羽化后初次飞行时肯定会先落在草木上，蝙蝠也不能直接从地面上飞起，由此类推，神仙也要有梯子才能飞。实际上蟒蛇身上有两只脚的痕迹，所以张衡编造的谎言也是有一定依据的。

意大利的戈佩尔纳其斯说，俄国的传说中有蛇精变成亡夫的样子来到刚刚丧夫的寡妇那里，共同生活，寡妇日

[①] 妻木直良（1873—1934），中国佛教史、佛教学和道教的研究学者，曾任日莲宗大学讲师、龙谷大学教授。——译注

渐消瘦，如风前残烛一般。于是她的母亲向她面授机宜说，和他吃饭时故意将勺子掉落在地上，俯身捡拾时偷看他的脚。寡妇依计，果然发现男人没有脚，只有一条尾巴，明白原来是蛇精变化，于是去参拜寡妇寺，驱除了污秽。北欧的神话讲蛇变化成马时蛇足会暴露出来，印度的《罗摩衍那》中讲只有雌蛇知道雄蛇的脚。这些都是暗指丈夫的阳具，寓意只有妻子了解真相。戈佩尔纳其斯是佛学和神学的著名学者，但是有一点，就是他动辄引用语言学，总是归纳到下阴部来论述。窥视蛇足发现是蛇尾，简而言之是说明蛇主要凭借尾巴的力量前行的话，没有必要涉及阳具。伊斯兰教著名的经典、塔巴里[①]的《先知与帝王编年史》记述说上帝创造了亚当，让众天使敬仰，但是爱普里斯说自己是火练就的，亚当则是泥土塑造的，自己不会敬仰劣于己的人。于是上帝震怒，将爱普里斯赶出了天庭。爱普里斯想返回天庭报复，但是又畏惧守门人利兹万的神力，便说服蛇将自己吞入腹内到天上再吐出来，由此诱惑夏娃陷害了亚当。亚当和夏娃本来全身包裹着像手脚指甲那样的皮肤，但是在诱惑之下贪吃禁果后皮肤脱落，变成全身赤裸，只能端详着手脚指甲，怀念过去身在乐园时的美好时光。蛇本来也像骆驼一样有四只脚，除了人以外，蛇是

[①] 塔巴里（Tabari，839—923），伊斯兰教经济学家、圣训学家、法学家和史学家，曾遍访西亚各地和埃及，后在巴格达定居。著有《诸预言家和诸王的历史》，受到后世史学家的高度评价。——译注

伊甸园最美丽的动物,但是它偷吃禁果受到上帝的严厉惩罚,伊甸园的树枝低垂,四个罪人被永远逐出乐园,分别被发配到偏远地方。亚当在印度北部的印度斯坦,夏娃在吉达,蛇在伊斯法罕,爱普里斯在塞姆南。上帝尤其憎恶蛇,拔除了它的四脚,让它永远在地上爬行。当今的欧美人大概会嘲笑这是无稽之谈,事实上是他们信奉的《圣经》在12世纪之前记载着上述的传说。

在日本也传说释迦牟尼去世时各种禽兽都前来吊唁,唯有蚯蚓缺席,作为惩罚被割去了脚。另外和歌山地区也有关于蛇足的民间传说。笔者曾在名为"西牟娄郡水上"的山村听说古时日本没有名叫"常磐蜍"的青蛙,这种蛙从常磐国乘坐蛇背渡海时答应给蛇安上脚作为报答,但是青蛙违约至今没有履行诺言,于是蛇为了报复,见到青蛙就会捕食,而且必定从脚吞食。这种青蛙是常见的金线蛙。关于常磐国,笔者已在1922年11月刊的《人性》杂志上发表了拙见。有一个类似的故事,东牟娄郡高田村有一个人家世代都被掘墓盗尸。传说是那家的先辈在路上遭遇豺狼,便谎说自己身有要事,等办完急事一定会送上门来。因为他食言,所以直到子孙后代都会被盗尸。听了上述水上村的传说后,笔者亲自试验,结果确实是蛇都从脚吃青蛙,而乌龟则从头吞食。阿斯特列的《新编纪行航记全集》第二卷第一百一十三页转载葡萄牙人的传说,讲西非的科鲁巴尔河畔有一种长达二十五至三十英尺的巨蛇可以吞吃整牛，只有牛角留在嘴外咽不下，同文批驳说所有的蛇捕食动物时都是从头开始吞咽，不能吞下牛角谈何吃全牛？蛇吃老鼠等动物时的确从头吃起，但是如前所述，吃青蛙时则从后脚吃起，所以阿斯特列的结论也未必正确。印度的波利戈玛地方的民间传说虎从后部吃人，豹则从前面吃人。[①]

伽窦教授解释蛇的行为时说，蛇只要有食物和栖息地就不会移居，是脊椎动物中最安于现状的，所以蛇能像现在这样遍布世界是经过了长期的缓慢的过程，蛇的动作虽然异常迅猛，但只是瞬间，不能长时间持续。蛇的脊椎关节上有相应数量的肋骨，能巧妙地适应各种环境移动行走。其行走方式是它的身体经过的地方只要有微小的凸起能托起身体的一部分，左右的肋骨就会互相收缩，左右弯曲身体，带动后部前行，它的身体的一部分以凸起为支撑点，同时身体的弯曲着的前一部分会伸直，从 A 前进到 B（见图 10）。蛇的腹部有很多横宽的鳞片起到加强这一动作的作用，鳞片后端的边缘可以钩住地面上任何细小的凸起，这个鳞片每一片都和左右对称的肋骨对应。所以蛇在光滑的玻璃板上无法爬行，如果将玻璃板用金刚砂打磨成磨砂玻璃，有微小的凸起就可以爬行。有许多图画描绘蛇爬行时都是上下波动，向上的波纹全部脱离地面，只有向下的波纹接触地表，这与事实不符。图 11 是笔者在英国工作期间

[①] 参照保罗的《印度丛林生活》（1880 年）第 605 页。——原书注

图 10　蛇爬行示意图

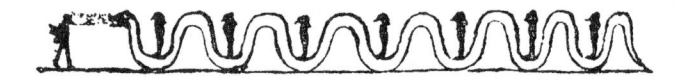

图 11　古埃及的巨蛇图

临摹的古代埃及的画像，画中所描绘的是巨蛇口吐烈焰烧死毁坏奥西里斯神像的不轨之徒。埃及人十分清楚地知道蛇在地面上横向弯曲爬行，但是在纸上很难从侧面描绘，所以至今东西方的名画家仍然和古埃及人一样画蛇。伽窦教授还说古画中的蛇都是螺旋状攀树，这与实际不符。螺旋状的蛇是经过艺术处理的，艺术或多或少都会有些虚构，在现实生活中蛇应该不会螺旋爬行。

笔者家中有一条白蛇，时隐时现，今年夏天在二楼的窗户格子上发现蛇蜕去的皮，想拿下来却拉不动。这是因为蛇腹部有许多鳞片，其后端钩住木格子外面细小的凸起，因此无法拉动。而从窗外找到蛇头，向外拉则很简单地取得蛇的整张皮。由此可知，连蛇蜕下的空壳都如此难取，那么活蛇在洞中弯曲，身体的鳞片钩住多处，要想拉出来就难上加难。《和汉三才图会》中记载，大力士用力拉拽钻入洞中的蛇的尾巴，但均不成功，涂上烟袋油才拉出来。该书还说，那人用左手抓住自己的耳朵用右手拉蛇，蛇就出来了，不知是何道理？民间传说一个人抓住蛇的尾巴，另一个人抱住前一个的腰一起拉，就可轻而易举地拉出来。

16世纪，利奥·阿弗里卡纳斯所著《非洲纪行》第九篇中记载说，阿拉伯人食用沙漠中的一种巨大的蜥蜴。这种动物行动敏捷，钻入洞穴后只有尾巴留在外面，任何大力士都无法拉出来，不得已只能用铁锹挖开洞口才能提到。蜥蜴和蛇不同，没有腹部的鳞片，于是它就用四只脚用力撑住洞壁。笔者的文章在伦敦翻译发表后，一个英国人说日本人似乎不能单独从蛇洞中抓出蛇来，他曾经在印度见过英国人独自将长达八英尺的蛇从洞中拉出。普里德上校介绍他早年在印度听说有一个英国人在洗澡时看见一条蛇从下水道钻进来，当蛇要溜走时，他抓住了蛇尾，但蛇用力挣脱了。第二天，蛇再次钻进来，它离开时却先将尾巴放入下水道，一边双目凝视着英国人，一边倒退着离开了。身强力壮的人如果不知道各类传说，单凭力气和蛇较量，或许也能将蛇拉出来，但对一般人来说似乎是件难事。大概是由此泛生出来的传说，据说钻入人的肛门的蛇大多是一种名叫乌蛇的黑色细小的蛇类。这种蛇钻入人体内后，人仍没有任何感觉。这种蛇只要头部钻入孔内，无论如何拉扯都无济于事，即使切成碎片，头部仍然留在腹中，最

299

终会致人于死地。[①]《松屋笔记》第五十三卷解释说要想拉出这种蛇，必须用一种叫作"猴子套"的树叶，只要有尾巴露在外面就可以拉出来。

[①] 虽没有详细说明这种蛇是水蛇，但从喜爱钻入人体这一点看，毫无疑问应该是黑井将军所讲的通蛇。——原书注

蛇的变化

关于蛇的变化的传说不计其数，在此略举数例。《和汉三才图会》中讲，有人乘船过琵琶湖，到达北岸时稍许纳凉。此时有尺余小蛇游来，攀上芦梢徊舞，复入水中游十步许，复还上芦梢如初。如此数次终成丈余。此会否升天之法？时乌云遮日宛如黑夜，白雨骤降好似车轴。龙升天略见尾，终入太虚天则晴。众所周知，当河村瑞轩①希望新井白石②做自己的女婿时，新井援引以法术升天失败后身死刀下的龙的传说婉言拒绝了。中国的《述异记》记载："虺五百年化为蛟，蛟千年化为龙。"所谓虺，据《本草纲目》记载是蝮蛇的一种，而水虺指的是有害的水蛇。

西方也有蛇经过修行成为龙的故事。古代欧洲人相信蛇如果吞吃了其他的蛇可以化作龙。③哈克斯特豪森介绍说，高加索的传说讲蛇中也有贵族，如果没有被人撞见过的话，经过二十五年可以变成龙，头可以变幻多端，从而能欺骗并伤害诸多的动物和人。如果六十年没有见到过人，全身

---

① 河村瑞轩（1618—1699），江户时代初期的富商。他早年经营木材批发，后经营土建工程和水运。——译注
② 新井白石（1657—1725），江户中期的儒学家和政治家，他出生于江户，早年学习朱子学，德川家宣时代曾作为儒官参与幕府的政治，地位显赫。1716年吉宗即位幕府将军之后引退。晚年著书立说，著有《读史余论》《古史通》《西洋纪闻》等著作。——译注
③ 参照哈茨利特《信仰与民俗》第1章。——原书注

可以自由变幻成任何人和动物。天文元年（1532）出版的《尘添埃囊抄》第八卷论述说蛇不但可以变成龙，而且还可以变成鳗鱼。《本草纲目》中也讲水蛇可以变化成海鳗鲡，这是因为外形相似才出现的错误。文禄五年（1596）写作的《义残后觉》第四卷记载说，作者去四国巡游参拜的路上，渡船的船老大讲要带他看一个奇观，于是乘上芦苇荡中的空船，只见一条六七尺长的大蛇在水中盘旋，半个时辰左右身体膨胀开，成为烙饼大小，继续旋转后前后两头分别裂开变成四条，连续旋转后又裂成八条，于是蛇变成了章鱼向海中游去。《和汉三才图会》《北越奇谈》《甲子夜话》等书中也有蛇变成章鱼的故事。西方没有这类传说，但1899年出版的格斯坦丁的《热带的自然》中讲述古代希腊的阿波罗神杀死的蛇变成多脚龙，这大概是夸张了蛇变成章鱼的传说，这是从日本的传说润色来的，还是他们独创的不得而知，总之，这些记载可以说明古人认为章鱼和蛇相似。

不仅是外形相似，章鱼类中葵贝等的雄鱼有一只脚变得非常长，和身体分离仍可以活动，和雌鱼交配可以产子。从前，学者认为这是一种特殊的动物，另外命名了学名。这种章鱼的脚脱落后会长出新脚。古希腊人和日本人一样，相信章鱼饥饿过度时会吞吃自己的脚，老普林尼批驳说这是被海鳗吃掉的。但是宗祇[①]所著的《诸国故事》讲，某人说集市

[①] 宗祇（1421—1502），室町时代的连歌诗人。——译注

店铺中贩卖的章鱼一百个里面有两三个只有七只脚，这就是蛇变化的，吃了这种章鱼对人体有害，要当心。《中陵漫录》中记载说若狭（福井县）小滨的蛇梅雨季节时变成章鱼，这种章鱼和普通的章鱼有一些不同，人们分辨出来绝不食用。《本草启蒙》说有一种长脚章鱼，外表和章鱼相同而脚特别长，人吃了必醉，而且身上会现出斑纹。在出云（岛根县）和赞岐（香川县）地区，人们认为这种章鱼是蛇变的。蛇变化的传说在若狭尤其多，在筑前（福冈县）人们说九只脚的望潮鱼是蛇变化的，这种章鱼的八只脚正中有一只长脚，日本人认为这种章鱼在交配之前这只脚会变长，离开身体后仍然蠕动，即这只脚异常生长变成交配专用的器官，和蛇相似（见图12）。古人可能因此误认为蛇变成了章鱼。居维

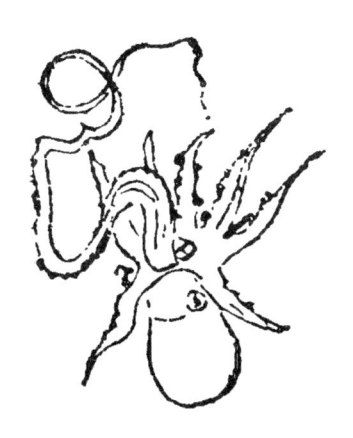

图12 雄章鱼交配用的脚脱离的瞬间

叶[1]说，欧洲东南部沿海章鱼众多，所以古希腊人对于章鱼的观察极为详细，其中包含有许多连当代学者都不了解的事实。日本也有许多章鱼，并且有众多以捕捞章鱼为生的渔民，因此对于蛇变化成章鱼的传说不应仅仅付之一笑，而应该做深入研究。另外有一种和章鱼同类，现在只存有化石蛇酷似盘卷着的蛇。因此，爱尔兰人自豪地说该国出产这种化石是因为圣帕特里克将国内所有的蛇都诅咒成为石头，永远根除的证据[2]（参照前一章"龙"图22）。

《歌林良材续集》中有白菖变蛇的故事。《方舆胜览》中记述湖北岳州府的池水中有一条蛇，应吕严召唤离开水池变成了宝剑。另外藤泽卫彦[3]的《日本传说丛书·信浓卷》中有一个美女的头发变成蛇的故事。奥比基斯的《变化赋》说人的脊髓能变成蛇。罗马尼亚的传说讲吸食人血的跳蚤出自蛇，内容是远古时代诺亚乘坐方舟避过了洪水，于是天魔制造了锥子刺穿了船舱，船开始进水。船上的人们急忙舀水，但是无济于事，上帝为了拯救人类便向蛇传授智慧，所以《圣经》中有聪慧如蛇这样的文字。于是蛇来见诺亚说："我可以堵住漏洞，如果止住漏水你们用什么来报

---

[1] 居维叶（Georges Cuvier，1769—1832），法国动物学家、古生物学家。曾任巴黎自然史博物馆的比较解剖学教授，主要著作有《比较解剖学讲义》《四足动物骨化石研究》等。——译注
[2] 参照泰勒的《原始人文篇》第1卷第10章。——原书注
[3] 藤泽卫彦（1885—1967），日本民俗学者、小说家和儿童文学专家。——译注

答我?"诺亚反问:"你需要什么?"蛇说:"洪水止住后,你们要每天献上一个人作为我和子孙的食物。"虽然条件苛刻,但是为了脱离十万火急的灾难,诺亚立下誓言答应了蛇的条件,于是蛇用尾巴的尖部堵住了漏洞,止住了洪水,战胜了天魔。洪水退去后,诺亚献上祭品感谢上帝的救助,所以人都兴高采烈,庆幸逃过劫难,这时蛇来讨要人做食物。诺亚说劫难刚过,本来人的数量就少,如果每天给你一个,那么人不久就会灭绝,于是就将蛇投入烈火中烧死,顿时恶臭四起,使得上帝极为不悦。上帝立即兴风,将蛇的死灰吹遍世界,跳蚤从死灰中产生,并在世界各地吸食人血。如果将血液的总量合计,正好等于每天吃一个人,也就是说诺亚的誓言至今仍然有效。

据早川孝太郎说,三河地区(爱知县)的传说认为蝮蛇是妖魔,用柳木或卯木打死一条后,立即会有数千条聚集。盛夏深山的溪水中经常有蝮蛇出没,笔者曾经打死一条,不久再去一看,见到其他蝮蛇赶来了。和歌山安堵峰地区的民间传说讲,松鼠是山中的道人,懂得魔法,这大概是因为松鼠经常坐在树枝上做出拱手礼拜的姿态。伐木人进山有时一天都一无所获,而有时短时间即可满载而归,这也是魔法在作怪。伐木人在山中见到松鼠,用斧子砍下的树片或松球投打松鼠,附近就会有松鼠大量聚集。另外日高郡丹生河大字大谷地区有一个蚯蚓小舍,据说是从前有一条大蚯蚓爬来,人们将蚯蚓扔到火里之后,不久整个房间便布满了蚯蚓，小屋摇摇欲坠，人们只好放弃了这个小屋，这里也因此而得名。这个传说虽然令人难以置信，但大概也有所根据。

1855年，笔者曾寄宿在东京神田锦町铃木万次郎[①]的岳父家，但是经常旷课在家喝酒，有时实在无聊，便用石头打院子里的癞蛤蟆，每打死一只都会发现其他的癞蛤蟆昂首挺胸，愤然地向死蛙的附近聚集。我很佩服它们的勇气，接连投打，而蛙仍不断前来，就这样一连杀死四五只。院子中的癞蛤蟆也打光了，我也打累了，最终也没有搞清楚为什么蛙会聚集。根据打死蝮蛇的亲身经历，另外在书上经常读到从前有人在无人岛上猎杀鸟兽以后，其他的鸟兽丝毫不惧怕人，觉得好奇纷纷聚集前来，于是不断被猎杀，这种事例很多。由此可见，不知道是何种心理作用，有很多动物目睹同类被杀却仍然冒死前来，这绝非罕见的事例。暂且不论蚯蚓等低级动物，像蝮蛇、松鼠等略微高等的动物群居于山中，人如果杀死一只，随后就会有数十只聚集，这是完全可能的。人们添枝加叶，夸大事实，于是产生了上述传说。

但是，实地研究这种现象要十分小心谨慎，但以人心推测动物的心理是十分困难之事，这一点在庄子和惠子的

[①] 铃木万次郎（1860—1930），明治至昭和初期的政治家、实业家，他早年曾在医学专科学校学医，并在东京神田区开设神保医院，担任过国会议员。——译注

观鱼问答中早已阐述。例如1902年出版的克鲁泡特金[①]所著《互助论》中讲，如果一只螃蟹失去脚，其他螃蟹会扶助它回巢。笔者在那智山中的贫居中读到此书，正巧前不久自家门前的小溪遇到春雨，水量大增，河流急湍。一只雌蟹在小河岸边摘取岸边生长的山葵的嫩芽，当它渡过急流到达对岸时，我又像以往一样用飞石打中这只蟹，但是由于用力过猛，蟹被打得半死，动弹不得。这时正巧从岩缝中又爬出一只雌蟹，用两只钳子夹住那只负伤的螃蟹就走。这只蟹行动十分迟缓，我灵机一动想到这是验证克鲁泡特金的见解的好机会，便蹑手蹑脚在近旁观察，只见这只蟹和负伤的蟹腹部相对，双钳左右合抱，轻轻举起，缓步而行，其友善之状让人感怀，可叹人不如蟹。当我独自一人在那里感叹的时候，发现这只螃蟹的步伐过于迟缓，而且时走时停，于是仔细观看，才发现原来那只蟹用嘴吸食半死的螃蟹的伤口，边吃边走。看到这里，我猛然醒悟：不能轻信书上的内容，正确观察动物绝非轻易之举。

蛇变化成其他动物，其他动物变成蛇的故事实在不胜枚举。有的迷信认为蛇并不仅自己变化，还可以自由自在地操纵人。婆罗洲的海洋达雅克人特别惧怕一种名为"飞头蛮"的头部可以伸长的怪物，据说这种妖怪的头每晚都

[①] 彼得·阿列克谢耶维奇·克鲁泡特金（1842—1921），俄国著名经济学家、文学家、历史学家和革命活动家。——译注

会从身体脱出，趁黑夜干邪恶勾当，等到黎明降临之前再归回原位。村落十分忌讳这个妖怪，以各种方式避邪，防止它进入村庄。田地周围也密密麻麻埋设竹枪，当妖怪来破坏庄稼时可以刺伤它的眼睛和脸，以此保护庄稼。人们还说这种怪物是受到从前在此为非作歹的巨蛇的幽灵教唆，巨蛇的幽灵告诉它如果吃了自己的舌头，头就可以自由飞翔。①

在各国还有蛇变成人的传说，其原因如《平家物语》所述，"为了和人欢爱"。除此之外，还有人变成蛇实现夙愿的传说。高加索的民间故事讲，古代亚历山大王实际上是技艺高强的道人的儿子，这个道人倾心于马其顿国王费力波斯的妻子奥林匹亚斯王后，时常伺机接近但不得机会。有一次国王随军征战，王后孤独悲哀，于是道人对王后说，如果您愿意的话，臣下可以使用道法让国王回来过一夜，但是不能是人形，变成蛇您不介意吧？王后说只要能见上一面，我就心满意足，如若我的夫君真能回来，不要说是蛇，就是蛆虫也没有关系。好事多磨，打铁要趁热，于是道人施展魔法，将自己变成蛇和王后欢爱一夜，同时让战阵中的国王做梦变成蛇回国陪伴王后。不久战争结束，国王凯旋归来，发现王后怀有身孕，国王震怒要惩罚王后。王后辩解说，有一天夜里，大王变成蛇回来陪伴我。国王

---

① 参照《自然》杂志（1912年4月20日）。——原书注

听后大吃一惊，想起了那天的怪梦，便饶恕了王后，但据说国王从此见到蛇便全身毛骨悚然。古代诗歌中有"如知是梦终愿不醒"的诗句，看来夫妇情深，感怀也特别，"唐代丛书"中的《开元天宝遗事》中记述说："杨国忠出使江浙，其妻思念至深，忽夜梦与国忠交而有孕，后生男，名朏至。国忠归，具述梦中之事。国忠曰：'此夫妻相念情感所致。'时人莫不讥笑也。"杨国忠和费力波斯王一样，大概当时也正巧梦到了奇异的现象。

佛典中记载，著名的贤明丞相大药的妻子名叫毗舍佉，美丽动人，智慧无双。有一次从北方来了五百个商人到此卖马，在都城召集五百名妓女饮酒作乐。席间，有一商人对在座美女毫无兴趣，尽管都城首屈一指的美女百般引诱，他都毫无邪念，无动于衷。妓女气盛和他打赌，如果商人有一天不堪诱惑，将输五匹马，如果商人逗留期间品行方正，则赢五百枚金币。于是妓女每天前来使出浑身解数百般献媚，而商人则横下一条心不为所动。众商人可怜妓女，有一天劝这个商人不要辜负城中第一美女的美意。这个商人回答说："多谢各位好意，昨天夜里我在梦中已经和她交欢，今后更没有必要和她亲近。"那个妓女听说后，带着众人登门向商人讨要五匹马，商人说我梦中所为和你无关，因此绝不认输。于是双方告到官府，宰相大药听了双方的供述，苦思冥想了一天仍没有想出妙计，便暂时休庭，第二天再查。大药回家后，妻子毗舍佉问他为什么回来得这么晚，他道出原委，向夫人求教计策。夫人回答说可以轻而易举解决，大药按照妻子的计策，第二天让商人牵来五匹马站在水池边的岩石上，对妓女说可以将映在水面上的五匹马的影子牵回家，如果你认为无法牵走马的影子，那么梦中交欢也是同理。大药的裁决受到了国王的赞赏，同时也使诉讼双方心服口服。

　　古希腊的名妓拉米阿美貌无比且智慧过人，甚至让年轻的国王倾心如痴。当时，埃及有一个青年痴情于美丽的娼妇托尼斯，但是付不起托尼斯索要的高价，只好独自一人闷闷不乐，一天晚上，他在梦中和托尼斯幽会，身心得到安慰。托尼斯听说后心中愤怒，告到法庭向青年索赔。博格利斯国王让青年拿出娼妇索要的金额放入瓶中，让他在托尼斯眼前晃动，吩咐托尼斯尽情欣赏。拉米阿听说后认为这个判决不公，原因是男人可以在梦中得到满足，而女人只看到钱愿望不能实现。这个解释似乎有道理，笔者奉劝各位读者梦中的事也不可轻易外泄。正如拉米阿所述，与异性交欢的梦和其他的梦不同，印象极为深刻，有时会产生实际体验的错觉，连前述的马其顿国王费力波斯这样的伟人也难以分辨梦和现实。后来，亚历山大王在远征的途中，听说在大阿勒山上有一个神通广大的大仙可以预测未来，于是亲自造访，向大仙询问道："听说你神通广大，你能预见自己如何死去吗？"大仙回答说："我将死在陛下手里。"国王佩服他确实有明见，便拿起长矛向他刺去。大仙在死前对国王说："你实际上是我的儿子。"于是坦白了以前变成蛇使王后怀孕的经过,然后才闭上双眼。这和晋朝的郭景纯告诉王敦自己今天命数已尽之后被杀的故事相似。《日本书纪》中记载,大物主神掩住面目每晚去和倭迹迹姬命神幽会,倭迹迹姬命神要大物主神显现本来面目,发现大物主神原来是一条小蛇,女神失声惊叫。于是大物主神心中不快,恢复人形,离开女神去御诸山了。女神十分后悔,用筷子敲打阴部忧郁而死,女神的坟墓命名为筷子墓。

在原始时代，曾有一种名为鬼市的集市，人们都遮住面部进行交易。① 这主要是因为当时人们忌讳见生人，与此相似，至今仍然有人和其他部族的女子幽会时，不会让这个女子以外的人看到自己的真实面目，更有甚者，有时甚至对女子也不公开自己的身份。古代日本敬奉图腾的风俗盛行，一个部族或一个家族分别信仰蛇、狼、鹿以及其他动物，认为这些动物是自己的祖先。② 由此看来，大物主神是以蛇为图腾的部族出身，他和其他部族的女子交往时，见到对方听说自己的出身时吃惊而感到羞涩，才愤然而去。于是对方的女子也感到羞涩，才敲打阴部而死。有人认为这里面含有某种隐喻要深入研究，有可能是因为怀上其他部族的男人的孩子，做了粗糙的人工堕胎手术而死，总之，当时的妇女因此而死的并不罕见。因为现在没有这种奇事就断定古人的记载是虚构，这是错误的。③

西非的荷达市直到近世都一直崇拜巨蛇，每年都有手持棍棒的巫女结队上街搜捕美女祭神。当夜她们一次将两三名女子推到大坑里，里面有两三条人们奉为蛇神的蛇，女巫们环绕在神庙的周围唱歌跳舞，人们认为这期间蛇和

---

① 参照刊登在《随笔问答》杂志（1904年）第10辑第1卷第206页上的拙文"关于鬼市"。——原书注
② 详见《东京人类学会杂志》第278期第311页刊登的拙文"读出口君的《儿童与除妖》"。——原书注
③ 详见第5节"蛇与妖术"的论述。——原书注

女子成婚。女子回家后如果生了孩子，这个孩子便代替蛇成为蛇神。①《十诵律》中记述说，优波离谒见佛祖，向佛祖请教"比丘咒术自作畜生形行淫"和"二比丘咒术，俱作畜生形共行淫"等行为的罪名。罗马的皇帝之中扮作野兽奸污妇女者不在少数。宋代以后，在中国横行跋扈的五通神之中，马和猪等畜生变成男人来到人世，随意贪吃酒肉侮辱妇女。②这些传说其实是恶汉们组成秘密组织，巧妙地扮作动物，威胁他人胡作非为。

蛇变成人的传说在出产蛇的地区或多或少都存在，变化的理由也多种多样。吝啬贪婪的人死后变成蛇看守财宝的故事在印度、东欧、西亚各地十分流行，恶人在世期间变成蛇的传说在非洲土著人中常见。③但是，既不贪婪也不是恶人的人变成蛇的故事也存在。甲贺三郎杀死了高悬山的魔王和变成蛇的山神，④为此他被不务正业的兄长们陷害，落入大坑中，变成巨蛇长达三十三年。他的妻子祈祷观音使他重新恢复成人，诛杀了兄长，恢复了家室。秋田县八郎泻地区的地方志记载，有一个名叫八郎的樵夫，吃了怪鱼后变成了巨蛇。⑤但是《根本说一切有部毗奈耶》说女人

---

① 参照舒尔茨《物神崇拜》（1871年）第5章。——原书注
② 参照《聊斋志异》第4卷。——原书注
③ 详见马琴女士《莱素托》（1903年）第15章。——原书注
④ 参照《若狭郡县志》第2卷，《乡土研究》第3卷第10页引述的《诸国旅雀》第1卷。——原书注
⑤ 参照《奥羽永庆军记》第5卷。——原书注

和蛇都有多怒、多恨、作恶、无恩、利毒这五过，所以女人变成蛇的故事要比男人多，故事的内容也多种多样。

有一个因羞涩而变成蛇的故事，陆前（宫城县）佐沼城主平直信的妻子暗恋上了在府中干活儿的年轻英俊的木匠，她趁黑夜溜出府邸去木匠家但没有找到，回到府邸时发现门已经被反锁。她深感惭愧，跳入佐沼河投河自尽，成为河中的蛇神，在祭神的狂欢节前后总是淹死人。[1]因爱憎而变成蛇的故事见于《沙石集》第七卷，书中记述的故事是一个女子热恋上镰仓若宫僧坊中打杂的少年，她死后也降灵追逐少年，变成蛇仍然缠绕少年的尸体。因嫉妒而变成蛇的故事还有《五杂俎》第八卷的梁朝的郗氏，以及《发心集》中的尼姑，尼姑将自己的丈夫让给女儿后又羡慕两人恩爱，于是手指全部变成了蛇。

因失恋而悲痛至极终变成蛇的故事中最著名的应该是纪伊（和歌山县）清姬的传说，[2]具体故事内容已经由屋代弘贤收集，记录在《道成寺考》中，本文不再重复，在此只略述二三前人没有发现的地方。清姬的名字并不很久远，在戏剧和道成寺的故事中常见，"真砂庄司之女"这一称呼也是在谣曲中才首次出现，古时候的记载一般都是寡妇或

---

[1] 详见《乡土研究》第4卷第4期。——原书注
[2] 清姬热恋修行僧安珍，安珍为躲避清姬的追赶，躲进了道成寺的大钟里，于是清姬追至寺中缠住大钟将安珍烧死在钟里。这个传说起源于能，后在歌舞伎和谣曲中广泛上演。——译注

年轻的寡妇。《古事记》中的品地别命神和女神肥长比卖结婚，偷窥时发现这个美女原来是一条蛇，于是吓得抱头鼠窜。肥长比卖知道后十分忧郁，光照沧海乘船追来，品地别命神更加惊慌失措，从山下拉着船逃上了山。谷本博士曾指出纪伊清姬的传说起源于《古事记》的故事。《古事记》中的故事只不过是发现蛇变成女人从而吓得抱头鼠窜的类型，正确来说不是纪伊清姬传说的远祖。《古事记》中的女神肥长比卖是大物主神的女儿或孙女，品地别命神听到女神的坦白之后，逃到出云参拜神宫。前面曾经讲过大物主神的部族以蛇作为图腾，所以品地别命神可能看到女神肥长比卖身上刻着蛇的文身，忌讳这个部族才慌忙逃窜。大物主神是素戈鸣尊娶脚摩乳、手摩乳夫妇的女儿为妻生下的孩子或是后裔。① 这对夫妇的名字在《古事记》中写作足名椎和手名椎。如前所述，远古的野椎是蛇的尊称，由此推论，足名椎、手名椎是没有手足的蛇的意思，邪恶的大蛇来抢夺这对蛇神夫妇的女儿，这时素戈鸣尊解救了蛇神一家并娶了蛇神的女儿，所以由此出生的子孙世世代代都崇拜蛇，认为蛇是自己的祖先。

笔者认为清姬的故事源于某个历史事实，而不是根据其他神话编造的故事，如果受到佛教的影响，那么这个故事应该源于佛祖的徒弟，以天眼著称的阿那律圣尊的传记。

---

① 详见《日本书纪》第1卷。——原书注

查阅《佛教大辞典》，这位圣尊的奇异故事特别多，例如阿那律成为阿罗汉后，见到一位面容英俊的人，误认为是女人，想做不轨行为时发现对方是男人，这时他发现自己变成了女人，于是羞涩懊悔，躲入深山，数年不敢回家。后来阿那律见到妻子儿女叹息度日，觉得十分可怜，便找到那个男人悔过，然后才恢复成男儿身回家和家人团聚。①《四分律》第十三卷记载，毗舍离的女儿嫁到他国和婆婆发生争执，于是返回祖国，路上和阿那律同行。她的丈夫赶来责备阿那律，于是妇人辩解说："我与此尊者行，如兄弟相逐，无他过恶。"丈夫听后大怒，拳打脚踢，几乎把圣尊打死。其实阿那律并不是那种对一般的女人动心的小人物，他曾经居住在林下，前世是天神，当时的妻子下凡来对他诉说天庭的快乐，阿那律怒斥道："诸乐生天者，一切无不苦。我不受后有，更不生彼天。天女汝当知，我尽于生死。"②

《弥沙塞部五分律》第八卷记载："佛在舍卫城……时有一年少妇人夫丧，作是念：'我今当于何许更求良对。'复作是念：'我今不能门到户至，当作一客舍，令在家出家人任意宿止，于中择取。'即便作之，宣令道路须宿者宿。时阿那律暮至彼村，借问宿处。有人语言，某甲家有。即

---

① 详见《经律异相》第13卷。——原书注
② 详见《别译杂阿含经》第16卷。——原书注

往求宿。阿那律先好容貌，既得道后颜色倍常。寡妇见之作是念：'我今便为已得好婿。'即指语处可于中宿。阿那律即前入室，结加趺坐。坐未久，复有贾客来求宿。寡妇答言：'我虽常宿客，今已与比丘不复由我。'贾客便以主人语，从阿那律求宿。阿那律语寡妇言：'若由我者可尽听宿。'贾客便前。寡妇复作是念：'当更迎比丘入内，若不尔者后来无期。'即于内更敷好床，然灯语阿那律言：'可进入内。'阿那律便入，结加趺坐系念在前。寡妇于众人眠后语言：'大德知我所以相要意不？'答言：'姊妹，汝意正当在于福德。'寡妇言：'本不以此。'便具以情告。阿那律言：'姊妹，我等不应作此恶业，世尊制法亦所不听。'寡妇言：'我是族姓，年在盛时，礼仪备举，多饶财宝，欲为大德给事所当，愿垂见纳。'阿那律答一如初。寡妇复作是念：'男子所惑唯在于色，我当露形在其前立。'即便脱衣立前笑语。阿那律便闭目正坐作赤骨观。寡妇复作是念：'我虽如此彼犹未降，便欲上床与之共坐。'于是阿那律踊升虚空。寡妇便大羞耻生惭愧心，疾还着衣合掌悔过。白言大德，我实愚痴。于今不敢复生此意，愿见哀恕受我悔过。阿那律言：受汝忏悔。因为说种种妙法，初中后善善义善味，具足清白梵行之相。寡妇闻已远尘离垢得法眼净。"这和熊野的寡妇清姬追逐安珍和尚的传说最接近。

《油粕》讲与和尚相恋是眉清目秀的寡妇和女施主的常事，双方情愿，与别人不相干。但是考虑到当时的社会影响，故事中的人物清姬由年轻少女改编为经营客店的寡妇。在国外也有许多好色的寡妇经营旅店的故事，[①]卡维尔和拉斯合译的《佛本生谭》（1907年）第五百四十三页记载，梵授王的太子被父亲逐出，隐遁在世外，但是他仍然留恋人世，正巧龙界的一个龙女新寡，见到其他龙女和丈夫恩爱，十分羡慕，便劝说太子一起同居，由此可见龙和人在感情方面相通。和歌山的民间传说讲安珍在清姬家借宿，饭菜极其鲜美，安珍偷偷窥视发现清姬在盛饭前必定舔饭碗，在灯下她的身影映出的是蛇，所以安珍惊惶失措，逃之夭夭了。

[①] 例如朱弗的《卖笑史》，马来的《北方考古篇》（苯斯文库本）第319页等。——原书注

蛇的效用

和歌山还传说，前述的长磐国日常食用蛇，而且以蛇做汤料。有人甚至相信近代流行的味精是用蛇煮出的汤制成的。这大概是琉球人吃海蛇的误传。所谓蛇的效用是未开化的地区蛇充当判官。从前在琉球为了查出盗贼，女巫拿来一条蛇，召集众人后放出蛇，蛇会咬住盗贼，分毫不差，所以当地盗贼绝迹。[①]《隋书》中记载日本人打官司时说："或置小石于沸汤中，令所竞者探之，云理曲者即手烂。或置蛇瓮中，令取之，云曲者即螫手矣。"前者是武内宿祢[②]等人曾经做过的热汤起誓，在国史中也有记载。另一则是古代盛行的蛇起誓，国人认为这是常事，所以并未在史书中记载，而中国人认为新奇，加以记录。这种古代风俗在日本已经失传，但却遗留在琉球群岛。十字军远征的时代，伊斯兰的军队将领曾设想将巨蛇用于战争。欧洲人吃鳗鱼却不懂得剔除鱼骨的方法，只会将鳗鱼横切成数断煮汤，人们也不细品，只是大口吞咽。威廉·霍姆曾记述说在低档饭店里有时会用蛇代替鳗鱼来欺骗食客，笔者在英国居住期间曾经多次出入简陋肮脏的小饭铺，经常点鳗鱼汤，仔细观察，没有发现上述的事情。据《今昔物语》

[①] 参照《定西法师传》。——原书注
[②] 传说是活跃在大和朝廷初期的人物，据神话传说记载他是孝元天皇的曾孙，在景行、成务、仲哀、应神、仁德等5个时代做过朝官，建立了丰功伟业。——译注

记载，日本也曾有过将蛇作为低档鱼出售，欺骗顾客的现象。不过除了"永良部鳗"这种海蛇以外，没有其他可以替代的蛇。古代从中国传来的"还城乐[①]"原名是"见蛇乐"，据说该曲描绘的是喜欢吃蛇的西域人捕捉到蛇后欣喜雀跃的情景。古今风俗虽有不同，查看位于中国西域地区的民俗，《圣经》中明确记载不许吃爬虫类，所以绝非犹太教和基督教的信徒。信奉伊斯兰教的阿拉伯人捕捉到无毒蛇后去掉蛇头，将蛇身切成小片串成蛇肉串，在炭火上翻转熏烤，撒上柠檬汁和盐以及胡椒后品尝。品尝过的欧洲人说，蛇肉很腥，火烤之前应该放在醋里浸泡，味道要比鳗鱼鲜美。[②]

在中国和印度，人们爱吃蚺蛇肉，蛇胆可以入药，这在本章第一节已经阐述。老普林尼说埃塞俄比亚的阿克勒古扎伊人以及阿托斯山的居民等日常食用蝮蛇，身上不长虱子，可以寿至四百岁。1681年出版的弗莱亚所著《东印度以及波斯新话》第一百二十三页介绍说，蝮蛇酒可以治疗肺病，还可以使娼妓恢复疲劳。萨西《随得手录》第四章说蝮蛇酒可以强精壮阳。《本草纲目》记载："取活蛇一条同醇酒一斗封埋马溺处，周年取出，蛇已消化，治恶疮、诸瘘、恶风、顽痹、癞疾。"蝮蛇是否真有兴奋作用？笔者

[①] 日本雅乐的一种，属于唐乐的林邑乐，是大食调的曲目。同时用于舞乐和管弦。——译注
[②] 参照皮埃洛奇的《巴勒斯坦风俗传说》第46页。

认识的一位赛马手说，在赛马前给马喂晒干的蝮蛇粉末，马会异常兴奋。前不久在报纸上见到近年来蛇的药用受到重视，因此民间捕蛇者众多，据说烧烤青鱼可以引来蛇，不知真假如何。

德·罗修弗尔的《西印度群岛博物世态志》(1665年再版）第一百四十二页记述说，土著人的居屋里大多有蛇的原因是蛇可以捕杀老鼠，所以人们不驱赶蛇。《大英百科全书》第四卷记载，东西两半球各地普遍存在的各种蟒蛇都很温顺，例如著名的红尾蟒等可以和人同居，驱除老鼠。这种鼠害不是日本国内小打小闹的鼠害。笔者曾经大量收集昆虫，用图钉固定在标本板上时，有一群老鼠冲到眼前，刚钉在板上的蝴蝶就被抢去了一半。在我追打一只的时候，其余老鼠又来偷袭，简直无法应付。因此在这样的地区，人们并不厌恶蛇。在各国都有将蛇作为祖神或者田地守护神的风俗，这是完全可以理解的。因为蛇可以驱除老鼠，在瑞典这样的虔诚的基督教国家，直到16世纪人们仍然崇拜蛇为家神。在前文"蛇的变化"小节中记述的有关崇拜蛇的风俗，在瑞典人们最尊崇蛇并不新奇。古代被奉为神明的巨蛇杀死了所有的毒蛇，并驱除危害农作物的各种有害动物，人们承认神蛇的伟业，所以倍加崇拜。[①]

还有一件虽然十分危险但显示蛇能助人的事例。土著

---

① 参照阿斯特列的《新编纪行航记全集》第3卷第37页。——原书注

人将蛇毒涂在弓箭头上，射杀猛兽巨禽。名为"鼓腹蛇"的毒蛇产于非洲全境，是一种长达四五英尺的剧毒蛇，它的成蛇是世界上最可怕的毒蛇。这种蝮蛇平时一般将身体埋在沙土中，只露出头部并不活动，等人畜接近时才略微抬高头部。不用说人，就是高头大马被咬，不久也会毙命，但是这种蛇忌讳烟草汁，接触到烟草汁后不久就会死，甚至比人中蛇毒后死得还快，所以霍屯督人见到这种蛇就口嚼烟叶喷到蛇头上，或者在木棍头上涂上烟油，蛇咬住棒头会立即毙命。布须曼人抓住这种蛇动作迟缓的弱点，飞速地用赤脚踏住蛇头，一棒打死蛇，然后慢慢汲取蛇毒，和石蒜科的一种草的黏液调和在一起涂在箭头上。布须曼人使用的弓箭制造得非常粗糙，但箭头却极其精巧，这种弓箭以芦苇为箭杆，以兽骨为箭头，在箭头上涂上蛇毒，然后倒插在箭杆上放入箭囊里，准备用时拔出来重新组装（见图13）。布须曼人和澳洲的土著人以及斐济人虽然被蔑视为低智民族，但是他们能制造出如此精良的弓箭，而且相信如果杀死

图13 布须曼人使用的毒箭

鼓腹蛇这种毒蛇后舔食少量的蛇毒，身体会产生抗毒性，敢于实际尝试，实在是"愚者千虑，必有一得"。①

伍德在《博物画谱》中说，还没有发明治疗鼓腹蛇咬伤的解毒药，但是听说南非土著人剖开活鸡的胸膛，趁心脏还没有停止跳动时按在伤口上，认为这样可以治愈蛇咬伤。据苏内拉的《东印度以及中国纪行》（1782年）介绍，在印度的阿利加尔地区见到的蛇伤疗法十分奇妙，将母雏鸡的肛门按在伤口上，吸出毒液后母鸡不久就会毙命，再换一只鸡不久又死。如此更换十三次，第十三只不死，此人便可痊愈。笔者记得多纪某氏所著的医书《广惠济急方》中刊载着麻雀尾部的横截面图，并记载说手指割破之后如果流血不止，可以将活麻雀拦腰斩断放在患处。以上这些作为应急措施，好像多少有效。

---

① 这是"智者千虑，必有一失"的反语。——译注

图书在版编目（CIP）数据

生肖奇谭/（日）南方熊楠著；栾殿武译.—长沙：湖南人民出版社，2022.1
ISBN 978-7-5561-2776-4

Ⅰ.①生… Ⅱ.①南… ②栾… Ⅲ.①民俗学-研究-日本 Ⅳ.①K893.13

中国版本图书馆CIP数据核字（2021）第181481号

生肖奇谭
SHENGXIAO QITAN
[日]南方熊楠 著 栾殿武 译

出 品 人	陈 垦
出 品 方	中南出版传媒集团股份有限公司
	上海浦睿文化传播有限公司
	上海市巨鹿路417号705室（200020）
责任编辑	曾诗玉
封面设计	凌 瑛
责任印制	王 磊
出版发行	湖南人民出版社
	长沙市营盘东路3号（410005）
网 址	www.hnppp.net
经 销	湖南省新华书店
印 刷	河北鹏润印刷有限公司

开本：787mm×1092mm 1/32 印张：29.25 字数：530千字
版次：2022年1月第1版 印次：2022年1月第1次印刷
书号：ISBN 978-7-5561-2776-4 定价：108.00元（全三卷）

版权专有，未经本社许可，不得翻印。
如有倒装、破损、少页等印装质量问题，请联系电话：021-60455819

浦睿文化
INSIGHT MEDIA

出 品 人：陈　垦
策 划 人：陈　垦
出版统筹：胡　萍
监　　制：余　西　于　欣
编　　辑：朱琛瑶
封面设计：凌　瑛

欢迎出版合作，请邮件联系：insight@prshanghai.com
微信公众号：浦睿文化

生肖奇谭

[中卷]

[日] 南方熊楠 著

栾殿武 译

湖南人民出版社

鸡

传说（1）

晋代的宗懔在《荆楚岁时记》注中写道："董勋《问礼俗》曰：'正月一日为鸡，二日为狗，三日为羊，四日为猪，五日为牛，六日为马，七日为人。以阴晴占丰耗，正旦画鸡于门，七日帖人于帐。今一日不杀鸡，二日不杀狗，三日不杀羊，四日不杀猪，五日不杀牛，六日不杀马，七日不行刑，亦此义也。'""旧以正旦至七日讳食鸡，故岁首惟食新菜，又余日不刻牛马羊狗猪之像，而二日福施人鸡。"《渊鉴类函》第十七卷记载，《宋书》曰："旧时岁朔，常设苇茭、桃梗、磔鸡于宫及百司之门，以禳恶气。"裴玄《新语》曰："正朝，县官杀羊，悬其头于门，又磔鸡以副之。俗说以厌疠气。玄以问河南伏君，伏君曰：'是土气上升，草木萌动，羊吃百草，鸡啄五谷。故杀之以助生气。'"自元旦起，草木开始发芽，羊和鸡会吃掉嫩芽，而宰杀羊和鸡的意义在于有利于植物的生长。据《琅琊代醉篇》第二卷指出，董勋所谓元旦为鸡、初二为猪的说法起源于汉代东方朔的占年书，这一天如果是晴天则吉祥如意，如果是阴天就会天灾降临。例如元旦如果天气晴朗，鸡就会茁壮成长，初二如果阴天，猪会发育不良，等等。正月初八是五谷之日，人们认为这一天的阴晴可以预测当年的收成。宋代的庞元英在《谈薮》中记述，道言："天地初辟，一日为鸡，二日为狗，三日为猪，四日为羊，五日为牛，六日为马，七日为人。盖贱者易生，贵者难毓。故今人以建寅之月一日起至七日为人日，谓天地有初，其理则然，而鸡狗羊马之说盖先生物，以供人之用耳。"

汉代应劭的《风俗通》第八卷记载，太史丞邓平说："腊者，所以迎刑送德也。大寒至，常恐阴胜，故以戌日腊。戌者，温气也，用其气杀鸡，以谢刑德。雄著户以和阴阳，调寒配水节风雨也。"《青史子》指出："鸡者，东方之牲也。岁终更始，平秩东作，万物触户而出，故以鸡祀祭也。"而且俗话说："鸡鸣将旦，为人起居，门亦昏闭晨开，捍难守固，礼贵报功。故门户用鸡也。"这是说雄鸡清晨报晓，叫醒家人守护门户有功，人类杀鸡悬挂在门口作为奖赏，对于雄鸡来说，这种民俗却是灾难临头。蔡邕的《独断》记载："腊者，岁终大祭，纵吏民宴饮，非迎气故，但送不迎，正月亦如腊。"综合《风俗通》记载的各种风俗来看，杀鸡悬挂在门户上的习惯本来是腊月的风俗，后来演变成元旦的祭礼。欧洲各国也是同样，原来是新年的各种庆典现在大多提前到圣诞节举行。然而《荆楚岁时记》记载，"古乃磔鸡令畏鬼，今则不杀"，而且"正月一日，鸡鸣而起，先于庭前爆竹，以辟山臊恶鬼，贴画鸡或断镂五采及土鸡于户上，造桃板著户，谓之仙木，绘二神贴户左右"。按庄周云："有挂鸡于户，悬苇索于其上，插桃符于旁，百鬼畏之。"董勋在注中解释道："今正腊旦，门前作烟火、桃神、绞索、松柏，杀鸡著门户逐疫，礼欤？"①《括地图》曰："桃都山有大桃树，盘屈三千里。上有金鸡，日照则鸣。下有二神，一曰郁，一曰垒，并执苇索以伺不详之鬼，得则杀之。"《风俗通》第八卷援引黄帝书阐述说："上古之时，有荼与郁垒昆弟二人，性能执鬼。度朔山上章桃树下简阅百鬼，无道理妄为人祸害，荼与郁垒缚以苇索，执以食虎。于是县官常以腊除夕饰桃人，乘苇茭画虎于门。"桃人是见于《战国策》的桃梗，"梗者更也，岁终更始，受介祉也"。大概是指每到年终，人们在门上重新悬挂桃木制作的新木偶，后来简化成为只画一个木偶像，称之为桃符。日本和中国民间都相信鬼惧怕桃木，关于这种风俗，笔者已经在《日本及日本人》杂志第七百七十七期第九十一页刊载的《桃太郎的童话》中详细阐述过。

在这篇文章中有几点漏记，加藤雀庵在《鸣草》的"虫梦篇"指出，江户千住的飞鸟神社每年4月8日都悬挂驱赶瘟疫的画符，皆桃木而作，大概是仿效中国。《本草画

---

① 据查南方的引用有误，这段文字应是魏时人问董勋的问题，而不是董勋讲的话。原文是"魏时人问议郎董勋：今正腊旦，门前作烟火桃神，绞索松柏，杀鸡著门户逐疫，礼欤？"——译注

谱》第五十九卷列举田村元雄[①]的见解指出日本没有用桃木制作家门护符的风俗，但也有例外。最初人们以桃木雕刻的木偶悬挂在门上，后来简化成纸做的桃符。与此相似，原来杀鸡悬挂在门上，后来改为张贴鸡画。杀鸡的风俗留待后叙，在此首先说明酉年正月初二练习书写毛笔字的风俗[②]与古时中国人正月杀鸡悬挂在门户的风俗的关系。

《荆楚岁时记》中在叙述元旦的仪式的前文"辟山臊恶鬼"的后面接着讲道："于是长幼悉正衣冠，以次拜贺，进椒柏酒，饮桃汤，进屠苏酒、胶牙饧，下五辛盘，进敷于散，服却鬼丸，各进一鸡子。"注释中说："《周处风土记》曰：'正旦当吞生鸡子一枚，谓之练形。'"这是说吃鸡蛋可使身体在新的一年里保持强壮。《练化篇》讲："正月旦吞鸡子、赤豆各七枚辟瘟气。"吃了七个鸡蛋之后再去挨家挨户拜年，走在半路上腿脚会动弹不得。《肘后方》讲："旦及七日，吞麻子、小豆各二七枚、消疾疫。"仪式中要吃的东西中没有鸡蛋，梁武帝时严禁吃荤，元旦吃鸡蛋的风俗便荒废了。

欧洲也认为鸡蛋是吉祥之物，戈佩尔纳其斯《动物谭原》第二卷第二百九十一页记述说，鸡蛋在天上表示太

---

① 田村元雄，生卒年不详，江户时代的本草学家，曾奉八代将军德州古宗之命人工栽培高丽人参，并获得成功。——译注
② 日本人正月初二有练习书写毛笔字的风俗，这是由古代正月初二面向吉祥方位创作诗歌的习惯演变而来。——译注

阳，白色的母鸡生出金色的鸡蛋最吉祥。在意大利的莫耳费塔，人们相信基督受难日这一天，母鸡在新窝生的鸡蛋可以治疗胃痛、头痛和耳痛，放进麦田可以预防害虫，拿到葡萄园可以免受冰雹的灾害。复活节期间，基督教徒有互赠鸡蛋的习惯，欧洲有很多歌颂这种风俗的童话和谚语，主要意思是将鸡蛋孵化出鸡雏比喻为基督复活，还兼有喜迎新春、预祝农作物丰收的意思。古希腊和印度创始记都讲述世界起始于黄金的鸡蛋，金蛋蠕动开创了世界，蠕动是善的规律，象征光明劳作的太阳产生了金蛋，所以一日之始吃鸡蛋表示吉庆。拉丁语的谚语讲述"由善变恶"这句话的原意是由鸡蛋变为苹果。古代拉丁人吃饭时的第一道菜是煮鸡蛋，而最后的菜则是苹果，现在意大利的一般家庭仍然沿袭这个古老的传统。古希腊的谚语说"诞生自鸡蛋"的意思是指绝代佳人，这个谚语的由来是希腊神话的一段故事，宙斯神迷恋上斯巴达克王廷达瑞斯的王妃丽达，变成天鹅使丽达怀上身孕，生下两只鸡蛋。从一个鸡蛋中孵化出姿色绝伦的女神海伦，这个女神还是引发特洛伊战争的原因；从另一只鸡蛋中诞生了双胞胎卡斯托和波拉克斯，但外形是天鹅的女神生下的蛋应该是鹅蛋而非鸡蛋。总之，正如戈佩尔纳其斯所述，世界起始于黄金的鸡蛋，因此笔者也本打算从黄金鸡蛋的故事讲起，但是这些故事都极为平淡无奇，故先不谈金蛋，而从睾丸的传说谈起。

金蛋和睾丸的日语发音十分近似，梵语是"anda"，这个词既表示鸡蛋也表示睾丸。中国明朝的刘若愚在《四朝宫史酌中志》第十九卷写道："内臣又最好吃牛驴之不典之物。曰挽口者则牝具也，曰挽手者则牡具也。又羊白腰者，则外肾卵也。至于白牡马之卵，尤为珍奇，不易得之，谓曰龙卵焉。"《笑林广记》讲，有人问卜卦人肚子里的孩子是男是女，卜卦人占卜完后拱手说："恭喜，这是夹卵之物。"那人非常高兴，以为一定是男孩。等孩子生下来一看是一个女孩。于是那人便去责备卜卦人，卜卦人反驳说："男人有卵，女人夹之。夹卵者不是女子又该是何物？"这个故事中将睾丸称作卵。

戈佩尔纳其斯讲，古罗马人的迷信认为，母鸡孵蛋时，如果打雷鸡蛋会破裂，孵不出鸡雏。老普林尼讲，为了防止鸡蛋破裂，在鸡蛋下面的干草中放入一枚铁钉或用锄头挖起一块土就不会破裂。科尔梅拉讲，应该放入月桂树枝、蒜苗和铁钉。打雷的时候，遭雷击的地方经常散发出一种硫黄的气味，所以人们相信以毒攻毒，认为与铁钉和硫黄的气味相似的树枝和蒜苗可以抵御雷击。至今在西西里岛，人们仍然在母鸡抱窝时在窝底下放一枚铁钉，相信这颗钉子可以吸收对未出世的鸡雏有害的一切噪声。印度的《梨俱吠陀》中有向雷神和帝释天祷告的偈颂，其中说："天帝啊，不要伤害我们，不要打破我们，不要剥夺我们的快乐。啊，大神啊，啊，万能的神啊，不要打碎我们的蛋，不要打破我们腹中的果。"印度人相信帝释天虽然遭到阉割[①]，但是仍然可以用雷电的手段阉割人。日本人当受到响雷的惊吓时也经常说睾丸收缩，不过印度人更进一步，认为睾丸不仅收缩，还会被阉割。这个偈颂听起来既像母鸡惧怕雷电击破鸡蛋，又像男子担心自己的睾丸被雷电扯上天。

实际上，对于人来说睾丸是十分重要的部位，1707年谢尔·安森在荷兰出版的《阉人论》收录在朱尔·盖伊的大作《恋爱妇女婚姻书籍目录》第三卷中，笔者曾在大英博物馆读到安森撰写的《阉人显正论》(伦敦，1718年)，该书十分罕见，在上述的目录中都没有记载。因此当时亲笔抄写全部二百六十四页的内容，现在仍然保存在书房。但这本书到底是荷兰出版的书的英译本还是另外一本书则不得而知，为此笔者正向英国和法国的专家咨询。18世纪初，欧洲人对于贪图虚荣的少妇嫁给有钱的老夫感到愤慨，书中列举了所有阉人的种类，着力陈述嫁给精力衰竭的老翁如同做被阉割的男人的妻子，人生没有任何快乐，而且还会因此引起道德颓废，以此劝导适龄女子和她们的父母。全篇充满作者一番苦口婆心的说教，是一本道德教育书籍。作者安森由于宗教上的原因从法国逃往德国，在普鲁士受

---

① 帝释天变成雄鸡趁瞿昙仙人不在，和他的妻子私通，仙人用咒语阉割了帝释天。这个传说在"猴"的"民俗（1）"一节中已经讲过。——原书注

到重用，在教育上建立了卓越的功勋，他和硕学莱因普尼茨携手创立了柏林学士院，他的玄孙约翰·安森也是一位史学家兼政治家。

《阉人显正论》第四十二页记述说，11世纪希腊人和意大利的威尼文特大公交战时曾多次打败意大利人，但意大利人在斯普雷特王奇巴鲁德的增援下打败了希腊军，将抓住的几个俘虏阉割之后送回给希腊的将军，并捎去口信说，希腊皇帝喜爱被阉割的宦官，所以特送来"礼物"，今后得胜还会多送礼品。后来意大利人又抓住了希腊的俘虏，有一天准备全部实施宫刑的时候，其中一个俘虏的妻子赶来请求谒见大公。大公问她为什么哭泣，女人说："将军，我觉得很奇怪。像将军这样的勇将趁着希腊男子不抵抗之机，乐于和女人交战。"大公说自古代女人国和男人交战之后，没有听说过男人和女人打过仗。希腊的女人说："将军，我们的丈夫腰下的东西可以为我们带来健康、快乐和子女。你从我们的丈夫的身上割下这么重要的东西，难道世上还有比这更让女人痛苦的罪恶吗？这不仅是只对男人施行宫刑，实际上等于阉割我们。在过去的几天之中，我们的财产和家畜被你的军队掠夺一空，我们没有抱怨一句，但你从众多的女人那里夺去的珍贵的东西无法寻找回来，不得已我才来乞求胜者的怜悯。"大公听完她直率的阐述深受感动，出于同情将丈夫和财产一同归还给了这个希腊妇女，不过其他的俘虏仍然遭到了阉割。丈夫如果战死还可以死心，每天见到如同行尸走肉一般的男人，女人们就会如同寡妇一般受着煎熬。当她准备伴随丈夫离去的时候，大公特意将她叫回来问道："如果今后你的丈夫再次拿起武器和我军交战将如何处分？"女人咳嗽了一阵说："按照他的罪过，眼睛、鼻子、手脚，我丈夫身上的东西任你们割去，只是专属于我的那件东西一定留下。"然后女人脸上浮出淡淡的微笑，拉着丈夫回去了。

从前赵国人蔺相如手无缚鸡之力，却能战胜强大的秦昭王，携带价值连城的宝玉和氏璧回国，留下了完璧归赵的故事，而当今的官员花费大量公款，甚至带着妙龄少女和厨子出国也不能为国家做出有益的贡献，相比之下有天壤之别。那位希腊女子敢独自闯入耀武扬威的敌军阵营，救出丈夫，勇气和贞操兼备，令人肃然起敬，但是笔者想起佛祖曾规劝说，男人对于女人肃然起敬的感情中肯定不怀好意，于是点到为止。详细内容见《太阳》杂志（1920年12月刊）刊载的谷本富博士撰写的《殉死论一斑》。

俗话说睾丸下垂是镇定自若的表现，据说从前武士在战场上用手去摸睾丸来确认自己是否有胆量，武士身穿厚重的铠甲，不可能轻易用手摸到。因此，睾丸下垂的人据说是慢性子。这种传说应该属实，笔者的就如同丝瓜一般，所以在日常生活中做事悠闲散漫。去年在撰写《猴的民俗和传说》时，草稿写完之后一直忘记誊写，到年底才急忙抄写，但为时已晚，最终仅发表至"民俗"的章节，割舍了"传说"的部分，因此本篇打破先例，以"传说"开篇。这种慢性子的人似乎西方也有，钱伯斯的《日记》中记载了一个奇闻。传说有一位生性沉默寡言的人骑马过桥时，回头问他的仆人是否喜欢吃鸡蛋，仆人回答说喜欢。过了一年以后，再过这座桥时，这个人想起了去年的问题便接着问："你喜欢怎么吃？"仆人立即回答说："喜欢煎鸡蛋。"还有一个更令人惊奇的故事，在格拉斯哥附近的康普辛有位名叫阿奇博尔德·丹尼斯顿的牧师，1655年被免去牧师一职，1660年恢复帝制时又恢复了原职。被罢免前他刚讲完了演讲的第一条，复职后他接着讲第二条，他开口说的第一句话就是时间在不停地流逝，而圣教是永恒的。不过1862年的各大报纸刊登的新闻更令人惊奇，公元79年维苏威火山爆发，庞培市遭到毁灭性的打击，[①] 当时的大剧院也不复存在了。一千八百年后，有个名叫兰基尼的戏班主在废墟上重建大剧院，首次公演的海报宣布继续上演一千八百年前的剧目《礼貌的姑娘》，希望各位绅士一如既往地前来捧场。

笔者认为东方的故事更奇特，玄奘三藏的《大唐西域记》第十二卷记载："（乌铩国）城西二百余里至大山，山

---

① 维苏威火山在意大利南部，公元79年喷发时将位于火山东南约12公里的庞培市毁灭。庞培市建于公元前6世纪，后受到罗马帝国的统治，作为罗马人的避暑山庄兴盛一时。被火山爆发毁灭后，1860年开展了大规模的发掘，发现了众多古迹。1997年入选世界文化遗产。——译注

气巃嵸，触石兴云，崖隒峥嵘，将崩未坠，其巅窣堵波，郁然奇制也。闻诸土俗曰：'数百年前，山崖崩圮，中有苾刍瞑目而坐，躯量伟大，形容枯槁，须发下垂，被肩蒙面。有田猎者见已白王，王躬观礼。都人士子不召而至，焚香散花，竞修供养。'王曰：'斯何人哉？若此伟也。'有苾刍对曰：'此须发垂长而被服袈裟，乃入灭心定阿罗汉也。夫入灭心定者，先有期限，或言闻揵稚①声，或言待日光照。有兹警察，便从定起，若无警察，寂然不动，定力持身，遂无坏灭，段食之体，出定便谢，宜以苏油灌注，令得滋润，然后鼓击，警悟定心。'王曰：'俞乎？'乃击揵稚。其声才振，而此罗汉豁然高视，久之乃曰：'尔辈何人，形容卑劣，被服袈裟？'对曰：'我苾刍也。'曰：'然，我师迦叶波如来，今何所在？'对曰：'入大涅槃，其来已久。'闻而闭目，怅若有怀。寻重问曰：'释迦如来出兴世耶？'对曰：'诞灵导世已从寂灭。'闻复俯首，久之乃起，升虚空现神变，化火焚身，遗骸坠地，王收其骨，起窣堵波。"

众所周知，婆罗门教认为当今的时代是恶劫，与此相反佛教则认为是贤劫，在贤劫中有四佛已经出世。人寿五万岁时出现了拘留孙佛，人寿四万岁时有俱那含牟尼佛，人寿两万岁时迦叶波佛出世，人寿百岁时释迦牟尼现身说

---

① 寺庙中敲击发出声响的云板之类的器物。——原书注

法。从此以后人寿不断减少，最终达人寿十岁，身高一尺，女人生后五个月便要出嫁。社会道德沦丧，恶人横行，草木瓦石全都变成了刀枪剑戟，尸横遍野，仅有一万人躲藏在深山。当其他人种互相残杀之后，这些人出山，见到惨景顿生善心，施行善法。其功德每经百年，人寿增加一岁。人寿又增至八万四千岁，当人寿再减少到八万岁时，贤劫的第五佛弥勒佛将会出世。虽然人寿减少了，但仍有八万岁，一年也不会少，女人五百岁才出嫁。每天享受无穷的快乐，像三禅天人一般游乐于禅定，以慈怀为本恭敬和顺，绝不杀生。不仅是饮食便利，摆脱了衰老的烦恼，还有香美稻谷种下一次可以收获七次，而且百味俱全吃下去即可消化。大小便时，土地会裂开一条缝，生出红色莲花掩盖秽气。人们衰老之后会前往树下念佛，安详地死去，转生在大梵天和诸佛面前。这时的圣王有一千个孩子和四大宝藏，其中装满珠宝。众人见到也不会起贪婪之心，听说释迦牟尼佛的时代天下众生为了财宝偷窃抢劫而犯下罪孽感到不可思议。弥勒佛出世后得道，于是圣王和他的九百九十九个儿子一起出家，成为弥勒佛的弟子，只有一个儿子在俗，继承了王位。

弥勒佛在翅头末城外的金刚庄严道场龙华菩提树下得道。这种树的枝条像宝龙一样吐出百朵宝花，才得此名。弥勒佛先在金刚宝座上讲法，九十六亿人超度成为阿罗汉，又在城外的华林园举办了二会和三会讲法，分别有九十四亿和九十二亿人成为阿罗汉。人称这是龙华三会，在曲亭马琴的《南总里见八犬传》中也讲到世上曾经流行念诵弥勒佛经，简直就像在甩卖前往西方净土的车票。与此相似，基督教徒虽不能直达极乐世界，但都是在等待最终的审判。曾听一位高僧讲，弘法大师以及诸位名僧高徒，有的入定，有的则在天上的圣域，都在祈盼着弥勒佛出世。总之，从前的佛教徒盼望弥勒佛出世就像古代基督徒祈盼千年来临一样。记得在中国和朝鲜，曾经有人号称弥勒聚众造反，日本也在弥勒十年龙年等新年伊始三呼万岁。佛经中记载的弥勒世界和郁单越洲的人们完全平等，这如果传入了西方，大概早就会出现弥勒社会主义之类的思想，而在东方仅有少数人借弥勒之名聚众造反。自古以来日本的天皇都虔诚信奉佛教，静心等待弥勒佛的出世，因此不论什么文章，根据读者的解释也可以产生出激进思想。无论多么特殊的思想，只要认真揣摩，都有平和人心、有益于文化进步的因素。

不过《佛说观弥勒菩萨下生经》记载："尔时阎浮地内自然生粳米，亦无皮裹，极为香美，食无患苦。所谓金银珍宝车磲马瑙真珠虎珀，各散在地无人省录……诸守藏人各来白王：唯愿大王以此宝藏之物惠施贫穷。尔时，蠰佉大王，得此宝已亦复不省录之，意无财宝之想。"这不合情理，无论世上变得如何幸福，贫穷人也不会消失。弥勒世尊和无量之人攀登上耆阇崛山顶，亲自劈开山峰。这时梵王用天上的香油浇在大迦叶的身上,听到大犍稚的啼叫声和大法螺的响声,大迦叶便由灭尽定苏醒,齐整衣服,长跪合掌,释迦如来面临涅槃,将托付给大迦叶的法衣授予弥勒佛。土宜法龙大师曾经说过释迦的身高是一丈八尺,所以这件法衣最多只能遮住弥勒佛的两个手指。这时世上众人嘲笑说今天在山顶,丑陋的人头小虫穿上僧服礼拜世尊,实属一大奇观。于是弥勒世尊对众人说偈讲道,孔雀十分美丽,但是会葬身于鹰、鹘、鹞的口中。白象有无量巨力,狮子虽小,但是捕捉大象如抓尘土。大龙身虽无量,但会被金翅鸟捉住。人身虽高大,肥胖白嫩,相貌端正,但是在七宝瓶中盛上粪尿,污秽不堪。这个人虽然矮小,智慧如炼金,烦恼绝尽,没有生死苦余。为了护法居住在此,常行头陀事。天人中最胜,无苦行与等。牟尼两足尊,遣来至我处,你等应一心合掌恭敬礼拜。弥勒世尊还厉声喝道:释迦牟尼世尊在五浊恶世教化众生时,一千二百五十个弟子中头陀第一,身体金色,他舍弃金色美妇,出家学道,昼夜精进,怜悯贫苦下贱的众生,经常福度众生,这人就是所谓为法居住在世上的摩诃迦叶。众人顿时诚惶诚恐。大迦叶和前述的乌铩国的出定阿罗汉一样,火化了自身,弥勒佛捡拾了他的骨头建立了宝塔,这是五十六亿七千万年后的后记,信不信在你。

笔者想在此附带谈一点,年轻时笔者游历世界各国时,遇到的中南美的西班牙人总是对笔者摆出一副傲慢的态度说,中国是日本的首都,认为日本只不过是中国的偏远的乡下。当时的日本的年轻人都很有志气,在各个领域做出了十分惊人的优异成绩。而现在日本跻身世界的前列,可是日本人的实际能力却在下降。孔雀虽美但被鹰捉,狮子虽小可以轻而易举地吃大象。弥勒佛的话虽是世人皆知的大道理,但是我们应该扪心自问。

《西域记》第九卷记述大迦叶守护释迦的法衣入定的地方是鸡足山,三个山峰直插云霄宛如鸡爪,所以才得此名。[1] 这和耆阇崛山是不同的地方,日本有歌赞道:"迦叶圣人关门闭户,在鸡足山专心守护袈裟",认为迦叶是在鸡足山入定。中国的《史记》第六卷有"始皇巡陇西北地,出鸡头山过回中",见到的山似鸡头。

---

[1] 参照比尔英译本第2卷第142页。——原书注

传说（2）

由于鸡的传说实在太多，笔者无法在此详述，便将其中的一部分写成《桑名德藏和纪州串本港的桥杭岩》，发表在杂志《现代》(1921年2月和3月刊）。已故川田甕江先生[1]曾经阅读新井白石将寄给鸠巢的信函和《折焚柴记》中的浪人越前某的传记写成的两篇文章，赞颂其文章胜过司马迁和班固，如果读到笔者在《太阳》和《现代》杂志上同时发表的文章，一定会感叹笔者将区区的鸡的传说，洋洋洒洒写成两篇文章，竟然没有一处重复，肯定会惊叹笔者不是凡人。言归正传，上一节讲述了释迦牟尼的身高但忘记了讲弥勒佛的身高，弥勒世界的人的身高是十六丈，弥勒佛的身高是三十二丈。[2]再有上一节讲过，记得在中国和朝鲜曾经有人号称弥勒聚众造反，具体举例，高丽王辛禑八年五月，诛杀妖民伊金。伊金原是固城的百姓，自称弥勒佛，妖言惑众。他当众宣称自己可以召见释迦佛祖，天下祭祀天神地祇的人、吃牛马肉的人、不肯将财产分给他人的人必死。如果不相信他的话，到3月就会日月无光。他还可以让青草开花，让树木长出粮食，种植一次可以收

---

[1] 川田甕江（1830—1896），幕府末期和明治时期的汉学家，号毅卿。曾历任东京帝国大学教授、华族博物馆理事、贵族院议员等，1893年任皇太子东宫（大正天皇）的教师，同年被赐予锦鸡间祇侯的称号。——译注

[2] 详见《佛祖统纪》第30卷。——原书注

获两季。还可以将山河的大神全部送去日本捉尽倭寇。百姓听信他的谣言，拆毁了城隍庙里的神像，将伊金供奉为神佛祈求得到福利。无赖之徒自称是伊金的弟子招摇撞骗，各处州郡的官员开城出迎待他们如上宾。清州牧使权和捕杀了为首的五人，镇压了这次暴乱。① 这个伪救世主借当时高丽人惧怕日本，诈称弥勒佛聚众造反。中国北魏孝庄帝时期，冀州沙门法庆自称新佛出世，犯上作乱。②

接着讲述前面的鸡足山的话题。大迦叶守护释迦的法衣入定的地方，《涅槃经后分》记载是耆阇崛山，而《付法藏经》记载的则是鸡足山。③《佛说观弥勒菩萨下生经》中则讲弥勒佛生在鸡头山，可见这个菩萨和鸡十分有缘。中国云南有鸡足山，"盖一顶而三足，故名鸡足山。顶有迦叶石门洞天，谓此山乃佛大弟子饮光迦叶守佛衣以待弥勒"。④ 日本中尊寺的鸡足洞，远州（静冈县）的鸡足山正法寺等，柳田国男在《石神问答》中解释为由古代祭拜鸡神的风俗而产生的名称，笔者认为是源于弥勒和迦叶的传说。

在东方，鸡爪和迦叶的关系十分密切，迦叶等待平等社会降临，因此《改造》杂志以及提倡平等参选的运动家们应

---

① 参照《东国通鉴》第51卷。——原书注
② 参照《佛祖统纪》第38卷。——原书注
③ 详见《佛祖统纪》第5卷。——原书注
④ 参照《大清一统志》第378卷。——原书注

该将鸡爪用于徽章和标记。地方不同风俗各异，在西方鸡爪是恶魔的标志。这源于中世纪盛行的代表淫欲的恶魔阿斯莫德的故事，这个传说在吉斯列理的《文界奇观》等书中经常提及，特别是通过勒萨热的杰作《魔鬼波阿特》广泛流传。色鬼恶魔的迷信在欧洲直到中世纪一直深深印在人们的脑海中，不少硕学和博学的教士曾经认真探讨过对付恶魔的方法。来去无踪的恶魔变成男女和人交媾，有时还会使人怀孕或怀上人的孩子。罗马的始祖罗莫路和勒莫、罗马的第六代皇帝塞尔维乌斯·图利乌斯、哲学家柏拉图、亚历山大王、希腊的猛将亚历士多梅涅斯、罗马的名将西庇阿·阿利坎努斯、英国的巫师梅卢林、耶稣新教的创始人马丁·路德，等等，传说都是恶魔的后代。[1]日本也有古代金刚山的圣人看中染殿后，饿死后成为黑鬼，当众骚扰染殿后的故事。[2]十返舍一九的小说《安本丹》中的主人公安木屋丹吉死后，其幽灵仍然对于从前喜欢的娼妓恋恋不舍，这个娼妓从良后丹吉仍每夜来和她私通，以至于使她怀上身孕，引起一场骚乱。

欧洲的《贝尔纳圣人传》记述说，南特的一个妇人每天夜里都会被鬼强奸，她的丈夫睡熟对此一无所知，后来事情败露，丈夫心中恐惧便和妻子离婚了。斯普林格曾经记述说，有一个人见到鬼在强奸他的妻子，便挥刀砍杀，

---

[1] 参照西尼斯特拉利《色鬼论》（1879年，巴黎）第55页。——原书注
[2] 参照《今昔物语》第20卷第7章。——原书注

但是无法杀死鬼。博当曾说鬼交和人交相同，只不过鬼的精灵身体冰冷。中国的《西游记》中的道士将乌鸡国王封在井中，自己变成国王登朝听政。国王的太子听母后说三年来父王的身体像冰一样冷，知道是妖魔变化，便在唐僧师徒的帮助下让妖魔现出狮子的原形，使父王得以重新恢复王位。佛说男女或黄门（非男非女的中性人）卖淫得钱财，身体是不净身，如不施舍，死后会转生为色欲饿鬼，随意变化成美女俊男和人交媾。① 博鲁里撰写的《印度支那传道记》（1631年，罗马）第二百一十四页记述说，当时越南有许多色鬼，贵族出身的妇女纷纷和色鬼幽会并以此为荣，有时还会怀孕生出孩子。然而平民非常忌讳色鬼，纷纷信奉天主教防止色鬼。宋朝以后中国南部盛行的五通神是家畜幻化的妖精，变成男人闯入人家强奸良家妇女。②

色鬼的产生有两种原因：一是男女由于精神失常，在精神朦胧的状态中感觉和鬼交媾；另一个则是像古代罗马皇帝披着兽皮奸污妇女一样具有特殊性癖的人，有的互相勾结，有的单独作案，巧妙地装扮成鬼强奸妇女。除此之外，还有很多人和他人私通，为了避免周围人说闲话而谎称被鬼强奸。四十年前和歌山汤浅町的良家妇女去观看玉兰盆舞蹈，在海岸边徘徊时被数名歹徒劫持到海岛轮奸，

---

① 详见《正法念处经》第17卷。——原书注
② 详见《聊斋志异》第4卷。——原书注

本人和家属感到十分羞耻，便对周围人讲是坐在大海龟的背上被运到海岛上，简直就是童话传说《浦岛子传》的翻版。古代爱沙尼亚人就有辟邪的咒语，[1]马奇所著的《汤加岛人记》(1817年)第二卷第一百一十九页讲，有一个名叫胡陀·波的恶魔经常危害人类，萨摩亚岛的居民认为这个神在睡梦中经常强奸妇女，因此怀孕者众多。不过作者断定这是掩盖通奸的借口。由此可知，色鬼的迷信由来已久，遍及世界甚至传到海洋中的小岛上。印度南部的人们认为难产和月经来潮期间死去的女人会变成色鬼，难产而死的人变成婵娟一般的美女，因月经而死的变成骸骨而且没有双肩，偶尔遇到人便跟随人回家，夜间伴随床榻之上，六个月内人就会衰竭而死。[2]在世界各地众多的色鬼中，阿斯蒙第斯最为著名。有人说最初诱惑夏娃的蛇就是这个恶魔。威尔鲁斯说这个魔鬼是地狱中的大魔王，有三个类似牛和人以及山羊的头，蛇尾、鹅脚、口吐烈焰，骑在龙身上，左右手拿着旗帜和长矛。[3]阿拉伯的古代传说讲，所罗门王夺取了阿斯蒙第斯的印环将它囚在宫中。有一天所罗门王问它一件机密，它回答说如果松开锁链并还给它印环，它便回答。所罗门王照做之后，阿斯蒙第斯立即吞下了所罗

---

[1] 参照鲁诺曼的《格鲁吉亚以及爱沙尼亚的魔法》(1874年，巴黎)第36页。——原书注
[2] 参照恩特赫本的《古吉拉特民俗记》第107页以及第152页。——原书注
[3] 详见克兰·布朗奇《妖怪事典》第5版第46页。——原书注

门王，双翅展开将所罗门王吐到四百里以外。于是魔鬼化作国王上朝执政。所罗门王失魂落魄，四方乞讨流浪，不断对人说自己曾经是耶路撒冷的以色列王。大臣们听说后认为傻瓜讲的话内容前后不同，这个乞丐一直讲同样的话，其中一定有问题。于是便问内臣和诸位妃子，并让妃子注意观察国王的脚的形状，因为鬼的脚像鸡爪。诸位妃子回答说国王一直穿着短靴不让人见到脚，有时在法律禁止的时间里强迫妃子侍寝，而且还曾企图冒犯母后，母后不从便将她打成半死。诸位大臣认为一定是妖怪，便将印环和魔锁交给乞丐，带他来到宫中，坐在宝座上的恶魔大叫一声便逃走了，所罗门王便恢复了王位。

希伯来的类似传说讲，恶魔隐身和所罗门王的妃子私通，国王在床边撒上土灰，早上见到印着像鸡爪一样的印记，知道是恶魔来过。据说这个恶魔的脚既似鹅掌也似鸡爪。德国的传说认为如果灰上印着家鸭和鹅的掌印，就说明有鬼魅。[1]东西方不约而同地将鬼的脚趾画成鸟爪的模样的原因大概是在远古时代，人类的祖先曾经和恐龙同时生存在自然界，对恐龙极端恐惧的缘故。已故的威廉·弗塞尔·卡比撰写的《爱沙尼亚的勇士》也指出世界各国的蛟龙的传说也是远古时代绝灭的恐龙演化来的。实际上，鸟和恐龙的脚印很难区分，《五杂俎》第九卷的《画龙三停九

---

[1] 详见泰勒所著《原始人文篇》第2版第2卷第198页。——原书注

似之说》中也有"爪似鹰"。《山海经》的插图中显示的龙和鬼非常相似,鬼的手和脚想象成鸟爪。撒上土灰检测魔鬼的足迹的相关事宜详见《东洋学艺杂志》(1908年4月)第三百一十九期刊载的拙文《幽灵无脚的传说》。

鸡显灵的故事有很多,在此列举两三个。《诸社一览》第八卷引述《太神宫神异记》讲,丰臣秀吉当政时期,朝鲜人来访时为了招待客人,特意将太神宫内饲养的鸡装入鸡笼送给朝鲜使节,但是不久被全部退回来了。据说是因为朝鲜使节拔掉鸡毛放在菜板上准备做菜时,鸡活过来高声啼叫的缘故。书中还引用《三国传记》说,三岛的神社有一只瞎眼的鸡,由于不见光明,所以总是报错时间。这只鸡分不出早上和傍晚,每天苦度风霜,饥饿难耐,十分瘦弱。有个僧人见到这只鸡十分可怜,便在纸上写了一句话挂在鸡脖子上,鸡的眼睛立即睁开了。原来纸上写道:"神仙只听雄鸡高啼,难道不能见到天日吗?"

在基督教的国度里,西班牙有类似的故事。从前有个青年伴随年老的父母去圣地亚哥·德·孔波斯特拉朝圣,雅各圣人是基督的大弟子中仅次于彼得的,他和他的兄弟约翰一起被誉为基督的"雷子"。后来当圣人殉教的时候,出卖他的人被他的为人所感动,自我坦白也是基督徒,并伴随圣人一起前往法场,在路上向圣人谢罪,被同时处死。据传说讲这位圣人曾在西班牙传教,公元835年意大利的传教士西奥多受到奇异天象的启发,发现了圣人的遗体,于是这里被称作孔波斯特拉，意思是星河。这里的教堂安置了圣人的遗体之后，不断显灵，自中世纪以来各国的朝圣者络绎不绝，这里便成为欧洲最大的朝圣地。因此，西班牙人至今仍将银河称为圣地亚哥之路。日本也有类似的现象，《盐尻》第四十六卷记载，日本的古代，去吉野初濑朝拜的风俗衰落，而参拜熊野的风潮日益兴盛，上至王宫贵族，下至平民百姓，路上的行人络绎不绝，人们甚至将蚂蚁的队列比作参拜熊野的香客。与此相似，西班牙人将银河中闪烁的无数群星比作去圣地亚哥朝圣的人群。

有一青年跟随着父母夹杂在朝圣的人群中，路上在昌塔达借宿旅店时，旅店老板的女儿对青年一见钟情，夜里来到青年的房间倾诉衷肠时却被严词拒绝。于是女孩怀恨在心，偷偷将银器放在青年的背囊中，然后诬告他偷窃，青年因此被处死。双亲见到儿子蒙受不白之冤，十分悲伤，痛哭不绝，但仍然继承儿子的遗志去圣地亚哥。在返回故乡的途中，孤苦伶仃的两位老人想最后再看一眼儿子去世的地方，却见到本来已被处死的儿子又活了过来。这托福于雅各圣人显灵，虽说世上的道德沦丧，人情淡薄，但众人不得不惊叹。当地的执政官在吃饭时接到报告，摇头不信，说如果那个青年的确复活，那么这里的烤鸡也应该能飞。话音未落，他的盘子中的烤鸡便长出羽毛，长鸣一声飞了出去。不久旅店的女儿便被处死。由于雅各圣人的显灵，人们崇拜雄鸡，认为它是神的使者，至今昌塔达的居

349

民家中仍然装饰鸡毛。①

萨西《随得手录》第三辑的记述略有不同。其中说，在昌塔达，一个女子向朝圣的青年求爱被拒绝后，便将银器藏在青年的背包中诬告他偷窃。检查他的背包果然发现"赃物"，因此青年被处以绞刑，尸体被吊在绞架上。这个青年的父亲不知道儿子遇难，经商偶尔经过这里，儿子从绞架上呼唤父亲，道出了事情的原委，于是父亲立即到官府申诉。正巧官员准备吃饭，便说如果这一对鸡能复活就相信你的话。话音未落，雄鸡便长出羽毛重新站了起来。众人一片哗然，立即将青年从绞架上放了下来。原文没有讲述结果，只是说这只绞架安放在教堂中，当时复活的一对白鸡一直被喂养在圣坛附近，活了数百年。萨西撰写的《孔波斯特拉朝圣故事》是在此基础上润色而成的。雅各圣人作为西班牙的守护神受到人民的敬仰，在克拉毕合等战场上不断显灵，为军队助阵（见图1）。

前往孔波斯特拉朝圣的人们都随身佩戴着花蛤。有人说日本的朝拜者也随身佩戴花蛤是不谋而合，其实这大概是将去多贺和宫岛朝拜的人买回饭勺混淆了。英国的贵族以花蛤的图案作为徽章的竟多达二十五个家族，可见当时孔波斯特拉朝圣的影响之深远。

---

① 参照戈佩尔纳其斯《动物谭原》第2卷第283页，《大英百科全书》第15卷第135页，第24卷第192页。——原书注

图1 在克拉毕合等战场上显灵的雅各圣人的像。弗尔南多和依莎贝拉征服格林那达时，将圣人像描绘在大旗上，并在马上装饰各种花蛤

从前人们用大理石做的船将雅各圣人的遗体从耶路撒冷运回西班牙。葡萄牙的一位骑士的马见到后，惊惶失措跳入海中，人们搭救出来之后，发现骑士的衣服上布满了花蛤。为了纪念雅各圣人显灵，所以才将花蛤作为圣人的徽章。在英国，人们相信这位圣人的忌日7月25日吃牡蛎的话，一年内金运都会旺盛，因此这一天人们不惜高价争相购买牡蛎，饭店也是生意兴隆。小孩子收集饭店扔掉的牡蛎壳，堆成塔状，在上面点上蜡烛，向过往的行人乞讨

零钱。这大概也是类似花蛤的贝类。①

关于鸡的因果报应的故事极多，在此仅列举两三个例子。《新著闻集》的报恩篇讲述的故事说，相马家中的富田作兵卫在二楼小睡时做了一个梦，见到一个美女来对他说自己要被杀，如果救我一条命，我将来会保佑你。于是他起来下楼一看，见到侍从们正在杀鸡，明白是这只鸡托梦向他求救，便将鸡拿到日比谷的神社放生了。这家的主君的母亲听说后对于作兵卫的仁慈十分感动，于是赐给他酒菜。后来又加封给他二百五十石的俸禄，这是发生在宽文年间的事。另外殃祸篇讲，美浓的御岳村有个姓土屋的人，平时喜欢吃鸡蛋，头发后来全部脱落，长出了一层鸡毛。中国古代的周武帝喜爱吃鸡蛋，据《法苑珠林》第九十四卷记述说："有监膳仪同名拔虎，常进御食有宠。隋文帝即位，犹复监膳进食，开皇中暴死，而心尚暖，家人不忍殡之。三日乃苏，能语先云，舆我见至尊。为武帝传说，既现而请，文帝引问言曰。始忽见人来唤，随至一处，有大地穴所行之道径入。才到穴口，遥见西方有百骑来，仪卫如王者，俄至穴口，乃周武帝也。仪同拜之，帝曰：'王唤汝证我事耳，汝身无罪。'言讫即入宫中，使者亦引仪同令见宫门，引入庭前。见武帝与王同坐，而有加

---

① 参照钱伯斯的《日记》第2卷第122页，哈茨利特《信仰与民俗》第2卷第344页。——原书注

敬之容。使者令仪同拜王，王问曰：'汝为帝作食，前后进白团几枚？'仪同不识白团顾左右。左右教曰：'名鸡卵为白团也。'仪同即答：'帝食白团实不记数。'王谓帝曰：'此人不记，当须出之。'帝惨然不乐而起，忽见庭前有铁床并狱卒数十人，皆牛头人身。帝已卧床上，狱卒用铁梁压之，帝两胁剖裂处，鸡子全出，俄与床齐，可十余斛。乃尽王命数之讫，床及狱卒忽然不见。帝又已在王坐，帝谓仪同云：'为我相闻大隋天子，昔与我共食，仓库玉帛亦我储之。我今身为灭佛法，极受大苦，可为吾作功德也。'于是文帝敕天下人出一钱，为追福焉。"

这纯粹属于无稽之谈，不过也有参考价值。最近各地府县的地方政府效仿中央政府做法，纷纷大兴土木，滥设官职，并大肆征收苛捐杂税，游玩税、庭院税等，不但名目繁多，还有增加新税的迹象。虽名目略微不同，实际内容相同，形成双重或三重收税，因而引起很多的争议。笔者效仿隋炀帝的手法，自古以来丰臣秀吉、德川家康等人战乱时杀生无数，死后定会落入地狱，为了挽救他们，向全国百姓征收追福税，每人一文钱，如果有人不缴便威胁说他的祖先会落入地狱受苦。当今愚昧的百姓众多，对于这种税肯定会积极缴纳。末广一雄在《人生百奇》一书中指出，日本人和西方人不同，滥造神仙，而且随意变更。前几年政府强行合并神社，而且使用的标准是按照神社所有的基本财产的数量计算，大肆收受贿赂，肆意拆毁对于国家发展极为重要的古老神社，将临时拼凑的神社升格，所带来的弊端至今无法消除，并导致人心动荡，社会风气败坏。事已至此，不如将所有的葬礼和超度亡灵的事宜全部国营化，废除僧侣，而且每人征收追福税，将一些不称职的贪官封为地狱的官职，像中国人烧纸钱送往阴曹地府一样，在木片上画上六道钱支付这些人的官饷。

另外还有一个绝妙的财源，笔者曾在《不二新闻》（1913年8月14日）发表文章阐述过，14世纪埃及王纳塞尔为了解决财政困难，让女官监察贵妇人的隐私，向一些人征缴高额的通奸税。同一时期，号称文明发达的法国的淫秽王也向放荡的女人征收过五枚金币的特别税。[1]当前日本的男女淫乱行为十分猖獗，只靠训诫和教育无法制止，必须征收禁止淫乱税，那些淫乱的男女与其被警察和新闻记者纠缠，偷偷缴纳缄口费，不如光明正大缴税为国家做贡献，肯定有的人还会提前缴纳幽会税，笔者认为这样的社会政策也应该十分有效。

增订汉魏丛书《搜神记》第二卷记述了一个地狱判官的故事，由于和鸡有关，在此概述梗概。太原人王子珍按照父母的吩咐前往定州，拜边孝先为师。边孝先是汉代著名的儒学家，人称孔子死后唯一的宗师。王子珍来到定州

---

[1] 参照米尔的《埃及奴隶王朝史》第83页，朱弗尔《卖笑史》第4卷第24页。——原书注

界内，在路旁树荫下歇息，这时来了一个人也到树下休息，便问王子珍是何许人，要去哪里。听完子珍的介绍，那人自报家门说他是渤海郡人，名叫李玄石，也是去边老师那里读书的。于是他提议两人结伴前行并拜把兄弟，王子珍欣然同意。两人来到定州，买了酒肉，立下誓言，今生今世不论贵贱，生死与共。他们来到边老师家，拜师入门读书。苦读三年，李玄石的才艺超过了老师，老师盛赞他是圣人。王子珍自知学问不如玄石，便对他敬如师长，时常向他请教。后来，王子珍的同族王仲祥来拜见边老师，后在王子珍那里借宿，见到李玄石。第二天告别时对王子珍讲，你的朋友李玄石是鬼魂所化，不是活人。王子珍听后说，玄石是圣人在世，遍读经书，连边老师也十分推崇他，你怎么能说他不是人呢？王仲祥说，我所讲的不是才艺，我之所以这么说是因为我知道他是鬼魂，如果你不信，今天夜里你在席子下铺上新叶，和他分开睡觉，到明天早上你的床下应该是实，而鬼的床下则是虚。王仲祥说完便离开了。

到了夜晚，王子珍依照王仲祥所讲的方法尝试了一下，等到拂晓一看，果然如实。于是他便对李玄石讲，有人说你是鬼，是否属实？李玄石回答说，的确如此，这大概是王仲祥讲的。我受冥司的推举，出任泰山主薄，由于才疏学浅，无法胜任，便听从冥王的吩咐，拜边先生为师。因担心人会惧怕自己的面貌，便化作人与你同学，未经一年学问已成，任泰山主薄也已经两年，由于和你如同手足兄弟，不忍分别，眷恋相伴至今。现今详情暴露，我也就不能久留，就此告别，不过有一事相告。前日，你父亲的仇家前往冥王府状告你父亲杀了他的兄弟和子孙，由于我同你交往甚密，没有立即裁断，为此冥王问罪于我并处罚鞭挞百次，因此我背上的鞭伤十分疼痛。现在，冥王召唤你父亲，亲自询问，已经将你父亲打入鬼籍。你要火速回家，如果你父亲一息尚存，还可以挽救，用清酒和鹿脯祭拜我，连呼三声我的名字，我必定赶到。如果已经气绝，就无能为力，你学问已成，要努力谋取功业，我可以助你长寿，并恳求上苍使你能荣华富贵，无病息灾。李玄石说完之后便告别离去。

王子珍立即辞别老师，日夜兼程赶回家一看，老父尚有一口气，于是火急置办酒脯和钱财，来到郊外，祭祀上天，高呼三声李玄石的名字，只见李玄石骑乘白马，身穿红衣，冠盖前后有随从数十人，另外还有两个青衣之人，执节在前带路，与子珍相见如故。玄石让子珍闭上双眼，要带他去见他的父亲。子珍闭上眼，须臾之间便来到阎罗王的宫门，面北而坐。玄石对子珍说，原想带你去看你父亲，但是你的父亲现在牢狱，受到百般折磨，不忍目睹。不久，你父亲的冤家会到此地。此人身着白衣，赤脚头戴紫巾，手拿一卷文书。那人傍晚时分会入宫作证，我给你一副弓箭，你在此等候，如果射杀了此人，你父亲必能活命。如果失手则性命难保。话毕，那人果然来到宫门，玄石便说就是此人，我要入宫上堂，你在此好自为之。不久冤家上堂陈述，供词十分恶毒。子珍放箭，正中那人左眼，那人大惊，扔下文书掉头便跑。子珍拾起文书一看，果然是状告父亲的诉状，子珍因失手大哭，向玄石讲明经过。玄石说，没能杀死他十分遗憾，他眼伤治愈后会返回上诉，你赶紧回家，寻找出冤家，必须置其于死地，这样你父亲才能逃脱劫难。子珍问应找谁？玄石回答说，你如果见到和你刚刚射伤的人相似，要立斩无疑。于是子珍仓皇回家，不知冤家的名字，更不知如何寻找，十分烦恼，七日不思茶饭。这时家人来报，家里的白公鸡最近七天不知去向。家人一同寻找，发现那只白鸡坐在架墙上，左眼有伤。王子珍想，玄石说的白衣是白鸡毛，紫巾是鸡冠，赤脚是鸡脚，左眼的伤是我射的，这只鸡肯定是我父亲的冤家。于是宰杀了鸡，炖汤让父亲喝下，立即痊愈。王子珍后来中举出任太原刺史，长寿活到一百三十八岁，这全是李玄石的功劳。故曰："鸡不过三年，狗不置六载。白鸡白犬不可食之，必危害人。"

在日本，养猫的时候事先定好年限，到了期限猫会自己离开不再返回。如果饲养时间过长，猫就会变成猫怪。在中国的晋代，人们规定养鸡不超过三年，养狗不超过六载，不许宰杀白色的鸡和狗，否则死后会受到惩罚。白鸡一般不适宜在百姓家饲养，主要圈养在寺院，在赞岐琴平饲养很多。[①]

[①] 详见《乡土研究》第2卷第3期刊载的三浦鲁一的文章。——原书注

《古语拾遗》中有"以白鸡、白猪、白马祭祀御岁之神"之说。《盐尻》第四卷的《地镜》说:"入名山必先斋祭五十日,牵白犬,抱白鸡。"甘邦《历史民俗学》第三十一卷讲,印度的卡里亚人用白鸡祭神寻找地下埋藏的宝藏。克兰·布朗奇《遗宝灵像评汇》第一卷第六十四页指出,天主教徒将白鸡献给克里斯托弗圣人治疗手指痛,如果献上的鸡是其他颜色,疼痛会加剧。熊野地方的传说讲天狗神有时化作白鸡现身。中国湖南衡州府华光寺从前有位禅师饲养白鸡,在禅师诵经时总是登殿聆听经书,死后埋在寺院的旁边生出了莲花,花凋谢了以后涌出了泉水,名为白鸡泉。[①]

由此可见,各国都认为白鸡是名贵之物。

---

① 详见《大清一统志》第224卷。——原书注

传说（3）

　　《甲子夜话》续篇第十七卷讲，有一位老人耳聋，经常对子孙发牢骚。有一天当着客人的面对孩子说："现在的年轻人太懒，我们年轻时就不这样。"这时，这家养的鸡在旁边展翅高啼。老人见到又抱怨说："你们看，不光是人，连鸡也偷懒，现在只拍翅膀不叫唤。"几年前在报纸上曾读过井上馨[①]年老耳聋，曾对人抱怨说净琉璃演员的声音不如以前响亮了，公鸡也不大叫了。《甲子夜话》还说，有一个武士趁天气晴朗去乡下游山，在山上挖到山药，让仆人拿在手中，在返回的路上被老鹰抢走了。仆人对主人说："如果是油条，鹰还可以吃，山药鹰又不吃，抢走也没有用场。"可是鹰不明白，抢到了东西在树梢上扬扬得意。科德灵顿的《美拉尼西亚群岛》（1891年，牛津）记述的癞人岛的民间故事讲，有一只母鸡带着十只鸡雏去觅食，发现了一只山药，那只山药跳起来吃了一只鸡雏。于是鸡母子向老鹰求救，老鹰让鸡母子藏在自己的身体下面。这时山药追来，问老鹰鸡雏在什么地方？老鹰装作不知，山药便对老鹰破口大骂。老鹰抓起山药飞上半空，然后扔在地上，另一只老鹰又从半空冲下反复一次，于是山药摔成了两半。两只老鹰各抓起了一

[①] 井上馨（1836—1915），出生于长州藩（现山口县），幕府末期参加尊王攘夷运动，1863年偷渡去英国留学，曾历任农商大臣和内务大臣等要职，晚年作为政界元老，对于日本政坛产生了重要影响。——译注

半，从此山药就有美味和难吃两种。故事情节虽然极为平淡，但是从这个故事可知土著民知道山药的味道不同，为了解释味道不同的原因，创作出了这样的故事，可见人们的想象力十分丰富。日本和美拉尼西亚相距甚远，可是出于偶然同样产生了山药和老鹰的故事，实在是奇异的巧合。

再谈一些和鸡有关的笑话。在熊野地区经常听说百姓耕作结束之后，在返回的路上听到乌鸦骂自己是傻瓜才发现忘记了锄头。这人取回锄头后十分感谢乌鸦，埋怨说我家的鸡一点儿没有用，鸡气得不断高叫。《醒睡笑》第二卷讲，有一个男孩对他的朋友说今晚我做了一个梦，梦见你用黄金做了一个鸡雏送给我。他的朋友说我也做了一个同样的梦，不过最后你说不要又还给我了。欧洲的西塞罗说，有一个人梦见床下藏着一个鸡蛋，就去问算命先生。算命先生告诉他下面一定藏有财宝，他回去一挖，果然有银子，其中还裹着大量的金子。他拿了几块银子前去感谢算命先生，算命先生心里想着黄金，随口说很想吃一点蛋黄。1525年出版的英国奇书《百笑谈》[①]记载的故事说，乡下的乡绅将自己的独生子送到牛津大学读书，两三年后放假回家。一天晚上吃饭前，这个儿子提出要用在学校学到的逻辑学证明盘子中的两只鸡实际上是三只。他的父亲十分高兴，要看看儿子的学问。只见那个儿子用一只手抓住一只鸡说

---

① 参照《马的民俗和传说》第1节。——原书注

这有一只鸡，然后又用双手抓住两只鸡说这有两只鸡，一加二等于三，所以一共三只鸡。这时，他的父亲手拿一只鸡，将另一只鸡交给他的妻子，然后对儿子说一只是我的，另一只是你妈的，第三只你自己拿去吃吧，于是儿子没有了晚饭。所以让蠢材学深奥的理论不会有好结果。最近有些人手无缚鸡之力，却装出一副劳工先驱的面孔，自家窗子坏了也不会修理，不足半里路也走不动，请人做嫌价钱太贵，自己动手又不会做，一心一意帮助组织工人运动，这时没有人帮助自己，简直是忘恩负义，但埋怨他人也无济于事，只好暗自悲叹，正如前面的乡绅的儿子。佛经中将这种似是而非的人比作乌骨鸡。

所谓六群比丘尔是佛弟子中经常违反戒律的六个僧人。据《摩诃僧祇律》第三十四卷记载："尔时质帝隶居士作百味食请僧，僧食讫，还精舍。居士敕家中妇儿言：'遗余饮食料理，与诸比舍，我欲往问讯世尊。'尔时六群比丘在祇洹门间，俗论言话。居士见已，作是念：'此非毗尼人，设我不往彼或有恨。'即往和南问讯。比丘言：'善来檀越，如大龙象。'居士问言：'尊者，今日我家中食不？'答言：'往食。'复问：'尊者，食适意不？'答言：'善好，但少一种。'问少何等？比丘答言：'若得油盐熬鱼子者，便是名食施主，得好名誉。'居士言：'尊者，我先不知，若当知者应益多作人与一钵。'居士复言：'尊者，听我说譬喻。'过去世时有群鸡依奈林住，有狸侵食，雄鸡唯有雌，在后乌来覆之，共生一子。子作声时，翁说偈言：此儿非我有，野父聚落母。共合生儿子，非乌复非鸡。若欲学翁声，复是鸡所生。若欲学母鸣，其父复是乌。学乌似鸡鸣，学鸡作乌声。乌鸡二兼学，是二俱不成。如是尊者，非是俗人，复非出家。比丘言：'居士嗔耶？'答言：'嗔。'比丘言：'嗔者，我悔过。'居士言：'向世尊悔过。'六群比丘即往佛所，向佛悔过。佛言：'何故悔过？'六群比丘以其上事具白世尊。佛言：'痴人。'是质帝隶居士家中所有，于佛比丘僧无所匿惜，何故扰乱。佛告诸比丘，是居士以宿命通，见六群比丘本昔时，曾作鸡乌子。是故作如是说。"《沙石集》第三卷记载，质多居士是在俗的出家人，有一个名叫善法比丘的恶僧，经常去居士家化缘。有一天，他嫉妒居士为远道而来的僧人设斋，恶言说今天的斋饭虽有山珍海味，但是惟独没有油糟，言外之意是讥讽居士卖油度日。为此，居士说自己突然想起了一件事，从前在外经商时，见到过外貌似鸡而声似乌鸦的动物，这是乌鸦和鸡杂交产生的，所以外形似鸡，声音似乌鸦，人们称之为乌鸡。贵僧也是身在沙门，言在俗家，所以让我想起了乌鸡。善法比丘被骂得无言以对，只好低头离去。这些故事情节略有差别，这是因为古代缺乏毛笔和纸张，人们凭记忆口传的缘故。乌鸦和鸡杂交产生的所谓乌鸡指的就是乌骨鸡，由于是黑色所以才称为乌鸡，似乎当时在印度属于罕见的品种。不过乌骨鸡也有白的，据《本草纲目》第四十八卷记载:"大鬼引小鬼数百行,(夏侯)弘潜捉末后,以小鬼问之。弘曰:'治之有方乎?'(小鬼)曰:'但杀白乌骨鸡,薄心即瘥。'时荆扬病心腹者甚众,弘用此方治之,十愈八九。"

16世纪出版的斯托拉帕罗拉所著的《愉快夜晚的故事》第十三夜第二个故事引述了15世纪索斯基尼笔下的故事,其中讲到有一个人从别人那里买了几只阉鸡,对卖鸡人说要带他去牧师那里要鸡钱。到了牧师那里,他悄悄对牧师说,这个乡下佬想来向您忏悔,然后大声叫道:"大师要立刻见你。"说完便快步离开了。卖鸡人以为那人已经和牧师交待了鸡钱的事情,便让他走了。当卖鸡人见到牧师后便伸出手等着付钱,牧师则让他跪下向主忏悔,并开始讲经。笔者年轻时在东京也曾听过类似的单口相声,讲的是有一个男人在吉原买春,由于身无一文,便带着妓院的伙计谎称回家取钱。路过一家石店心生一计,便进去对店主人小声说:"门口站着的人来为刚死的人订做一块石碑,因为不认识路,自己带他来了。"继而在两人之间反复传话,他使用的词有两个意思,石店主人以为讲的是石碑,妓院伙计则理解为逛窑子,两个人丝毫没有察觉。一个人认为门做石碑紧急便立即动手,另一个误以为做完了手头的活就会付欠款,而那个男人则趁机溜走了。当石碑做好,双方向对方讨账时才恍然大悟。那个骗子在两人之间反复传话时使用的双关语十分巧妙,已故的正冈子规以及秋山真之等人[1]经常模仿他人的表情和声色，不过细节已经忘记。如果现在这个单口相声还在剧院上演，请务必转告一声。

斯托拉帕罗拉的故事中提到的阉鸡，英语是"capon"，是特意阉割而使鸡长得肥大的专为食用的鸡。谈到阉鸡顺便讲一个关于睾丸的奇闻。1147年出生、七十四岁时寿终正寝的吉拉鲁泽斯在《威尔士游记》中讲述说，威尔士的某个城主将一个囚犯的睾丸和双眼挖掉，关在城中，那个人牢记了城堡中的每一条路，可以凭记忆行走自如。一天，他捉住了城主的独生子，紧闭所有的房门，登上高耸的塔顶。城主和侍从闻讯后聚集在塔下对他说："如果放了孩子，可以满足你任何愿望。"可是这个囚犯要求城主割掉自己的睾丸，否则立即将孩子从塔上扔下去。众人无论如何劝说他都不听，于是城主假装割去睾丸并和侍从一起发出惨叫。这时囚犯问城主哪里疼？城主回答说腰疼。囚犯骂道："你以为我看不见就想骗我。"便举起孩子准备扔下去。城主又让侍从狠狠地抽打自己，囚犯问这次哪里最痛？城主回答说心脏。囚犯再一次举起孩子。城主为了救孩子一命，咬牙跺脚，不得已割掉了睾丸。囚犯问哪里最痛？城

---

[1] 南方熊楠在东京读大学预科时与同窗秋山真之是好友，并经常和正冈子规一起去听相声，一起作诗，成为莫逆之交。秋山真之后来成为海军名将，在日本海大海战中打败俄国太平洋舰队。正冈子规则将俳偕改革为俳句，在近代文学上留下足迹。同学中还有夏目漱石、上田万年、芳贺矢一、山田美妙等。——译注

主回答说牙最痛。囚犯说："这就对了。你今后无法留下后代，一生也不能享受快乐，我也就心满意足死而无憾了。"于是他抱着城主的儿子从高塔上跳下来，摔得粉身碎骨。如果各位哪一天受到忌妒心极强的老婆惩罚，最后不得已要割去睾丸赔礼道歉时，只要老婆回避一下，然后高声叫喊，如果被问到哪里痛，一定别忘记回答牙最痛。孟轲曾讲"志士不忘在沟壑，勇士不忘丧其元"，笔者奉劝各位在乱世中一定牢记睾丸的保护方法。

贝罗阿·贝鲁贝约撰写的《升官之道》中有许多关于鸡蛋的笑话。在此列举一二。有一个名叫玛果的女佣在给坐在饭厅正中的女主人端上一个鸡蛋时，见到客人在座便低身行礼，这时感觉要放屁，便使出全身的力气忍耐。由于手掌用力过猛，捏碎了手中的鸡蛋，不觉大吃一惊，手一放松的同时便鸣放了一声如五十厘米炮一般的巨响屁。当客人问起时，女佣回答说刚刚吃过豆子。当时在法国，人们说吃豆子容易放屁。该书文词粗野，文笔也不流畅，其中古今名人会聚一堂畅谈世事一段的描写和曲亭马琴的《昔语质屋库》略微相似。例如医圣迦里安说布罗阿的一位少妇生了一个孩子，当听说是女孩的时候，便说不要女孩，快把她放回去。古文学家博久买来绵羊羔在尾部嫁接上山羊羔的尾巴很有意思。① 阿斯克勒庇俄斯讲为了表示母鸡会

---

① 这里文章脱落，原意不明。——译注

生鸡蛋，将鸡蛋塞入母鸡的肛门，女人买回去之后一只蛋也没有下。

井原西鹤的《好色一代男》第二卷《旅途中的邪念》中讲到冬天用热水浇雄鸡脚下的竹子使鸡半夜啼叫。记得这种方法在中国的古书中也有记载。木曾松本平地区有位名叫仓科的富翁，用马驮上大量的财宝准备去京都竞宝，经过木曾路时在妻笼地方的旅馆住宿，有三个强盗准备中途趁黑夜夺取他的财宝。其中的一人潜入旅店温热雄鸡的脚，于是雄鸡提前报晓，富翁天黑就上路了。当富翁登上马笼岭的崎岖山路，来到字男垂这个地方时，三个贼跳出来用竹枪刺死了富翁抢走了财宝。财宝中有一只金鸡掉落在溪水中，顺流流入瀑布下的水坑中，据说至今每到元旦这只鸡都会高啼报晓。富翁的妻子后来来这里寻找，见到惨景悲愤至极，诅咒当地五谷不生。因此当地发生山崩，居民建立祠堂祭神，至今当地还有仓科祠。[1] 阿波国那贺郡桑野村的富翁家来了一位游方僧人借宿，主人听说僧人有一只金鸡和一个收藏在一寸见方的盒子里的蚊帐，第二天早上便尾随僧人，在水潭附近斩杀了僧人。鸡飞走了，不过蚊帐拿到了。水潭的水至今仍然是红色。这个家至今不做年糕，因为年糕中总有血丝。蚊帐保存至今。[2]

---

[1] 参照《乡土研究》第4卷第9期第556页刊登的林六郎的文章。——原书注
[2] 参照《乡土研究》第1卷第2期117页刊登的吉川泰人的文章。——原书注

《甲子夜话》续篇第十三卷中写到，大槻玄泽讲奥州[①]栗原郡三户町村有个雄鸡坡，据说这里以前掘出过金鸡。据打听才知道这个村从前有个名叫烧炭藤太的人，他家附近能拾到沙金，他由此发家致富。他用沙金制作了一对金鸡，祭拜山神后和炭一起埋在土中，因此得名雄鸡坡。这个传说记载在贞和三年（1686）出版的《藤太行状》一书中。另外还说文化十五年（1818）四月，当地的农夫为了寻找沙金，挖掘山洞时山崖塌陷，露出一对金鸡。重约百钱，上面刻着山神二字。藤太是近卫天皇[②]当朝时期的人，是金商橘次、橘内橘六的父亲。现在当地仍然有纪念藤太夫妇的石塔。《东鉴》记载："文治二年（1186）八月十六日午刻，西行上人退出，虽再三挽留，但上人不拘泥于官职。二品（源赖朝）以白银塑成猫作为礼物。上人拜领，出到门外即给游玩的婴孩。"因此可知当时有用金银塑像的习俗。

元魏时期南印度优禅尼国的王子月婆首那翻译的《僧伽吒经》第三卷记载："譬如有人种于树木，彼种树已即日生芽，彼树一日上下各生长一由旬……大王自种其树，不生芽叶，不生华果。尔时大王，心大恚怒敕诸臣言：'汝等速取利斧，彼所种树仰令斫伐。'尔时诸臣受王教令

---

① 陆奥国的别称，相当于现在福岛、宫城、岩手、青森四县。——译注
② 日本平安后期的天皇，在位期间是1141年至1155年。——译注

斫断彼树，一树断已生十二树，斫十二树断生二十四树，茎叶华果皆是七宝。尔时二十四树，变生二十四亿鸡鸟，皆是金嘴七宝羽翼。"可见印度古代也有用金元宝塑造金鸡的习俗。《大清一统志》第三百零五卷记载云南有金马和碧鸡两座山。《汉书》记载，宣帝改元神爵时，"闻益州有金马、碧鸡之神，可醮祭而致。于是遣谏大夫蜀郡王褒使持节而求之"。该书的注释讲："金形似马，碧形似鸡。"用黄金塑马，用碧即蓝色的玉石塑鸡，祭拜为神。日本古代崇拜太阳神，也曾经用黄金塑造鸡像，然后作为宝贝收藏。

十一年前，笔者曾在和歌山日高郡上山路村听人说，附近的龙神村大字龙神自古以来以温泉著称于世，当地也有上述阿波杀僧劫财的传说，只是当地人秘而不宣。据说从前有个去熊野参拜的比丘尼来此借宿，主人认为她身上有钱便勾结歹人图谋抢劫，夜里用热水促使鸡半夜鸣叫，骗尼姑提前上路，在中途劫杀，抢走了财物。当时，尼姑死前发誓诅咒这里的男人世代早死。这里便被人称为刺杀比丘尼之地。后来果然龙神地区的人家男人早逝，寡妇众多。人们为比丘尼修建祠堂祭拜，但是据说每年都发生火灾，灾祸不断。人们认为尼姑在此诅咒的原因是由于借宿家的主人图谋不轨而他的妻子曾经劝阻的缘故。笔者曾经拜访东牟娄郡高池町的乡绅佐藤长右卫门，他用船带我去古座河上游参观著名的岩石峰。当时正值腊月寒冬，很多人用长铁钩牵引着木筏在水中行走，十分辛苦。据说这种工作很伤身体，为此真砂地区的男人一般活不过五十岁，故乡难离，人们只好艰难度日。龙神地区男人早逝大概也有类似的理由，绝不会因为比丘尼的诅咒，不过这一带过去曾是参拜熊野的必经之路，当地的歹徒确实骚扰过过往的旅客，井原西鹤曾在《本朝二十不孝》第二卷描写了"旅行日暮当晚，僧宿熊野黑店"这一章，虽说是虚构的小说，但内容大概根据当时人们的传言。这个故事也和龙神的传说相似，不过只说旅行僧人身上携带很多铜钱，并未提到金鸡。熊野的传说要晚于东北地区的故事，所以大概崇尚金鸡的风俗后来没有了。

笔者将龙神的传说整理投稿给《现代》杂志后，在《大阪每日新闻》（1920年12月23日）读到有关的报道，其中讲龙神村的富豪龙神家的儿子得了原因不明的怪病，对他的夫人实施催眠术时，这个夫人坦白说："我是甲州人（山梨县），一百二十年前丈夫死后，十分悲痛便出家为尼，在世上寻找和前夫相像的人，当来到这家借宿时，主人对我身上带的盘缠生了歹心，在出村后向东的路上杀死了我，毁容后扔到山谷中，抢走了所有的财产，为了报仇才来这家作怪。"翌年一月十九日该报又刊登了龙神家的订正，据说一百五十年前有一个尼姑来此地在松叶屋旅馆借宿，上路后被松叶屋和中屋两旅馆的主人杀害，夺取了钱财。由于报应，两家断子绝孙，现在只留下旧址，前述的报道混淆了上述事实。笔者和龙神家的主人是老友,据伊达千广[①]的《龙神出汤日记》记载,龙神一族原是源赖政的第五个儿子,和泉守赖曾逃来此山隐居,因此这家出身望族。他们的子孙后来改姓龙神,名字中代代使用"政"字。可见这个家族是有悠久历史的名门望族,不可能杀尼姑抢夺钱财,因此报纸的文章完全是误报。另一方面,当地一两个人所干的坏事经过多年仍然无法磨灭,并为此背上恶名,留在人们的脑海中,时而发作,将别人做的坏事也误会为自己的祖先所为,四处张扬,实在是一种变态心理。

不光是金鸡,世上还有将普通鸡作为宝贝的事例。元魏时期翻译成汉语的《付法藏因缘传》第五卷记述说:"(马鸣菩萨在华氏城游行教化时)彼华氏城凡九亿人,月支国王威德炽盛,名曰栴檀罽昵咤王,志气雄猛勇健超世,所可讨伐无不摧靡。即严四兵向此国土,共相攻战然后归伏,即便从索九亿金钱。时彼国王即以马鸣及与佛钵一慈心鸡,各当三亿,持用奉献罽昵咤王。马鸣菩萨智慧殊胜,佛钵功德如来所持。鸡有慈心不饮虫水,悉能消灭一切怨敌。以斯缘故当九亿钱,王大欢喜为纳受之。"这个故事情

[①] 陆奥宗光的父亲。——原书注。陆奥宗光(1844—1897),明治期间的政治家,早期曾参加尊皇攘夷的排外运动。维新后任过新政府的官员,西南战争时期图谋举兵造反而入狱。出狱后游学德国,学习国家学,归国后进入外务省,1892年在第二次伊藤博文内阁出任外交大臣,积极推进甲午战争并在和谈会议上出任日方的全权代表。生前撰写过著名的《蹇蹇录》。——译注

节不合逻辑,所谓慈心鸡如果有消灭一切怨敌的威力的话,应该报平素厚待之恩,为华氏城的国王奋战,消灭月支国的军队,而不应该甘愿被当作赎金送往敌国。

世上的事无独有偶,西方也有类似的故事。朱罗在《巴黎记奇》中讲,13世纪,君士坦丁皇帝鲍德温二世被敌人围困,处在十万火急之中,这时他突然想起出卖给其他国家的财宝中有一个必胜十字架,如果在战斗中竖立起这个十字架必会取得胜利,不过紧要关头已经来不及,不记得自己已经将有用的宝贝出售一空。中国人异口同声称赞的忠君爱国也类似这个故事,早已出卖给他国,为他人所用,这不能不引以为戒。

登纳特所著《佛得角民俗记》(1898年,伦敦)记述说有一只母鸡每天去河边拣食。有一天鳄鱼要吃它时,母鸡说:"兄弟,别干傻事!"鳄鱼听后大吃一惊,不知为什么鸡会对它称兄道弟。有一天,鳄鱼下决心准备吃鸡,来到鸡的面前,母鸡仍然称它为兄弟。鳄鱼觉得很奇怪,边走边想:我生在水中,它长在陆地,为什么称我为兄弟呢?它百思不得其解,于是便去问动物之母大公主,在路上遇见大蜥蜴,便问其中的奥妙。大蜥蜴说如果你去问,肯定会被笑话,简直是不学无术,你不知道吗?鸭子长在水中而且生蛋,鳖和我们同样也是卵生。母鸡和你一样也是卵生,所以我们都是兄弟。鳄鱼恍然大悟,从此不再吃母鸡。西非有的地方鳄鱼不知为何不伤害母鸡,也许为了解释其中的原因才创作了这个故事。

阿拉伯的传说讲,有一只聪明的老公鸡四处找食,不知不觉来到野外,迷失了方向不知所措。老公鸡茫然地站在那里,见到一只狐狸走来,环视四周,发现有一堵高墙,狐狸无法攀登,于是拍打着翅膀飞上了墙。狐狸来到下面,跳了几下都上不去,于是用各种甜言蜜语向老公鸡搭话,但是鸡一概不理,只是瞪圆眼睛眺望远方。这时狐狸说:"兄弟,兽中之王的狮子和鸟中之王的老鹰在青草茂盛的草原会面,上自狮子下至兔子等百兽,从老鹰到鹌鹑等百禽跟在左右,无不遵命。二王在此宣布世上的禽兽要互相和睦,放弃争斗,如果不听命令伤害其他动物的话,定要将它撕成碎片,让到场的禽兽聚餐欢乐。二王特意让我跑遍草原,传达给所有的禽兽,让它们赶快去谒见二王,亲吻圣王的手掌,因此你也赶紧从墙上下来。"鸡装作没听见,只是不断眺望远方。狐狸很生气,质问鸡为什么不回答?老公鸡这才开口冲狐狸说:"你所讲的我听明白了,不过好像有些奇怪。"狐狸问有什么奇怪的,老公鸡说:"前方有一群老鹰随着一阵风云飞来。"狐狸听了感到十分恐惧,让公鸡仔细看看狗是否也来了。老公鸡装模作样地看了一阵说:"狗已经跑近了。"狐狸听后吓得马上要逃跑,老公鸡问你为什么这么着急?狐狸回答说:"我怕狗。"老公鸡说:"你刚刚不是说奉鸟兽之王的命令来向一切鸟兽宣传和平吗?"狐狸说:"是这样,不过百兽开会时狗没有参加,总之我不喜欢狗,见到狗会遭殃。"

说完便一溜烟地跑掉了。老公鸡以机敏获得胜利，回去之后将故事讲给鸡群听。[①]近来召开了许多所谓的国际和平会议之类名目繁多的会议，大概类似上述故事中的会议不少，在此翻译出谨供各位读者参考。

詹姆斯·郎格所著的《帕拉王朝编年史》的解说讲，这个国家第九十八代国王吉桑迦法有十八个儿子。究竟应该让谁继承王位，国王左思右想终于得出一计，让管理斗鸡的官员几天不给鸡喂食，当国王和诸位王子聚餐时，让部下按照手势将三十只斗鸡一同放入餐厅。饿了几天的斗鸡见到桌上的食物一拥而上，抢食盘中餐。根据印度的风俗，鸡属于不祥之物，鸡触过的食物是非常不洁净的东西，人们十分忌讳。然而只有国王最小的儿子拉斯特法坐在椅子上镇定自若，手拿盘中的米饭扔给斗鸡，鸡埋头吃食，丝毫没有弄脏他盘中的饭菜。国王由此判断最小的王子最聪明。国王死后，王兄们纷纷疏远他，让他远游他方，于是他来到喀布尔，借伊斯兰教徒的势力起兵，杀死了王兄（1279年左右），得到尊号，继承了王位。

由于孔雀和鸡近似，在此讲一个孔雀的故事。1883年在西贡出版的艾摩尼埃的《柬埔寨人风俗信仰记》中有一个这样的故事。有一个青年，师父曾告诫他娶亲一定找年轻的姑娘或寡妇，绝对不能娶老姑娘和离婚的女人。那个青

---

① 参照1894年再版的巴顿《天方夜谭》第12卷第100页。——原书注

年后来违背师言，同时娶四种女人为妻。后来他为了验证师父的话是否正确，便偷窃了国王心爱的孔雀，给妻子们看过之后就藏了起来，他杀了一只鸡雏，谎称杀死了孔雀，让妻子们吃了。年轻的姑娘和寡妇对此守口如瓶，而老姑娘和离婚的女人则写信将秘密告诉给各自的母亲，此事立即传遍全城，终于传到王宫。国王大怒，让人捉来年轻人和他的四个妻子，准备用刑。年轻人向国王坦白自己的计谋，并将孔雀还给了国王，国王十分感动，处死了不忠的两位妻子。从此以后，人们称密告丈夫隐私或者杀死亲夫的毒妇为金孔雀女。年轻的姑娘和寡妇对丈夫忠实的原因留待后叙。

威廉·霍恩的《年鉴》三月三十一日的条目记载，人们传说天使向一位老太婆预告，1809年3月30日发生大地震，比昆山和比黔崖相撞，英国的佩思市将遭到毁灭性的打击。于是市民惊恐万状，外地人纷纷离开。不过当预告的日子来临，过了正午没有发生任何事，轻信谣言四处张扬的人们才猛然醒悟，感到极为羞惭。这个谣言的起因如下：比昆山和比黔崖附近住着两位著名的养鸡专家，有一天他们在酒店偶遇，各自吹嘘自己的斗鸡如何凶猛，当天正好是圣星期五①，于是两人约定斗鸡比试高低。但是如果斗鸡让官府知道要吃官司，于是便用主人的住址代替鸡名，

---

① 复活节前的星期五被称为是圣星期五，是耶稣受难纪念日。——译注

约定当天中午十二点，比昆山和比黔崖相撞，以此通知斗鸡爱好者，局内人了解内涵，所以不讲一个鸡字，只说山崖相撞人们就能理解。但是局外人不知情，添油加醋以为真山会相撞，于是变化成佩思市要毁灭的预言。不过书中只讲当天两只斗鸡在众目睽睽之下激战，而没有述说胜负结果。

各国都有为鸡取名字的习惯，晋代的祝鸡翁"洛阳人，居尸乡北山下。养鸡百年，鸡至千余头，皆有名字。欲取，呼之名，则种别而至。后之吴山，莫知所去矣"。① 巴顿在《初入东非记》第五章讲，马赛人的牛畜分别有名字，一般称作斑、面粉等。挤奶前要呼叫牛的名字，鸡也同样。《古今著闻集》记载，承安二年（1172）五月二日，在东山仙洞赛鸡的记载中有无名丸、千与丸等鸡的名字。当时，少年和牛以及鹰都在名字中使用丸字。而且书中还记载为一只银鸭取名为叶柯敬献给朝廷，大概这是在酒宴中拿出银鸭助兴。前述的金鸡和银猫大概也是用于动物比赛的聚会，在富翁仓科的传说中讲成乡下人上京都竞宝。《男色大鉴》第八章第二节讲述说，有个名叫峰野小曝的年轻戏子，收集泰国斗鸡召开斗鸡会，在一个八尺见方的屋内，由裁判决定输赢，十分精彩。左右两排的斗鸡分别名为铁石丸、火花丸、河边韦驮天、利嘴螺丝、八重脸、矶松大风、伏

---

① 参照《大清一统志》第124卷。——原书注

见智星、中岛无比、前鬼丸、后鬼丸、天满力藏、今日拼命、今宫早钟、直视山樱、梦黑船、胡子樊哙、神鸣孙介、小波金锚、赤红龙田、今不二山、京都地车、平原山崩、寺岛垂柳、绵屋打架王、座摩前首、无白尾公平，除此之外名鸡无数，满座宾朋为求强手，舍去无数铜板，可见当时的斗鸡名字多有丸字。另外还有侠客或争斗之类含义的名字，今不二和山崩和前述英国的斗鸡名相似，虽属偶然但很有趣。

吉田岩说，创始神开创国土时，鸡帮助踩实土地，脊令用尾巴敲打土地。因此虾夷人世代传说鸡现在仍然在不断踩实土地，脊令为了敲打土地才不断甩动尾部。虾夷人从不饲养鸡，所以在他们的传说中从来没有鸡作为天灾人祸的前兆。星辰日月以及彩云之类的自然现象在虾夷人中有各种占卜法的传说，且一部分鸟类如乌鸦等也有通过叫声占卜吉凶的迷信，却唯独没有关于鸡的传说，[1] 曾有虾夷人记述说他们难以理解日本人忌讳雄鸡傍晚啼叫以及母鸡报时的想法。日本人自古以来一直饲养鸡，柳田国男指出奥羽地区[2]的风俗习惯中有很多崇拜鸡的痕迹，而生活在附近的虾夷人却对鸡漠不关心，实在令人费解，这大概是因为奥羽地区的人曾认为鸡是神明，倍加崇拜的原因。西半

---

[1] 参照《乡土研究》第1卷第11期第672页。——原书注
[2] 现在的东北地区（青森、秋田、岩手、宫城、山形、福岛）六县。——译注

球原本没有鸡,所以这些地区的传说中也很少提到鸡。

前面讲述鸡爪时忘记了一点在此附加,缅甸古伦人的传说讲从前有神为了天下的百姓,在水牛皮上写下了旨意和法律后交给了一个人。这个人将牛皮挂在树枝上渡河,不久回来一看牛皮被狗叼走了。于是他拼命追逐,途中牛皮从狗嘴脱落,但在那人赶到之前却被鸡用爪踩烂,以致无法辨认上面的字迹。由于鸡爪触摸过写有神的旨意的牛皮,所以古伦人认为鸡爪十分珍贵,不过他们并不介意吃鸡肉。据说他们在门上或床上放置鸡爪,用来驱赶土中和空中的恶魔辛纳。[1] 中国人认为仓颉见到鸟的脚印而创造了文字,而这里的人却说鸡用爪涂抹了神的旨意。

---

[1] 参照1850年新加坡发行的《印度群岛以及东亚杂志》第4卷第8期第415页洛氏的文章。——原书注

传说（4）

除了第二节记述的以外，还有假充弥勒佛的暴乱的记载。《松屋笔记》第五十六卷引用《二十二史劄记》第三十卷讲："元顺帝至正十一年，韩山童倡言天下大乱，弥勒佛下生，江淮愚民多信之。果然寇贼蜂起，终至亡国。然此谣非至正中起，顺帝至元三年，自汝宁献所获奉胡，有弥勒佛小旗与紫金印量天尺。而泰定帝时，息州民赵丑厮、郭菩萨妖言弥勒佛当有天下，有司以闻，命河南行省官杂鞫之。此弥勒佛之谣久已传播于民间，盖乱之初起，如不拔其根株，终至蔓延无可救药，皆法令缓弛所致。"而且该书还说："本朝亦有假借弥勒之名乱众之事，见于历史。《辍耕录》二九亦出。"于是笔者翻阅《辍耕录》，果然有"至正十一年，遣工部尚书贾鲁，役民夫一十五万军二万，决河故道，民不聊生。河南韩山童首事作乱，以弥勒佛出世为名，诱集无赖恶少，烧香结会，渐致滋蔓，陷淮西诸郡"，文章还叙述了陈友谅、张士诚等人起兵，终于导致元朝灭亡的结局。

所谓"本朝亦有假借弥勒之名乱众之事，见于历史"指的是什么，不得而知。不过《甲斐国妙法寺记》记载说，永正三年（1506），春天物价比前一年高涨，秋天的收成很好，不过受到春天的影响，没有种植农作物的人们直到第二年春天还是生活贫乏。这一年过半，终于改变了年号。

书中还将永正四年丁卯记述为弥勒二年丁卯。记得山崎美成撰写的书中曾考证过这个年号，但是现在没有找到。《一话一言》第十六卷援引了《会津旧事杂考》的记载说，三河万岁①的歌词中有弥勒十年辰岁，诸神建庙之类的文字，该文还记载耶麻郡新宫祭神的器具上的铭文将承安元年（1171）辛卯刻为"弥勒元年辛卯"，这些都是事实。永正三年丙寅和承安元年辛卯，将这两年作为弥勒元年计算，弥勒十年应该是乙亥或庚子，而不应该是辰年。《庆长见闻集》的作者记述说，三浦的山中有一位交往多年的老友，这年春天来江户旅游，见到老叟时感慨地说现在真是太平盛世，像我们这样的平民百姓不但可以安居乐业，还能看到繁华都市的美景，实在让人高兴，可以说现在就是弥勒时代。可见当时在日本就有企盼弥勒平等社会的思想而且深入传播到普通百姓之中，为了庆祝丰收年，或者摆脱饥荒，多次私自建立弥勒像和年号。足利氏统治的时代，农民暴动此起彼伏，当时暴动的人们也和中国人、朝鲜人一样假借弥勒佛的名声犯上作乱。二月二十六日的《大阪每日新闻》介绍说绫部大本地区有一个名为五六七的宫殿，所谓五六七是弥勒的谐音。从前听老人说乌龟壳的甲肯定是十三片，九加四是十三，所以用龟甲做的梳子称为九四，

---

① 万岁是正月期间挨家挨户歌舞祝福的民间舞蹈，三河万岁是江户时代在西三河地区（爱知县安城、西尾地区）兴起的，后来传入日本各地。——译注

江户人将唐栉屋①称为二十三屋，十九四加在一起是二十三的缘故。②按照这个方法，五六七合在一起是十八，也就是三乘以六，所以为了暗示弥勒的平等社会到了，用十八来标示弥勒，然后再分开写作五六七。

第二节曾介绍东北地区以鸡爪命名的寺院较多，而且奥羽地区有鸡足神、鸡足明神以及鸡鸟神等神明。③然而察看《真本细细要记》贞治五年（1366）七月的条目可以看到京都附近也有鸡足寺。据《义楚六帖》讲，日本的所谓藏王神就是弥勒佛的化身，可见当时崇拜弥勒佛的山野僧人四处传播平等世界和鸡足崇拜的思想。

河内（大阪府）道明寺的尼姑觉寿是菅原道真④的伯母，菅原左迁时曾到过该寺，破晓雄鸡高啼，菅原同伯母依依惜别时曾留下一首歌，"金鸡高啼促别离，山中破晓闻鸡声"。⑤据说从此之后，这里的鸡就不再啼叫，也不再拍打羽翅。这在《菅原传授手习鉴》中也有记述，因为鸡曾触怒天神，所以这里现在也不养鸡。⑥1535年左右，西亚威尼乌斯

---

① 专售从中国进口的梳子的店铺。唐指中国，又和日语的十是同音。——译注
② 参照《一语一言》第8卷。——原书注
③ 详见《乡土研究》第2卷第8期刊载的尾芝的文章。——原书注
④ 菅原道真（845—903），日本平安时代的贵族、学者。894年曾出任遣唐使，回国后建议废除遣唐。醍醐天皇时代出任右大臣，901年左迁为太宰权帅，在九州太宰府去世。后世作为天满天神在日本全国受到崇拜。著作有《菅家文草》和《菅家后集》等诗文集。——译注
⑤ 详见《和汉三才图会》第75卷。——原书注
⑥ 详见高木《日本传说集》第219页。——原书注

在苏格兰发现有一个方圆八英里鸡不啼叫的地方。①

《广益俗说辨》第三十八卷讲，俗话说菅原道真的歌"两人合欢销魂夜，不闻雄鸡钟磬声"，是将太田道灌的《慕景集》的情歌"不闻世上雄鸡啼，两人合欢销魂夜"误传为菅原道真的歌。菅原的"金鸡高啼促别离，山中破晓闻鸡声"这首歌据说出自《天满宫故实》等书，所谓《天满宫故实》，笔者没有目睹过，在可信的书籍目录中也没有记载，大概是后人模拟太田的诗歌伪造的一首歌。元禄时代编纂的《当世小歌大全》中记载有"两人合欢销魂夜，不闻雄鸡钟磬声"，这类痛骂雄鸡报晓无情打断情人幽会的情歌数不胜数，其中较著名的是《伊势物语》当中陆奥乡下的女子热恋上京都的男儿，京城的男人晚上去和她约会，夜深人静准备离开时，女子作了一首歌说："夜半高啼送郎归，破晓捉鸡喂狐狸。"后世解释其中的意思是打扰别人约会的鸡被狗吃了也活该！《和泉式部家集》第五卷记载："（女人）在鸡毛上系上一封书函送给情郎，信中写道：鸡叫催你早归，实觉可恶，今已宰杀。对此（男人）回复说：朝朝高啼报时鸡，愤然宰杀何又急。"这是实际宰杀鸡的记录。

宋朝的《读曲歌》中有"打杀长鸣鸡，弹去乌臼鸟"。《游仙窟》中有"谁知可憎病鹊，夜半惊人，薄媚狂鸡，三更唱晓"。陆玑撰写的《毛诗草木鸟兽虫鱼疏》下卷记述

---

① 参照前述哈茨利特的著作第1卷第135页。——原书注

说:"鹤,常夜半鸣。"《淮南子》亦云:"鸡知将旦,鹤知夜半,其鸣高亮闻八九里,雌者声差下。今吴人园囿中及士大夫家皆养之,鸡鸣时亦鸣。"可见鹤也同鸡一样可以报晓。庾肩吾的《冬晓》的诗中有"邻鸡声已传,愁人竟不眠"。杨用修的继室黄氏写的《寄夫》诗中有"相闻空有刀环约,何日金鸡下夜郎"。李廓在《鸡鸣曲》中写道:"星稀月没上五更,胶胶角角鸡初鸣。征人牵马出门立,辞妾欲向安西行。再鸣引颈檐头下,楼中角声催上马。绕分曙色第三鸣,旌旆红尘已出城。妇人上城乱招手,夫婿不闻遥哭声。长恨鸡鸣别时苦,不遣鸡栖近窗户。"可见中国也有很多借鸡表达闺情的诗歌。笔者通览了一切经,没有发现印度有男女怨恨雄鸡报晓的故事,欧洲似乎也极少见。而日本叙述别离之情时必定谈到鸡。

《男色大鉴》第八卷记述说,美少年戏子峰野小曝收集了三十七只斗鸡放入院子里的鸡笼,夸口说这些斗鸡天下无敌,当晚相好的富翁前来约会,峰野小曝让佣人钟敲八声[①]时叫醒他,夜里云雨欢爱倾诉衷肠,情长夜短长蜡易燃,小曝感觉难分难舍之时,钟声长鸣,富翁侧耳细听,两人正为钟声次数争论不休的时候,三十七只斗鸡高声长鸣,鸡声震耳,富翁起床坐轿赶在天明上路,只剩下小曝一人挥泪告别。不等泪干,他便将斗鸡一只不剩地赶出了

[①] 钟敲八声指丑时,也就是现在的深夜2点左右。——译注

鸡笼。《四季物语》讲夫妇以外的恋爱不会长久，也不可能达到很深的境界。而同性之恋彼此互相感受对方，加深了解对方之后就会感觉到这种爱恋沉重而深沉，只要见到少年的身影都会动心。可见男子的同性恋也像女子一样，达到热恋阶段时痛恨别离，甚至为此放走了名贵的斗鸡。

日本最古老的传说中也有涉及鸡的故事。传说在古代，事代主命神每晚乘小舟渡过中海去和楫屋村的美保津公主约会，听到雄鸡报晓便回去。有一天，雄鸡出错在半夜啼叫，事代主命神慌张地乘船离开却发现忘记拿橹，没有办法只好用手划水，途中被鳄鱼咬伤了手。所以在祭祀大神和美保津公主的出云地区的美保神社附近不养鸡，参拜的人如果吃鸡蛋便会受到大神的报应。[①]《秋斋间语》第二卷记载说尾州（爱知县）一宫的神官代代不吃鸡蛋，这大概有什么特殊的原因。鸡除了打扰人的幽会而受到记恨之外，还有很多高啼报晓打断鬼神出没的故事，笔者已经发表在《现代》杂志（1921年3月）。

佛教中有鸡轮回转世的故事，《根本说一切有部毗奈耶》第四十七卷记载："在王舍城竹林园中，时有南方壮士，力敌千夫，来至此城诣影胜王所，自言勇健弓马无双。王见欢喜加之重禄，授其大将。时摩揭陀侨萨罗二国中间大旷野处，有五百群贼杀害商旅，由斯两界人行路绝。时影

---

① 详见《乡土研究》第1卷第2期刊载的清水兵三的文章。——原书注

胜王，闻是事已命大将曰：'卿可往彼二国中间旷野之处屏除群贼，权住于彼。'时彼大将奉王教已，将诸左右往旷野中，见彼群贼将便独进，锋矢交刃射一百人，余四百人尚来共战。其将告曰：'汝等莫前，勿令俱死。宜释甲仗去，伤者箭观其活不。'诸贼闻已看被射者，为去其箭寻并命终，方知大将善闲射法，更不敢战。余四百人求哀请活，大将愍之慈心向彼，即于二界筑一新城，总集诸人共住于此。从斯已后名旷野城，时此城人众共立制，若有嫁娶皆延大将先令食已，方为欢宴。时有一人家极贫瘠，欲为婚娶无容办食，以命大将即自思念：'我贫无力请大将来，今此新妻身未相触，宜当进奉以表素心。'便令其妻入将军室方始归家，从此以后城内诸人以此为式。"这是为了解释初夜权的起源才编造出这样的故事，笔者曾在《此花》杂志（1912年）上撰写的文章《斩杀千人的传说》中论述过。据卡尔·舒密特的《初夜权》（1881年）介绍，印度、库尔德斯坦、安达曼岛、柬埔寨、占城[①]、马六甲、马里亚纳群岛、非洲以及南北美洲的一部分地区，自古就有这种风俗，而印度的僧人在西历纪元年间写作的《爱经》第七篇第二章中则说是国王怀柔臣民的妻子女儿的一种方法。在该书的末尾说，安德拉王有抚爱臣民新娘的权利，巴查格玛的风

[①] 印度半岛东南部古代国家，2世纪末独立，在汉代被称为林邑，唐末之后被称为占城，该国曾是海上贸易的要冲，17世纪末灭亡。——译注。

俗规定大臣的妻子夜晚要侍奉国王，巴伊达布哈的百姓为了向国王表达忠心，将自己的女儿和妻子送到国王的住所侍奉一个月，斯拉殊特拉的百姓的妻子要根据国王的旨意，经常去内宫谒见国王。

欧洲古代罗马的皇帝以及日本的高师直[①]和丰臣秀吉都曾经常奸污部下的妻子，[②]其中也有不少像安道尔王那样行使初夜权的事例。到了中世纪，各国的王侯都拥有初夜权，当臣民要娶亲时，新娘要奉献初夜或侍奉领主数夜之后才能和丈夫团聚。例如在苏格兰，马尔科姆三世在11世纪废除了初夜权，而在法国这种权利被称为腿权，一直延续到17世纪。所谓腿权的名称由来是领主将穿着长统靴的一只脚伸进新娘的卧床，手持长枪直到站不住，在领主离开前丈夫不得进入新娘的卧室。丈夫如果要避免这种耻辱要缴纳税金或服劳役，赋税严重时会引发暴乱。法国布里夫的年轻骑士趁领主在自己家行使初夜权的机会去和领主的艳妻私通，使她生下了一个和领主面貌全非的体格健壮的男孩。由于这种原因，这个陋习终于被废除了。[③]法国阿尔让唐的教士过去经常在领地内行使初夜权，由于新郎们的反

[①] 高师直（？—1351），南北朝时期的武将，他早年跟随足利尊氏，立下战功，作为尊氏的重臣横行一时。后与尊氏的弟弟直义对立，1350年剃发表示归顺直义，在返回京都的途中被杀。——译注
[②] 参照《尘冢物语》第5卷，《常山纪谈》细川忠兴妻子死亡的部分，山路爱山的《后编丰太阁》第291页。——原书注
[③] 参照克兰·布朗奇《封建事汇》第1卷第173页。——原书注

抗，15世纪初终于废除。尾佐竹猛①来信说在墨西哥，有的地方的教士至今仍然行使初夜权。据《大英百科全书》第十一版第十五卷第五百九十三页介绍，公元398年，加尔达哥的耶稣教徒新婚初夜不能行房，后来延续到新婚的第三夜。封建时代欧洲各地的领主对于百姓举办婚礼收取罚金，于是人们将以上两件混同到一起，认为古代有规定初夜权的法律。不过，在欧洲以外的众多地区也都有这类风俗，即使没有法律明文规定，在暴力横行的古代，欧洲流行这种风俗应该是毋庸置疑的事实。

《后汉书》南蛮传记载："（交趾）西有啖人国……取妻美则让其兄，今乌浒人是也。"增舍大梁在明和八年（1771）撰写的《当世倾城气质》第四卷有藤屋伊左卫门讲述在各地见到的奇怪的风俗，其中讲招待客人之后还让自己老婆侍奉客人睡觉，看来这种风俗并不局限于新娘。笔者小时候，和歌山一向宗中盲目迷信神佛的人们不但捐献财产，而且还让妙龄少女住在住持卧房的附近供其玩弄，认为这是光彩门户。在胜浦港人们会将年轻的处女托付给老翁破身，并送去稻米、米酒以及桃红色的兜裆布。《中陵漫录》第十一卷讲，在羽州米泽的荻村，媒人先去女方家领来新娘，在自己家过三夜，然后做一百零八个年糕团，

---

① 尾佐竹猛（1880—1946），法制史学家、明治文化学者。1899年毕业于明治法律学校（现明治大学），曾任福井地方法院、东京控诉院、名古屋控诉院的法官。1924年至1942年任最高法院大法官。——译注

媒人背着年糕带着新娘去参加婚礼。罗马元老院曾经认真辩论过是否应该赋予恺撒享有和罗马所有的女人交欢的权利。在苏格兰，人们要用牛赎处女权，而且根据女子的门第高低制定出不同的价格，普通百姓的姑娘是一头牛，骑士的女儿要两头牛，大臣的女儿则要十二头牛。英格兰则不同，只有百姓的姑娘要缴纳赎金。[1]藤泽卫彦在《日本传说丛书》信浓卷中介绍说百姓交不起米租和苛捐杂税，领主便抓走百姓的妻子或女儿顶租，实在是无奇不有。

谈到初夜权走了题，下面继续谈佛经的故事。话说旷野城的大将依然在城中百姓结婚时行使初夜权。《根本说一切有部毗奈耶》第四十七卷讲："时有女子，欲为婚娶便作是念，此城诸人久行非法，自娉妻室先与他人，欲作何缘能绝斯事。便于昼日众人聚处裸立小便，[2]诸人见已皆叱之曰：'汝是童女理合羞惭，何故对众人前作非礼事。'女子报曰：'若对丈夫可有羞耻，对诸妇女何所羞惭。'诸人对曰：'我非丈夫耶？'女子报曰：'若是丈夫者岂有自娶已妻先令他犯。'诸人闻已各起深惭，即便共议，我等可详杀其大将。伺彼入池洗浴之际，诸人总集以剑刺之。彼欲命终即便念曰：'非我本意汝自乐为，今实无辜枉断我命。'遂

---

[1] 参照布拉顿所著《笔记》第26卷。——原书注
[2] 关于站立小便的问题，笔者在《日本及日本人》第757期撰文列举了各方面的事例，后来发现庆安元年（1648）出版的《千句独吟之俳谐》中的诗句是描写日本女人站立小便最早的文献。——原书注

发邪愿，愿我舍此身后生暴恶药叉，食此城中所有男女。发是愿已寻即命终。受药叉身于此旷野丛林中住，由其前身怨仇业故，于此城中作大灾害人多病死。诸人知已皆往林中忏谢前过，请于每日常输一人以充彼食，凡次死者于其门上悬榜告知，或家主自行，或遣男女充其饮食。时有长者，于百神所求得一子，初诞之时门上见榜，其妇忧愁怀抱婴孩悲啼而住，夫从外来见榜而进，知妇忧苦报其妇曰：'业属如此事当奈何？汝不须忧，勿生爱恋，宜将儿子送与药叉。'作是语已，抱其孩子送至林处。夫妻还归升高楼上……尔时世尊，常以佛眼观察众生，如余广说，乃至如母牛随犊。佛为怜愍长者妻子，及旷野城中诸男女故，知此城中堪受教化，渐次游行至旷野处，为暴恶药叉说微妙法令生净信，为受三归及五学处。乃至药叉说颂请曰：'云何丈夫最胜财，云何修行能利乐，云何味中为第一，云何命中为最胜。'世尊告曰：'信为丈夫最胜财，善法常修能利乐，诸味之中实语最，于诸命中慧为胜。'药叉请曰：'云何足珍财，云何有名称，云何人所敬，云何善友增。'世尊告曰：'好施足珍财，持戒有名称，实语人所敬，无悭善友增。'药叉请曰：'世间由几生，由几得名称，由几能成立，由几能衰损。'世尊告曰：'世间由六生，由六得名称，由六能成立，由六能衰损。'药叉请曰：'云何离愚痴，昼夜无羁绊，能于缘不住，不怖于深坑。'世尊告曰：'定慧离愚痴，舍着无羁绊，于境缘不住，持戒越深坑。'药叉请曰：'谁能渡瀑流，谁能越大海，谁能离诸苦，谁得心清净。'世尊告曰：'信能渡瀑流，谨慎越大海，精勤离诸苦，有慧心清净，汝今咸可问，沙门婆罗门，离实语布施，更有胜法不。'药叉答曰：'我今何假问，沙门婆罗门，世尊大智海，能说真妙法，我从今日后，游履于人间，常礼佛世尊，敬重于正法，世尊大慈愍，降临我住处，我今决定知，当尽生死际。'尔时药叉持此童子奉上世尊，世尊受已授与父母。即说颂曰：'蜜迹手授我，我手授父母，由手相传故，应名旷野手。'孩儿因此名旷野手，年渐长大。时旷野城未有君主，众人共议，此旷野手童子有大福德，亲蒙世尊之所护念，我等宜可策以为王……尔时世尊，为旷野手种种说法示教利喜，即于座上证不还果，广说如阿笈摩经。礼佛足已从座而去，既还宫已语绀容曰：'我舍诸欲更不耽乐，汝虽来至随意去住，无人遮止。'绀容曰：'我乐住此，愿与佛子为给侍人。'时旷野手为佛及僧，于此城外造僧住处，四事供养无所阙少。广说乃至旷野手王遇疾而死。生无热天……尔时诸苾刍复有疑心，请世尊曰：'何因缘故此旷野手才初生已，将与药叉用充饮食，世尊至彼令免厄难。'佛告诸苾刍，汝等善听，当为汝说。乃往过去于一城中王好食肉，时有一人，欲求于王以鸡奉献，王得鸡已将付厨人令充羹臛。彼献鸡者素有悲心，便作是念：'我今不应进奉活鸡令彼屠割。即持倍价就厨人所求赎而放。'遂便生念：'此鸡无辜缘我进献几将被杀，此之恶业愿勿受

389

报，我复赎放所有福业，令我来世遭厄难时，得胜大师来相救济。汝等知不？'往时献鸡者即旷野手是，由昔愿力今免厄难。如是应知。"

明代永乐十五年出版的《神僧传》第九卷记载："嘉州僧常罗汉者，异人也，好劝人设罗汉斋会，故得此名。杨氏媪嗜食鸡，平生所杀不知几千百数，既死家人作六七斋具黄箓醮，道士方拜章。僧忽至告其子曰：'吾为汝忏悔。'杨家甚喜设座延入，僧顾其仆云：'去街东第几家买花雌鸡一只来。'如言得之，命杀以具馔。杨氏泣请曰：'尊者见临，非有所爱惜，今日启醮筵，举家内外久绝荤馔，乞以付邻家。'僧不可必欲就煮食，既熟就厅踞坐，拆肉满盘分，置上真九位，乃食其余，斋罢不揖而去。是夕卖鸡家及杨氏悉梦媪至谢曰：'在生时罪业见责为鸡，赖罗汉悔谢之赐，今既脱矣。'"

日本也有和尚饱餐一顿美食之后谎称为人解脱的故事。据《宇治拾遗》记载，永超僧都本来是没有鱼不吃饭的人，由于久居京城没有吃到鱼，身体变得虚弱。在回南都的路上，他的弟子终于求得一条鱼为师父下饭。施舍鱼的人梦见鬼在各家门上画标记，发现惟独没在自己家门上画便问鬼，鬼回答说："因为你给僧都施舍了鱼。"这一年，村里人得了瘟疫，病死了很多人，惟独这一家幸免于难，于是他去向僧都汇报，得到了奖赏。《古今著闻集》记载伊势的海滨采集到很多的海蚌，东大寺的僧人买回后放生，当天晚上僧人做梦见到很多海蚌聚集到大神宫前，纷纷叹息道本来可以脱离苦海，和尚多此一举使我们重新受苦。做梦的内容无人能作证，也许因为和尚嘴馋，所以才到处宣扬施舍的功德。更有甚者是印度的故事，女人相信将自身献给僧人是积德。据《解脱戒本经》记载："若比丘于女人前自赞身言，姊妹，我等持戒善修梵行，应以淫欲供养我，此法供养最第一，僧伽婆尸沙。"《西域见闻录》第五卷记述准噶尔部落时说，他们最尊重喇嘛，在路上遇见喇嘛，在远处便脱帽叩头礼拜。喇嘛用手抚摩他们的头顶，他们会兴高采烈，手舞足蹈，生了女孩挑选美丽的献给喇嘛。少妇如遇疾病便乞求和喇嘛歇宿，有时经年累月，女人的父母和丈夫并不介意。如果女人病危，喇嘛会让丈夫领回家，自叹少妇的命薄。这和前面讲的一向宗的教徒十分类似。朱波亚的《印度的风俗习惯以及礼仪》第二卷第六百零九页介绍说，婆罗门僧见到漂亮的女子便称为神娶亲，女子的父母和丈夫会很情愿地将女子送进寺院中供婆罗门僧发泄淫欲。

日本和中国的雄鸡由于打扰了男女欢爱而遭到杀身之祸的事例在前面已经介绍了，以下讲述一个意大利的因其他理由而杀鸡的故事。有一个穷苦人家的少女独自一人在野外游玩，当她拔掉萤草时发现下面有台阶，走下去便来到了鬼魅居住的宫殿。鬼魅十分喜爱这个女孩，不过女孩想念母亲，终经许可回到家中。从此之后，家中每天夜里总有什么东西吵闹，但看不到这个东西的影子，于是女孩告诉了母亲，母亲让她点上蜡烛去找。第二天夜里，她点上蜡烛一看，见到一位胸前挂着一面镜子的英俊少年躺在那里睡觉。又过了一天，当她再一次看时，不小心蜡烛落在镜子上惊醒了少年，他大声喊道："你要赶快离开这里。"少女正要走时，鬼魅出现在面前，交给她一个毛线团，嘱咐她到最高的山顶上扔下去，并随着线团走。她照办之后便来到一座城下，这里的人全都身穿孝服，据说王子刚刚去世。王后偶尔从窗户看见女孩，便召她入宫。后来这个姑娘生了一个十分可爱的男孩，每天晚上都有一个鞋匠唱歌，歌词是"睡吧睡吧，我的孩子，从知道你是我的孩子那天起，你的妈妈就会用黄金的摇篮和衣服哺育你。睡吧睡吧，我的孩子"。姑娘将这件事告诉王后，王后说这个男人就是最近失踪的王子，如果王子没有察觉到天亮，他就不会离开王宫。于是王后命令杀死城中所有的鸡，并将所有的窗户用黑布遮住，在上面嵌上钻石，使王子误以为是黑夜。就这样王子和姑娘成婚，一直过着幸福的生活。

意大利人巴捷斯塔·巴西列《五日谈》的第四卷讲，米涅卡尼奥罗养了一只雄鸡，由于手头拮据，便将鸡卖给了两个巫师。他们拿走鸡时说："这只鸡的体内有宝石，将这块宝石镶在戒指上佩戴在手上，可以随心所欲。"米涅卡尼奥罗听了以后便去偷回了这只鸡，开膛取出宝石，用它使自己返老还童并住在富丽堂皇的宫殿中。巫师使用妖术偷窃了戒指，米涅卡尼奥罗又变回了老翁，于是他为了夺回戒指来到老鼠居住的深穴国。老鼠们帮他咬断了巫师的手指，将戒指还给了米涅卡尼奥罗。他又重新夺回了青春，将两个巫师点化成两头驴，亲自骑着其中一头上山，将驴从山上扔下来摔死。又让另一头驮着猪油，作为酬谢送给了老鼠。故事中讲到的石头即鸡石，这是鸡体内的一种小石子，如同水晶一般，据说佩戴在身上对孕妇有益，还可以使人增加勇气。科洛特纳的米龙借助鸡石的神力成为顶天立地的盖世英雄。阿罗德万斯的《冶金博物馆》第四卷第五十八章中有关于这种鸡石的记载，但是众说纷纭，有的说像蚕豆一样，有的则讲是三角形。笔者曾就佩戴这种石头有益于孕妇的问题进行研究并撰写了《燕石考》，其中的一部分发表在《性之研究》（1920年）第二卷第二期和第三期，标题为《孕石的问题》。

欧洲古代盛行的警世书《罗马人事迹》第一百三十九段记述说，亚历山大王率大军包围一座城堡时，有很多将士离奇暴死。国王觉得十分蹊跷，便召集学者询问原因，有人说这不足为奇，这个城堡的墙壁上有很多蛇怪[①]，这种动物的眼有毒，可以杀死士兵。国王又询问防御的方法，学者说在国王的军队和城墙之间的高处架设一面镜子，蛇怪的眼毒会被镜子反射而杀死它自己。亚历山大王依计而

---

① 据查这种所谓的蛇怪应该是绿冠蜥蜴。——译注

行，便一举歼灭了蛇怪。蛇怪，又称为鸡身蛇尾的妖怪，据说是雄鸡生的蛋再由蛇或蟾蜍抱卵孵化而生，外形似蛇，有翅膀和脚，头上有鸡冠，长着八只或十二只脚，嘴如同钩子一样，头顶上有一个白点的蛇王。雄鸡生蛋的事例极其罕见，笔者收藏着一只这种蛋。人们相信雄鸡生的蛋感受了蛇和蟾蜍具有的毒气，变化成具有剧毒的动物。中国也有类似的说法，古人认为野鸡和蛇相交生出蜃。蜃外貌像蛇，体形巨大，腰以下有鳞甲，全部倒生，而且在水面上呼气形成楼阁，高飞的鸟雀见到之后想落下来歇息，便被一口吞掉，这就是所谓的海市蜃楼。另外一种说法是"正月，蛇与雉交生卵，遇雷即入土数丈为蛇形，经二三百年乃能升腾。卵不入土……以为雉化之"。①托马斯·布朗说，古埃及人见到朱鹭常吃蛇，有时生出异样的蛋，便相信会孵化出蛇一般的朱鹭，因此当地人见到朱鹭的蛋就会打破，不让它抱窝。希埃罗圣人说这不是古代埃及人崇拜的朱鹭，而是黑朱鹭。

蛇怪用眼睛凝视人以及其他动物，不仅会使人和动物中毒而死，而且还可以使各种植物枯萎。蛇怪只怕雄鸡，听到雄鸡的叫声会立即死亡，因此旅行的人经过蛇怪出没的地方必须随身携带雄鸡。黄鼬和芸香②也能抵御，黄鼬在

---

① 详见《渊鉴类函》第438卷，《本草纲目》第43卷。——原书注
② 芸香是香料的一种，《淮南子》中记载芸香可以使死人复活。——译注

搏斗中如果被咬伤,可以用芸香治疗毒伤,继续搏斗直至战胜蛇怪。古代人捕捉蛇怪的唯一方法是每个人手持一面镜子,蛇怪的眼毒会反射到自身,被它自己的眼毒杀死。另一种说法是蛇怪如果先盯住人,人便会死,如果人抢先盯住蛇怪则不会受害。因此德莱顿的诗中也说:"灾祸如同蛇怪的眼,灾祸盯上人人会死,而人凝视灾祸它就会亡。"[1]斯科凡在《科学俗传落叶集》(1870年)第三百四十二页以下的文中指出,蛇怪的传说由来已久,在《圣经》中就已经有记载,希腊罗马人认为它是蛇王,呼啸一声群蛇就会散去。到了中世纪,在人们的观念中,蛇怪退化成类似鸡一样的动物,但仍然不失蛇王的威风,头戴鸡冠,而到后来则变成一种带有剧毒的蟾蜍。最初人们认为蛇怪栖息在非洲热带地区,利用眼毒杀死其他动物,独自霸占荒芜的沙漠地带,到后来则相信这种动物居住在井底矿坑以及墓穴之中,利用眼毒杀死偶尔闯入的人畜。世上的传说没有凭空捏造的,据说印度的猫鼬在同眼镜蛇搏斗时,可以用一种草制服眼镜蛇的剧毒并杀死它。另外黄鼬可以用芸香治疗毒伤战胜蛇怪,即绿冠蜥蜴。地下的深坑一般充满有毒气体,人进入后会因缺氧而死,人们对此不理解,于是相信是蛇怪在作怪。西菲尔德在《梦的文献以及奇事》

---

[1] 参照布朗《俗说辨惑》第1卷第7章以及注释。《大英百科全书》第11版第6卷第622页。哈茨利特《信仰与民俗》第1卷第132页。——原书注

（1865年）第二卷附录中的解梦字典中指出，男人如果梦见女人生出蛇怪是不吉利的事情，而女人做同样的梦则属大吉，会大富大贵，受众人爱戴并能心想事成。

16世纪的巴伐利亚人施密特的《拉普拉达河征服记》（多明哥英译本）第四十三页记述说，当时的德国人相信如果触到鳄鱼喷出的气息人就会死，而且要杀死井中的鳄鱼必须使用镜子，让它见到自己恐怖狰狞的面孔而死，除此之外没有其他办法。不过作者说自己曾经吃过三千条鳄鱼而仍然保持健康，这似乎是将"蛇怪"（cockatrice）和"鳄鱼"（crocodile）混淆了。本来"蛇怪"（cockatrice）的名称和"鳄鱼"（crocodile）来源于同一词根，后来由于和"雄鸡"（cock）发音接近而混淆，于是人们误认为是雄鸡生的蛋孵化出来的。[①] 施密特的见解十分精辟，笔者认为，蛇怪见到自己的样子而吓死的说法来自鳄鱼面貌丑陋。詹姆斯·洛在《回教传说》中叙述说，住在天庭中的天人诺鲁帖克迷恋上在上帝的花园里采花的美丽天女，从而受到惩罚，被命令为参拜上帝的众天神洗脚，因此受到众神的赏识，获得了用手指指点即可杀死人的魔力。从此以后，他稍有不顺心便大开杀戒，对此上帝十分气愤，于是指派毗纽天的前身那罗延前去诛杀诺鲁帖克。那罗延化作含情脉脉的少女前去，诺鲁帖克果然一见钟情，在少女面前百般

---

① 参照《韦氏大词典》"蛇怪"（cockatrice）的条目。——原书注

献殷勤。少女刚说听说你是跳舞高手,他便立即跳了一段。少女见后又让他再跳一段特殊的舞蹈,这种舞蹈中有跳舞人用食指指向自己的动作。诺鲁帖克被那罗延的姿色所迷惑,忘乎所以,起舞时用手指刚刚指点自己便魂归西天,他的灵魂落在地上变成了夜叉,然后转生为斯里兰卡岛的十首魔王。[①]这个魔王势力强大不畏天威,经常想上天骚扰天女,它还前往帝释天的宫殿,但宫门紧闭,并有一只壁虎神把守。据说这里的金刚石门使用咒语关闭,不可轻易打开。魔王利用种种手段威胁利诱,终于从壁虎神那里得到开门的咒语,于是它高呼咒语,天门立即洞开,魔王化作帝释天走进宫中。这时帝释天为了谒见上帝去了天山,天女们不知是魔王变化,以为帝释天归来,便诚心服侍,魔王尽欢后回到了地上。

真正的帝释天回宫后知道魔王曾来骚扰,雷霆震怒,对壁虎神说:"今后会有小绿虫定时钻进你的身体,吃你的心肝二脏。"从此壁虎便遭受这种折磨,帝释天知道天女们受到魔王的玷污,心中十分不是滋味,便向上帝控诉。上帝将帝释天的灵魂一分为二,一个留在天庭,另一个降生为地上的罗摩,罗摩攻打斯里兰卡岛,诛杀了魔王。这是"猴"第四节讲述的《罗摩衍那》大同小异的故事,大概是伊斯兰教徒误传这个故事时产生的变化,如果

---

① 详见《猴的民俗与传说》第4节。——原书注

故事的情节属实，罗摩的前身帝释天在天庭时妻妾就被魔王奸污，为了报仇降生在人间，他的妻子悉多又被魔王抢走，终究难逃同样的厄运。在印度和印度地区，人们根据壁虎的叫声为它取名，这个名称和日本的蜥蜴的名称发音相似，实属偶然。中国人称壁虎为守宫，这正好和《回教传说》中壁虎守卫帝释天的宫门相吻合。这种动物经常在门上或墙壁上爬行，所以命名相似也不奇怪。张华在《博物志》中讲："蜥蜴，或名堰蜒，以器养之，食以朱砂，体尽赤，所食满七斤，治捣万杵，点女人肢体，终身不灭，唯房室则减，故号守宫。传云，东方朔奏汉武帝试之有验。"可见关于守宫名称的来源早就有这种捏造的解释。

《回教传说》中诺鲁帖克用杀人的手指将自己杀死的情节和蛇怪被自己的眼毒杀死的故事极为相似。另外还有一个类似的故事讲的是古希腊的美杜莎，人们称丑女怪斯特诺、欧律亚勒、美杜莎三姐妹为蛇发女怪，内含的意思是恐怖或高吼。这种长着翅膀的极丑的女怪，头发是蛇，脸似圆盘，鼻子扁平，宽大的牙齿龇出上唇，高昂着头并吐出舌头左右摇晃。有的说它长着金翅膀，有珍珠的指甲和野猪一般的獠牙。因为过于恐怖，见到的人会立即变成石头。有的说这种怪物住在西太平洋最遥远的海边，那个地方接近常夜国。还有的说住在利比亚即北非一带。另外有一个说法是美杜莎原本是美丽的少女，由于在海神波塞冬和女神雅典娜的宫殿内淫乱而受罚，头发全部变成了蛇

图2 美杜莎的头像

（见图2）。蛇发女怪三姐妹的同胞还有灰发女怪三姐妹，这是头发变成灰白的老女人，三人共用一个牙齿和一只眼睛，需要时轮流使用。这三姐妹住在利比亚的顶端，日月无光的地带，守卫着蛇发女怪三姐妹。传说最初勇士珀尔修斯还未降生的时候，神便告诉说这个孩子将杀死他的外祖父阿克利希斯。于是阿克利希斯便将她们母子放入木箱投入海中，木箱漂流到塞里福斯岛，挂在渔民的渔网上被搭救上岸，并受到细心的照顾。搭救母子的人的弟弟波利德特斯是这个岛的首领，他见到珀尔修斯的母亲达那厄十分美丽，便一见钟情，想娶她为妻，于是珀尔修斯便成了眼中钉肉中刺。一次他在筵席上让珀尔修斯发誓为国王赴汤蹈火去杀死女怪美杜莎。当珀尔修斯准备出发的时候，他由

399

幼儿瞬间成长为威武的年轻勇士。

女神雅典娜对于美杜莎还没有变丑之前和自己争艳比美，心中十分不快。因此她对珀尔修斯出示美杜莎的画像，嘱咐他制服她们姐妹即可，但务必杀死美杜莎。珀尔修斯找到灰发女怪，夺取了她们唯一的牙齿和眼睛，逼迫她们说出前往蛇发女怪住处的道路，而且得到会飞的草鞋和魔袋以及主宰阴间的冥王哈得斯的头盔，戴上这个头盔可以隐身。这时神使海尔梅斯又送来了锋利的镰刀。珀尔修斯得到诸多宝物后如虎添翼，他飞过浩瀚的海洋来到女怪们的藏身处。当他出师不利时，女神雅典娜前来助阵，当蛇发女怪注目看映在盾牌上自己的面貌时，女神帮助珀尔修斯砍下了美杜莎的头颅。即使见到落地的头颅，人也会变成石头，所以珀尔修斯避开不看她的头，将美杜莎的头颅装入魔袋，穿上会飞的草鞋飞回了家，余下的两个女怪只好望洋兴叹。美杜莎的首级被交给雅典娜，镶在她的盾牌上。后来，雅典娜将美杜莎的前额的蛇发送给了海格拉斯。当特盖亚受到敌人的攻击时，国王的女儿斯特罗佩依照海格拉斯的指示，在城墙上面向后将美杜莎的前额的头发朝向敌人挥舞了三下，于是敌人惊慌败走。只是前额的头发就有如此威力，可见她的脸是何等恐怖。

希腊人将蛇发女怪的头装饰在甲胄的前胸、盾牌以及门上，作为辟邪的标志。蛇怪被自己的眼毒杀死的故事的情节，受到这个希腊传说的影响颇多。

由于无法准备蛇怪的古代画像，在此展示一个现代学者公认的蜥蜴的图画（见图3）。

这不是传说中的蛇怪，而是一种无毒的大蜥蜴，身长可达三英尺，颜色是绿褐色，有黑色斑纹，背上和尾部有长鳍。雄性头上有红冠，头冠和鳍可以随意起伏，样子十分可怕，但颜色非常漂亮。它栖息在树上，以植物为生，当受到惊吓时会潜入水中，善于游泳，多产于墨西哥和危地马拉西岸热带海岸。由于外貌酷似传说中的蛇怪，因此被称为"basilisk"（蛇怪）或飞龙。大概是见到它的背鳍以为它会飞，认为它就像传说中的蛇怪或龙一样。"蛇怪"一词源于希腊语的"国王"这个词，它头戴鸡冠，让人自然联想出它是爬虫类动物的首领。①

图3 绿冠大蜥蜴

---

① 参照史密斯《希腊罗马人传神志字典》，赛菲尔德《古典字典》，《大英百科全书》的相关条目。伍德《博物画谱》，布朗《俗说辨惑》蛇怪的条目。——原书注

传说（5）

认为鸡是妖怪的故事有不少，《国华》刊载的地狱图中有一只全身燃烧着烈火的雄鸡鼓起翅膀烧死罪人的场面，令人毛骨悚然。这就是鸡地狱，详细内容见《起世因本经》第三卷。英国的德文郡有一个教士精于魔法，当他不在房间时，一个仆人进到他的房间，见到桌子上放着一本打开的书，便偷偷地读了起来，只读了不到半页，就见天昏地暗飞沙走石，门被吹开后，一只黑鸡带着鸡雏进来。开始还和普通鸡相仿，后来竟逐渐变得和牛一样大。教士在教堂讲经，听说房中有妖怪便中途赶回去，这时鸡已经到达了房顶。教士将事先准备的米袋扔出去，趁鸡雏拣食的时候诵念咒语制服了妖魔。[①] 非洲也有鸡妖的故事，1682年曾前往刚果的梅洛拉在游记中记述说，当地的国王死后有两人争夺王位，一个叫作西曼塔巴，这个人想借助有势力的索古诺的力量，便要娶索古诺的女儿，索古诺口头应允，但在西曼塔巴迎娶新娘和王冠的途中诛杀了他。西曼塔巴的弟弟举兵夺取了索古诺的大部分领地，索古诺为了收复失地率领大军攻入敌方的首都，居民毫不抵抗全部逃离城堡。索古诺的军队饥饿难耐，在城中抢掠食物时，发现了一只硕大的雄鸡，脚上拴着一只大铁环，有人说这是恶魔

---

① 参照前面哈茨利特的著作第1卷第313页。——原书注

不能吃，但是军人们不信，杀死之后去毛开膛煮熟。正准备饱餐一顿时，鸡肉片纷纷蠕动又合成了原来的鸡，飞上墙壁之时已经长出了全新的羽毛，再飞上树鼓起翅膀拍打了三次，啼叫几声之后便无影无踪了。人们见到后才恍然大悟，这只鸡确实是恶魔。西曼塔巴一直饲养一只硕大的雄鸡，根据鸡的叫声和时间预测胜败，没想到关键时刻失效，被索古诺诛杀。这只魔鸡大概就是西曼塔巴饲养的那只鸡。[①]

中国的《大清一统志》第三百二十二卷记载："唐大历间，于井见三角牛四角羊鼎足鸡，井中有火烛天，南诏以为妖遂塞之，今建风云雷雨坛于其上。"这实在是奇妙的故事，可能是从太阳中有三足金乌的传说演变出来的。日本也有这类怪物的故事，一休和尚在赞州旅行的时候，听说松林中有一座古寺，僧人住不过三天便出妖怪，于是便前往该寺亲身体验。至深夜五更，妖怪出来狂舞。第一个妖怪的歌词是"东野的马蹄很可怜，从来没有过欢乐，背骨损伤，大腿折断，最后曝尸荒野"。第二个妖怪唱道："西竹林的鸡三足，不幸天生是残废，天下无人可怜我，独自徘徊竹林中。"第三个妖怪唱的是"南池鲤鱼体冰凉，以水为家又为食，满身湿滑嘀哒哒"。一休和尚明白了妖怪的本性，第二天早上召集命令当地人去东边的荒野、西边的树

---

① 参照平克顿的《海陆纪行全集》第16卷第238页。——原书注

林以及南边的池塘寻找是否有马头、三脚鸡和鲤鱼，果然发现了。于是他厚葬了这些奇怪的东西并诵经安魂，怪物从此绝迹。[①]和歌山的老人传说有一个地方的一个寺庙，只要住持住下，当晚就会暴死。有一天村里来了一个衣衫破烂的贫僧，人们让他住进这个寺庙，他读完经后，丑时三刻听见有人敲门，贫僧问是谁，外面回答说是马骨，听说今晚有一道佳肴实在高兴。接着又来了南水的金鱼和西竹林的三足鸡，三怪一起扑向贫僧，僧人纹丝不动，读经制服了怪物，随后三个怪物就消失了。第二天早上，村里人按照僧人的指点找到了马头、金鱼以及三脚鸡的死尸，然后又清除寺庙的柱子上藏着的木槌。据说这种木槌是最不吉的东西，会招来怪物，特别是挂在乾角（西北）的柱子上会作怪。《曾吕利物语》第四卷记载了足利的僧人在伊予（爱媛县）的出石山寺镇妖的故事，僧人破解它们的名字分别是圆瓢怪、坤河鲶鱼怪、乾野马头怪、辰巳三足蛙怪、艮山朽木怪，从而知道了它们的本性，用棒子打碎怪物，制服了妖怪，这个僧人因此重振了寺院。汉代焦延寿所著《易林》中有"巽为鸡"，巽鸡中"鸡"谐音读成圭，从而错读为蛙，于是误传为巽方位的三足蛙。

熊野地方的传说讲，那智的妖怪经常残杀僧人，刑部左卫门征讨妖怪时，这个妖怪将钟套在头上，所以箭射不

---

① 参照《一休诸国物语》第4卷。——原书注

中。在只剩最后一只箭时，刑部左卫门大叫箭已射尽便扔下弓，趁怪物摘下头上的钟时，用最后一只箭射死了妖怪。这个妖怪总是使用山茶树的木头制作的槌子和三只脚的鸡，前面的故事已经讲到木槌和鸡可以作怪。山茶树的木头做的木槌可以变化，放在家里会使家里人生病，熊野地区有的地方至今仍然忌讳这种木槌。愚妻的亲戚中有个名叫须川甚助的富豪，从前建房时特意建了一个仓房，平时在里面储藏干鱼、海带等食品，逢灾荒年便拿出来救济村民。这个房子的屋檐下每晚都有跳动声，传说是木匠铺房顶时将山茶木的木槌忘在上面，变化成妖怪而造成的。

北欧的古雷神托尔打死巨妖时使用的槌是闪电，抛掷出去之后会自动返回手中，人们仿效槌的形状制作成护身符，而且石斧也曾作为托尔辟邪的武器发挥过重要的作用。[1] 非洲的约鲁巴人认为雷神用坚硬的树木制成棍棒使用。[2] 佛教中的大黑天、满善车王等诸神很多都手持木槌。[3] 藤原定家[4]所著《建仁元年后鸟羽院熊野御幸记》记述说，当后鸟羽院天皇过鹿濑山时，在山中休息野餐，并在此剪下树枝，按照身份做成木槌，系上贤木树枝，敬献给神。

---

[1] 参照马来《北方考古篇》第5章，普林茨德里希《宗教民俗上的雷器》（1911年）第86页以下。——原书注
[2] 详见莱昂纳尔《尼日利亚及其民族》第303页。——原书注
[3] 参照《佛教图汇》。——原书注
[4] 藤原定家（1162—1241），镰仓时代前期的和歌诗人，风格独特，后世称其为定家流派。代表作有《拾遗愚草》《咏歌之大概》《明月记》等。——译作

这个神好像是用木槌惩罚罪人的神。《梅津富翁故事》中也有大黑天用神槌惩罚盗贼的故事。古代伊特拉斯坎[①]的地狱判官用巨槌抽打亡魂使它们受苦。[②]《陔余丛考》第三十五卷记载，钟馗乃终葵之讹，齐人谓椎为终葵，盖古人以椎逐鬼若大傩之为耳。人们将有辟邪力的木槌敬奉为钟馗，称之为球仗，正月用槌打球，年中无凶事。《政事要略》第七十卷讲，裸鬼手持木槌加害病人时，氏神将它赶走。《今昔物语》第二十章第七节讲述说，奸污染殿后的淫鬼身穿红色兜裆布，腰插木槌。笔者过去寄赠给大英博物馆的飞天夜叉的古画中也有手持木槌的恶鬼，这幅画长期在该馆宗教部展出。由此可见，木槌是神和鬼都经常使用的神秘的武器。

《还冤记》记载："宋下邳张稗者，家世冠族，末叶衰微。有孙女，殊有姿貌，邻人求聘为妾。稗以旧门之后，耻而不与。邻人愤之乃焚其屋。稗遂烧死，其息邦先行不知后还，亦知情状而畏邻人之势，又贪其财而不言嫁女与之。后经一年，邦梦见稗，曰：'汝为儿子逆天不孝，弃亲就怨，潜同凶党。'捉邦头以手中桃杖刺之，邦因呕血而死。邦死之日，邻人又见稗排门直如，张目攘袂，曰：'君恃势纵恶，酷暴之甚，枉见杀害。我已上诉，事获申雪，却后数日令君知之。'邻人得病，寻亦殂殁。"鬼本来非常

[①] 伊特拉斯坎是古代意大利西北部的地名。——译注
[②] 参照丹尼斯《伊特拉斯坎的城市以及坟墓》第2卷第206页。——原书注

惧怕桃木，但这个名叫张稗的鬼却不怕桃木，而用桃木树枝杀人。这就好像歹徒本来惧怕文身，后来纷纷以文身作为标志，进而以文身恐吓他人。与此相似，最初魔鬼惧怕木槌，后来魔鬼相反用木槌打人。《抱朴子》至理卷记述说，吴将贺齐讨山贼，"贼中有善禁术者，吴师刀剑不得拔，弓弩射矢皆还自向，辄致不利齐。曰：'吾闻之雄黄胜五兵。还丹能威敌。夫金有刃，虫有毒者，皆可禁之，以无刃之兵，不毒之虫，彼必无能为也。'遂伐木为棓，列阵，四面罗布，俱鸣鼓角，勒兵待曙。贼惶邃无依，禁术不效，遂大破而降之"。

《日本书纪》第七卷和《丰后国风土记》讲，景行帝亲征九州熊袭土著人时，有五个土蜘蛛妖怪挡路，于是天皇让群臣用海石榴树枝做成木槌袭击石窟，诛杀了所有妖怪。从此以后这个地方便被称为海石榴市。山茶木有韧性且撞击力十分猛烈，在榨油中使用时不易折断。人们也经常用来制作一头宽大的打狗棍。据雕刻木匠讲，用山茶和枇杷木制成的木槌打人会造成内伤，落下终身残疾，是所谓的毒木。因此人们一般忌讳使用山茶木的木槌，认为是神和魔鬼的兵器，如同惧怕刀剑一样，于是由此产生出山茶木的木槌和房柱可以变化的迷信。山茶树的朽木夜间可以发光，[①] 所以人们讲山茶是妖怪，这也是人们认为这种树

---

① 参照《嬉游笑览》第10卷下。——原书注

是妖怪的一个原因。笔者幼小时期，在和歌山有一个名叫山茶庄的乡绅豪宅，院中巨大的山茶树十分茂盛，每到夜晚只是关上大门而不敢关房门，据说如果紧闭房门会听见妖怪的笑声。听说那智山的观音像是用山茶木雕刻成的，伊势一宫都波木大明神祭祀的就是猿田彦。[1]村田春海[2]所著《祭祀山茶记》讲当地有很多山茶树，大概是当地人认为山茶是神。今井幸则说，常陆筑波郡今鹿岛地名的来源是从前领主亲赴战场之前，在此地种植了一棵山茶，将此树当作鹿岛神宫祭拜神明从而取得了胜利，于是将这里奉为神地，取名为今鹿岛。[3]鹿岛上山茶是神树。《和泉国神名帐》记载从五位下伯太建造山茶神社，以山茶树为神祭拜。

祭祀中使用的伞矛[4]上有一只鸡站在大鼓上的雕像，称为谏鼓鸡。《尘添埃囊抄》第九卷记载："谏鼓即上谏之鼓，例如唐土尧帝为正朝政，设置此鼓，规定如有恶政可击鼓上谏……任何卑民之诉无不上达。"《连珠合璧》下卷讲有鼓必谏。《鹖子》记载："禹治天下以五声听，门悬钟鼓铎磬，以待四方之士。铭曰：'教寡人以事者振铎，教我以道者击

---

[1] 详见《三国地志》第23卷。——原书注
[2] 村田春海（1746—1811），江户时代中后期的国学家、诗人，是贺茂真渊门下的四大王之一。——译注
[3] 详见《乡土研究》第4卷第1期第55页。——原书注
[4] 伞矛是祭祀的饰物之一，外形是一顶巨大的伞上面装饰有长矛、大刀和花等饰物。——译注

鼓。'"《渊鉴类函》第五十二卷记述说,"尧设诽谤之木,舜悬招谏之鼓",但未标明出典。笔者查找了各种文献,发现《吕览·自知篇》中的"尧有欲谏之鼓,舜有诽谤之木"是最早的文献记载。由于圣王执政,谏鼓没有用武之地,以至于长出了苔藓。这可以理解是太平盛世,不过笔者没有查到最早记录这个成语的文献。白居易曾写下《敢谏鼓赋》,《包公奇案》中记述过屈鼓,是申诉冤屈的意思。《类聚名物考》第二百八十五卷记载说,土御门大臣讲"盛德天皇治世,谏鼓上鸟雀嬉戏,风吹树枝也不鸣",第三百二十卷讲,"当今世上禁庭八月灯笼描绘鼓上有鸡",这出自"谏鼓苔深鸟不惊"的意思。该书还说"古代主要模仿唐制,应该有金鸡雕像",这来自封演撰写的《封氏闻见记》。该书记述说:"(唐朝时)国有大赦,则命卫尉树金鸡于阙下,武库令掌其事。鸡以黄金为首,建之于高橦木之下,宣赦毕则除之。凡建金鸡,则先置鼓于宫城门之左,视大理及府县徒囚至,则槌其鼓。案,金鸡,魏晋已前无闻焉……北齐每有赦宥,则于阊门前树金鸡,三日而止。万人竞就金鸡柱下取少土,云:'佩之利。'越数日间,遂成坑……按《海中星占》,天鸡星动,必当其赦,由是王以鸡为候……登封嵩岳大赦,故为万岁登封。坛南有大槲树,杪置金鸡,因名树为金鸡。"

中国古代实际存在谏鼓或屈鼓的事例,在外国人的游记中有相应的记载。例如纳瓦列特著《中华帝国志》(1676

年，马德里）第十二页记述说，中国所有的衙门按照其地位的高低设置大小不同的鼓，当有诉讼案件时就击打这面鼓。南京的法庭上设置的鼓特别巨大，表面蒙着一张象皮，用粗绳高悬着一根巨大的鼓槌，以此击打大鼓。9世纪由阿拉伯人苏里曼撰写、列诺译成法语的《中国记》第四十一页讲，中国的所有地方官的头上都悬挂着一个钟，名为铜锣。敲打铜锣的绳索延伸到官府外面，任何人都可以拉绳鸣锣。绳索的长度有的可达三四英里，根据时代不同而改变。如果有人蒙受了冤案，可以来此敲响铜锣，地方官亲自上堂听案，公平处置。列诺注释说，据12世纪阿拉伯人埃德里希撰写的《世界探险记》记述，从前北京的皇宫附近有一个放置大鼓的房间，官兵日夜把守，如果有人不服官府的判决或打不起官司的人可以前去击鼓，法官会毫不犹豫地听取他们的申诉，公平裁决，不过这个制度已经废除了。玉尔所著《华夏及其通路》第一卷绪论第一百零六页讲，泰国早期的国王曾施行这个申诉制度，但是由于地方官们处理官司十分尽力，所以便废除了这个制度。据《日本书纪》第二十五卷记载，大化革新时，朝廷悬挂大钟，而且设置上谏箱，让忧虑朝政想上谏天皇的人将文书放入箱内，如果意见仍不被采纳，此人可以撞钟申诉。这似乎是模仿《管子》中的"禹立建鼓于朝而备讯"的方法。久米邦武博士的《日本古代史》第八百四十一页讲，大化革新时，设置的大钟和上谏箱是因为实施新的法律制度直接关系到百姓的财产，朝廷担心国司等官员独断专横和贪污受贿，为了解事实才设立了这种制度，其实这只不过是一种权宜之计。这和古书上记载的谏鼓和诽谤木等形式上的制度不同，混淆会产生误解。从上述的游记可知中国的谏鼓、击钟都实际用于申诉冤案，当时游历中国的外国人亲眼所见并有所记载，绝不是形式上的制度。

概论

鸡的日语名称是"kake"或"kudakake",这是百济鸡的省略,大概原来是从百济传来的。这类名称如高丽绵、新罗斧等在《万叶集》中有很多。[①] 鸡,梵语是各各达(母鸡是各各其),太平洋上波利尼西亚语岛国的名称也都十分相似,均源于鸡的啼叫声。汉语名是鸡,徐铉曰:"鸡者稽也,能稽时也。"根据格林童话以及马耳他岛等地的名称推测,鸡的名称也源于叫声。纪州东牟娄郡古座町附近的童谣和大藏流本狂言《二人大名》都有鸡的啼叫声。《犬子集》第十四卷中有"嘟嘟嘎嘎,朝夕鸣叫""善养鸡犬",现在呼唤狗的时候已经不用"嘎嘎"了,但是呼唤鸡的时候仍然使用"嘟嘟",这种用法自宽永时代就已经存在。"嘟嘟"大概源于雄鸡呼唤雌鸡的声音。

《下学集》上记载:"鸡,一名司晨。"在日本人们还称鸡为着木棉鸟,或者说臼边鸟,这是因为鸡经常围在石磨附近拣食米粒的缘故。着木棉鸟从发音上考察有三种解释,《松屋笔记》第七卷讲,鸡在申时(下午四时)报告傍晚将至,然后回窝,所以名为告夕鸟。《敏行歌集》中有"逢坂傍晚鸡鸣后,行人往来仍不绝",这讲的是鸡鸣叫报告日暮将至,城中的守将并不在意,也不下令关闭城门,行人仍

[①] 详见《北边随笔》。——原书注

然往来不断。集外三十六歌仙里见玄陈歌中也有"远方闻听告夕鸟，才觉已到留宿时"，笔者家养的鸡每到下午四时必定啼叫。另外还有一个解释，仲实的《绮语抄》下卷讲着木棉鸟，指朝廷祭祀时在鸡身上插上木棉，放生在逢坂。除此之外，鸡还有因拍打翅膀的声音而得的名字（《圆珠庵杂记》），与此相似，昆虫的名字也有源于振翅声的。《万叶集》第七卷中有"好似庭院长尾鸡，悠然自得闲看云"的诗句。鸡一般在日语中写作庭鸟，这是因为在院子中放养而得的名字。据查《重订本草启蒙》第四十四卷，鸡还有许多佚名。《神代卷》和《古事记》中记述天照大神藏身在岩户时，八百万神聚集常世的长鸣鸡，让它们互相啼叫长鸣。本居宣长解释说，所谓常世的长鸣鸡指的是鸡，常世意思是常夜，并非永恒不变的常世，因为发音相近而相通，古代人一般书写时不拘泥于字的准确性。常世的长鸣鸟是后来人们命名的名称，但是现在人们误以为先命名而后才让鸡长鸣。《渊鉴类函》第四百二十五卷记载，《广志》曰："白鸡金骸者善奋，并州所献吴中送长鸣鸡。"又讲"九真郡出长鸣鸡"。《广益俗说弁》第二十五卷记载，《桂海虞衡志》曰："长鸣鸡高大过常，鸡鸣声甚长，终日啼号不绝。"《礼记》阐述说："祭宗庙之礼曰翰音。"注释说："翰长也，鸡肥则鸣声长。"也就是说鸡的啼叫声要比其他的各种鸟类持续时间长，持续时间越长越珍贵，所以古书中都称鸡为长鸣鸡。《渊鉴类函》引用《风俗通》说："呼鸡朱朱，俗说鸡本朱公化而为之。"注释说:"其声也,读若祝祝者,诱致禽畜和顺之意。"汉代人们口诵"朱朱"来呼叫鸡,因此牵强附会说朱公变成了鸡。

东西方各国关于鸡的名称各异,古英语中雄鸡是"hana",母鸡是"henn",这和德语的"hahn""henne"、荷兰语的"haan""hen"、瑞典语的"hane""höna"发音都比较接近,古英语的母鸡变成"hen"保留至今,而雄鸡的名称则被人遗忘,现在英语称公鸡为"cock",称鸡雏为"chicken",中世纪的拉丁语、法语的鸡名都来源于鸡的叫声。[1]《开卷一笑》续第四卷讲,有人打赌让口吃的人发出鸡的叫声,便给他一把稻谷,问他这是什么?他回答说谷谷。中文和英语法语一样,英语"fowl"和德语、丹麦语一样,原来都是鸟的意思,现在除了"seafowl"(海鸟)和"waterfowl"(水鸟)等名称以外,如果单说"fowl"一般兼指雌雄鸡。[2]在日本,通称鸟类的"鸟"这个词,在普通的家庭一般指鸡。不过精确地讲,鸡这个词是"common fowl",或者"dunghill fowl",以此区别于"pea fowl"(孔雀)和"guinea fowl"(珍珠鸡)。法语雌雄鸡只用一个词"poulet",雏鸡则称为"poussin",从这个词泛生出来的英语单词"barn-door"指的是为了食肉或采卵而饲养的家禽,

---

[1] 参照《大英百科全书》第11版第13卷第265页。——原书注
[2] 详见《大英百科全书》第10卷第760页。——原书注

包括鸡、火鸡、鹅和家鸭等。①意大利语中雄鸡是"gallo"，雌鸡是"gallina"、西班牙的雄鸡是"gallo""gallina"、俄罗斯语的雄鸡是"Петух"，雌鸡是"курицы"，欧语系中雄鸡和雌鸡都分别有不同的名称。再看东亚和东南亚地区的名称，马来语中通称"ayam"，萨摩亚语称为"moa"，这和英语统称"fowl"类似，日本古代也统称鸡为鸟。日本的古书中记载的鸟声一般都是指鸡叫。鸡的名称在希伯来语中是"אוז"、印地语是"मुर्गी"、泰米尔语是"கோழி"、爪哇语是"pitik"，具体的来源笔者也不甚了解。

英语中由鸡泛生出来的词汇较多，例如从雄鸡意气风发，充满斗志的样子演变出来的"cocksure"表示充满信心；男人在家受老婆管制被比喻为"henpecked"，意思是受制于母鸡的公鸡；还有"coquetry"，这个词从前男女兼用，现在主要指女人卖弄风骚的走路姿势，起源则是公鸡向母鸡求爱时的步行姿态。"coquet"以前曾用于称呼公子哥，但是现在主要指卖弄风情的女人。"cockscomb"（鸡冠）是对于穿着华丽的人的蔑称，取自雄鸡竖起鸡冠威风凛凛的走路的样子，而且单指雄鸡的名词"cock"还可以作为动词形容大摇大摆走路的姿态。生物种学会的会员威尔福雷德·马克·韦布，曾经研究过我在西印度群岛采集的贝类，在他撰写的《衣服的传统》（1912年）中解释过"cockscomb"这个词的

---

① 详见《大英百科全书》第22卷第213页。——原书注

来源，所谓"chapeau"的头巾始于14世纪的英国，当时主要是贵族和骑士佩戴，到16世纪以后常见于中年的贵妇人使用，所以这个词在英语和法语中一般用作未成年女子的监护人。据《新英语辞典》解释，近年在英国，这个词也用于作为未成年女子的监护人的绅士。如图4（A）所示，以前头巾的后部短短地翘起，后来演化为细长的装饰垂在后面，如该图（B）所示，最后直至下垂至地面。有的尾端用花边装饰，如该图（C）表示的那样，有时还将布条叠在一起装饰在头巾的后面，如同中国人将辫发盘在头上一般。后

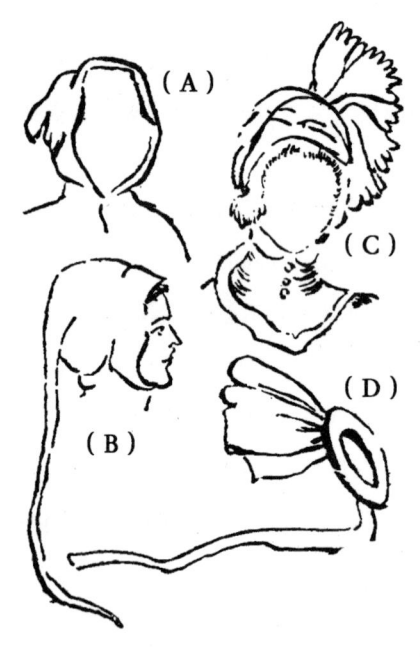

图4 头巾的演变过程

图5 英国的两种黑皮饰物

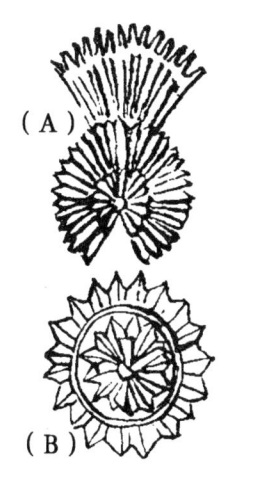

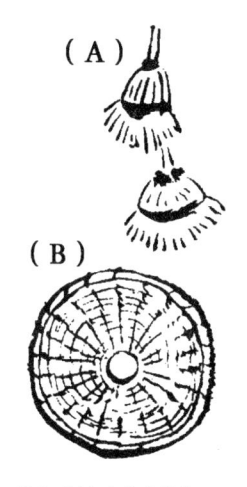

图6 (A)古代的锅垫
(B)笔者家中使用的锅垫

来为了方便,干脆做成装饰扎在头巾后部,见该图(D)。这种花边装饰在头巾上和鸡冠十分相似,所以用于称呼穿着华丽的男人。

还有一种名为"cockade"的花形徽章,据说也是从"chapeau"泛生出来的。这种徽章的名字似乎也是从公鸡"cock"演变而成的,[1] 如图5(A)所示,由于外形极似鸡冠,才因此得名。另外一种解释是将帽子一端的帽檐翻起,并在帽檐上打开一个小孔,从帽子顶端用线绳拉紧帽檐,在线绳的一端钉上一个扣子,一般认为这个名称是扣子和

---

[1] 详见《大英百科全书》第11版第6卷第622页。——原书注

周围的环演化出来的。①《大英百科全书》解释说，在英国和法国等地，不同的政党和军人分别佩戴形状和颜色各异的徽章，而且该书还列举了欧洲各国王室的不同的徽章的图案。二十九年前的秋天，笔者初次远渡英伦，徘徊在王宫附近，见到贵族的马车出出入入，络绎不绝，马车夫头戴高帽的一侧全都镶嵌着一种类似锅垫一样的黑皮饰物，车中坐着许多英俊的少年，见到这个情景，笔者想起了古诗，眼前似乎浮现了宁乐·平安时代古代宫廷的盛世，在落叶满地的榕树下，饿着肚子流着鼻涕独自欣赏美景。回到宿舍查阅《用舍箱》②，其中写道："现在偶尔有在厨房中使用锅垫的家庭，一般制成草鞋形状，古代一般是扇形。因为和武将的头盔两侧的装饰相似，所以名称相同。"［见图6（A）］

《倭名类聚抄》讲："绫乃冠之绪，老人髻落后以此系冠。"查阅《康熙字典》，似乎帽子的带子和带子上的装饰都称为绫，这种装饰物的形状如同蝉的翅膀或牦牛竖起的尾巴。日本佩戴弓箭的武士戴这种帽子如同古代英国的入伍戴冠，这只不过是巧合而已。正如《用舍箱》所讲，锅垫是垫在锅下的草垫，古代的形状和武将的头盔两侧的装饰相似。将锅垫比作梳子，锅垫的形状看作蝴蝶或鸟的翅膀，英国的黑皮饰物［见图5（A）］上方展开的扇状部分既像翅膀也

---

① 参照韦布《衣服的传统》第44页。——原书注
② 《用舍箱》是江户时代后期的随笔，作者是柳亭种彦，1841年出版。书中主要考证江户时代初期的风俗习惯。——译注

类似梳子。据说人们在《用舍箱》成书的时代使用草鞋形的锅垫，现在笔者家中使用的是正圆形［见图6（B）］，和图5（B）的英国的黑皮饰物相似。这两者虽然相似，不过日本武将的头盔两侧的装饰是从中国的绥转化发展起来的，附在头盔的两侧，这原本是为了固定帽绳的装置，而欧洲的黑皮饰物只装饰在帽子的一侧，其原型见于15世纪拉伯雷的著作，因此不可能模仿日本的头盔的装饰，而且日本也没有模仿欧洲，双方只不过是外形偶然相似。世上事物的外形虽然千变万化，但是有一定规律，因此不同的地区产生出外形酷似的东西也是有可能的。不认真考察原因，认为外表相似的东西必然同源是大错特错，有人将孟子和卢梭、大盐平八郎和克林威尔相提并论，更有甚者，有位美国学者说贝原益轩曾主张共和政治，这些比较实在让人不敢恭维。

《日本书纪》中日本武尊平定了东部地区达到碓日岭时，想起前一天代替自己死去的妻子弟橘媛，眼望东南方向长叹了三声，从此这里便命名为东国。宫崎道三郎①博士曾经在《东洋学艺杂志》上撰文讲，朝鲜语的早晨和日本古代的早晨即"日出"发音相同，东方是日出的地方，联想起清晨报晓的鸡，所以才得出东国的名称。这一见解十分精辟，德语中早上和东方也是同一个词汇。前面已经讲过，《淮南子》

---

① 宫崎道三郎（1855—1928），出生于三重县津市，1884年受文部省派遣赴德国留学，1888年归国，任东京帝国大学教授，专攻法制史。1889年创建日本法律学校（现日本大学）。——译注

中有"鸡知将旦，鹤知夜半"，吴国的陆玑曾说："鹤，鸡鸣时亦鸣。"众所周知，乌鸦每到清晨必会啼叫，因此，伊势、热田等地祭拜鸡的同时，熊野等地区祭拜乌鸦为神的神社有很多。古代埃及人根据狐猴在清晨和黄昏鸣叫的特征，认为狐猴是太阳神的象征。据一位喜爱养鸟的友人介绍，知更鸟每到晚上九点必定鸣叫一声，之后直到早上都不会啼叫。大概根据这一特点，古代日本人根据中国的古书中的知更鸟的名称来命名日本的鸟。据长年在东牟娄郡最高的山大塔峰上劳作的人们讲，这座山十分陡峭，没有人干活时戴着表，又没有地方养鸡，不过这里有两种鸟和鸡一样，在拂晓的不同时间报时，人们从鸟声便可以知道时间。

中国的三十六禽中，将野鸡和乌鸦归为鸡类大概是因为野鸡和乌鸦同样在清晨和黄昏报时。《开元天宝遗事》记述说："商山隐士高太素，每一时有一猿诣亭前，鞠躬而啼，目为报时猿。"猴子可以为人报时，实在是件宝贝。《洞冥记》记载："影娥池北作鸣禽之苑，有司夜鸡，随鼓节而鸣不息，从夜至晓，一更为一声，五更为五声，亦曰五时鸡。"这是和钟表一样准确啼叫的鸡。《辍耕录》第二十四卷记载："尝至松江钟山净行庵，见笼一雄鸡，置于殿之东檐。请问其故，寺僧云：'蓄此以司晨，盖十有余年矣，时刻不爽[①]。'余窃记张公文潜《明道杂志》云：'鸡能

[①] 时刻不爽意为绝对不会报错时间。——译注

司晨，见于经传，以为至论，而未必然也。或天寒鸡懒，至将旦而未鸣，或夜月出时，邻鸡悉鸣。大抵有情之物，自不能有常而或变也。'若然，则张公之言非欤。因举似以询其所以。僧云：'司晨之鸡必以童，若坏天真，岂能有常哉？'盖张公特未知此理故耳。"将公鸡和母鸡隔离，使它一生不和母鸡杂交，究竟是否可以准确报时，闲来无事之人可以做个试验。《世说新语补》第四卷讲："贺太傅作吴郡守，初不出门。吴中诸强族轻之，乃题府门云：'会稽鸡，不能啼。'贺闻，故出行，至门反顾，索笔足之曰：'不可啼，杀吴儿。'① 于是至诸屯邸，检校诸顾、陆役使官兵及藏捕亡，悉以事言上，罪者甚众。陆抗时为江陵都督，故下请孙皓，然后得释。"

从前，细川幽斋②去丹后（京都）的白杉猎鹰，不知是什么人在道边立了一根竹竿，上面挂着一张纸，纸上面写着字，仔细看好像是当地百姓写下的打油诗，用一至十编入诗中诙谐地控诉百姓生活困苦不堪。细川幽斋见到后开怀大笑，立即让跟随在左右的僧人闲雪提笔记录了他的答诗，诗中同样使用一至十的数字的谐音，批驳了百姓的怨言，写

---

① 贺太傅添加的诗句意思是，不鸣则已，一鸣惊人，如果啼叫将要治罪于会稽人。——译注
② 细川幽斋（1534—1610），安土桃山时代的武将兼诗人。原名细川藤孝，曾经跟随织田信长、丰臣秀吉、德川家康三代将军打天下，受到赏识。生前写下诗集《众妙集》。——译注

完之后挂在了原处。[1]在战国时代中期以及战乱之后刚刚得到统一的时期，当时连百姓也不安分守己，同时也显得十分有骨气，不畏强权写下打油诗讽刺当权者。另一方面，见到这样的诗能马上亲自对出答诗的太守也十分了不起。当今的中央和地方官应该认真效仿，哪怕有古人的一半才华也好，敢于面对百姓的批评，只要有理有据，百姓也会甘愿受罚。前面讲到的会稽人将贺太守比喻为鸡，好像是因为当时会稽的鸡以不啼叫而闻名。

笔者在旧金山逗留时，借住的地方的邻居养了许多鸡，每天晚上通宵达旦啼叫，让人心烦。后来读到西班牙人奥彼亚特撰写的《西印度志》第六卷，发现书中的描写和我的经历十分相似。其中讲在西班牙以及欧洲的大部分地区，鸡一般在深夜和日出啼叫，有的鸡一夜啼叫三次，即两点或三点以及深夜和破晓之前。然而在印度西部，鸡一般在日落后的一个小时或两个小时啼叫，然后在黎明前的一个小时或两个小时再次啼叫，深夜不叫。有的鸡只在初更时啼叫一次，其他时候一概不叫。所以一夜之中只叫一两次，深夜不叫。印度西部地区的大部分鸡都是在日出之前的一个半小时或两个小时报晓。另外，北非、西班牙、意大利以及法国的猫一般在2月上旬发情，通宵嚎叫，而被带到印度西部之后则改变习俗，绝不吵闹，一年之中不知什么

---

[1] 详见改订史籍集览本《丹州三家物语》第73页。——原书注

时候发情，始终都很温顺，由于树林中食物很多，原来的家猫野化，大量繁殖。由此可见，鸡和猫的变化大概是受气候的影响。据笔者的友人们谈论，日本的鸡随着杂种增加，啼叫的时间也随之变化。如果深入研究，可以揭开其中的奥秘，不过在此不深入论述。如果各位读者有兴趣，可以深入探讨。人们将鸡带入南美某地，发现鸡在当地不繁殖，最近才听说刚刚开始繁衍后代。与此相似，外国品种的鸡适应了水土之后，啼叫的时间也会变得有规律。

在没有钟表的时代，人们特别爱护鸡，不但在各种寺院神社放养鸡，而且将鸡奉为神明，绝不吃鸡肉。印度人也忌讳吃鸡肉，在很多寺院的附近都有鸡群半野生放养在田野里。[①]佛教寺院讲究苦练修行，戒律十分严格，但是并不禁止养鸡，北院御室所著的《右记》阐述了其中的原因。该书说，寺院禁止抚养少年小鸟之类，但是并不禁止饲养鸡和狗，内外典中大多阐述其德，鸡有五德，或告其家的吉凶，真言宗中有将白鸡尾立于秘坛上的瓶中，特别是鸡可以报时，这极为重要。所谓鸡的五德在《韩诗外传》中记载说："君不见夫鸡乎，头戴冠者，文也；足搏距者，武也；敌在前敢斗者，勇也；见食相呼者，仁也；守夜不失时者，信也。"关于这一点，有趣的是从前有个名叫彬师的僧人，有一天和客人对坐，见到旁边卧着一只猫，便对客

---

① 参照卡维尔的《佛本生谭》（1895年，剑桥）第2卷第280页。——原书注

人说："人言鸡有五德，今吾此猫亦有之。猫见鼠不捕，仁也；鼠夺其食而让之，义也；客至设馔则出，礼也；藏物虽密能窃食之，智也；每冬月辄入灶，信也。"客人听后捧腹大笑。这段故事刊登在《渊鉴类函》的讲述猫的条目之中。更有趣的是薄伽丘的《十日谈》，其中僧人对主人讲述亚里士多德有圣贤七德，主人回答说自己的仆人也有七德，便扳着手指陈述了仆人们的种种过失。英国律师柯林伍德·李曾研究《十日谈》中的故事起因以及类似的故事并著书立说，出版前他来信向我问及相关的材料，我在回信中写了鸡和猫的五德，后来他来信说未曾读到过嘲笑仆人的所谓七德的原话。他终生致力于研究这本书，连他都有没有读到的部分，可见能将书读通是多么难的事情。不过世上有很多只会道听途说却专横跋扈之徒。

人在外面不能随便开玩笑，前些年笔者曾对土宜法龙师夸口说如果有什么不明白之处尽管提出问题，没想到四年前大师寄来了一封信，吓了我一跳，对方是出家人，不会是来讨债，所以当着妻子的面打开了信封。大师在信中讲，人们说茶有十德，不知具体指什么，因此来问我。于是我翻阅了大量的书籍，但费尽九牛二虎之力也没有找到，《沙石集》等书中虽然列举了茶德，但不足十条。我也曾想过随便写一本虚构的书名欺骗大师，但是想到大师这次有备而来，不可能轻易上当。于是加倍努力，最近终于在井原西鹤的《日本永代藏》第四卷第四章中发现了"茶有十德会聚一堂"这样的题目。这个故事讲的是在敦贺港外的一个偏僻地方,有一个名叫小桥利助的人担着担子卖茶水,卖早茶赚了钱变成了批发商。但是他贪心不足,派年轻伙计去越中(富山县)越后(新潟县)一带收集人们喝过的茶叶,谎说卖给京都的染印作坊,回来后混在新茶中出卖,以此牟取暴利。不过天网恢恢疏而不漏,不久他的罪行暴露,世人皆知,死后尸体也遭到天火的焚烧,他的住宅也变成幽灵出没的鬼屋。书中没有涉及所谓茶的十德。笔者认为,茶农有种茶十德这种说法,意思是说种茶要比其他的农作物获利十倍,该书是在贞享五年(1688)前后成书,大概是在这个时期社会上人们的传言,或者是流传的脍炙人口的谚语之类。因此我写信回复大师说,所谓的茶有十德和鸡以及猫的五德不同,是可以获得十倍利益的意思,并不是可以逐一列举的,不过自己对此回答也不满意,恳请天下有识之士不吝赐教。

前面引用的《韩诗外传》的文章显示,鸡的五德仅限于雄鸡,至于母鸡,自古以来在中国就有许多无聊的传说。母鸡报晓是女人逞威的前兆,人们非常忌讳,近来中国的女子解放运动的声势日益高涨,所以母鸡报晓人们也习以为常了。在英国,人们称妻管严的男人为"henpecked",原意是被母鸡啄。戈佩尔纳其斯说,意大利、德国以及俄国人都相信母鸡像公鸡一样报晓是极坏的凶兆。听到母鸡报晓的人如果自己不想死,就必须立即宰杀母鸡。在波斯,人们认为公鸡可以杀死恶魔，所以经常在坟地放养公鸡，不过他们也忌讳母鸡报晓。评论家萨达反驳说，母鸡报时和公鸡一样可以驱邪，因此不应该被杀死。在西西里，这种母鸡既不能卖也不能送礼，主妇只有宰杀后自己吃。据笔者调查，在瑞典人们相信男女谈恋爱期间，女方故意走在男方前面，漫不经心地将手帕扔在地上，男方如果捡起手帕，就会一辈子怕老婆。[1]与此相似，人们相信如果吃了报晓的母鸡，主妇可以管制丈夫。日本人也认为母鸡报晓不吉利。《碧山日录》记载说，长禄三年（1459）六月二十三日癸卯，流言四起，各州私下纷纷在城内屯兵，不过各地诸侯都害怕灾祸殃及自身。有人说北野天满神庙的母鸡报晓，巫女将此事报告给朝廷。这个时期女人有发言权，不仅是将军家，各地诸侯家中也因女人引起纷争，所以流言四起。1919年3月《飞弹史坛》上刊登的已故三岛正英撰写的《伊豆七岛风土细览》说，新岛的乱塔场放养了大量的鸡，这是当地的风俗。文章中讲这是为了捡食鸡蛋，不过我觉得与波斯类似，为的是驱邪。

《松屋笔记》第五卷记载说，将鸡献给浅草观音之后，过了一段时间母鸡就会变成公鸡，这是佛的神力造成的。据笔者看，母鸡在寺院内肆意野合，而且孵出的鸡雏在院子里东奔西跑，碍手碍脚，所以大概和尚偷偷地换成了公

---

[1] 参照洛德《瑞典小农生活》第86页。——原书注

鸡。由此想起了李卓吾的《开卷一笑》续第二卷的故事，其中说陈全游是金陵的名妓，通晓词章，多有题咏。一天，她和一个名叫何琼仙的奴婢一同饮酒，偶然见到雌雄鸡相交，何琼仙请陈全游赋诗一首。于是她当场作了一首词，内容是："女是灵禽非走兽，风流之事谁没有，背地偷情尚可，当场献丑不许，休要如此问律罪，正应笞杖徒流，如加一等强辩，杀来为我下酒。"果然是具有悠久历史的诗词大国，诗句绝妙。《五杂俎》讲："景物悲欢，何常之有？惟人处之何如耳。"《诗经》说："风雨如晦，鸡鸣而已。"本来这是十分凄凉的景色，但是一经点破便成为佳境。记得叔本华曾赞誉但丁面对任何事情都可以发挥文才，描写得十分出色。

在《常山纪谈》中，池田辉政讲武士应珍重的东西有三个：领地的农民、世代相传的武士以及鸡。为什么这么说呢？农民种田养活上层和下层的武士，这是第一个宝贝。世代相传的武士即使愿意放弃口粮，到了其他封地也不可能得到口粮，还会被怀疑为奸细，因此不能在其他地方长期逗留，终究会回来成为自己的兵将，这是第二个宝贝。看得见的标志、听得到的信号很容易被敌国察觉，难以存在，而雄鸡报晓作为信号不会被敌人发现，利用敌国的鸡叫事先规定第一遍鸡叫起床，第二遍鸡叫吃早饭，第三遍鸡叫出发，敌人不易察觉，这是第三个宝贝。《备前老人物语》记述说，吉田久左卫门在战阵中养鸡，以此了解时间，德川家康感到十分奇特。新井白石的《东雅》讲，钟表刚刚引进中国时，明朝人写作斗鸡，意思是北斗形状的时针标示时间，自动敲响向人通报时间，如同鸡一样。庆安元年（1648）问世的《千句独吟之俳谐》中有"枕上雄鸡，惊醒吾梦""南蛮洋人，举头望月"等。

古代雅典人们称娼妓为母鸡，这取自妓女辗转反侧等待客人的比喻，还称妓女为河蝉，这源于妓女在路边等待客人并像蝉一样飞速拉客。另外，从前的尖塔顶上有一个雕塑成雄鸡模样的装饰板，坎久说这个随风摆动的雄鸡告诫教士们不可懈怠。不过格拉梅说塔顶上的十字架和鸡的雕塑是哥特人想借雄鸡的威武，将雄鸡作为战旗的风俗的遗留。现在不光是尖塔上，一般的民宅的屋顶也竖立一个雄鸡形状的风标，即使不是鸡的形状，但仍然称为"weathercock"（气象鸡）。[1]在欧洲，以前人们相信如果将河蝉的嘴绑上，用线绳吊在那里，蝉的死尸可以指示风向，英国托马斯·布朗的《俗说辨惑》经过试验证明这不正确。[2]

野生的鸡的种类有很多，大致可以分为四种。英语总称为"jungle fowl"（丛林鸡），首先，毫无疑问，红丛林鸡是所有家鸡的原种，主要栖息于印度和印度的森林以及竹

---

[1] 参照哈茨利特的著作第2卷第626页。《韦氏大词典》。——原书注
[2] 详见托马斯·布朗《俗说辨惑》第3卷第9章。——原书注

林，菲律宾岛附近的巽他群岛上也有。其外形和颜色与斗鸡极其类似，当收割完毕之后，便会十只或二十只成群来寻找食物，叫声很像矮脚鸡，但不拉长声。从正月至七月期间收集干草和树叶，一次生下八至十二个蛋。笔者经调查发现，《和汉三才图会》中记载，家鸡每日生一个蛋，如果按时取走会连续生蛋，数量不定。如果不取放置在窝里的话，生至十二个就会停止。这种解释似乎有根据。另外一种是灰色丛林鸡，只栖息在印度。其脖颈的羽毛膨大，呈角板状，前端好似点缀黄蜡一般，叫声异样，难以形容。在丛林中和家鸡杂交可以生蛋，但鸡雏长大后不生蛋。这种野鸡和红丛林鸡杂交可以生出杂种鸡，但是也不生蛋。第三种是斯里兰卡特产的斯里兰卡野鸡，这种鸡和家鸡相似，不过前胸的羽毛呈红色，鸡冠是黄色，但边缘呈红色，脸颊和颔之间的垂囊为紫红色。其叫声清脆，和家鸡易杂交生出杂种，但是杂种不生蛋。一般栖息在山下边。第四种是栖息在爪哇岛的原鸡，没有颔毛，鸡冠硕大没有锯齿，颔垂只有一个，羽毛颜色一般呈绿色，和家鸡杂交的品种偶尔生蛋繁衍后代。

狗

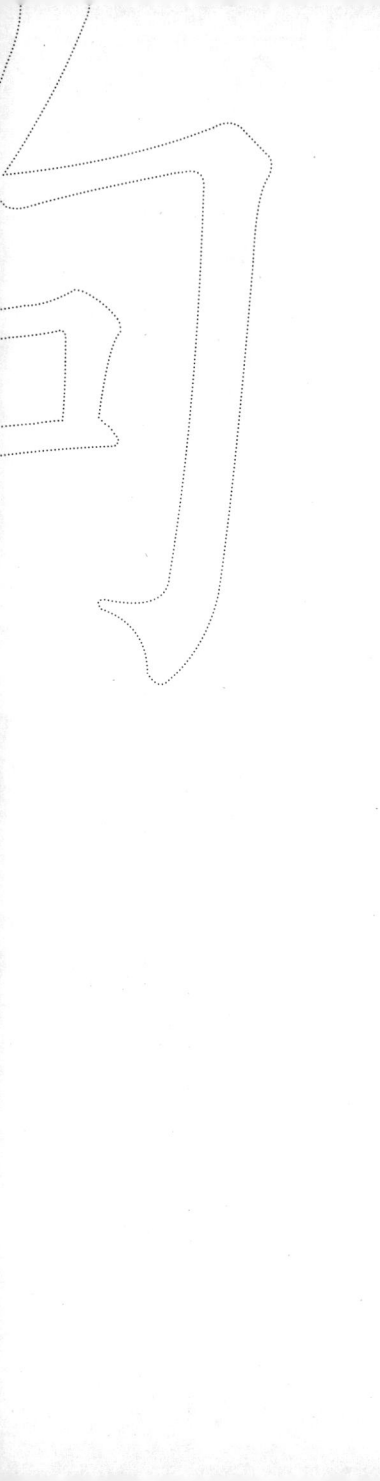

一

南洋新不列颠岛的土著人说，狗原本直立行走，奔跑速度极快，杀死过很多人。为此人们商议对策，将面包果加热，然后将种子撒在狗必经之路上，狗踩上去之后烧伤了后爪，摔倒时又烫伤了前爪，从此以后无法直立行走。这个种子至今仍然留在狗后爪上面。①

1882年，笔者在游览高野山②的途中，在山中的茶店曾经见到一只年龄十八岁的老狗，如果至今还健在的话应该已经达到五十八岁的高龄。1921年11月再次游历此山的时候，那家茶店已经人去屋空，那只狗也不知去向。《大英百科全书》第十一版第十六卷第九百七十六页记载，狗的一般寿命是十六至十八岁，偶尔也有存活到三十四岁的事例。加斯达在《罗马尼亚鸟兽谭》（1915年）第三百三十七页记述说，罗马尼亚人认为狗的寿命是二十岁。他介绍的

---

① 参照布朗《美拉尼西亚以及波利尼西亚》（1910年）第244页。——原书注
② 日本和歌山县东北部的名山，日本佛僧空海在816年在这里开创了真言宗的金刚峰寺。——译注

民间传说讲，上帝在开天辟地的时候，召集世上所有的动物宣布它们各自的寿命和生存方式。首先上帝召见人类说："你是万物之王，双足直立，眺望长空，朕赋予你高贵的容貌，机敏的思考和判断能力以及进一步表达思想的语言。大地上所有的生物，从飞翔在天空的鸟到爬行在地面的昆虫，将全部受你的支配，生长在树木和土地的果实完全归你享有，你的寿命是三十岁。"人听到后唯唯诺诺，但是心中不悦，口中低声抱怨："即使生活如此美好，仅三十年实在太短。"下一个，上帝召见了驴，对它说："你要辛苦劳作，必须背负重荷，会不断受到鞭挞和训斥，只能短暂歇息而且要吃粗茶淡饭，你的寿命是五十岁。"驴听到后跪下申诉说："大慈大悲的上帝，本人如此辛苦劳作还要活五十年，实在太残酷了，恳求您大发慈悲减去二十年。"这时贪婪的人走上前恳求上帝将驴放弃的二十年赐给自己，于是人的寿命变成了五十岁。

接着上帝召见狗，对它说："你要守护主人的家和财产，切不可有任何差错，见到月亮的影子也要狂吠。作为回报给你吃骨头和剩肉，你的寿命是四十岁。"狗回答说："责任重大却只能啃骨头，实在无法胜任。恳求您以慈悲为怀，为我减去二十岁。"狗的话音未落，人又走上前，乞求上帝将狗放弃的二十年赐给自己，于是人的寿命又增加了二十年，变成七十岁。最后，上帝叫来了猴子，对它说："你外貌似人但实质不同，缺乏智慧如同小孩一样幼稚，你将会腰背弯曲，还会被小孩嘲弄，受到人们的讥笑，你的寿命是六十岁。"于是猴子也同样请求上帝减去三十岁。人听说后又趁机为自己加寿，最后终于达到一百岁。

就这样，人作为万物之灵，在上帝赐予的最初的三十年里活得逍遥自在，过了三十岁之后的二十年，由于本来就是从驴得来的寿命，所以生活艰辛，烦恼不断，还要不停劳作，为年老后的生活储备财物。从五十岁到七十岁，人只好在家里守护着微薄的财产和储蓄，整天战战兢兢，有一点阴影都会感觉恐惧，看见他人就会认为是小偷，妄想图谋自己的财物，这就是从狗那里获得的寿命的结果，是理所当然的报应。人过了七十岁，腰背弯曲，面容苍老，心绪低沉，行为好似幼儿，时常被儿女讥笑，受到他人的嘲讽。这是因为从猴子转来了三十年寿命的缘故。

爱沙尼亚有一个解释猫和狗关系险恶的传说。以前，所有的动物都和睦相处，后来狗在野外捕杀兔子，其他动物向上帝告状。上帝召见狗询问原因，狗回答说："为了生存不得已而为之。"于是上帝特别许可狗可以猎杀倒在地上无法行走的动物，而且授予了证书，交给狗中最有信用的牧羊犬保存。到了秋天，牧羊犬工作繁忙，无法随身携带证书，又没有可靠的地方保存，便将证书托付给好友猫保管。猫高高拱起后背伸了个懒腰，蹭着牧羊犬的腿满口答应。牧羊犬将证书放在壁炉台上，嘱咐一番之后就走了。后来，狗群在树林中发现了一匹无法行走的小马，便猎杀了马。其他的动物对此提出诉讼，经审判判决狗有罪，狗不服，申诉说证书上明文规定自己可以捕杀倒在地上的动物，并没有强调是死是活。为了证明自己无罪，牧羊犬和猫四处寻找证书，但是翻遍了各处也没有找到，原来是被老鼠咬碎了。猫恼羞成怒，从此以后见到老鼠就会吃掉。狗十分痛恨猫不负责任的态度，从此和猫结下世仇，直到今天。牧羊犬由于没有保管好证书，无脸见其他的同类，便隐身在旷野，其他的狗四处寻找也不见其踪迹。此后，狗在路上遇到同类必然问对方是否找到丢失的证书。①

格拉乌斯的《南斯拉夫人萨汉以及马尔宾》则记述说，从饭桌上掉下的肉属于狗是天经地义的，猫和狗将这个规定记载在驴皮上，由猫保管藏在屋顶下，但是被老鼠咬碎了。一天，狗因为吃了饭桌上掉下的肉而遭到主人的痛打，便向狗王控诉。狗王让猫拿出驴皮书，但是找不到，从此以后猫和狗、猫和鼠结下了不解的冤仇。前面引述的加斯达记载的罗马尼亚的传说讲，最初猫和狗都跟随亚当恪尽职守，相处十分和睦，为了避免出现矛盾，双方协议立下誓言，规定狗负责外面的工作，猫主持家政，并负责保管证书藏在屋顶下。后来，由于魔鬼的挑拨，狗抱怨说："我在外面千辛万苦，又要看家又要捉贼，风餐露宿，只能吃残羹剩饭啃硬骨头，有时连饭也吃不上，而猫饱食终日，

---

① 参照卡比《爱沙尼亚的勇士》第2卷第282页。——原书注

整天躺在炉火边睡懒觉，这也太不公平了。"不过猫坚持说这是双方的协议规定的，不能改变。狗要重新确认证书，于是猫爬上房梁一看，证书上沾着油，原来被老鼠咬碎拿回去垫窝了。猫大吃一惊，咬死了老鼠，狗见猫无法拿出证据，十分恼火，咬住猫不松口。从此以后，狗见到猫便追究丢失证书的责任，猫则找老鼠算账。

古川重房撰写的《筑紫纪行》第十卷讲，丹后九世渡有一个狗堂，这里的戒岩寺和智恩寺两座寺院曾共养一只狗，听到两寺同时撞钟，于是在两寺之间不停往返奔跑，不幸因疲劳而死，埋于寺中。人们竖立了一块石碑，在上面雕刻了林道春的文章凭吊这只狗。桑门虚舟子在《新沙石集》第四卷中从《经律异相》中援引《譬喻经》的文章说："昔有一人于两业有二妇，适诣小妇，小妇语言：'我年少，婿年老，我不乐住，可往大妇处作居。其婿拔去白发，适至大妇处。'大妇语言：'我年老头已白，婿头黑宜去。'于是拔黑作白，如是不止，头遂秃尽。二妇恶之，便各舍去，坐愁致死。过去世时寺中狗，水东一寺水西一寺，闻揵搥鸣狗便往得食。后日二寺同时鸣磬，狗浮水欲渡，适欲至西复恐东寺食好，向东复恐西寺食好，如是犹豫溺死水中。"这段文章是比喻本来心无主见，心神不定而使身心疲惫，终于一事无成。林道春不解其中的含义，以为是事实便撰写了碑文。

各国认为狗虔诚信奉宗教的故事有很多。《隋书》记载:"文帝时,魏州四月八日立舍利塔。有一黑狗耽耳白胸,亦即持斋,非时与食不食,惟欲得饮净水耳。至后日解斋,与粥始吃。且寺内先有数猛狗,但见一狼狗,无不竞来吠啮。若见此狗入寺,悉在低头掉尾。"据达文尼埃等人的游记介绍,虔诚的伊斯兰教徒按教规甚至强制马在斋月期间绝食。习惯成自然,大概前文中的狗也是从小持斋长大的。

萨西的《名言录》第四辑记载说,在本格里奇教堂长达一年的修缮期间,人们都不去礼拜,而康格里夫的一只狗每个星期天都坚持礼拜。在该书的第二辑中讲,卫理公会派[1]刚刚兴起时,在布里斯托尔附近,去教堂礼拜的人见到一条狗来教堂参加礼拜,人们说狗的家人不信仰卫理公会派,所以狗独自来礼拜。当时每到星期天,国教会的礼拜结束之后,卫理公会派开始讲经,这条狗每次必到,人称卫理公会狗。来礼拜的途中,正好在路上遇见从教堂返回的孩子们,每次都会遭到孩子们辱骂和石头的袭击。有一天傍晚,人们故意将集会的地点换了一个地方,但是那条狗仍然按时到场。几周后,狗的主人喝醉酒后从市场回来时失足落入河中淹死。奇怪的是从此之后狗就再也没有露面,理由众说纷纭,约翰·纳尔逊说这条狗定时来到教堂,以此

---

[1] 基督教清教的一个派别,1729年创立于英国的牛津,主张严格遵守基督教的教义。——译注

引起它的主人的注意，促使主人信仰基督，但是由于主人暴死，所以就不再来了，可见畜生有时要比人更聪明。

丘杰尔编撰的《海陆游记全集》（1732年）第一卷收录的鲍姆格登的游记记述说，约翰教派的大主教住在波利斯的城堡，附近一带岛屿的居民都归顺这个教派。大主教在接近土耳其边境的地方修筑了圣彼得要塞，饲养了许多只狗，这些狗十分聪慧，晚上放出去就会自动潜入敌国，遇到伊斯兰教徒就会将他们咬死，而嗅到基督教徒则不会伤害，引导并护送他们回到要塞中。一旦听到铃响，狗群就会集合，吃完饭后再各自奔赴自己的岗位，如同尖兵和间谍。被土耳其人囚禁的基督徒越狱成功后，很多都在狗的帮助下生还，作者在当地逗留期间就曾见到一个从俄国逃回的人。

培根的《洁白的蚕茧》讲，狗认识打狗人，当有狂犬肆虐时，打狗人悄悄去猎杀狂犬，这时从没有见过打狗人的狗群也会聚集在一起狂吠。《程氏遗书》记载："犬吠屠人，世传有物随之，非也，此正如海上鸥耳。"这段的意思是宋代人一般认为狗的灵魂附在屠夫的身上，所以其他的狗见到后才会狂吠，而程则列举《列子》中的文章反驳，列子讲海鸥喜欢和海上航行的人嬉戏，但一旦人要捕捉海鸥时就绝不再接近人。与此相似，屠夫身上充满了杀气，狗可以感觉到。笔者曾经亲眼见到过一个因饲养狐狸而发家致富的人在街上走路时，有一条刚出生不久的狗崽狂吠，而且还咬住这个人的衣裤不放，使主人十分为难，最后不得不忍痛将小狗扔掉。具体原因不必在此追究,总之狗具有人难以理解的认知能力。这和大人察觉不到的细微之物而幼儿却能迅速识别一样,是个值得研究的课题。《大清一统志》第三百五十五卷记载:"(意大利的)哥而西加有三十三城产犬能战,一犬当一骑,其国布阵,一骑间一犬,反有骑不如犬者。"[①]这段文字似乎是从西洋地理书翻译过来的,笔者曾经问过欧洲的博学之士,但至今没有查到出处。

陶渊明的《搜神后记》上卷记述说:"会稽句章民张然,滞役在都,经年不得归。家有少妇无子,惟与一奴守舍,妇遂与奴私通。然在都养一狗,甚快,名曰'乌龙',常以自随。后假归,妇与奴谋,欲得杀然。然及妇作饭食,共坐下食。妇语然:'与君当大别离,君可强啖。'然未得啖,奴已张弓拔矢当户,须然食毕。然涕泣不食,乃以盘中肉及饭掷狗,祝曰:'养汝数年,吾当将死,汝能救我否?'狗得食不吃,唯注睛舐唇视奴。然亦觉之,奴催食转急。然决计,拍膝大呼曰:'乌龙与手。'狗应声伤奴,奴失刀仗倒地,狗咋其阴,然因取刀杀奴,以妇付县,杀之。"日本也有类似的故事,似乎是源于上述的文章。《峰相记》讲,粟贺的犬寺有个名叫秀府的人,是一个著名的猎人,他的奴仆奸污了秀府的妻子,然后又想要杀死秀府,与他的妻子结为夫妇。这个奴仆将秀府骗到狩猎场,在山

---

① 本文引自《坤舆图说》下卷。——译注

中拉开弓箭，要射死秀府。秀府有两只心爱的狗，名叫大黑、小黑，它们扑向奴仆，紧紧咬住他的左右手不放。秀府拔刀扑上去询问原委，奴仆如实交待，秀府便一刀结果了他的性命，然后休了妻子，看破红尘出家为僧。临终时由于没有子女，将财产留给两条狗。两条狗死后，庄园的管家卖了田地修建了一座寺院，供奉秀府以及两条狗。寺院香客不绝，十分兴隆，后来失火烧毁之后，人们将十一面观音像、秀府两条狗的影像迁移到北山，将这里称为"法乐寺"。西方也有将遗产传给狗的事例。

据《渊鉴类函》第四百三十六卷记载："（晋）太兴中，吴氏华隆养一快犬，号的尾，常将自随。隆后至江边伐荻。为大蛇盘绕，犬奋咋蛇，蛇死。隆僵仆无知，犬彷徨涕泣，走还舟，复反草中，徒伴怪之，随往，见隆闷绝，将归家，犬为不食，比隆复苏，始食，隆愈爱惜，同于亲戚。"[1]《今昔物语》第二十九卷记载，陆奥的一个平民带着几条狗进山，在一个巨大的树洞中过夜。夜深人静狗也入睡的时候，有一条饲养多年十分聪明的狗突然跳起对着主人狂吠不止，后来又扑上来吼叫。主人拔刀制止它，但丝毫无效，在狭窄的树洞中无法转身，于是便跳到外面，这时狗扑向树洞的上方。主人这才明白狗并不是想咬自己，仔细一看，只见从树洞的上方落下一条长两丈多、粗六七寸的巨蛇，头

---

[1] 经查本文应出自《搜神记》第20卷。——译注

被狗紧紧咬住。此人领悟到这只狗是挽救自己性命的恩人，便带着狗回家了。如果当时他失手杀死了狗，他和狗都会无辜送命。

这个故事后来变化又记载在《和汉三才图会》第六十九卷，其中讲狗头神社在三河国上和田森崎，神社每年从国家领到的俸米是四十三石。狗尾神社在和田，天正年间①，领主宇津左门五郎忠茂进山打猎，家中的白犬随行，来到一棵树下，忠茂歇息小睡，狗在旁边撕咬他的衣角。忠茂微微睁开眼又要入睡时，狗在他的耳边狂吠，忠茂十分恼火，拔刀准备杀死狗，这时狗跳上树梢咬住蛇头。主人见到后大吃一惊，用刀斩杀大蛇后返回家，感谢狗尽忠，狗死后将狗头和狗尾埋在两和田村，并立祠纪念。德川家康听说此事之后十分感叹，又听说此地时常显灵，便赐给寺院领地予以表彰。宇津氏就是大久保一族的祖先。《今昔物语》第二十六卷还记载，三河国的地方官让两位妻子养蚕，元配夫人的蚕全部死亡，不但赔了本钱，丈夫也很少登门，连仆从也逃得无影无踪，一个人凄凉度日。一天，她发现有一只蚕在吃桑叶，便养在家里，家中的白狗吃了这只蚕。她对着狗哭诉自己的命薄，连一只蚕也保不住，于是这条狗鼻子不断颤动，从两个鼻孔中露出两条白丝。她拉了一下，蚕丝不断而且越来越长，直到卷成了四五千

---

① 天正年间是1573年至1591年，处于安土桃山年代。——译注

两之后狗就死了。她才醒悟这是菩萨化作狗来搭救她，便将狗的尸体埋在了屋后的桑树下。她的丈夫偶尔经过这里，见到宅院冷清的样子觉得十分可怜，而当他走近一看，夫人正在缠绕很多洁白的蚕丝。丈夫询问得知详情以后，后悔自己疏远得到菩萨慈悲的夫人，便决定和元配夫人同住而疏远妾。后来埋下那只狗的树又结了许多蚕茧，取下后得到优质的蚕丝。不久这个地方官通过上司将此事上奏了朝廷，这位地方官的子孙仍然从事养蚕业，将获得的名为狗头的上等丝线作为贡品上缴给工匠，为天皇制作朝服。这是一个十分离奇的故事，总之三河地区从很早以前便出产名为狗头的十分名贵的丝线，所以才产生出这样的传说。狗头神社原本是祭祀传说中的白犬的寺院，后来人们添枝加叶附会出巨蛇的情节，甚至又建造了狗尾神社。

西方也有狗杀死巨蛇搭救主人的故事。贝林·格鲁德所著的《中世志怪》第六章以及克朗斯敦的《通俗小说的移化》第二卷第一百六十六页以下有详细论述，在此引述概要。13世纪初，威尔士的卢恩林公爵在外出时总是让他的爱犬照顾婴儿，有一天他外出回来，见到摇篮里的婴儿踪迹不见，周围血迹斑斑，而且狗嘴上还有血渍，于是他认定狗吃了他心爱的孩子，怒发冲冠，拔刀便斩杀了这条狗。可是就在这时，摇篮的后面响起了婴儿的啼哭声，他仔细一看，孩子平安无恙。原来在他外出期间，恶狼闯进来准备叼走孩子，这时候，这条狗经过搏斗击退了恶狼，保住了孩子的性命。公爵十分懊悔，为狗立了石碑表示纪念，并将此地以狗的名字命名为格拉德。在中世纪的欧洲十分流行的警世书《罗马人事迹》记述说，有个名叫弗里克鲁斯的骑士带着妻子和奴仆去参加比赛，将婴儿放在摇篮中让爱犬和鹰照看。城边的蛇前来要咬死婴儿，鹰展翅唤醒了狗，狗经过搏斗杀死了蛇。当它伏在地上舔身上的血迹时，乳母见到这个情景误以为狗吃了婴儿，仓皇跑去报告给主人，在路上正巧遇见主人回来，便一五一十地叙述了见到的情景。骑士十分恼火，斩杀了狗，等翻开倒在地上的摇篮一看，只见婴儿未伤一根毫毛，旁边躺着一条死蛇。弗里克鲁斯后悔莫及，从此折断兵刃放弃骑士道，云游四方圣地乞求神的宽恕，至今仍没有返回家园。1374年问世的波斯的《辛巴达》第十七章叙述的故事大同小异，只不过将狗换成了猫。

据笔者查证，马场文耕[①]写作的《近世江都著闻集》第四卷记述说，京町三浦的倾城美女薄云每当去厕所时总有一只猫一起进去，为了不让猫看到自己方便时的面容，她和别人商量要杀死这只猫。一天当她又去方便时，那只猫又随之而入，于是躲在一旁的主人便拔刀正要砍下猫头，只见猫窜下粪坑不见了踪影。仔细一看，粪坑的角落藏着

[①] 马场文耕（1718—1759），江户时代中期的评书艺人。原本姓中井，通称左马次或者文右卫门，他是江户时代评书艺术的创始人。——译注

一条巨蛇，这条蛇咬死了猫。薄云这才醒悟，原来是猫知道下面的蛇在窥探，所以才每次跟随入厕，她痛哭流涕，将猫的尸骸埋在西方寺并建造了一座坟墓。这类故事有多种类似的情节，不过都是源于佛教故事。

《摩诃僧祇律》第三卷记载："过去世时有婆罗门，无有钱财以乞自活。是婆罗门有妇不生儿子，家有那俱罗虫便生一子。时婆罗门以无子故，念彼那俱罗子如其儿想，那俱罗子于婆罗门亦如父想。时婆罗门于他舍会，或得乳酪及得饼肉，持还归家与那俱罗。又于后时婆罗门妇忽便有娠，月满生子便作是念：'是那俱罗生吉祥子能使我有儿。'时婆罗门欲出行乞食，时便敕妇言汝若出行，当将儿去慎莫留后。婆罗门妇与儿食已，便至比舍借碓舂谷。是时小儿有酥酪香，时有毒蛇乘香来至，张口吐毒欲杀小儿。那俱罗虫便作是念：'我父出行母亦不在，云何毒蛇欲杀我弟……'时那俱罗便杀毒蛇，段为七分，复作是念：'我今杀蛇令弟得活，父母知者必当赏我，以血涂口当门而住，欲令父母见之欢喜。'时婆罗门始从外来，遥见其妇在于舍外，便嗔恚言我教行时，当将儿去何以独行。父欲入门，见那俱罗口中有血，便作是念：'我夫妇不在，是那俱罗于后将无杀食我儿。'嗔恚而言徒养此虫为其所害，即前以杖打杀那俱罗。既入门内自见其儿，坐于庭中咦指而戏，又见毒蛇七分在地。见是事已即大忧悔，时婆罗门深自苦责，是那俱罗善有人情救我子命，我不善观察卒便杀之，可痛

445

可怜,即便迷闷蹙地。时空中有天。即说偈言:宜审谛观察,勿行卒威怒,善友恩爱离,枉害伤良善,喻如婆罗门,杀彼那俱罗。"所谓那俱罗就是前些年为了根治琉球地区的毒蛇而引进的獴,英语称为"mongoose",这种动物见到蛇会飞速捉住,绝不放过。它的行动之神速要胜过一般的兽类,更接近蜥蜴。[1]因此翻译佛经时加上了虫字写作那俱罗虫,在《善信经》中译为黑头虫。

---

[1] 详见伍德《博物画谱》第1卷。——原书注

二

上一节曾讲过人们为挽救主人的狗死后修建寺庙纪念的日本故事，后来发现国外也有这类事例。14世纪的洛克斯圣人自年幼时分就虔诚地信奉基督，经过刻苦钻研，获得了非凡的神力。当他十二岁时，父亲去世，他便将所有的遗产施舍给了穷苦的百姓。当黑死病蔓延的时候，他来到意大利，在罗马等地的医院为病人祈祷或触摸他们的手，曾经解救过数千万人，但是不幸他也患上了黑死病，被赶出了皮亚钱兹城，躺在树林中气息奄奄。这时候，贵族戈达鲁兹斯的狗每天从主人家衔来一片面包给他，并舔其患部以作安慰。狗的主人尾随狗来到树林见到这个情景十分感动，在他的全力照顾下，洛克斯圣人终于恢复了健康。当他返回家乡法国的维勒班时，被怀疑为间谍而被关进大牢，在1327年8月16日不幸死于狱中。在他生前，人们相信只要呼唤这位圣人的名字便可治愈黑死病，因此在法国、意大利、德国、比利时、西班牙等国，人们十分尊崇这位圣人，这个教派的教士也特别多，尤其是在威尼斯，人们在他的墓地兴建了大教堂纪念。这位圣人的塑像身着巡礼时的袍服，腿上留着黑死病的伤疤，身边跟着那条曾救过他性命的狗。传说这条狗的出生地——归属葡萄牙的领地亚速尔群岛上也建有纪念狗的教堂。[①]

[①] 参照《大英百科全书》第23卷第425页，《随便问答》杂志第9辑第12卷第189页。——原书注

《渊鉴类函》第四百三十六卷记载："（宋太宗的爱犬）每坐朝，犬必掉尾先吠，人乃肃然。太宗不豫，犬不食。及上仙，犬号呼涕泗以至疲瘠。章圣初即位，左右引令前导，鸣吠徘徊意若不忍。章圣令谕以奉陵，即摇尾饮食如故。诏造大铁笼施素茵置卤薄中，行路见者陨涕。后因以毙，诏以敝盖葬于熙陵之侧。"另外还有"杨光远之叛青州也，有孙中舍，忘其名，居围城中，族人在西州别墅。城闭既久，内外隔绝，食且尽，举族愁叹。有畜犬彷徨其侧，似有忧思，中舍因嘱曰：'尔能为我至庄取米耶？'犬摇尾应之。至夜，置一布囊并简，系犬背上，犬即由水窦出，至庄鸣吠。居者开门，识其犬，取简视之，令负米还。未晓入城，如此数月，以至城开。孙氏阖门数十口，独得不馁。孙氏愈爱畜之。后数年毙，葬于别墅之南，至其孙彭年语龙图赵师民刻石表其墓。"

印度马拉巴尔海岸的奎隆港口的岸边有一块石碑。据说英国上校戈尔登曾在附近的湖中游泳，狗不停地狂吠，仔细一看，湖底有一个庞然大物正逼近自己，水面上泛起了波纹。当他察觉是鳄鱼时，狗已跳入水中，葬于鳄鱼之腹。原来狗发现狂吠不能唤起主人的注意，便舍身保护主人，上校为了追悼爱犬，建造了这块石碑。这位上校1834年死于孟买，距今并不十分久远。在登海尔德，竖立着荷兰国王威廉一世的纪念碑，旁边放置着其爱犬的雕像。据说在1572年，西班牙的刺客前来刺杀威廉一世，当时国王正在熟睡，这条狗撕咬被子，用叫声惊醒了国王，使他脱离了生命危险，建立了奇功。①

在欧洲，死者的墓碑上雕刻着狗的事例极多，但并不都是因为狗生前曾经为主人尽忠，其他各种禽兽的事例也有很多，仅仅是表示概念上的意义。例如狮子代表勇猛，狗表示忠诚。而且一般多在墓碑上雕刻死者家族徽章上的动物，②从这种标志上又繁衍出很多狗效忠主人的故事。日本南部家族徽章上的鹤就是其中的一例，事实上以和这个家庭有过某种因缘的动物作为徽章的事例绝不是少数。另外像《诸家纹见闻》所记载的诹访家的标志中的狮子，虽然在日本并不存在，有时也会被用在徽章上。徽章上的动物有时还源于图腾信仰，在欧洲有很多以狗作为图腾的家族，爱尔兰的名门贵族克丘文的姓氏就是来自狗，这个家族的人忌讳吃狗肉。③将狗奉为图腾的原因很多是感受到狗的忠诚，最初都起源于狗效忠主人的故事。在中世纪，骑士在战场上和狗一起厮杀的战法十分盛行，后来妇人将狗作为宠物日常饲养，于是将狗刻在墓碑上的风气日益兴盛。在西班牙的布尔戈斯的大教堂，梅西亚·门多萨夫人墓碑上的卧像上有一只小狗，这只狗并没有任何功绩，只不过是这位贵妇人生前喜爱的宠物。汉朝淮南王刘安和八大仙人一起服用仙药升天时，他的鸡和

---

① 参照《随便问答》杂志第11辑第4卷第49页，第3卷第41页。——原书注
② 参照《随便问答》杂志第11辑第3卷第310页。——原书注
③ 详见甘邦《作为历史科学的民俗学》第286页。——原书注

狗也舔了剩下的仙药，一同升上了天堂，鸡在空中鸣，狗在云中吠。[1]其他随仙人得道升天的事例还有很多，据《琅邪代醉篇》第五卷记载："韦善俊，唐武后朝京兆人，长斋奉道法，尝携黑犬，名乌龙，世俗谓为药王。"又有"（韩献忠回忆）年六七岁病甚，令公与夫人守视之，忽若张口饮药状，曰有道士牵犬以药饲我。俄汗而愈，后因画像以祀"。[2]这条黑狗也是和主人一起受到祭拜。

英国的乔恩·米勒出生于1684年，死于1738年，他是一位演员，极富幽默感。1739年，约翰·莫特利汇集了米勒的名言又加上古今的笑话汇编成《乔恩·米勒幽默集》，又名《智慧者必携》。在这本书的第十页讲，有一个人对别人说他父亲的塑像揭幕了，仔细一问才知道刚刚揭幕的是泰恩侯爵乘坐在马车上的像，这个人的父亲是马车夫，因此雕像中也有他父亲，人们听了哭笑不得。所以在各地的塑像中的狗大部分都与此类似，只不过是陪衬罢了。

前面谈到药王牵着黑狗的故事，顺便附加一点。欧洲人相信魔鬼会以黑狗和老猫的身形出现，威尔斯说当恶魔骚扰人的时候，将黑狗的肠子和血涂在墙壁上可以驱鬼。民间传说当被蝮蛇咬后，在伤口处敷上蝮蛇肉可以尽快痊愈，这都是以毒攻毒的方法。威尔斯的师傅是德国人阿格

---

[1] 详见《神仙传》第4卷。——原书注
[2] 译者没有查到作者所示的原著，本文引自《说郛》第45卷下。——译注

利伯，此人是16世纪著名的医生兼哲学家，曾大量著书立说。他的观点不为世人所接受，被认为是巫师而受到排斥，最后穷困潦倒死于陋巷。他生前经常带着一条黑狗，人们说这是魔鬼的化身，临死前，他解开了黑狗颈项上施过魔法的颈环，对狗说："走吧，是你误了我的一世功名。"狗走脱之后跳入河中，失去了踪影。有人说那只恶魔变的狗起誓一定使他复活，于是他便自杀了。还有人说那只恶魔变的狗嘲笑他，于是他默默地死去。威尼斯人布拉卡迪尼是著名的巫师，自夸可以借助魔力造出黄金，1595年在巴勒莫被处以绞刑。同时跟随他的两条黑狗也被当作恶魔的化身受到审判，被当众用强弩射死。[1]

《渊鉴类函》第四百三十六卷记载："康定中侍禁李贵为西边塞主，妻为昊贼掳去，家中一白犬颇驯扰，祝之曰：'我闻犬之白乃前世为人也。尔能送我归乎？'犬俯仰如听命，即裹粮随之。有警则引伏草间，渴即濡身而返，凡五六日出贼境，其夫无恙，朝廷封崇信县君。"由此可知狗获得了朝廷的封号。又说："唐贞元中，有大理评事韩生者，侨寓西河郡南，有一马，甚豪骏。尝一日清晨，忽委首于枥，汗而且喘，若涉远而殆者……至明日，其马又汗而喘。圉人窃异之，莫可测。是夕，圉人卧于厩舍，阖扉乃于隙中窥之。忽见韩生所畜黑犬至厩中，且嗥且跃，俄化为一丈夫，衣冠尽黑，既

---

[1] 详见克兰·布朗奇《妖怪事典》。——原书注

挟鞍至马上，驾而去。行至门，门垣甚高，其黑衣人以鞭击马，跃而过……半夜还，下马解鞍，其黑衣人又嗥跃，还化为犬。圉人惊异，不敢泄于人。后一夕，黑犬又驾马而去，逮晓方归。圉人因寻马踪，以天雨新霁，历历可辨，直至南十余里一古墓前，马迹方绝。圉人乃结茅斋于墓侧，来夕，先止于斋中以伺之。夜将分，黑衣人果驾马而来。下马，系于野树。其人入墓，与数辈言笑极欢。圉人在茅斋中俯而听之，不敢动。近数食顷，黑衣人告去，数辈送出墓外。于内有一褐衣者顾谓黑衣人曰：'韩氏名籍今安在？'黑衣人曰：'吾已收在捣练石下，吾子无以忧。'褐衣者曰：'慎勿泄，泄则吾属不全矣。'黑衣者曰：'谨受教。'褐衣者曰：'韩氏稚儿有字乎？'曰：'未也。吾伺有字，即编于名籍，不敢忘。'褐衣者曰：'明夕再来，当得以笑语。'黑衣人唯而去。及晓，圉者归，遂以其事密告于韩生。生即命以肉诱其犬，犬即至，因以绳系。乃次所闻，遂穷捣练石下，果得一轴书，具载韩氏兄弟妻子家僮名氏，盖所谓韩氏名籍也。有子生一月矣，独此子不书，所谓稚儿未字也。韩生大异，命致犬于庭，鞭而杀之。熟其肉以食家童，已而率邻居子千余，执弧矢兵仗至郡南古墓前，发其墓，墓中有数犬，毛状皆异，尽杀之以归。"匈牙利人也相信黑狗中的花斑狗是恶魔的化身，而白狗则是吉祥的象征，不会成为疯犬。[①]

[①] 参照戈佩尔纳其斯《动物谭原》第2卷第33页。——原书注

《日本书纪》第七卷记述说，日本武尊在信浓山中受到山神变成的白鹿围困时，用蒜杀死了白鹿。而当他迷路时，经白狗引导到达了美浓。同样是白色，鹿是恶者，狗是善者。然而该书的第十四卷讲，播磨地区的乱贼文石小麻吕变成马一般大的白狗和官军抗衡，春日小野臣大树用刀砍杀之后又变回了原来的小麻吕，因此白狗也不全都是吉兆。到后来，白狗多与佛有缘，并且被认为是吉祥的象征。例如藤原道长被道满法师诅咒时，白狗又是吼叫又是撕拉，才使他避开埋着邪恶之物的地方。[①]关山派的长老做梦，梦见家里养的一条白狗说自己将转生为门前一家的孩子，求长老收为弟子。不久，果然诞生孩子了，由于家贫无法抚养，打算扔掉，于是长老收下作为弟子，长大后非常诚实勤奋，不过不擅长诵经。[②]和泉界的一个寺院中的白狗，诵经时总是来到经堂平卧在地听经，有一天吃年糕窒息而死，托梦对和尚说，因为念佛的功力将降生为看门人的孩子，果然如愿出生。和尚转告托梦的内容让孩子出家，孩子十分聪慧，无师自通，但是天生不吃年糕，而且忌讳人称他为白狗。十三岁时和尚强迫他尝试吃年糕，他便中途逃走，再也不见踪迹。[③]《中阿含经》有一个故事讲一个人转生为狗，降生在自己儿子的家里，挖出了前世自己埋藏的财宝。其他类

---

① 详见《东斋随笔》鸟兽类。——原书注
② 详见《因果物语》中卷。——原书注
③ 参照《各国民间故事》第5卷。——原书注

似故事在佛经中记载颇多,传到日本以后又泛生出很多类似的故事。不过《今昔物语》第十一卷和《弘法大师行化记》讲,大师初去南山时,一个牵着两条黑狗的猎人曾为大师指路,为大师做过向导,可见在日本,人们并不认为黑狗不吉利。

狗降生为人的故事在佛经中颇多,只是没有明确说明是否是白狗。《贤愚因缘经》第五卷记载:"一时佛在舍卫国祇树给孤独园,尔时世尊,与诸弟子千二百五十人俱。尔时国中,有五百乞儿,常依如来,随逐众僧,乞丐自活,经历年岁,厌心内发。而作是言:'我等诸人,虽蒙僧福得延余命,苦事犹多。'咸作是念:'我等今者,宁可从佛求索出家,共诣佛所。'于是众人,即共白佛:'如来出世,甚为难遇,我等诸人,生在下贱,蒙尊遗恩,济活身命。既受殊养,贪得出家,不审世尊,宁可得不?'尔时世尊告诸乞儿:'我法清净,无有贵贱,譬如净水,洗诸不净,若贵若贱,若好若丑,若男若女,水之所洗,无不净者。又复如火所至之处,山河石壁,天地所有,无大无小,一切万物,其被烧者,无不燋燃。又复我法,犹如虚空,男女大小,贫富贵贱,有入中者,随意自恣。'时诸乞儿闻佛所说,普皆欢喜,信心倍隆,归诚向佛,求索入道。世尊告曰:'善来比丘,须发自堕,法衣在身,沙门形相。于是具足,佛为说法,心开意解,即尽诸漏,成阿罗汉。'于时国中,诸豪长者庶民之等,闻诸乞儿佛听入道,皆兴慢心。

而作是言：'云何如来，听此乞丐下贱之人，在众僧次，我等诸人，傥修福业，请佛众僧，供养食时，奈何令此下贱之徒，坐我床席，捉我食器。'尔时太子，名曰只陀，施设供具。请佛及僧，遣使白佛，唯愿世尊明受我请及比丘僧，因令白佛，所度乞儿，作比丘者，我不请之。慎勿将来，佛便受请，明日食时，佛及众僧，当应请时，告诸乞儿比丘：'吾等受请，汝不及例，今可往至郁多罗越，取自然成熟粳米，还至其家，随意坐次自食粳米。'"郁多罗越是天下胜处的意思，还译作胜处或胜生，艾特尔编写的《梵汉语汇》中译为高上，是须弥四洲中景胜最美的地方的意思，原本是婆罗门教中各位神仙圣人居住的地方，后来传入了佛教。

三

据《佛说楼炭经》第一卷讲:"北方天下人,通齿发绀青,色长八尺,人民面色同等,长短亦等。"所谓通齿就是连齿的意思。①《方广大庄严经》第三卷讲,佛的三十二相的第二是螺发右旋,其色绀青。而《毗耶婆问经》下卷则讲,帝释第一后舍支,目青而宽,张开则有媚,发青长而黑,一一旋曲。中国人崇尚漆黑色,而印度人则认为碧黑最美。

《万叶集》中赞颂美发似螺丝贝的肠,笔者觉得很有趣,便从水沟里捞出小螺,割开微细的肠子一看,确实是美丽的碧黑色,可见古代日本人审美观较接近印度人。据说北洲人全都行善,绝不做坏事,长寿千岁,无人缺寿短命,死后转生在忉利天②,终身生活在天庭,死后再转生为阎浮提洲的富贵人。北洲人的大小便会自动沉入地下,所以那里十分干净整洁,绝无散发粪臭的地方。人死之后,用锦衣包裹,人们绝不悲伤流泪,而是放在十字路口,郁遮鸟会运到洲外。这里有洁净的粳米,毋须耕作,自然生长而且具有百味。将米放在锅里,在锅下面放上焰味球,球的光亮可以煮熟饭,四方的人来吃富裕有余,吃完饭后人人面色红润,神采奕奕。这里既没有盗贼,也没有恶人,

---

① 详见刊载在《人类学杂志》第30卷第11期的拙文《连齿》。——原书注
② 佛教讲的欲界六天的第二天,传说在须弥山的山顶,是帝释天居住的地方。——译注

甚至没有妻子和儿女。男女如果起了淫欲之心，默默地互相注目，女人便随男人在行园中度过两三天乃至一周，同居结束后随意离去，互相不隶属对方。女人怀孕之后七八天即可生子，生下的孩子放在十字路口，过往的行人从手指尖挤出乳汁喂养婴儿。过了七天之后，孩子使用自己的福分成长为阎浮提洲的二十岁至二十五岁的人。那个世界里从来不起尘埃，树木的枝条相互交错蜿蜒，在上方交汇。在树枝上男女分别建屋居住，这就是前面讲到的佛教徒渴望实现的弥勒世界。《观弥勒菩萨下生经》描述为："尔时时气和适，四时顺节，人身之中无有百八之患，贪欲嗔恚愚痴不大殷勤，人心均平皆同一意，相见欢悦，善言相向，言辞一类无有差别，如彼优单越人而无有异。"江户时代八文字屋出版的书中将吉原红灯区称为北洲也源于此，表示那里是人生乐园的意思。

然而，《起世因本经》第八卷记载："诸比丘，阎浮提人。有五种事胜瞿陀尼，何等为五？一者勇健，二者正念，三者阎浮佛出世处，四者阎浮是修业地，五者阎浮行梵行处。其瞿陀尼，有三事胜阎浮提人。何等为三？一者饶牛，二者饶羊，三者瞿陀尼饶摩尼宝。其阎浮提，有五种胜弗婆提人，略说如前。其弗婆提，有三事胜阎浮提人，何等为三？一者彼洲最极大故，二者彼洲广含诸渚，三者彼洲甚微妙故。其阎浮提有五种事胜郁多罗究留，五种如上。其郁多罗究留，有三种事胜阎浮提，何等为三？一者彼人无我我所，二者寿命最极长故，三者彼人有胜行故。其阎浮提，有五种事胜阎魔世。诸众生辈，亦如上说。其阎魔世，有三种胜阎浮提人，何等为三？一寿命长，二身形大，三有自然衣食活命。阎浮提人，有五种胜龙金翅鸟，五种如前，龙及金翅。有三种胜阎浮提人，何等为三？一寿命长，二身形大，三宫殿广。阎浮提人，有五种事胜阿修罗，如前所说。其阿修罗，有三种事胜阎浮提，何等为三？一者长寿，二者色胜，三受乐多。如是三事，最为殊胜。"这是根据超越红尘的理想做出的判断，按照现实世界的价值观来看，完全平等的大同社会缺乏奋发的斗志以及同情心，所有的人都是平庸无为，如果像《佛说楼炭经》阐述的那样，所有人都只有命中注定的福力的话，人们无法克服天灾疾病的自然困难，也不可能维持社会发展以及人种的延续。的确佛经中也讲到自然米、用光煮饭的珠、男女七天同居、将婴儿放在十字路口过往的行人共同喂养、粪便自动沉入地下、鸟处理死尸等先进的生活方式，极力阐述北洲具有极其先进的社会制度，不过随着现实社会的科学进步，实现上述的社会也是完全有可能的，近来发明的无线电、飞艇、镭元素、防腐技术、消毒技术以及光线分析和 X 光等被誉为"当代七大奇迹"，[1]可见现代社会前途无量。不过要是认为仅凭技术发展便可实现大同社会，这无异于世

---

[1] 详见《自然》杂志第90卷第91页。——原书注

俗迷信。

前几年有一个被判处死刑的人,他在回答大同社会的人缺乏竞争精神,会造成精神困乏的问题时说:"人虽然没有了追求金钱的欲望,但是增进知识谋求进步的公益心却日益增强,没有了生活上的后顾之忧,人可以一心扑在发明创造的事业上。"不过笔者认为无论社会如何平等,人们的爱好和能力不可能完全平等,如果有不需要劳动就能收获的粮食,用光就能煮熟的饭,吃之不尽用之不竭,毫无生活压力的话,人还会努力搞发明创造吗?总之佛教徒们羡慕郁单越洲,百姓们听说有天生的自然粳米,渴望找到这种宝贝以便摆脱现世的劳苦。特别是当前农作物收成不佳,人们甚至采食竹米[①],这虽是天然生长的米,但据说味道不好吃,可见在这个世界上,不刻苦工作不可能过上幸福的生活。关于竹米,详见白井光太郎博士的《植物妖异考》上卷。

"时诸比丘,如命即以罗汉神足,往彼世界,各各自取,满钵还来,摄持威仪,自随次第,乘虚而来,如雁王飞,至只陀家,随次而坐,各各自食。于时太子,睹众比丘,威仪进止,神足福德,敬心欢喜,叹未曾有。而白佛言:'不审世尊,此诸圣贤大德之众,威神巍巍众相具足,

---

[①] 竹子结出的果实,同麦子相似,富于淀粉质,磨成粉可以食用。竹子数年开花结果,在古代是重要的救荒粮。——原书注

为从何方而来至此，甚可钦敬，唯愿如来，今当为我说其徒众本末因缘。'佛告只陀：'汝若欲知者，善思听之，当为汝说。此诸比丘正是昨日所不请者，吾及众僧，向者欲来应太子请，此诸比丘，以不请故，往郁多越，取自然粳米，而自食之。尔时只陀闻说是语，极怀惭愧，懊恼自责，我何愚蔽，不别明暗。'又复言曰：'世尊功德，难可思议，此诸乞儿，于此国中，最为下贱。今日乃得禀受清化，最蒙洪润，既受现世安乐身福，复获永世无为之乐。如来今日，所以出世，但为此辈，更不存余。又复世尊，不审此徒，往古世时，种何善行？修何功德？今值世尊特蒙殊润，复造何答？从生已来，乞丐自活，困苦乃尔，世尊慈愍，幸见开示。'佛告之曰：'若欲知者，宜善听之，吾当为汝具足解说如是本末，诸当善听。'尔时世尊，便告只陀：'过去久远，无量无数，不可思议，阿僧祇劫。'此阎浮提，有一大国，名波罗奈。国有一山，名曰利师（晋言仙山）。古昔诸佛，多住其中，若无佛时，有辟支佛，依其住止。假使复无辟支佛时，有诸五通学仙之徒，复依止住，终无空废。尔时山中有辟支佛二千余人，恒止其中，于时彼国，有火星现，是其恶灾。此星已现，十二年中，国当干旱无有天雨，不得种植，国必破矣。是时国内，有一长者，名散陀宁。其家巨富，财谷无量，恒设供具，给诸道士。时千快士，往至其家，求索供养，而作是言：'我等诸人，住在彼山，值国枯旱，乞食叵得，长者若能供我食者，当住于此。'若不见与，当至余方。长者于时，即问藏监：'今我藏中，所有谷米，足供此诸大士食不？吾欲请之。'藏监对曰：'唯愿时请，所有谷食，饶多足供。长者即请千辟支佛，饭食供养，彼残千人，复诣其家，亦求供养。'长者复问其藏监曰：'卿所典藏，谷食多少？更有千人，亦欲设供，足能办不？'其藏监言：'所典谷食想必足矣。若欲设供，宜可时请。'于时长者即便请之，差五百使人供设饭食。时诸使人执作食具，经积年岁，厌心便生。并作是说：'我等诸人所以辛苦，皆由此诸乞儿之等。'尔时长者，恒令一人知白时到，时此使人养一狗子，若往白时，狗子逐往，日日如是。尔时使人，卒值一日忘不往白，狗子时到，独往常处，向诸大士，高声而吠。诸辟支佛闻其狗吠，即知来请，便至其家，如法受食。因白长者：'天今当雨，宜可种植。'长者如言，即令诸作人赍持作器，勤力耕种。大麦小麦，一切食谷，悉皆种之。经数时间，所种之物尽变为瓠。长者见已，怪而问之。诸大士曰：'此事无苦，但勤加功，随时溉灌。'如言勤灌，其后成熟，诸瓠皆大。加复繁盛，即劈看之，随所种物，成治净好，麦满其中。长者欢喜，合家藏积，其家满溢，复分亲族，合国一切，咸蒙恩泽。是时五百作食之人念言：'斯之所获果实之报，将由斯等大士之恩。我等云何，恶言向彼，即往其所，请求改悔。'大士听之，悔过已竟，复立誓言，愿使我等于将来世，遭值贤圣，蒙得解脱。由此之故，五百世中，常作乞儿，因其改悔复立誓故，今遭我世，蒙得过度。太子当知，尔时大富散檀宁者，岂异人乎？我身是也，是藏臣者，今须达是也。日日往白时到人者，优填王是。时狗子者，由其吠故。世世好音，美音长者是也。尔时五百作食之人，今此五百阿罗汉是也。"由于并不情愿陪客吃饭，所以即使取来了北洲的自然粳米也会有吃腻的时候。

《今昔物语》第十三卷第四十段讲，陆奥的僧人光胜和法莲分别有《最胜王经》和《法华经》，两人争论两部经书的优劣相持不下，于是各自从百姓借来了一块田地，以种植收获农作物的多寡来决定胜负。光胜放水浇灌田地，对着经书祈祷，田里的禾苗茁壮生长，而法莲既不耕种也不浇灌，田里长满荒草，由此百姓们一致认为《最胜王经》要胜过《法华经》。到了7月上旬，法莲的田里长出了一棵葫芦苗，枝蔓向四方延伸布满田地，经过两三天之后，葫芦开花结果，果实硕大，密密麻麻地挂在枝条上。百姓见到说是长出了怪物，于是越发赞赏《最胜王经》。法莲觉得奇怪，便割开一个葫芦一看，里面有精米五斗，割开其他葫芦里面完全一样。于是拿给众人看并供奉在《法华经》前，犒赏诸位僧人并送给光胜一个。光胜无奈只好认输，并忏悔轻视《法华经》的罪过。法莲将米施舍给百姓，让他们全部担回家，到了12月葫芦也不凋落，米越来越多。众人省悟《法华经》威力强大，便皈依法莲。芳贺矢一博士在《今昔物语集考证》的附录中刊载了《日本法华验记》

和《元亨释书》中相关的汉文故事，但没有注明出典和类似的故事，这些其实是根据前述的《贤愚因缘经》创作的故事，最后将葫芦中的粮食送给国中百姓的情节也十分类似。前面故事中的光胜和法莲两位僧人是根据《金光明最胜王经》和《妙法莲华经》创作出来的。

《诸经要集》第四十七卷引用《譬喻经》说，长者门内有一条狗经常咬人，谁都进不去。有一个聪明的比丘去长者家，正巧那条狗在门外，比丘得入门内乞食，长者设食招待。狗后悔自己睡觉放比丘进门，觉得十分遗憾，心想等他出来时一定咬死他，吃掉他肚子里的美食。不过如果他分给我一些饭便可以原谅他。比丘看出了狗的心思，便将饭分给它一部分，狗十分欢喜，遂发慈心，不断舔比丘的脚。后来当狗又卧在门外时，曾被狗咬伤的人为了报复，杀死了这条狗。这条狗转生为长者之子，不幸短命夭折，又转生为其他长者之子，得道出家。[①] 佛教主张因果轮回，崇尚慈爱，所以狗产生了短暂的慈善心也可以得到解脱。

与此不同，伊斯兰教主张万事都是真主的意志，要接受命运的安排。因此，在《天方夜谭》中有一段关于狗食的故事。其中讲有一个人因欠债而出逃，饥饿难耐来到一个城镇，随着人群走进了类似王宫一般的住宅，见到大厅

[①] 经查《诸经要集》中引用的是一个类似的故事，译者在《诸经要集》《旧杂譬喻经》以及《杂譬喻经》中未查到原经文。——译注

中百姓和官员围着一个贵人席地而坐。贵人起立向诸位来宾问候，那个穷人惶恐不安地坐在一个角落，见到一个人牵来了四条狗，每条狗都穿着锦衣，[1]戴着黄金颈项环和银锁，这个人将狗拴在另一个房间，拿来四个金盘，每个盘中都盛着好肉，放在狗的面前便离去了。穷人见到狗的食物饥饿难耐，想偷吃又怕狗吠，正在犹豫的时候，真主怜悯他让狗将剩下的肉用前爪推给他。这个人偷偷地将盘子放在怀里，离开了这座豪宅，去其他城镇变卖了金盘子，购买商品回家，不但付清了欠债，还经商发了财。数年后，他不忘前恩，拿着偿还金盘的钱和名贵的礼物前去那家豪宅谢恩，到那里一看，今非昔比，"旧时王谢堂前燕，飞入寻常百姓家"，当时用金盘喂狗的豪宅已经不复存在，只剩下乌鸦在残垣断壁上鸣叫。那人见到此景十分伤心，正要返回时，见到路旁有一个衣衫破烂，身体瘦弱的人，便上前询问那家主人的去向以及这个豪宅破落的原因。路旁的穷人说自己就是这个豪宅的主人，过去曾经金碧辉煌，生活奢侈，美女如云，但是家境破败，落得如此窘境，看到我现在的境遇，你也可以明白真主对待世人公平的道理。于是商人便将过去偷窃金盘发家致富的经历讲述了一遍，并拿出了偿还金盘的钱和名贵的礼物让他收下，但是这个

---

[1] 巴顿对此注释说在潮湿炎热的地区，早晚如果不给狗穿上衣服，狗会患上痛风和腰痛等病症。——原书注

穷人坚决不肯。他说："你说的都是疯话，狗怎么会将自己盘子里的肉送给他人？即使是真的，狗送给你的东西我怎么能收？我再穷再傻，向真主发誓绝不会收你一丝一毫的施舍，请你赶快原路返回。"商人十分钦佩，亲吻了穷人的脚，称赞他接受命运安排的赤诚之心，而且赞颂他家境破落而无悔，世上的人和狗的命运都是真主的旨意，然后就离开了这里。

印度的马拉特王沙胡①在位时间长达五十年，1748年逝世。这个国王行为怪异，和日本的幕府将军德川纲吉一样，特别喜爱狗。在达得拉附近的路旁竖立着一座狗的坐像，据说这只狗在国王遭遇虎袭击的危机时刻解救了国王，于是国王的这只爱犬就埋葬在这里。②

前面讲过猎人秀府临终时将田地留给两只狗，欧洲和西亚则有狗给人留下遗产的故事。15世纪意大利人巴乔为了说明金银可以清净灵魂的污秽，特意写下了这样一个故事。有一个富有的教士特别爱狗，狗死了之后和人一样葬在教堂的墓地，主教听说后便要召见这个教士。教士知道主教生活艰辛，便拿着钱前去谒见主教，当主教责备他时，教士回答说："如果主教知道这只狗临终时多么细心，就不会

---

① 印度主要民族马拉特人的独立王国，17世纪以前，马拉特人受外族以及莫卧儿王朝统治，1647年，西瓦吉率众起义，1674年宣布成立马拉特国。从国王沙胡在位（1708—1749）时起，王朝开始衰落。——译注
② 参照鲍尔弗所著的《印度事典》第3版第3卷第490页。——原书注

责备为它举办葬礼，尤其是这只狗临终时不忘主教生活困苦，留下遗言让我将这百枚金币交给主教。"主教十分贪财，便允许为这只狗建立墓碑。这个故事后来收录在勒萨热的《吉尔·布拉斯报》，与此相似，阿克逊介绍说驴为人留下遗产的故事在13世纪就已经存在。①

阿克逊还说，伊斯兰教国家也有与上述情节相似的故事，记载在阿卜杜勒·马麦德撰写的书中。其中讲法官审讯狗的主人，责备他不应该为狗举办葬礼，因为只有伊斯兰教信徒才能举办葬礼，而且伊斯兰教认为狗是非常污秽的动物，连七睡人的狗和奥赛尔的驴也没有享受过这样的荣誉。于是狗的主人称赞狗生前如何机智，说狗留给法官二百阿斯佩鲁。法官顿时面色缓和下来回头对法庭文书说："你看世上的传闻并不准确，被告也过于老实才遭到世人的记恨。"然后又对被告说："你还没有为狗祈祷，我们现在一起开始祷告吧。"据说最后这句话很难翻译成欧洲语言，原文中的"开始祈祷"和"打开钱袋"是双关语。莱昂所著的《近世埃及人》第十八章记述说，作者在开罗的时候，有一个孤身的女人养了一只狗，像自己的孩子一样疼爱。狗死后，这个女人十分悲伤，在狗的灵柩前放上《古兰经》，出殡时花钱雇歌手和哭丧婆，丧礼的队伍也和人去世的规模一样。途中真相败露，女人差点被围观的民众打死。

---

① 详见《随笔问答》杂志第10辑第11卷第501页。——原书注

可见十分忌讳狗的伊斯兰教徒当中偶尔也有为狗送葬的奇人。

前面法官所讲的七睡人的狗记载在《古兰经》第十八章。公元250年，罗马皇帝戴克里先大肆屠杀基督教徒，服侍皇帝的七位年轻人不愿放弃信仰，藏身于艾菲索斯附近的山洞中，熟睡了二百年。这期间太阳每天两次改变路线以免阳光直射到洞中，上帝也特别关照为睡人左右翻身，使他们身体不致萎缩。睡人带着的狗拉吉姆用前肢堵住洞口沉睡，人和狗在熟睡之间得到许多智慧，拉吉姆成了世界上独一无二的智犬。公元450年，狄奥多西一世皇帝统治时期，七人才从熟睡中醒来，来到艾菲索斯村。起初他们以为只是小睡片刻，然而世上发生了翻天覆地的变化，全国各地普遍信仰基督教，罗马帝国一分为二，东西分别各有一个皇帝。很多事情他们都无法理解，村里人讲述的事情对他们来说都是令人惊奇的，尤其使他们惊讶的是他们的消息传到皇帝耳中，皇帝要亲自召见他们七人。于是他们七个人在御前上奏了各种奇闻，尤其是预言了二百年后穆罕默德将出世，在世上弘扬伊斯兰教并会得到成功。后来他们七人回到洞中去世，这个岩洞保存至今，拉吉姆当时被奉为超过世上一切圣贤的智犬，人们争相为它提供食物，死后长期安居在伊斯兰教的乐土。能埋葬在伊斯兰教的乐土中的动物除了这只狗以外只有九种，即尤努斯的鲸鱼、苏莱曼的蚂蚁、易斯马仪的羊、易卜拉欣的牛犊、示巴女王的驴、撒立哈的骆驼、穆萨的牛、贝尔基的布谷鸟、穆罕默德的马。基督教中传说的七睡人的故事在爱德华·吉本《罗马帝国衰亡史》第三十三章的结尾中有一段诙谐的描述,其中智犬拉吉姆的名字只出现了一次,没有具体介绍它的故事。

在评书中曾听说白井权八[①]杀人案是由于狗打架引起的。在欧洲,诗圣但丁卷入的教皇派和皇帝派的内乱也是由狗打架引起的,由于故事很长,在此省略。东罗马帝国从朝廷马车的竞争发展为长期而残酷的党派斗争,《醒睡笑》中也记述了越前的朝仓家因为相扑比赛的输赢而引起骨肉残杀的故事。

---

① 白井权八(1655—1679),本名为平井权八,江户时代前期的武士,出生于因幡国鸟取藩,18岁时因斩杀父亲的同僚而逃亡江户,和新吉原的妓女小紫相好,但因穷困潦倒开始杀人抢劫,据说曾杀死130人。他扮成出家人返乡得知父母双亡后自首,1679年被斩首。后来,人们将这段故事改编为净琉璃、歌舞伎、电影。——译注

四

上一节谈到《今昔物语》中的葫芦生麦子和米的故事本来是佛教徒争论《最胜王经》和《法华经》的效力时产生的。天平十三年（741）正月，圣武天皇昭示全国要在各地建立七重塔，而且要抄写《金光明最胜王经》和《妙法莲华经》各十部，天皇另外抄写《金光明最胜王经》一部放在各个塔中，每个地区的金光明四天王护国寺中配备二十名僧人，法华灭罪寺中设置十名尼姑，僧人和尼姑每月八日必须轮读《最胜王经》直至月中，这个诏书发布的原因是为了祈祷天下风调雨顺、五谷丰登。[1]因而当时皇宫中的法事中最重要的是最胜会，天平九年（737）冬季十月的最胜会在太极殿举行，元旦时举行了同样的仪式，[2]可见在两部经书中，朝廷特别崇尚《最胜王经》，所以信奉《法华经》的人们编出了葫芦生米的故事夸张《法华经》要胜过《最胜王经》。

世界各国都有狗的笑话，在此列举其中的两三个。《醒睡笑》据说是元和九年（1623）安乐庵策传[3]撰写的，这本书被誉为日本笑话的鼻祖。该书第一卷中讲，有一个人说

---

[1] 详见《日本书纪续》第14卷。——原书注
[2] 参照《元亨释书》第2卷释道慈传。——原书注
[3] 安乐庵策传（1554—1642），江户初期的僧人、茶道家、笑话作者，京都誓愿寺竹林院的住持。——译注

无论如何也不敢去咬人的狗那里。于是有人告诉他如果在手掌上写个虎字，狗就不会咬人。后来他见到狗，就写了虎字，张开手掌给狗看，可是仍然被狗咬伤了。他觉得很伤心，对一个僧人讲起此事，僧人告诉他那只狗是文盲。《嬉游笑览》第八卷指出这个咒语原是来自中国，《博物类纂》第十卷记载："遇恶犬，以左手自寅吹一口气，轮至戌掐之，犬即退伏。"了意所著的《东海道名所记》中也讲，有一只赤犬跳将出来，狂吠不止……乐阿弥也惊慌失措，写下虎字向狗出示，没想到乡下的狗不识字，追赶上来。幸田露伴博士的《狂言全集》中题为《犬妖怪》的狂言讲，山怪和出家人争论，茶店的老板为他们调解说让一只咬人的狗判断输赢，狗不咬的一方为胜者。出家人觉得心虚，想打退堂鼓，心想："贫僧必输无疑。"于是店主人偷偷对他说："那只狗的名字是老虎，只要你叫它老虎它就不会咬你，你可以在经文中加入虎字念诵，保你无事。"于是僧人照做，狗果然十分温顺。而山怪呼唤狗的时候，狗又吼又叫，而且还上来咬他，于是山怪只好认输。写下比狗厉害的虎字可以震慑住狗，中国人发明的这个方法传入日本后，被改编成在经文中加入虎字的音就可使狗温驯的故事。前年笔者曾在《乡土研究》第一卷第八期上撰文，介绍田边附近上芳养村人传授的方法。据说要想制服狂吠的狗，可以对着这条狗从亥戌酉申至丑子的十二支倒念三遍。另一个方法是，扳着手指并口中念诵戌亥子丑寅五支的名称，不过笔者试过几次都毫无效果。这似乎是从上述中国的方法演变出来的。

《古事谈续》第二卷讲有人曾在神社附近射杀了狐狸，这个神社自古将狐狸奉为神，众官员商议该人是否有罪时，大纳言源经信[①]讲，古人云"白龙鱼落入予诸之密网，所以此人无罪"。这个典故援引自春秋战国的故事。据《说苑》第九卷："吴王欲从民饮酒，伍子胥谏曰：'不可。昔白龙下清泠之渊，化为鱼，渔者豫且射中其目，白龙上诉天帝。天帝曰："当是之时，若安置而形？"白龙对曰："我下清泠之渊化为鱼。"天帝曰："鱼固人之所射也。若是，豫且何罪？"夫白龙，天帝贵畜也，豫且，宋国贱臣也。白龙不化，豫且不射。今弃万乘之位而从布衣之士饮酒，臣恐其有豫且之患矣。'王乃止。"平安朝还有神通广大的天狗神变成老鹰被小孩捉住的故事。[②]

《常山纪谈》讲，摄津半国[③]的领主松山新介多次表彰勇将中村新兵卫的战功，当时人们称颂他是神枪中村，堪称武士的楷模。他身披猩红色的战袍，头戴红缨头盔，闻名于世。敌军见到他的战袍和头盔便闻风丧胆，不战而退。

---

① 源经信（1016—1097），平安后期的贵族，从后一条天皇至堀河天皇历任朝官，官至大纳言。他博学多才，擅长音乐诗歌，著有《难后拾遗》等歌集。——译注
② 详见《十训抄》第1卷。——原书注
③ 摄津是旧地名，一部分在现在的大阪府，一部分在兵库县，摄津半国指的是其中的一半。——译注

有一个人十分渴望他的猩红色战袍和红缨头盔，于是他将战阵上常穿的战袍和头盔送给这人。之后征战沙场时，敌军不见中村的战袍和头盔，便奋力厮杀。中村虽然挥枪杀敌无数，可是从前对他闻风丧胆的敌军不知道此将就是中村，便聚众杀死了他。所以说即使是骁勇的战将也不能百战全胜，可见对敌军耀武扬威挫败其斗志的重要性。中村是近江人，一天对阵厮杀十七次，斩杀敌军四十一人，所以人称神枪中村。即使这样的名将，敌军不认识的时候也会被杀死。由此可见人的穿着要合乎身份，而且随年龄增长要有相应的地位。印度也有类似的故事，《根本说一切有部毗奈耶》第十八卷至第十九卷叙述了这段故事。

"乃往过去，于婆罗疷斯有王，名曰白胶香，统化其国。其国丰熟人民炽盛，皆得安乐。近彼国界有一王女，共为婚娶，娱乐游戏住此欢乐。后时怀妊乃生一女，其女渐渐长大，乃复有娠月满以后便生一子，形貌端严人所乐见。亲族聚会，为子召诸臣议论，为彼日初出时生其孩子，故号名初。付八乳母侍养孩子，（广如前说）如是将养用诸乳酪生酥醍醐等，其子如莲花在水速疾长大，后令入学，教其文字历数算计，种种技艺工巧之法。乘象之事，弓弩箭射等法，王法之事，皆悉明解。后时老王立为太子，老王先有一上宫王妃，名曰达摩。复有一大臣，名曰宰牛。老王甚大怜爱倚付其臣，时王共上宫游戏，后时怀妊。相师占之必生一子，当定杀王自取王位。后时王患，用诸根苗叶花果种种药草医疗，病不能除。大王便作是念：今须建立太子安住王位，我若死后太子必杀我上宫。复作是念：'我作何计较？'即唤大臣平章，多与受用资具财物，便寄达摩分付臣边，令其覆护。告言：'汝是我亲近大臣，其达摩夫人者，是我亲近夫人。我今自知身决定死，若死已后太子正住位时，汝应慈念当须拥护，莫令杀却。'达摩夫人臣白王言：'我作如是，必不令杀达摩夫人。'王即说颂言……说此颂已即便命终，作诸幡花宝塔。殡王已了，便建立太子为大王。是时太子既登位已，告诸群臣曰：'汝等杀却达摩。'时宰牛大臣白大王言：'不作观察，无事何故即杀达摩，身现怀妊，未审生男或是生女，若生男时方可杀却。'时王答大臣言：'如是亦得，汝当自看。'时达摩月满以后即生一男。其同日时，有一采鱼师妇，乃生一女，与渔师钱物将男换女。其大臣即白王言：'达摩生一女也。'王曰：'大好，我得解脱。'后时渔师养育其子渐渐长大，令入学读书，乃能缀文巧作辞章，时乃立名巧作文章。大臣私来告达摩言：'汝子今大巧作辞章。'达摩复白大臣言：'今欲愿见形貌，方便将来。'大臣答言：'何更须见，不须看之。'时大臣见彼爱恋其子，为作方便，令子手持一鱼作卖鱼人形，即往母所。其母遥见。相师占曰：'此持鱼人者，必当杀我王自住王位。'其语递相告言，转转乃至王所。王闻此语告诸群臣，乃可速即捉取渔师子，莫令逃逸。其语转转渔师子闻已，即东走而避乃入一老婆家，其老婆见已隐藏深处，以大黄涂身，色如死人形。人舆将往深摩舍那之所，安着林所即起而走。近有一人，于林中采取花果，遥见此人从死人中忽起而走。采果之人随后即趁不远便止，王使随后即到问采果人：'汝见一人作如是形容以不？'其人答曰：'才见从此路去。'即速趁捉。其渔师儿忙怕，入一浣衣人家，其家以衣裳重裹，驮于驴上，远离人处河边解放。其渔师儿起立，观察四方，远望无人之处便即速走。路逢一人，见其疾走路儿赴王访者，王使寻复到于村中。括访其所，见者报曰：'从此走过。'时人被使趁急，复投一治皮作靴家，而彼家人一一具言，被王逼迫今欲杀我等，广如上说。复告彼家人言：'愿慈愍故，为我作一量鞋，鞋跟向前鞋头向后。若寻迹者，无人知我去处。'靴师答言：'我先未曾作如此鞋……'时彼靴师依言即作，着鞋走出。村墙既高无处踰过，即于水窦中出。时王使者寻其脚迹。"至靴师家，其人已逃之夭夭。

这种倒穿鞋骗过追杀者逃脱劫难的事例曾经有很多，《义经记》第五卷第六章记述说，源义经从吉野逃跑时，弁庆献计说："要想活命的话要倒穿鞋跑。"判官问其缘由，他说印度有个国王遭到另外一个国王围困时，倒穿鞋逃脱了围捕，后来举兵取得了胜利。这是他从法相三论的遗教中学来的。津村正恭所著的《谭海》第二卷讲，丹后由良港有一个倒穿鞋的故事。厨子王从三椒太夫那里逃出来奔向京城时，雪上会留下脚印，于是他倒穿鞋，追赶的人们跑到相反的方向，他才得以逃入京城。

"其渔师子，情怀怖惧投身入水，龙王见已将入宫中。尔时大王展转闻说，渔师之子投身入水在龙宫内。王敕诸臣，于我国内，所有持咒之人，悉唤将来。时诸咒师既闻皆来诣王所，时王告言：'汝等往彼龙宫，咒龙将来。'闻已悉去。于别旷野有一药叉，名宾伽罗。常以鱼肉为食，此药叉住处树木犹枯，况复人见存命。龙王被诸咒师咒已，逼迫救彼不得，即以神力，将渔师儿及诸咒师等裹为一服，将往药叉住处旷野之中安着。龙王告诸咒师曰：'汝等所作非是好事，彼渔师儿被药叉所害，我等亦被损之。'咒师问曰：'作何方计？'龙王答言：'汝等无益之事恼乱于我，我被逼迫，将渔师儿置于旷野之中，令彼药叉所害，汝等亦无所益。'时诸咒师渐行得归本国，白大王言：'我等恼乱龙王逼迫极困，遂送鱼师儿深旷野中，宾伽罗药叉所食。'时王语言：'汝等大好。'更亦寻听或时未死。时渔师儿在于旷野东行西行，彼宾伽罗药叉在一方所共诸恶狗聚集一处。渔师儿遥见此狗便作是念：'我今决定即死。'其狗遥见彼人，复命一狗往趁捉取。其人见已远走上树，狗在树下，药叉随后即到。药叉告言：'彼可不闻宾伽罗人形药叉在于旷野之所，若有人来住此者，皆当损害，汝今时到下来。'其人答曰：'我以尽命在此。'时药叉住，于悉奈缠结衣服，系身而住。时人欲作计走，即往树下向一方走，药叉与狗同走而趁。其人事急即脱身衣掷于药叉身上，遍覆其体，群狗谓是其人，众共擒捉食啖。

"彼人便得走脱，复作是念：我有亲舅，见在仙人所出家，我今可往彼也。其仙所住之处，花果园林滋茂炽盛，有种种鸟出和雅音。时渔师儿展转寻问，乃到仙所。时大王使诸处寻访，亦到其中，于彼捉获渔师儿。便即投身谷下，于空中捉得头髻，发入人手身堕谷底。时王使者作是思惟，其人决死执得其发。持向王所白大王：'今我已诛害渔师儿讫。王大欢喜赏赐其使。'时护仙人所，天来告仙言：'汝外甥儿，今苦逼迫何不观察。'仙人报曰：'我若不拥护必定命终。彼仙能持如是明咒，令男作女令女成男，其仙即以咒法摄受外甥。'即云：'汝勿怖惧。时外甥既得仙人摄受，便化身为美女，相貌殊好特异常伦。'即往波罗疤斯，于王园苑而住。其守苑人既见美女，心生希有速诣王所。白大王言：'今有美貌成就少女，见在苑内。'王闻语已报曰：'宜速将来。'便即以大威仪仆从迎入王宫，时王于彼美女深生爱着。生爱着已见王暂离，便变女身而作丈夫，即戴王冠命安地大臣曰：'册我为王。'于时臣佐以大仪着，册立为王。尔时诸天说伽他曰：'头不断者不为害，复起能作如是业，随宜损彼不名害，如害白胶王子者。'"与此相似，橘好则割下平维茂的头颅之后仍然不放心地说："这家伙万一复活就麻烦了，不将它拴在马鞍上不放心。"[①]

[①] 详见《今昔物语》第25卷。——原书注

明代李卓吾在《开卷一笑续》第四卷讲到，唐伯虎三月三日沐浴，有一个客人来访，唐伯虎因沐浴托词不见。客人十分不悦，怏怏离去。到了六月六日，唐伯虎去拜见这个客人，那人也以沐浴为由闭门谢客。于是唐伯虎在墙上题诗写道："君昔访我我沐浴，我今访君君沐浴。君昔访我三月三，我今访君六月六。"因为当时的风俗是三月三日为佛像沐浴，六月六日为狗洗澡，唐伯虎在诗中将自己比作佛而将那个客人比喻为狗。该书第六卷还说："（侯）白初未知名，在本邑。令宰初至，白即谒。谓知识曰：'白能令明府作狗吠。'曰：'何有明府得遣作狗吠？'诚如言，我辈输一会饮食，若妄，君当输。于是入谒，知识具门外伺之，令曰：'君何须得重来相见？'白曰：'公初至，民间有不便事，望咨公。'公未到前，甚多贼盗，请命各家养狗，令吠惊，自然贼盗止息。令曰：'若然，我家亦须养能吠之狗，若为可得？'白曰：'家中新有一群犬，其吠声与余狗不同。'曰：'其声如何？'答曰：'其吠声恼恼者。'令曰：'君全不识好狗吠声，好狗吠声，应作号号。'恼恼声者，全不是能吠之狗。伺者闻之，莫不掩口而笑。白知得胜，乃云：'若觅如此能吠者，当出访之。'遂辞而出。"

顺便提及一点，日语只讲狗鸣叫或吼叫，而在中国狗的叫声则有各种区别，英语也分"bark""yelp""bay""howl"等不同的叫声，用一个词表示狗吼叫时的表情，相比之下，日语这方面的词汇非常贫乏。狗的叫声因时代不同感觉也不同，现在的英语和法语的叫声同16世纪出版的《升官之道》中的狗的叫声不同。日本古代的《狂言记》拾遗第六卷以及《犬子集》(1633年)中的叫声与现在的也不同，相比之下，德川幕府初期人们听到的狗叫声比现在更接近英语和法语。

第二节引述的《乔恩·米勒幽默集》讲，有一只狗张开血盆大口扑向一个军官，这个军官用刺刀戳死了这只狗。狗的主人雷霆震怒，责备军官为什么不用枪托打狗，军官反驳说，如果狗用屁股扑上来的话，我就会用枪托打。又有一个贵妇人让仆人买鱼，总是上当受骗。于是有一天她决定亲自去市场买鱼，开口便对鱼贩子杀半价。卖鱼婆十分生气地说："这鱼不是偷来的，不可能那么贱卖。不过如果你告诉我你的皮肤如何能保持得如此白嫩，鱼可以送给你。"贵妇人回答说："这很简单，戴上狗皮手套就可以了。"卖鱼婆听了大声骂道："你这个撒谎的母狗！我老公穿了十年的狗皮裤衩，他那里的肉一直都是茶红色的。"

开花爷爷的故事是人们熟悉的童话，善待狗的老人得到善报，用狗的骨灰使枯木开花受到了奖赏，而另一个虐待狗的老人则错将狗的骨灰抹进领主的眼里受到了惩罚。佐佐木喜善撰写的《江刺郡旧话》中的撒灰老人的故事和教科书上的同名故事情节不同，是在乡下流传的故事，所以更代表这个故事的原型。故事情节概略如下：有两位老人分别住在河的上下游，分别在河里设下渔网。上游的老人网里落入了一只小狗，下游老人的网捞到很多鱼，上游的老人十分恼火，便将狗和鱼对调之后回家了。下游的老人带着网里的小狗回家，精心喂养。小狗长大之后背着老人的工具一起进山。有一天，狗进山后告诉老人一个咒语，老人口中念诵："山里鹿快快聚来。"于是鹿纷纷聚集到一起，老人猎杀了许多只鹿回家，老爷爷和老奶奶炖鹿肉饱餐一顿。这时上游的老太婆串门听说之后便将狗借回去，第二天上游的老人也让狗背着工具一起进山，准备用咒语召集鹿时，却出错叫来了山里的黄蜂，老人被蜇后十分恼火，便杀死了狗，将死狗埋在树下后就回家了。下游的老人左等右等狗也不回来，去上游家一问才知道狗被杀死了，便进山伐了这棵树返回家，用木头做了一个磨，和老奶奶一起一边拉磨一边唱道："在爷爷面前落钱，在奶奶面前落米。"于是钱和米分别落在两人的面前。见到下游家发家致富，上游的老太婆十分羡慕，又将磨借去和老头儿一起拉磨，但是忘记了歌词，随口唱道："在爷爷面前落屎，在奶奶面前落尿。"于是屎尿俱下，气得上游老人用斧子将磨劈开烧成了灰。下游的老人来取磨时，磨已经成了一堆炭灰。下游的老人将灰带回去，向沼泽的大雁念诵道："灰呀，迷住大雁的眼。"他一边连声念诵，一边将灰泼洒向沼泽，于是老人捉住了许多只大雁回家煮肉吃。这时上游的老太婆又来串门，十分羡慕便要了炭灰回家，在一个狂风大作的

479

夜晚，上游的老人上房顶撒灰，又念错了咒语，连呼："灰呀，迷住爷爷的眼。"于是风吹炭灰迷住了他的眼，他从房顶失足落下来，老太婆以为大雁落下来便用大木槌失手将老头儿打死了。

曲亭马琴的《羁旅漫录》上卷列举在名古屋见到的连环画时说，福富草子……在京都逗留期间目睹过同一个连环画的抄本，这是桥本氏所收藏的。现在的童话开花爷爷和这个福富富翁的故事极为相似，大概源于这个故事。所谓《福富草子》写于足利氏当政时代，刊载在《新编御伽草子》的开篇，现在是为人熟知的故事，不过在山东京传和曲亭马琴的时代较少见。故事讲的是福富织部擅长放响屁，在贵人面前表演这个绝技经常受到奖赏而成为富翁。邻人藤太见到十分羡慕，从富翁那里要来药，在今出川中将夫妇面前表演时失败，挤出了秽物，遭到痛打而死。这个故事讲的就是这段经历的始末，其源于佛经。

《杂宝藏经》第八卷讲："如昔波罗奈国，有王名梵誉，常于夜半，闻冢间唤声，唤言咄王咄王。如是一夜，三闻其声。王闻异声情甚惊怕，音声不绝，经历多时。王集诸婆罗门太史相师，而与议言：'我常于夜，耳闻冢间唤我之声，我常恐惧，怖不敢应。'诸人答言：'彼冢墓间，必有妖物，作是音声，今宜遣使有胆勇者诣冢往看。'王即募人，若有夜能至冢间者，吾当赏赐五百金钱。时有一人，茕独无父，家甚贫寒，有大胆力，即便应募，身着甲胄，手捉刀杖，夜至冢间闻唤王声。即便喊言：'叱汝是谁？'答言：'我是贝耳伏藏[①]。'语募人言：'汝健丈夫。我于夜常唤彼王，彼王若当应和于我，我欲往至其库藏中，然彼王怯，未曾应我。而我今者，将从有七，明日清晨，当至汝家。'募人问言：'明日来时，我当以何事共相承迎？'贝耳答言：'汝但洒扫舍内，除去粪秽，香华严饰，极令清净，蒲桃糗浆酥乳之糜，各盛八器，有八道人，当以杖打上座头，语言入角，如是次第，尽驱入角。'募人知已，即便还家，从王请取五百金钱，用俟供设。王问之言：'彼音声者为是何物？'募人诡答言是鬼魅。受募之人，闻贝耳言，私怀欢喜，请剃发师，以自庄严。

"至明日已，供设备具，有八道人，来就其食，饮食既讫，打上座头，驱令入角，即变作金钱一瓮，以次驱入，作金八瓮。时剃发师，在门孔中，见其得宝，默自念言：'我解此法，试效为之。'便于后时，备具如前，请八道人，设食已讫，闭门遮户，打上座头，望同前者获珍宝聚。然此道人，头破血沥，沾污床座，驱令入角，得急失粪。次第七人，皆被打棒，宛转于地。中有一人气力盛壮，即时掣手，突出至外扬声大叫，云某主人欲害我等。时彼国王遣人往视，即捉主人具问事状。时剃发师具以上事，而白

[①] 所谓伏藏在《田原藤太探龙宫的故事》中已经涉及，在印度等国有大量的宝藏埋在地下，至今仍有专门从事探宝的人，以方术预言宝藏所在的道士也不在少数。——原书注

于王。王寻遣人到募人舍，看其金宝，正欲税夺，化为毒蛇变为火聚。王即语言：'此是汝福。世间凡愚，亦复如是。具有精进，受持八戒，获善果报，渐行八正，得无漏果，便欲效他。受持八戒，内无诚信，悕求利乐，既无善果，反获殃咎，如彼愚人，等无差别。'"这和《福富草子》的开篇讲的"人不应奢求超越自己身份的回报"很相近。不仅思想相近，内容也有类似。例如表演放屁时失败挤出了秽物遭到痛打而死的情节是从上述经文中"然此道人，头破血沥，沾污床座，驱令入角，得急失粪。次第七人，皆被打棒，宛转于地"借鉴而来的。

在《杂宝藏经》第六卷中还有一个类似的故事。"昔舍卫城中，有大长者，其家巨富财宝无量，常于僧次而请沙门就家供养。尔时僧次，次舍利佛及摩诃罗至长者家，长者见已，甚大欢喜。当于时日，入海估客大获珍宝，安隐归家。时彼国王，分赐聚落，封与长者。其妻怀妊，复生男儿，诸欢庆事，同时集会。舍利佛等既入其家，受长者供，饭食已讫，长者行水，在尊者前，敷小床座。舍利佛咒愿而言：'今日良时得好报，财利乐事一切集，踊跃欢喜心悦乐，信心踊发念十力，如似今日后常然。'长者尔时，闻咒愿已，心大欢喜，即以上妙好氎二张，施舍利佛。然摩诃罗，独不施与。时摩诃罗，还寺惆怅，作是念言：'今舍利佛所以得者，正由咒愿适长者意，故获是施，我今应当求是咒愿。'即语舍利佛言：'向者咒愿，愿授与我。'即答之言：'此咒愿者，不可常用。有可用时，有不可用时。'摩诃罗殷勤求请，愿必授我。舍利佛不免其意，即授咒愿，既蒙教授，寻即读诵，极令通利。作是思惟：'我当何时，次第及我，得为上座，用此咒愿。'时因僧次到长者家，得坐上座，时彼长者估客入海，亡失珍宝，长者之妇，遭罗官事，儿复死丧。而摩诃罗说本咒愿，言后常然，尔时长者，既闻是语，心怀忿恚，寻即驱打，推令出门。被嗔打已，情甚懊恼，即入王田胡麻地中，蹋践胡麻，苗稼摧折。守胡麻者嗔其如是，复加鞭打，极令劳辱。时摩诃罗，重被打已，过问打者言：'我有何愆见打乃尔？'时守麻者，具说践蹋胡麻之状。示其道处，涉路前进，未经几里，值他刈麦，积而为积。时彼俗法，绕积右旋，施设饮食，以求丰壤。若左旋者，以为不吉。时摩诃罗，绕积左旋，麦主忿之，复加打棒。时摩诃罗，复问之言：'我有何罪横加打棒？'麦主答言：'汝绕麦积，何不右旋咒言多入，违我法故，是以打汝。'即示其道，小复前行，逢有葬埋，绕他冢圹，如向麦积，咒愿之言多入多入。丧主忿之，复捉挞打。而语之言：'汝见死者，应当愍之，言自今已后，更莫如是。云何返言多入多入？'摩诃罗言：'自今已后，当如汝语。'又复前行，见他嫁娶，如送葬者之所教，言自今已后，莫复如是。时嫁娶者，嗔其如是，复加笞打乃至头破。遂复前进，被打狂走，值他捕雁，惊怖憧惶，触他罗网，由是之故，惊散他雁。猎师嗔恚，复捉榜打。时摩诃罗，被打困熟，语猎师言：'我从直道行，数被踬顿精神失错，行步躁疾，触君罗网，愿见宽放，令我前进。'猎师答言：'汝极粗疏。伿张乃尔，何不安徐匍匐而行。'即前着道，如猎师语，匍匐而行。复于道中，遇浣衣者，见其肘行，谓欲偷衣，即时征捉，复加打棒。时摩诃罗，既遭困急，具陈上事，得蒙放舍。至于只桓，语诸比丘：'我于先日，诵舍利佛咒愿，得大苦恼，自说被打肤体毁破，几失身命。'诸比丘将摩诃罗诣于佛边，具说其人被打因由。佛言：'此摩诃罗，不但今日有是因缘。'"后面故事还很长，以下省略。

改编原有的故事要尽可能消除原有故事的痕迹，前面的两个故事仅在不羡慕他人这一点上相同，其他部分差异很大，佐佐木的《江刺郡旧话》所载的故事中撒灰捉雁的情节可以说是开花爷爷借鉴《杂宝藏经》的痕迹。

桃太郎的故事来源于中国的鬼怕桃木的迷信以及《古事记》神代卷伊奘诺尊用桃子打退丑女的故事，这些前人已经指出过。除此之外，《民俗》年报上刊载的柴田常惠的文章说田中善立曾在福建听说中国也有能力非凡的男孩从桃子里降生的传说。桃太郎征伐鬼岛时带着狗，在南洋也有类似的故事。塔希提岛的盐神希罗在硬石岩上挖洞，还拔掉了表示禁区的树木，杀死两个守卫，救出了被巨鬼囚禁的姑娘，而且率领众多的勇士和狗乘上一条船，环绕各岛寻找彩虹神的红带，每夜和海底的妖怪鬼魅搏斗。有一次，夜神趁希罗沉睡时来偷袭，一条狗吼叫吵醒了主人，希罗跳起战胜了敌人。据说希罗的船和桨以及狗变成了山和岩石，至今仍然留在岛上。[1]

---

[1] 参照沃茨和格尔兰共著的《未开化民族志》第6卷第290页。——原书注

猪

一

1922年12月初，博文馆打来电报催稿，开始没搞清是什么稿子，猜想大概是让笔者用野猪和蕨菜为题作诗，愚妻在旁边读了电文之后一语道破天机，告诉我亥岁将至，这是催我赶快撰写有关猪的文章，于是笔者便写下了此文。

今村鞆在《朝鲜风俗集》第二百零八页记述说："亥在日本是野猪，在中国和朝鲜则写成猪，而野猪则要写作山猪才能理解。所以在朝鲜，今年是猪年。猪年这个词听起来不太文雅，朝鲜人比日本人要敬重猪，亥年元旦即开市做生意。"中国最早的字典《尔雅》中记载："豕子，猪。"《本草纲目》也记载说："豕子曰猪，曰豚，曰毂。"经过历史演变，日本人和中国人都认为老豕原来也是幼崽，所以称为猪，人饲养的是家猪，野生的猪是野猪或山猪。日本也和外国一样，驯化野猪成为家猪，有实物为证。另外还有猪饲部和赤猪子等人名为证。① 由于人们饲养家猪所以豕

---

① 参照中泽澄男、八木笑三郎共著《日本考古学》（1901年）第304页。——原书注

这种动物早就绝种，因此现在只有野猪，近代人们认为亥岁的动物应该是野猪。

为了行文方便，本文不逐一区别家猪和野猪，除特别表明野猪之外，仅写猪的地方一般表示家猪和野猪并称，或者仅引用原文并不加以区分。标记豕的地方指家猪，豚原是指豕子，文中按照民间习惯泛指家猪。

近世在日本称豚为猪，这个词不知产生于什么时候。《古今图书集成》的《边裔典》第三十九卷、《日本部汇考》第七章列举翻译成日语的明朝词汇，其中羊译为羊其，猪则译为豕豕。当时中国人带来了家猪，日本人这才开始使用猪和山羊之类的词汇。古代日本人将山羊写作野牛，而仅认为绵羊是羊，大概当时误认为山羊是牛类。《大和本草》第十六卷讲解说，这是羊的异种和牛不同。可见自明代以后日本就有山羊，于是笔者尽力查找猪的名称，果然功夫不负有心人，终于找到了。据《奥羽永庆军记》第二卷记载，最上义光要测试延泽能登领主信景的力量，挑选了七名大力士。其中第一个是赤膊武太之助，他是鲑登典膳的下级武士，身高七尺，东国没有制作甲胄的工匠，通往关西的路又不通，无法制备甲胄，所以他上阵时总是步行赤膊，腰插长短刀，冲杀在前阵勇猛杀敌。他原名高桥弹之助，因为总是赤膊上阵，所以绰号赤膊。由于他十分肥胖，很像猪，所以又名猪之助，因此义光为他改名，戏称武太之助。这就是自明代起在日本就有猪这个词的证据。

据饭田忠彦的《野史》第一百六十五卷记载，义光死于庆长十九年（1614），享年六十九岁，相当于明神宗万历四十二年。称呼肥胖的人为猪，可见大概当时就有用猪这个词形容肥胖的人的习惯。橘南谿在《西游记》第五卷中介绍说，广岛多家猪，形似小牛，肥硕色黑，毛有脱落之处，非常丑陋。如同京都的狗一样，猪多在家家户户的屋檐下，在其他地方是稀奇之物。长崎虽然有猪，但因为当地食用猪，所以数量不多。《重订本草纲目启蒙》第四十六卷记载，长崎由于外国人来往较多，所以人们养猪贩卖，江户养猪者众多，京都则极少见。但是饲养猪只是偶然的现象，纵观整个江户时代，当时日本人一般不养猪。1871年和歌山只有一个养猪场，笔者年幼时期几乎每天去那里看猪。

谈猪的传说，要涉及野猪和蝮蛇的故事。不仅是野猪，一般的猪也吃蛇。[①]不过由于日本历史上没有养猪的习惯，所以一般人认为只有野猪才吃蛇。已故的羽柴古番曾在《集古》庚申第五期上介绍了一个在越后国（新泻县）南蒲原郡下保内村从十岁的少女那里听到的儿歌，其中讲"花虫子，花虫子，如果挡路，我要告诉山娘娘"。据说出家门迈过门槛以前唱三遍，路上就不会遇到蛇。如果被蛇咬伤，用蕨的茎叶敷在伤口上口诵这个儿歌，蛇毒会散开，不会

---

① 详见亚里士多德《动物史》第9卷第2章，老普林尼《博物志》第9卷第115章。——原书注

有生命危险。文中解释说所谓花虫子就是指蛇，而山娘娘指的是蕨的茎叶。在前文"蛇"第五节笔者曾谈及此内容，现在做几点补充。《嬉游笑览》记载说："《萩原随笔》有蛇类惧怕的一首歌谣，内容是'恶魔横卧路中阻我前行，我要禀告山梨神女'。此歌应源于北泽村北见伊右卫门传授的歌谣。原歌是'路上横卧一条锦衣虫，禀告山立娘娘捉走它'。《四神地名录》多摩郡喜多见村的条目解释说，这个村里有一个制蛇神人，名叫伊右卫门，当被毒蛇咬时可以用咒语击退。据当地百姓讲，踏入毒蛇繁多的草丛中时，如果口诵伊右卫门的名字可以避开蛇。伊右卫门还分发护符，多蛇地区三里五里的人都纷纷来请此符，可说是奇闻。此歌也可护身。其中的恶魔是红斑蛇，山梨神女是山立娘娘，也就是野猪。野猪喜爱吃蛇，尤其爱吃蝮蛇。"笔者在美国的时候，宾夕法尼亚州的某地为了铲除蛇害，从欧洲引进了大量的野猪，放入山野之中。上述的歌谣中将蛇比作恶魔，这和天主教的教义相同。关于山梨已经在前文"猴"第四节中谈及，大概是因为野猪嗜好啃食山梨的缘故，所以山梨神女指的可能是野猪，而歌谣的意思是威胁要告诉野猪来吃掉蛇。《大学通讯》（1890年8月28日）刊载的法国人卡尔梅特的蛇毒试验报告讲，家猪不怕蛇毒，但是将其血清注射在人体上没有预防效果，可见是家猪的原种野猪有抗蛇毒的天性。

羽柴古番在越后听到的儿歌应该是《萩原随笔》和

《四神地名录》所载歌谣的折中，另外还有用蕨的茎叶敷在蛇伤口上并口诵这个儿歌的方法，佐佐木喜善[①]记录的陆中地区（岩手和秋田县）的传说讲，路上遇到蛇而蛇不躲避时，可以口诵三遍歌谣，内容是"午睡在天竺茅萱地，你忘记蕨菜的恩惠了吗？阿布拉温肯叟瓦卡"，这样蛇就会自动离开。[②]但仅看这个歌谣的内容简直就是莫名其妙，查看内田邦彦所著《南总乡俗》第一百一十页，该书记载："有一次，蝮蛇生病倒在茅根尖上，由于身体疲惫动弹不得，地下的蕨觉得蛇可怜，便用柔软的手托起蛇身，使它摆脱痛苦。从此以后进山时，人们只要念诵山中的蛇姑娘，你忘记蕨菜的恩惠了吗？这样就可以避免蛇害。"读到这里才理解了前面的歌谣的含义。南总（千叶县）人将蛇比作女人，所以称之为蛇姑娘，这和越后人称蕨的茎叶为山立娘娘相差甚远。笔者认为，茅根尖十分尖锐，经常刺伤人脚，《本草纲目》第十三卷记载："茅针，茅初生苗也"，蝮蛇有时也会被竖立的茅刺割伤。在山里，茅刺对人畜来说都是令人头痛之物，茅刺是竖立的，所以称为山立娘娘。歌谣的意思是如果蛇要咬人，人会告诉茅刺，让它用刺扎蛇，以此威胁蛇。在远古时代，人们曾称茅萱为萱野姬并奉为神明，称茅萱为山立娘娘，同时还认为野猪出没在茅萱中，

[①] 佐佐木喜善（1886—1933），日本民俗学家、作家、文学研究者，致力于收集民间传说、口诵文学等。——译注
[②] 参照《人类学杂志》第32卷第10期第313页。——原书注

同样威胁蛇，由此延伸，也称野猪为山立娘娘。佐藤成裕在《中陵漫录》第六卷中解释前面的歌谣讲，《本草纲目》中有"头斑，身赤文斑"和"蝮蛇锦文"，所以说蝮蛇是锦衣虫，而山立娘娘则是指鹿。《本草纲目》中说鹿的别名是斑龙，所以又称山龙姬，鹿吃九草，但惟独不吃虫，而野猪好吃蝮蛇，所以山龙姬指的应该是野猪。不过他没有解释为什么这样命名。

顺便提及一点，津村正恭的《谭海》第十五卷记载，如果被蛇咬伤的话，咬碎门松上的柿子敷在伤口上便可治愈。田边附近的村庄中至今仍然使用柿子或柿子汁治疗蛇伤。宫武肃门讲，在赞岐地区（香川县）的高松，人们认为在玄猪之夜用稻草制成重叠的圆环，在上面插上五色布条，大人和小孩手持这个彩环走街串巷，口中唱诵"猪崽神每年到，给你品尝御所柿子①，真好玩，真好玩"。《华实年浪草》第十卷记载，据说阴历十月上旬亥日亥时用七种粉做年糕，这七种粉是大豆、小豆、蚕豆、芝麻、栗子、柿子、糖。柿子也是其中之一，在上述的歌谣中特别讲要给猪吃柿子是因为猪尤其喜欢柿子。也许是偶然的巧合，人们相信猪和柿子都可以制服蛇毒，这一点十分有趣。

《大和本草》附录下卷记载，野猪油可以催奶，还能治

---

① 奈良县御所市特产的一种柿子，形状扁平，核少肉嫩，成熟之后呈深红色，是柿子中品味最佳的品种。——译注

疗疥癣。老普林尼在《博物志》第二十八卷第三十七章中讲，猪油对治疗疥癣有效，而且将新鲜的猪油涂在阴道里可以为子宫里的胎儿提供养分，防止流产。猪油既能催奶又能预防流产，似乎对妇女有益。戈佩尔纳其斯《动物谭原》讲，猪是一种好淫的动物，毕达哥拉斯曾说色鬼转生为猪，对于淫荡的人也贬称是猪。瓦罗说从前埃特鲁利亚的国王和贵族在举行结婚典礼时杀猪以示庆贺，而且贬称性欲旺盛的女人是猪。读到这里，笔者原以为吃猪可以增强性欲，俗话说"吃猪的报应"（自作自受）是指无节制生孩子而感到困扰，后来读了《嬉游笑览》才发现自己搞错了。该书第十卷上讲述说，狗既可以喂鹰也可以食用。《徒然草》中记述说有人进谗言说雅房大纳言割下狗腿喂鹰。《文谈抄》说没有鸟喂鹰时用狗来代替，为了能长期做食饵活着割肉，后来一直延续使用这个方法。《似我蜂物语》记述说，官府为了饲养鹰，向江户附近的乡村征收狗。《续山井》刊载的胜兴的俳句讲"吃猪的报应，狗成了鹰的食饵"，这样"吃猪的报应"这句话的意思就十分清楚了。与此相似，《中陵漫录》第五卷记载说，中国人割下猪臀肉食用，该部位还能再生，不过再生出来的肉十分坚硬，味道不佳。

这些都是很残酷的方法，不过更残酷的是埃塞俄比亚人活吃牛的方法，布鲁斯称那里的屠夫是杀手。为了表示遵守摩西的戒律，屠夫们先在地上滴洒六七滴血，然后两三个人割开牛的脊背上的皮，将手指伸进肉和皮之间从肋骨剥至臀部，这样就不会损害骨头，流血不多就可以割下臀部四块方肉。牛大吼的时候客人入座，牛在门边流血很少，屠夫不断从骨头上割下肉，尽可能避开腿和大动脉。当最后割腿肉时，牛因流血过度而死亡。埃塞俄比亚人认为牛死后的肉会变硬且味道不佳，所以他们从活牛身上割肉以便品尝到美味的鲜肉。[1] 不过，认为埃塞俄比亚人残忍无情的英国人为了品尝美味也不惜使用残酷屠宰烹调方法，三十年前有人在《自然》杂志上刊登出了详细记录，笔者已经忘记了大部分内容，只记得有煮活虾这道菜。日本也有将泥鳅和豆腐一起煮，泥鳅钻到豆腐中的菜肴，这只是动物的大小不同，残忍的程度则不分上下。所以古人让君子远庖厨，看不到女佣如何煮菜，眼不见心不烦，只要是美味佳肴就可以。

加斯达在《罗马尼亚鸟兽谭》（1915年）中讲，收录古代犹太民间故事的《米德拉什》中有一个故事说人类的祖先诺亚种植葡萄的时候，天魔主动来帮忙，诺亚欣然同意。天魔先杀死了山羊，用羊血浇灌葡萄根，然后又用狮子和猪血依次灌溉。于是人微量饮酒之后会兴奋，手舞足蹈如同山羊，随着酒量的增加而逐渐浑身发热，不断吼叫如同雄狮，等喝得烂醉的时候便会在泥沼中打滚而不觉污秽，

---

[1] 参照帕金斯《埃塞俄比亚旅居记》（1853年）第1卷第372页以下。——原书注

宛然如猪一样。由此看来，人的行为和浇灌葡萄根的血的顺序是一致的。

另一个说法是吉奥尼西奥斯圣人在希腊长途跋涉时感觉疲惫，坐在石头上，见到脚边长出一棵美丽的小草，于是采下来随身携带。但由于天热会使小草枯死，所以捡拾鸟的小骨头放在里面保存。由于圣人的手的功德，小草茁壮成长，从骨头的两端伸出，于是圣人又拾了一块狮子骨头将鸟骨放在里面，草又不断生长，圣人又找到一块驴骨，将其他两块骨头重叠放入，继续朝向纳西亚行进，当他到达目的地时，见到草根将三块骨头缠在一起，如果要硬性分开会损害这棵草，所以他就原封不动地将草埋下。这棵草长高后变成了葡萄，圣人用它的果实酿成酒分送给众人。可奇怪的是饮用葡萄酒的人开始如小鸟一样快活，后来便像狮子那样凶猛，最后像驴一般呆傻。人们认为驴和猪一样是野兽中最蠢的动物。

《王子法益坏目因缘经》记载："高声不愧，不分是非的人是驴转生的，身短毛长多吃多睡，不喜净处的人是猪转生的。"《根本说一切有部毗奈耶》第三十四卷讲，佛让众比丘于寺门屋下画生死轮，作猪形表多愚痴。《佛经大辞汇》第一卷第一千三百三十八页上有两个插图表示猪不喜欢洁净的地方而喜欢在污泥浊水中打滚。陶穀的《清异录》讲："房中弱水见于道书溺器，曰夜潴，见于唐人文集。"水坑称为潴也是因为猪喜爱污水的缘故。苏东坡和佛印一起饮酒行酒令，出题是庭院中有四物，或洁净或污秽，不得错韵。于是苏东坡说美妓房、象牙床、玻璃盏、百合香，佛印说是推潴水、臁疮腿、妇人阴、胡子嘴。[①]普兰多在《艳妇传》第二卷记述说有一个绅士见到睡美人的裸体终生难忘，经常赞叹如果自己能一生观赏便无其他奢望。这和佛印的想法有很大出入，这个绅士本来可以娶美女为妻，但是他却利欲熏心，娶了一个长得平淡无奇的富婆。

庄子曾说宁愿和龟一样活在污泥之中，猪吃饱喝足在泥中打滚也是其乐无穷，帕鲁斯特别喜爱猪，曾说猪是上帝创造的世界上最幸福的动物，他一旦听说有肥大的猪，哪怕路途遥远也要亲眼去看。他不但喜爱活猪，还爱吃醃猪肉，参加宴会时总要在口袋中放上一条自制的醃猪肉，让厨子特别烹制菜肴。[②]食用自己喜爱的东西似乎也是一种爱的表达方式，喜爱至极而随身携带，经过食用使其精髓吸收在自己的体内，这是最佳的方法。猫见到人触摸了自己刚刚生下的幼崽便会将幼崽咬死，[③]各地的土著人吃掉父母的尸体，墨西哥人用面粉做成神像祭拜之后食用都是出于同一种观念。日本的亥子年糕也是祭祀农神遗留下的风俗，祭拜刻着猪形状的年糕之后吃掉，这个问题留待后叙。

---

① 详见《开卷一笑续》第1卷。——原书注
② 参照萨西《随得手录》第4辑。——原书注
③ 详见朗门氏所著《动物智慧论》第14章。——原书注

二

从朗曼兹所著《动物智慧论》第十一章列举的事例看，猪是呆傻的象征的说法是奇谈怪论。概括该书内容可以看出，猪的智慧仅次于最富于智慧的食肉兽（狗、猫等），这可以从经受训练的猪可以表演各种技巧得到证明。猪可以十分灵活地打开门锁，除了猪之外只有猫可以做到。舍曼兄弟训练猪寻找动物的巢穴，数周内便可以抓获猎物。猪的嗅觉十分灵敏，能够迅速发现野鸡和家兔，但是嗅不出野兔的气味。另外野猪聚群共同抗敌，有人在贝尔蒙特的郊外见到一群野猪聚集在一起躁动不安，头朝外形成圆环，小猪圈在圆环中心。这时有一只狼在四周游荡，想猎杀野猪。这人不久回来一看，野猪已经散去，只剩下狼被破腹陈尸在荒野。舒马达曾目睹一群家猪遇到两只狼，立即排成十字阵，竖起鬃毛逼近狼。一只狼仓皇逃命，另一只则跳上树干。猪群围住树干包围了这只狼，狼跳下来想冲出猪群，说时迟那时快，当即被群猪杀死了。这虽然讲的是欧洲家猪的功绩，但是我们可以从中了解猪的特性是共同御敌。

南美洲有两种名为西猯的野猪，后足是三趾，这和前后足均为四趾的东半球的猪类不同。另外和猪不同的是尾巴不显露在体外，而且和鹿以及羊一样有复胃。[①] 腰上有类

[①] 参照《剑桥动物学》（1920年）第10卷第279页。——原书注

似脐一般的特殊腺体，所以学名称为"两穴兽"，须川贤久在《具氏博物学》中译为脐猪。它的上牙笔直朝下，这和野猪类的獠牙翻向外面或翻卷朝上不同。[1] 它被南美的土著人驯化之后作为家猪饲养，变得像羊一般温顺。西猯是身长三英尺左右的小型动物，它的牙短小却十分锐利，而且有双刃，可以严重杀伤对手。它们一般夜间五十只至数百只成群结队行动，白天则挤在树洞中，由最后一只充当哨兵。行进时组成阵形，牡猪在前，牝猪伴随，幼猪随后，遇到敌人会共同御敌，来势凶猛，连猎人和美洲虎也不得不爬上树躲避。[2]

《渊鉴类函》第四百三十六卷记载："服虔曰猪性触突，人故曰猪突豨勇。"这就是所谓的有勇无谋的蛮劲，豨是中国南方楚国一带称呼猪的名称。《簠簋内传》第二卷讲亥即为猪，亥日攻城合战，刚猛至极，总之万事大吉。这就是取自猪突之勇的意思。然而《历林问答》却说，亥日不宜立柱，不宜嫁娶，不宜迁徙，不宜远行，成凶事。其原因不得而知。在日本人们虽然也讲野猪骁勇善战，但从没有谈到野猪会协同御敌，或许是日本的野猪天生缺乏这种天性，或许是由于大量捕杀，数量减少无法聚集成群，笔者无从解释。印度的野猪和日本以及欧洲的野猪种类不同，

---

[1] 详见《大英百科全书》第11版第21卷第32页。——原书注
[2] 参照福伯特的《回归线内美洲纪行谈》第2卷第269页，伍德《动物画谱》第1卷。——原书注

但是善于协同作战，据卡维尔的英译本《佛本生谭》第二卷和第四卷讲述了一个故事，其中讲有一个木匠从野外捡回并哺育长大的野猪后来又回归自然，对其他野猪讲解共同御敌的重要并训练野猪群，从而杀死猛虎，而且还杀死了教唆猛虎加害野猪的神仙。

前文讲到庆长年间日本就有家猪，寺石正路撰写的《南国遗事》第九十一页记载说，庆长元年（1596）九月二十八日，有一艘往返马尼拉和墨西哥的商船因发生故障而漂流到土佐（高知县）浦户港，经修理后返回时希望补给食品，要五百石大米、一百头猪、一千只鸡，于是丰臣秀吉让增田长盛赐给他们大米一千石、猪二百头、鸡两千只，船员兴高采烈地回国了。当然这二百头猪是在日本饲养的家畜。另外据《长崎放大镜》下卷记载，元禄五年（1692）春天，除中国人以及荷兰人以外禁止食用猪和鸡，可见在此以前的开埠港，日本人仿效外国人食用猪肉。在足利时代撰写的《簾中抄》中列举孕妇忌食的食物中有鲤鱼和野猪。《本草纲目》中记载这两种食物具有催奶的作用，忌讳这种食物大概是出于宗教上的理由。

前文还讲述说猪喜爱吃蛇，关于这一点有一些奇闻。藤原定家撰写的《明月记》的建仁二年（1202）五月四日的条目讲："近日圣上常亲驾神泉苑，其间猎虔得生猪。遂使人掘池苑，使之食蛇众多，年年毁池边蛇穴。今如此神龙之心如何？恐生恶果，俗称由此起炎旱。"天长元年

(824)天下大旱之际,弘法大师劝请天竺无热池善如龙王降临此池,三天内天下普降甘雨。当时弘法大师曾警告说如果龙王迁移至他处,池浅水减,天旱且瘟疫肆虐。[1]然而当时,后鸟羽上皇为了讲武,时常亲赴神泉苑,名为猎猪,实际将野猪放养在苑内。野猪年年猎吃池边的蛇,搅得蛇无处安身,所以世上传说统率蛇的善如龙王震怒,不降雨水。荷兰人波斯曼在1700年前后撰写的《几内亚记》记述说,弗里亚的居民崇拜蛇为神,1697年一只猪想吃蛇神的肉而造反,吃掉蛇报了曾被蛇咬的私仇,在场的黑人没能制止住。于是神官向国王状告猪的罪状,请求全歼境内的猪,国王批下圣旨同意神官的请求。于是数千黑人手持刀枪棍棒气势汹汹赶杀猪,而饲养猪的主人也武装上阵,争辩猪的清白。黑人杀戮了大量的猪之后,国王又发下圣谕讲神已经息怒,赦免了猪的罪过。后来当原著的作者到达弗里亚时,猪的价格特别贵,可见屠杀的数量之大。[2]

琉球人的传说讲当地的毒蛇和蜈蚣是世仇,毒蛇敌不过蜈蚣,因此念诵咒语毒蛇就会逃之夭夭。咒语的内容是:你是一般父母的子女吗?我是蜈蚣的儿子,如果你挡道,我就要用鞭子抽打你,出来出来。[3]这和前面介绍的"路上横卧一条锦衣虫,禀告山立娘娘捉走它"相似,只

---

[1] 详见《大师御行状集记》第69卷至第71卷。——原书注
[2] 参照平克顿《海陆纪行全集》(1814年)第16卷第499页。——原书注
[3] 详见佐喜真兴英《南岛说话》第28页。——原书注

不过是用蜈蚣代替了茅针和野猪。据说琉球人也称蛇为锦衣虫。

亚里士多德的《动物史》第八卷第二十八章介绍说，产于加里亚的蝎子经常杀死母猪，母猪不怕其他毒虫的叮咬，但是黑母猪很容易被蝎子蜇死。被蝎子蜇过的猪越是靠近水边死得越快。1921年9月，侨居在大连市的大贺一郎寄给我四只中国东北产的蝎子，饲养期间死了两只，我想用剩余的两只试验是否能蜇死猪，不过可惜笔者居住在穷乡僻壤，没有人饲养猪，终于无法如愿。笔者饲养这种危险的毒虫的原因是蝎子腹部有一对称作栉的退化的脚，笔者发现欧洲人关于这对脚的作用的学说只不过是臆测，经过观察各种活蝎的生态，可以断定欧洲人的学说不正确。与此同时，笔者想找出前人未发现的奇闻。众所周知，将猫背朝下从高处扔下来，猫会自动翻身四足落地，1894年发行的《自然》杂志第五十一卷第八十页刊载的马勒的照片也证明了这一学说。然而笔者将蝎子放在小瓶中，用金属网盖在瓶口，当蝎子经瓶子内壁爬上金属网上时，我可以仔细观察蝎子腹部腿的作用，一次偶然用手指弹击金属网面，蝎子落地时总是能翻身落地。这只蝎子从头至尾有四十五至五十七毫米，从金属网的底面至瓶底的沙子只有四十至五十毫米，因此在小于自己身长的距离内翻跟头可以说是天下的绝技，由于涉及比较难的研究课题，在此不详述。

《渊鉴类函》第四百三十六卷记载，《孔帖》曰："扶南人喜斗猪。"《甲子夜话》第十七卷记述了家猪奋勇搏斗的场面，赞誉猪是家畜中沉着勇猛之辈。《想山著闻奇集》第五卷介绍说野猪发情时，三四十头公猪为了争夺一头母猪而互相撕咬搏斗，满身血污仍然结队而行，这时的野猪情绪暴躁，毫不惧怕人，难以对付。《中阿含经》第十六卷记载："大猪为五百猪王，行崄难道。彼于中路遇见一虎，猪见虎已，便作是念：'若与斗者，虎必杀我。若畏走者，然诸亲族便轻慢我。不知今当以何方便得脱此难。'作是念已，而语虎曰：'若欲斗者，便可共斗。若不尔者，借我道过。'彼虎闻已，便语猪曰：'听汝共斗，不借汝道。'猪复语曰：'虎，汝小住，待我被着祖父时铠，还当共战。'彼虎闻已，而作是念：'彼非我敌，况祖父铠耶？'便语猪曰：'随汝所欲。'猪即还至本厕处所，婉转粪中，涂身至眼已。便往至虎所，语曰：'汝欲斗者便可共斗，若不尔者，借我道过。'虎见猪已，复作是念：'我常不食杂小虫者，以惜牙故，况复当近此臭猪耶。'虎念是已。便语猪曰：'我借汝道，不与汝斗。'猪得过已，则还向虎而说颂曰：'虎汝有四足，我亦有四足，汝来共我斗，何意怖而走。'时，虎闻已，亦复说颂而答猪曰：'汝毛竖森森，诸畜中下极，猪汝可速去，粪臭不可堪。'时，猪自夸复说颂曰：'摩竭鸯二国，闻我共汝斗，汝来共我战，何以怖而走。'虎闻此已，复说颂曰：'举身毛皆污，猪汝臭熏我，汝斗欲求胜，我今与汝胜。'"这是鸠摩罗迦叶为了讲解不可与蛮人一般见识的譬喻，总之虎似乎难抵猪的污臭。

不过，郎曼兹指出猪本来并不喜欢污臭，只是这种动物不喜欢干燥炎热的地方，而喜爱潮湿泥泞之处，在炎热的夏天，为了避免皮肤被炎日灼烧而在泥水中打滚，于是变得浑身污臭，责任不在猪，而是饲养猪的主人的过失。①这种论调如同酒鬼喝醉了，责任不在他本身而埋怨劝酒的人一样，浣熊抓住猎物之后要洗净才吃，猫大便之后必定掩埋污物，猪喜爱潮湿泥泞也是出于本性，猪本来不讨厌污秽的地方而且食用粪便本身就是这种动物的缺点。原产于南洋塔希提岛的一种野猪现在已经绝种，这种野猪脚和鼻子较长，毛如同羊毛一般卷曲，耳短小并竖起，体形比一般的野猪要小，喜欢清洁而不喜爱污泥。②猪在泥沼中打滚并不是始于人饲养之后，野猪本来就喜欢在泥泞中打滚，据说这是为了防止牛虻和蚊子叮咬而在身上涂上泥。《醒睡笑》第三卷的笑话讲，天网恢恢疏而不漏，有一个和尚正在吃鱼肉拌凉菜时被一个香客看到了，这个和尚读过书有一点学问，便对香客说："施主来得正巧，这儿正好有一个奇妙的佛法。首先天地之间有七十二候③，随着季节的更替万物也不断变化，实在是不可思议。田鼠会变成鹌鹑，麻

---

① 参照《动物的智慧》(1829年)第349页。——原书注
② 详见艾丽思《波利尼西亚探究记》(1829年)第349页。——原书注
③ 阴历将一年分为七十二候，每5天或6天为一候，以此表示季节的变化。——译注

雀进入海中变成海蚌,鸽子变成老鹰是常事,贫僧刚刚做好的青菜,在眼前变成鱼肉拌凉菜,这简直是难得一见的奇事。"《本草启蒙》第四十七卷介绍说:"野猪经年之物甚大,有大如牛者,大者背上生木。"《甲子夜话》第五十一卷讲,德川吉宗将军在小金原狩猎,亲自使用猎枪击中了一头名为五月白的老猪,猪原地转了一圈被众人抓住。这头猪是高龄老猪,鼻尖上长出白毛,背上长着植物并开了白花,所以才得此名。猪类都在淤泥中打滚来降低体温,淤泥沾在背部的毛上长出了植物。经常听说战士附在伤口上的泥里长出麦子,绷带上长出蘑菇的事,所以上述的记录应该不是编造的故事。《曾我物语》讲仁田忠常当着源赖朝的面射杀的不知年龄多大的老猪身上长着所谓伏草是笔误,具体是什么不得而知,大概是某种植物。

周密的《癸辛杂识》续上卷记载:"北方野猪大者数百斤,最犷悍难猎,每以身揩松树,取脂自润,然后卧沙中,传沙中膏久之,其肤革坚厚如重甲,名带甲野猪,虽劲弩不能入也。"不知是传闻还是事实,日本也有这类记载,《本草启蒙》第四十七卷记载,每夜野猪往来的道路直通幽谷,形成了人可以通行的道路,人们称之为野猪路。路旁的树皮多有磨损,地上也有挖掘的痕迹,这是野猪将树脂或泥土涂在身上使皮肤坚硬的缘故。《本草集解》讲:"掠松脂曳沙泥涂身以御矢也。"一条兼良撰写的《秋夜寝觉》下卷中说:"猪这种野兽不但勇猛,而且将松脂涂在身上,所以可以抵御弓箭，这是用审视武士的目光观察猪的结果。"关于猪眼的问题留待后叙。中国人认为松脂是长生不老的妙药，所以才产生出上述的观念。①

欧洲也有同样的记述，阿隆·克劳斯利撰写的《纹章上图案的意义》（1724年）指出野猪虽然没有角，却是兽中最强悍的动物，它有坚硬锐利可以严重杀伤敌人的獠牙，还有保护自身的盾牌，经常在树上摩擦肩和两肋，使之如同盾牌一般坚硬。杰拉德·李在《武装事记》（1576年）中指出，野猪一旦准备战斗，便先将左肋在树上摩擦半天，以此抵御敌人的牙齿。②

顺便提及一点，西泽一风③所著《乱胫三根枪》第六卷讲述说，表演小鼓的艺人水岛小八郎受恩人之托留守看家，可是他起歹念想奸污恩人的妻子没有得逞，于是逃走投靠丹波猪野目村的旧友鹰安鹫太郎。从山上回来的鹰安鹫太郎见到小八郎怒上心头，心想这个家伙自去京城便杳无音信，实在是个无礼之徒，今天见面一定要羞臊他一番。但是俗话说，奋勇冲杀的野猪弓箭也挡不住，④便静下心来问对方为何事而来。阿拉伯人的谚语说守信义的人兼备公鸡

---

① 参照永尾龙造的《中国民俗志》上卷第114页。——原书注
② 参照《随笔问答》杂志第12辑第6卷第238页刊载的克莱梅茨的文章。——原书注
③ 西泽一风（1665—1731），江户中期文学作品"浮世草子"和"净琉璃"作家，被世人誉为井原西鹤后浮世草子的代表作家。——译注
④ 这里作者使用有误，这个谚语原文应该是"面对低头的鹿不忍放出弓箭"，意思是对于勇于承认错误的人不可一味追究责任。作者在后文做了订正。——译注

的勇气、母鸡的观察力、狮子的善心、狐狸的狡诈、刺猬的谨慎、豺狼的敏捷、狗的淡薄心、怪兽的面貌以及野猪的奋进。与此相似,如果有一往无前的必胜决心,鬼神也难以阻挡,奋勇冲杀的野猪弓箭也挡不住。不过最近读到《商人军团》第四卷,其中写到所谓奋勇冲杀的野猪弓箭也挡不住的意思是当面求饶的话,即使鬼也会心软。不管这个谚语的原意如何,当时似乎是用于比喻对于犯错的人不可深究的意思。古代的谚语的真意实在难以理解。

爱沙尼亚的传说讲,王子吃了猪肉获得了理解鸟语的能力。西西里的传说则说一个女人将三根猪胡须投入火中使她年老的丈夫返老还童变成英俊的王子,而俄国的传说讲狼要吃掉猪崽,猪对狼说等我将孩子洗干净再吃也不迟,于是让狼在桥下干涸的河床上等待,猪放水淹死了所有的狼。亚里士多德阐述说猪是狼的对手,希腊的小说中也有很多这类故事。[1] 要列举猪的长处,还有很多。贝原益轩指出猫是一种非常不仁善的动物,但是即使猫见到其他猫的孤儿也会精心哺育,这是天性。[2]《后周书》记载:"(陆逞)为京兆尹,都界有豕生数子,经旬而死,其家又有豕,遂乳养之,诸豚赖之以活。"《球阳》第十三卷记述说,尚敬王时田名村有一母猪,产子后八日即死,其他母猪乳育此幼

---

[1] 参照戈佩尔纳其斯《动物谭原》第2卷第11页。——原书注
[2] 详见《大和本草》第16卷。——原书注

猪，后母猪生子，一起哺育。除此之外还有很多事例。

以前马赫菲曾经在著作中叙述说古代斯巴达人将生活的一切都军事化，连猪也要严格训练，用铃声控制，进退严整，动作丝毫不乱。约翰逊博士曾经指出猪可以模仿动物表演中的狗和马的所有动作，即所谓"会模仿的猪"，一般的猪显得愚钝并非猪不通人意，而是人不理解猪，人不花功夫训练猪而在猪未满一岁便屠宰，猪的智能不可能成熟。[1]据饲养过野猪的人说，野猪可以在人群中分辨出主人，突然用鼻子拱主人的腰，解开野猪的绳索放回山里，每次都会找到家。笔者现在饲养的雄鸡每天早上见到我都会来啄，这似乎是一种问候的方式。人类中也有在大庭广众众目睽睽之下亲吻吐舌甚至吐唾沫作为问候的民族。笔者小时候曾以为拍打对方的头部是问候对方，所以动物的行为也无可厚非。唐朝《五行志》讲："乾符六年，越州水阴民家有豕入室内，坏器用衔碗罐置于水次。"内容似乎很奇怪，可能是猪见到人们的行为动作模仿的结果。

众所周知，法国人使用猪代替狗寻找埋在地下的松露，可见猪的嗅觉十分灵敏。威廉·霍恩的《年鉴》(1864年)第一百二十六页记载了猪会识别风向这个俚语，大概意思是说猪的眼睛虽然细小，但是可以分辨风向。人也有用五官识别其他事物的特异功能，某个人当妻子内脏产生病变时，感

---

[1] 参照波斯威尔《约翰逊传》叙述75岁的部分。——原书注

觉到自己的口中也有异样的苦涩的味道。

三十三年前，笔者和佐藤寅次郎[1]同住在美国密西根州安娜堡城荒郊野外的一幢住宅里，每天都是佐藤做饭。在一个严冬的夜晚，佐藤外出演讲，我一个人饥饿难耐，缩在二楼的卧室的床上，壁炉中没有生火，房间寒冷刺骨。窗外风雪漫天狂风大作，窗户发出异样的声响，回头一看，只见一个穿着黑袍的男人拿刀在追赶一个老者，两人的手脚都不动，宛如眉间尺的画一样上下舞动，就像走马灯一般，可是这两个人物不是幻影，身上的衣服都色彩斑斓。这座住宅长期无人居住，所以房租非常便宜，不过好像是一个幽灵出没的鬼屋。我心里不断埋怨介绍房子的人，转念一想：佐藤比我早住在这里，应该知道有鬼，为什么从未提起过？于是左思右想不知该找谁出气。而且越看转得越快，越看越像日本民间戏剧中的人物，奇怪这些人物怎么会远涉重洋跑到美国呢？心中觉得蹊跷便抬头仔细看，然而黑影顿时消失，眼中还残留着一点幻影。起身来到窗前察看，发现是白天有鸡跑进这个房间打破了窗子，风雪从破窗刮进来使窗帘上下舞动，所以才产生了虚幻的人影，当黑影消失后仍然有无形的阴影在椭圆轨道上

---

[1] 佐藤寅次郎（1864—1928），也称虎次郎，早年曾在涩泽荣一的介绍下在横滨做学徒学习贸易、商法、英语。1885年远渡美国留学，1890年从密西根州立大学毕业并获得法学博士学位。中年曾率乡里的年轻人远赴澳大利亚采集珍珠，从事造船实业。——译注

循环。

这虽说是幻觉，不过笔者直到四十五六岁之前一直可以用肉眼看到囊子菌的胞囊，大概是这种特异的视力看到了在风中飘动的冰雪的微分子的运动，从而产生幻觉。所以说猪可以分辨风向并不是天方夜谭。关于笔者的非凡的眼力，已故的利斯塔勋爵的女儿、生物种学会的会员格莉埃玛曾在《英国菌学会会刊》（1914年）第七十页以及《埃塞克斯郡生物学俱乐部特别纪要》第十八页的文章中提及。

三

前文讲到享保三年（1718）问世的《乱胫三根枪》中的谚语"奋勇冲杀的野猪弓箭也挡不住"，但是思前想后觉得文章中指的不是野猪。查阅贞享三年出版的《各国自杀女郎》第四卷中的"悬命浮桥"这一段，家住京都西郊富贵人家的漂亮妻子和丈夫的英俊侍从私通，从睡梦中惊醒十分懊悔，便向丈夫坦白了实情哀求饶恕，文章最后写道："面对低头的鹿不忍放出弓箭，男人便原谅了她。"英国的鹿当无路可退时会低头将鹿角朝向敌人，日本的鹿大概也相同。人们见到鹿低头宛如求饶，所以才创作了上述谚语。鹿和野猪的名称只一字之差而古语发音相同[①]，所以这个谚语中讲的是鹿而不是野猪。

顺便提及一点，《甲子夜话》续篇第八十卷中叙述说，松浦天祥在去程谷途中的茶店里见到一只比野猪小的动物，白毛略带淡红色。他觉得很新奇，便问这是什么动物？回答说是毡鹿。他反问道毡鹿不是有角吗？人们回答说那是羚羊，这是毡鹿，两者不同。据《重订本草启蒙》第四十七卷记载，一般栖息在深山老林，外貌类似山羊的兽类既称毡鹿又称作羚羊。丹峰和尚撰写的《新撰类聚往来》上

[①] 日语鹿的发音是"kanoshishi"，而野猪的发音是"yinoshishi"，所以是一字之差，古语中都是"shishi"，所以容易混淆。——译注

卷记载有"狺猪，毡鹿"，《康熙字典》中仅有"狺字音豹"，没有任何解释。不过由于"完"和"貛"字同音，所以应该是将"貛"写作"狺"。郭璞的《尔雅》注中认为猯和貛是相同的动物。李时珍说："猯猪貛也，貛狗貛，二种相似而略殊。"纳文德鲁夫说猪貛是"arctonyx collaris"，狗貛是"meles meles Linnaeus"，小野兰山讲猪貛即猯，在日本被称为"猯狸"，身体肥胖行动迟缓，狗貛身体消瘦如同飞鸟。贝原益轩讲，猯也称猯狸，外貌似野猪而体形略小，肉味鲜美似野猪。《南总里见八犬传》讲述的和歌山旧藩主德川赖伦居住的麻布狸穴的地名就是来自这种动物。现在这类动物在教科书中统一用"貛"这个名称，学名是"meles meles"，外形和肉味均与野猪相似，不过是食肉兽，和野猪不是同类。它主要产于日本，似乎和中国的猪貛不同，但由于与猯大致相同，所以本草学家们将它归类为"猯，又名猪貛"。不过仔细想来，无论是本草学家还是丹峰和尚都是研究了这类动物才命名为猪貛和狺猪，所以毡鹿这个名称于延宝年间在程谷一带仍然通用，总之，松浦天祥见到的不是野猪而是外貌十分相似的貛。[①]

前文涉及的松露，凡是在欧洲旅行时品尝过美味佳肴的人都知道，笔者并不十分感兴趣，不过在当地是十分珍

[①] 参照《本草纲目》第51卷，《重订本草启蒙》第47卷，《大和本草》第16卷，《圆珠庵杂记》有关鹿的部分，《皇立亚细亚协会中国北部分部杂志》第2辑第11卷第52和53页。——原书注

贵的高档菜，笔者的一个熟人曾说请某个女人吃这道高档菜后便将这个贱妇骗上了床。到1897年为止，人们发现真正的松露有三十五至五十五种。松村三任博士在《帝国植物名鉴》上介绍乔贝格的《日本植物篇》指出日本也有一种松露，不过白井光太郎博士的《订正增补日本菌类目录》中没有收录此条。笔者曾经在过去二十三年中四处寻找，只发现一种类似松露的寄生蘑菇，没有发现过真正的松露。在真正的松露中，最名贵的是黑松露"tuber melanosporum"（见图1A），这是一种圆形长满粗大颗粒的蘑菇，呈茶色或黑色，气味略似荷兰草莓。它作为高档食品，从法国出口到海外赚取了巨额利润，在秋冬季生长在山毛榉和橡树下

图1 （A）黑松露 （B）白松露

的土中。意大利人喜爱的白松露"tuber magunatum"（见图1B）表面光滑，形状好像剥了皮的橘子，呈黄褐色，气味如同洋葱和奶酪的混合物，也就是说和臭屁的气味差不多。晚秋生长在柳树、白杨以及橡树林下的土中，偶尔在耕地中也可以发现。前些年大正天皇举行即位大典时，为外宾提供的菜肴中有松露和绿色的海龟肉，大获好评，于是有人找我咨询要种植这种蘑菇。虽然和歌山土质适合种植这两种蘑菇，但是这些人都是事到临头抱佛脚，蘑菇不可能马上生长出来。

为什么人们如此重视松露，这是因为古今中外世界上的人们最喜爱之物是酒和色，人们相信这种蘑菇可以滋阴壮阳，自古人们就传说女神阿佛洛狄忒特别喜爱这种蘑菇，各国的国王也认为其十分珍贵。经过化学分析，这种蘑菇含有大量的磷元素，可见所谓壮阳之说也并非虚传。因此不仅是"尾闾不禁沧海竭"[①]之辈，就连半身埋进黄土的老翁也争相求购。人们过于珍视松露，甚至有的学者还称赞它是神的宠儿。人们之所以如此赞誉这种蘑菇，固然是因其有滋补的神效，另外还因为人们认为这种蘑菇是打雷产生出来的，觉得不可思议。中国人也认为生长在地下的一种多孔菌产生于霹雳雷击精气变化，名为雷丸或雷矢，即

---

① 据查这是出自《普济方》第177卷等书的一首诗，原是一位道士所作，书中介绍斑龙脑珠丹时引用了该诗。原诗的内容是"尾闾不禁沧海竭，九转灵丹都漫说。惟有斑龙顶上珠，能补玉堂关下穴"。——译注

雷屎的意思，可以治疗小儿的病症，是降热除百病的良药。不过服用过量会造成阳衰，和松露的作用正相反，笔者认为也许应该广泛推广这种蘑菇。①

夏丹的书中叙述了各种采集松露的方法，其中最能发挥作用的是猪，其次是狗，偶尔听说有的儿童能嗅出松露的所在。猪可以在远距四五十米的地方就嗅出松露的气味，飞奔过去用鼻子挖出。据说还有的猪会叼住松露放到主人的手中，不过这似乎是误传。猪挖出松露后会立即向主人讨要奖赏，如果不立即给它们一些坚果，它们会马上吃掉松露，更有甚者还会怠工或干脆罢工。猪也是十分狡猾的动物，收了奖赏吃了很多坚果，而且经常被主人用棍棒吆喝，可是一有机会便偷吃松露。一只猪从两岁左右开始找松露，一直可以工作到二十岁或二十五岁，技能巧拙因猪而异，灵活的猪可以在两小时内挖出三十五公斤松露。

如上所述，猪有许多的优点，但另一方面世人公认猪有贪吃、好淫、懒惰、污臭等缺点。《西游记》中的猪八戒就是最好的代表。猪八戒本来是天蓬元帅，因为在西王母的蟠桃会上酗酒调戏仙娥，被贬逐下界投胎，错投到猪胎生为畜类。日本的连环画将猪翻译成野猪。后来猪八戒被收为乌斯藏国高太公的女婿，他饭量极大，一顿可以吃下

---

① 参照夏丹《松露》（1892年），恩格莱尔以及普兰特尔的《植物自然分科》第1辑第1卷第286～287页，《大英百科全书》第11版第27卷第322页，《本草纲目》第37卷，普兰特姆《艳妇传》。——原书注

三十人的食物，而且将妻子关在房内连续发泄淫欲长达三年，在保唐僧去西天取经的途中，他色心未泯多次造孽，特别是在该书的结尾，如来教训八戒说："因汝口壮身慵，食肠宽大，盖天下四大部洲，瞻仰吾教者甚多，凡诸佛事，教汝净坛，乃是个有受用的品级，如何不好？"这些所讲的都是家猪，所以由此证明猪八戒是猪而不是野猪。

佛经生死轮的图案是无常巨鬼怀抱一个轮，轮中心的圆环内有佛，在前面画着三种动物：鸽子是多贪染，蛇是多嗔恚，猪表示多愚痴。从中心圆环至外环有五六条半径线，其间画着天、人、饿鬼、畜生、地狱五趣，藏传佛教加上飞天一共六趣。[①] 在不列颠的天主教教堂的礼拜日，教士用手杖讲解挂在墙上的图画，画上画着罪孽深重的人的心脏中心有一个恶魔，七种动物围绕着魔鬼，其中青蛙表示贪婪，蛇表示嫉妒，山羊表示不贞，狮子表示嗔恚，孔雀表示虚傲，乌龟表示懒惰，猪表示贪吃[②]。可见佛教中猪寓意愚蠢，基督教中是贪吃，两者都是丑恶的形象。

天主教的安东尼圣人是该教中最初的隐居者，被称为修行僧的鼻祖。公元251年，安东尼出生在埃及，父母去世后他将父母留下的遗产分送给邻居和贫民，从二十岁开始在家乡修行，十五年后迁移到尼罗河附近的沙漠丘陵地

---

① 参照《佛教大词汇》第1卷第1338页，巴士第安《佛教心理学》（1882年）第365页以及附图。——原书注
② 详见《随笔问答》杂志第9辑第6卷第136页。——原书注

带的旧墓穴中隐居，与世隔绝长达二十年。公元4世纪初，他从墓穴中出来，带领众多追随者来到红海附近的沙漠中隐居，4世纪中叶故去。他开始修行的时候如同佛教的悉达多太子，悉达多太子出家修行接近六年，坐在毕钵罗树下期待得到觉悟，这时波旬的三女，可爱、可嬉、喜见娇姿庄严来到树下，百般引诱，见到太子无动于衷便改换招数，率领八十亿小鬼卷土重来，威胁太子说，如果不立即离开，便将他扔进海中。与此相同，魔王撒旦也曾使用各种威胁利诱的手段企图让安东尼放弃修行，撒旦先让海棠和牡丹变成美丽的姑娘前来诱惑，后来又在黑夜中让魔鬼变成狮子、豹、熊、牛、蝮蛇、蝎子和狼来折磨圣人，圣人纹丝不动，有时洞顶绽开射出灵光使众恶鬼变得哑口无言，圣人的伤口全部愈合，然后洞天才又重新关闭。欧洲著名的画家纷纷就撒旦诱惑圣人的画题创作了名画。

另外还有一个奇谈是安东尼圣人在荒漠中独居修行时，有一天天上突然有一个声音说："安东尼，你的修行还不如亚历山大港的一个鞋匠。"圣人听后便从床上跳起，拿着拐杖前往亚历山大拜访那位鞋匠，鞋匠见到圣人亲自光临感觉十分惶恐。这时圣人和颜悦色地走近他，对他说："请给我讲一讲你的生活。"鞋匠十分不安地说："我身份低贱，只凭劳作生活，每天早上起床以后为自己所在的城中的人，特别为自己的近邻以及和自己一样贫困的人们祈祷平安。祷告完后开始工作，为了生活终日劳作。自己绝对不欺骗他人，回避一切虚伪，坚守并履行诺言。就这样我和妻子艰苦度日，在力所能及的范围内让妻子敬畏上帝，除此之外我没有其他生活。"拉其玛指出，这个故事告诫我们上帝要我们热爱那些忠于职守、正直善良度日的人。安东尼的确是个圣人，但是在上帝的眼中，他和一贫如洗的鞋匠没有任何区别。以上是笔者早年在大英博物馆读到的霍尔顿的《关于三位一体和化身的古文集览》（1713年）以及科利尔的《拉其玛法谈集》（1845年）时抄录的文章，适当进行了润色。

安东尼圣人出身于贫苦农家，经过专心修行而得道，是一个传奇式人物。追随他并经过他的指点而出家的人有很多，据说当时的人口有一半是出家人。这位圣人拒绝君士坦丁大帝的聘请没有前往罗马，粗茶淡饭修身养性活到一百零五岁，临终留下遗言，秘密埋葬遗体不让信徒朝拜，以免迷信兴盛，他的德行是一般的教士望尘莫及的。至今在欧洲各国以他的名字命名的教堂以及人名甚多。[1]

研究安东尼圣人的传记最感到新奇的是他年轻时就失去父母，从此看破红尘，将父母的遗产全部分送给朋友和贫民，战胜种种诱惑和胁迫，在洞穴和山中刻苦修行，但是他的行为和亚历山大港一个平凡度日的鞋匠相比，在上帝眼里两人的功德不分伯仲。可见鞋匠每天早上为四邻和

---

[1] 参照吉本《罗马帝国衰亡史》第37章，史密斯《希腊罗马人传神志字典》（1844年）第1卷第217页，钱伯斯《日记》第1卷第126页，《大英百科全书》第11版第2卷第69页。——原书注

穷苦人真心祈祷的功效与圣人施舍财产是相同的,因此一生杜绝女色、洁身自好、粗茶淡饭在洞穴中苦行的圣人付出的代价要大,损失也相应的要多。

笔者自少年时代敬畏佛祖,广泛阅读各种宗派的佛经,擅长绝食苦行等各项,前不久圆寂的土宜法龙大师生前曾对我说,如果你出家必能成为振兴佛教的中兴祖师。由于他讲过多次,于是我也就动了出家为僧的念头。《维摩经》中有"以法喜为妻,以慈悲心为女,入诸淫舍示欲之过迹,入诸酒肆能立其志迹",大师问我:"听说你读书时必定饮酒,不知女色方面如何?"笔者回答说:"鄙人生来未沾染过女色。"大师立即反问道:"这属实吗?"记得笔者当年远渡重洋来到伦敦时,不熟悉当地民情,寄宿在云斯顿街一个犹太人经营的旅店,闭门不出,在房间专心整理植物标本。当时有一个十七八岁的少女经常来和我搭讪,我潜心钻研植物,一般不大理睬她,但她仍然不断来纠缠。有一天来了一个自称是她姐姐的二十四五岁的女子,听到她用粗俗的法语训斥少女说,这个男人是个童男子,要学会看风向,不要在这儿浪费时间。从此以后,少女便不再来了。我才终于明白这对姐妹是做色情行当的,干这种行当的女人一眼就可以分辨出男人的好坏,然而当今被誉为天师的土宜法师竟然没有这点能力,盲目怀疑我的清白,可叹高僧不如娼妇。

后白河上皇曾经一语道破天机,所谓淫欲之事,不做的是佛，而善于隐蔽不为人知的则是上人①，日本没有品行端正严守戒律的清僧，因此也不可能具有慧眼识珠的能力。世上没有人情愿做严守戒规的清僧，读了安东尼的传记可以知道刻苦修行的圣人和凡夫俗子的鞋匠功德无异，所以人们与其隐居在洞穴，不如在世上享乐。当初同我一起留英，现在位居文部大臣的镰田荣吉②和我交往甚密，当时笔者曾问他："像我这样的性格孤僻的人是否可以娶得到老婆？"镰田回答道："俗话说破锅也有盖，人不愁没老婆。"回国后的第六年，四十岁时才结婚讨了一个二十八岁的黄花姑娘，哪里是什么破锅也有盖，简直就是天配的一双。她虽然没有天女般的标致容颜，但是勤俭持家相夫教子，古人所讲的举案齐眉的孟氏之女，卖发助夫的明智光秀的妻室，飞奔送笔的大雅堂③的妻子也就是这个程度。特别是她协助笔者研究菌学，颇有许多新发现，笔者也感到为人之夫的乐趣。前几年，大木友三郎博士造访寒舍时，目睹我们夫妇琴瑟和鸣的情景，十分羡慕，回去对镰田讲述了一番，使得镰田心悦诚服，有关内容刊载在《伏虎会杂志》。以上是读到安东尼圣

---

① 参照《沙石集》第4卷第2章。原注。所谓上人是指僧侣中职位较高具有学德的人。——译注
② 镰田荣吉（1857—1934），纪州藩（和歌山县）出身的政治家。毕业于庆应义塾并留校任教。曾任枢密院顾问、贵族院和众议院议员、文部大臣、庆应义塾塾长以及帝国教育会长。——译注
③ 大雅堂是江户时代的画家池大雅（1723—1776）的号，他的妻子玉澜也是同时代的画家。池大雅与另外一位著名的画家与谢芜村齐名，代表日本江户时代文人画的最高水平。——译注

人的传记后恍然大悟,从中悟出的人生道理,奉劝镰田文部大臣应该将此篇文章列入教科书。

言归正传,下面继续谈论猪的话题。人们讲天主教信奉唯一的上帝,这只不过是表面现象,实际上天主教是多神教。如同佛教吸收了婆罗门教的诸天思想一样,基督教也将欧洲民间信仰的神仙吸收并神化,于是基督教的年中纪念日众多,以至于许多神成为现实生活中的保护神。约翰圣人是木匠的保护神,戈莱特利圣人主管泥水匠,利埃纳圣人掌管监狱,迈克尔圣人执掌面包房,阿福德女圣人监管妓院,贾斯特圣人保护饭店,贾古尔圣人祝福夫妇生活和睦,戈尔登斯圣人可以铲除毒蝎子,拉波尼圣人惩罚虐待妻子的丈夫,罗马尼克圣人滋润干涸地带并可以治疗麻风病,安圣人可以找回失物,欧文圣人可以治疗聋哑,雷杰尔圣人能减肥,博尼费斯圣人可以使瘦弱的人强壮,等等,为世人提供各种便利,[1]在生活中遇到苦难的人可以祈求相应的圣人保佑。

其中猪的守护神是恩德柳斯圣人,在德国的安德罗镇有纪念这位圣人的教堂,原苏格兰王子厌倦了宫廷的荣华富贵,来到欧洲大陆在此做教士僧院的监管。在中世纪,传教士遍布欧洲各地,好吃懒做,人们讥讽胖人都说像修

---

[1] 参照萨西《随得手录》第3卷第366页,克兰·布朗奇《遗宝灵像评汇》各条。——原书注

道士那样肥。猪游手好闲身躯肥大，一般人说肥得像猪，不知不觉教士和猪成了伙伴。前述的安东尼圣人掌管各种牲畜，尤其是猪的守护神。弗勒说这是因为这位圣人和猪一样居住在洞穴，刨挖草根生活的缘故。戈佩尔纳其斯指出，北欧神话中的雷神司掌婚姻，以猪为仆从。安里·埃其恩引用古诗说安东尼圣人出家以前曾饲养过猪，死后各地的教士又假借他的名声招摇撞骗，饱食终日。可见教士和猪有密切联系，所以圣人同时也是猪的守护神。① 教士和猪的关系还有一个奇闻。

16世纪纳瓦尔②女王玛格丽特撰写的《七日物语》第三十四段讲述说，有一夜，有两个身穿灰衣的教士借宿在格利普村的一个屠夫家里，他们睡觉的房间和主人夫妇的卧室之间的木板上有许多缝隙，晚上睡觉时听到屠夫对老婆说明天早上早点叫醒他，灰和尚当中的一只十分肥大，杀了腌成咸肉可以卖出好价钱。两个教士不知道这家主人养的猪名叫灰和尚，以为谈论他们两人，其中有一个教士肥胖如猪，觉得必死无疑，所以吓得彻夜未眠。门上了锁，唯一的通路要经过夫妇的卧室，于是肥胖教士和另一个教士商量对策，瘦弱的教士开窗跳了出去，独自一人逃走了。肥胖教士跟着跳出去之后，由于身体肥胖，落在地

---

① 详见《随笔问答》杂志第12辑第11卷第316页，戈佩尔纳其斯《动物谭原》第2卷第6页，埃其恩《埃罗多德解嘲》第22章。——原书注
② 西班牙比利牛斯山脉附近的一个王国。——译注

523

上时扭了脚，疼痛难忍无法走路，便爬进旁边的猪圈，打开猪圈门栏，两头大猪窜了出来。教士藏在猪圈中，想等行人路过时求救，黑夜破晓，屠夫在房里磨刀霍霍，铿锵有声。他的妻子来到猪圈打开门栏高声叫道："灰和尚出来，今天要好好品尝你的肥肠。"教士吓得魂不附体，一边高呼饶命，一边从猪圈爬了出来。见到这个情景，夫妇也吓了一跳，明白是自己平时称猪为灰和尚引起了误会，便双双给教士赔礼道歉。教士明白是一场误会才松了一口气。这简直是前所未闻的奇事，夫妇和教士互相说明了原委，仰天大笑。误会消除了，但是教士的脚伤仍然疼痛，于是重新到夫妇房间落座，受到热情款待。瘦弱的教士在黑夜中不断奔跑，清晨找到官府，控告在一个不法屠户家借宿，同伴一起跳窗逃命，不见踪影，大概已经一命呜呼了。庄园主弗尔斯急忙派人前去察看，才弄清事实真相，后来弗尔斯向弗朗西斯一世的母亲阿格雷蒙讲起了这个故事，引起哄堂大笑。

《三国演义》中曹操行刺董卓失败，逃往故乡的途中被守关军士所获，擒见县令陈宫，陈宫释放了他并与曹操一起乘马投奔故乡，"行了三日，至成皋地方，天色向晚。操以鞭指林深处谓宫曰：'此间有一人，姓吕名伯奢，是吾父结义弟兄。就往问家中消息，觅一宿，如何？'宫曰：'最好。'二人至庄前下马，入见伯奢。奢曰：'我闻朝廷遍行文书，捉汝甚急，汝父已避陈留去了。汝如何得至此？'操告以前事，曰：'若非陈县令，已粉骨碎身矣。'伯奢拜陈宫曰：'小侄若非使君，曹氏灭门矣。使君宽怀安坐，今晚便可下榻草舍。'说罢，即起身入内。良久乃出，谓陈宫曰：'老夫家无好酒，容往西村沽一樽来相待。'言讫，匆匆上驴而去。操与宫坐久，忽闻庄后有磨刀之声。操曰：'吕伯奢非吾至亲，此去可疑，当窃听之。'二人潜步入草堂后，但闻人语曰：'缚而杀之，何如？'操曰：'是矣！今若不先下手，必遭擒获。'遂与宫拔剑直入，不问男女，皆杀之，一连杀死八口。搜至厨下，却见缚一猪欲杀。宫曰：'孟德心多，误杀好人矣！'急出庄上马而行。行不到二里，只见伯奢驴鞍前鞒悬酒二瓶，手携果菜而来，叫曰：'贤侄与使君何故便去？'操曰：'被罪之人，不敢久住。'伯奢曰：'吾已分付家人宰一猪相款，贤侄、使君何憎一宿？'速请转骑。操不顾，策马便行。行不数步，忽拔剑复回，叫伯奢曰：'此来者何人？'伯奢回头看时，操挥剑砍伯奢于驴下。宫大惊曰：'适才误耳，今何为也？'操曰：'伯奢到家，见杀死多人，安肯干休？'若率众来追，必遭其祸矣。宫曰：'知而故杀，大不义也！'操曰：'宁教我负天下人，休教天下人负我。'陈宫默然"。由此，陈宫认定曹操是个不仁不义的狼心之徒，在客店投宿趁曹操熟睡打算刺杀他，但是随即放弃了这个想法，离开曹操投靠吕布做了一名谋士，后来被曹操处死。这个故事要比《七日物语》的教士的故事早，陈寿的《三国志》以及其他古书中是否

525

有相关记载，后来的小说中是否有类似的故事，现在无法查证。不过《渊鉴类函》第三百零九卷中有"初太祖过故人吕伯奢也"，可见吕伯奢历史上确有其人。

日本也有类似于曹操错杀吕伯奢的故事。有一个名为大日的僧人曾经前往大宋参拜佛照德光。这个大日和尚是恶七兵卫景清的伯父，景清战败后逃到大日这里，大日叫来侍从吩咐说："景清长途跋涉非常疲劳，买酒来好好款待。"景清见到侍从奔出家门，误以为是向源氏通报引人来追捕自己，便拔刀杀死了大日。[①]《摄阳群谈》第四卷记述说，岛下郡吹田村有一个名为泪池的水潭，当地传说讲从前恶七兵卫景清的伯父入道在此隐居，寿永三年（1184）景清在八岛之战中败北逃到此地，伯父入道收留他在这里养精蓄锐。有一天，景清听入道说要打麦子，因为是方言，景清误以为伯父要杀自己，便杀死了入道，离开寺院并在这个水池清洗了刀上的血污。后来他知道是方言谐音的误会，便向池水跪拜亡灵，因此留下了人称"景清泪池"的逸话。这个水潭本来就是西行和尚歌颂过的名胜，所以才创作出了这样的故事。《盐尻》第五十四卷也收录了《梅村载笔》的故事，并讲出处有待详查。日本的故事似乎是从曹操误杀吕氏一家改编得来的，只不过当时日本没有捆绑牲畜在家里屠宰的风俗，所以改编成见到去买酒以及打麦

---

① 详见《梅村载笔》人卷。——原书注

子的方言等产生误会而杀死伯父。

笔者在大学预科读书时曾读到过英美人的小说中有相似的故事，只是书名已经忘记。记得当时的老师松下丈吉先生说，这和日本的曲亭马琴的逸事相似，不知这位老师的见解根据是什么，不过当时流行的菊池三溪的《本朝虞初新志》中卷有类似的记述。马琴青年时曾在房间里构思小说情节，侍女送来茶水，马琴不知旁边有人，自言自语道："今夜必绞杀侍女，取衣裹尸投入井底销赃灭迹，妙哉妙哉！"语毕，放下手中的毛笔独自微笑。侍女十分担心，当天黄昏便慌忙赤脚逃回自己家中，他的父母听说后大惊失色，便找上门来要求辞退侍女，马琴觉得奇怪，追问再三才得知原委，便笑着说脑海中突然浮现出一个绝妙的小说构思，不觉脱口而出，这才消除了误会。

四

英国的俚语说："霍格斯·诺顿的猪弹管风琴。"康登解释说这是比喻以前这里的居民粗野鄙陋，做出不符合身份的举动。莱恩解释说，这是因为从前这个教区的教堂里的一个管风琴手名叫猪，而凯博则认为这个地方自古就是牛津伯爵的领地，所以教区教堂的管风琴的键盘上刻着伯爵家的标有猪的图案的徽章。[①] 俚语来源的解释有多种多样，很难确定标准的说法。宽文二年（1662）问世的《为愚痴物语》第六卷记述说，丰臣秀吉的时代，有个名叫千石少贰的人对任何事情都要插嘴，而且总是不懂装懂，喜欢在众人面前吹牛。于是当时的人们将他的名字千石少贰缩写为千少，作为嘲笑这种人的贬称。自古流传下来的词汇当中有很多字义和词义都不准确的词，大概都属于这类。僣上是千贰的古字。所谓僣上是干不合身份之事的意思，自古以来就有这个词。和上述的千石少贰的行为不同，所以千少和僣上原来不同义，大概后来两者才混淆，或者是不懂僣上的原意的人将僣上曲解为千少，总之刚刚读到《为愚痴物语》，很难得出结论。

从前有一个广岛出身名叫高桥的人随大井马城远渡新加坡闯荡世界，当时的日本使馆领事为他写了一封介绍信

[①] 参照《随笔问答》杂志（1923年1月13日）第34页。——原书注

给居住在伦敦的大仓喜三郎①，信的内容是"此人出洋虽漫无目的，当远渡英伦之际，望鼎力相助为盼"。高桥拿着介绍信来到英国，但对于西洋的礼节不屑一顾，举止仍然像日本的浪人一般不拘小节，惹恼了大仓，被赶出了家门。此后不久，他寄居在驻伦敦总领事荒川巳次的官邸，但由于不屑照顾荒川的孩子便不辞而别，漫无目的地来到大英博物馆游荡。因为他风貌特殊而引起警卫的注意，经盘问得知是日本人，便介绍给在该馆工作的笔者，于是他立即来见我。侨居海外多年，经常见到流落在海外的日本人，所以我对这种人没有好感。见他抱怨饥饿难耐，我便先带他到外面的饭馆让他饱餐一顿，问明情况之后将他介绍给著名的诗人埃德温·阿诺德的夫人，她也是日本人，应该会关照他。不过高桥这个人是《史记》中的冯谖式的人物，从不知足，整天牢骚满腹，剃了光头，裤口袋里插着一个写着"小心火灾"四个大字的香烟盒四处闲逛。他在阿诺德家的地下室吃饭时饭量惊人，女佣们十分好奇，不断拿来各种食物，他都能全部吃下，最后还用手势比画着要酒喝，喝醉了之后便肆无忌惮地打饱嗝。他托着腮吃饭，完全不懂得餐桌上的礼节。

当时有人撰写了一本名为《人猿》的书，还附有插图，

---

① 大仓喜三郎是财阀大仓喜八郎的侄子，东京帝国大学工学部毕业后加入大仓家经营公司的大仓组，被派往伦敦分公司后曾巡游欧美各国。出任大仓组札幌分公司经理之后独立，曾经担任多家企业的董事和社长。——译注

主要是研究强奸问题的一本著作,在医学和法学上都有参考价值,这并不是什么值得惊奇的著作,但是由于书名怪异,在英国无法出版,所以只能由法国出版后再在英国发行。猩猩是一种巨大的猿猴,经常强奸妇女,这在过去的非洲旅行记中有很多记载,也是这本著作书名的来历。高桥不知在什么地方听说了这本书,就在阿诺德家的地下室吃饭时故意模仿猴子的动作,女佣们询问缘由时,他胡说自己是人猿,女佣们听后十分恐怖,从此便不愿接近他。高桥不懂为什么女佣们躲着自己,开始还以为女佣们忙,没有时间关照自己,后来发现女佣们不理睬他,便怒火冲天,质问男爵夫人说,你身为同胞,自恃自己是洋人的太太,便轻视像我这样的天涯孤客,受你的影响,连这里的佣人也蔑视我。他对男爵夫人无礼谩骂,男爵听说后大怒,从此不准高桥登门。此后他真正成为天涯孤客,过着朝不保夕的流浪生活。不过他记忆力非凡,英语会话能力大幅度提高,做一些旧货店的中介生意维持生活,然而他生性脾气暴躁,稍有不顺心便拿出几个月的储蓄一夜喝光,并美其名曰讨死。他不止一次地在外狂饮,以至于穷得身无分文,落魄到在一个名叫山中的来自大阪的人开办的古董店里打工的地步,后来笔者回国便不知他的命运如何。这个人的奇闻逸事数不胜数,他的所谓讨死更是十分惊人,让人感到惊奇且无可奈何。

笔者回国后一直居住在和歌山的田边地区,经常和周围人谈起这位高桥的奇闻。当时有一个田边出身的人在大阪经营照相馆，田边的人去大阪时总是在他那里聚会，讨死便在这些人的口中变成了流行语，并通过艺伎和商店的伙计广泛流传，当时一说到讨死，人们便会自然理解是一夜挥霍掉所有的钱花天酒地。这已经是二十多年前的事，不知现在是否还在使用。然而后来读到《寒川入道笔记》[1]，其中将尽情享乐称为讨死，和高桥的戏言不谋而合。不过高桥不可能读过这本古书，这只不过是一个偶然的巧合罢了，在漫长的岁月中，这类事情有很多。高桥所使用的讨死一词可能是在民间流行的俗语，由于俗语的起源以及传播很难找到确凿的证据，因此也难于准确解释。如果盲目解释，便会出现前述英国的俚语"霍格斯·诺顿的猪弹管风琴"那样众说纷纭牵强附会的解释，至今无法判断哪个正确。

《日本书纪》中日本武尊平定了东部地区，在归途中，想起前一天为自己而淹死的妻子弟橘媛，于是登上碓日岭眼望东南方向长叹了三声，大呼："吾妻啊！"从此这里便命名为东国，也称吾妻国。已故滨田健次郎或者宫崎道三郎博士曾经撰文讲，朝鲜语的早晨和日本古代的早晨（即日出）发音相似，东方是日出的地方，所以才得出东国的名称。人们忽略了这个词的原意而牵强附会地编造出日本武尊的故事。《太平记》等书籍中讲有一个名叫"樟叶"的

---

[1] 该书收录在《改定史籍集览》第25卷（1613年）。——原书注

著名的城关，《日本书纪》第五卷记载说彦国茸射杀武埴安彦时，贼军惊慌逃窜，吓得屁滚尿流，在战袍中脱粪，脱下盔甲逃窜，所以这个地方人称伽和罗，脱粪的地点又称为屎裈。所谓"樟叶"是屎裈的谐音。《播磨风土记》中有神功皇后从朝鲜回国时命名的阴绝田的地名，这类故事很多，但大多不可信。该书还说手割岭的地名来源是附近的神仙来到这里用手割草编席的缘故。另一种解释是朝鲜人初到日本时不懂得使用镰刀，用手拔稻子，所以才得到了手割岭的地名。这和诺顿的猪一样，只不过是自圆其说罢了。

查阅内典，佛祖和诸位大弟子圆寂之后产生了许多这种编造的故事，据《根本说一切有部毗奈耶》记载："（迦多演那尊者腾空而去）时绀颜童子执师衣角悬身而去，时人遥见皆悉唱言，滥波底滥波底（是悬挂义）其所经过方国之处因号滥波（今北印度现有其国）尊者渐去至一小国。"另外列举一个与猪有关的事例，霍恩的《图文集》（1864年）第一百九十页讲，几年前威尔士人大卫·洛德在赫勒福德的一家饭馆饲养了一头六脚母猪，消息传开之后人们蜂拥而至，饭店的客人总是络绎不绝。可是大卫的妻子是个酒鬼，大卫即使拳打脚踢反复教训也无法使她戒酒。有一天大卫的老婆又喝得酩酊大醉，知道回家又要挨打，便打开猪圈放走了猪，自己睡在猪圈。不巧这时有一群顾客专程赶来观看天下闻名的奇兽，大卫十分高兴，将客人们领到猪圈想让他们尽情观赏，没想到自己的老婆四肢展开平躺在里面,鼾声如雷。一个顾客见状说道:"生来第一次见到烂醉如泥的母猪。"于是便产生了一个俚语,说像大卫的母猪一样酩酊大醉。这似乎也是后来人编造的故事。

曲亭马琴的《蓑笠两谈》第二卷讲述说,有人曾请丸山应举画一张卧猪图,应举没有见过野猪躺卧在地上,心里一直惴惴不安。有一个老太婆经常背着干柴来应举家,应举问她见过卧猪没有?老太婆回答有时看见。应举嘱咐她如果下次再见到一定赶快通知他。过了一个月,老太婆跑来说自家后面的竹林里有一只野猪躺在地上。应举听说后马上赶去临摹了卧猪,回家后立即描绘出一张卧猪图。这时有一位老翁来到应举家,应举问他见过卧猪吗?他回答说经常看见。于是应举拿出刚刚画完的卧猪图请他指正,老翁注视良久说:"这幅画很逼真,不过这不是卧猪而是病猪。"应举十分吃惊,问老翁缘故,老翁说:"野猪躺卧在草丛中时,毛发竖起,四足弯曲,气势宏伟。我曾在山中见到过病猪,和画上的猪一样。"应举恍然大悟,向老翁详细问了卧猪的姿态,凭想象又画了一幅,老翁见后惊叹道:"这才是真正的卧猪图。"这幅画十分出色,至今仍保存在京都某人家中。由此可见应举作画时用心良苦。[①]另外据西定雅说,丸山应举年轻时曾画过一幅野马食草图,一个老翁指出这是一只盲马。据说马吃草时为了保护眼睛总

[①] 参照《啸风亭话》。——原书注

是闭着眼睛吃草，而这只马睁着眼睛吃草，所以是盲马。对于老翁的批评，应举十分感谢。这两位老翁到底是何许人不得而知，可见山野村夫也有见识。千河岸贯一[①]的《日本立志篇》介绍说，圆山画了一幅鸡图挂在祇园神社，经常独自去神社参拜，偷听人们对画的评价。有一人说画是很好，但是还有不足。于是应举追上前去询问，那人说自己多年来一直养鸡，知道鸡的羽毛随四季的气候而变化，而这幅画上鸡的羽毛颜色和周围花草的季节不符，应举对此人深表感谢。

《为愚痴物语》（1662年）第四卷讲述说，能剧的主角鼻金刚经常派人混杂在观众中探听观众对自己的评价。有一天他问这些探子，他们回答说观众都啧啧称赞，不过其中一个人说戏很精彩，只是主角身材有些矮小。鼻金刚听说后反省自己的艺术还未达到炉火纯青的境界。周围人说身材是天生的，和演技无关。鼻金刚说善知鸟这个舞蹈中有猎人追赶鹿而不见山的片段，也就是说猎人全神贯注在猎物上，根本不介意山的存在。如果我的艺术达到天衣无缝的地步，观众会沉浸在戏中，不会察觉我身材如何，正因为我的表演还不成熟，所以显现出了身材矮小的不足。众人听后都心悦诚服。

[①] 千河岸贯一（1847—1930），曾撰写《先哲百家传》《唐宋节义家》等著作。——译注

当今，有很多人读了他人的著作懂得了一点知识，就好像是自己发现似的开始吹嘘，其实这些都是过去长时间内不知名的人们对事物进行详细观察的结果，我们不应该轻视普通百姓的知识经验，而且原始部落的人具有极为丰富的生活经验的事例也屡见不鲜。从江户出发经东海道到达京都，有著名的五十三个驿站，过去曾有用这些驿站地名编写的著名的歌谣，笔者学生时代放暑假时曾经唱着歌谣，拖着木屐，穿越箱根山步行回家。歌词中唱到当年在箱根城关曾经掀开和服检查男女，因为箱根的关卡严禁女子通过。例如文政十一年（1828），本多近江郡主在长崎供职时，他的手下岛田总之助和西村新三郎同两个妓女情投意合，赎身后定情要结为夫妻，但是转年10月，两名武士受命离开长崎，两个妓女思夫心切便女扮男装，通过关卡到达江户，身份暴露后受到严惩，被罚为武士家的奴仆，总之助也因此被判为死刑。[1] 为了防止上述犯罪，在关卡要检查少年打扮的下身，这才流传在歌谣中。《日本书纪》中有小碓命神男扮女装杀死川上枭师的情节，经常听说有女扮男装复仇，戏子男扮女装前去约会的事情，[2] 这些大多属于个别事件，不会像外国那样引起社会动荡或产生危害社会的结果。

---

[1] 参照《宝历现来集》第21卷。——原书注
[2] 详见《御伽婢子拾遗》第3卷第3章，《甲子夜话》续篇第21卷。——原书注

在埃及等伊斯兰国家，妇女闭门不出看不见男人，但是女人之间的来往却自由自在，丈夫见到妻妾房门前有女客的鞋子会自动回避。因此如果男扮女装很容易通奸。[1]这些国家经常有男扮女装和女扮男装，还有不男不女的中性人和被阉割的人，人们以外表作掩护从事犯罪行为的颇多，经常会引起社会动荡。法国有个名叫德昂的人曾男扮女装充当间谍刺探各国情报，连验尸的时候也分辨不出性别，让各国感到大为困惑。

中国明代成化年间，石州的百姓桑翀自幼学习邪术，缠足裹脚而且男扮女装，精于针线活。他经常打扮成寡妇游荡于四十五个州县，见到标致的女子便假称教习针线，引到僻静之处奸污。如果女子不从，他便使用秘药或咒语使女子无法抵抗。受辱女子害怕名声败坏，只能忍气吞声不敢声张。桑翀作案后即逃往他处，绝不在一处久留，听到男人的声音便快步逃窜，因此一直未暴露身份。就这样十多年，他在河南、河北、直隶、山东、山西等地，奸污大家闺秀多达一百八十二人。后来他窜入晋州，借宿在高秀才家，高秀才的女婿赵文举十分喜爱寡妇，谎称妻子是自己的妹妹，让他们同宿，半夜爬入房中要和桑翀私通。他大声呼叫不从，赵文举用力剥开衣裙，发现他是个男儿，便送去官府。经严查，他坦白说他的师傅大同的谷才擅长

---

[1] 参照坎贝《埃及纪行》（1846年）第23页。——原书注

此邪术，现已过世，其同党任茂、张瑞等十余人分散在各地为非作歹。于是官府迅速抓捕归案，全部处以死刑。桑翀的门徒王大喜将此术传授给其弟王二喜，王二喜扮作十八九岁的妙龄少女，裁缝巧妙而且会给妇女按摩。当他以此手段奸污了十六个良家女子之后来到东昌，借宿在马万宝的邻居家，谎称自己曾经出嫁，因受到公婆的虐待而逃离。马万宝隔墙见到后，便和自己的老婆密谋定计，诈称自己出外喝酒，让妻子装病请王二喜到家中按摩。马的妻子谎称去关厨房门，端着烛台躲出去之后，马万宝进来躺在床上。王二喜不知已经掉包，继续按摩，当摸到下腹部时才知有诈，正要逃跑被马万宝按住，一查也是男儿。于是他唤回妻子点上蜡烛，经仔细盘问才知道真相，准备送到官府告发，但又觉得容貌十分可爱，便对王二喜施行了阉割手术，创伤治愈后对村里人谎称是自家的表侄女王二姐，生来就是中性人，被丈夫休回家之后叫来为妻子作伴，白天作为佣人使唤，夜晚则狎玩。不久桑翀被斩首示众，他的同党也都落得曝尸街头的下场，只有王二喜一人得以逃脱。官府的追捕十分紧急，村里很多人也议论纷纷，于是马万宝召集村里的老太婆当众证实王二喜是中性人。王二喜十分感谢马万宝，从此以后忠实跟随马万宝，死后被葬在马万宝的墓旁。这在中国似乎并不稀奇，野史家们半开玩笑地说，马万宝是个会用人的人物，小孩子喜爱玩弄螃蟹但又害怕被螃蟹钳夹住，于是割掉钳子饲养。马万宝如果将王二宝养在家里会惹出是非，施行阉割手术断了王二喜谋反之心，便可随心所欲地任由自己摆布，灵活运用这个方法可以治理天下。[①]桑翀的名字在《明史》中有记载，可见这个事件在当时对社会影响巨大。

在宋代，从事男娼等色情勾当的人为数众多，《陔余丛考》第四十二卷记载："政和中，始立法告捕，男子为娼者仗一百，告者赏钱五十贯。吴俗此风尤盛，新门外乃其巢穴，皆敷脂粉，盛装饰，善针指，呼谓亦如妇人，以之求食，其为首者，号师巫行头。凡官府有不男之讼，则呼使验之，败坏风俗莫甚于此。"另外《汉武故事》讲："初武帝为太子时，伯母长公主指其女阿娇好否？笑对曰：'好，若得阿娇作妇，当作金屋贮之。'长公主大悦，乃苦要上，遂成婚……然皇后宠遂衰，骄妒滋甚，女巫楚服自言有术能令上意回，昼夜祭祀，合药服之，巫著男子衣冠帻带素，与皇后寝居相爱若夫妇，上闻穷治侍御。巫与后诸妖蛊咒咀，女而男淫皆伏辜，废皇后处长门宫。"《汉书》记述说此事株连三百余人被诛杀，这个皇后的曾祖父陈婴是个温厚的长者，"秦之末，豪杰共推陈婴而王之，其母止之曰：'自吾为子家妇而世贫贱，今卒富贵不祥，不如以兵属人，事成少受其利，不成祸有所归。'婴从其言"。陈婴听从众人劝说归顺项梁，后来又归顺汉，封堂邑侯。这样有德的

---

① 参照《现代》第2卷第7期刊载的《食鸟成王的故事》。——原书注

名将之后会产生出上述怪异的后代，作为皇后和妖巫做出不轨行为，有损皇室威严，惹下震惊国人的杀身之祸。《史记》外戚世家第十九卷记述说这个皇后无子，她的母后虽然有立武帝之功，但她仍然遭到废位，陈皇后为了求子，给医生九千万钱，但仍然没有孩子，可见不光是女巫楚服，这个陈皇后大概也是性变态。

略读巴顿的《天方夜谭的故事》以及佛教律藏和拉梅列斯所译《爱经》等书籍就可以知道，在印度、埃及等各国，从外貌分不出男女的人充斥街头巷尾，产生出种种令人不可思议的怪事。因此，这些地方也有多种鉴别男女性别的特殊方法。例如见到难以分辨性别的人，可以和他做游戏，让他先蹲在地上，然后突然将皮球扔向他。在接球的一瞬间，如果叉开双腿便是女子，如果夹紧双腿则是男人。另外据戈达尔的《埃及和巴勒斯坦》(1867年)第一百四十一页记载，埃及人购买女奴之前会检验女子的身体，方法是在木盆里倒入冷水，让女奴坐在里面，女人会将水吸入体内，水面就会下降，水面下降得越多，说明这个女奴的繁育能力越强。笔者认为近来各国重视优生问题，一致提倡施行男女体检，主张让体格强壮的男女配对结婚，不过体格健壮者没有孩子的夫妇大有人在，最主要的是应该检查男女的生殖能力，应该验证这种吸水法是否有效，如果埃及人的方法准确，可以研究制造精密测试仪，在现实生活中应用。总之伊斯兰教国家还有很多伟大的发明，如果适当采用便可对社会有益,比如在前面讲述的箱根的关卡就不必再掀开和服的衣襟检查性别,抛出一个皮球就可轻而易举达到目的。

中国的验尸法有很多出乎欧洲人的意料,笔者在欧洲时就有人翻译《洗冤录》等书亲身试验。日本人如果早重视研究这类书籍,就会先于欧洲人开发出血型鉴别法了。例如中川喜云撰写的《私可多咄》第五卷引用《棠阴比事》讲:"吴张举,字子清,为句章令。有妇杀夫者因焚屋言烧死,其弟疑而讼之。举案尸开口视无灰,令人取猪二头,杀一生一而俱焚之,开视其口,所杀者无灰,生者有灰,乃明夫死,妇遂首服焉。"中国人的着眼点很特别。从应举画画的故事可以知道,遇事要问内行。

桥本经亮[①]的《橘窗自语》讲,有一个名叫长常的雕刻工匠技艺高超,圆山应举的画笔也超凡绝伦,智恩院宫诸大夫樫田阿波郡主想让两位大师合作,让应举画图案,由长常雕刻,为自己做一个镶在腰刀鞘上的小刀。他先让应举画完图案,又拿给长常,长常看完草稿说无法雕刻。阿波郡主询问原因,长常说应举知道是我雕刻,所以特意在草稿上画上了我雕刻时使用的凿子的毛病,我一直想修正这个凿子的毛病,但现在要特意刻画出这个特征是非常困难

---

① 桥本经亮(1755—1805),江户时代后期的国学家,年轻时以放荡不羁闻名。著有《橘窗自语》和《梅窗笔记》等书。——译注

的，所以毛病越是想改正就越难改正。阿波郡主佩服大师们超群的技艺，最终放弃了制作小刀的念头。

圆山应举是个一丝不苟的艺术家，他为了追求艺术的真实，特意跑到山里临摹卧猪，不曾想最后画出的是一头病猪。他细心观察，甚至清楚地意识到长常雕刻作品的特点，但是他没有想到这个特点却是长常要改正的毛病，所以说人有时会弄巧成拙。马其顿的画圣潘菲洛斯曾指出画师要具备绘画以外的一切知识。[1]顺便提及一点，中国画野猪的事例记载在《晋书》中，该书讲道："龙舒长邓林妇病积年，垂死，医巫皆息意。友为筮之，使画作野猪著卧处屏风上，一宿觉佳，于是遂差。"

前面提到的潘菲洛斯教画时的酬金最低是一塔伦特[2]，相当于日本的两千日元。阿佩洛列斯曾花巨资请潘菲洛斯赐教，他记载了这位希腊画圣的奇闻逸事。其中讲这位画圣和其他画师比赛画马，裁判偏袒其他画师，于是潘菲洛斯提议让马来判断，人们牵来几匹马，在马面前将画师的画逐一展示，马见到潘菲洛斯的画时长啸了一声，于是潘菲洛斯荣获第一。另一个故事说，潘菲洛斯画了亚历山大王的肖像后，国王不满意，于是让人牵来国王的坐骑，这匹马见到画像以为是国王便高声嘶鸣，潘菲洛斯说马比国

---

[1] 参照老普林尼《博物志》第35卷第36章。——原书注
[2] 古代希腊以及希伯来等地的货币单位。——译注

王要懂得鉴赏画。这类故事还有以前成光画鸡，真鸡见了之后扑上去厮打；黄筌画野鸡，老鹰误会冲下来捕捉；曹不兴失手将毛笔落在屏风上，于是他将黑点画成了一只苍蝇，吴帝孙权以为是真苍蝇用手指去弹。① 不过让动物鉴别画的优劣并不可信，青蛙见到苍蝇的影子就会反复扑将上去。蝴蝶以及蜜蜂不注重形状而只注意花的颜色，它们停留的东西上面并不都是完美的。在南美产的猴子面前展示苍蝇的图画，不论巧拙，猴子都会上来抓，这和画的好坏没有关系，只是猴子生性敏捷。

阿佩洛列斯在辅佐亚历山大王的时候和普特列马约斯相处不和，普特列马约斯成为埃及国王之后，有一次阿佩洛列斯在航海时遭遇暴风，船漂流到了埃及。阿佩洛列斯的仇人让人假扮国王的使节前去邀请他参加国王的宴会。普特列马约斯听说阿佩洛列斯这个不速之客来赴宴会，十分生气，命内臣总监召集所有的太监，让阿佩洛列斯指出是谁叫他来的。阿佩洛列斯捡起炉边的木炭，在墙上画下了那人的肖像，还没等画完，国王就已经知道是谁了。东方也有类似的记载。百济的河成让人去找一个仆从，那人说自己不认识这个仆从，于是他便取出一张纸画出这个仆从的肖像，这人依照肖像找到了那个仆从。中国的戴文进到达金陵时，行李被担夫偷窃了，于是他从酒店借来纸笔，

---

① 参照《古今著闻集》第16卷，《渊鉴类函》第327卷。——原书注

画出那人的相貌，展示给围观的众人，从而打听到担夫的住址，找上家门索回了行李。①

阿佩洛列斯的画中最出色的是女神阿佛洛狄忒从海中现身时的画像，女神的柔发上滴落的水珠如银丝一般，实在是妙不可言的佳作。这幅画是为纪念医圣阿斯克雷比亚的教堂所画，价值一百塔伦特，约合二十万日元。阿佩洛列斯为人非常和蔼善良，深受亚历山大王的信任，这位国王甚至发下圣谕禁止阿佩洛列斯以外的其他画师绘画自己的肖像。亚历山大王经常光顾阿佩洛列斯的画室，有一天国王来到这里高谈阔论，发表对于画的见解。阿佩洛列斯静静地打断国王的话说："国王不可对自己不熟悉的事情随意发表见解，以免被在画室打杂的小孩笑话。"亚历山大王是著名的暴君，但是对阿佩洛列斯却从来不发脾气，这说明他何等器重阿佩洛列斯。这位国王年轻时非常厌恶女人，后来一反常态，就是因为他被康巴斯白的美貌所打动，一见钟情。康巴斯白从此成国王最宠爱的妃子，集万千宠幸于一身，始终受到国王特别的青睐。这位女子天生丽质，美艳绝伦，见到她的人无不被她的容貌所吸引，以为是爱神现身。为了留住这个天仙的青春丽质，亚历山大王特意让阿佩洛列斯描绘出这位美女的裸像。阿佩洛列斯见到这个天衣无缝的绝妙玉体，心潮激荡，怅然若失，手不停地

---

① 详见《乡土研究》第1卷第9期刊载的拙文《古今故事研究》。——原书注

打颤，无法完成一幅很平常的写生画。从此以后他心神不定，陷入深深的苦海之中。亚历山大王得知此事，便毫不犹豫地将自己深爱的宠妃赐给了阿佩洛列斯。老普林尼盛赞道，亚历山大王能克制自己的感情，勇于激励一代艺术巨匠的精神远远胜过他征服波斯以及印度的战功。上述的女神阿佛洛狄忒从海中现身的名画据说就是阿佩洛列斯以康巴斯白为模特倾注毕生的精力完成的。

雅典那奥斯在《学者燕谈》第十三卷记述说，当时雅典的青楼女子中有一个倾城佳丽，名叫芙丽涅，她在爱留西斯的庆典[1]上，在众目睽睽之下披发赤身裸体走入海中祭神，然后站在沙滩上，美丽的长发上不断滴落着水珠，在场的人纷纷议论这如同女神阿佛洛狄忒再现。阿佩洛列斯目睹了这个场面，以此为模特创作了那幅著名的画像。这个芙丽涅被誉为空前绝后的美女，她的出身十分卑贱，曾在维奥蒂亚的乡村做过采花女，当了青楼女子之后享誉全城，名人贵客纷至沓来，她也一跃成为腰缠万贯的富婆。当亚历山大王占领底比斯时，毁坏了许多古迹，芙丽涅曾经提出出资让人修复这些古迹，可见她多么富有。她曾经被埃乌其阿斯控告，她的情夫、著名的演说家希佩里德斯亲自为她辩护，但是结果不妙。当她几乎败诉时，希佩里德斯心生一计，唆使芙丽涅裸露出美丽的乳房。《日本书

---

[1] 这大概指的是希腊两种原始祭仪之一的爱留西斯秘密祭仪。——译注

纪》第二卷记载，远古时代天孙下凡时，猿田彦大神翘起长达七尺的鼻子守卫在天上的八达路口，眼如明镜，八十万神个个被刺得眼睛昏花，不敢上前询问。天钿女即露出她的胸乳，并将衣带拉到脐下，高鼻大神猿田彦当即败下阵来。描述中国唐朝玄宗皇帝的爱妃杨贵妃的故事说："一日，妃浴出，对镜匀面，裙腰上微露一乳，明帝扪弄曰：'软温新剥鸡头肉。'（安）禄山对曰：'滑腻初凝塞上酥。'"

老普林尼说罗内斯岛纪念智慧女神的密涅瓦神殿里有一对金银合金的小酒杯，据说是女神赫勒涅的礼品，是依照女神美丽的乳房制作的。普兰特姆在《艳妇传》中介绍了西班牙美人的三十个特征，其中说皮肤、牙齿、手要洁白，眼睛、眉毛、睫毛要漆黑，嘴唇、面颊、指甲要红润，上身、头发、手臂要修长，牙齿、耳朵、脚要细小，胸脯、额头、眉间要宽阔，上嘴唇、腰和脚踝要窄，后臀、大腿和小腿要丰满，手指、头发、嘴唇要细长，乳房、鼻子、头要小，这是西班牙美女的条件，缺一不可。已故的赫胥黎曾指出，希腊人和西班牙人的头发和眼睛都是黑色，属于白人中的一个种类，他们的审美标准也大致相似，可见女神的乳房并不丰满，因此小酒杯依照女神海伦的乳房制作应该属实。宙斯神迷恋上斯巴达克王的王妃丽达，变成天鹅使丽达怀上身孕生下两枚卵，从一枚卵中孵化出的就是这个姿色绝伦的女神海伦。这个女神由于面容俊美，一生被拐骗过两次，先后嫁给四个人，她还是引发特洛伊战争的导火索。人物画的巨匠宙科希斯被委托描绘海伦的画像，这幅画准备悬挂在克罗敦①的赫拉女神殿，于是他让人挑选了克罗敦城中五位最美丽的姑娘，综合她们每个人最漂亮的部分完成了一幅盖世之作。他不但得到了巨额报酬，而且在悬挂在神殿之前还特别举办了展览会，赚取了高额的参观费，由此这幅美女像又被人起了一个"青楼女子"的绰号。由此可知海伦是绝代佳人，而且她的乳房也十分可爱。

---

① 意大利南部的城市。——译注

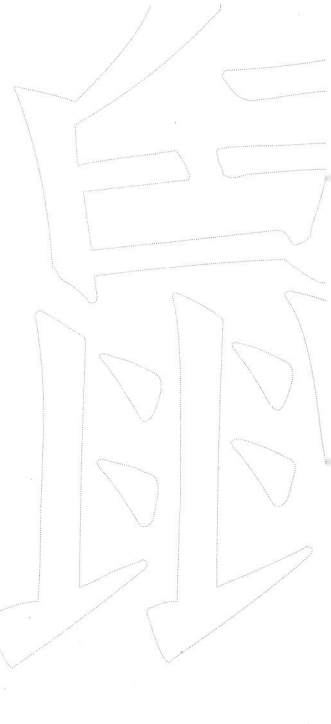

鼠

一

鼠年伊始，人们都会对鼠浮想联翩。子年为鼠，丑年为牛，十二生肖搭配十二种动物的观念在中国古代兴起后，传播到日本、朝鲜、越南等邻国，印度和墨西哥在日历中也使用类似的十二种动物，但是没有采用中国那样的搭配方位的方法。① 清代的赵翼在《陔余丛考》第三十二卷中指出，《春风堂随笔》中有《唐书》记载："黠戛斯（吉尔吉斯）以十二物纪年，如岁在寅则曰虎年。"《宋史》记载在吐蕃人们使用动物记述年代。丘处机② 上奏元太祖的奏折中有"龙儿年三月日奏"。元代泰山上竖立的石碑刻有"泰定鼠儿年"以及"至正猴儿年"的字样。可见北方各国以前没有子丑寅卯等十二干支的历法，而主要是以鼠牛虎兔的十二种动物为标记，这后来在中国和干支记法合并为十二生

---

① 参照《人类学杂志》（1919年8月）刊登的拙文《四神与十二生肖》。——原书注
② 丘处机（1148—1227），字通密、道号长春子，山东栖霞人，金末元初全真道道士。他曾受到金世宗、金章宗、金宣宗以及元太祖成吉思汗的尊崇。他被奉为全真道"北七真"之一以及龙门派祖师。——译注

肖。不过周达观的《真腊风土记》则说："（在柬埔寨）十二生肖亦与中国同，但所呼之名异耳。如以马为卜赛，呼鸡之为栾，呼猪之声为直卢，呼牛为个之类也。"① 因此虽不能断言，但可以认为以十二种动物标示年份的风俗在中国形成之后才传入南北各个邻国。

《陔余丛考》还指出十二种动物分别搭配十二生肖的风俗始于后汉。不过《古今要览稿》第五百三十一卷讲，西汉问世的《淮南子》中有"山中未日称主人者羊也"，战国时代的《庄子》中有"未尝为牧而羊生于奥"，《释文》中有"西南隅未地以羊配当未"，该书指出以羊配未并不是从东汉才开始的。已故竹添进一郎②在《左氏会笺》第十四章引述的钱锜的文章讲，现在的牛宿星群在子宫而非丑宫，周代名为元枵的是虚宿二星之一。枵即是耗，鼠耗物使之空虚。当时，这个星群在子宫所以才如此命名。然而现在不在子宫而在亥宫。另外名为豕韦的星宿周代时在亥宫，亥是猪即豕，所以才如此命名。然而现在在戌宫，星宿的位置各移动了一宫，由此推测周代时依照星宿的正确位置确定了十二辰。也就是说在周代，人们便将十二种动物配在十二个星宿上了。笔者不懂天文学，幼年时跟随鸟山

---

① 参照慕勒《柬埔寨志》（1883年）第1卷第175页。——原书注
② 竹添进一郎（1842—1917），出生于熊本藩，是日本近代的外交官和汉学家。他曾任日本驻天津领事、驻华使馆书记、驻朝鲜公使等职。驻朝期间曾共谋"甲申政变"，事后引咎辞职，改任东京帝国大学教授。——译注

启[①]先生读书，这位老师后来在东京贵族女子中学执教，精通国文、汉学以及西学，田中芳男[②]男爵也曾高度评价他是一位学识渊博的学者，可惜八九年前去世了。这位先生在给我们讲解《论语》中的"北辰居其所而众星共之"时曾说，孔子在世时北辰星在天空的正中，所以书中才这样记载，现在北辰星的位置移动了，句陈星成了天空的正中。汉代的石申撰写的《星经》上卷讲，句陈是大帝的正妃，当今，新时代的女性跋扈也是无可厚非的，连上天也要受到女王的支配。前述的钱锜根据星座名称和古今星座位置的变化推理的方法十分精辟，克拉克女士曾经说："在中国，人们将日期的黄道分为十二，分别冠上十二种动物的名称，和岁月的推移相反的计算方法无疑是中国人发明的。"[③] 周代的中国人区别于十二生肖的动物，创造了抽象的干支的计算法。

于是，日本人、柬埔寨人、蒙古人也可以使用子丑寅卯这类抽象的名称，也可以将干支和十二种动物区别使用。因此，日本人如果谈起子日和丑时还多少可以联想到鼠和牛之类的动物，但是如果看到子午线这样的词就不会联想

[①] 鸟山启（1837—1914），纪伊田边藩出身的博物学家、教育家。他早年曾研习本草学、国学以及天文地理学和英语，后在田边藩校教授英语。在和歌山中学教授理科和国学，在此期间向南方熊楠传授博物学。1886年就任东京贵族女子学校教授，教授理科和国学。——译注

[②] 田中芳男（1838—1916），幕府末期至明治年代的博物学家、动物学家和植物学家，同时还是农学研究家和园艺学家。

[③] 详见《大英百科全书》第11版第28卷第995页。——原书注

到鼠和马，而讲到上午和下午更不会联想到马。将干支和动物分离，以各自的名称独立使用的方法是中国人卓越的发明，这不但完善了历法、占卜、历史的编纂，而且促进了文化的发展。然而在蒙古、西藏、日本等地，而且在中国，人们将十二种动物和干支等同视之，有时甚至误认为干支是生肖动物的神明，于是属鼠的男人认为和属虎的女人生活不会幸福，人们还认为兔会被马踩死，所以属兔的人忌讳迁往午的方向，即向南方搬家。中国人将干支和十二生肖动物分离是一个创举，不过十干的中心五行又是以金、木、水、火、土这五种具体的东西命名，火克木、水克火等互相制约，于是后来又产生了各种各样的风俗。

二

笔者七八岁时，家乡和歌山的大街小巷有很多年糕店，每到新年，促销广告总是画着一个身穿红裙的美女对着旭日拔松树的宣传画，上面大字写着朝日年糕之类的字样。后来识字之后听人说这表示正月初子之日的游戏，但是不明白具体指什么。二十岁的时候留学海外，外国人经常问我正月初子之日的游戏内容，我总是无法明确回答。不知不觉过了十四年，我重新回到故乡，经常就此问题请教朋友，他们也和我一样解释不清。我便下决心自己调查，忙中偷闲查阅了各种资料，笔者的说明虽不完善，但比没有解释要好，在此记述调查结果，谨供各位读者参考。

永尾龙造[①]在《支那民俗志》（1922年）上卷介绍说，中国人认为一月七日是老鼠出嫁日，直隶的吴县人称之为老鼠娶亲，山东临邑县人称之为鼠忌。在江南的怀宁县，人们炒豆子、栗子、粳米放在房屋的各个角落喂老鼠，人们称之为炒杂虫，即烧虫。这天晚上忌讳谈论老鼠。在直隶永平府，人们说这天夜里老鼠聚餐，如果人点灯打扰老鼠聚会，就会一年不得安宁。从直隶的元氏县至陕西的高州一带，妇女们为了不妨碍老鼠而离开房间聚集在院子里，

---

① 永尾龙造（1883—？），20世纪日本知名民俗学者，曾参与民国初年对中国进行大规模影像采集的《亚东印画辑》工作，著有《中国的民俗》《支那民俗志》《满洲·中国的习俗》等。——译注

她们担心如果在家打扰老鼠聚会，老鼠会咬烂她们的衣服作为报复。老鼠出嫁的日子因地方不同而有所变化，山西平遥县的风俗是老鼠初十出嫁，当天晚上人们将白面做的馍放在墙根下。在陕西岐山县正月三十禁点灯火不许讲话，让老鼠自由活动。日本有老鼠出嫁的故事，但是没有听说过新年有这类风俗。

《嬉游笑览》第十二卷上记载了所谓老鼠出嫁之事，《药师通夜物语》（1635年）讲古代的老鼠出嫁是因果应报。《狂歌咄》中的古歌有歌颂老鼠的和歌。《物类称呼》则说老鼠在关西称为媳妇，在上野国（群马县）称为夜行者、媳妇或女孩。在关东地区则多称媳妇。在远江国（静冈县）正月时称为媳妇。向井去来曾讲除夕夜人称老鼠为媳妇，不知依据为何？综上所述，笔者认为新年伊始喜庆万事，人们忌讳谈论睡觉之类的事情，一般用其他的词代替。子鼠的音和睡觉相同，所以才称其为媳妇，这个词出现之后产生了老鼠出嫁的故事。老鼠称为夜行者，狐狸称为夜行公，十分相似。狐狸出嫁在老鼠出嫁之后。[①]

《抱朴子》内篇第十七卷记载："山中寅日有自称虞吏者虎也；称挡路者狼也；称令长者老狸也；卯日称丈人者兔也；称东王父者麋也；称西王母者鹿也……子日称社君

[①] 笔者经常听人说见到狐狸出嫁，《和国小姓气质》第2卷列举古代的美男子的名称之后讲这和老鼠出嫁一样，只是听说过没有人见过，可见老鼠出嫁总是十分隐蔽的。——原书注

者鼠也；称神人者优翼也。"这是讲干支不同的日子，十二生肖的仆从三十六种兽分别变化成人使用各种假名自称。与此相反，瑞典的牧羊女传说认为从前的动物都有各自的语言，狼威胁说："不许称呼我们是狼，否则我们会结仇，如果用宝物的名称代替则不计较。"因此至今她们仍然尊称狼为"沉默之人""灰脚兽""金牙"，尊称熊为"老爷""爷爷""十二人力""金脚"，而且在复活节的前一周绝不直呼老鼠和蛇等有害动物的名称，否则这些动物会聚集到这个人的家。① 这一方面讲暴露了自己姓名的人不能加害对方，另一方面又说暴露了自己姓名的人会和对方结仇，似乎互相矛盾，其实归根结底道理是相同的，既然暴露了自己姓名，不能加害于对方，于是便聚集在一起寻找机会报仇雪恨。老鼠和蛇以及狼都是嫉恨心很强的动物，与其直呼其名惹恼对方，不如小心谨慎避免惹是生非为妙。②

认为动物能和人一样理解自己的名字并能听懂人类的语言是各国民间迷信中普遍存在的现象，沙捞越和马来半岛的居民认为即使见到动物做出滑稽的姿态也不能笑，否则天灾降临，大祸临头。日本人也相信放置了老鼠夹之后不能声张，如果不小心高声谈论让老鼠听到了，就会大声说今天作罢。从前狐狸偷吃江户田地里的贡瓜，官人们十

---

① 参照洛德《瑞典小农生活》（1870年）第230页、第251页。——原书注
② 参照《南方随笔续集》中刊载的《呼名之灵》。——原书注

分为难，便请吉川惟足[①]祈祷，吉川在纸上写下"偷食自己名字之果实乃是狐狸"，说只要挂在田中便可见效。果然从当天晚上狐狸便不再来偷瓜了。据说从前郭弘钓鱼为母尽孝，鱼儿同情他，听到他的苇叶哨声就自己跳出水面。[②]

俗话说"一年之计在于春"，为了消灭鼠害，中国人在正月初七或初十的夜里不直呼老鼠的名字，而且用粮食喂老鼠。在日本，贵族夫人们新年伊始的三天内并不直呼老鼠的名字，而是用"媳妇"这个词替代。明历二年（1656）出版的由贞室撰写的《玉海集》有诗歌赞颂老鼠，加藤雀庵的《鸣草》虫梦卷讲老鼠的别称"媳妇"是古代诗歌中诗句的简称。《定赖卿家集》中有老鼠吃掉尼姑的莲子的故事，有诗歌颂道："媳妇偷吃莲花玉，意欲开脱红尘罪。"媳妇的名称大概就是取自这首诗歌，媳妇这一名称大概还有夜目清爽的意思。上述夜晚回避并用食物犒赏老鼠的风俗主要是为了祈祷新年中尽可能减少鼠害，新年期间正是老鼠发情期，人们在此期间放置食物为老鼠祝贺，于是日本和中国都称之为老鼠出嫁。

[①] 吉川惟足（1616—1695），江户时代前期的神道家，吉川神道的创始人。他出生后被父母过继给江户日本桥的鱼商做养子，继承家业后经商不利。1653年来到京都，在萩原兼从门下学习吉田神道，开创神道新流派。回到江户之后得到将军德川家纲以及地方多位藩主的信赖，1682年在幕府中担任神道的官职。——译注
[②] 参照德·温特的《沙捞越居住记》（1913年）第274页，埃伯斯《英属北婆罗洲以马来半岛宗教民俗以及风俗习惯的研究》第271页，《乡土研究》第1卷第668页的文章《常陆风土记》,《甲子夜话》第22卷，《闲田次笔》第4卷，《广博物志》第49卷。——原书注

今村鞆在《朝鲜风俗集》中记述说，农民在正月最初的子日去田里烧荒，人称鼠火戏，据说这样可以使草木茂盛。法国拉罗舍尔一带，每到年终腊月，各村都要烧荒，景象十分壮观。农户先预定一个烧荒的日子，然后每家都晾晒松明火把，并储存干草。烧荒必须让幼儿点火，否则没有效用，家里没有幼儿的农户要向邻居借孩子烧荒，孩子必须是十二岁以下的幼儿。烧荒的时候，农民在田里铺撒干草并在草上放上树枝，于是孩子们便四处点火，口中不断唱道："老鼠、害虫、田鼠们，从我的田里滚出去，大树小树们，多多结苹果。"从前有不少农户停办这种烧荒的仪式，据说这些田地的鼠害要比烧荒的地方多。田边附近的高原王子神社一带自古以来有初冬烧荒的习惯，但是据说为了保护鸟类最近禁止烧荒，因此各种害虫泛滥，萝卜苗深受其害。野鼠偷吃牧草和谷物，影响畜牧和人的生活，损害十分惊人。欧洲的仓鼠每到秋季便会偷吃谷物和豆类，塞满两腮，用双爪挤压坚实之后返回巢穴吐出来，储备过冬。这种仓鼠一只可以储藏六十磅的谷物，多的可以储藏一英担的豆子。苏格兰的罗德耳岛有一次不知从哪里聚集了大量老鼠，吃光了岛内的所有粮食，而且当年水手登陆抢走了岛内唯一的一头牛，岛民遭受了如此的天灾人祸，丧失了所有口粮，一年之间没有一艘运粮船靠岸，岛上的居民全部饿死。而且洛基尔村出现了大量老鼠，抢掠村中的谷物、牛奶、牛酪、干酪，对此村民感到十分棘手，只好喂猫来捕鼠。一只猫要对付二十只老鼠，累得疲于奔命。有一个人想了一个主意，猫每抓一只老鼠就会奖赏一杯热牛奶。猫受到奖赏更加卖力，清剿了所有的老鼠。日本也有类似的事件，永正元年（1504），武藏国[①]出现鼠害，光天化日之下咬死奶妈，而且抢食各种食物，甚至咬死家猫。[②]

《猫草纸》讲野鼠可以分辨是非，只吃冬天田里割剩下来的稻谷。《乡土研究》第二卷第八期刊载的矢野宗干[③]的文章说，鼠害十分猖獗，伊豆国因为鼠害山野荒芜，春夏季节也是荒山秃岭，景象如同冬天。各村的百姓找不到茅草翻新房顶，牛失去牧草，树林也因为草木荒芜而枯死，百姓失去了植树造林的信心，其害无穷。近来人们饲养黄鼬，既可以捉鼠又可以变卖皮毛，可见野鼠的数量之多。该杂志第二卷第九期还记载说，三宅岛由于大量养狗导致家猫的数量减少，于是鼠害增加。在古代，据《日本纪续》第三十三卷记载，宝龟六年（775）四月，河内、摄津两国爆发鼠害，抢掠五谷和草木，朝廷派出专使祭拜各方的群神。《甲子夜话》第三十四卷也记载说，《伊豆山权现缘起》中有孝德天皇当

[①] 现在的关东地区，包括东京都、琦玉县、千叶县、神奈川县、枥木县、茨城县和群马县。——译注
[②] 详见霍恩《年鉴》（1864年）第716页，伍德《博物图谱》第153页，平克顿的《海陆纪行全集》第3卷第582、第586页，《甲斐国妙法寺记》。——原书注
[③] 矢野宗干（1884—1970），福冈县旧制东筑中学（福冈县东筑高中）毕业后升入东京帝国大学。曾任林业实验所工程师，兼任东京帝国大学和京都帝国大学讲师。1917年创建东京昆虫学会（现日本昆虫学会）。——译注

朝的白雉五年（654）正月，各州妖鼠肆虐，耗尽五谷，朝廷派绯田乌丸为钦差，赐给该神社弓箭、甲胄、庄园等，祈祷息灾灭祸，不久鼠群销声匿迹。为了表彰他的神德，特赐予他正一位勋二等的爵位。同书第二十一卷还记载，宽政三年（1791）辛亥六月的条目中登载了美浓的户田家呈交的报告，其中讲美浓国大垣的领地之内去年八月鼠害激增，糟蹋百姓储藏的杂谷。自春天开始田鼠猖獗，毁坏田里的庄稼。关于麦子的生长状况，报告如下：由于田鼠吃光了麦苗，有的地方重新种植了麦苗，不过鼠害仍然十分猖獗，尤其大豆受害严重，而且鼠还有向其他田地迁移的迹象，特此报告。可见老鼠骚扰的对象不分房屋和田地。

如果放任鼠害会造成无法挽回的恶果，从前色萨利的一座城堡被老鼠挖倒，古阿卢斯的居民由于鼠害不得不背井离乡（印度坎纳诺尔海岸"老鼠山地"由于鼠多为患，居民无法定居才如此命名）。① 在朝鲜，人们为了预防老鼠泛滥毁坏谷物，正月上旬的子日烧荒，祈求庄稼丰收，中国人在一月七日喂老鼠，并称之为烧虫，也是因为原来这一天人们举办烧荒的仪式。蝙蝠虽然是兽类，但是由于有翅膀，所以古代中国人加上虫字旁，《本草纲目》将它归入鸟类。与此相似，欧洲的古书，例如威尔士的古典《马比诺

---

① 参照老普林尼《博物志》第8卷第43章，斯坦列英译本《巴斯克·德·伽玛的三航海记》第145页。——原书注

吉昂》等也多认为鼠是爬虫。老鼠腿短拖着尾巴奔窜的样子和牛马狗狼不同，而同蜥蜴以及壁虎相似，所以在中国的古代，《尔雅》根据鼠有毛的特点将它归为兽类，历代的《本草》类书籍则将鼠列入虫鱼的部分，直到《本草纲目》才将鼠收入兽类。在日本，足利氏执政的中世纪问世的《下学集》中记载说鼠是虫类的总称。所以中国人讲的烧虫固然是来自冬蛰烧虫和虫卵的习俗，但是毫无疑问其中也包含烧死老鼠的意思。

（追记）如上所述，中国本草类书籍大多将鼠列入虫鱼的部分。有人可能认为将鼠归入鱼类的原因是两者在体形上都比野兽要小，基于这个原因，作者随意将两者归于一类。实际上并非如此简单，所有的哺乳类动物不论多少必定都有毛，因此在中国称为毛虫，在日本称为毛兽。虽说如此，台湾出产的穿山甲却全身长鳞，有的啮齿兽和食虫兽以及有袋类动物的尾巴都有鳞片。[1]十年前的《自然》杂志曾刊载文章讲狐狸在幼儿期尾巴上长鳞。鼠类尾巴上的鳞片十分明显，所以古代中国人才将它归入鱼类。

---

[1] 详见《剑桥动物学》（1920年）第10卷第188页至第189页。——原书注

三

贝原好古在《日本岁时记》第一卷讲，本朝古习俗中有正月上旬子日出外拔小松树的习惯。（壬生）忠见的和歌唱道："子日荒野如无松，千载风俗如何传？"（藤原）俊成的和歌颂道："出到荒野庆圣世，初子松根万丈长。"实际上松树不畏风霜雨雪，历经千年的松树十分吉利，于是人们在春天最初的祭日来到野外摘取松枝。董勋的《问答》记载，岁首酌椒酒而饮之，以椒性芬香又堪为药，又折松枝，男七女二。可见中国也有这种习俗。古时候子日举办宴会，《万叶集》记载，天平宝字二年（758）春正月三日，天皇召集侍从、儿童、王宫大臣赐玉帚，并赐给他们酒宴。这时大伴家持歌颂道："初春初子持玉帚，玉坠荡漾泛春波。"《八云御抄》讲，初春初子这样做可以延年益寿。《袖中抄》说，所谓玉帚是用菁草加上子日拔回的松枝编制成的扫帚，农户在正月最初的子日用这种扫帚清洁蚕房。《朗咏》注释说，所谓子日之游是正月初子之日去野外郊游。子是北方，拔取象征北洲千年的松树枝，人们也可保持千年长寿。据《公事根源》记载，中古时代这种游乐十分盛行，圆融天皇在宽和元年（985）二月十三日举办的游园会尤为盛大，搭设帐篷，装饰帷幕，并栽植了密密麻麻的小松树。《华实年浪草》第一卷上卷援引的《髓脑抄》讲，才女伊势在子日拔了一棵小松树种植在家里，后来长成了茂盛的大树。能因法师见到树梢便从车上跳下，步行对故人表示敬意。由此可知，子日郊游并不限于正月，有时也在二月举行，主要是拔来小松树种植在自己家的庭院，众人出游以庆祝长寿。

前文讲过中国和朝鲜人在正月最初的子日去田里烧荒，防止鼠害。与此相似，日本人用蓍草和松枝编制成扫帚，在正月最初的子日打扫蚕室。这种仪式后来传入宫中，在子日的宴会上名曰赐玉帚，君臣共饮，其中的含义是将酒比喻为扫清忧愁的玉帚，这倒也算是名正言顺。老鼠如果吃蚕的话，会带来巨大的损失，于是家里人日夜在蚕房守护，或者不惜用名贵的鱼干引诱邻居的猫拴在家里不放，这样会使近邻反目。过去，白井权八曾因狗引起纠纷以致弑杀人命，人们在新年繁忙的季节因为猫吵架，经劝阻才平息风波，双方坐在一起，交杯换盏，和好如初。《嬉游笑览》第七卷讲，元月初一至初三不能打扫房间，现在虽无此风俗，但元旦百姓仍然不扫除。《五杂俎》中记述说，闽中之俗，年始不除粪土。至初五，辇至野地取石而返。可见蚕室在正月最初的子日首次打扫，选择在子日打扫主要是忌讳鼠害的意思。

今村撰写的《朝鲜风俗集》还说，人们认为在初子之日的子时拉磨可以使老鼠绝种，于是深夜磨声四起。从前在宫中，小官吏点燃火炬，在院子中不断拖拉并口中念叨烟熏老鼠，之后国王会赐给他一个装满炒熟的谷物的袋子，这个风俗后来传到民间。这大概和烧虫相似，是从中国的古代风俗演变而来的。日本也移植了这种风俗，在这一天拔来小松树做成松明火把，用烟熏老鼠以便减少鼠害，这就是子日拔小松树的起源。后来用烟熏老鼠的部分被省略掉，人们主要是拔来松树种植在自家院子里观赏，而且还饮酒游乐。另外一种变化是，直到《袖中抄》问世的平安朝末年，农家在清扫蚕室的扫帚中加上松枝，以此威胁如果老鼠不安分便会将它熏死。

弗雷泽的《金枝》第一版第三章列举了农家对田间的害虫恩威并施的事例，他记述说，据古希腊的农学著作《农业书》记载，百姓为了铲除耕地中的害鼠，会在一张纸上写下"在此正告老鼠，你和其他鼠类不得加害于我，现赐给你那方田地应立即搬迁，如日后在此再见到尔等，我以诸神之母的名义发誓，定会将尔等撕成八半"，然后将这张纸贴在自家田地的石板上。作者加注说，所谓那方田地就是邻居的耕地。也就是说只要自家的田地无鼠害，其他的地方和自己无关，这完全是损人利己的想法。现在在日本的乡村，这种做法仍然十分通行，例如有屡教不改的窃贼在田边地区游荡，警察会将他拘捕，然后送到田边以外的地区。于是窃贼在那里作案，当地的警察便再将他驱逐，因此这个窃贼只要在穷乡僻壤流浪便会逍遥法外，而当地的百姓却叫苦不迭，这可说是盛世瑕疵。

弗雷泽还说，人们有时对一两个害虫施恩而对其他的则严加惩治。东印度诸岛之一的巴厘岛的居民捉住了田间的害鼠一般会烧死，但会将其中的两只放在白布袋中饲养，百姓对这只鼠像神一样祭拜，然后放生。在波斯尼亚的某地，百姓捉住一般的老鼠会杀死而见到白鼠则加以保护，在窗前安置一个窝饲养这只白鼠。据说如果这只鼠死去，这家的福分会丧失，害鼠会增加。叙利亚人的田地如果滋生了毛虫，便会召集年轻的女子，让其中的一人扮作毛虫之母，一起来到毛虫泛滥的地方，让她呼唤毛虫离开。在俄国，人们每到9月1日便会用芜青等蔬菜做成小棺材，放入苍蝇等害虫，装作一副愁眉苦脸的样子埋入土中。在和歌山，人们称水稻的害虫为"实盛"，另外一个别名是"稻官"，这些都是根据斋藤实盛[1]的事迹命名的。[2]这种害虫泛滥的时候，人们会点上松明火把，列队凭吊斋藤实盛，以此驱赶害虫。这是一种举行模拟葬礼驱除害虫的仪式。前面曾引述中国人在正月最初的子日犒赏老鼠，称之为炒杂虫，笔者认为最初人们在这一天烧荒，烧死野鼠和害虫，并在这一夜犒赏老鼠，其中的意思是告诉家鼠：你们要老实安稳，否则会像野鼠一样被烧死，如果听话就会有奖赏。这种风俗也是源于恩威并施的做法，由此演变出老鼠出嫁和子日郊游。人们认为在初子之日的子时拉磨可以使老鼠绝种的风俗实际上是本末倒置，原意应为斩尽杀绝老鼠之

---

[1] 斋藤实盛是平安时代末期的武将，他是《平家物语》中令人感动的人物，据说他在战死前，坐骑被稻茬绊倒，因此被敌将斩杀，于是民间传说他变成稻田的害虫来报复。这就是人们称水稻的害虫为"实盛"的原由。——译注
[2] 详见《用舍箱》下卷。——原书注

后，人们为了庆祝丰收才拉磨，拉磨显示丰收后的繁忙，是一种祝贺的意思。马来人相信烧荒杀死老鼠要受到报应，小孩子会因此生病。[1]库克所著《北印度民间宗教及民俗志》第二百四十二页介绍说，印度人认为杀死老鼠会犯下罪孽，如果老鼠在家里吵闹，主妇便会告诉老鼠某日犒赏它，这样老鼠便会安静，但是不久又会重新吵闹。

在俄国，菲利浦圣人纪念日的夜晚，人们会举行一个奇特的仪式。为了驱除蟑螂，家里人会将一只蟑螂用绳子拴住，在家人注目之下从房门拉向外边，当接近房门口的时候，家里的主妇会散乱着头发站在窗前问："今晚绝食以前吃什么？"有人回答说："吃牛肉。"女人再问："蟑螂吃什么？"那人再回答说："蟑螂吃蟑螂。"人们认为如果虔诚地举办这个仪式便可以驱除蟑螂。而保守的信徒则认为用这种仪式驱赶蟑螂不妥，蟑螂会为信徒从天降福，因此应该留在家中。[2]中国人认为捉到硕大的雄鼠时，用小刀将其阉割，放生后可以使老鼠互相残杀，家中的鼠便会断子绝孙，这要比猫捉老鼠有效。[3]其实俄国人的仪式也是让蟑螂自相残杀，为了表示对蟑螂的哀悼，主妇会像失去亲人一样散乱头发，举行这类仪式。这种认为留住蟑螂一类的害虫在家能为家里降福的想法其实也有其道理，世界上没有无用之物，大

---

[1] 参照拉采尔的《人类史》（1896年英译本）第1卷第472页。——原书注
[2] 参照拉尔斯顿《俄国民谣》（1872年）第155页。——原书注
[3] 详见《增补万宝全书》第60卷。——原书注

多的菌类和霉菌虽然可以使人类精心制作的食物发霉变质,十分可恶,但是如果没有这些霉菌,世界上的物质就不会腐败,垃圾会充斥在人类的周围无法处理。这些菌类会使物质发酵分解,产生变化,同时还会为新生长的物质提供养分,所以菌类和霉菌是不可或缺之物。

俗话说国之盗贼,家之老鼠,老鼠自古就是被人类唾弃之物。清少纳言也曾讲污秽之物莫过于老鼠之家,《尤草子》[1]讲世上最可恶的是咬碎东西的老鼠和啄烂鲜花的鸟。西亚的奥斯曼人如果东西被窃便会告诉巫师,于是巫师便抱着猫找到形迹可疑的家伙,对他说:"如果你不归还偷来的东西,这只猫会折磨你祖先的灵魂。"这样偷窃的东西便会找回来。[2]朝鲜人如果被盗,受害者会去嫌疑犯家的邻居,张扬说自家被窃会杀死猫报复,盗贼会吓得魂不附体,将偷来的东西自己还回去。[3]这些风俗都是基于猫是记恨心强并充满邪气的动物,如果被杀便会找盗贼报复的想法。当然欧洲人和亚洲人都认为猫是邪恶之物才会产生出上述的故事,但是笔者认为失窃之后使用猫的原因是人们将盗贼视为老鼠的缘故。天主教教士的守护神夏娃画像上的猫也是同样的道理。[4]像老鼠这样令人唾弃的动物依然有人为它

---

[1] 应为《尤草纸》,作者不详,该篇是模仿1632年《枕草子》而写的作品。——译注
[2] 参照哈克斯特豪森《高加索》(1854年英译本)第399页。——原书注
[3] 详见《人类学杂志》第30卷第1期第24页。——原书注
[4] 参照安里·艾切奴《艾罗德特的自嘲》(1566年)第1卷。——原书注

辩护。伍德在《博物图谱》第一卷指出，大都市如果没有老鼠将陷入困境，地下的阴沟里每天流入大量的残羹剩饭，由于老鼠的努力才避免产生流行病。因此如果适当控制老鼠过剩繁殖，老鼠是有益的动物。作者还指出老鼠十分喜爱清洁，吃完食物后会清洗身体，仔细梳理毛发，而且老鼠辨别食物的能力较强，食物充足时不会胡乱吃东西，不过有时也会饥不择食。鼠群窜入肉铺时，专挑最好的肉啃噬。这实在是对老鼠的盛赞，这本书撰写于人们察觉鼠疫蔓延之前，所以才会如此天真。不过并不是所有的老鼠都传播鼠疫，据说也有不传播鼠疫的老鼠，因此可以杀死害鼠，繁殖益鼠使之清洁下水道，为人类服务。

顺便提及一点，笔者往年曾在《自然》杂志和《东洋学艺杂志》上撰文介绍东亚记载老鼠和鼠疫关系的文章，这种记录最早出现于清代洪亮吉的《北江诗话》，据该书第四卷记载，赵州的师道南是望江令师范之子，天生异才，英年早逝（不到三十岁就死去了）。他留下诗稿名为《天愚集》，极有新意。当时，赵州有怪鼠，白昼进入人家，即伏地呕血而死。人有感染鼠气的，都会立即丧命。师道南写作《鼠死行》一篇，文辞奇险怪伟，可算是文集之冠。不出数日，师道南便死于怪鼠病，实在奇特。可见鼠的确传播瘟疫。洪亮吉去世于距今[①]一百一十五年，享年七十三

---

① 这里的"今"是指1924年，以下相同。——译注

岁，书中记载的事件大概发生于距今一百五十年。顺便再提一点，西亚有一种教派认为基督是神的儿子，天使是降生为人的神，他们敬奉亚伯拉罕和穆罕默德为预言家，并不十分尊崇基督。他们还敬奉基督徒最厌恶的魔王撒旦，认为上帝最初委任魔王创造世界统治宇宙，但是由于他误认为自己可以和上帝平起平坐，极其傲慢，因此受到上帝厌恶，被赶出天庭。但是，上帝念起魔王以往的功绩将他复位之后，信徒们声称这个世界将由魔王统治，对魔王顶礼膜拜。复活节祭祀基督时仅献上一只羊，而祭祀魔王时却献上三十只羊。更奇特的是，这些信徒和日本人一样都双手持酒杯，他们不直呼魔王的名字而只称孔雀王，以孔雀作为象征。在欧洲，孔雀尾部的羽毛被认为是不祥之物，这是因为基督教认为它是魔王的标志。[1]

笔者曾受土宜法龙大师的委托调查过这个教派，但是没有结果。综合了解到的信息，该教派的宗旨是上帝为至圣至善之尊，所以不祭拜也无所谓，可怕的是魔王，如果惹恼了魔王，后果不堪设想，所以必须十分虔诚地祭拜。如上所述，即使再邪恶的家伙将来也有可能有益于人，经常祭拜有时会遇上好事，所以才兴起了尊崇魔王的教派。帕西教派的信徒认为猫和老鼠都是魔鬼的化身，但是认为

---

[1] 参照哈克斯特豪森《高加索》（1854年英译本）第260页，桑斯格特《亚美尼亚等地旅行记》（1840年，纽约）第1卷第228页，《随笔问答》杂志（1921年）第12辑第8卷刊载的拙文《孔雀尾巴》。——原书注

猫更加可恶，而不十分忌讳鼠。①这是特别憎恨猫的一种反作用。前面讲到俄国的保守信徒认为蟑螂会从天降福，《日记》中讲初寅之日鞍马寺出售降福蜈蚣等，这些做法的意思是：无论是魔王还是害虫，只要祭拜都会对人有益，世上有人不顾邻居的规劝，尽管鼠疫流行仍然喂养老鼠，求神降福，其心理也是同样的。

已故陆奥宗光的父亲伊达宗广②曾在田边附近长期遭到囚禁，他在狱中书写的《余身归》中记述说："老鼠每夜出没，细想此乃无客到访之地，心中倍觉悲哀，便投以食物。鼠并不惧人，经常落座在我读经的桌前，看上去十分可笑。不过鼠吸食灯油，遭到众人厌恶，故被打杀。于是我便告诫老鼠，我可以谅解而人不会赦免你们的罪过，不可再来。其后此鼠便销声匿迹。不久，一天夜里枕边有啃噬草席之声，不觉惊起，一看原来是老鼠。驱赶则逃窜，但睡下之后又来撕咬草席，吵得无法入睡。抬起枕头后便逃之夭夭，不知老鼠想要何物？枕边又没有食物，搅扰他人睡眠不知居心何在？此时突然想起《五杂俎》中的文章，即'占书谓狼恭鼠拱，主大吉庆……近时一名公将早朝，穿靴已陷一足，有鼠人立而拱，再三叱之，不退。公怒，取一靴投之中，有巨虺尺余坠焉，鼠即不见。以至可憎之物而亦能

---

① 参照达文尼埃《波斯纪行》（1676年）第442页。——原书注
② 伊达宗广（1802—1877），号自得，和歌山出身的武士，1848年撰写了《大势三转考》，以独特的历史观阐述了日本的历史。——译注

为人防患若此，可怪也'。也许是鼠来通报我，便举起衣服一看，只见上面有一只硕大的蜈蚣，于是赶快扔掉了。当我觉得十分蹊跷之时，老鼠便渺无踪迹。这虽然是偶然的巧合，但是想到如果是老鼠来报前恩，连最低劣的老鼠也知恩图报，心中不觉感到一种悲伤。"

基斯列里在《文海奇观》中讲有个囚徒在狱中弹琴，几天之内聚集了众多的老鼠和蜘蛛，围着这个人听音乐，奏乐之后便各自散去，而且每次弹琴总是如此。他便让狱卒准备好猫，捕杀了老鼠。笔者不知老鼠和蜘蛛喜爱音乐，但是列子和达尔文曾经指出过，美国的特洛也曾亲自试验证明，原本动物并不惧怕无心加害于己的人，经常会和人嬉戏。正如陆贾对樊哙所说："夫目瞤得酒食，灯火花得钱财，干鹊噪而行人至，蜘蛛集而百事喜小……瑞者宝也，信也。天以宝为信，应人之德。故曰瑞应，无天命无宝信，不可以力取也。"另据《陔余丛考》第四十一卷记载，不自量力而祈求侥幸是人之常情，汉代的魏豹、唐代的李锜都是妻妾被天子看中，生了太子而成为皇太后。

文化十一年（1814）春天，大阪北部新地的茶店举办盛会，领主仓库的管库前去赴宴，他的仆从在茶店的厨房歇息。这时来了一位名妓，当她准备上二楼时，头饰落在地上。仆从拾起递给她时，名妓为了感谢，接过头饰时握了一下仆从的手。在乡下长大的人被如此的美女握了手，不觉受宠若惊，魂飞天外，回到家之后也不能忘怀。仆从自觉无钱为名妓赎身,又抑制不住羡慕之心,于是他一气之下在曾根崎用刀斩杀了那位名妓,藏身在饭店附近,第二天晚上爬出来讨饭时被捕,被绳之以法。[①] 陌生人特意为自己拾起头饰,出于欢喜之情才下意识握了对方的手,没想到对方误会自以为对他有意,从而闯下大祸。这似乎愚蠢透顶,但这绝不是个别现象。自古就有听说自己面相富贵,日后会妻妾满堂,便聚众造反,误认为老鼠会报恩,相信供养老鼠会得到上天的报答,这些都是人们自以为是,可见凭武力抢夺不属于自己的东西是愚蠢的行为。

---

① 详见《传奇作书》初篇上卷。——原书注

四

笔者的朋友石桥卧波在《宝船和七位福神》这本小册子中详细叙述了大黑天神的来历，在此尽可能引述与鼠有关的部分以及该书未涉及的内容。众所周知，有关这位神仙的记述最早出现在唐朝义净法师撰写的《南海寄归内法传》。这位法师一千二百五十三年前，咸亨二年三十七岁时前往印度，在当地逗留了二十五年，回国时已经成为高僧。当时以信奉佛教闻名的武则天亲自到上东门外迎接，《南海寄归内法传》记述的是这位法师在印度的见闻。石桥卧波在其著作中引用了该书有关大黑天神的记载，由于引用有错别字，现从原文引用。该书记述说："复西方诸大寺处，咸于食厨柱侧，或在大库门前，雕木表形，或二尺三尺为神王状，坐抱金囊却踞小床，一脚垂地。每将油拭，黑色为形，号曰莫诃哥罗，即大黑神也。古代相承云：'是大天之部属，性爱三宝，护持五众使无损耗，求者称情，但至食时，厨家每荐香火，所有饮食随列于前。'曾亲见说大涅槃处般弹那寺，每常僧食一百有余，春秋二时礼拜之际不期而至，僧徒五百临中忽来，正到中时无宜更煮，其知事人告厨家曰：'有斯仓卒事欲如何？'于时有一净人老母，而告之曰：'此乃常事无劳见忧。'遂乃多燃香火，盛陈祭食告黑神曰：'大圣涅槃尔徒尚在，四方僧至为礼圣踪，饮食供承勿令阙乏，是仁之力。'幸可知时，寻即总命大众令坐，以寺常食次第行之，大众咸足，其餐所长还如常日，咸皆唱善，赞天神之力。"故事虽然有些夸张，但是当时的僧人和现在的不同，十分虔诚而且文质彬彬，所以相信了老太婆的话，认为一百人的饭食增加了五六倍，吃饱喝足了。

在日本，人们习惯称呼寺院住持的妻子为大黑，原意是女人掌管厨房，和大黑天神一样，可以让僧人们吃饱饭。前不久，《大阪每日新闻》刊登的大正老人的《史家茶话》引用了《梅花无尽藏》第三卷上证实足利义尚将军执政的室町时代，就已经有称呼僧人的妻子为大黑的习惯，文中记述说，长亨二年（1488）十一月二十八日，召集寺院大黑，设宴犒赏，景象不雅，于是有人写了一首诗说："宿房大黑侑晨炊，合扫若耶溪女眉，好在心忘无一点，服只缯布语蛮夷。"诗意不明，但是可以从中了解到当时就已经将大黑和外国人并称。高田与清在《松屋笔记》第七十五卷引用了《梅花无尽藏》第四卷有关大黑天神的木槌和布袋，却没有发现第三卷中记述僧人的妻子是大黑。

据说永禄二年（1559）一位名叫藤原的宫廷贵族撰写的《尘冢物语》第三卷引述卜部兼俱的话说，所谓大黑天神原本是大国主命神。这位大神曾和大已贵神联手统治天下，当时这位大神随身携带一条布袋，装满干粮巡游各地，当粮食用尽，布袋会自然充满，因此后世人们称这位神仙是福神。该文还说弘法大师将大国改写为大黑。由此可见，在室町时代就已经有大黑天神是大国主命神变化而来的说

573

法。《古事记》中有大国主命神的兄弟八十神要娶八上姬，他让大国主命神背负布袋作为随从一起上路。本居宣长曾经指出背负布袋是地位卑微之意，表示做任何事情都落后于他人的意思。毛利人也认为背负食物的人是低贱的人。[①] 大国主命神背负粮袋，而且大黑天神也有装满各种食物的金口袋，于是在日本，这两种神仙便合二为一了。

大黑天神还有一个木槌，《谭海》第十二卷讲，日光山中有大黑神，信徒如果产生懈怠之念，大神便不会留在这人的家，这个神十分灵验。这是因为古时候中禅寺有一种巨大的老鼠咬碎经文，危害寺院，僧人将老鼠赶走，于是老鼠逃到了下野国足绪这个地方，老鼠的脚上套上绳索才被捉住，所以这个地方被命名为足绪，后来足绪这一地名演变为足尾。而老鼠的死尸涂上墨汁按在纸上便成了大黑天神的像。从此，日光山将这个死鼠的尸体作为宝物收藏，现在仍然有大黑天神的影像。

《谭海》记述的是老鼠变成神，现身成为大黑天神，《滑稽杂谈》第二十一卷记载说，大黑天神是为厨房带来丰饶的神仙，当老鼠来偷吃厨房的食物，损坏仓库东西的时候，人们向大黑天神祈祷，便模仿十月亥日的先例在子月即十一月子日举办祭礼。《梅津长者物语》中有鼠三郎和野鼠藤太等盗贼准备偷袭梅津家时，大黑天神用神锤打死盗

[①] 参照瓦尔茨和格兰特《土著人的人类学》（1872年）第6卷第345页。——原书注

贼的情节。可见大黑天神有时会诛杀老鼠和盗贼，他手持的神锤有时也用于杀伐。

木槌是大黑天神的象征，人们为了祈祷生意兴隆，有的将自家命名为鼠屋或槌屋。京都曾经有贩卖花线的鼠屋，于是便出现了名为栗鼠屋的店铺。① 伊势的工匠内人土屋从前名为槌屋，家中豪富，于是有人嫉妒，聚集数十人前去滋事，反被打得屁滚尿流。于是荒木田守武便写下歌谣说："宇治武士即使有千人，也像沙锅顶不住木槌一样。"所谓宇治武士谐音指蛆虫，当时还有"千只沙锅顶不上一只木槌"的谚语。② 另外旧时妓院多起名为槌屋，例如宝永七年（1710）出版的《入国沉香女》③第四卷中就有将娼妓比作妓院的摇钱树的片断。四壁庵所作《遗物》上卷中的吉原江户町三丁目的佐野槌屋的妓女阿黛美貌无双，十分孝顺，她在父母的祭日送给周围人以及客人每人一只沙锅，书中盛赞了她的孝心。安永二年（1773）问世的菅专助创作的《倾城恋飞脚》曾经闻名全国，其中有描写大阪北新地槌屋的妓女梅川的片断。

木槌现在一般用于敲打稻草，打碎土块，或者在戏曲中表示弁庆背的七种武器之一，但是一般不作为武器。不过，古代的景行天皇曾经让勇士手持山茶木槌诛杀了土

---

① 详见《子孙大黑柱》（1709年）第4卷。——原书注
② 详见石崎文雅撰写的《乡谈》。——原书注
③ 原文是《御入部伽罗女》。——译注

蜘蛛。[1]山茶木至今仍然被用于打狗，打在身上十分疼痛。《史记》中记载朱亥用木槌打死晋鄙，刘长打死审食其。北欧的雷神百战百胜依靠的是三件兵器，一个是劈山出火的大槌，雷神用这件兵器杀死山鬼和霜怪，诛杀了无数的妖魔。另一件是系在身上可以增加神力的腰带，第三件是挥舞大槌时佩戴的手套。[2]在日本，随着时代的变化，兵器也不断更新。没有枪炮的时代，人们重视长矛，只有杀死数人才能使用龟背颜色的豪华长矛，这个时代出现了像本多平八的宝枪。《昭代记》中有加藤忠广被剥夺了封地时，他毅然折断了加藤清正传来的长枪，显示加藤家的武威已尽。刀剑比长枪更受到人们的重视，讲述刀剑的书籍记述了名剑的威德，甚至说只要持有名剑就可以平定天下。弓箭也是武威的象征。中国人也十分重视兵器的神力，越王挥舞泰阿之剑，敌人的三军不战自败，血流成河。名剑湛卢痛恨吴王横行无道，离开吴王前往楚国。汉高祖斩杀白蛇的剑据说在晋代为了逃避火灾，自己冲破库房飞走，从汉代到晋朝，这口宝剑一直被视为天子的象征。[3]在柬埔寨，如果盗窃了祖传的金剑便可以继承王位，相反如果没有这把宝剑，太子也不能即位为王。[4]中国古代将军出征时，天子

---

[1] 参照《日本书纪》第7卷。——原书注
[2] 详见马来所著《北欧考古篇》第417页。——原书注
[3] 参照《渊鉴类函》第223卷。——原书注
[4] 详见《真腊风土记》。——原书注

亲自赐予斧钺，因为以前这是象征生杀予夺权力的兵刃，《诗经》中有"武王执钺无可抗其军者"的记述。

上古时代的人们遗留下来的石斧和石槌在欧亚通称为雷斧和雷槌，人们相信这是神仙的兵器，代表神的威严。在博物馆经常可以见到外形既像斧又像槌的兵器。王充在《论衡》中讲汉代画的雷神用木槌击打连鼓，说明当时已经有雷槌这个名称。古希腊罗马也将这种石器视为神物，罗马人也和现在的西非人一样，如果向石斧起誓，就决不会违背诺言。如果有人违背契约，神官便会用石斧投向家猪，发誓说朱庇特大神会像这样用雷电劈死违约者。在北欧，人们一般都以雷神的大槌的名义发誓。现在在拍卖决定价格时用木槌击打桌案的习惯也是源于此①。在刀枪弓箭盛行的时代，人们认为这些兵器有神威。与此相似，在石器时代斧和槌是最显示神威的兵刃，这种观念世代相传，于是灶神大黑天神便手持木槌显示神威，不过后来这个木槌变成可以打出财宝的宝贝。《佛像图汇》显示观音二十八部众的满善车王手持木槌，弁财天也手提木槌。《大方等大集经》第二十二卷记述说，过去九十一劫毗婆尸佛的时候，旷野菩萨发誓受鬼身惩治恶鬼，用金刚槌的咒力使一切恶鬼不能向四姓逞凶。《一切如来大秘密王未曾有最上微妙大曼拏罗经》第一卷中有"为铲除一切罪恶以及惊怖障难，应

---

① 参照普林肯贝克的《雷的兵器》（1911年）第61页。——原书注

使用普光印和槌印"。木槌被认为是勇猛的象征，伊特拉斯坎[①]的地狱之王就手持神槌。日本的善相公的侍童就是被瘟神用木槌打中了头而生病，奸污了染殿后的鬼就是穿着红兜裆腰插木槌，中国有个名叫区纯的人曾经用木槌打死老鼠。[②] 这充分证明木槌原本是凶器，现在依然可以成为凶器。[③]

石桥说大黑天神旁伴随着老鼠是受俱毗罗神像影响而成的，俱毗罗神像手持金囊，头戴用宝物装饰的头巾，坐在玉座上，旁边有一位侍者从金囊中取出财宝散发，后来侍者演变成了鼠鼬。日本的大黑天神背着布袋、带着老鼠就是起源于此。俱毗罗就是毗沙门天，印度教认为毗沙门天是梵天王之子摩利支天的儿子，他弃父跟随梵天王，由此梵天王赐予他不死之身，定为福神。《罗摩衍那》中多次赞颂俱毗罗是金银和财富之神，不过后来在印度被人遗忘，画像以及塑像也很少见到。[④] 与此相反，俱毗罗在印度以北的广大地区却受到广泛崇拜，被尊崇为福神毗沙门天。印度教和佛教都认为俱毗罗是北方的守护神，在中国，自古以来人们认为子是指北方，子又指老鼠，于是两者结合。在印度以北的各国才将鼠作为俱毗罗，也就是毗沙门天的仆从。在日本，比叡山的

---

① 古代意大利的西北部地区。——译注
② 参照托扎的《土耳其高原探险记》第2卷第330页，《政事要略》第70卷，《今昔物语》第20卷第7章，《搜神记》下卷。——原书注
③ 读者可以通过吉尔所著的《南太平洋的神话以及歌谣》（1876年）第273页的注释了解到土著人如何珍视斧子并羡慕持斧子的人的情形。——原书注
④ 参照维尔金斯《印度鬼神志》第401页。——原书注

鼠秃仓的出身据说是毗沙门，①横尾明神的出身也是毗沙门，供奉这些神明的原因是为了抓住盗贼，等等，②多少留有一点传播的痕迹。山冈俊明等人认为大乘佛教的经书是中国的学说和印度本土的经书融合产生的，所以中国的干支历法也应该与印度有关，不过印度的五行说和十二生肖都没有记载鼠是代表北方的动物，也没有说鼠是毗沙门天的仆从。③

可见石桥听说的俱毗罗的神像并不是来自印度，可能是受到中国文化影响的中亚地区的产物。现在可以查证出中亚地区的人们认为鼠是毗沙门天的神兽的证据。《大唐西域记》第十二卷说瞿萨旦那国的国王是毗沙门天之祚胤，该书记载："昔者匈奴率数十万众，寇掠边城，至鼠坟侧屯军。时瞿萨旦那王率数万兵，恐力不敌，素知碛中鼠奇而未神也。洎乎寇至，无所求救，君臣震恐，莫知图计，苟复设祭，焚香请鼠，冀其有灵，少加军力。其夜瞿萨旦那王梦见大鼠，曰：'敬欲相助，愿早治兵，旦日合战，必当克胜。'瞿萨旦那王知有灵祐，遂整戎马，申令将士，未明而行，长驱掩袭。匈奴之闻也，莫不惧焉，方欲驾乘被铠，而诸马鞍、人服、弓弦、甲绦，凡厥带系，鼠皆啮断。兵寇既临，面缚受戮。于是杀其将，虏其兵，匈奴震摄，以为神灵所祐也。瞿萨旦那王感鼠厚恩，建祠设祭，奕世遵敬，特深珍异。故上

---

① 详见《耀天记》。——原书注
② 详见《醍醐寺杂事记》。——原书注
③ 参照《人类学杂志》第34卷第8期刊载的拙文《关于四神和十二兽》。——原书注

自君王，下至黎庶，咸修祀祭，以求福祐。行次其穴，下乘而趋，拜以致敬，祭以祈福。或衣服弓矢，或香花肴膳，亦既输诚，多蒙福利。若无享祭，则逢灾变。"在《东鉴》中有类似的故事，俣野景久联合橘远茂的军队准备征伐甲斐国的源氏，当他们屯兵在富士山的北麓时，士兵的弓箭都被老鼠咬坏，因此大败而归。希罗多德的史书中也记载了埃及王像瞿萨旦那国的国王那样借老鼠的神力战胜敌人的故事。《宋高僧传》第一卷记载："天宝中，西蕃、大石、康三国帅兵围西凉府，诏空入，帝御于道场，空秉香炉诵仁王密语二七遍。帝见神兵可五百员在于殿庭，惊问空，空曰：毗沙门天王子领兵救安西，请急设食发遣……彼营垒中有鼠金色，咋弓弩弦皆绝，城北门楼有光明天王，怒视蕃帅大奔。帝览奏谢空，因敕诸道城楼置天王像，此其始也。"从以上的文章推断，唐代的时候老鼠就已经是毗沙门的仆从。

现在在印度，人们认为老鼠是欢喜天的坐骑。大黑天神是湿婆神的部下，欢喜天则是湿婆神的长子。湿婆神的妻子乌摩曾因为无子而烦恼，便供养一千名梵僧向毗纽天祈祷，于是生下了一个俊美的男孩，天下各神纷纷前来祝贺。其中有一位土星，只看地面而不看婴儿，乌摩询问原因，他回答说自己信奉毗纽天，因此遭到妻子的嫉恨，诅咒我无论是丑妇还是美人，只要我看上一眼便会立即被毁坏。乌摩过于热衷炫耀自己的孩子，便不顾一切让土星观看，土星说如果我看了孩子你必然后悔，于是他抬眼一看，刚刚生下来的欢喜天的头就裂开，消失得无影无踪。

日本也有怀疑男人持戒而招致灾祸临头的事例。永禄十二年（1569）十月，小田原的军队攻打武田信玄的三增山，军队大败，十分危急时，北条氏辉心中向饭绳权现神祷告，发誓说如果今天得救，十年断绝女色。这时他的部下师冈赶到，将自己的马让给北条，奋力拼杀终于救出了北条。回来之后，他的夫人无论如何向他献殷勤，他都置若罔闻。书中没有记述这位夫人的年龄，不过当时北条氏辉的同母兄长氏政的年龄是三十三岁，氏辉大概也就是三十岁左右，因此他的夫人应该是二十七八岁，正是精力旺盛的时期。《正法念处经》第四十五卷讲："妇女之身，三种大过。何等为三？所谓妇女，尿门宽大，两乳汁流，是名三种。"这位夫人因孤独难耐便自尽身亡。北条氏辉见到遗书十分痛心，从此一生远离女人，后来他遭丰臣秀吉逼迫自尽身亡，他的随身侍童，年仅十六岁的山角定吉怀抱北条氏辉的首级逃走。德川家康被他效忠主人的行为所感动，没有惩罚他而收留在自己的麾下[①]。北条氏辉虽然一生远离女色，但是他终身都一直喜爱少年。

且说乌摩抱着自己无头的婴儿痛哭流涕，诸神也陪着落泪时，毗纽天乘着金翅鸟割下睡象的头，拿来缝在欢喜天的颈上，所以现在这个神是象头。日本的信徒们祭拜欢

---

① 详见《野史》第126卷。——原书注

喜天即圣天，他们都十分贪心，只要自己这一代荣光，子孙后代即使破落也在所不惜，于是到处分发油饼，企盼吃了油饼的人们的财产都飞到自己这里。至今印度人仍然十分崇拜这位神仙，认为他是司掌学问、商业的神灵，可以为人们扫除障碍，在婚礼上也要祭拜这位神仙。障碍神毗那怛迦也是大象的鼻子，象既能挡路也能开路，所以障碍神和清除障碍的神的外形都是大象。日本人也是向欢喜天祈祷婚姻以及夫妇美满，献上双叉白萝卜。[1]商人在账簿上题写圣天的名字，建房时要祭拜，在神像上浇油，供奉油饼和萝卜等，这些都和祭祀大黑天神相似。印度人用黄油烙饼祭祀大神，这和日本人用油炸饼供奉圣天极为相像。这位大神是大象的头，一只牙，四只手分别端着葫芦、油饼、斧子和念珠，身披黄色袈裟，骑着神鼠。[2]宋代法贤所译《频那夜迦天成就仪轨经》中讲述了制作种种神像的方法，还有以各种方法祭祀，以及如何发愿等各种内容，而且经文中还有如何使人们互相争斗，让人家的酒腐败变质，让美丽的姑娘终身不嫁，让街上的人都赤裸身体狂欢，让女人负水裸舞，让寡妇痴迷癫狂，使店铺生意衰败，使天下百姓骚动，兴风作浪，烧毁人家房屋，抢夺良家妇女等各种恶行的方法，这些都可以通过祈祷欢喜天如愿以偿。

---

[1] 参照库克所著《北印度民间宗教及民俗志》（1896年）第1卷第111页，艾特尔《梵汉语汇》第202页，《增补江户笑话》第5卷。——原书注
[2] 参照恩特赫本所著的《古吉拉特民俗记》（1914年孟买版）第71页。——原书注

不过这些都不可在此声张。

斧子和神槌本来是类似的兵器，晋代的区纯曾经发明捕鼠匣，里面的木偶能用木槌打死老鼠。[1] 北欧的雷神抛掷神槌杀死恶鬼，大黑天神的神槌也是从欢喜天的斧子演变来的，原本是为了杀死厨房中的老鼠的意思。从毗纽天的信徒们所画的欢喜天的图画看，大黑天神即使不是欢喜天的变形，至少在外貌上有很多地方继承了欢喜天的特征。唐朝的不空和尚奉旨翻译《金刚恐怖集会方广轨仪观自在菩萨三世最胜心明王经》，这本书名冗长的佛典中讲摩诃迦罗天就是大黑天神，身披象皮，横握长枪。石桥在其著作的第八十六页上从《一切经音义》中援引了经文，从《诸尊图像钞》中引用了图像。从图像上看，印度的大黑天神的塑像是八臂，前面的两手横握一把宝剑，和现在印度的欢喜天横呲着一颗牙类似，后面的两手在肩上撑开一张白象皮。画像上没有，但是经文中记载说，大黑天神脚下有一个神女用双手托住大黑天神的脚。背后撑开象皮是显示大黑天神是从象头欢喜天演变来的，孟买的民间传说讲欢喜天从所乘的鼠背上跌落下来，月亮神嘲笑它而受到惩罚。大黑天神也继承了欢喜天，骑坐老鼠或者脚踏老鼠，不过梵僧们厌恶老鼠，[2] 便用神女代替了它。

---

[1] 详见《渊鉴类函》第432卷。——原书注
[2] 参照杰克逊的《柯钦民俗记》（1915年孟买版）第84页。——原书注

1891年至1892年间，笔者在西印度群岛随驯象师周游各方，亲眼见到大象看见螃蟹和老鼠时会现出十分惊恐的样子。后来在《五杂俎》中读到有象畏鼠的文字。另外在《闲窗自语》中记述说，享保十四年（1729），作者询问从广南国运大象到日本的方法，据说这种野兽十分惧怕老鼠，所以在船中放一个箱子，箱子里装上老鼠，箱子上盖上网罩，大象为了不让老鼠跑出来，用四只脚压住箱子。大象的注意力集中在老鼠上，所以几天之内一直站在船中，否则的话，这种野兽水性很好，会立即渡海返回去。笔者想知道，除了日本和中国的古书的记载以外，欧洲的文献中是否有类似的记载呢？于是在1924年伦敦发行的《随笔问答》杂志第一百四十六卷第三百八十页提出疑问，但没有收到任何答复。后来自己查阅了资料并在该杂志的1925年7月刊上撰文，将英文书中的记载介绍给英国人。据哈茨利特《信仰与民俗》（1905年）第一卷第二百零七页记载，据观察，象不仅惧怕野猪的叫声，而且遇到蜥蜴等小动物也会感到十分恐慌，运到欧洲的大象有时见到草堆中的小老鼠也会异常惊恐。可见大象十分惧怕老鼠，所以大黑天神制服老鼠显扬神威，在印度，人们描绘的象头神欢喜天要乘坐老鼠，从前希腊的阿波罗神射杀了偷吃贡品的老鼠等等，这些都表示同样的含义。戈佩尔纳其斯《动物谭原》第二卷第六十八页描绘了欢喜天用脚踏死老鼠，这使我更加确信我的推断正确。

古罗马的地狱女王普罗瑟彼那的帽子是用老鼠皮缝制的，[①]老鼠冬眠，表示这位女神冬天回国阴曹地府，由此推论大黑天神的脚下的女神是老鼠精。这么说来，大黑天神如同增长、广目二天神脚踏恶鬼毒龙，小栗判官、和藤内骑乘骠马猛虎一样，由欢喜天演变而来，先是脚踏，后来骑乘老鼠，其中的意思是表示作为厨房的神仙可以制服老鼠，这和前述的中禅寺的大黑天神是同样的意思。《淇园一笔》记述说，在皇宫大内，每到甲子祭拜之夜，紫宸殿的柱子上都会放上祭品，用筝演奏乐曲十字路殿林歌。这首歌本来是太极殿的乐曲，演奏中，有人扮成老鼠的样子，用丝线在上衣缝上多枚老鼠。这是因为甲子是与大黑天神有密切联系，在甲子祭日，人们跳舞似乎是和大黑天神的仆从老鼠嬉戏，实际上老鼠经常损坏建筑物，跳舞模仿捕捉老鼠，以此诅咒老鼠。

[①] 详见克兰·布朗奇《妖怪事典》（1845年）第393页。——原书注

五

孟买附近的百姓称老鼠为鼠叔，认为直呼其名不吉利。这和日本正月前三天称老鼠为媳妇一样，出于忌讳，不过似乎有人认为叔叔死后会变成老鼠。① 德国的民间迷信认为死人的灵魂变成老鼠，如果家里的主人死了，家中的老鼠便会离开。萨尔马其亚王② 波贝鲁斯二世暗杀了他的伯父并将尸体投入河中，这位伯父变成了老鼠，复仇杀死了国王夫妇。③ 波兰国王波普尔荒淫无道，有人苦谏国王实施善政，于是国王谎称生病，召见这位忠臣时毒死了他，当国王命人将尸体投入湖中，安心举办酒宴的时候，尸体变成了无数只老鼠来找国王复仇。国王吓得用火围住自己，老鼠们却从火底下钻出。国王带着妻子儿女逃到海上的城堡，老鼠又赶来杀死了国王。④ 在突尼斯，有一个女佣打瞌睡，其他人在旁边剥核桃皮，只见女佣的灵魂变成老鼠爬到窗外。人们摇晃女佣怎么也叫不醒她，于是将她移到其他的房间。不久老鼠回来找不到女佣的身体还魂便走掉了，女佣也就在睡眠中一命归西了。⑤ 日本也有《太平记》中的赖豪阿阇

---

① 详见库克所著《北印度民间宗教及民俗志》（1896 年）第 1 卷第 242 页。——原书注
② 萨尔马其亚据说是古代波兰的名称。——译注
③ 参照戈佩尔纳其斯《动物谭原》第 2 卷第 67 页。——原书注
④ 参照贝林·格鲁德所著的《中世志怪》第 453 页。——原书注
⑤ 详见库克斯《民俗学入门》第 43 页。——原书注

梨以及《四谷怪谈》的阿岩等冤魂变成老鼠的故事。

公元6世纪，勃艮第王歌德兰出外打猎时在一条溪水边歇息小睡。侍从们见到有一只小动物从国王的嘴中出来，准备渡河但是过不去。于是侍从拔出剑来架在溪流上，这只小动物渡过溪水，在对岸的小山脚下钻入了洞穴，不久又出来返回，重新钻入国王的口中。这时国王苏醒，诉说自己梦见了一桩怪事。梦中好像自己走过了一座光滑的钢桥，渡过飞沫四溅的急流，进入了一个装满金银宝贝的地下宫殿之后便苏醒了。侍从们讲述了见到的情景，大家一致认为那个洞穴中一定埋藏有财宝，国王命中注定应得此宝。国王命人挖开地宫，得到众多财宝，全部用来祭祀和赈济百姓。当时从侍从架在溪水的佩剑上渡过去的所谓小动物是老鼠之类，可见勃艮第地区的人们也认为人的灵魂显现为老鼠。[1] 人的灵魂变成老鼠，托梦告诉古人埋藏宝贝的地点，以前这种老鼠守护埋藏宝贝的故事很多。在《关于蛇的民俗与传说》中曾讲过印度、欧洲以及日本的守财奴死后变成蛇守护财宝，与此相似，人们根据老鼠隐藏在埋宝的洞中的情形，相信老鼠有时也会守护宝藏。

《类聚名物考》第三百三十七卷援引《辍耕录》说："（黄巢地藏）赵生者，宋宗室子也。家苦贫，居闽之深山，业薪以自给。一日，伐木溪浒，忽见一巨蛇，章质尽白，

---

[1] 参照钱伯斯的《日记》第1卷第276页。——原书注

昂首吐舌，若将噬己。生弃斧斤奔避，得脱。妻问故，具以言，因窃念曰：'白鼠白蛇，岂宝物变幻耶？'即拉夫同往，蛇尚宿留未去，见其夫妇来，回首朔流而上，尾之，行数百步，则入一岩穴中。就启之，得石，石阴刻押字与岁月、姓名，乃黄巢手瘗治为九穴，中穴置金甲，余八穴金银无数，生掊取畸零，仍旧掩盖。自是家用日饶，不复事薪。"书中还说世俗认为白鼠是大黑天神的使者，白蛇是弁财天的使者，都是福神的部下，这在印度的书中也有记载。《葆光录》记载："陈太者家贫好施，尝夜见一白鼠，雪色，缘其树或上或下，久之挥而不去。陈言于妻子曰：'众言有白鼠处即有藏。'遂掘之，果获白金五十锭。"[1]宝永六年（1777）出版的《子孙大黑柱》第四卷引自《博物志》中抄录的《白泽图》说："黄金精称为石糖，其状如猪，这在人家以白鼠为妻。"《宋高僧传》第二卷讲，弘法大师的师祖善无畏到达乌苌国时，有白鼠驯绕，日日献金钱。据《异苑》记载："西域有鼠王国，鼠大如狗，中者如兔，小者如常鼠，头悉白，然带以金枷，商贾有经过其国不先祈祀者，则啮人衣裳。世得沙门咒愿便获无他。众僧释道安昔至西方，亲见如此，俗谚云：'鼠得死人目睛则为王。'"[2]

老鼠经常损坏各种生活用具，而且找不到食物时还会咬

---

[1] 参照《渊鉴类函》第432卷。——原书注
[2] 参照《渊鉴类函》第432卷。——原书注

伤人畜，因此有的地方因为鼠害而整个村庄绝灭，有的地方人则无法定居，[①]所以在很多国家人们都认为鼠是不吉祥的动物，听到老鼠的叫声觉得不吉利。[②]在英国的南安普顿，人们相信如果老鼠突然闯入平安的家庭，这家人不久就会丧命。老鼠如果在人的身上爬过去，这个人必死无疑。如果老鼠在病人的床榻前叫，病人就会死。[③]中国的《论衡》讲："鼠涉一筐，饭捐不食。"古代盎格鲁-撒克逊时代，在英国，如果吃了狗或老鼠吃剩的饭，要向神祈祷一百遍。如果不知道而吃下，则要祈祷五十遍。[④]小亚细亚的库尔德人相信如果文明人喝了熊以及羚羊喝过的水洼的水，就会变得和土著人一样，[⑤]人们相信如果吃了鼠的剩饭就会被传染上老鼠的本性。

如上所述，人们极为厌恶老鼠，所以很少有崇拜老鼠为神的事例。《大英百科全书》第十一版第二卷"动物崇拜"的条目中也没有列举崇拜老鼠的事例。据笔者所知，西半球的苏人认为老鼠的近亲麝香鼠是造物神之一。[⑥]东半球中亚地区的土耳其人崇拜鼠为祖神，认为祖神可以保护

[①] 参照老普林尼的《博物志》第8卷第43章，平克顿的《海陆纪行全集》。——原书注
[②] 参照杰克逊的《柯钦民俗记》第84页，见克兰·布朗奇《妖怪事典》426页，阿博德《马其顿民俗记》第108页。——原书注
[③] 参照《随便问答抄记》（1859年）第12页。——原书注
[④] 详见赖特《中世英国文学迷信历史论文集》第1卷第241页。——原书注
[⑤] 参照加奈特的《土耳其女人以及风俗》第2卷第213页。——原书注
[⑥] 详见斯宾斯的《北美印第安人鬼神志》（1916年）第271页。——原书注

人类，如果祭拜就会给人带来幸福，否则会加害人类。中国人以鼠为子年，认为鼠代表子的方位，这种风俗和印度的毗沙门守护北方的经文相通，而且还有的国王自称是毗沙门的后裔，产生了借助鼠的神力战胜匈奴的故事。在日本十分流行的崇拜大黑天神和鼠的风俗实际上源于印度的毗沙门。大黑天神原本是灶神，后来作为军神受到武士的崇拜，这也源于毗沙门，这位神原是富贵之神，同时也是军神。

中亚地区崇拜毗沙门以及老鼠的风俗盛行时期，人们相信金色的巨鼠是鼠王，白头的老鼠是鼠王的家眷。《嬉游笑览》第十二卷上册讲，所谓白鼠掌柜是大黑天神以黑色代表北方，以鼠为仆从，如果掌柜经营有方，店主则富有。主人是大黑天，掌柜如同老鼠。根据前面引述的《异苑》来看，在崇拜鼠的地区，人们热衷于祭祀白头鼠，这种风俗经中国传入日本，所以在日本最初画大黑天神的画像时，他的仆从是一只白头鼠。斯潘·希金所著的《横跨亚洲纪行》(1898年)出版时，我曾经期待其中有关于崇拜鼠的风俗，但遗憾的是书中没有涉及，令人失望。后来有人告诉我说斯坦因在当地进行考古发掘，据说发现了鼠神的塑像，详情则不得而知。笔者曾于十二年前在《太阳》杂志上撰文[1]，认为所谓金鼠是鼠类中有几种鼠的皮毛可以映出金色，

---

[1] 文章的题目是"借助猫的神力而致富的人的故事"。——原书注

可能人们将这类鼠作为金鼠祭拜，还有可能是僧人为了惑众而偷偷地将老鼠染成金色。《谭海》第十一卷记述德川家康执政时期，荷兰人曾经带来多种奇物，其中有五色鼠，是由白鼠染成的。《香祖笔记》第七卷列举奇特鸟兽的羽毛时，曾举出黄鸟、花马、红毛虎、山水豹以及朱沙鼠。达文尼埃所著的《印度纪行》第一卷第八章的注释中讲，印度人斗犀牛时将犀牛染成彩色，现在人们仍然将象染成彩象。笔者认为日本和中国的古书将麒麟、凤凰以及狮子描绘成五彩斑斓，可能也是由于外国人将类似的动物染成彩色，拿来高价出售，造成的错觉使人们以为是吉祥的征兆而上当受骗。日本上杉兼信部下的猛将新发田治长有一匹名叫染月毛的骏马，尾巴是雪白色，于是用茜草汁染成红色，像红丝线一样在空中乱舞。新发田治长在上杉景胜做郡主时反叛，在守城中死守长达三年，最后战死时据说仍然骑着这匹马。[1]去年曾有人拿来一只紫蓝色的麻雀给我，这只鸟十分温顺，外表十分吉祥，看上去能够为我祈福迎祥，我起初十分高兴，觉得这是我多年的德行使上天降福给我，但是喂食时鸟却一概不吃，不久便一命呜呼了。经仔细检查，发现原来是用染发剂染的，麻雀中毒，所以才十分温顺。

元禄五年（1692）出版的洛下俳林子撰写的《新百物

---

[1] 详见《常山纪谈》。——原书注

语》第二卷讲，金泽有一个名叫甚六郎的商人生意不佳，日渐穷困，便迎请大黑天神，每到甲子之日便诚心祭拜。有一次又赶上甲子，于是他像往常一样点灯祷告，这时不知从哪里跑来一只硕大的白鼠吃案上的祭品。这人见到十分高兴，第二天设宴款待朋友谈起此事，朋友们纷纷说只听说过白鼠的名字没有见过实物，希望今天晚上让我们也能大饱眼福。主人同意并在当天晚上点灯祈祷，在众目睽睽之下，那只白鼠又来了，人们大吃一惊不觉发出叫声，白鼠也惊慌逃窜，一下子变成了普通的黑鼠。人们觉得奇怪，寻踪查看，只见地上有一条白粉线直通到墙上的小洞。原来邻居是面条铺，老鼠从面袋中钻过，所以看上去是白鼠，于是大家哄笑而散，这家的主人重又唉声叹气。这天晚上大黑天神在梦中出现，告诉他那只老鼠爬过的地方有教他富贵之术的天机。天亮之后，他走去一看，只见地上写着："粉身碎骨如麦粉，刻苦奋斗在世间。"于是这人改掉游手好闲的恶习，致力于家业，终于建成富贵之家。书的结尾讲，俗话说人以神德添运，的确如此。这个故事虽然有人工捏造之嫌，但是动物崇拜大致如此，所谓的金色鼠王等动物也是一样。对于当时的中亚的人们来说，他们深信自己的国王是毗沙门的正宗传人，神的使者经常来接受人们的贡品，这种动物信仰对于提高中亚的文化做出了巨大的贡献。

1904年8月在伦敦发行的杂志《人》第一百二十二页

讲，希腊的基克拉迪群岛的人们相信黑色的动物吉祥，而白色的动物则不吉利。《随便问答抄记》（1859年）第十二页讲，英国的南安普顿人相信如果白鼠穿过病房，患者会死。这些都是特殊的事例，近乎例外，世界上大多数地区的居民都认为白鼠是吉祥之物。《嬉游笑览》第十二卷引述的《太平广记》讲，白鼠洁白如皓玉，耳足皆为红色，眼眶也是赤红，此乃金玉之精。伺其出处掘地必获金玉，鼠达五百岁即为白色，耳足非赤红者皆为常鼠。《抱朴子》讲："鼠寿三百岁，满一百岁者则色白，善凭人而卜，名曰仲，能知一年中吉凶，千里外事也。"白色多吉祥之物，世上物以稀为贵是人间常识。古罗马人和现在的波黑尼亚人，以及居住在槟榔屿州的马来人都认为白鼠是吉兆。[①]日本的《治部式》所载的一百四十四种祥瑞之中没有鼠，但是根据《日本后记》的"大同四年三月辛酉，山城国献白鼠"的记载推测，白鼠极为罕见，所以未被记录为祥瑞。《源平盛衰记》第一卷的有关平清盛在皇宫内捕捉怪鼠的记录中讲鼠是大黑天神的侍者，是人们荣华富贵的先兆。虽然并没有特别提到是白鼠，但可以推测出在那个时代已经有尊崇白鼠的风俗。

有些国家虽没有像印度的欢喜天、中亚的毗沙门、日

---

① 参照老普林尼的《博物志》第8卷第82章，弗雷泽的《金枝》第1版第3章，1856年新加坡发行的《印度群岛以及东亚杂志》第2辑第2卷第165页。——原书注

本的大黑天神的仆从那样祭祀老鼠，但是多少有一些认为老鼠和神有关的风俗，而且和上述三位神仙无关。古代埃及人和前述的瞿萨旦那国的鼠王一样，向鼠神祈祷从而破敌制胜。[①]这种鼠，英国人称之为"shrew mouse"（鼩鼱），俗称为鼠，在日本和中国都称作地鼠，外貌像鼠，不过不属于鼠类。刚果人认为鼠是神林之王，乌干达人传说由于国王毁坏了神庙惹怒了神，神让老鼠咬死了国王的妃子。[②]日本的三善为康撰写的《往生传拾遗》中讲诽谤净藏大法师的人当天就会受到惩罚，被老鼠咬碎所有的东西。据说本尊在托梦说药师十二神将都保护净藏，这天的当值正是子神，所以要遭受鼠害。子日的神将名叫毗羯罗，这是和毗沙门以及大黑天神不同的神，大概是中亚人在中国的干支的基础上搭配上印度的十二神而产生的。

鼠作为神的仆从有时会危害人，所以人会使用咒语反制老鼠，有时还会斋祭为神。库克在《北印度的民间宗教以及民俗》第一卷第七十三页讲述说，在阿默达巴德，每到四五月之交，两个村童会击石打斗，人们相信如果废除了这个仪式，天会干旱，如果下雨，老鼠会肆虐损坏庄稼。这和日本的小孩用石头打仗的游戏相似。《日吉社神道秘密记》讲，鼠祠供奉子神，这位神长相似鼠，头戴乌纱帽，

---

① 详见洛令逊的《希罗多德》第2卷第189章。——原书注
② 参照登纳特的《黑人的心理》（1906年）第153页，罗斯科《乌干达》（1911年）第224页。——原书注

身穿猎衣。传说从前天皇为了要生皇太子，向三井寺的僧人赖豪阿阇梨降下圣谕让他祈祷。赖豪周游了百座寺院为皇后祈祷，皇太子终于诞生了。天皇许愿说可以满足他任何愿望，于是赖豪请求为三井寺设立戒坛，但是由于比叡山的极力反对而没有实现，赖豪面子丢尽，愤死诅咒杀死了四岁的皇太子，还变成三千只老鼠奔袭比叡山咬碎了大量的经书，僧人们设坛祭神才制服了老鼠。《鸣草》虫梦卷记述说，据宽文二年（1662）印本《江户名胜记》记载，根津权现社祭祀大黑天神，所谓根津指的是鼠，鼠是大黑天神的随从，所以寺院的绘马牌上经常画着老鼠。另外贞享四年（1687）的印本《江户鹿子》也有类似的记述，该书说都城必祭四神，以此震慑四方。子即北方的玄武神，民间称为鼠圣。由此可见，太田道灌开创江户城时祭拜的也是根津神，它的方位就是北方。该书还说，在伊豆国下田附近的村庄，人们称中濑村的镇守神为鼠圣。据说这位神仙忌讳吃年糕，所以中濑村附近的地区过年时不做年糕，而是将烤饭团加上青菜煮成羹，以此来代替正月常吃的煮年糕，这十分少见。总之，根津神社和大黑天神无关，而是为了根治鼠害将鼠敬奉为神的神社，鼠圣神是非常厌恶老鼠的神。

在众多的神佛中有十分勇猛的神，《雍州府志》记述说，京都胜仙院的僧人玄秀在世时，老鼠咬坏了不动尊像的左膝盖，玄秀调笑说明王能降服诸魔鬼，却不能降服一只老鼠。但是第二天早上一看，塑像手持的利剑上插着一只老鼠，于是玄秀心服口服。莫尼埃·威廉撰写的《佛教讲义》讲印度的圣人年轻时见到老鼠明目张胆地偷吃佛像前的祭品，人称万能的神对于老鼠无能为力，便对神产生了怀疑，终于自立门户建立了新教派。羽后的七座山有勤鼠大明神的寺庙，据说从前七座山的大明神命令老鼠在大坝上打洞疏通湖水，但是老鼠惧怕猫，不敢从洞中出来。于是七座大明神对猫讲，如果不抓老鼠可以帮助它除掉身上的虱子。就这样在老鼠们的努力下，疏通湖水的工程成功。因此这里的猫至今身上不生虱子。据说这里在鼠神的祭日里发放的避鼠护符十分灵验。[1]神社靠卖护符赚取钱财，信徒则破财免灾，一举两得，不过这和大黑天神无关。在欧洲，格特鲁德圣人、威尔福德圣人以及苏格兰的斯特拉斯·莱曼居住在洞穴时都曾铲除了鼠害，他们的故居以及墓穴都没有老鼠，人们相信那里的土和供奉圣人的面包都可以毒死老鼠。[2]

从前曾听到在四国地区徒步祈祷的老人说土佐的山内家从幕府领取的俸禄应该是一百二十四万石大米，但是由于老鼠咬掉了文书上的百字，所以和尚们净赚了百万石大米，因此僧人们称老鼠是福神，禁止捕杀。《山州名胜志》

---

[1] 详见《乡土研究》第3卷第428页。——原书注
[2] 参照哈茨利特《信仰与民俗》(1905年)第2卷第507页，克兰·布朗奇《遗宝灵像评汇》(1821年)，平克顿的《海陆纪行全集》第3卷第15页。——原书注

第二卷有一个故事说山城灵山附近的一个村长就是从老鼠隐藏的山里掘得财宝而发家致富的。这大概就是找到了埋藏的珍宝。老普林尼的《博物志》指出鼠惯于偷盗，在金山偷吃金沙，所以割开老鼠的腹部可以获得金子。

从前印度的王子说要娶一个每天早晚情愿挨打的女子为妻，没有人愿意嫁给她。后来有一个女子答应便嫁给了王子。过了两三天，丈夫要打老婆，这个女人说："王子的地位是靠国王得来的，你自己赚了钱以后再打不迟。"王子无言以对，便乘上象马车，带着众多的仆从前往洛差国做贸易。王子的妻子于是叫来贴身的随从，让他私下尾随王子，如果见到王子洗澡，便将他的内裤偷回来。洛差国王从宫殿的高处见到王子一行到来，便差人向王子询问："你知道永久繁荣的方法，还是一天富裕的方法？"王子回答说："知道永久繁荣的方法。"于是国王便没收了王子的商品，随从乘上大象和马匹逃离，只剩下王子孤独一人。他为了生存，只好像贫民一样在富人家帮工，这时只有那位贴身随从跟着王子。有一天，王子脱下唯一的一条内裤沐浴时，那位随从偷走了内裤回国禀告王妃。王妃听说了事情的经过之后，手持一条毛巾和一只老鼠前往洛差国。国王又差人来问同样的问题，她回答说知道一天富裕的方法。于是国王召集逃散的王子的随从，拿出一只猫说这只猫扑向谁，那人便可以得到被没收的王子的商品。太子妃暗中摇晃毛巾里的老鼠，引诱猫扑向自己，这样便得到了王子的商品。她让人装上马车，带

597

着众多随从回国。不久，王子也逃回来，进门就要打老婆。王妃当着众人拿出丈夫的内裤，质问丈夫这是何物？王子一见无言以对，又不敢撒谎自己在外边赚了钱。王妃说你带走的货物现在在什么地方，你问清楚之后再来打我。王子哑口无言，从此再也不敢打老婆了。①

《闲田耕笔》第三卷指出，人世间物以稀为贵，如果鸡和猫是罕见的动物，人们会赞赏鸡的羽毛和猫的皮毛，不惜高价争购。十二年前《太阳》杂志新年特刊上刊载的伦敦市长少年时代曾带着猫去没有猫的地方贩卖，印度的商人以一只死鼠而发财的故事并不是虚构。伯蒙特以及福雷查共著的《贫困智星》中阐述的总交好运的人大概是受到鼠精或巫婆的保佑。

老鼠惯于偷窃并藏匿人的东西。井原西鹤在《世间胸算用》②第一卷记述说，有一个吝啬的老太婆，过年时收到了妹妹给的压岁钱，但不小心丢失了，便怀疑家里的每一个人并向神诅咒发誓。正巧年末大扫除时，在房顶下的梁缝间发现了一个纸包，这才明白是老鼠在作怪。另外笔者年少时读过的一本书中讲，有一个浪人武士被叫到主人家聊天，他回去之后，主人发现桌上的钱不见了。于是找来那位武士询问，

---

① 参照勃帕斯《桑塔尔·帕加纳斯民间故事》第113页。——原书注。桑塔尔·帕加纳斯是印度北方比哈尔邦的一个县。——译注。
② 《世间胸算用》是江户时代的作家井原西鹤的代表作之一，出版于1692年。小说描写了一年中最后的结算日年三十这一天老百姓生活的种种悲喜剧。——译注。

他坦白说自己因家贫而贪财，赔礼之后卖了自己的女儿还了主人的钱。后来，人们大扫除时在老鼠洞中发现了丢失的钱，因为不知道那位浪人武士的行踪，主人落下了终身的遗憾。中国的《辍耕录》第十一卷记载："茂巴尔字西瑛，西域人，其躯干魁伟，故人咸曰长西瑛。一日，方与妻对饭，妻以小金篦刺脔肉，将入口，门外有客至，西瑛出肃客，妻不及啖，且置器中，起去治茶。比回，无觅金篦处。时一小婢在侧执作，意其窃取，拷问万端，终无认辞，竟至损命。岁余，召匠者整屋扫瓦瓴积垢，忽一物落石上有声，取视之，乃向所失金篦也，与朽骨一块同坠，原其所以必是猫来偷肉，故带而去，婢偶不及见而含冤而死，哀哉。世之事有如此者甚多，姑书焉以为后人鉴也。"

《龙图公案》第四卷中有类似的故事。山东唐州有个名叫房瑞鸾的女子，十六岁就嫁给周大受，生下男孩周可立之后，不到一年丈夫便死了。房瑞鸾二十二岁丧夫，守寡长达十七年，周可立长大成人，房瑞鸾想给他娶媳妇，但因无钱定亲而发愁。这时有个名叫卫思贤的富翁五十岁丧妻，听说房氏贤德高尚，想娶她做后妻。孔圣人曾说以贤换色，而这个富翁如他的名字一样，既思贤又思色。房氏得了三十两银子改嫁给卫思贤，再用这三十两银子为儿子娶了十八岁的吕月娥为妻，但是周可立成婚之后却没有夫妇欢爱，月娥觉得奇怪便问丈夫，周可立说："定亲送礼的钱是母亲改嫁所得，等我挣到钱还给母亲之后再行夫妇之礼。"月娥回娘家向父亲诉说了原委，他的伯父深受感动，立即凑齐了三十两银子交给月娥。月娥回到家中在房中点数银子，收在橱内之后就去煮饭。邻居有个名叫焦黑的家伙从墙缝看见，便溜入室内偷窃了银子，月娥以为是丈夫回来，进到自己房中。不久丈夫回来，夫妇一起吃饭，饭后月娥为了让丈夫高兴便进屋取钱，这才发现银两失窃。她问丈夫把钱拿到哪里去了，周可立丈二和尚摸不着头脑，不知道有银子一事。月娥误以为丈夫将自己伯父凑齐的钱拿去另讨老婆，一怒之下要上吊寻死，危急时刻被邻居救下来。后来，焦黑遭雷劈而死，人们在他的腰带中发现了失窃的银两。卫思贤被周可立夫妇的孝心感动，送给他们三百两黄金，让房氏回来和儿子夫妇一起同居，实在是个通情达理之人。

老鼠善于偷盗，所以在鼠洞中可以找到许多偷来的东西。仓鼠的面颊里有一个大空囊，可以像猴子那样储藏食物，而且和一般的老鼠不同，尾巴很短。仓鼠栖息在欧洲北部以及亚洲的喜马拉雅山以北，北欧的仓鼠身长十五英寸，尾巴长三英寸，比一般的鼠要大，在地下构筑结构复杂的洞穴，还特别在洞中建造谷仓，每到深秋便储藏大量的谷物，在洞中冬眠渡过严寒的冬季，到了二三月苏醒。一只仓鼠可以储藏多达六十磅的谷物，或一英担[①]的豆子。

---

① 1英担约为50.8千克。——编注

不过，深知仓鼠习性的普通百姓挖掘仓鼠洞，不但可以得到储藏的谷物，还可以捉到仓鼠，品尝美味的鼠肉，一举两得。在非洲还有另外一种鼠和仓鼠的习性相同，在世界各地流传着的鼠给神和人带来食物的故事大概基于以上的事实。中国有一种全身灰色，尾巴略长，不同于欧洲的仓鼠。这种仓鼠喜欢吃豆子，经常在洞中储藏豆类，人称豆鼠儿、食鼠儿、仓官儿、弁仓儿等。①据《渊鉴类函》第四百三十二卷记载："天复中，陇右大饥，其年秋稼甚丰，将刈之间，大半无穗，有人就田畔剧鼠穴求之，所获甚多。于是家家穷穴，有获五七斗者，相传谓之劫鼠仓，饥民皆出求食济活甚众。"《古事记》记述说，大国主神要和须势理毗卖结婚时，女神的父亲须佐之男命以各种方法整治大国主神，测试他的勇气。须佐之男命将响箭射入旷野之中让大国主神去取箭，当大国主神踏入草原的时候突然四面起火，正当大国主神被烈火围困不知如何突围的时候，来了一只老鼠为大国主神指路。当他踏入老鼠所指的地方，便陷入地下，这时烈火燃烧而过，老鼠为大神找来了响箭。

卡菲尔人②说，从前造物主乘着金马，魔王乘着铁马，两者竞赛不分胜负。造物主创造出无数老鼠，老鼠在地下打洞，使铁马陷入坑中不能自拔，金马终于取得了最终的

---

① 参照《皇立亚洲协会北中国支部杂志》第2辑第11卷第59页。——原书注
② 西亚阿富汗的民族之一，主要分布在东北部兴都库什山南坡的努里斯坦地区。——译注

胜利。[1]利文斯顿在《南非纪行》第七章讲到，马塞卢附近老鼠很多，地下布满鼠洞，走路时经常会糟蹋地面。在远古时代日本大概也是如此，所以才产生了老鼠救大国主神的故事。在中国，人们挖掘鼠洞，捕捉老鼠，而且挖出老鼠储藏的谷物的事例有很多，《法苑珠林》第九十一章讲："萨婆多论云：盗一切鸟兽残者得小罪（今时俭世多，有俗人毁坏他鼠窟，取其贮粟、胡桃、杂果子等准此犯罪）。"顺便提及一点，奥州的和渊神社在除夕用盐腌上鲣鱼和鲑鱼子祭神，正月十八日信徒集中到神社分吃鲣鱼和鲜鱼，二十八日再吃鲑鱼子。祭品在神龛上的时候，老鼠不吃，据说是神的威力压住了老鼠。在皇宫大内，每到甲子祭拜之夜，紫宸殿的柱子上都会放上祭品，用筝演奏乐曲十字路殿林歌。这首歌本来是太极殿的乐曲，演奏中，有人扮成老鼠的样子，用丝线在上衣缝上多枚老鼠。[2]这是因为人们跳的舞是大黑天神喜爱的舞蹈，在宫殿的柱子上放祭品是为了避免老鼠损坏建筑物。大前年冬天，笔者曾去高野山的金堂参拜，人很少涉足的房间的草席破烂不堪，同行的老僧说这都是鼠害所致，由此推测，浩荡空旷的宫殿鼠害尤其严重。

佛经中还记载老鼠助人的故事。据《大宝积经》第七

---

[1] 详见罗伯逊所著《努里斯坦的卡菲尔人》第384页。——原书注
[2] 参照《奥羽观迹闻老志》第9卷，《淇园一笔》。——原书注

十八卷记载:"王舍大城迦兰陀长者竹园是无双胜地,无一切毒虫,毒虫入此园即失毒心。众生入此园,贪欲、嗔恚、愚痴不发。古时瓶沙王登极之初,与诸采女欲入此园娱乐,一同自觉无淫欲不娱戏乐。此时王发愿如佛入我国,我将此胜地献佛,后遇释尊献此园。"这个竹园的名字是迦兰陀,据说源于动物名,是杜鹃的一种,还有人说是源于一种鼠类的名称。①《善见毗婆沙律》第六卷记述说:"迦兰陀者,是山鼠名。时毗舍离王将诸妓女入山游戏,王时疲倦眠一树下,妓女左右四散走戏。时树下窟中有大毒蛇,闻王酒气出欲螫王,树上有鼠,从上来下鸣唤觉王,蛇则还缩。王觉已复眠,蛇又更出而欲螫王,鼠复鸣唤下来觉王。王起已见树下窟中大毒蛇即生惊怖,四顾求诸妓女,又复不见。王自念言:我今复活由鼠之恩。王便思惟欲报鼠恩,时山边有村,王即命村中,自今以后我之禄限,悉回供鼠,因此鼠故,即号此村,名为迦兰陀村。"另据《菩萨处胎经》第五卷记载,佛成道不久时,当时六师的异端仍然十分盛行,有一个名叫栴遮摩那耆的女人受到其师唆使,日日前去听佛说法。她在腹部包上稻草,日日使之鼓胀,后来在腹部系上木盆假作临盆。这时其师来到说法处,高声喧哗道:"佛乃大骗子,他欺骗这种姑娘使她怀孕。"这时,帝释化作一只黄鼠钻入女人的裙子,咬断木盆上的绳子,

---

① 详见《翻译名义集》第6卷,艾特尔《梵汉语汇》第71页。——原书注

木盆落地,于是真相大白,证明佛清白无罪。

南美洲的加勒比人相信人最初从天上降生在地上时,木薯和芭蕉等有益的植物聚集生长在一棵大树上。马来貘先发现了这棵树,饱食树上掉下来的果实,长得十分肥胖。加勒比人想知道马来貘在什么地方拾到的果实,但是查不出底细,于是便命令啄木鸟去刺探。当啄木鸟追踪马来貘时,在中途歇息,啄到树中的虫子,十分美味可口,便埋头吃虫子,把人的命令抛到九霄云外去了。这时马来貘也察觉有人在跟踪,便小心谨慎地掩埋踪迹。加勒比人又派老鼠去打探消息,老鼠十分精明,不久便发现了马来貘的藏身之处。马来貘于是对老鼠说:"我们是同类,你将我的乐园告诉人类,于你也没有好处。人是一种忘恩负义的动物,最终你也会落得兔死狗烹的下场。不如你蒙骗人类,佯装不知,每天来这里饱餐一顿。"鼠听后立即赞同,欺骗加勒比人而每天自己去吃美餐。可是有一天,老鼠吃饱喝足,嘴巴沾满食物渣蒙头大睡。加勒比人发现后,推醒了老鼠让它带路,终于找到了大树,然后用石斧花费了几个月的时间砍倒了大树,每人分得一片树干种在自己的田里,于是每个人的地里都长出了木薯。[1]老鼠的做法虽然不是很好,但是对人类做出了贡献。

---

[1] 参照伊姆·托恩所著《旅居圭亚那印第安人部落记》(1883年)第379页。——原书注

澳洲土著人的妇女总是在粮食袋里放入三只老鼠。新喀里多尼亚、新西兰的土著人，东非的巴干达人以及印度的哈丹姆人等都食用老鼠。[1]华纳在《英属中非土著人》（1906年）记载说当地人喜爱吃老鼠，不过妇女和神官禁止吃鼠。而且该书还说有一种小鼠味美，书中有四张照片显示小孩子烤食老鼠的情景。利文斯顿在《南非纪行》第十八章指出，那里有的地方除了田鼠和小老鼠以外，没有其他动物肉可以吃。波斯曼撰写的《几内亚记》记述说当地有一种比猫还大的野鼠，危害庄稼十分严重。这种鼠的味道十分鲜美，但是当地人知道欧洲人十分厌恶，所以做菜时去掉头、脚和尾巴。那瓦列特所著《中国记》（1676年，马德里）第六十四页曾说这位传教士在中国曾和当地人一起吃鼠，味道鲜美。日本的别府长治曾被围困在三木城，泷川益氏受困于高松的时候曾吃过牛马鸡犬，后来还曾吃过人，但是没有听说吃鼠。[2]在中国古代，据说汉代的臧洪以及晋代王载之妻李氏守城时吃过鼠，苏武在匈奴牧羊时也曾吃过老鼠。不过，《尹文子》记载："周人谓鼠未腊（干肉）者为璞"，大概这和日本的《徒然草》所讲的鲣鱼一样，经过了最初食用，后来摈弃，最后仍然食用的过程。唐朝张鷟的《朝野佥载》记载："岭南獠民好为蜜唧，即鼠

---

[1] 参照斯宾塞尔的《记载社会学》，拉采尔的《人类史》英译本第2卷，巴尔佛的《印度百科全书》第3版第3卷。——原书注
[2] 详见《征伐播州之事》《祖父物语》。——原书注

胎未瞬，通身赤蠕者，饲之以蜜，钉之筵上，嗫嗫而行，以箸挟取啖之，唧唧作声，故曰蜜唧。"《渊鉴类函》援引的《云南志》讲："广南侬人饮食无美味，常醢鼷鼠，捕飞虫啖之。"明代李时珍说岭南人虽然吃鼠，但是忌讳鼠名而称之为家鹿。可见鼠在中国并不是上等佳肴。西尔潘的《泰国史》（1771年，巴黎）讲，竹鼠是上等佳肴，这种鼠和家鼠一样尾呈红色，无毛，如同蚯蚓一般，大小像猫，吃竹子，尤其喜爱吃竹笋。每家都饲养这种鼠，十分驯服，可以杀死家鼠，但是它的危害要大于家鼠。这种鼠在中国称为竹䶉，又名竹猪，猪与豚相同。肥胖似猪，故以此为名。食芦苇根，乡人亦谓之营豚。此鼠乃食竹根，居土穴中，大如兔，人多食之。味如鸭肉，竹刺入肉不可出者，啖此物立消。福建桃花岭多竹，此鼠甚多。[1]这是竹鼠科的老鼠，这种鼠还有数种，栖息在中国内陆、西藏、印度、马来群岛等地。在日本的文化年代末期，箱根山有鼠出没，吃竹根，竹子全部枯死。这种鼠的牙齿坚硬，可以咬破双重网。[2]安政二年（1855），出羽地区的地方官提交的报告上有关于鼠的记载，这种鼠呈红色，比一般家鼠小，腹部呈白色，短尾。[3]这虽然不像是竹鼠科的鼠，但吃起来味道亦十分鲜美。栖息在非洲的芦苇丛中的芦鼠是管齿类的鼠，味道类似猪

---

[1] 详见《本草纲目》第51卷下册，《闽书南产志》下卷。——原书注
[2] 参照《即事考》第4卷。——原书注
[3] 参照《乡土研究》第2卷刊载的白井博士的文章《野鼠和竹子果实》。——原书注

肉，所以人称土猪，烧烤十分味美。①

东西方将鼠用于医疗的事例很多，老普林尼讲撕开鼠肉敷在蛇咬伤的创口上可以治疗蛇伤，他还说用无花果包住鼠肝喂猪，猪会十分温顺，这是盗窃猪的方法。据说这种方法对人也有效，那就没有必要买烧焦的壁虎，不过这人要是喝一杯油就解了。英国的民间偏方有很多，其中有一种偏方说烧烤三只鼠吃下去可以治疗任何尿床症，②日本也有这种说法。中医药方中绝不使用雌鼠入药，日本的药方也一样，治疗手指痛的药方中讲将雄鼠粪和梅仁磨成粉末，用饭粒调和涂在纸上贴在患处。雄鼠的粪呈角状，雌鼠的粪呈圆形。③贝原益轩曾经痛骂猫是极端不仁之兽，却盛赞鼠，说鼠的肉、肝、胆、外肾、油、脑、头、目、脊骨、脚、尾、皮、粪都有功效，可入药。世上大概没有像鼠这样身体处处有功效的动物。④

大概世上罕见像老鼠这般令人厌恶的动物，不过综上所述，世界之大，无奇不有，世上有很多人吃老鼠度日，还有的民族将老鼠视为神灵并创作出各种神话传说。由此可知，老鼠并不完全是有害的动物。

---

① 详见舒贝因菲尔德所著《非洲之心》第16章。——原书注
② 参照《随便问答抄记》第1641页。——原书注
③ 详见《谭海》第15卷。——原书注
④ 参照《大和本草》第16卷。——原书注

编者按：本篇原本预计刊载在杂志《太阳》（1924年1月）新年号，但是由于出版社的原因未能刊登。笔者经过修改，将其中考证子日的部分刊载在1930年1月《民俗学》第二卷第一期，篇名为《子日游考》，又将大黑天的部分刊登在1926年《集古》丙寅四号，篇名为《再论毗沙门》，在编辑本书时，整篇文章主要依据《太阳》杂志的原稿，将《子日游考》收入第二节，《再论毗沙门》收入第四节。因此，本文与原稿略有出入，而且有若干重复，但已发表的两篇论文经过作者的删改和订正，比原文内容更加精确，故收录于本文之中。

图书在版编目（CIP）数据

生肖奇谭/（日）南方熊楠著；栾殿武译. — 长沙：
湖南人民出版社，2022.1
ISBN 978-7-5561-2776-4

Ⅰ.①生… Ⅱ.①南… ②栾… Ⅲ.①民俗学-研究
-日本 Ⅳ.①K893.13

中国版本图书馆CIP数据核字（2021）第181481号

生肖奇谭
SHENGXIAO QITAN

［日］南方熊楠 著 栾殿武 译

出品人	陈 垦
出品方	中南出版传媒集团股份有限公司
	上海浦睿文化传播有限公司
	上海市巨鹿路417号705室（200020）
责任编辑	曾诗玉
封面设计	凌 瑛
责任印制	王 磊
出版发行	湖南人民出版社
	长沙市营盘东路3号（410005）
网　址	www.hnppp.net
经　销	湖南省新华书店
印　刷	河北鹏润印刷有限公司

开本：787mm×1092mm 1/32	印张：29.25 字数：530千字
版次：2022年1月第1版	印次：2022年1月第1次印刷
书号：ISBN 978-7-5561-2776-4	定价：108.00元（全三卷）

版权专有，未经本社许可，不得翻印。
如有倒装、破损、少页等印装质量问题，请联系电话：021-60455819

浦睿文化
INSIGHT MEDIA

出 品 人：陈　垦
策 划 人：陈　垦
出版统筹：胡　萍
监　　制：余　西　于　欣
编　　辑：朱琛瑶
封面设计：凌　瑛

欢迎出版合作，请邮件联系：insight@prshanghai.com
微信公众号：浦睿文化

生肖奇谭

[下卷]

[日]南方熊楠 著

栾殿武 译

湖南人民出版社

弓

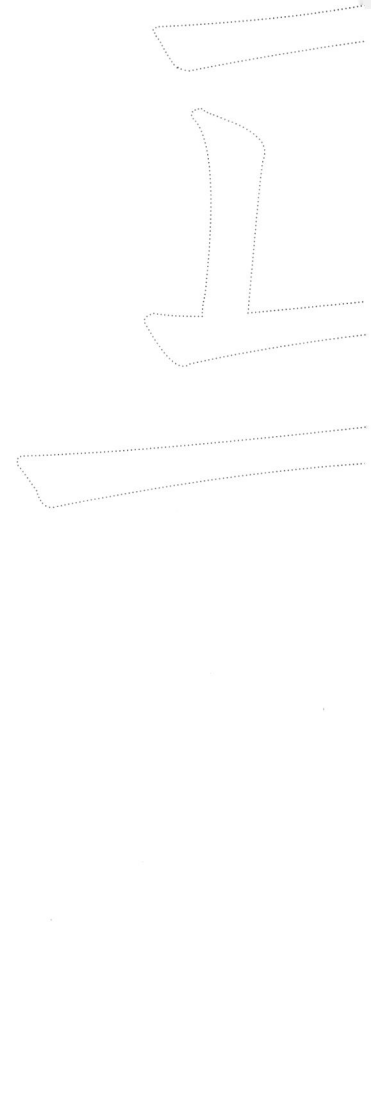

传说（1）

马蹄飞奔，转眼迎来了马年。十二生肖所对应的动物并无优劣，但是相关传说的数量却不尽相同。例如羊在日本十分罕见，所以有关羊的传说日本几乎没有。猴子的故事在亚洲十分普遍，而在欧洲却很少有猴子的传说。与此相反，马原产于欧亚大陆，马的兄弟驴原产自非洲，马遍及世界各地，所以马的传说数不胜数。新年伊始，艺伎高歌以马为题的新春歌谣，乞丐手持木马头脚跳春驹舞。与此同时，全国各地的报纸杂志的贺岁版也不厌其烦地大谈马经。因此笔者避免重谈世人皆知的日本和中国的古典故事，而是从唐译律藏中概述出一个表示吉祥如意的智慧马的故事，以此代作新春贺词，然后信马由缰，随意议论一番。智慧马的故事现存于用巴利语写成的《佛本生谭》中，但其中的故事不如唐译律中的精彩。

《根本说一切有部毗奈耶》记载："时北方有贩马商客，驱五百匹马往诣中国。时彼商主有一草马，忽因有娠，是智马种。从怀胎日时诸群马不复嘶鸣，商主便念：'我此群马为有病耶，何因多日不复嘶鸣亦不跳踯？'后时马生驹已，五百群马垂耳而住，不敢喷啑作声。是时，商主见斯事已即便生念：'何因有此薄福有情生马群内，由斯过故令我诸马皆悉患生。每常乘此草马，上妙草谷皆不与之。'渐次南行至中国境到一聚落，名曰恭侍。即于此处时逢夏雨，商主便念：'我若去者马尽漏蹄，因此患生多有损失，我今宜可于此居停。既停住已，于相近处村邑诸人随其工巧，各以奇物持奉商主。'既至夏了，商旅将行，时诸工人悉来送别，商主随先所得准物相酬。（笔者在旅行中也有此经历，人们临行时拿来许多没有用处的礼物，礼物不能白收，要绞尽脑汁想如何还礼。）

"时有陶师，先以瓦器见奉商主。闻其将去，妇告之曰：'君今宜可往别商主，或容忆念以物相酬。'是时陶师闻妻言已，即将泥团作吉祥印，持见商主。商主见已告言：'男子汝来太迟，我有赀财并已去讫。'欲将何物以表念心，然而商主于小马驹情无爱惜，谓非吉相。告瓦师曰：'我今唯有此小马驹，汝若须者随意将去。'瓦师报曰：'我多用功造诸器物，将此驹子蹋之令碎，此无用物于我何须？'尔时马驹闻是语已，跪就瓦师舐其双足，瓦师见已便生爱心，遂即受取牵将至舍。妻见问曰：'往商主处得何财物？'夫曰：'得此马驹。'妻曰：'善哉此物，劳我作器随成蹋损。'驹闻此语便至妻所舐其双足，其妻见已亦起爱心。时彼马驹于诸生熟瓦器之间，行步周旋一无所损。妻报夫曰：'可爱小驹善能用意，行瓦器内竟无伤损。'是时瓦师远去取土，此马驹子随后而行，时彼瓦师盛土满袋，小驹便去低背就之。瓦师以袋安脊，徐负其土还来宅中。夫告妻曰：'可爱马驹代我劳苦，我于田中以土袋安脊。汝在舍内可为擎下，常以稻糠和油麻滓用充其食。'

"尔时婆罗疣斯梵摩达多王有一智马，因疾而终。时边远国闻王马死，各遣使报王：'王今宜可输我国税，若不与者勿出城门，若更出者绳缚将来。'王虽闻语不与其物，怖不出城。时贩马商人至婆罗疣斯国，王既闻有北方马至其数极多。告大臣曰：'我顷得胜皆由智马，今时马死，乘被欺轻。我欲几时城内潜伏，卿等宜应为求智马。'诸臣受教，共相马人入马商旅，观五百匹，知此诸马被智马所调，然而遍求不见智马。时相马人见其草马，告牧马人曰：'君今知不，此之草马必产智驹，何意不见？'共问商主曰：'君于马众曾有出卖或乞人耶？'报言不曾卖马，然有一驹将为不吉，于某城邑乞瓦师家。时相马人告诸臣曰：'君等当知彼是智马，商主顽愚不别良骏，弃醍醐上味持无用酥滓。'俱白王已，往恭侍城到瓦师所而问：'君今何用此马驹耶？'报言：'我令负土。'相马人曰：'我与汝驴共相博换。'报言：'不可。'大臣报曰：'四牛兼车肯相换不？'报言：'我爱此驹车牛无用。'诸臣曰：'汝可审思，明当重来。'即便辞去。马驹虽居畜类智识过人，相时而动便为人语。诸臣去后，马驹告瓦师曰：'向者人来欲何所觅？'报言：'觅汝。若相求者何不与之？'仁今不应作如是念，令我终身为君负土，稻糠麻滓而充食耶？若有刹利大王受灌顶位，百枝金盖擎以覆身。如是胜人我当持负。若我食时，于金盆内蜜和糠米随意食之。若彼诸人明日来至问马驹者，仁应报曰：'君等何故相轻，若称智马诈为不识，唤作马驹。若论价者索一亿金，或可以金盛之于袋，以我右足尽力牵来，若得此者当以相与。'诸臣明日来问瓦师，男子'汝思量未？'答曰：'我已思决。'曰：'与马驹不？'瓦师即以智马所言悉皆具答。时相马人闻是语已，自相谓曰：'此之瓦师顽愚寡识，宁知此马智非智耶？'盖应是马思欲报恩，于昨夜中教其作计。大臣告曰：'瓦师，随智非智可论价直。'瓦师曰：'与真金一亿当可随意，或复满袋盛金，令马右足牵得为量。'诸臣议曰：'此有大力一倍牵金，宜酬一亿斯为揩定。'诸臣遣使往白大王，今获智马索金一亿。王得信已告使者曰：'随索多少与价将来。'便持亿金令使取马，其使到彼既与金已，便将智马至婆罗痆斯，牵入马厩安第一槽，便以穬麦并草喂之。马不肯食，王自亲观见其不食，报掌马人曰：'岂此智马先有病耶？'白言：'大王，马实无病，我今应问。'说伽他曰：'汝岂不忆陶师舍，谷麦水草常阙乏，身体羸瘦唯皮骨，饥虚自食野田苗。日夜恒随瓦师意，身常负土遭困辱，今为国王乘御首，何因不食似怀忧？'尔时智马心怀不忍，怒而报曰：'我有迅足心骁勇，详审智策众无过，所有胜德汝皆知，何故令人共轻慢？唯汝能知于善恶，不依古法相遵奉，我今闭口宁当死，不被他轻而得生，纵被愚人久欺慢，我分不生忧恼心，见知己者暂生轻，令我怀愁不望活。'时掌马人闻此说已白大王曰：'王今宜可于智马处，随古仙法所为次第而供给之，若非次第必不肯食。'王曰：'如何次第？'答曰：'应可去城有三驿许，平治道路幡盖庄严，王从四兵当自迎接，所安置处以赤铜鍱而砌其地，东宫太子自擎千枝金盖而覆其上，王之长女执金宝庄拂为去蚊蝇，国大夫人蜜涂穬米盛以金盘，自手擎持用充其食，第一大臣亲执金箕以承其粪。'王曰：'如斯供给，此即是王，我复何用？'掌马人曰：'此非常尔，但斋七日，延迎法式理必须然。'王曰：'已过之事不可重为，余现前者应如法作。'即于厩中马住之处布赤铜鍱，太子自持千枝金盖而覆其上，王之长女执拂去蝇，国大夫人金盘授食，大臣执箕为其承粪。马见如是微妙供给即便啖食。时掌厩人说伽他曰：'大王今与汝，上妙供给事，所须皆称意，于王当尽心。'马答彼人曰：'我随君言，所应作者心无怠慢。'

"尔时大王欲诣苑园，臣以种种殊妙宝物而为鞍辔庄严。智马至大王所，是时智马见王将御，马便偃脊。王曰：'马患背耶？'御者答曰：'此不患背恐王难升，所以偃脊。'王便御马行至河边，马不肯进。王问御者曰：'马有怖心，不肯入水？'答曰：'此非怖水。恐有沾湿洒着王身，为斯不入。'即结其尾盛以金囊，涉水而过。王至苑内纵逸而住,遂经多日,四远诸国闻王住居苑内,多兴兵众来投城门。王闻边国兵众俱至,便乘智马欲取后门而入城内,于其中路有一大池,名曰妙梵,多诸莲华嗢钵罗等弥覆其上。是时智马既至池边,足蹈莲花徐行而过,得入城中,边贼逃散。时王大喜告诸臣曰:'卿等知不?若有能于灌顶刹利大王救其命者,彼欲如何以酬恩德。'诸臣白言:'合与半国。'王曰:'彼是畜生,如何与其半国之赏?宜应为彼于七日中广设无遮。'与作非时俱物头会,随所须者皆悉给之,诸臣奉教悉皆为作。时贩马商主见设大会,问诸人曰:'何故非时作此大会?'诸人报曰:'君岂不忆于恭侍城以一马驹乞瓦师耶?彼是智马,举世称珍,王以一亿金就彼市得,能活王命,缘斯喜庆故设无遮。'商主闻已,便作是念:'岂我留驹是其智马?我今宜往观彼形容。'既至厩所,智马见已,问言:'商主所卖众马获得几何?我独一身以一亿金报瓦师讫。'商主闻已,闷绝躄地,水洒方稣,便捧马足申谢而去。尔时佛告诸苾刍:'汝等勿生异念,往时商主者即侍缚迦太子是,往时智马者即愚路苾刍是,往昔商主未识智马有胜德时便生轻蔑,知胜德已忏谢而去。今时侍缚迦未知愚路有胜德时,便生慢心,及知具德礼足申谢。是故诸苾刍!凡夫之人自无慧目,不应于他辄生轻慢,当以智慧随处观察,如是应学。'"

梵授王有智慧马,邻国都很恭顺,当他们听说智慧马死了便众叛亲离。这似乎让人难以置信,笔者在《太阳》

杂志上刊登的文章《用于战争的动物》中已经阐明，以前世界各地的人都相信迷信，因此战术战略的大部分都是敌我双方在战斗中如何使用迷信、如何占卜吉兆的方法在兵书中屡见不鲜，于是在战阵中携带稀有的动物可以取胜的事例比比皆是。在近代以前，拿破仑三世训练金雕鼓舞士气，美国南北战争时期威斯康星的第八团随队携带金雕奋战沙场，战争结束后他们将金雕奉为上宾，细心照料，该金雕还在费城庆贺建国一百周年的大型博览会上展出，人们引以为荣。金雕死后，人们妥善保存它的遗体，至今仍然满怀敬意。马有时可以胜人，有时还能建功立业，胜过千百人却胆小如鼠的残兵败将。而且古人没有人类优于牲畜这一法权上的认识，[①] 因此对于建立殊勋的马匹，人们特别礼遇，其程度甚至超过人，有时不论敌我，双方都将此马奉为神明。

马超过人的特性留待后述，在此先介绍马受到超越常人礼遇的事例。宋代的姚兴将他的爱马命名为青狮子，有时共饮，对马说我一定要和你一起精忠报国。后来金兵进犯大宋，姚兴率所部四百骑兵征战沙场，转战十余次战役，大将王权败走，部将戴皋见死不救，姚兴最终和战马一起战死沙场。朝廷为了表彰他们的战功，特别兴建祠堂纪念，有人在祠堂写下绝句说："赤心许国自平时，见敌捐躯更不

---

① 参照拉卡萨尼《动物罪过论》第35页。——原书注

疑。权忌皋庸皆遁走,同时死难只青狮。"诗句感慨至深,使人深受感动。晋朝的司马休不知自己将要被敌人刺杀,见到他的坐骑停下吃草用眼神向他示意,他刚乘上马,只见马如离弦之箭飞奔十里,他向后一望,追兵已经散去。为了报答坐骑的救命之恩,司马休授予坐骑"扬武"的称号。北汉之主刘旻兵败时多亏宝马相救,于是为马授勋称为"自在将军",喂食三品饲料并用金银装饰马厩。另外哥舒翰在他的坐骑"赤将军"的背上加上朝廷的典章,宋朝的徽宗皇帝赐给坐骑"龙骧将军"的爵位,等等,这种事例在中国屡见不鲜。日本的源义经晋升为五位尉时,将天皇赐给的坐马称为"太夫黑",表示马也是五品官。在欧洲,亚历山大王的爱马布西法尔曾经智勇超群,性格刚烈,平时国王和其他人都可以骑乘,当它披挂盛装时,只有国王能骑,当国王攻打迪拜①时,这匹马身受重伤,国王要换乘其他马匹,这匹战马坚持不肯让国王下马,所以战马死后,国王修墓纪念它,并在墓地的周围建起了一座城市,命名为"布西法拉"。希腊古代奥林匹克竞赛中取胜的三匹牝马死后,人们修建庙宇隆重纪念。罗马执政官盖乌斯·优利乌斯·恺撒将爱马任命为神官,赐予官邸和奴仆。由此可见,梵授王的智慧马的故事也有事实根据。

与智慧马相似,但是被夸大润色的另一个故事是佛经

---

① 迪拜是古希腊中部的城市。——译注

中常见的宝马的传说。转轮圣王出世后统一天下时，世上出现了七件宝物，均归圣王所有。所谓七宝的第一宗是女宝，肤色洁白，口齿伶俐，长相端庄，胖瘦适中，才色双绝，性格坚毅，夫唱妇随。她一生生下多个男儿，个个优秀，她喜爱善人，丈夫移情于其他女子时也丝毫不嫉妒。除了以上的五德之外，她还有不多言、不邪视、丈夫不在也无动于衷这三大优点，而且据说她与丈夫同日去世，所以不必担心死后再嫁，对男人来说是十分理想的妻子。除此之外还有宝珠、宝轮、宝象、宝马、主兵宝和富贵宝，在此不逐一详述。所谓宝马，在诸经书中都描绘为碧蓝色的骏马，只有《大萨遮尼干子受记经》中记述为白马。这匹宝马每天围绕阎浮提洲奔驰三圈也丝毫不觉疲劳，国王有此马可以心想事成，万事如意。[①]《修行本起经》中记载的有珠宝鬃毛的碧蓝马也是指这匹宝马。实际上，世上不存在碧蓝色的马，这原本出自欧亚各国广泛流传的珍爱白马的风俗。珍爱白马的原因多种多样，明代张芹的《备遗录》记述了其中的一个理由。兵部尚书齐泰的白马异常英俊，在靖难之役中，由于这匹马非常耀眼，于是被涂上墨汁，但是马在逃跑之中汗流浃背，墨汁流淌从而真相败露，这匹白马不幸被敌军俘虏。由此可见白马在战场上极为醒目，因此军队中忌讳白马。可是另一方面，威震四方的强将如

[①] 参照《正法念处经》第2卷，《法集经》第1卷。——原书注

果乘上白马对敌人有强大的震慑作用，可以不战而退敌。《英雄记》记载："公孙瓒每闻边警，辄厉色作气如赴仇。常乘白马，又拣白马数十匹，选骑射之士，号为白马义从，以为左右翼。胡甚畏之。"《常山纪谈》讲，勇士中村新兵卫是个骁勇的战将，他的战袍和头盔闻名于世，但是他将平时在战阵上常穿的猩红色战袍和红缨头盔送给他人，之后征战沙场时虽然杀敌无数，可是从前闻风丧胆的敌军不知道此将就是中村，便聚众杀死了他。由此可见，勇猛杀敌并不一定能够取胜，猛将之威名震慑敌军的作用绝不可忽视。白马一般是国王或猛将的坐骑，所以有马的地方必定尊崇白马。

《礼记》中记载，"迎春于东郊，用青马七匹""孟春之月，天子乘苍龙（青马）"。日本也效仿此法，在正月七日牵出二十一匹白马。元世祖命令全国所有的县在元旦献上八十一匹白马，据说总数超过了十万匹。白马节会的白马在古书中都记载为青马，自古就有很多人觉得不可思议，平兼盛曾在和歌中咏道："雪中牵白马，何人谈青驹。"诗的意思是雪和白粉在光线的作用下有时也呈现出蓝色，所以人们将白和蓝混淆称为青马。[①]高山积雪上映出的影子看上去是紫色，因此在中国人们称浓紫色为雪青色。[②]笔者经常听说印度北方的雪山在光线的影响下呈现出碧蓝色，和

---

① 参照《人类学杂志》第28卷第180页的拙文"关于白马节会"。——原书注
② 详见《自然》杂志（1906年2月22日）第360页。——原书注

蓝色一样，碧蓝色和白色也有密切的关系。这大概是为了描绘白马的庄严，所以想象出碧蓝色的骏马。达文尼埃等人的旅行记中记载，印度人经常在大象、犀牛和马匹上涂上彩色，十分壮观。中国人称麒麟五彩缤纷大概也是出于上述原因，当人们看到颜色奇异的动物时，不知道这些出自人为，所以误认为碧蓝色的马在自然界存在。

再举几个佛经中有关马的故事。《大庄严经论》讲，有个国王养了许多好马，邻国国王来战，知道国王有许多好马，自觉不能取胜便自行退却。这个国王想，敌国已经退却，马失去作用，必须让马做一些有助于人的活，于是下诏书将马群分给众人，让马每日拉磨。数年后，邻国再次来袭，国王用马出战，马已习惯拉磨，在原地盘旋不敢前进，越是鞭挞越是转圈，起不到任何作用。这个故事讲述了人所共知的道理，内容似乎十分平淡，不过日本近来这种过河拆桥的做法十分猖獗，所以笔者仿效两千五百年前的伊索，撰写马的故事，借古喻今。拉斯翻译的《佛本生谭》记述说，佛祖前世是辅佐梵授王的辅相大臣，王性情贪婪，曾饲养剽悍的高头大马命名为"大栗"。北国的商人牵来了五百匹马，从前马商来贩马时，辅相大臣总是按照马商开出的价格付款，绝不讨价还价。可是国王不喜欢这种交易方式，国王先让其他官人询问马匹的价格，然后放出大栗让它去撕咬马商的马，使它们遍体鳞伤以便讨价还价。马商很伤脑筋，找辅相商量。辅相问道："贵国有大栗这样剽悍的马匹吗？"马商回答说："有一匹名为强腭的恶马。"辅相说："你下次来时一定带来。"于是马商依计牵来了这匹恶马，当国王放出大栗之后，马商也放出了强腭。没想到两匹马相见如故，互相亲吻对方，十分友好。国王十分奇怪，便询问辅相，辅相回答说："性格相近的鸟会聚集成群，这两匹马分开时性情暴躁，经常咬断缰绳，而聚集到一起则天衣无缝，合二为一。"罪孽相同的人必会情投意合，于是辅相劝导国王和商人商议适当的价格。这个故事同样平淡无奇。

众所周知，有人曾拿《徒然草》的注释本给塙保己一[①]看，考证说这段文章依据的典故，那一句出自何处，等等，炫耀自己考证如何详细。塙淡然一笑说："《徒然草》的作者并非那么学识渊博。"欧美有很多研究莎翁文学的人，他们对莎翁三十七篇剧本的一字一句倍加斟酌，废寝忘食地研究莎翁戏剧的结构和由来。俗话说，心比天高，癞蛤蟆也想吃天鹅肉。笔者虽然一知半解，但曾长期钻研过莎翁的著作，也曾收到过著名学者寄来的专著。笔者认为无论如何钻研，现代的人也无法了解三百年前死去的作者的真实思想，作者文章的真正依据和构成，即使理解了也没有任何益处。但是古今中外，东西方的人情世道有相通之处，

[①] 塙保己一（1746—1821），江户后期的学者。他7岁失明，15岁来到江户，跟随须贺一、荻原宗固、贺茂真渊等学者钻研国学。后校订《大日本史》，并编撰《群书类丛》和《群书类丛续》。——译注

莎翁博采世事写成诸多剧本，众多的学者不断反复研究，发表大量研究成果，研读这些著作等同于研究古今东西方人情世态的变迁，时间久了相应地也有所收获。前年底有位名叫阿克曼的学者讲《罗密欧和朱丽叶》中的"One fire drives out another"，这句话源于英国的民俗，这个民俗是人们相信手指烫伤后，如果将手指放在炭火旁，火可以吸出伤口的毒素。在蝮蛇咬伤的地方敷上蝮蛇肉可以治疗蛇伤，这就是所谓的"同感疗法"。还有一个谚语叫作"太阳可以灭火"，莎翁大概根据这些风俗谚语创造了上述的名言，我曾就这句名言的出处广泛征求学者的意见，但是都没有得到满意的回答。据笔者查证，中国有一句名言是"日月出矣而爝火不息"，这和西方的"太阳可以灭火"完全相反，值得注目。《桂林漫录》记载日本武尊[①]在骏河国（静冈县）点火烧死了关东的蛮将。《花鸟余情》记述说："当山火燃烧时，在风头上方点起火，反而可以控制火势。有人发怒时，如果别人向他发火，反而可以使他息怒。"至今在熊野地区仍然有在发生山火时以火治火的灭火法。笔者并不认为莎翁从日本的故事中得到灵感才创造出这句名言，但是由此可知，即使相隔万里，人的脑海中也会浮现出相同的想法。仔细想来，佛教中的剽悍的壮马震慑住另一匹高头

---

① 日本武尊是日本古代传说中的英雄，传说他曾奉天皇之命征讨熊袭，后平定东国，在归途中征伐近江伊吹山的神仙，因此生病死于伊势。——译注

大马的故事也是类似以毒攻毒的事例。

英语中称蜻蜓为龙蝇（dragonfly），有些地方相信蜻蜓会蛰马，这大概是看到蜻蜓飞入马厩捕食牛虻和苍蝇而误传的结果。所谓龙蝇的本意是什么？笔者曾经请教多位学者但不得而知。《说郛》第三十一卷中的《戊辰杂抄》记载："有大龙蜕于太湖之湄，其鳞甲中出虫，顷刻化为蜻蜓朱色，人取之者病疟，今人见蜻蜓朱色者谓之龙甲又谓之龙孙，不敢伤之。"由此可知，在中国人们也认为蜻蜓和龙有渊源，它的威武形态和龙有些相似，所以认为蜻蜓是由龙生出来的。加斯达的《罗马尼亚鸟兽谭》（1915年）第十四章记载，罗马尼亚人认为蜻蜓是妖魔的坐骑，或者是龙的马，还认为是圣乔治的马，圣乔治曾以杀死毒龙而闻名于世。据说蜻蜓的名字源于远古时代上帝经常和恶魔争斗，但上帝喜好和平，所以尽可能宽容地对待恶魔，尽量满足他的要求。可是恶魔不思悔改，继续索要各种财物，上帝忍无可忍，召集天上众将分别赐予良马，让他们乘马和恶魔搏斗。圣乔治骑着一匹盖世宝马充当先锋，可是他的马突然步步后退，其他的战马也纷纷仿效，于是马匹相撞阵脚大乱。这时上帝高声对圣乔治喊道："你的马中了恶魔的巫术，赶快下马！"圣乔治跳下马说："那就让它随恶魔去吧！"当圣乔治刚迈出三步，这匹马就化作蜻蜓飞走了，从此蜻蜓就被认为是恶魔的坐骑。加斯达注释说："这种传说肯定在欧洲和英国也存在，否则无法解释龙蝇这一词的意思。"神魔两军对战的故事中，以前曾有圣乔治和毒龙对阵殊死搏斗，场面异常精彩，两军将士偃旗息鼓全神贯注地观阵，最终恶龙败北，这一片段是龙化作蜻蜓，还是圣乔治的马有翅膀能飞，有可能在流传中两者都失传了。笔者认为罗马尼亚人和中国人一样，认为蜻蜓的形状和龙相似，所以才产生出上述的传说。林子平①曾说日本桥下的水和英吉利海峡的水息息相通，与此相似，从前无人能解开蜻蜓的英语名的起源之谜，经查东欧的民间传说就迎刃而解，中国的民间故事同时作了佐证。因此仅研究一个国家一个地方，无法真正了解这个国家或地方的真实面目。

从前在荷兰有一处防沙工程屡修屡坏，这时有一个荷兰人来到日本，听说奥羽地区（东北地区）的合欢树适合种植在沙地，于是回国后报告给官员，经试验果然效果良好。与此相同，学术问题也有许多西方人不懂而在日本却简单明了的事情。三十年前，弗雷泽撰写的《金枝》里记载土著人有将达到一定年龄的女子定期禁闭的风俗，认为这是斋忌月经。当时的学者和世人都赞叹这是惊人的发现，实际上这对日本人来说是习以为常的事情，丝毫也不奇怪。这种人所共知的事情如果不屑一顾、不公之于世，欧美人就会发表出来自鸣得意，那时后悔吃惊也无济于事。这么

---

① 林子平（1738—1793），江户时代仙台藩的学者，著有《三国通览图说》和《海国兵谈》。——译注

说可能会让读者认为笔者狂妄自大，现举一个作者亲身经历的事例。莎翁的戏剧《爱的徒劳》的侍女罗瑟琳谈到《百笑谈》这本书已经失传，1814年左右，一位名叫哥因比亚的牧师无意中发现自己买回的书籍的封皮是由传说中的《百笑谈》的纸制作的，于是他找来数本该书，反复对照修复了《百笑谈》，对于考古学做出了贡献。《百笑谈》的最后一段记述了一个人在妻子腹部画羊的故事。这个故事的大意是：从前伦敦的画匠娶了一个年轻貌美的娇妻，有一次画匠要外出旅行，他一直怀疑妻子是否对他忠贞，便在她的腹部画了一只羊，并吩咐说在我回来之前要小心不要涂抹掉。一年后丈夫回来一看，不觉大吃一惊，便责问妻子说："我画的是无角羊，而现在这只羊生出了双角，一定是你有了不轨行为。"遗憾的是文章到此中断，缺少下文。这是因为在复原时没有找到相应的文章。三十年前读到的拉封丹的寓言中有一首题为《行囊》的诗，记得内容是丈夫在妻子身上画了一头驴之后外出，回来后检查一看，发现驴的背上背负了一件行囊。妻子对此毫无察觉，竟说我的贞操，驴可以作证。诗中咏叹道："的确可以见证，恶魔骑过的证据才是背负行囊。"16世纪写作的《升官之道》第七章中也有同样的故事，这就是"遇到女人，驴要上鞍"这句话的出处。

英国的律师兼幽默学大师李氏曾收集了《百笑谈》的类似故事，由该资料所见，这些笑话多见于意大利、法国、德国和英国等各国，但都产生于16世纪之后。可是，先于欧洲三百年，在东亚就已经有《沙石集》，其中的第七卷记述说远州（静冈县）池田地区的村长的妻子妒忌心极强，在米粉中掺上盐涂在丈夫身上，以此验证丈夫是否买娼。另外一个故事讲的是一个男人外出旅行时在妻子身上画了一只卧牛，丈夫归来后发现卧牛变成了立牛，便责问妻子，妻子辩解道："牛能一辈子躺着吗？"丈夫便欣然同意。文中议论说，可见男人要比女人老实单纯。比《沙石集》晚五百年写作的中国的《笑林广记》中有两个类似的故事。一是丈夫外出前在妻子的肚皮上画上一朵莲花，回来一看花没有了，丈夫于是大怒，而妻子十分镇定地说你画的花不对，花下面的莲藕可以吃，所以人们纷纷挖取莲藕，根枯萎了，花当然也就落下了。另一个是丈夫出门前在门左边画了一个门神，回来一看门神移到了右边，丈夫十分恼怒，责问妻子，妻子辩解说你出门时间太久，门神换岗了。在和歌山，至今仍然流传着的故事是丈夫画了一匹有缰绳的马，回来一看缰绳没有了，责问妻子，妻子理直气壮地反问道："你不知道马吃豆子时要解开缰绳吗？"这个故事是共同出自一个地方还是分别产生于不同的地区不得而知，但从现存的记载看，最早见于日本的古籍。以上是受东京荷兰公使馆秘书斯特塞尔博士之约，1910年发表在荷兰的杂志上的拙稿的大意。

日本关于马的传说中分布最广的是白米城的故事。在此概述一下《乡土研究》第四卷第五期和《日本及日本人》春季增刊（1925年）上刊载的笔者的文章。以下尽可能不重复，仅简略概述一二。建武年中，飞驼（岐阜）的牛丸摄津守的居城被敌兵切断了水源，处于极度的缺水状态，兵士就用白米洗马，夸耀城内饮水充足来欺骗敌军，从而解围击退了敌军。应永二十二年（1415），北田满雅据守阿射贺城，足利将军手下的大将土岐持益围城断水，满雅设计用白米洗马，炫耀城中水源丰富，成功地欺骗了敌军。因此以上两座城郭都被称为白米城。① 但是具有这类传说的古城遍布日本各地，根据寺石正路介绍，查阅《常山纪谈》，其中讲柴田胜家被佐佐木的军队切断了守城的水路，佐佐木派平井甚助进城侦察。平井见到柴田后要水洗手，于是下人抬来满满一缸水，平井洗完手后，下人将剩下的水泼到院子里，平井见后回来报告，当众将犹豫不决时，柴田率军杀出城，取得了胜利。水是守城时极为珍贵的东西，在万分火急的时刻伪装有水是兵不厌诈的空城计，值得认真研究，在没有望远镜的古代，用白米洗马的计策有很多实例。

上述两本杂志上的拙文中没有提及的《大清一统志》第九十七卷记载："（山东省）米山相传齐桓公积土此为虚粮以示敌。"另外该书第三百零六卷记述说："（云南寻甸州西）米花洗马山相传土人据是山，汉兵攻之，谓其无水，土人以米花洗马，攻者疑不敢逼。"可见中国也有白米城的故事。另外一个与此相似的计谋是一夜之间在城墙上贴满

---

① 参照《斐太后风土记》第11卷，《三国地志》第39卷。——原书注

白纸，恐吓敌军的计策。丰臣秀吉进攻美浓和小田原的战役中都采用过此计。《岐苏考》记载，天正十二年（1584）山村良胜据守妻笼时，乡民勾结德川家康的军队切断了水源，于是山村良胜既用白米洗马又在一夜之间用白纸粘贴城墙，以此欺骗敌军，同时使用了两个妙计。在中国有宋朝滕元发一夜之间搭建两千五百间草棚的故事，这和白纸糊墙的计策同出一辙。真田信乃在天王寺口，仅凭借步兵的长矛战胜了伊达的骑兵和长枪队，被后世誉为罕见的胜利。当年西班牙军队入侵智利南部地区时，印第安人击退了西班牙的精兵良将，确保该地区二百年独立。印第安人以短兵力克西班牙人的长枪铁骑，他们的英勇善战使敌人也编成歌谣赞叹。这些事例都有相似之处，所以有人怀疑传说的真实性，但是每天报纸上报道的各种犯罪事件也都极其相似，因此事例多反而证明是事实。

在中国有关马的故事中最著名的是《淮南子》中记述的人间万事塞翁失马的故事。这个故事似乎是中国特有的，没有听说过印度和其他国家有类似的传说。天文年间写作的《奇异杂谈》中的故事也是日本的独创，前几年高木敏雄[①]曾问我国外是否有类似的故事，笔者查证了四年，没有

[①] 高木敏雄（1876—1922），日本明治时期研究神话民间传说的先驱者之一。他毕业于东京大学，曾先后执教于东京高等师范学校和大阪外国语学校。他重视民间故事的比较研究，开创了比较神话学之一研究领域。在1913年，他和柳田国男共同创办了《乡土研究》杂志，在日本民俗学研究领域产生了巨大的影响。——译注

找到类似的传说。这个故事的概要是：一个妇女和仆人一起旅行时乘坐驿马，妇人责备马夫姗姗来迟，于是马夫放开缰绳信马由缰向前走。前面有一条河，河上架着用劈成两半的圆木做成的桥，前面宽后面窄。桥距河面一丈多高，桥下岩石竖立，河水湍急，徒步过桥都头晕目眩。马踏上桥不久便停了下来，仆人见桥后面窄小大吃一惊，急忙叫来跟在后面的马夫，责备马夫信马由缰才使妇人进退为难，一怒之下要拔刀砍杀马夫。其他仆人急忙劝阻，大家向附近的八旬老翁请教计策。老翁出主意说，将新鲜的青草绑在竹竿头上，从马的后腿之间小心翼翼地插入伸到马头下，当马吃草时，吃一口便将竹竿拉回两三寸，马也会随着竹竿倒退，如果一只竹竿的青草吃光了再换一只竹竿，如此这般反复几次便可。人们按计行事，果然安全返回岸上，大家欢喜雀跃，奖赏了老翁。这与笔者家同郡的和深村大字里河边的传说讲河怪经常将马赶到悬崖边，让马进退两难的故事颇为相似。

《付法藏因缘传》记载："（月氏国）复有一臣名摩啒罗，智慧超伦才艺希世。白罽昵吒：'大王若能随顺臣教，必当令王威伏四海。一切宗仰八表归德，宜察臣言无令彰露。'王曰：'甚善，当如卿言。'尔时大臣广集勇将严四种兵，所向皆伏如雹摧草，三海人民咸来臣属。罽昵吒王所乘之马，于路游行足自摧屈。王语之言：'我征三海悉已归化，唯有北海未来降伏。若得之者不复相乘，吾事未办如何便尔.'尔时群臣闻王此语,咸共议曰:'罽昵吒王贪虐无道,数出征伐劳役人民,不知厌足欲王四海,戍备边远亲戚分离,若斯之苦何时宁息,宜可同心共屏除之,然后我等乃当快乐.'因王病疟以被镇之,人坐其上须臾气绝。由听马鸣说法缘故,生大海中作千头鱼,剑轮回注斩截其首,续复寻生次第更斩,如是展转乃至无量,须臾之间头满大海。时有罗汉为僧维那,王即白言:'今此剑轮闻犍椎音即便停止,于其中间苦痛小息,唯愿大德垂哀矜愍,若鸣犍椎延令长久.'罗汉愍念为长打之,过七日已受苦便毕。而此寺上因彼王故,次第相传长打犍椎。至于今日犹故如本。"古希腊也有弗里吉亚王弥达斯的传说。阿波罗大神弹琴,羊神吹笛,二神问米达斯谁的技艺高超？他回答说笛声美妙。阿波罗神一怒之下将弥达斯的耳朵变成了驴耳一般的长耳,弥达斯感到很羞耻便经常头戴高帽掩盖耳朵。他的一个仆人为主人剪头发时知道了驴耳的秘密,为了不告诉别人一直隐藏真相,有一天,他终于忍耐不住,便在地上挖了一个坑,向地下轻声地倾吐了心中的秘密,然后又掩埋了土坑,这才放心。可是世间没有不透风的墙,在土坑的地方生出一根芦苇,在秋风之中不停地呻吟,将弥达斯王的耳朵的秘密传到了世上。

几年前,高木敏雄曾问我这个故事是否有类似的传说,我列举了两三个。首先是蒙古的故事。有一个国王有两只金色的如驴耳一般的长耳朵,他冥思苦想如何隐藏秘密,不让世间知晓，每晚他让一个青年为自己梳头，然后就杀死这个青年。有一天，一个聪明的年轻人被指定要为国王梳头，于是他拿着母亲用奶和面粉做的点心献给国王。国王吃后不断赞赏味道甜美，所以没有杀死这个青年，但是让他保守秘密，连母亲也不能讲。青年三缄其口，一直严守机密，但是人越是守口如瓶越是想说出来，心中异常焦虑。母亲告诉他去野外对着树或地上的裂缝诉说，青年来到野外，面对松鼠洞说出了心中的秘密。那时的动物懂得人语，于是便将秘密转告给了他人，一传十，十传百，后来消息传到了国王的耳朵里，国王一怒之下要杀死这个青年，但仔细听完了他诉说的经过后深受感动，便任命他为首相。青年上任后首先制作了驴耳形状的帽子，这样国王便不必再担心自己的耳朵，心理负担减轻了许多。吉尔吉斯人的传说讲，亚历山大王的头上有双角，国中的百姓不知道，如果这个秘密泄露了，国王便会死，因此国王每次理发后都会杀死理发师。国王享尽世上的荣华富贵仍不满足，派出两位使者让他们去寻找长生不老的神水。一天，国王找来理发师，但这次没有杀，而只是警告他不许泄露机密。理发师怕死开始一直不敢说出秘密，后来实在忍耐不住，便偷偷对着井水述说了秘密，鱼听到后四处张扬，国王长角的消息传开后，国王就死了。两位使者带回了长生不老的神水，国王也没有来得及喝，于是他们自己喝掉，至今仍在世，一个周游世界助人为乐，另一个则专门保护牛。①

上述的月氏国王将计谋泄露给马而遭到弑杀，弗里吉亚和蒙古王的理发师向土坑诉说秘密，笔者由此联想到阿拉伯人掩埋屁的故事，这也曾告诉过高木，而且后来还受到政友会的长老冈崎邦辅②的称赞。从前阿拉伯有个叫阿布哈桑的人在木卡拉市经商成为富豪，妻子死去之后他又娶了一房新娘，而且大摆筵席邀请众人，来宾中有许多女客，哈桑起身要到新娘的房中时不小心放了一个响屁。众来宾怕他感到羞惭会自杀，所以都装作没有听见并故意高声交谈。可是哈桑十分惭愧，没有去新娘的新房，而是装作去厕所跑到院子里，骑上马边哭边跑，离开了家园。他来到印度当了国王的护卫并升做指挥官，不觉度过了十年，他十分思念家乡，便偷偷离开王宫回到阿拉伯，改名换姓伪装成阿訇，徒步跋涉，经过艰难困苦终于回到了木卡拉市。他心想自己已经离开这里多年，大概没有人记得自己，于是便在城市的周围游荡了七个昼夜。有一天在一个人家门口歇息，听到家里人的对话，便竖起耳朵仔细听。只听到小女孩问妈妈自己的年龄，妈妈回答说你是哈桑放屁的那天晚上出生的。哈桑领悟到自己放屁已经被这里人当作计

---

① 参照戈佩尔纳其斯和萨尔金的学说。——原书注
② 冈崎邦辅（1853—1936），出生于和歌山县，是明治至昭和时期日本政坛的著名人物。他曾受到陆奥宗光的赏识而涉足政界，后来作为星亨和原敬的智囊活跃在政坛。晚年出任立宪政友会的领袖。——译注

633

算年龄的年号一样，人们永远都不会忘记，于是他失魂落魄地离开了此地，终生侨居国外。

尼比尔的《阿拉伯纪行》以记述事实准确著称于世，其中也有因放屁而被驱逐到国外的故事，达文尤的《文集》（1735年）第三卷中也有类似的故事。有两个商人结伴同行，其中一人放了屁，另一个恼怒要杀他。放屁的人将全部财物交出请求饶命，另一个人则起誓绝不说出此事。但是后来他忘记誓言四处张扬，放屁的人十分难堪便离家出走。三十年后，那人回到故乡，在附近的河边休息。听到来打水的女人们的对话，她们在互相询问对方的年龄。一个妇人说我是某大官被抓到君士坦丁的那年出生的。另一个说我是某大官死去的那年出生的。第三个人说我是下大雪的那一年出生的。第四个妇人说我是某人放屁的那一年出生的。这人一听到自己的名字才醒悟自己已臭名远扬无可挽回，便离开此地再也没有回过家乡。另外还有一个故事说，一个阿拉伯人屁憋不住，便跑到帐篷外用小刀在地上挖了一个坑，并在屁股和土坑之间围上一圈土，实在是很大的工程。当他放完屁后立即用土填上土坑，确认声音和气味没有走失之后才放心地回到帐篷。这本书问世后，人们都怀疑它的真实性，但尼比尔证实记载属实。

传说（2）

上一节讲过《淮南子》中的塞翁失马的故事是中国特有的，后来笔者曾做过各种查阅，虽没有在其他国家的文献中发现类似的故事，但是在中国的古籍中找到比《淮南子》早三百年的类似传说。这就是《列子·说符》第八中的记载。内容是："宋人有好行仁义者，三世不懈。家无故黑牛生白犊，以问孔子。孔子曰：'此吉祥也，以荐上帝。'居一年，其父无故而盲，其牛又复生白犊。其父又复令其子问孔子，其子曰：'前问之而失明，又何问乎？'父曰：'圣人之言先迕后合，其事未究，姑复问之。'其子又复问孔子。孔子曰：'吉祥也。'复教以祭，其子归致命，其父曰：'行孔子之言也。'居一年，其子又无故而盲，其后楚攻宋，围其城，民易子而食之，析骸而炊之，丁壮者皆乘城而战，死者大半。此人以父子有疾皆免，及围解而疾俱复。"林希逸评论说："此文和塞翁得马失马的意趣相同。"人间万事塞翁失马，宋人讲的是失牛，汉代的王充的《论衡》第六卷中也有类似的故事。以下继续谈屁。

罗兰·达文尤还说，他以前在阿拉伯的一个港口看到一名水手准备担灰，当他背起一袋时放了一个屁，众人如同沾上污秽一样争相跳入海水之中。另外在一个阿拉伯人聚集的地方，有一个人问罗兰，法国人是否有忍耐不放屁的礼节，罗兰回答说如果强忍就会损害身体，但是在公众场合放响屁则不礼貌，可是人不会因为放屁而终身声名狼藉，于是阿拉伯人摇头散去。提问的人也现出一种茫然自失的样子，一语不发突然跑开，以后再也没有遇到过。从罗兰的叙述可以知道，当时的法国人只要不出声并不介意当众放屁。比罗兰迟大约一百年，朱佛说古代罗马人只在盛典和祭祀时禁止放屁，其他场合，特别是吃饭时丝毫不介意有人放屁。不过阿普列尤斯的著作中记述说吃了无花果会容易放屁，所以妇女一般不吃这种水果，由此可见妇女对于放屁比较介意。对于放屁一事，当今的欧洲人要比古代人更加介意。据我所知以及我的个人体验而言，放屁和打嗝如果不在乎的话，会不分时间和场合持续不断，如果有意识地忍耐养成习惯便可以控制。已故的欧内斯特·哈特和人交谈时经常不停地放屁，这是因为他年老痴呆。现在在欧洲，人们很介意在公众场合放响屁，特别是上流社会及绅士淑女甚至忌讳谈及放屁的话题。

前年冈崎邦辅介绍的一个人曾上门对我说，人们讲某条铁路轨道的方向朝向鬼门，所以乘客很少。于是这人雄辩在文明社会中不存在所谓鬼门，认为应该排除迷信，寻找使铁路繁荣的方法。因此笔者写信给冈崎，信的大意如下：马克茨格尔说人只有理解了原因才不会有恐惧心理。我记得在动物园看猛兽时，虽然知道猛兽不会从坚固的铁笼中逃出来，但是当猛虎跳跃咆哮时仍然感觉异常恐怖。与此相同，对于一般人来说，谁都无法证明是否有鬼门，所谓"君子宁信其有，不信其无"，对此人有一种自我保护的本能，即使你有三寸不烂之舌也难以说服并改变人的这种天性。移风易俗应该从社会上层身体力行，百姓仿效才能实现。记得几年前横滨的英文报纸撰文批评日本连明治天皇驾崩的时间都有真假两种，如何期望国民尊重事实和诚意？笔者在东京和大阪各大报纸上读过这篇文章的译文。西洋人认为人们日常生活中以阴阳道预测吉凶还可以理解，但是人死时仍顾及吉日凶时则是无稽之谈，他们的批评是理所当然的。社会上层人士仍抱着"宁信其有，不信其无"的观念，因循守旧，这是否适合时宜，我等凡夫俗子不敢妄言，社会上层尚且如此，我们又怎么能批评一般百姓忌讳鬼门的风俗呢？

笔者年轻时曾周游各国，某国元首病危的公报中叙述极其详细，甚至连放屁时的情形也都逐一刊载。古时有人听说尧帝让位给自己，于是就跑到颍川洗耳，近来还有人听到放屁跳到大海里，或者挖坑放屁的传说。世上没有人愿意听高贵人士如何放屁的消息，将放屁的情形详细登载公之于众，无异于告发自己的父亲偷羊。世界上由于风俗文化不同，因放屁等一类小事激怒他人，从而引来杀身之祸的事例很多。天正十三年（1585），千叶新介也是因为在部下面前放屁被刺杀。据记载，妓女放屁后羞耻难耐要自尽，嫖客写下绝不外传的誓言才劝阻住。由此可见，自古以来日本人也和罗马人一样，忌讳在人面前放屁，虽然没有到跳海或埋入沙土这样的程度，但是和阿拉伯人一般，相当忌讳。这是日本的优良传统，日常生活顾及阴阳吉凶的旧习可改，但是绝不可引进外国公报那种公布放屁的风俗。冈崎读了笔者的信后，十分同意我的观点，认为在全盘西化崇拜西洋的今天，我的观点非常值得借鉴。去年春天，他来和歌山时特意光临敝舍，这并不是他表面上恭维，听中村启次郎说他在国会议院聚会时重申了这一点。

三十年前，笔者在美国时经常聚集同学饮酒，高谈阔论，冈崎对此不满，因此我当时对他也是颇有微词，但是他不计前嫌，宽怀为本，竟能亲自登门看望在穷乡僻壤同鱼虾打交道的旧友，我心中无比喜悦，不觉多费了不少的唇舌。当时，埃德温·阿诺德来东京，在撰写文稿时发现描述恋爱"起初是无意，后来是名义，现在是真意"这句话，觉得很有趣，便译成了英文。笔者十分赏识他的见识，和小泽谈起此事，于是小泽转告给冈崎，冈崎说这句话不足以概括恋爱，实际上所有的少年都重视相貌，而中年则看重气质，到了老年则情欲炙烈，慨叹日暮道远，仅互致问候。他的这番解释实在精彩，不仅是人，即使是动物也随着年龄的增长心理发生变化，这种事例很多。如何看待这种变化，是进步还是退步，难以下定论。日本的俗话讲二十岁的寡妇终生守节，而三十岁的寡妇则早早改嫁，年轻时被誉为贞妇烈女的人步入暮年却晚节不保，这种事在各国的史书中都有记载，和冈崎的解释相同。笔者在英国期间曾对一位学者谈起此事,这人赞叹日本也有高明人士,在欧洲也有以这种标准论述妇女的品行的人,但是没有听说过冈崎那样简明扼要的论断。冈崎三十二三岁的年龄就有如此精确的观察力,如果不从政而一直钻研学问的话,一定会大大提升日本的学术水准。那位英国学者著述很多,而且日常工作繁忙,笔者曾将典籍的出处逐一转告给他,他都作为我的话标记在书中。第一次世界大战开始之后便失去联系,如果有人在他的书中读到上述冈崎的话,请记住只是笔者向他介绍,并非我的发明。

谈完放屁,下面谈一谈马粪。粪土可以变成黄金,请各位认真阅读。《大清一统志》第二百二十二卷记载:"湘中记汉武时有田父牵赤牛求渡,渔人曰:'船小岂能胜牛。'曰:'但相容不重。'于是登舟半渡牛粪于船,曰:'以此相赠。'渔人怒其污,以挠拨弃水将尽方觉是金。讶其异蹑之,见人牛俱入岭,掘之不得。因名金牛岗。"①第二百四十卷记载:"秦惠王谋伐蜀,乃作石牛五头,朝泻金其后,曰牛便金,蜀人悦之,有养卒百人使之请石牛。惠王许之,乃遣五丁迎石牛入蜀,至周慎王五年,秦大夫张仪、司马错等从石牛道伐蜀灭之,《元和志》即剑阁道也。"《醒睡笑》记载的故事说有一个叫田九郎的人谎说自己的马每三天可

---

① 据译者查,这段文章没有收录在《大清一统志》第222卷,而是载于第276卷。——译注

以拉一次黄金大粪,将马以五十两的高价卖给了他的哥哥。

在欧洲,牲畜拉出黄金粪便的故事很多。例如柯林所著《意大利民间故事》中讲,有一个贫穷的孩子从叔叔那里得到了一匹驴,在驴的身下铺上一块布,驴就会拉出金币。有一次他牵着驴外出住在旅店,和驴睡在一起,店主人觉得奇怪便偷偷观看,见到驴能拉出金币,于是店主人找来一匹完全一样的驴,趁小孩睡觉时调换了两头驴。第二天小孩匆匆上路,途中发现驴被调包,回来找店主人理论也没有结果。于是小孩找到叔父,哭诉了一番,叔父又给了他一块铺开后可以得到各种食物的桌布。小孩又带着桌布来到那家旅店,和上次一样又被调换。他又向叔父哭诉,叔父最后给了他一条可以随心所欲地打人的拐杖,他带着拐杖来到旅店住宿。店主人看到拐杖的手柄是用黄金雕刻而成,夜里来偷这只拐杖,等待复仇的小孩便命令拐杖痛打店主人,拐杖跳起猛打,不仅店主人遭到痛打,连店中的镜子、桌椅和门窗玻璃全都被打得粉碎,赶来解围的众人也无一逃脱。店主人归还了偷窃的驴和桌布才得以脱身,小孩也带着三件宝贝回家和母亲团圆,安居乐业。

《民俗学杂志》第四卷刊载了一个蒙古人流传的关于中国人起源的奇谈。故事讲从前有一个贫穷的书生,见到路上有两个人争夺羊眼大的玉石,于是对他们说,你们把玉石交给我,我先跑,最先赶上的人可以拿走玉石。当他拿到玉石后便一口吞下,然后隐身藏了起来。他来到外国,做了一位老人的养子。这个养子吐唾沫时总是随口吐出黄金，于是老人将黄金献给国王，请求国王将养子招为驸马。国王召见这个养子，他在国王面前演示吐金法，国王的女儿用马的肚带将他五花大绑，灌下盐水再用鞭子抽打，于是他吐出了那块玉石，国王的女儿则捡起来自己吞了下去。那人回到了老人家，准备了一套驴子的鞍和缰绳，然后端坐在白树下。他记得家贫时曾在一棵树下睡觉，梦中得到一个奇异的咒语。国王的女儿不知内情，吞下玉石后便怀上了身孕，有一天她带着二十名宫女来到这棵树下游玩，那个养子暗自诵念咒语将国王的女儿变成了驴子，套上鞍和缰绳骑上便走，远行一个月，驴筋疲力竭，寸步难行。于是那个男人徒步来到一个都城剃发为僧，丢下的那头驴生了一对孪生子，而且他们的子孙也都是孪生子，拥有金、银、茶、布，生活富足香火不断，他们的后代就是中国人。

这个故事大概出自蒙古等游牧民族的风俗，他们认为牛、马、羊的胆结石（牛黄）是珍贵的玉石。现代在阿尔泰地区仍然有使用牛黄的巫师，他们用牛黄预测天象。他们传说这种玉石产自峡谷，那里常年劲风不断，人们只有抛弃所有的身外之物才能获得这种玉石，所以拥有这种玉石的人一般都赤贫如洗，而且孤寒无妻。[1]在土耳其和蒙古的军队都有使用牛黄的巫师，这在玉尔的《马可·波罗游

---

[1] 详见查布里卡《西伯利土著人》（1914年）第200页。——原书注

记之书》第一版第一卷第六十一章有记载。元朝遗民陶宗仪的《南村辍耕录》第四卷记述说："往往见蒙古人之祷雨者，非若方士然，致于印令、旗剑、符图、气诀之类，一无所用，惟取净水一盆，浸石子数枚而已。其大者若鸡卵，小者不等，然后默持密咒，将石子淘漉玩弄，如此良久，辄有雨。岂其静定之功已成，特假此以愚人耶，抑或异物耶？石子曰：'鲊答，乃走兽腹中所产，独牛马者最妙。'"在日本俗称"马粪石"，因为在马粪中偶尔可以发现，笔者收藏有几块这种石头。《松屋笔记》援引《蓬窗日录》讲："欲达兵事，必急兴风雨，突围遁走。如有赭丹，可随身携带。赭丹产于马腹，用此物念咒可兴风雨。"这里所讲的赭丹就是马的胆结石。曲亭马琴在《兔园小说》记述说死马托梦给侠客，拜托他将自己的尸体掩埋，送给他尸体中的玉石作为报答。古人甚至相信牛黄可以决定重要战役的胜负。1202年，乃蛮部落①的联军和成吉思汗以及王汗对阵时，据说王汗的儿子也是利用这种宝玉兴雾雪大破敌军，因此为了得到这种玉石不惜放弃所有财产，这是极为昂贵的宝物。直到近代以前，牛黄还是昂贵的药材，这在达文尼埃的《印度纪行》第二卷中有记载。

另外牲畜的粪便自古还有各种用途。据19世纪最早进

---

① 土耳其的一个部族，10世纪至13世纪初曾在阿尔泰山东西地带兴建独立王国，1218年在蒙古大军的讨伐下灭亡。——译注

入拉萨的著名的伍库说，蒙古人善于识别牲畜的粪便并巧妙应用，燃烧羊粪可以产生高温，因此可以用于冶金，牛粪耐燃所以适于炖肉。前面讲述的长着驴耳一般长耳的弗里吉亚的弥达斯王十分贪婪，连自己的粪便也变成黄金。罗马皇帝韦斯巴芎不惜花费巨款举办各种庆典，但同时热衷于增加皇家内库的存款，为此不惜出卖马粪，太子劝谏说卖马粪得到的钱会散发出粪臭。从这种牲畜的粪里既可以得到珍贵的牛黄，粪还可以卖钱，而且还可以编造出能拉出黄金粪便的牲畜的故事。阿斯特列的《西藏记》记载了一个喇嘛僧将大喇嘛的屎尿分送给信徒以从中渔利的故事。蒙古人相信将大喇嘛的粪便末装入小袋挂在脖子上，或者将尿掺入食物可以预防百病。天主教士毕嘉出使西鞑靼时，大喇嘛的使者曾提出向清朝皇帝敬献一袋这种粪便末，但遭到拒绝，可见这是极为高贵的粪便。日本古代也有在战阵中以马粪代替木柴，以马粪汁治疗刀伤的事例。① 因此可能有时认为马粪如同黄金一样珍贵。羽黑山神社的大殿前后遍布香火钱，参拜神社的人下山前要脱下草鞋抖掉粘在鞋上的钱。贪婪之辈如果偷偷带回家，钱会变成马粪。② 韩愈曾说："牛溲马勃，俱收并畜。"意思是，如果是良医，马粪也有奇效，如果是心术不良之辈，金钱也如粪土一样毫无价值。韩愈讲述的马勃指的是马

---

① 参照《杂兵物语》下卷。——原书注
② 详见《东洋口碑大全》第762页。——原书注

粪，《本草纲目》中记载的马勃则是类似马粪的担子菌"lycoperdon""scleroderma"等，日本称之为"埃茸"。①

笔者在田边采集的两种菌，外表初看很像马粪。据记载世上这种菌类大约有二十种，但据我所知澳洲有多种，三十年前在欧洲有四种，美国有两种，佛罗里达州出产的这种菌是我最初发现的，至今仍然珍藏，前几年斯文格②来访时给他看过。笔者十八年前从英国归来的第二天早上，在泉州谷川初次发现这种菌，以后又在和歌山各郡，尤其是温暖的海滨沙滩上发现很多。据西洋人的记载日本至少有三种，但据笔者长年观察，这三种不是不同的个体，而只不过是"polysaccm"这种菌的三种不同形态。我将这个意见告诉白井光太郎③博士，被他收录在近期出版的《订正增补日本菌类目录》第四百八十五页。

这种菌类是近年笔者告诉美国植物振兴署的斯文格后他才注意到的，其实我在三十年前就已经知道它的存在，这种菌可以作为染料，效果明显，如果传授给贫苦百姓，日常采集可以有助于生产。笔者至今仍利用空闲时间研究这种菌类，但是对于研究的结果守口如瓶，来信询问或托人送礼来打听，我都不会公开。欧美人如果探听到一点消息总会刨根问底，然后尽力钻研弄清真相，如果发现课题

---

① 参照《本草图谱》第35卷末插图。——原书注
② 南方熊楠在佛罗里达州做研究时的同事。——译注
③ 白井光太郎（1863—1932），日本植物病理学家、菌类学家和本草学家。——译注

有误便立即放弃，但是一旦有所发现便一丝不苟埋头研究。前不久斯文格来我家时，随身携带我过去写给他的所有信件，他已经将这些信件全部拍成照片并标上了号码，他沉默寡言，精力十分集中，在交谈中不停地感慨。相比之下，日本的学人对自己的研究课题却缺乏诚意和热心，经常拘泥于一些无关紧要的琐事，对于别人传授的知识也是半信半疑，漫不经心，最终不会取得任何结果。

笔者发现这种菌可以用于染色是在佛罗里达州一间中国人开的牛肉店打工①时想到的，并非通过读书等借助其他人智慧的手段。日本的学者只相信书本上的知识，如果不拿出根据，他们会认为我讲的菌类可以作为染料是在吹牛，后来我在巴克列所著《隐花植物学入门》（1857年）第三百四十五页读到"polysaccm"可以作为黄色染料，在意大利广泛使用。格里菲斯和汉菲共著的《显微镜学字典》（1883年）第六百二十三页记述说英国只有一种，非常少见，在国外用于染料。据笔者所知，日本的这种菌类不论是三个种类还是三个形态，实际生活中都有用。从初夏到初冬在海岸附近的丘陵，特别是在沙滩上普遍生长，如果注意寻找可以采集很多。颜色接近黄土和吴须，所以含铁，谈到铁顺便讲一点以便各位参考。

---

① 南方熊楠在1891年至1892年逗留在佛罗里达州杰克逊维尔市时，曾寄宿在广东华侨江圣聪的杂货店里，同吃同住长达半年多。——译注

以前经过东牟娄郡某村，见到房子的外形酷似早年在日本东部见到过的妓院。于是四处询问，听说以前这两个村子的年轻姑娘都外出为娼赚钱资助父母，远近各乡都称赞姑娘勤奋孝顺，当她们返乡后都争相迎娶入门。明治维新之后，这种风俗消失，只有房子的样式仍保留原貌。于是笔者怀着凭吊古人的心情拜访了其中一户，边吃午饭边观察客厅，发现壁橱用铁砂涂成黑色。笔者遍查各个房间后，发现都涂成黑色，然后又托故访问了一两家，发现各家都一样。我问当地人这种铁砂产于何地，但由于都是老人和妇女儿童，他们解释不清，于是我想这种材料不会从远处特意运来，附近肯定出产铁砂。后来我沿海边从胜浦步行到滨宫调查海藻，发现木屐留下的脚印经潮水冲刷后现出两行黑印，滨宫有些水田也都是黑色，稻子好像种在铁砂上。所以可以肯定从前看到的妓院的墙壁都是用这里的铁砂涂抹的。

笔者放弃矿物学研究已经三十七年了，去海边调查海藻也是十四年前的事，现在也没有新的消息，但是查阅近期出版的《和歌山县志》，发现有关和歌山的铁砂没有任何记载，因此知道和歌山有铁砂的人至今仍然寥寥无几。铁和金银不同，数量少无法获利，近期美国禁止向日本输出铁矿石，国家号召节约每一粒铁砂。如果从妓院的墙壁受到启发能为国家做出贡献的话，也是一件可喜可贺的事情，在此希望唤起有关人士注意。

这种事情还有很多，在此不一一列举，如果读到此文受到启发做生意发了财，别忘了给笔者汇款。如果政府有幸认为我的发现对国家有贡献，授不授勋章无所谓，恳请一定惩戒和歌山的贪官污吏，笔者鞭挞老躯以微薄之力废寝忘食钻研学术，却遭到这些人的种种阻挠，引起海外多位硕学名士的同情。这些贪官为贪图私利大兴土木，滥伐山林，或者与奸民勾结，毁坏日本国粹之一的古寺神林，以致多种世界珍稀动植物失去藏身之地，而他们却虚报成果欺骗政府，理应严惩。

不仅是海外，国内也有许多人同情笔者的遭遇，但由于大多是政府官员，多数只是同情，爱莫能助。大阪府的一个基层官员曾同情我并寄来血书，但其他则无能为力。有些歹人不但向当权者献媚，还勾结才疏学浅的外国传教士，对笔者进行恶意攻击。从前织田右马助多次收取他人的贿赂，为此织田信长曾写下："右马助被钱套住嘴，人称此乃畜生所为。"笔者也叹息世道沧桑，没有不为金钱所动的人，所以笔者以上讲述智慧马的故事，希望世上更多的智慧马不要死在无知的马贩子的鞍下，就此终结此节。

名称

马的梵名是"as"或"asva",波斯语是"بس",瑞典语是"häst",俄语是"лошадь",波兰语是"koń",土耳其语是"at",希伯来语是"סוס",阿拉伯语是"hisan",西班牙语是"caballo",意大利和葡萄牙语是"cavallo",缅甸语是"myinn",印度称为"ghoda"(印度语),"gurram"(泰卢固语),"kutirai"(泰米尔语),荷兰语是"paard",威尔士语是"ceffyl",世界各国都有各自的名称,但是这些名称都有相应的起源,其中大部分源于马的嘶叫声,是否源于马蹄声则不得而知。中国的马字是象形字,这是世人皆知的事,但是人们可能不知道发音是模仿马的嘶鸣。《下学集》认为日语的马的名称来自胡马,"马多出于北胡,故称为胡马",但日语的马是一字,胡马是两字,此种说法有些牵强。物茂卿[1]指出梅和马都是源于中国的发音,日语的双音节的第一个音不过是为了发音方便而添加上去的。

已故的马科斯·米勒[2]曾说:鹦鹉尚且模仿公鸡和母鸡的叫声,向人夸耀自己看到的是公鸡还是母鸡。与此相似,

---

[1] 物茂卿,是荻生徂徕(1666—1728)的号,他是江户时代中期著名的儒学家、思想家。——译注
[2] 马科斯·米勒(Marcus Miller,1823—1900),德裔英国印度学家、语言学家和宗教学家。他奠定了印度学的研究基础,而且还是比较语言学的权威以及比较宗教学的创始人。他毕业于柏林大学和巴黎大学,1847年加入英国籍,1850年之后任牛津大学教授,编撰了《东方圣经》并著有《语言学讲义》《比较宗教学序说》等。——译注

土著民同样模仿动物奇特的叫声，谈到马时便会模仿马的叫声，但这只是模仿，还不足以称为语言。雅利安人的语言不是那种劣等语言，形容马的时候并不模仿马的嘶叫声。雅利安人的祖先形容马时着重于马可以飞奔这一特点，梵语的"迅速"、希腊语的"尖顶"、拉丁语的"针"、英语的"锐利"等语言都源于雅利安语中"锐利"或"迅速"这个词根，而且这个词根变生出了梵语、拉丁语、希腊语、古撒克逊语的马以及立陶宛语的牝马这个词。[①] 米勒原是德国人，后加入英国籍，四处宣扬英国的优秀人才都是英国和德国人的混血儿，英国人和德国人是最优秀人种，等等。他还盛赞古代印度文明，在怀柔印度人使他们归顺英国的过程中发挥了重要的作用。印度人现在对英国极为反感，而近来英国的学者则嘲骂德国人是匈奴的后裔，认为他们身上散发着特殊的恶臭，和英国人是完全不同的人种，由此可见，学者的学说也如猫眼一样瞬息万变，令人瞠目结舌，所谓雅利安人的马的名字属于高雅语言一类的学说如同昂贵的礼物，让人不敢轻易接受。

目前手头没有详尽的古语词典，因此不敢断言，记得德语中有"嘶叫"这一动词。米勒所谓的雅利安人发明的高尚语言的德语和荷兰语的马这个词语，也和中国或阿拉伯语一样，都是根据马的嘶叫声产生出来的。日本崇洋媚外的学

---

① 参照米勒《语言学讲义》（1882年）第2卷。——原书注

者们如果听到笔者的这番话，肯定会责备笔者竟敢批驳语言学的开山鼻祖米勒先生，实属犯了十恶不赦的大罪。孟子说："大人则藐之，勿视其巍巍然。"笔者不到三十岁时就曾和荷兰首屈一指的中国学专家格斯坦·舒尔格辩论过，让他心服口服并亲笔写下降书，笔者保留至今，所以米勒的亡灵根本没有放在我的眼里。丹尼尔·威尔逊说欧洲人在新大陆见到以往没有见到过的奇异生物时，根据它们的叫声命名的事例很多，很多鸟的名字均是如此。可是居住于新大陆的印第安人则相反，他们对于欧洲人带来的各种动物则是根据它们各自的性质和动作特征命名。例如，北美切诺基族印第安人、美国东部特拉华印第安人的马的名字都是"搬运货物的兽"，齐佩瓦族的名字是"一蹄兽"，苏族拉车运行李的动物只有狗，所以他们称呼马是"神狗"即拉运货物的怪兽。[①] 由此可见，雅利安人的语言很多都是模仿动物的叫声，而所谓劣等人种的红种人初次见到马时所起的名字却主要依照它们的性质而非模仿它们的叫声，这种反证至少在二十年以前就已经问世，而米勒并不知道这种学说，为了一味抬高雅利安人而歪曲事实，其学说早已过时，他本人也并不是值得日本学者尊敬的学识渊博的人物。巴顿曾说阿拉伯关于马的词汇很多，中国人自古也非常关注马，只要读《尔雅》等辞书就可以知道。前蹄全白的马名为"騥"，后

---

① 参照《史前人》（1862年）第1卷第72页。——原书注

蹄全白的名为"駉",右前蹄是白色的名为"启",左前蹄是白色的名为"踦",右后蹄是白色的名为"骧",左后蹄是白色的名为"驿",命名非常详细。日本也有以毛色命名的习惯,因此名称繁多,古时非常辛苦逐一在名称上加上汉字,详见《古今要览稿》第五百一十五卷至第五百二十四卷,这些内容比较枯燥,以下叙述一个奇闻。

三年前视察了南洋诸岛的长谷部言人[①]博士说,图瓦卢岛人打架时会对骂对方或近亲的阴部,内容不堪入耳,马绍尔群岛的居民还对骂仇敌的母亲的阴部。[②]《根本说一切有部毗奈耶》记述说:"(佛祖的弟子)邬陀夷善解身相,于日初分时执持衣钵,入室罗伐城次行乞食,至婆罗门居士舍。见有少妇问曰:'汝姑何如?'彼便答曰:'我姑暴急如兔中箭。'邬陀夷报曰:'汝姑何过?'由彼两乳中间及隐密处有暴恶相,谓黑黡赤黡及以旋毛,是此之过。作是语已,取食而去。后于异时复至其舍,问其姑曰:'汝之新妇性行何如?'报曰:'我家新妇性多懒堕不事恭勤,恶骂好嗔出言粗犷。'邬陀夷报曰:'新妇何过?'说相同前,是此之过。作是语已,取食而去。时邬陀夷便于他日入室罗伐城次行乞食,于婆罗门居士家,因为说法。问其姑曰:'汝新妇何如?'报言:'圣者我之新妇,孝同亲女或如小妹。'邬

---

① 长谷部言人(1882—1969),日本人类学家、解剖学家。——译注
② 详见《人类学杂志》第39卷第7期第278页。——原书注

陀夷曰：'非彼之德，由彼两乳中间及隐密处有良善相，谓瓶鱼文字盘屈等相，是此之德。'复于他日见其新妇，问言：'汝姑何如？'报言：'我姑如姊如母。'邬陀夷曰：'非彼之德，由彼两乳中间如前。'具说所有征相告已而去。彼妇及姑，后于异时因澡浴身体，共相揩拭于隐密处，各睹其相事同尊者邬陀夷所言。及于后时，因有斗争共相期克，姑作是语：'汝敢对我为争竞耶？汝不自知与外男子私有交通。'答言：'我敢设盟实无是事。'报曰：'若如是者，如何令他男子知汝隐处有靥等记？'于时新妇亦报姑曰：'我实无颜敢相斥触，敢道家长与外交通，令他男子知其隐相，请勿多言宜息斯事。'及其彼二共忏谢已，更相问曰：'谁曾告汝隐处相耶？'答言：'圣者邬陀夷。'姑云：'我亦曾见邬陀夷说。是时彼二各共讥嫌，大德何因故恼我等。'时有耆老苾刍，因乞食次来至其家。姑便问曰：'邬陀夷者何如人也？'苾刍报曰：'彼是大臣子舍家弃俗持戒苾刍。'答曰：'若是持戒苾刍，何因得知女人隐处有靥等相耶？'苾刍报曰：'彼解身相知有靥等。'答曰：'岂可有相皆告人知。'苾刍闻已，还至寺中告诸苾刍。诸苾刍以缘白佛。佛言：'由说法故有如是过失，从今已去不应俗家为女说法。'如佛所说不为女人说法。……佛言：'应对有知男子方可说法。'"印度等地区天气炎热，人们大多衣着单薄，学习研究人相学的机会要比其他地方多，因此这方面的研究水平也很高。同时有人记住对方的面相特征在对骂时使用，《四分律》第三卷记载了询问他人的秘相并遏制对方的骂力的故事。

《十诵律》第四十八卷记述比丘尼在授具足戒之前会被询问所有的细节，而且要诚实回答。"我今问汝：'汝是女不？是人不？非是非人不？非畜生不？非是不能女不？女根上有毛不？'"这是因为具有这些特征的女人被认为有缺陷，不能受戒。日本和歌山田边地区也认为这样的女人不吉利，特别是忌讳没有阴毛的女人，认为如果娶回家会影响收成，甚至牵连四邻。对此我们不能简单地认为是迷信而付之一笑，直到现在西方的医生仍然相信许多传说。例如人们认为面貌英俊的男子最终都柔弱，而汉尼拔和恺撒等在少年时代经历过同性恋的名将很多，日本历史上美少年最终成为割据一方的诸侯驰名历史的也不在少数。但是历史上记述的安陵和龙阳以凶终结是因为他们是性欲倒错和以卖笑为生的男娼，人们对这一类人不会轻易饶恕。这在英国诗人西门子的《近世道义学的一个问题》(1896年)和《大阪每日新闻》(1909年)连载的芜城生的小说《不识庵和机山》中有详细论述。

在西方，妇女没有阴毛则不能生育这种说法很多，但这与事实不符。笔者对近来提倡所谓人种改良或优生学并不持异议，但是它的理论基础却值得怀疑，于是笔者近期潜心收集资料，将妇女没有阴毛这一件也作为重要课题，绝不放过任何琐闻。前不久听说附近村子有一个长年走街串巷经商、精通各地民间传说的老人知道一个秘闻，便立即前去拜访求教，老人一副神秘的表情，不苟言笑。据他说古时的传说认为完全没有阴毛叫作"馒头"，并不是凶兆，而只有稀疏一点则属不吉，这是由马身上的河岸毛演变来的称呼。当时笔者并没有在意，后来听说老人去世了，思索起来骆驼的旧名是"川原毛"（河岸毛），即是黑鬃毛的白马的意思，这和没有阴毛无关。河岸边多鹅卵石而很少长草，所以和老人的说法吻合，但遗憾的是无法向故人确认。《逸著闻集》等书中写作土器，不知其意为何？最近翻看《皇大神宫参诣顺路图会》，其中记载二见浦的东神前东北海中有七个岛屿，还有一个名叫阿波良岐，或称无毛岛的寸草不生的岛屿，与七岛相连形成八岛。据《内宫年中行事记》记载，6月15日拜海神的时候，船工们合唱的歌词中有"阿波良岐啊，人说有七岛，虽然没草但是八岛"。《群书类丛续》第一卷收录的《内宫氏经日次记》记载，阿婆罗气（阿波良岐），人说有七岛，虽然没草但是八岛。由此可见，日本古代称不长草为阿波良岐，大概由此谐音成为川原毛（河岸毛）。《内宫氏经日次记》记载的这首歌谣在宝德三年（1451）就已经流传，由此笔者认为唱诵不生寸草的歌谣早在足利义政当政时期就已经存在。

谈起中国的名马，周代的穆王有八骏，名字分别为赤骥、盗骊、白义、踰轮、山子、渠黄、华骝、绿耳。汉文帝有九逸，名字是浮云、赤电、绝群、逸骠、紫燕骝、绿螭骢、龙子、麟驹、绝尘。前者根据毛色，后者则根据马的动作命名。其他如项羽的乌骓、吕布的赤兔、张飞的玉追、袁颜的飞燕、梁武帝的照殿玉狮子等，还有很多。日本的《垂仁记》中记载有名为"足往"的狗，但是没有记载名马。后来藤原广嗣在太宰府听到一口气可以嘶叫七次的马，于是高价买下，最初让马站在四只木桩上，几天后绑住四只蹄站在一只木桩上，这匹马对主人十分忠实，每天驮着主人上午在筑紫，下午在京都，日行一千五百里。[①]连这样的骏马都仅留下传说是龙马，并没有记录下名号。小孩养狗时一般只是简单地称呼为白狗或红狗，与此相同，当时人们一般常用天斑驹、甲斐黑驹等名称，这不过是用出生地和毛色称呼马。这以后信州井上敬献给后白河院天皇的贡马名为井上黑，武州河越奉献给平知盛的马名为河越马，纯黑的马名叫磨墨，生性凶猛的马名为生唼，等等，大多都是根据毛色、产地和气质命名；另外《游女记》中有个妓女名为小马。

印度著名的马是犍陟马王，悉达多太子曾骑这匹宝马逃出王宫，这匹马前生曾是帝释天。[②]在欧洲为马起名的风俗很早就有，亚里士多德曾记录有一匹牝马名叫吉科雅，关于亚历山大王的坐骑，已经在前面"传说（1）"一节

---

① 详见《松浦庙宫本缘起》和《古今著闻集》第30卷。——原书注
② 详见《六度集经》第8卷。——原书注

中谈到了。在古罗马及其领地的上流社会的家庭中，每一间马厩上都挂着马的名字，这种木牌保留至今。顺便谈一点，英国船长萨里斯的《平户日记》中庆长十八年（1613）的条目记载，6月21日平户王率领数名女艺伎登上英国船，这些艺伎在各个岛上巡回演出，根据剧目更换服装，剧情主要是战争和恋爱。她们跟随戏班主演出，如果班主独吞赚来的钱会被告发，可能会被判死刑。有权有势的贵人在旅途中经常叫这些艺伎去旅店陪酒，而且顺便买春并不觉得有失身份。戏班主在世时可以和贵人为伍同席饮酒，但是命归西天时待遇极惨，连贱民都不如，嘴被用草做的缰绳像马一样套住，身穿死时的衣裤被拖拉着游街，然后被扔到野外的垃圾堆里任由鸡犬啄食。这部日记记载的大多是船长的见闻，所以这应该是事实。妓院的老板一般称为"忘八"，读音和马的缰绳同音大概也是由此来的。

种类

首先补正前一节。上一节末尾记述藤原广嗣[①]的骏马没有名字，但是后来在《异制庭训往来》[②]罗列的日本和中国的名马中看到"本朝厩户王子甲斐黑驹，太宰大贰弘继土龙"，可见广嗣的土龙是日本既不依据产地也不依据毛色的最早的马名。另外，笔者还讲在文献中没有和歌山出产铁砂的记载，这仅限于和歌山县，《纪伊风土记续》第九十三卷记载，砂铁产于牟娄郡（三重县）尾鹫乡，和盆景石放在一起极为美观。

动物的分类没有定论，学者的意见各异，所以不能简单说哪个最正确。据《大英百科全书》讲，哺乳动物相当于中国人所谓的兽类加上人类。其中分三类，第一是单孔目，主要分布在澳洲；第二是有袋目，主要分布于澳洲和近邻的岛屿以及美洲大陆；第三是有胎盘目，这一类又分食虫（鼹鼠等）、翼手（蝙蝠）、皮翼（印度诸岛的飞猴）、贫齿（穿山甲等）、啮齿（兔子、老鼠等）、裂齿（绝种）、食肉（猫、狗等）、鲸类、海牛类（琉球的儒艮）、有蹄类、灵长类（猿猴和人）等十一种。第十种的有蹄兽又细分为长鼻（大象

[①] 藤原广嗣（？—740），奈良时代的朝廷大臣，藤原式家始祖藤原宇合的长子。——译注
[②] 《异制庭训往来》是南北朝时代面向初学者的教科书，作者不详，也有江户时代虎观师錬编撰一说。该书的内容是介绍自正月至十二月的节庆，是学习贵族社会各种知识的基本教材。——译注

等)、蹄兔目(岩兔类)、主类恐龙,南蹄目,甲龙和踝节目以及其他类恐龙(全部绝种)、奇蹄目、偶蹄目等十类。其中偶蹄目是指蹄的中间分为左右对称的两半的类别,长颈鹿、鹿、牛、羊、骆驼、猪、河马等均属此类。所谓奇蹄目是指脚趾中相当于人的中指的部分大于其他脚趾,这又分霸王龙类(绝种)、马类、马来貘类、犀牛类等四种。马类在远古有许多种,遍布于东西半球,除去现存的马类以外均已灭绝。图1的始祖马是在欧洲和北美发现的化石,前蹄有四趾,后蹄有三趾,和现存的各种马类只有一趾有很大的区别。这种马好像比狐狸略大,它和有蹄兽的远祖"phenacodontia"是近亲,在马类中应该是最原始的马。

与现存的马类属于同类,在远古曾大量存在而现在已经绝迹只留有化石的马有许多种。在第四纪的更新世时期,栖息在北美的数种马扩展到了南美,它们的遗骨和现在奔

图1 始祖马

驰在阿根廷的草原上的野马极为相似,因此有人说这种野马是自古以来生长在南美的品种,实际上美洲大陆的原有的马类在远古时代就已经绝迹,现存的马是欧洲人发现新大陆之后带去的马匹逃脱后变成的野马的后裔。据说在印度发现的马的化石是阿拉伯马的祖先,而在欧洲发现的化石则是北欧以及亚洲矮马的远祖,但是在欧洲以及亚洲的第四纪的更新世地层中发现马的化石和现在的普通马十分接近,可见现存的马的出现已经十分久远。

列数现存的马的种类。第一是马,这又分南北两类,阿拉伯马和纯种马属于南方类,颜色主要是红褐色,额头上经常有白星状斑点,眼窝前部略有塌陷。北方类的颜色主要是深黄褐色,眼的周围没有塌陷。北欧的各种矮马、蒙古的野生矮马都是此类。

第二是亚洲野驴,这种驴耳朵适中,尾巴细长,背部从头至尾有一条暗褐色的线条,长有鬃毛。这种驴有两种,蒙古野驴和它的亚种,西藏的藏驴体大且呈棕色,西北印度、波斯、叙利亚、阿拉伯等地的骞驴则是沙棕色或略带灰色。一般都是二十匹至四十匹成群奔驰在沙漠和高原地带。骞驴见到人会惊慌跑开,跑到安全地带则停步回头张望,如果人接近会再次跑开,如此总是保持一定距离。古迦勒底人还不懂得使用马的时候,捕捉到马之后驱赶它拉战车(图2)。《本草纲目》中记述说:"野驴为女直辽东出。似驴而色驳,鬃尾长。"这指的是蒙古野驴,"野马似马而小，出塞外今西夏甘肃及辽东山中亦有之，取其皮为裘，食其肉云如家马，肉但落地不沾沙耳"，这里指的是所谓的蒙古野生矮马，古时候栖息地比现在要广。中国的古书《山海经》记载说："旄马，其状如马，四节有毛。"而《事物绀珠》中说："旄马，足可四节，垂毛，出南海外。"（图3）现在最接近这种马的应该是西藏野驴，它栖息在寒冷的

图2 古迦勒底人捉马的古代雕刻

图3 《山海经》中的旄马图

高原，一般在海拔一万四千英尺以上，和西藏牦牛一样，身上披着一层厚厚的茸毛，准确地说可以叫作旄马。

第三是斑马，有普通斑马、山斑马、南非斑马、狭纹斑马四种，普通斑马几乎绝种，南非斑马已经灭绝，山斑马的原种已经绝迹，现存的只有变种（见图4）。这些斑马都产

图4 （左）南非斑马（右）普通斑马

图5 《山海经》中的鹿蜀图

于非洲，身上有老虎一样的斑纹，非常美丽。《山海经》中记述说："杻阳之山有兽焉，其状如马而白首，其文如虎而赤尾，其音如谣，其名曰鹿蜀"，其中的插图酷似斑马（见图5）。吴任臣注解道："骈雅曰：鹿蜀虎文马也……崇祯时，鹿蜀见于闽南，崇德吴尔壎作诗纪之。"笔者认为，蒙古野驴年幼时有斑纹，和斑马相同，可能由此产生了鹿蜀。《骈雅》等后代的书籍中记载的可能是见到非洲斑马后的见闻。

不仅是中国，日本也曾进口过斑马。阿斯特列所著《新编纪行航记全集》（1746年）第三卷第三百七十八页记载，纳文德鲁夫说埃塞俄比亚大使曾将一匹斑马赠给巴特比亚总督，而这位总督则将斑马转赠给日本天皇，天皇作为还礼赐给商会白银一万两和睡袍三十件，合计十六万克朗[1]，金额十分高昂。读到此处，笔者想可能日本的古籍中也有相同的记载，于是遍查古书，经过几年的努力，最近终于在《古今要览稿》第五百零九卷中查到援引《本朝食鉴》的记述。笔者的藏书中有《本朝食鉴》，但目前不在手头，所以在此引述《古今要览稿》的引用文："近代，阿兰陀的礼品中有遍体黑白虎斑状马。命马职牧养之，马职乘之及载物，皆不如寻常马，只称其色美，或曰乃骡族。"《本朝食鉴》是人见元德在元禄八年（1695）撰写的，由此可知斑马至少在二百年前就已经进口到了日本。斑马既不是马又不是驴，酷似马和驴杂

---

[1] 1克朗约为0.7547人民币。——编注

交产生的骡子,所以当时人们推论是骡子也无可见怪。综合《本朝食鉴》和阿斯特列的书的内容,当时进口的斑马可能是山斑马的变种,名为古雷比斑马。

第四是驴,由于驴的耳朵很长,所以古时的日本名为兔子马,《清异录》中有长耳公这一别名。驴的英语名是"ass"或"donkey",拉丁语是"asinus",俄语是"осел",德语是"esel",希伯来语是"רומח",阿拉伯语是"hamar",土耳其语是"eşek",梵语是"gardabha",等等,各有不同。驴的头较大,脚与身体相比瘦弱而且较短,所以不能飞奔。驴蹄的边缘非常锐利,中间塌陷,可以在湿滑的地面上行走,也能攀登险峻的山路。运送货物的动物各有所长,马适于平原,大象适合丛林,骆驼适于沙漠,驴子在山路和丘陵地带最能发挥作用。驴背负行李行走在崎岖的路上,忍耐力极强,丝毫没有疲劳感。尼比尔在阿拉伯见到的身体彪悍的驴比马更适合外出旅行时骑乘,因此价格也比马昂贵。在世界各地,一般人都认为驴是愚钝的象征,伍德曾说驴的蠢态是故意装出来的,驴富于智慧,可以装傻逗人发笑。据说在麦加,人们将驴作为宠物饲养,驴非常聪慧,能听懂人语,主人有时宁可节省下口粮喂驴。老普林尼说驴不耐寒,所以在布尔萨没有驴,和其他动物不同,驴不是在春分季节交配,而是在夏至交配。巴顿赞同老普林尼的观点,认为驴不适合在寒冷的地带生存,但是在阿富汗和巴基斯坦,只要夏天长天气干燥炎热,冬天再寒冷,

663

它们也可以生存。

《史记·匈奴列传》记载："唐虞以上有山戎，猃狁、荤粥，居于北蛮，随畜牧而转移，其畜之所多则马、牛、羊，其奇畜则橐驼、驴、骡、駃騠、騊駼、驒騱。"所谓奇畜，是古代中国人形容稀有动物的说法，这里所讲的骡子是牡驴和牝马交配产生的，而駃騠则是牡马和牝驴交配得来的，两者都称为骡子，但仔细推敲，骡子是"mule"，而駃騠则是"hinny"。"hinny"的词根是希腊和拉丁语，大概和日本一样源于马的嘶叫声。騊駼和驒騱到底是何物不得而知，注释说是野马，大概是前述的蒙古野驴和藏驴以及野生矮马之类。从《史记》的文章看，驴在远古时代传入北狄地区，在这些严寒地区和野马以及野驴杂交，产生出适合当地气候的优良品种。学者们认为家驴的原种至今仍然生存在非洲大陆，和家驴不同，前额没有鬃毛、背和肩上有条纹的出自奴比亚，背和蹄上有条纹的则出自索马里。

如上所述，现存的马的种类有马、蒙古野驴、伯氏斑马、查氏斑马、山斑马、普通斑马和驴，一共七种，还有一些变种。这些种类各自不同但都属于近亲，野生时的状态不详，经人驯化或被圈养之后异种杂交，出现了许多杂交种。马和驴的身体构造差别较大，但是仍然可以轻易交配生出骡子。《汉书》讲："（龟兹王）后数来朝贺，乐汉衣服制度，归其国，治宫室，作徼道周卫，出入传呼，撞钟鼓，如汉家仪。外国胡人皆曰：'驴非驴，马非马，若龟兹王，所谓蠃也。'"的确，骡子头部短而宽，耳长腿细，鬃毛短而且脚蹄窄小，尾巴根部无毛，等等，这些特征和父祖的驴子相像，身材的尺寸以及颈臀毛齿的样子和马完全一样，叫声则既不像父亲也不像母亲。骡子步伐坚实、忍耐力强，这一点继承了驴子的天性，另一方面又保留了马身心坚强、富于勇气的特点。因此，骡子在负重方面胜于马。古希腊人，尤其是罗马人主要将骡子用于拉车运货，到了近代以前则多用于军队的运输。但是牡马和牝驴杂交产生的骡子，即駃騠，品种不太好。老普林尼曾说这种骡子愚钝不可驯化，他还说牝马和牡马交配后怀上马胎，但如果再和牡驴杂交，马胎会消失。可是如果先和牡驴交配，然后再和牡马交配，驴胎也不会消失。总之，骡子在某些方面优于父母，有的地方因工作内容的原因，骡子要比马更受重视。骡子不能生育，所以每次都需要重新用驴和马交配进行繁殖。

从前，佛祖见到他的堂弟提婆达多每日接受阿阇世王五百锅饭的施舍，于是告诫众比丘说："芭蕉开花结果而死，竹子芦苇皆结实而枯，骡子怀胎而死，士则因贪婪而身亡。"书中的注解说骡子如果怀胎母子皆亡。[①]《尔雅翼》讲骡子的大腿中有锁骨，不能分开，所以无法产子。《史记》注释说，駃騠会割开牝驴的肚子生下来。《敬斋古今黈》第三卷记述说，骡子未必是驴和马杂交的后代，骡子有一

---

① 参照《大明三藏法数》第19卷。——原书注

个独特的种类，出生时必破母腹而出。由此可见，骡子不能生育一事有各种各样虚构的传说。

1921年10月号《人类学杂志》第三百一十八页记载，巴布亚人和萨摩亚人以前曾有剖腹取出胎儿的接生法，后来见到其他地方的山羊顺产，于是就废除了剖腹产的方法。古时，北狄地区大概也曾采用过剖腹产的方法，所以书中记载骡子出生时要破腹而出。《池北偶谈》第二十六卷讲："释典有三必死，谓人抱病，竹结实，骡怀胎。然康熙某年，旗下人家有骡生子，竟无恙。"偶尔听说牝骡子和马交配产子，但是从古至今，世上曾有过无数的骡子，但是从没有听说过骡子交配产子的奇闻。所以《大英百科全书》说马以下的各类可以杂交繁殖，但是产下的后代则不能繁育后代。

性质

该书还说，在欧洲的史前新石器时代，野马为数众多，野马的化石和当时人类的遗物掺杂在一起遗留至今。可见当时的人类主要猎马，食用马肉，查看马的化石并根据当时的人雕刻在兽骨和驯鹿角上的野马的图画推测，那种野马身材矮小粗壮，鬃毛和尾巴很粗，和近期绝迹的俄罗斯南部的野马以及现存的蒙古野生矮马极为相似，史前的欧洲人曾经驯养这种野马。在漫长的历史中，马被人带到世界各地，地球上只要有人居住的地方都有马，经过人的驯养、交配和选种，马产生了众多的变种。在美洲和澳洲，欧洲人早年引进的马逃脱后野化，成群结队奔驰横行在荒郊野外。

关于日本的马，贝原益轩在《大和本草》第十六卷说，《旧事纪》讲牛马是从保食神的眼中变化出来的。《日本书纪》的神代卷则称马为驳驹，可见自神代①就有马。二条良基②所著《嵯峨野物语》讲，古代马自中国传来时，曾叫作"耳兽"，极为罕见，只有天皇的宠臣才能骑乘。贝原益轩说马自神代就有，后来再次由中国引进良马。《后汉书·东夷列传》记载："倭在韩东南大海中……其地大多在会稽东

---

① 神代是指武天皇当政（公元前660年）以前的天上诸神所统治的时期。——译注
② 二条良基（1320—1388），南北朝时代写作和歌和连歌的诗人，制定了连歌的规范，推动了连歌的发展。——译注

冶之东，与朱崖、儋耳相近。故其法俗多同……气温暖，冬夏生菜茹，无牛马虎豹羊鹊。"由此可知，日本古代没有虎豹，羊也是后来才传入，至今仍数量有限，喜鹊据说在肥前肥后（佐贺县熊本县）和筑前筑后（福冈县）多见，古代大概完全相同。

如果贝原益轩所引述的《旧事记》不可信赖，《神代卷》一书中也记载牛马是从保食神的眼中变化出来的，除此之外，天上的斑马、日子迟神、从出云至倭国飞骑单走的有关马的传说在《古事记》中也有记述，因此《后汉书》中记载的"无牛马"之说不可信，但是该书记载的其他事项多与事实相符，所以也不能一概否定。书中记述的是什么地方不得而知，似乎在朱崖和儋耳附近，气候温暖，冬夏季均生长菜菇，应该是日本的一个地区，或者是倭人的领地，由此可以断定当时没有牛马。《后汉书·东夷列传》上记载，辰韩是秦人（中国人）从马韩割让的土地上建立的国家，还特别记述"驾乘牛马"，由此可见当时在朝鲜半岛的一些地区也没有使用牛马的习惯，一千年前成书的《寰宇记》记载，琉球群岛没有羊和驴以及马，当地人"不知骑乘"。

当初仙台人登上山形县的飞岛时，听到一位八旬老太婆说世上有一种叫作马的野兽，如果见不到马死不瞑目。[①]

[①] 参照《艮斋闲话》上卷。——原书注

直到二十年前，在但马、因幡地区，马仍然是罕见的动物，询问当地五岁左右的小孩是否知道马，小孩回答说脸长有四蹄有尾，可以载人。再问他马有多大，小孩将两手伸开二三寸，回答说大的下面有车。可见除了画和玩具以外没有见过真马。[1]在和歌山县日高郡等山区也没有马。笔者在《大阪每日新闻》上读到的文章说，在大和地区，直到去年当地有些村庄从没有见过马。连现代都如此，可见上古时代，人们不懂得马匹的饲养方法，也不知道马的用途，特别是当时存在很多忌讳，人们回避多种动植物，所以在日本没有牛马的地区应该不在少数。正如贝原所述，日本神代时期的马是从中国大陆传入的蒙古马，后来又从中国引进了良种马。

《大英百科全书》还记载说，马的各个种类不但外形各异，而且性格也有很大差异。解剖各种马类，发现它们的大脑十分相似，但是它们的性格相差悬殊却令人十分惊异。古人就已经知道驴的忍耐力强，马性格暴烈，骡子顽固倔强。在马类的七八种动物中，只有马和驴接受人类的驯养，认真地辅助人类劳作，其他几种则始终不服驯化，至今保持野生状态。但是这些野生马类究竟是不适合人类的驯化，还是人类在驯化饲养马和驴期间，经过漫长的艰苦努力，已经精疲力竭，无心再去驯化其他马类呢？这个疑问有待

---

[1] 参照《理学界》1月号刊载的胁山的文章。——原书注

今后解答。不过，当今的马和驴已经在日常生活中发挥着各种作用，人类没有必要重新驯化其他马类，也没有新的领域需要马发挥作用，所以没有驯化新种的必要。马和驴经长年累月的驯化和饲养，发挥的作用越来越大，受到人类的信赖，在此情况下费九牛二虎之力驯化斑马，即使成功也无法和马与驴相比，这个道理不仅适用于牲畜，还可以在日常教育中参考。

前述的阿斯特列的著作第三卷第三百一十页记载，葡萄牙国王曾使用四匹斑马拉车，从前英国人曾经骑乘斑马，古迦勒底人曾用骞驴拉战车，鞑靼人曾驯化西藏野驴。[①]《史记·匈奴列传》讲，匈奴的祖先曾经驯化过马和驴以外的野生种。由此可见，除了马和驴之外其他的种类也可以驯化，但是马和驴足够使用，所以人们放弃了驯化饲养其他种类的努力，于是野驴和斑马被猎杀食用和用于制作皮革，遭到人类无情地大量屠杀，所以野驴和斑马见到人就会逃之夭夭。中非和南非的土著人在大象和斑马数量众多时并没有致力于驯化，一味猎杀食用，从而严重阻碍了当地社会的发展。

《大英百科全书》还说，有时家马的蹄子内侧会增生出小蹄，偶尔还会出现有三四个脚趾的马。学者一般认为马

---

① 详见马斯佩罗《开化的黎明》英译本第769页，伍德《博物画谱》第1卷。——原书注

图6 六只蹄的马

的祖先曾有三四个脚趾，所以这是返祖现象。但经仔细调查这种多脚趾的马和远古时代的古代马的脚趾并不相同，是一种畸形，和人多生出一只手脚或六指一样。《甲子夜话》续篇第七十七卷记载，江户两国桥的闹市悬挂着画有六只蹄的马的招牌。撰写此书的笔者曾托人去查看，实际上蹄子并非六只，而是如图所示，只是前蹄上长出短小的蹄子，这匹马出自日本东北的三春地区（见图6），从图示可知，这种六蹄和六指一样是畸形，和图1比较可以看出和古代马的多趾完全不同。

该书还说，津轻地区的一匹三岁马左耳边长出长一寸周长九分的角，如图所示，角呈弯曲状，黑而坚硬。不过角的根部柔软，右边也长出一只小角［见图7（A）］。《梅村载笔》刊载的义堂所写的诗，三句押韵使用同一个字，

671

图7 (A)有角的马驹 (B)角马

日本尚属首次。这首诗是:"马头生角亦非难,山上遭舟亦不难,难是难中难有一,夕阳门外待人难。"文部省刊行的《民间歌谣集》登载的伊贺阿山郡的伐木歌中唱道:"牛的上齿,马的角,十二月的竹笋,寒天的茄子,山上出产的蛤蚌。"这些都是世上不存在的东西。中国古代燕国的太子丹曾在秦国做人质,当请求允许他回国的时候,秦王说如果乌鸦的头变白、马长出角的话,你就可以回国。于是太子丹仰天叹息。没想到他的愿望成真,乌鸦的头变白,马长出了角,丹终于回到了祖国。

《和汉三才图会》第六十八卷记载,从前奥州(东北地区)有个人名叫藤义丞,经常在立山的草原上睡觉,于是变成了马,头上长出了角,现在被供奉在神社中。《观澜集》记述说,大石子家珍藏着一枚马角。传说是上总(千叶县)介小幡信定(武田家的勇士)的坐骑长出的。《广益俗说辨》

第二十卷说，古人说马角是珍宝。有人注释说《史记》文帝十二年记载："吴有马生角。"汉代《京房易传》记载："臣易上，政不顺，厥妖马生角。"《吕氏春秋》说："人君失道，马有生角。"由此可见，不可将马角做宝。《物异志》记述说："汉文帝十二年，吴地有马生角在耳前上向，右角长三寸，左角长二寸。"对照图7（A），可知马角左右长度不同。马生角的奇闻至今仍然偶尔听说，笔者曾经在数年前在《自然》杂志上读到德国马生角的报道，具体内容不详。英语中所谓的角马的动物见图7（B），这是羚羊类，有两种，出产于南非和东非，其中一种大概已经绝迹。这种动物具有牛、马和羚羊的特征，尾巴和鬃毛近似于马。帕特森在《察沃的食人魔》(1914年)中讲受伤的角马异常凶猛，绝不可靠近。

古罗马的尼禄皇帝荒淫无道，曾经特意挑选雌雄同体的马匹拉车，以此夸耀自己。[1] 以前罗马人认为雌雄同体的人妖是不祥之物，生下的婴儿会被投入大海淹死，后来到了公元1世纪，人妖却被认为是稀奇的宠物。这个时期，集男女两性优点塑造成的两性神赫马佛洛狄忒斯的著名雕像较多。[2] 罗马帝国为了满足性欲高价购买的，自始至终既不是美女也不是少年，而是媚颜无比的人妖。尼禄皇帝曾经杀死了他的生母，又抢夺大臣的妻子立为皇后，后来这个

---

[1] 详见老普林尼《博物志》第11卷第109章。——原书注
[2] 参照杜波《美洲人的研究》第102页。——原书注

皇后去世，皇帝十分思念，听说有个美少年长相酷似皇后，便阉割了这个少年，并让他男扮女装立他为皇后，在光天化日之下当众和这个少年拥抱亲吻。大概由于这个皇后是人妖的原因，所以他才挑选雌雄同体的马匹拉车。天野信景[①]所著《盐尻》第五十三卷记载，有人具男女两性，动物也有雌雄同体，天野曾经在他的领地爱知郡的村民家见到雌雄同体的马，觉得十分恶心。

老普林尼还说，萨尔马特人长途旅行的前一天，不喂马饲料而只给它饮少量的水，这样马可以一天跋涉一百五十英里。泷川一益曾和北条军鏖战，兵败时由于天气炎热，军马口渴，于是将士让战马在河中饮水，结果饮水的战马都死在半路上，而没有喝水的马则保住了性命。《神异经》中所谓的"大宛宛丘有良马，其大二丈。鬣至膝，尾委于地，蹄如汗腕可握，日行千里。至日中而汗血"，内容是否真实值得怀疑，图瓦人要想修炼成为道士极难，有时练功时痛苦至极，据说会流出鼻血和血汗。[②]有人说是因为鼻血涂在脸上装扮成血汗。《本草纲目》记载："马食杜衡善走，食稻则足重，食鼠屎则腹胀，食鸡粪则生骨眼，似僵蚕、乌梅拭牙则不食，得桑叶乃解，挂鼠野狼皮于槽亦不食，遇海马骨则不行，以猪槽饲马，锻石泥马槽，马汗著门，

[①] 天野信景（1663—1733），江户时代中期的国学家，曾编撰《尾张风土记》，《盐尻》是他撰写的随笔。——译注
[②] 参照查布里卡《西伯利亚土著人》第179至180页。——原书注

并令马落驹。系猕猴于厩,辟马病。"因此在土耳其,人们认为猪的臭味可以使马保持健壮。[1]

喂马的饲料也有很多讲究。达文尼埃在《印度纪行》中说,在文奇米塔地区,每天早上人们将蜡状的黑砂糖和面粉奶酪调和在一起,做成丸子喂马,然后再给马刷牙。萨西《随得手录》第二卷中列举了几个用面包喂马的事例。《马鸣菩萨传》讲:"(从前)北天竺小月氏国王,伐于中国围守经时,中天竺王遣信问言:'若有所求当相给与,何足苦困人民久住此耶?'答言:'汝意伏者送三亿金当相赦耳。'王言:'举此一国无一亿金,如何三亿而可得耶?'答言:'汝国内有二大宝,一佛钵,二辩才比丘,以此与我足当二亿金也。'王言:'此二宝者吾甚重之,不能舍也。'于是比丘为王说法,其辞曰:'夫含情受化者,天下莫二也。佛道渊弘义存兼救,大人之德亦以济物为上,世教多难,故王化一国而已。今弘宣佛道,自可为四海法王也,比丘度人,义不容异功德在心,理无远近,宜存远大,何必在目前而已。'王素宗重敬用其言,即以与之,月氏王便还本国。诸臣议曰:王奉佛钵固其宜矣,夫比丘者天下皆是当一亿金,无乃太过。王审知比丘高明胜达,导利弘深辩才说法乃感非人类。将欲悟诸群惑,饿七匹马至于六日旦,普集内外沙门异学请比丘说法,诸有听者莫不开悟。王系此马于众会前,以草与

---

[1] 参照布斯贝其乌斯的《土耳其行记》(1581年)。——原书注

之（马嗜浮流故以浮流草与之也），马垂泪听法无念食想，于是天下乃知非恒，以马解其音故。遂号为马鸣菩萨，于北天竺广宣佛法。"浮流草的详细情况不知，但是好像是一种漂浮在水中的马喜欢吃的水藻。马尾藻又名神马草，神功皇后攻打朝鲜时船上的马饲料缺乏，于是士兵采集这种水藻喂马，由此得名。① 《能登名迹志》中记载源义经曾用这种水藻喂马。

达文尼埃的《波斯纪行》记载，由于巴赫塔兰缺乏青草，人们用鱼头和波斯枣核喂牛。《马可·波罗纪行》中讲，阿拉伯的尤捷尔地区是世界上最干燥的地方，寸草不生，然而3月至5月可以捕捞到大量小鱼，人们便将这种小鱼晒干，作为年中的牲畜饲料。由此推理，神马草的传说不是虚构的。马可·波罗还说，在马巴尔，人们用肉和煮熟的米饭喂马，所以马无法存活，并且无论运来多么名贵的马，产下的马驹都是劣种。此地本来不产马，阿拉伯商人每年都运来数千匹马贩卖赚大钱，但是一年后大多数的马都会夭折，只剩不到一百匹。这是当地的人不知马的饲养方法造成的，商人们为了不断财路，禁止兽医进入该地。这些商人还向印度贩马赚取高额利润，但是并不总是一帆风顺，有时要冒风险。例如来往印度的商船多少都装载着马匹，于是塔纳的国王和海盗勾结，只要海盗将抢掠

---

① 详见《下学集》下集。——原书注

的马奉献给国王，其他货物可以归为己有，海盗们兴高采烈肆意抢掠商船。

希腊的迪奥米迪斯王用人肉喂他的坐骑，赫拉克勒斯奋勇杀死了国王，将他的尸体喂马之后，马变得温顺了。日本的小栗判官的戏剧①中也讲述说横山家名为"鬼鹿毛"的凶猛的恶马经常吃人。《早稻田文学》上曾经刊载坪内逍遥博士的文章说，舞曲和古戏剧中的百合若大臣的故事②是根据外国传教士带来的古希腊的《尤利西斯》改编的。由于目前手头没有该文，所以还没有拜读，不过笔者相信博士的见解是正确的。

经调查，前述的小栗判官的故事基于日本的史实，但是其中有多处模仿公元2世纪北非的马达乌拉城（阿尔及利亚）出身的阿普列尤斯写的小说《金驴》的情节。例如照天姬寻找小栗判官的情节，源于塞柯寻找古比德。杂货铺的店主让照天姬燃烧七处炉火，从远方打来七桶水，置办七种物品的情节，源于维纳斯让塞柯短时间鉴别七种混杂的谷物。前述的迪奥米迪斯的吃人肉的马被改编成吃人的鬼鹿毛，壮士托列波列姆斯化装成强盗进入盗贼的老巢，

---

① 详见《新群书类从》第5卷，原注。小栗判官是传说中的人物，据说他的父亲小栗满重被足利持氏杀死之后，小栗投靠藤泽做了一名旅行僧。他的经历被编写成各种戏剧。——译注
② 故事的主人公百合若是虚构的英雄，百合若击退了夷狄和鬼魅之后被遗弃在孤岛，饱经苦难之后终于回到祖国，重新骑上以前的战马夺回了领地和妻子。——译注

劝众贼将抓来的卡莉特卖作娼妓的情节和照天姬落入妓院的部分相似，另外托列波列姆斯用毒酒毒翻群贼之后用驴驮上卡莉特逃走的情节，和横山灌醉并杀死了小栗判官的仆从，骑上鬼鹿毛逃走的部分相近。不过小栗判官的故事的概要基于《镰仓大草纸》上记载的事实，不能随意篡改，因此模仿《金驴》的情节也就仅此而已。另外民间流传的小栗判官在围棋盘上表演杂技的情节和"传说（1）"一节中的印度智慧马踏莲花以及"名称"一节中广嗣的骏马用四蹄站独桩相似。

与踯躅同科的彩叶马醉木在《万叶集》中写作马醉木，据说是因为马吃了这种植物的叶子会醉死。源俊赖在和歌中曾经提及马醉木。① 在和歌山，人们用这种植物的叶子煮水可以驱除萝卜的害虫。与此相近的椫木属的一种小树产于北印度，这种树的嫩叶和种子可以毒死牛和羊，如果认真研究日本的马醉木，也许可以发现毒杀敌军战马的毒药。

米歇尔教授说，马和驴以及斑马的寿命是十五至三十年，有的可以活五十年。斯科凡说，苏格兰的古谚语讲三条狗的性命等于一匹马，三匹马的性命等于一个人，其后是鹿、鹰、柏树等，都是三倍递增，有趣的是人夹在马和鹿之间。

老普林尼的《博物志》第八卷第六十六章记载，马怀

---

① 详见《尘添盖囊抄》第9卷和《夫木集抄》第3卷。——原书注

胎十一个月,在第十二个月生产。①春分交配,牝牡马两岁开始交配繁殖,但是两岁以上产的马驹身体强壮。牡马直到三十三岁都有繁殖力,以前曾经有种马一直到四十岁仍有繁殖力,只是十分衰老,要人帮助抬起前蹄。不过像马这样繁殖力有限的动物实属罕见,所以只是定时让马交配。笔者认为美国印第安人也和马相似,听说他们与其他民族相比,性交的次数很少。老普林尼还说,马每年交配不超过十五次。笔者认为十五次已经算很多了,前面刚刚讲过春分交配。据内田邦彦的《南总民俗》记载,开天辟地之后,各种动物聚集到神的面前询问交配之事,于是神规定有的动物一年交配一次,有的则一年两次,各种动物都唯唯诺诺。当马来到神的面前时,神说你只能一年一次,于是马愤怒地踢打神的面部。接着人来到神的面前,神刚刚被马踢过,心绪烦躁,随口说了一句:"你随便吧!"然后就退朝了。从此只有人可以四季交配。

老普林尼还说,牝马直到四十岁每年产子,但如果剪掉马鬃,性欲就会锐减。马直立生产,新生的马驹如果失去母马,同群中其他刚产子的牝马会代为抚养。②马驹出生后三天之内嘴无法触到地面,身体强健的马驹喝水时鼻孔会深深浸入水中。西突厥人惯于使用牝马做战马,这种马

---

① 《渊鉴类函》引用《春秋考异邮》记述说,"月精为马,月数十二,故马十二而生",这是因为东西方的月份算法不同。——原书注
② 朗曼兹说猫也如此,笔者曾亲自见过数次。——原书注

行军途中经常边走边撒尿。老普林尼还说，雅典曾有一只骡子活到八十岁。当初建筑宫殿时人们免除了这匹老骡子的劳役，但是它自发地来到工地帮工，城中居民大喜，商定这头骡子无论到哪家吃草都不得驱赶。《朝野佥载》记载："德州刺史张纳之一白马，其色如练……八十余年极肥健，行骤脚不散。"日本传说源范赖为了奖赏肥后菊池的军功，赐给他一匹名叫"虎月毛"的宝马。这匹马世代相传，一直到永禄年中。当时大友义镇的名声威震五州，菊池向往他的威名，与他结亲，并将传世的家宝赠给他，这匹宝马列在首位。大友义镇接受宝马后寄养在筑后坂东寺，赐予田地和仆人供养。后来久留米秀包受领了这里的土地后增加了马的饲料田，文禄年间，这匹马五百岁时寿终正寝，村民千余人穿上孝袍在野外凭吊这匹马，① 由此可见这是马中仙。

谈马经联想起女人的故事，女人中也有长命百岁并永葆青春的人。《左传》中的郑穆公的女儿夏姬是陈大夫御叔的妻子，六十岁时再嫁给晋国的叔向并生下孩子。《列女传》记载："夏姬内挟技术，盖老而复壮者，三为王后，七为夫人。或云凡九为寡妇，当之者辄死。左氏所载，当之者已八人矣。"如此可见，她曾多次改嫁，长寿至百岁而且始终性欲旺盛。这是因为她懂得房中术。宇文士及在《妆

---

① 详见《南海通记》第21卷。——原书注

台记》的序中写道："春秋之初，有晋楚谚曰：夏姬得道，鸡皮三少。"可见人老之后皮肤干燥收缩如同鸡皮一样，而夏姬得道三次返老还童。①佛典中也有著名的得叉尸罗城的青莲尼，还有17世纪艳名远扬的法国娼妓妮侬·兰克罗等都有类似的故事，可惜篇幅较长只好割爱。

据说17世纪末的杂志《雅典文化向导》是笔者经常撰稿的《随笔问答》杂志的前身。曾有个人写信问："养马人挑选良种，经过繁殖可以任意培养出优良品种，人类是否也可根据此种途径改良？"杂志上的回答大意是这种方法剥夺了人的神圣的自由，仅考虑身材的完美而不顾失去强健和高贵的精神，这是不可取的。可见所谓改善人种的优生学并不是始于现在，古人看到人们锐意改良马匹，肯定多少会联想到人也可以改良。

公元851年（唐宣宗大中四年）阿拉伯人写下的《印度以及中国航行记》②记述说中国的风俗和阿拉伯不同，中国人同姓不通婚，与异姓通婚孩子优于父母。记得这种说法早在《左传》就有。这种忌讳同姓通婚的习俗后来演化出神鬼妖怪使妇女怀胎可以生下非凡之子的想法，由此延伸，人们想象马如果和神怪交配则可以生出最优良的品种。《大唐西域记》第一卷记载说："（屈支）国东境城北天祠前

---

① 参照《类聚名物考》第171卷。——原书注
② 详见列农法译本第120页。——原书注

有大龙池,诸龙易形,交合牝马,遂生龙驹,儵悷难驭。龙驹之子方乃驯驾,所以此国多出善马。闻诸先志曰:'近代有王,号曰金花。政教明察,感龙驭乘。王欲终没,鞭触其耳。因即潜隐,以至于今。城中无井,取彼池水。龙变为人与诸妇会,生子骁勇,走及奔马。如是渐染,人皆龙种。'"阿拉伯的传说讲以前印度的大王派人出使海岛,当使者将大王的牝马拴在桩上后,从海里闪现出一匹牡马强行和牝马交配,然后要杀死牝马。这时大王的使者高声叫喊将牡马赶回大海,带着牝马回到王宫,后来牝马生下了海马。[①]《水经注》讲:"滇池中有神马,家马交之则生骏驹,日行五百里。"《大清一统志》第八十卷记载:"(江南)金龙池,其水潮深莫测,唐初有一马从池中,朝则奔腾郊坡,夜则复投水中,尉迟敬德收之。"同书第三百五十卷记述说:"魏书吐谷浑传,青海周回千余里,海内有小山。每冬冰合后,以良牧马置此山,至来春牧之。马皆有孕。所生之驹,号为龙种。必多骏异。吐谷浑尝得波斯草马,放入海,因生骢驹,能日行千里。世传青海骢者是也。"《隋书·炀帝纪》记载:"大业五年,置马牧于青海渚中,以求龙种,无效而止。"另外第一百五十九卷讲:"(陕西)龙马泉相传,每春夜放牝马饮此泉水,自能怀孕,生驹而无毛,不能起以毯裹之,数日内生毛。不至三岁与大宛马略同。"

---

① 参照兰格列译《辛巴达航海记》法译本第12页。——原书注

第三百二十二卷还有："（广西）龙马窝，旧传烟雾中有物，逐马走如飞，后生驹善骤。"[①]

综上所述，最初牧马和野马难以分辨的时候，或者是牧马从马群逃脱回到野外的时候，在湖中岛和隔水相望的地方野生，有时涉水前来和牧马交配，生出的马驹异常健壮，因此人们称之为海骢、海马、龙驹等。野马回避人，所以一般很少能见到，无踪无迹却能使牧马受孕，所以人们认为是龙子，这只不过与野马出没在传说中的龙潭附近有关。古时人们称八尺以上的马为龙也是出于上述缘由。在熊野，与世隔绝的茅草棚家中饲养的牝猫，周围没有任何牡猫却能受孕，于是有人相信这不是交配的结果，猫即使没有牡猫用扫帚也可以怀孕。实际上对人来说可能是与世隔绝的世外桃源，但是对于求偶心切的牝猫来说，周围的山崖和溪水完全不是障碍，东奔西走一心寻找异性，只是主人不知道罢了，误以为扫帚也可以生猫。与此相同，人们见到马不交配就怀孕，相信是避开人和龙交配，于是认为只要喝下含有龙精的水就可受孕，更有甚者会认为马被风吹就可怀孕，如同女护岛传说一般。

老普林尼说，鲁西坦尼亚（葡萄牙）的奥里西波（里斯本）附近的牝马刮西风时只要面向西方就可以受孕，生下的马驹行走如飞但活不过三岁。邻国加利西亚和阿斯托

[①] 经查《大清一统志》的原文分别是第111、第412、第200和第380卷。——原书注

尔加（现在西班牙境内）有一种马和其他马不同，步行时同一侧的双腿一起活动，行走自然。人们仿效这种马的步行姿势训练其他的马。笔者认为骆驼、驼羊、驼豹和狮子都是同时迈同一侧的双腿前进，其他的各种动物则是前后左右的腿交替行走。人类奔跑或行走时双手摆动和双腿的迈进是相反的。马的行走方式也应如此，而如上所述的像骆驼一般行走的马是否存在则值得怀疑。但是只要训练，马也可以如此行走。叙利亚人十分赞赏如驼羊一般行走的马，他们将马的右前蹄和右后蹄、左前蹄和左后蹄绑在一起训练。能如此行走的马十分名贵，即使长相再丑秉性再坏也可以卖出高价。人乘上这种马飞奔时，手中端着的水杯不会溢出。从大马士革出发只用八九个小时就可到达贝鲁特。这之间的距离是七十二公里，而且其间还要两次上下数千英尺的陡坡，实在惊人。

《甲阳军鉴》第十六卷记载，给马喂药时有的要用酒，有的要用水，标准是卷毛朝下能喝酒，而卷毛朝上则喝水。可见也有嗜酒的马。老普林尼说，骡子不断踢人要经常喂酒。这实在是妙方。曾经听爱尔兰人说如果将最烈的香烟的烟喷入驴的鼻子里，驴会现出一种恍惚的表情，十分安然，大概驴非常喜欢香烟。巴斯克人相信，将驴推倒，嘴对着驴耳高喊，然后立即用大石头堵住驴耳，驴会像被催眠一般熟睡不动。

心理

前面讲过，秦王对燕太子丹说乌鸦的头变白，马长出了角便允许他回国。公元前3世纪左右，犹太人本·希拉采集的动物故事中有一个故事与此相似。故事的内容是上帝创造完万物之后，驴对马和骡子说："其他动物都可以休息，唯独我们没有，必须不停地工作，这极为不公平，所以我们向上帝祈祷，请他恩赐一点休息时间。"但是上帝不答应他们的请求，说如果你们的尿流成河推动水力机，你们的粪便散发出芳香才可以休息。从此以后，驴不断在其他驴的尿迹上撒尿，拉完粪便之后也会不停地嗅味道。从前《意大利古典文学全集》（1804年米兰版）中收录的15世纪、16世纪的故事中谈到人大便之后为什么会回头看，可惜具体书名和故事细节已经忘记，古今中外人类是否都有这个习惯不得而知。牛在路上见到其他牛的小便必定嗅其味道，然后呼出鼻息，猫和狗习惯在自己的小便上撒尿。另外俗话说和歌山人经常一起去厕所小便，这是否因为人和牲畜有类似的习惯，则不得而知。顺便想起一点，贝罗阿·贝鲁贝约撰写的《升官之道》第三十九章讲述说，阿尔萨斯某地的妇女过于重视仪表，一星期只小便一次，每周二的早上分别按照身份排队来到泉水边，在各自固定的地方缓缓地痛痛快快地排空膀胱中的尿液。这些尿汇集在一起终于聚集成河，流淌不绝。英国、德国、法兰德斯[①]等地的人打来河水酿成上等的啤酒，而妇女们则讨厌啤酒，认为如同喝尿。当然这是煞费苦心虚构的故事，但是在日本，从前在摄津地区酿造美酒的地方的上游，部落村民剥下牛马皮晾晒，酿酒商忌讳杀生，禁止上游的人晾晒皮革，据说第二年酒的味道变坏了。高野山的和尚经常在和歌山有田河的源头方便，于是这条河的香鱼特别肥大，味道鲜美，这些传说似乎多少都有些根据。

顺便在此补充两三点"传说（1）"一节中遗漏的部分。骑马渡海的事例，例如源赖信、佐佐木盛纲、明智光春等在日本很著名，中国可能也有。在欧洲，古代英国的英雄毕维斯冲破大马士革的土牢逃出时，杀死了追赶的撒拉逊军队的猛将格兰德尔，夺取了战马，渡海来到一座城堡。他想讨要一餐饭，但守将不允，双方大战，那头名马被杀，毕维斯杀死了守将，让守将的妻子拿出了饭菜，饱餐了一顿之后扬长而去。12世纪西班牙的犹太人阿方索写作的《教训篇》讲，骡子觉得驴是自己的父亲是件可耻的事，便极力掩盖，却夸耀牡马是自己的外祖父。与此相似，近来，日本也有很多暴富成为显贵的人耻于谈起自己的父亲，却四处炫耀母亲是地方领主的妾所生的，或者是某个破落

[①] 法兰德斯（Flanders）现在是比利时北部的政治区域。"法兰德斯"这个词语第一次在历史上出现于公元7世纪，原意为"流动"，该地区绝大多数都是讲着荷兰语的比利时人。——译注

贵族的后代。其实这种母亲大多曾经是卖笑为娼的青楼女子，而骡子的母亲绝不卖春，相比之下要更高贵。13世纪末意大利出版的《传说百篇》第九十一章记述说，骡子对狼说自己的名字写在后蹄上，于是狼凑上去看，骡子趁机踢死了狼，旁观的狐狸说人也是一样，识字的反倒愚蠢。所谓"人生识字忧患始"。

比文字更多一层忧苦的是女色，本·希拉也说女人是罪孽的根源，因此人会全部死亡。冲绳首里人末吉安恭读了笔者发表的"名称"中的有关妇女阴毛的论述后来信说，在冲绳，人们称没有阴毛的女人为"那得墓"（光滑），由此转为发音相近的"那霸墓"。琉球的坟墓形状模仿女人的阴部，一般在墓的上面和周围种植松、小树、芒草等植物。因此那霸附近的坟墓的名称大多是源于草木稀少光秃，坟墓做成女人阴部的形状意味着返本归源，这是十分精彩的解释。佛教中也有"时舍卫国有比丘，比丘尼母子夏安居，母子数数相见，既数相见，俱生欲心。母语儿言：汝从此出，今还入此，可得无犯。儿即如母言，彼疑。佛言：波罗夷"。[①] 一休和尚的诗句"一切众生迷途处，十方诸佛出身门"也一语道破了其中的道理。据1914年8月英国皇家人类学会发行的杂志《人》刊载的贝斯特的文章讲，新西兰的土著毛利人认为女人的阴部有一种破坏力，称呼为不幸

---

① 参照《四分律》第55卷。——原书注

之地，并作为灾祸的标志。女神统治阴间，主宰死人的灵魂。传说勇士马维为了人类寻求永生之术，准备从阴道钻入女神的体内，为此而丧命。他们还将产门称为"死亡之家"，人从这里来到世上必定经历劳苦病死等折磨。或者说，女人的阴部是毁灭人类的根源。印度教的迦梨女神象征着女性的力量，即破坏力，这种力量平时不露声色，一旦瞬间爆发，即剧烈发作，毁灭世上万物。贝斯特认为这种传说的根源不甚明了，但笔者认为这并不难解释，性交达到高潮后，无论多么凶猛的对手都会立即萎缩，所以人们相信女人的阴部有巨大的破坏力。琉球的女人阴部形状的坟墓除了有返本归源的意思之外，大概还有标识死亡的意思。

从生物学和心理学来看，繁殖的过程以及与之相关的感受都和死亡相近。伊藤仁斋[①]曾说死是生之极点，后来问世的相书《相岛流神相秘鉴》记述说，性交是死亡的开端，人因此而气衰力竭，所以这时人们都现出悲哀的表情，这种说法也有几分道理。《日本书纪》第一卷记载说，大神伊奘册尊生火神时被烧死，葬在纪伊国熊野有马村。《古事记》中记述大神火之迦具生土神时阴部被灼烧致死，埋葬

[①] 伊藤仁斋（1627—1705），江户中期的儒学家，古意学派的创始人。他生于京都，终身不仕。早年学习朱子学，后来认为朱子的注疏背离了孔孟的原意，于是便主张研读《论语》和《孟子》，全国的门生云集到他的私塾。著有《论语古意》《大学非孔书辨》《语孟字意》《童子问》等。——译注

大神的般若岩洞俗称女阴岩。高五十米左右的巨大岩石上有一个类似女人阴部的洞穴,当地的人说《古事记》中记载的大神葬于出云和伯耆之间的比婆山是误记,事实胜于雄辩,现存的岩石足以证明有马村是大神真正的陵墓。他们上下打通官员,旨在于认定此处为政府指定的神社,结果如何不得而知,但是根据这个传说可以了解到日本的远古也认为女人阴部和死之间有密切关系,这种想象有利于学术发展。

末广一雄在《人生百奇》中说,日本人和西方人不同,任意创造神仙并经常变更。艺伎或年轻的姑娘生下私生子之后,便谎说孩子的父亲已经去世,当作神祭祀。欧美人认为这比樱花和日本舞蹈更稀奇。官员们滥伐森林,将名山变成荒山野岭,用金钱升格神社的地位,生前并无任何丰功伟绩的人被神格化,为了满足个人的嗜好不惜违法向外国人赠送地图和违禁品,这种人竟然会被授予爵位,虽说当今是金钱万能的世道,但是连神圣的神也要以金钱论定,难怪世上兴起无神论。约翰·丹洛浦曾评论说,中世纪末意大利的小说家纷纷描写残酷至极的杀人场面,记述人们将奸夫的阴茎割下系在淫妇的脖子上或煮成汤让淫妇喝,等等,认为残忍过度反倒滑稽。笔者认为如果上述畸形的岩石被列为政府指定的神社,不仅亵渎人们敬畏神明的精神,而且也是对神灵的污辱。

前面讲到的末吉是土生土长的琉球人,他是一位好学之士，笔者从他那里学到了很多东西。关于女人没有阴毛一项，根据他的介绍读到《松屋笔记》，其中有相应的记述。他来信说："先生（熊楠）主张的唱诵不生寸草的歌谣早在足利当政时期就已经存在并且完全正确，琉球语中讲人不长毛比作干燥的土地，阿波良岐岛和寸草不生的岛的名字也是源于干燥的意思。"不过内宫祭神的歌谣中讲的阿波良岐由七岛组成，加上无毛岛共八岛，也就是说无毛和阿波良岐是两回事。

孔子曾讲："我不如老圃。"总之女人的事要问女人，于是我便向熟人阿富询问。据她说阿波良岐和陋屋一样属荒芜之意，意思和女人不长毛相近，所以通用。经她的启发，笔者查阅《伊势参宫名所图会》的岛屿图，见到阿波良岐岛果然画着几棵树。阿富是伊势出身，她的话应当言而有据。有人不理解笔者为什么喋喋不休地考察女人体毛的问题，在南洋的海岛上有种风俗是拔掉女人阴部的汗毛，然后刺上一个三角形图案。世界上的伊斯兰教徒也都要拔掉汗毛，这种风俗由来已久，原因是这样可以保持身体的洁净，现在越来越多日本人要到海外谋求发展，考虑到要了解国外的风俗习惯，因此略做调查，以供各位参考。

言归正传，下面谈论马的各种心理现象。朗曼兹说，马不如老虎、狮子等大型食肉兽聪明。食草类动物中大象比马聪明伶俐得多，驴虽不如象但比马聪敏，与其他的食草类动物（牛、鹿、羊等）相比，马略微聪慧。马的情绪根据驯马人的不同变化很大，但是各国的驯马方法大同小异，即将狂躁不安的马的两只前蹄或四蹄用绳索绑住，让马横卧在地，任它挣扎一番，然后使用各种不使马感到痛苦的方法使它明白必须服从于人。一旦马理解了人是主人便豁然转变，野马立即驯化成家马。虽然有时有复归野性的事例，但是可以轻易地驯服。驰骋在南美洲旷野中的野马是数百年前挣脱缰绳的家马重新野化，即使如此，高丘人用上述方法也能驯化。印度等地驯化野象的方法也大致相同，只不过过程循序渐进，不像驯服马那样立竿见影。令人惊奇的是马一旦受惊便似乎丧失理智一样，狂奔乱跳，头撞南墙也不回头。其他动物也有惊慌失措的时候，但不像马那样暴躁。不过，平时马温顺安详，喜欢被人抚摸，见到其他的马受到宠遇会妒忌，喜欢同类聚集嬉戏，威风凛凛奔驰在猎场。马的虚荣心较强，喜欢夸耀身上佩戴的马具的精美。因此，西班牙人为了教训不服从命令的马，会摘下马头上象征庄严的头饰和马铃，戴在其他马的头上。中国人根据马的这种特点发明了"惊骇"这个词，《大毗庐遮那加持经》讲马心对于世上一切都存有惊骇之念。可见马的惊慌恐惧之心和其他野兽不同。

马的记忆力极强，贝克在《埃塞俄比亚的尼罗河支流》记述说埃塞俄比亚的马在途中如果和骑手分开，必定回到前一夜的驻留地。在中国，齐桓公伐孤竹国时，春去冬归，归途中迷失方向，管仲放开老马跟随其后，于是找到归途。① 埃奇沃思写给达尔文的信说，他和一匹矮马同在伦敦居住了八年之后返回乡下的旧宅，回去时那匹矮马仍然记得归途，立即回到曾经住过的马厩。矮马是一种身高三十二至五十六英寸的小马，种类繁多。在和歌山不曾见过这种矮马，但土佐马、琉球马以及种子岛的牛马属于日本产的矮马。中国也有果下马、双脊马，高不过三尺，据说良种马有两条脊骨。《大清一统志》第十八卷讲："（甘肃）马踪岭苍崖陡绝，姓旋不通。相传昔有失马此山者，踵而追之，忽达婺州，遂通为岭。"《元亨释书》记载，藤原伊势人得到风水宝地准备安置观音像，依照贵船神托梦启示，在白马上放上马鞍，让少年乘上白马信马由缰，马在山中茅草堆上止步，于是在此地兴建了寺庙，命名为"鞍马寺"。

马的嫉恨心很强，据巴顿的《麦地那以及麦加巡礼记》第十五章介绍，在麦地最头痛的是每天晚上马都脱缰，例如一匹老马偷偷脱开缰绳，像袋鼠一样蹦跳奔跑找到曾经结怨的马，两马用头相撞，喘着粗气不断嘶叫互相踢打。这时第三匹马也脱缰逃出，首尾高翘加入战阵，然后群马狂奔，互相踢打撕咬，混战成一团。大概是由于嫉恨心极强的缘故，世上有马为主人复仇的故事。②《闲田耕笔》第三卷记载，摄州（大阪府）高槻地区附近的六岁男孩赶马出

---

① 详见《韩非子·说林上》。——原书注
② 详见老普林尼《博物志》第8卷第64章。《渊鉴类函》第433卷所载王成的马。《奇异杂谈》中所载江州下甲贺名马的故事。——原书注

城，在归途中突遇暴雨，河水暴涨，小孩不知所措。这时那匹马用嘴叼起小孩渡过急流，然后在前面带路，在黑夜中安全回到了家，家里人十分感动，先犒赏马匹，第二天又向四邻送礼致谢。这个故事是否真实令人怀疑，不过朗曼兹的《动物的智慧》记述了美国克伦伯尔教授刊载在《自然》杂志上的信。教授的一个朋友在多伦多附近的农场工作，农场主的妻子的马无须干活，过着和人一样闲适的生活。据说几年前，这个女主人从桥上失足落入水中时，正巧在附近吃草的马快步赶到用嘴叼住了她，马救了女主人的命，从此受到礼遇。还有一些很令人怀疑的马自杀和殉死的故事。据《大清一统志》第一百九十九卷记载，明朝的钟同因太子的事向景帝苦谏被棒打致死，于是"同之上疏也，策马出马。马伏地不起。同叱之曰：吾不畏死，尔奚为者。马犹盘辟再四，乃去同死，马长号数声亦死"。老普林尼说，马失去主人之后会流涕。尼科梅德斯王被杀死之后，他的坐骑绝食自尽；安提阿克王战死后，敌军捕捉到国王的战马骑着凯旋，那匹战马奋不顾身从悬崖跳下，和敌人同归于尽。

朗曼兹说，他的朋友的坐马秉性不良，马夫给他梳理鬃毛时，马经常用后蹄踢打缰绳上的木球，以此来抽打马夫。而且朗曼兹自己的马在马夫熟睡之后能巧妙地脱开缰绳，拔下柜橱的木栓放出燕麦。当然这不是马自己想出的办法，而是见到马夫总是这样拿出燕麦，夜里肚子饿时模仿马夫偷吃燕麦。这匹马喝水时会拧开水管，暑热的夜里还会拉绳子打开窗户。1911年的《自然》杂志记述说，有一匹马丢掉了一只蹄铁，它每天来到铁匠铺，赶走了仍然来，铁匠检查了它的蹄铁才明白，便为它钉了新蹄铁。马凝视了铁匠片刻，用力踩了几下新蹄铁，便长嘶一声奔驰离去。该杂志还说，有一匹单眼失明的马生了一头马驹，由于一边没有视力，经常不小心踩到小马驹，果然不出三四个月小马驹就夭折了。第二年这匹马又生了马驹，于是牝马用单眼盯住小马驹的位置纹丝不动，小马终于健康成长。这是牝马接受最初的马驹夭折的教训，综合记忆想象思维的结果。该杂志又讲，将矮马关进小屋掩上门，里面插上门闩，外面挂上门环，可是矮马仍然能到屋外游荡。主人觉得很奇怪，便偷偷观察，发现矮马先拨开门闩，长嘶一声之后，有一头驴来用鼻子挑开门环，于是矮马和驴结伴出游，如同嫖客和妓女出逃一般。美国圣路易斯城的内法教授在《自然》杂志第二十卷上撰文说，家住艾奥瓦州的朋友的骡子经常溜进仓房偷吃燕麦，院门禁闭，主人觉得奇怪，考虑再三也不解原因。有一天终于看到了现场，只见骡子先拉开门闩打开门，然后转身用尾部再推上门，来到仓房拔掉门闩，房门会自动打开。这头骡子智慧非凡，放任它自由，它会不断在夜间出入马厩继续偷吃燕麦，后来由于主人严防才得以阻止。

贝克在《阿尔伯特·尼安萨记》中讲，欧洲人称愚钝的男人是驴，可是埃及的驴却巧于计算。跋涉在峡谷众多的地区，为了防止骆驼落入谷底行李散乱，每当到达山谷总是卸下骆驼背上的行李，搬过谷底之后再重新装上，前行一段之后又反复进行前面的过程，驴理解了这个节奏，每到达山谷一听到停步的号令便全体一起伏在地上，长卧不起。在人们搬运行李期间，有的睡觉，有的在沙上打滚，背上的行李散乱不堪，让马夫十分头痛。朗曼兹的书中还说，新奥尔良的铁道马车的骡子每跑五趟之后便从辕上解下来，跑四趟时骡子没有任何反应而当跑完第五趟时总是长鸣一声。由此可以知道骡子可以计算五这个数字，不过，当跑完五趟之后马夫在车站等待卸辕，也许骡子见到马夫才嘶叫，还需要进一步研究。1904年在柏林闻名一时的名为"聪明的汉斯"的马可以表演各种节目，观众云集，不得已出动警察维持交通治安。这匹马表演的节目内容是计算当日是一周内的第几天，能读表的时间而且能回答观众的人数和人的身高，等等，无一不中。根据当时斯穆普教授实地调查的结果表明，这匹马被称赞为"会思考的马"属言过其实，马其实没有任何思考能力，观察力也不如人。马的主人用四年的时间耐心地训练，每当提出一个问题，马会用前蹄敲打地面回答数字。实际上马并没有思考，只是不停地敲打地面，依照主人的动作指示停止敲打罢了，主人的指示动作是观众难以分辨的极其隐蔽的细微动作，马每次绝不看错这类细微的动作却值得惊奇。在此之前，十

695

二三年前伦敦闹市区名噪一时的奇马穆罕默德,不但可以计算加减法,而且还能数观众的人数,猜出人的年龄。约瑟夫·米汉从马的主人处听到的秘诀是,主人在使唤这匹马期间,发现和马对视时马会立即用前蹄敲打地面,当主人的眼光看地面时立即停止,而且这匹马可以根据主人的声调低头或摇头,还可以做出各种奇异的动作,于是主人觉得这匹马有天性,便同吃同住,经过几年的训练才掌握了当众表演的技能。米汉还说,牧羊人将群羊按一列纵队赶入圈中时,每经过二十头,牧羊狗会尖叫一声,由此可知也有识数的动物,但是所谓"会思考的马"并不能成为马会计算的根据,只不过是魔术罢了。

世界之大无奇不有,世上其实有很多不可思议的奇事。笔者十三四岁上中学时,见到同学们都拼命苦读,觉得在中学时代即使考全年级第一名也没有意义,于是夸口说自己不读书但保证不留级,这一点果然做到了。而且每当考试时无论什么科目总是第一个交卷,在外面捕捉昆虫悠然自得,同学们见到我从不读书却不留级感到十分奇怪。其实这也是由于观察能力强的缘故。记得十岁时课上讲读《史记》,读到田忌赛马赌千金的故事,孙子教田忌用劣马和对方的良马对阵,必然要输掉一局。然后用良马和对方的中等马对垒,最后以中等马和对方的劣马比赛,这样可以胜两局从而赢得千金。由此得到启发,想到十门课当中作文和汉文是我的长项,可以稳拿满分,学校规定只要取得了总分的五分之一就不必留级，所以其他八门课的答卷全都交白卷，只有上述两门课飞速解答，然后就可安然游荡。反观当时全年级的第一二名，现在也没有成大器，我暗自庆幸自己有先见之明，回想起当时游山玩水采虫自乐，顿觉心情舒畅，应该可以益寿延年，不知当今教育家做何感想？

欧洲自古以来最著名的会表演节目的马应该是与莎翁同一时代的苏格兰人邦克斯的"摩洛哥"（见图8）。这匹马也是用前蹄敲打地面计算袋子中的钱币并会数骰子的数目，这匹马还可以将东西交给主人指定的观众，还能从观众中

图8 1595年出版，奇马

找出最好色的绅士，还可以用后腿站立跳跃和跳舞，据说在1600年，这匹马驮着邦克斯跳跃了伦敦的圣保罗大教堂的屋顶。这大概是从教堂里上层的观众席上登梯子出去的。当时有一个笑话说，那时有众多人在街上仰天张望，有一个人在教堂里，他的仆人跑来劝他出去看看，于是这个人回答说："这里可以看到下面这么多的驴，没有必要为看一匹马特意跑到外面去。"这里的驴是愚蠢的人的意思。邦克斯后来来到法国，为了招揽观众，四处宣扬这匹马是魔鬼变成的，于是围观的人大骂这匹马是魔鬼的使者，要当众烧死它，邦克斯急中生智，让马从观众中挑选出一个帽子上标有十字的人，并向这人顶礼膜拜，对众人解释说这可以证明这匹马不是魔鬼的使者，这才脱离了险境。在此前后，马当众表演节目被误认为是魔鬼，被众人烧死的事例很多。骑马登京都的爱宕山的石头台阶在日本众口称奇，但在国外有的马能表演绝活。1680年，有一个人表演骑白马走铁索，这条铁索是从威尼斯的码头拉到圣马克大教堂的尖顶，全长共六百英尺，半途中这个人停步垂下右手的枪，用左手三次挥动旗帜，向宫廷致礼，然后继续登攀达到钟楼，再徒步攀登上塔顶，坐在金色天使像上不断挥舞旗帜。最后这个人返回钟楼又重新骑马走下铁索。[1]

老普林尼说希巴利斯城的军马经常随着音乐跳舞。唐

---

[1] 参照霍恩《桌上书》第540页。——原书注

玄宗将四百匹马分左右，锦衣玉饰，随着美少年奏出的优美音乐表演各种舞蹈。书中记载马善于随音乐起舞，而且喜爱香料。[1]佛教的八部，天龙、夜叉的下面有乾闼婆，更后面有紧那罗。紧那罗（歌乐神或音乐天）的声音很美，男人相貌是马头人身，经常唱歌，女人舞姿优美，大多是乾闼婆的妻子。如果香山的大树紧那罗王弹奏琉璃琴，尽管是当着佛祖的面，所有的僧众也会自然起舞，如同小孩一般。乾闼婆译为食香或寻香，是天上的乐神住在宝山守卫香料。天神如果想作曲，与这个神相好的众人会各自变化，上天为神奏乐。乾闼婆还善于施幻术在空中现出乾闼婆城（海市蜃楼）。佛教的传说讲这种神侍奉帝释天和财神，娶云和水的精灵阿普撒拉斯为妻，他们喜爱女人，教诲妇人，掌管婚姻，骑乘太阳神的宝马。在印度，不依照印度教传统法定的婚姻，一见钟情的自由恋爱被称为乾闼婆，喜马拉雅地区的各国国王的妻妾，身份在皇后之下、妾之上的女子也被称为乾闼婆。乾闼婆是根据马和驴想象出来的神仙，戈佩尔纳其斯《动物谭原》中有详细论述。佛祖告诫众僧说，喜欢欣赏俗乐，不严守戒律的僧人来世转生为乐神，根据布施的因果应报可以和众天神同样快乐度日。在印度，小商贩兼魔术师、杂技艺人跳舞讨饭之辈的妻子女儿很多都很漂亮，这些人往往被贵人看中娶为妻

---

[1] 据巴顿说，他曾经见到阿拉伯马拒绝和女人鬼混后没有洗澡的主人骑乘。——原书注

子，人们称这种人是乾闼婆。沃尔特说《圣经》讲上帝模仿自己创造了人是天大的谎言，实际上是人类仿照自身创造了神。综上所述，从前乾闼婆部族的身份卑微的贫民贩卖杂货，表演杂技等，游街讨饭时经常教授马跳舞表演，他们的守护神是马，而且命名乾闼婆，这是香料、音乐和婚姻的神仙，这些贫民的妻子经常在婚礼上帮忙，此外马和驴的生殖器巨大，所以人们多以此作为繁殖的象征。

《五杂俎》第五卷记载："宋张耆子亦四十二子……耆诸姬妾窗阁皆直马厩，每马交合，纵使观之，随有御幸，无不成孕。"土耳其的苏里曼二世有一天看到割取了睾丸的牡马调戏牝马，觉得宦官只摘取睾丸不放心，于是命人割除其根部，后代的皇帝代代沿袭这个制度。正如他的推理，当时宦官玩弄女性的事例很多。[1] 紧那罗原来也是以马技和歌舞为业的民族，这里出身的女子如果能嫁给比自己高等的乾闼婆部族的人会感到十分荣幸，这和乾闼婆部族的妻女被贵人看上娶为妻子一样。日本也有许多实例，例如木匠的女儿成为领主家的侍女，鱼贩子的女儿嫁给木匠做妾，对她们来说都是一种荣誉。

老普林尼认为马懂得血缘关系，马群中"马妹妹"会对比自己早生一年的"姐姐"敬如父母，戴上眼罩的牝马

---

[1] 详见达文尼埃《土耳其宫中新话》（1675年）第28页，安西荣《宦官攻击论》（1718年）第206页。《人性》第8卷第4期，绪方正清博士《关于中国以及韩国的去势》。——原书注

和牝马交配后，脱下眼罩发现牝马是自己生的儿子时会暴跳如雷，有时会撕咬马夫，有时会从悬崖跳下自尽。[1]安里·艾切奴在《艾罗德特的自嘲》第十章猛烈抨击了16世纪的意大利贵族之间流行的婚外恋，然后从旁塔努斯的著作中引用了两个畜生知耻的事例。一个是母狗严厉教训儿子的不轨行为，另一个是马夫讲的一匹牝马和改头换面的儿子约会了一次之后，甚觉羞耻，绝食而死的故事。佛经《阿毗达摩大毗婆沙论》第一百一十九卷记述说，人如果弑杀了父母要落入无间地狱，当被问及畜生杀了双亲后如何时，答案是聪慧的牲畜会落入地狱，而当回答是蠢笨的牲畜则不会。该书对此解释为"曾闻有聪慧龙马，人贪其种令与母合，马后觉知断势而死"。《尊婆须密菩萨所集论》中讲："御马师，以衣缠头合马牝者，便知是我母，还自啮根断。"至今，阿拉伯人仍然十分重视马的血缘关系，为了不使名贵马的血缘断绝，有时可能让母子交配。阿拉伯人同时也注重同姓婚，表妹嫁给表兄是天经地义的事，在讨老婆之前必定先询问对方是否有表兄，而且要先得到表兄的许可才能成婚。以前在《风俗画报》上读到在泉州（大阪府南部），直到二十年前，女孩子如果没有良缘嫁不出去时，有嫁给叔叔的风俗，这其实是注重血缘的观念的遗存。查阅日本史书可知，至少到镰仓时代末期，日本的贵族之

---

[1] 详见《博物志》第8卷第64章。——原书注

间盛行同姓婚。中国自古是同姓不通婚的国度，《左传》《史记》等记载了不少贵族的兄弟姐妹之间发生越轨行为的事例，这大概是上古时代崇尚同姓婚的遗风。

阿里亚奴斯的《印度记》中讲，赫拉克勒斯年老之后有一个女儿嫁不出去，他担心皇室的血统断绝，便立这个女儿为后。弗雷泽在《阿多尼斯·阿西斯·奥西里斯》第二版第三十九页中列举了诸多古希腊王娶自己的女儿为妻的事例。如果没有史实，大概不会凭空产生出这类传说，而且这些事实也并不完全都是因邪淫之念所致。在王室注重母系血缘的各国，王后掌握实权，国王只不过是一个摆设，因此为了不使王冠流入他人之手，国王尽可能和其姐妹通婚。例如埃及女王克利奥佩特拉曾和她的两个兄弟结婚，与此同理，这些国家的国王在王后去世后才终于可以独揽大权，因此为了不使宝座落入女婿的手里，只好娶自己的女儿为王后，这似乎也是有道理的。日本上古时代也是母系社会，国史中有记载在此不详细论述，只举一两例。《古事记》列举了天孙下凡时跟随在后的众神明，在讲述天儿屋根命神是中臣连等的祖先时写道："天宇受卖命神是猿女君等的祖辈，伊斯许理度卖命神是作镜连等的祖宗。"对此，本居宣长认为这两个神女的子孙有姓氏值得怀疑，不过笔者认为这是母系社会继承母姓的证据，《古语拾遗》中记述说天钿女命是猿女君的远祖，现在她的子孙都姓猿女君，可见她的子孙代代都不称父姓，一直保持母姓。《东鉴》文治元年（1185）源义经败走京城的章节记述说，从前常磐御前①不守贞节，侍奉平清盛生有一个女儿，这是为了乞求平清盛饶恕她的三个儿子，实在也无可厚非。当她失宠后准备出家专心守护源义朝的陵墓时，可能是因为三十岁的寡妇不保晚节，她又嫁给了一条大藏卿长成，所生的儿子侍从良成和异父兄长源义经同生死共患难。《曾我物语》中的曾我兄弟的母亲在和丈夫结婚以前，曾经和京城的人相好，生下了一个京城小次郎，曾我佑成曾对小次郎谈起为父报仇的念头。这些都是当时注重母系血缘的风俗盛行的见证。柳田国男曾经在越前的一个神官家的家谱中发现这家十几代都是母女相传，家谱用红笔标注，丈夫的名字只不过是女人的一个旁注。②众所周知，八丈岛的居民至今仍然重视母系血缘。

《左传》中记载："男女同姓，其生不蕃。"人们知道这符合物种原理，但是实际上释迦牟尼和基督出身的名门贵族有不少的祖先都是近亲通婚。植物中也有一朵花内的雌雄蕊繁殖茂盛的事例，繁缕就是以这种方式世代相传的。如果近亲通婚绝对繁殖力下降的话，最初的动植物属于同族，如何繁衍出无数的后代？笔者曾经读过印度一夫多妻家的妻子和一妻多夫家的妻子辩论父系社会和母系社会的

---

① 常磐御前生年不详，曾是源义朝的妾，平治之乱源义朝死后受到平清盛的宠爱，后又嫁给藤原长成。——译注
② 详见《乡土研究》第1卷第10期。——原书注

优劣的文章，可惜忘记了其中的细节。不过母系社会的形成和延续有它依据的道理，因为女人什么时候怀上了谁的孩子有时自己也不知道（佛教认为清楚知晓的都是非凡的女人），一般认为是丈夫的孩子实际不明的情况很多，因此即使在重视姓氏的中国，有时也有类似的事情发生，例如"田常乃选齐国中女子长七尺以上为后宫，后宫以百数，而使宾客舍人出入者不禁。及田常卒，有七十余男"。弗雷德里克国王是改良人种的先驱，他曾经挑选身材高大的男女配对，计划以此改善人种强化军队，他的想法是只要能生高大强壮的孩子，父亲是谁并不重要，这另当别论。战国末期仅十年内，楚王后所生黄歇之子与秦王后所生吕不韦之子分别立为楚王和秦王，故邢子才以为妇人不可保。谓元景曰："卿何必姓王？"元景变色。子才曰："我亦何必姓邢，能保五世耶？"[1]因此有人主张无论是谁的孩子，何人所生这一点明确无误，所以人的母亲的系统十分清楚，母系血缘的关系是比较准确的。

由此可见，信奉母系社会的民族才是真正的祖先崇拜的民族，有的人认为天照大神是女神的推理不正确，笔者认为这种论调没有道理。从进化论的观点看，行为方式越是和动物不同，越是文明进化。动物不懂崇拜祖先，因此崇拜祖先的民族要比不祭祀祖先的民族文明。笔者主张祭

---

[1] 参照《史记评林》第46卷和第78卷，《广弘明集》第7卷。——原书注

祖，但是鉴于上述的原因，现在我们无法真正祭祀祖先，而且我们还有许多更重要的事情要做。在此补充一点，近亲结婚和母系血缘未必同时并存。正如弗雷泽所述，人们由于过于注重母系血缘，有时不得已实行近亲结婚，这两项都分别有其原因，并不能一概而论是乱伦。前面所引述的马对于直系关系的乱伦感到羞惭而自杀的事例如果是事实的话，可以证明有些动物具有羞耻心，所以不应该一概诅咒古人实行近亲结婚是畜生不如的劣种。像赫拉克勒斯那样，有的人由于过于重视自己的血统而近亲结婚，而重视自己的血缘这一点正是显示人畜不同的证据。

《大般涅槃经》讲马害怕狮子的气味，《十诵律毗尼序》记述说将狮子的油脂涂在脚上，大象、马等都会惊慌逃窜。拉雅德说当狮子走近时，库尔德斯坦的马还没看到狮子的身影就会吓得挣脱缰绳逃脱，所以各部落的酋长们都剥下狮子皮让马熟悉气味。菅茶山[①]讲，狼怕熊但能杀死马，可是熊惧怕马，[②]马还怕象和骆驼。[③]由于蒙古矮马和骡子极其惧怕骆驼，因此一般让它们夜里赶路，白天在骆驼专用的旅店歇息。[④]《渊鉴类函》援引《马经》讲马特别畏惧新灰，

---

① 菅茶山（1748—1827），江户时代后期的儒学家、汉诗人，曾撰写诗集《黄叶夕阳村舍诗》。——译注
② 详见《笔游》第51章。——原书注
③ 详见希罗多德的著作第1卷第80章，登纳特《斯里兰卡博物志略》第2章。——原书注
④ 参照赫德雷《黑暗蒙古纪行》第54页。——原书注

马驹遇此即死。《夏小正》中讲仲夏之夜禁止烧灰是因为这个月生马驹。贝克的《埃塞俄比亚的尼罗河支流》记述说他在猎杀狮子时,见到一匹马沉着冷静地走近距狮子六码的地方,和狮子对视毫无惧色。由此可见,训练有素的马也可以摆脱恐惧心理。《虎矜经》第十卷记载,在马厩中养猴,可以预防疾病和治疗疥癣,因此日本、中国和印度都有在马厩养猴的习俗。据《菩提场经》记载,马头神的鼻子和猿猴一样。笔者曾听说猿猴经常鼓噪,所以马在旁边总是保持一种紧张感,因此身体健康,同时猴子还可以清除马毛中的寄生虫,这可能有益于治疗疥癣。前述的乾闼婆部族的身份卑贱的部落民驯化马和猴子表演节目,必定将这两种动物放在一起喂养。1821年,前往泰国的英国使节克劳福德曾亲眼见到泰国王的白象饲养棚中有两只猴子,经询问才知这样可以消灾除病。

民俗（1）

史前的人类大多猎杀野马食用，那时他们经常将剩余的马饲养起来以备日后食用，后来人们发现驯化的马可以使用，骑乘时感觉愉快而且使用灵活，骑乘拉车和驮运都自由自在，就这样马成为人类社会中必不可少的工具。现在，道路改善，火车发达，人们不需要像以往那样骑马外出，但是短时间内还不可能完全废弃马。《吕氏春秋》讲"寒衰始御"。《庄子》记载："黄帝将见大隗乎具茨之山，方明为御，昌寓骖乘，张若谵朋前马，昆阍滑稽后车，至于襄城之野，七圣皆迷，无所问涂。"《武经总要》中有黄帝的军队在左右两翼配置骑兵的记载。古代迦勒底人最初曾驯化骞驴牵引战车，后来从中亚引进马匹之后，便配上马具，主要使用马匹。但是马只是在上流社会中使用，当时还没有用于军事。《旧约圣经·约伯记》记载，每当号角吹起的时候，军马总是喘着粗气，嗅出远方硝烟的气味。吉斯雷里所著《文坛奇观》第九版第三卷举例讲述说，欧洲出版的《圣经》译本翻译拙劣，有些内容读起来似乎像市井小说一般。笔者认为即使原文的内容如此，在翻译时也要注重庄重典雅，对于文章的语言要再三斟酌。而日本的《圣经》译本也是通篇文字粗俗，虽通俗易懂但略显欠缺儒雅。

波斯、希腊、罗马人都将马用于军事，希腊人特别喜爱马上竞技，但他们只使用缰绳，没有马鞍和马镫，简单地在马背上铺上麻布皮革,有时干脆乘坐裸马。老普林尼说,首先骑马的是柏勒洛丰,发明缰绳和马鞍的是佩列茨罗尼俄斯,最早的骑兵是半人马族人,弗里吉亚人首先使用两匹马牵引战车,而厄里克托尼俄斯人使用四匹马。阿兹昂讲据摩西的书记载,在弗里吉亚人以前埃及人早已使用战车,但不知道当时是否使用马牵引。比埃罗奇说《圣经》中记载马的部分首先出自《约书亚记》,据该书记载,迦南军使用众多的车马在梅洛姆河边布阵,约书亚奉上帝之命割断敌军马匹的蹄筋,烧毁了战车,大破敌军。本来以色列人居住在山区,不擅长使用马。摩西的戒律讲国王不应奢求大量的马匹,更不可以为得到马匹而率众返回埃及。因此,大卫①缴获佐巴王的一千辆战车时只留下了一百匹马。所罗门执政时期,②希伯来人的马匹众多,据《列王纪》上卷记载,当时国王战车的辕马马厩有四千座,骑兵一万两千人。该书还说国王有一千四百辆战车,一万两千名骑兵。其后各国国王争先恐后繁殖战马,教会人士曾经纷纷谴责。现代的巴勒斯坦的纯种赛马的马主均夸耀自己的马是所罗门王的战马的后裔。不过,希伯来人自古将马用于农耕,用干草和大麦饲养马的习惯和现在的阿拉伯人相同,而且同

---

① 公元前10世纪前后古代以色列王国的第二代国王,被誉为犹太民族的英雄。——译注
② 所罗门王在公元前961年至前922年左右执政。在位期间大兴土木,人民苦于苛税。国王去世后,终于导致国家分裂。——译注

样为马系上铜铃。《新约圣经》中记载有马但没有基督师徒乘马的记述，不过其中谈到押沙龙和所罗门骑骡子。摩西规定异种牲畜不得交配，似乎人们没有遵守这条戒律，但是至今巴勒斯坦的阿拉伯人从不使用马和驴交配，而是从邻近地区购买骡子用于日常生活。由此推理，古代希伯来人可能也是从外地采购骡子。巴勒斯坦的古代民间传说讲约瑟夫打算让他的妻子乘骡子去埃及，当他制作马鞍时被骡子踢打，从此骡子就不能繁衍后代，只能代代由马和驴交配繁殖，而且骡子不讨主人的喜欢，不能像其他牲畜那样进入主人房内。驴在《圣经》中被认为不干不净，在没有马的时候会受到宠爱，古代人们从来不用驴和牛一起拉犁，[1]摩西规定每到第七天应该让牛、驴歇息。

传说中最早骑马的柏勒洛丰，原名希波诺伊斯，生于希腊的克里特。由于他杀死了同乡人柏雷罗斯，才被称为柏勒洛丰（杀死柏雷罗斯的人）。他逃出家乡，先投靠泰尼斯的布雷茨斯，布雷茨斯的妻子安蒂亚见到柏勒洛丰年轻英俊，便一见钟情，百般挑逗均得不到回应，于是她嫉恨在心，对丈夫谎说柏勒洛丰对自己居心不良。布雷茨斯听说后恼羞成怒，写下一封密信让柏勒洛丰去见自己的岳父约巴底斯，在信中布雷茨斯用暗语请求岳父杀死柏勒洛丰。约巴底斯读完信后心生一计，让他去猎杀怪物奇美拉，这个怪物是狮子

---

[1] 这是因为驴的力量远不如牛，而且易被牛角顶伤。——原书注

头、山羊身、蛇尾并且口吐鬼火的吐火女怪。在此之前，地中海的海神波塞冬化成马和鸟使蛇发女怪美杜莎怀上身孕，英雄珀尔修斯割断美杜莎的脖颈，从鲜血中生出了天马珀伽索斯（见图9）。柏勒洛丰知道如果乘上天马就可以战胜吐火女怪，便去女神雅典娜的神殿，在睡梦中得到黄金缰绳并得到神的启示，于是向天马的父亲海神波塞冬敬献祭品。在神的帮助下，当天马到泉水边饮水时，被他捕捉住。他乘上这匹天马杀死了吐火女怪，然后又征服了索里米人和女儿国，堪称武功卓著。当柏勒洛丰要回去时，约巴底斯派精兵

图9　柏勒洛丰和天马

追杀他，可是这些士兵均被他杀死。约巴底斯见柏勒洛丰是天下无双的英雄，便赐予他一半的国土，并招为女婿。柏勒洛丰回到泰尼斯，骗安蒂亚一起乘坐天马，在空中将她推下，落入海中淹死。这以后，柏勒洛丰居功自傲，想乘天马升天，宙斯神放出牛虻蛰马，天马狂奔将柏勒洛丰摔落，独自登天。柏勒洛丰摔成残废，据说只能在地上爬行，还有人说成了盲人。这个故事和印度的故事相似，传说顶生王居功自傲，不满足于上了天庭之后和天神平起平坐，而要杀死天神独霸天庭，于是从天庭坠落而死。①

切切斯讲，当吐火女怪要用火烧死柏勒洛丰时，柏勒洛丰用事先准备好的注有铅的长枪插入女怪的口中，铅熔化后烧死了女怪。后世传说天马珀伽索斯是掌管文艺、音乐的九位女神缪斯的坐骑。这九位女神和皮埃鲁斯的九女竞歌获胜时，赫利孔山欢呼雀跃飞上了天空，天马将山踢回了地面。天马踢过的地方涌出了泉水，喝过这个泉水的人会文采焕发，人们称这个泉为"马泉"。印度的《梨俱吠陀》中的火神阿耆尼的马前蹄可以释放出麝香，曙光神的马蹄下能涌出美酒装满百壶。中国也有类似的传说。据《大清一统志》第二十二卷记载："（易州马跑泉）相传唐太宗征高丽，驻跸于此。马跑得泉，故名。又有马跑泉在广昌县南七十里，俗传宋杨延昭屯兵于此，马跑得泉。"在中

---

① 参照拉斯的《佛本生谭》英译本第258页。——原书注

国和日本，马跑泉的传说有很多。[①]《山海经》记载："（天马）其状如白犬而黑头，见人则飞。言肉翅飞行自在。"堀田正俊的《飏言录》中记述说，在朝鲜流传的"天马形如犬，毛似白兔"所指的不像是马，身长翅膀的马的图像在古代中国也有。《史记》中所讲的天马是外国的骏马的美称，佛教中也有飞马，但只讲"身能飞行，亦能隐形，或大或小"，并没有明说有翅膀。[②]拉斯的英译本《佛本生谭》第一百九十六卷讲，佛前世为天马时曾救助在鬼岛饱受煎熬的船商，这匹天马全身洁白，嘴似鸟喙，毛似长草，凭借神力从雪山飞到斯里兰卡（鬼岛），但是书中没有关于翅膀的记载。不过，《梨俱吠陀》中有曙光神让长着红色翅膀的马从海中搭救起布法基斯的情节，由此可见，在佛祖释迦牟尼出世以前，印度就已经有飞马的故事。阿里奥斯托笔下的希波古利弗、匈牙利的塔特斯、古代德国以及斯堪的纳维亚的法尔克都是独来独往的天马。

希腊的古代艺术品中天马珀伽索斯都有翅膀，林纳乌斯由此命名为"飞马龙"的小鱼名一直沿用至今（见图10左），这种鱼形状怪异，英语称为海龙。笔者曾经得到过一条活标本，可惜不久便死了，所以不太了解这种鱼的生态。海马（见图10中）又名龙驹、蛟子，头酷似马，左右眼如

[①] 详见《大清一统志》各卷，参照刊载于《随笔问答》杂志（1900年）第9辑第6卷的拙稿《神迹考》以及柳田国男的《山岛民谭集》第1卷。——原书注

[②] 详见《增一阿含经》第14卷。——原书注

同变色龙一般能够分别自由转动。当海藻和珊瑚附在它的身上和尾部时，样子很像画中的龙（见图 11）。海马很疼爱子孙，雄鱼的尾部或腹下有一个抱卵的皮囊，孵化后的幼鱼直到可以独立生存才游出皮囊。古代的人大概早已了解这一点，在中国和日本，人们都认为手握雌雄海马可以顺产。与此相关，笔者居家附近的人将海马供奉为夫妇恩爱的守护神。法国人君士坦丁所著《热带自然》中讲爱神维纳斯喜爱海马，笔者不知这种说法的根据是什么？日本和英国的海马只不过数寸长，而热带海洋中的海马可长达两英尺。海龙（见图 10 右）类似海马但尾部不能卷曲，和海马一样，雄鱼的腹下和尾部的内侧都有孵化的皮膜。① 海龙大多栖息在海水中，在和歌山等地内河中也有。从前，高野山的宝物上标注有深沙龙王的是大海龙，这种鱼的王子就是小海马。印度的经典中讲马头鬼达基昂斯在海中把守麝香，韦纽天在乳海中现出马身。《无明罗刹经》说，海中小岛上的神马王有八万四千根长毛，各种动物依附在长毛上得以活命。《根本说一切有部毗奈耶》记载，天马婆罗诃从大海出，于海岸边食自然香稻，这匹天马让五百商人执捉鬃尾以及长毛，依附天马渡海脱险。这个故事的日语译文收录在《今昔物语》和《宇治拾遗》当中。《大乘庄严宝

---

① 袋鼠等澳洲特产的有袋类动物都在袋中哺育幼崽，但都是母兽有袋，这同海马类不同。——原书注

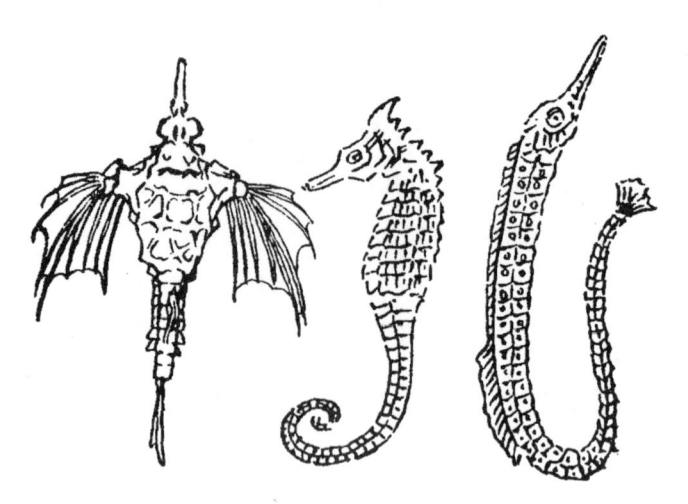

图 10 （左）飞马龙（中）海马（右）海龙

图 11 澳洲海的海马

王经》中记述说圣马王是观音的化身。日本民间传说的名为神马草的海藻在波涛中摇曳飘荡，各种生物寄生在海藻叶上，也许是僧人们将这种情形比作神马王的长毛，才命名为神马草。还有一种可能，古代人们认为神社里饲养的马是神仙的坐骑，任由毛发生长不能剪短，这也可能联想出神马草的名称。不过如前所述，还有一种传说认为名称来自用海藻饲养军马，这种海藻中栖息着多种海马和海龙。

在中国、日本和阿拉伯，有很多故事讲龙从海中飞出同海边的骏马交配生出龙驹。和马不属于同一类的动物不可能和马交配产生出后代，因为当时的人们不懂得这是家马和野生马或半野生马交配的结果。有些海兽远看很像鱼，海中有上述被称为飞马龙、深沙龙王、龙宫使者的鱼类，特别是海马，除了上述名称以外还有龙宫马驹的美名，可见既像马也像龙。[①] 古代人认为陆上的动物在海中也同时存在，[②] 由此推想，海中的龙是这些鱼类的父亲，而海中的龙又可以使马受孕，可见龙和马具有亲缘关系，所以上述海中的鱼类具有半龙半马的长相。澳洲有一种海马（见图11）可以解释上述观点。《本草纲目》阐述的"龙马同气"有各种原因，首先是海马、海龙、海狗等龙和马折中的鱼类大多栖息于海中，而传说海中有龙宫。汉代王充所著《论衡》第六卷讲世

[①] 参照《动物志》（法兰克福出版，1604年）第4卷第414页。——原书注
[②] 详见登纳特《斯里兰卡博物志》第73页。——原书注

俗化的龙是马头蛇尾，而马头蛇尾正是海马的形象。唐朝不空翻译的《大云轮请雨经》上卷讲有马形龙王。龙这种动物是融合多种因素并根据多种想象和实物构思出来的，这在有关龙的传说中已经论述过了，但是当时并没有涉及马和龙的关系，现在借谈论天马顺便谈及马和龙的关系问题。

老普林尼说，半人马人发明了骑兵。这是因为居住在希腊色萨利的山林中的原始部落人有时偷袭村庄，抢掠财物和妇女，他们全身遍布汗毛，长期居住在深山老林中，善于识别各种草药。根据史密斯《希腊罗马人传神志字典》（1844年）第六百六十六页所述，半人马的原意是屠牛夫，一般是人头马身的怪物，人们认为是人和牝马杂交产生的。大概在古希腊，只有色萨利的山民会骑马，所以其他民族误以为他们是半人半马的怪兽。实际上，色萨利人经常骑马追逐牛群，就像现代南美的骑马牧人[①]一样。公元前4世纪，书中已经记载有这种半人马的星座杀牛星（见图12），可见这种误解由来已久。西班牙人最初攻入美洲大陆时，土著人见到骑兵以为是人头马的妖怪，极端恐惧，束手无策，任由西班牙人屠杀，这是众所周知的史实。当时对于土著人来说极为恐惧的马匹，熟悉后也就不怕了，相反美洲的土著人后来擅长骑马。达尔文所著《探险航行记》记

[①] 南美洲西班牙和葡萄牙移民同土著的瓜拉尼人的混血儿，最初以狩猎野牛为生，后主要从事畜牧业。——译注

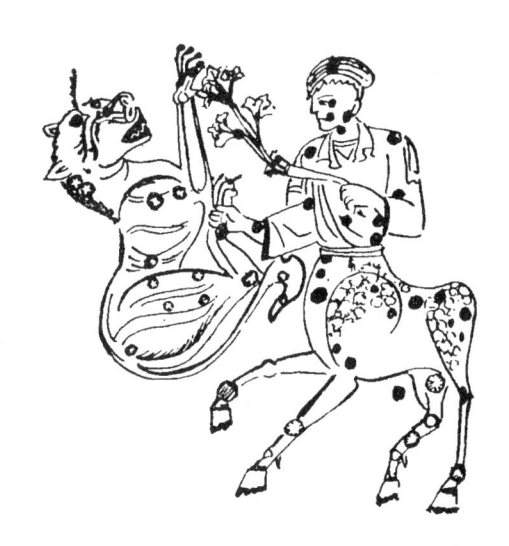

图12 公元前4世纪西班牙天文图中的杀牛星的图案

述了他目睹南美的土著人手抱婴儿骑着裸马飞奔而去的情景，惊叹不已，称如同古希腊的勇士再现。巴顿阐述说北美印第安人在沙漠中依靠帐篷和马生存，和阿拉伯人具有相同的风俗。因此，美洲大陆有一些关于马的独特风俗习惯。例如巴塔哥尼亚的特维尔切人割开牝牛马的腹部取出胃，趁胃温热时将新生婴儿放入，人们认为这样婴儿日后可以成为优秀的骑手。这些民族以前都是徒步行走，一百年以前马传入这里之后便放弃步行改乘马匹。现在人死后都要杀死马和狗，将马的缰绳和人绑在一起合葬。[①] 在远古

---

① 参照普里查特《巴太瓦尼亚贯通记》第6章。——原书注

时代，驯养马匹的各个民族都有用马和马具陪葬的风俗，俗话说南船北马，蒙古人在寒风凛冽的严冬骑马奔驰三千英里也毫不介意，而一旦下马就像公子哥一样弱不禁风，步行十几英里就怨声不绝。[①] 和蒙古人远隔万里的巴塔哥尼亚人也有类似的风俗习惯，由此可知，同样的原因必然产生同样的结果。

---

① 参照布鲁赛尔斯基的《蒙古党项国以及藏北寒境》英译本第1卷第61页。——原书注

民俗（2）

图13所示的飞绳索有一个至三个用皮革包裹着的石头，中间用皮革或麻绳连接，人们用手抛出击打美洲鸵鸟等，绳子会缠住猎物。16世纪南美的瓜拉尼人就已经使用这个绳索，阿根廷的高丘人至今仍然喜爱使用这种绳索而不愿用猎枪。巴塔哥尼亚人在不会骑马的时代就惯用这种工具，习惯骑马之后更是如虎添翼。据约翰·艾文斯说，有证据证明苏格兰和爱尔兰的史前人曾经使用过这种绳索，但是东半球的其他民族却很少使用这种绳索。因此，十二年前英国的阿里逊博士研究了世界各国的打麦秆，出版了《打麦秆及其种类》，在续写下篇时曾和笔者多次通信进行学术交流，其中讲巴塔哥尼亚人将打麦秆作为武器使用，经仔细询问才知是指飞绳索。英国没

图13 巴塔

有飞绳索那样的工具，由于有少许相似点，所以用打麦秆比作飞绳索，实际上在日本，镰刀锁链最接近飞绳索。笔者曾经和陆军中将上森藏通信，讲到火枪最初并不是只在某个地区发明的复杂的武器，日本和南美古时没有交流，而各自分别发明了结构相似的武器就是一个极好的例证，

后来这位先生将我的见解转载在《历史地理》杂志上。此后读到藤泽卫彦的《日本传说丛书·播磨卷》中引用的当地的古书记载，享禄三年（1530）[①]五月十一日，饰磨郡增位山随愿寺的法会上，僧俗聚集一堂，大摆筵宴。药师寺的少年小弁起舞，另一个名为樱花小猴的少年唱歌为酒席助兴，但是席间两者发生斗殴，小猴遭到殴打。平素喜爱小弁的僧人宽宪将小猴带出场外，后来发现小猴在水中淹死，于是药师寺的僧人和俗家众人互相殴打，双方共有八十二人死亡。官府派出武士平息了群殴，缴获的武器中有十根镰刀锁链。可见这种武器和飞绳索是分别独立发展出来的。

马进入美洲新大陆之后产生的新技能见于欧文所著《瓦卡什印第安人的民俗》中有关马跳舞的记述。书中讲，商人牵来了大量的马匹，印第安人在其中找到中意的马匹后，便分别指点它们，赞扬一番之后请求马商跳舞。商客答应之后，印第安人便点燃篝火，脱下上衣围坐在篝火旁吸烟。商客们则手提马鞭在周围不断舞蹈，不时用力鞭挞他们的肩膀和后背，而他们却泰然自若，丝毫不介意地继续吸烟，时而低声交谈。如果能忍耐十五至三十分钟而不吭一声的话，商人们就会将马交给印第安人。他们在伤口上涂上油脂，披上衣服飞身上马，在众人面前耀武扬威。如在仪式中忍耐不住，托词逃走还无所谓，要是显露出丝

[①] 这年正是欧洲人来日本的 13 年前。——原书注

毫痛苦的表情就会遭到嘲讽讥笑，尤其会受到女人蔑视。《日本书纪》第七卷说，八坂入彦皇子的女儿弟媛是一个绝代佳人，她的堂兄弟景行天皇听说后便远路赶到她家，这位佳丽害羞躲入竹林。天皇在泳宫的池塘中放养了大量鲤鱼供观赏游玩，佳人很想看鲤鱼便偷偷前来。天皇将她召到宫中，可是这位佳丽和常人不同，对天皇坦白说"（妾）生性不欲交接之道，今不胜皇命之威，暂且委身于帷幕之中，但心意不悦"，于是推荐自己的姐姐给天皇，这就是成务天皇的母亲。《夫木集抄》第三十卷有诗歌颂这段故事。瓦卡什印第安人如果不知道马也不必受此皮肉之苦。

汉代的邹阳的上书中记载说，燕人不满苏秦从他国入燕做宰相，便向燕王进谗言，燕王不但不采纳，还加倍重用苏秦，赐给他駃騠。所谓駃騠，在前文已经讲过是牝马和牡驴交配所生的品种，在日本未曾见过，中国古代作为奖赏宠臣的礼品，据说肉味极为鲜美。在罗马，公元1世纪以前，以倡导文学著名的麦克纳斯开始品尝驴肉。当时驴肉风靡全国，人们主要食用骞驴和野驴，后来这种风俗消失了。老普林尼曾说，驴见到其他驴死后不久也会死。在中国明朝宫廷中，元旦吃驴肉被称为"嚼鬼"，这是因为民间称驴为鬼[①]。刘若愚的《四朝宫史酌中志》第二十卷记载：

---

① 印度人也认为驴是鬼，如果睡觉时梦见死去的亲友乘坐驴车，便认为此人已经下地狱。——原书注

"内臣又最好吃牛驴不典之物，曰挽口者，则牝具也，曰挽手者则牡具也。又羊白腰者则外肾卵也，至于白牡马之卵，尤为珍奇贵重不易得之，味曰龙卵焉。"笔者客居伦敦时曾和滨口担①一起在饭馆吃饭，当伙计拿来菜单时，我便随便点了一道名叫"甜味面包"（sweetbread）的菜，等端上来一看怎么也不像面包，像豆腐一样白嫩，于是我质问伙计这不是面包，伙计争辩说当然不是面包，而是你要的甜味面包。争吵一番之后，店主知道我是急性子，便权当伙计听错，要撤下盘子，滨口在旁边见到感觉过意不去，于是要去了这盘菜，尝了一口，感觉味道鲜美，就给了我一半。我吃了以后也觉得是可口佳肴，于是盛赞饭菜美味，但仍强词夺理一番之后便逃出了饭馆。第二天在附近遇到店主，便问他那菜的材料是什么，据他说是牝牛的阴户。笔者查阅字典发现"sweetbread"是指牡牛的膀胱，并没有涉及阴户。在从英国归国的船上和海军工程师金田和三郎交谈时，他也说是阴户，可能是俗语当中这样称呼，但是现在无从查证。上述文章谈到明代宫中品尝牛驴鞭，顺便谈及以往的经历，恳请各位精通英文的读者赐教。

《周礼》中有庖丁掌六畜的说法，马列为首位，以下为牛、羊、猪、狗、鸡，而所谓五谷依次是麻、黍、稷、麦、

---

① 滨口担（1872—1937），滨口梧陵的长子，与南方熊楠在伦敦中井芳楠家相识，南方曾为滨口介绍大英博物馆馆藏文物。曾当选为众议院议员，也是一位实业家。——译注

豆，再加上秫、稻、小麦和小豆共称九谷。在当代中国，人们并不重视马肉和麻子。秦穆公的马曾经被田野村夫偷吃，但穆公并未发火，而是讲食用骏马肉而不饮酒会损坏身体，便赐给这些人酒喝。第二年当穆公在韩原之战中快要败北的时候，那些曾经偷吃马肉的人们聚集三百余人前来增援，终于大破敌军并活捉了晋惠公。另外，晋国的赵简子有两头白骡子，他非常喜爱。有一个人身患重病，医生说必须吃白骡的肝脏，否则会死。赵简子听说后便杀死了骡子取出肝脏送给他。后来赵简子攻打翟时，那人率领手下众人打先锋，大获全胜。《吕览·爱士篇》有诗赞养君子之所以为君是因为"君君子则正以行其德，君贱人则宽以尽其力"。日本自古以来忌讳食用牛马肉，但《古语拾遗》中记载敬御岁神即丰收之神时要用白猪、白马和白鸡，请神息怒。贵州的红崖山的深洞中有时传出铜鼓之声，人们传说诸葛亮早年曾在此扎营，当地人相信在祭祀时献上黑牛和白马便可获丰收。[①] 日本的书中记载和中国的祭祀法相似。可能在日本的远古时代，有些地方或部族曾食用马肉并用马肉敬神。在明治维新以前的琉球，鱼店里曾经贩卖牛马猫肉，妇女尤其喜爱食用烧烤马肉，日本本地人见到后感觉羞耻。[②] 蒙古人自古食用马肉，特别喜爱吃腐烂

---

① 参照《大清一统志》第331卷。——原书注
② 详见《中陵漫录》第8卷。——原书注

的马肉，还善于酿造马奶酒，这些在中国人、鲁比鲁斯基和马可·波罗以及布鲁塞尔斯基的旅行记中都有详细记载。

布朗的《俗说辨惑》第三卷第二十五章记述说，老普林尼和迦列努斯极端排斥马肉，讲马血有剧毒，但是鞑靼人长期食马肉饮马血，或者可能只有北方寒冷地区的人身体可以抗毒。正如希罗多德所说，波斯地处热带，当地人庆祝生日时煮食马肉，而且还食用驴肉和骆驼肉，希腊人不懂得这种美味佳肴，实在可怜，在任何地方吃马肉都没有关系。门采尔的《德意志史》第一卷讲日耳曼的教士曾将马肉作为祭品然后食用，由此可以知道信仰基督教的人不吃马肉，而其他宗教的人并不忌讳。古代瑞典也曾强迫信奉基督教的国王食用马肉，以此作为弃教的标志。四十七八年前，巴黎公社被围困在城中时人们屠杀马匹食用，据说白马的味道不好吃，所以很少屠杀。此后不久巴黎城中到处只见白马。[①] 马可·波罗说，元世祖有一万匹纯白马，只有帝室皇族成员才能喝这种马的奶，但是曾经援助过祖父成吉思汗建立丰功伟业的札剌亦儿部人，虽然不是皇族，但特例被允许喝这种马奶。1403年至1406年间，曾经出使撒马儿罕[②]的帖木儿王朝的西班牙人克拉维约[③]的旅行记中

[①] 详见《随笔问答》杂志第11辑第7卷第109页。——原书注
[②] 位于中亚乌兹别克斯坦共和国东部的中亚地区最古老的城市，隋唐时代的康国，后成为帖木儿王朝时代的首府。——译注
[③] 克拉维约（Clavijo,？—1412），西班牙旅行家。1403年，克拉维约作为西班牙中部卡斯蒂利亚国王亨利三世的使者出使帖木儿帝国。在他所写的《克拉维约东使记》中曾详细描写帖木儿帝国的状况。——译注

记载，帖木儿王朝宴请使节时，割取马腿，以腰部和臀部的肉为上等佳肴，切片摆放在十个金银盘中招待客人。《周礼》中以马为六畜之首也是认为马肉贵重。

古罗马人用驴奶作为化妆品，相信这样可以使皮肤增白。波佩亚①十分奢侈，命人为众多骡子穿上金鞋，而且十分注重化妆，精心驯养五百头刚生下新驹的牝驴，每天用驴奶沐浴，并不断更新。罗马的妇人争相仿效，于是工匠将驴奶用油脂凝固做成板块贩卖。达文尼埃说，东欧的曼西人认为将马肉和马油加热贴敷在创口上有奇效。罗马帝国鼎盛时期十分流行的春药希波马涅斯（意思是疯马），考古学家和科学家曾不断研究，但是至今仍然没有揭开谜底。去年一位英国的硕学问我亚洲是否有此物，笔者查阅了各种资料，也没有找到任何线索。

古书中记载的希波马涅斯有两种，一是采集牝马发情时分泌出的黏液，口中念诵咒语拌和各种草药制成。贝鲁吉乌斯的《咏农》第三卷记述说，春风荡漾时节，牝马欲火烧身，登上悬崖向西呼吸春风，奇怪的是这样可以受孕。这时牝马性格狂躁，全不在乎山高水急以及深谷，攀岩跳涧四处狂奔。这时希波马涅斯从马身上分泌出来。普萨尼

---

① 尼禄帝的皇后，精于权谋，荒淫无度，而且是当时的绝代佳人，有一次皇帝暴怒，不慎一脚踢死了皇后。皇帝将她供为神明，用稀有的香木火化了皇后，之后仍思念不已。后来发现年轻貌美的少年酷似死去的皇后，便阉割了这个少年，并让他男扮女装册封为皇后，这在前文的"性质"一节中已经谈到。——原书注

亚斯所著《希腊回览记》第五卷第二十七章讲，弗鲁米斯·梅纳里乌斯向奥林匹亚圣殿敬献了两匹黄铜牝马像，术士在其中一只像上施加了魔法，因此不仅是春天，不论什么时候，也不管是什么样的牡马，只要看到这只铜像就像发疯一样，挣断缰绳，骑到铜马身上，好像遇到了久别重逢的牝马一样，只有用鞭子猛力抽打才能将牡马拉下。另一种希波马涅斯是长在新生马驹额头上的肉瘤，黑色大小如无花果，而且有毒，马驹出生后如果有此肉瘤，母马会立即吃掉，否则绝不哺乳。村人设法在母马没吃之前割下肉瘤卖给术士。据说母马嗅到这种气味会发疯。正因为如此，人们迷信有这种肉瘤的人可以使他人恋慕，便当作春药。丘比埃说，这是牝马胎水中有时可以见到的结石块，像各种母兽在生产之后吃掉胎盘一样，母马也出自本能地吞下结石。上述两种当中，据说肉瘤比黏液更灵验。这种传闻在中国的古籍中没有记载，但有略微相似的记录。有一种名叫青蚨的虫子非常珍爱幼虫，人们偷走幼虫后，无论如何隐藏，母亲都能找到。由此人们想到将母亲的血涂在钱上，然后将幼虫的血涂在另一枚钱上，身边留下一枚，将另一枚花掉之后，钱会自动返回来。这是高诱、葛洪等人的学说。《异物志》记载："其雌雄常处不相舍，人采得以法制之，用涂钱以货易，昼用夜归。"

尤文纳里斯在诗中说，卡利古拉皇帝暴死和尼禄皇帝的罪孽都是由于滥用希波马涅斯，这一连串的事件归根到底都出自一匹牝马。在中国，从初至的天癸中采集朱砂，从童男童女的尿中提炼秋石，而且将胎儿的胎盘尊称为混元球，奉为至宝，内宠较多之流不惜高价求购，服用后丧命的事例多见于《五杂俎》等书。不久前在《大阪每日新闻》上读到近藤廉平[①]撰写的人参是首屈一指的强身壮体剂的试验结果。因为第一次世界大战，国外的药品进口断绝，于是人参的身价倍增。笔者当然懂得人参的显著效果，也曾拜读过三好学博士的文章，但是在中国，自古以来长期使用人参，即使如此也有很多人指出滥用人参的危害，所谓"不药得中医"，绝不可滥用。对于英国人询问亚洲是否有希波马涅斯，经笔者查证，蒙古人当有十万火急的要事时，可以十天不吃饭，飞马奔驰。其间仅仅割开坐马的静脉放血充饥，然后止血，这样可以不吃任何食物赶路。[②] 大概是因为有这种奇效，道家的尹喜不食谷物，三天只吃一次米粥，吸吮白马血，饮黄神甘露，食用駃騠的肉脯。[③] 所谓駃騠是牡马和牝骡交配生出的，和牡马以及牝驴交配产生出的駃騠一样，味道鲜美。除此之外，在道教的典籍中没有见到从马身上采集灵丹妙药的记载。

1916年12月刊的《风俗》杂志上刊登的林若树撰写的

[①] 近藤廉平（1848—1921），明治大正时期的实业家，先后担任日本邮船公司经理、日清汽船公司经理等职。——译注
[②] 详见玉尔《马可·波罗游记之书》第1版第1卷第229页。——原书注
[③] 详见《辨证论》第2卷。——原书注

《奇特的药品》一文中援引了日本现存的最古老的医书，丹波人康赖所著的《医心方》中的奇特的药品名，其中有马奶、白马鞭、狐狸和狗鞭。四十年前，笔者学习本草学的时候，在东京大阪以及和歌山附近（应该是全国各地）的草药房中都有马、牛、猴、水獭、狐狸、狸子、狗、鹿、鲸、海狗的阳具，用明矾做过防腐干燥处理，当时并没有觉得奇特。笔者从一位著名的老中医那里得到的许多药品标本，保存至今，如果在药学方面有参考价值的话，下次去东京时一定捐赠给东京大学。当时曾听大阪的大药房的掌柜说，这类药品有一种奇异的香味，一般制成粉末放入香料或头油中。所谓春药，听起来奇怪，其实是一种芳香性兴奋药，雄性动物为了吸引雌性的注意，身上会分泌出麝香、灵猫香、海狸香、鳄鱼香等，至今未开化的土著民仍然奉为特效的春药，欧美人也作为兴奋剂经常放入香料袋中。所谓春药本来是医术和魔术没有分离时，科学和迷信掺杂在一起盛行一时所产生的，[①] 形状和作用相似的东西互相影响、互相作用而产生效力。

日本文学的经典《土佐日记》的作者纪贯之一行从土佐出发之后，海上的禁忌很多，一行经过长时间终于到达室津，"女人想沐浴洁身，在一个僻静的地方下了水……在何

[①] 现在这种药品和草药、香袋混在一起仍然十分流行，海内外报纸的广告可以佐证。——原书注

的芦苇影中高抬玉腿，无意中在水面上映出了海鞘的妻子贻寿司以及寿司鲍鱼"。从前人们认为这段文章很难理解，谷川士清在《锯屑谭》中首次解释了文中的含义。海鞘在仙台附近的沿海中有很多，从分类上讲更近似鱼而外观更像海参。贻寿司是贻肉的寿司，汉语名是东海夫人，都是因形状而得名，喜多村信节的《筠庭杂录》也同样看作鲍鱼。岸本由豆流发现上述文章中的"何"是"河"的误记，于是这段文章的谜底就全部揭开了。纪贯之身为男儿，但是日记却用女子的口吻书写，自始至终描述了女人的微妙心理。这里为了涉水过河，将和服衣襟高高撩起，于是女人的下身便映在水面上的芦苇影子上，文中表达了女人的幽默心理。从前想要孩子的人都十分渴望得到肉苁蓉，这种植物在《五杂俎》第十一卷中记述说："群马交合，精滴入地而生。皮如松鳞，其形柔润如肉。塞上无夫之妇，就地淫之。此物一得阴气，弥加壮盛，采之入药，能强阳道，补阴益精。"据说锁阳的功效远胜于肉苁蓉，据《本草纲目》记载，锁阳是野马或蛟龙的遗精产生的。肉苁蓉在日本没有，从前人们用富士山和日光等山上生长的一种蘑菇代替，而且相信金精岭的金精神用这种药为人们送来孩子，便略去苁蓉二字，尊称为御肉①。真正的肉苁蓉和御肉一样都属于列当科，但是不同的植物，分布于西伯利亚西部、蒙古以及准噶尔盆地。而锁阳是蛇菰

---

① 参照《本草图谱》第1卷，坂本浩然的《菌谱》第2卷等书中有图示。——原书注

科的植物，主要生长于蒙古沙漠。[①]两者都是外表酷似蘑菇的寄生草，主要分布在野马聚集的地方，所以人们认为是野马的遗精长出的，和蘑菇一样生长迅速。

笔者从许多游历过中国的旅行家那里听说，在中国内地最挣钱的生意是经营春药或滋补品。现在在日本各地以及南洋诸岛大量采集海参、东海夫人以及鲍鱼贩卖到中国，主要是因为可以强身健体。中国人认为传宗接代是人生最重要的义务，而上述的补品被认为是灵丹妙药，于是便成为重要的贸易品。但是如果日本人因此而嘲笑中国人就大错特错了，江户时代日本不惜重金年年从国外进口的药品，大部分是补肾壮阳的所谓妙药，长年天下太平，人们生活放纵，于是无数的人争相求购这类药品。例如当时每年从中国进口龙眼这种水果，作为滋补壮阳的灵丹妙药，在富人贵族中十分盛行。不过明治维新之后，中医逐渐减少，这种水果也就没有了市场，进口的龙眼不断发霉，东京和大阪的小贩大讲壮阳的功效的同时低价甩卖却仍然没有销路。与此同时，政府颁布了禁止武士带刀的法令，于是从前磨刀用的鲨鱼皮也没有了市场，价格一落千丈，不得已商贩们将名贵的鲨鱼皮用醋煮烂，作为粉刷墙壁的涂料贩卖。由此可见，时代变了，以前名贵的草药身价有时会跌得不如粪土。以往在日本，人们崇尚刀剑，于是有人鉴赏

---

① 参照布赖特·施奈德《中国植物学》第3卷。——原书注

收藏鲨鱼皮，甚至出版了《鲨鱼皮精义》之类的专业书，而且从中国、爪哇、印度等地进口了大量的鲨鱼皮。笔者几年前调查得知，波斯海的鲨鱼皮最为名贵。可是达文尼埃所著的《波斯纪行》第四卷第一章记载，波斯人和欧洲人喜爱勃固①的铜，尤其喜爱日本出产的铜，日本的铜和波斯的鲨鱼皮直接交易对双方都有利，可是当时两国没有直接贸易关系，于是让荷兰人从中赚取了巨额利润，十分遗憾。

人有春药，于是人们想象出牲畜也应该有这种药。距肥前平户只有三里的生月岛上自古有一个牧马场，从前据说培养出来源赖朝的名马"生嚼"。民间传说讲这个岛生长名马草，牝马吃了以后会生出名驹，但是由于这种草长在悬崖峭壁之上，所以马为了寻找这种草经常会坠崖而死。②从前文推理，这个传说是因为那里山高路险经常有马失足落下，才编出名马草的故事。

笔者在国外时，曾经调查过明治维新以前的对外贸易以及商品的内容，结果发现为进口春药和行房时使用的药剂等无关紧要的东西花费了大量的金钱，如何补偿这个损失，左思右想终于想到了一条计策。年轻时读真言宗的金刚界曼陀罗没能理解其中的内容，在英国居住期间，从土

---

① 缅甸的古都，位于仰光东北。——译注
② 参照《甲子夜话》续篇第57卷。——原书注

宜法龙[1]大师那里得到一本《曼荼罗私抄》，书中记载着塔中的三十七尊，其中阿閦、宝生、无量寿、不空成就四佛产生出的嬉、鬘、歌、舞四位菩萨供养大日如来（内四供养），大日如来为了供养上述的四佛又产生出香、华、灯、涂四位菩萨（外四供养）。所谓涂，书中解释是"不空成就佛要以涂香供养。释迦出秽土超度众生，亲近浊乱境界，故以涂香清洁秽浊。此乃以涂香供养之故"。由此可见，香菩萨要用烧香的方法，涂菩萨要用涂香的方法供养。涂香的英文是"anointment"，从医学的角度讲是"unction"，宗教仪式上则使用"anointing"。人们用油脂、黄油之类涂在身上，以此避邪气防病毒，并增添神力，洁净身心。热带地区在日常生活中重视涂油的民族众多，如果外人笑话当地人在身上涂猪油，他们会反驳说不涂油的人身体会散发出恶臭。理所当然，热带地区日常生活赤裸身体，如果不涂油的话容易被蚊虫叮伤，气温变化时也易于感冒发热。于是经过添加各种香料改良后的油脂便成了涂香，在各种宗教仪式中普遍使用。

不过，《大英百科全书》第十一版第一卷中涂油的条目讲，各种宗教以及人种的仪式上使用此法的解释均有误，日本自古以来的宗教仪式未曾使用过香料，而佛教的修行

---

[1] 土宜法龙（1857—1923），日本近代著名的佛教高僧，曾担任高野山学林长、真言宗御室派管长、真言宗各派联合总裁、高野山真言宗管长等职。——译注

中听说过香汤沐浴但未曾听说过用油脂涂身。不过，随着时代发展，日本束发之风盛行，于是头油兴盛。这和涂香所涂抹的身体部位不同，但极为相似，它的材料和配料多出自国外，由此可以推想大概源于外国的发油和涂香。近代以后，发型革新，头油也就失去市场，因此种类也就日益减少，质量也有所下降。笔者见到这种情况，便对当时来欧洲考察的日本商人们说，穷则思变，首先要保护好头油的秘方和制作工艺，不使其失传，然后考察大量使用涂香的国家的消费市场，制造出上等的涂香，显示日本具有独特悠久的调香的历史，同时研制出质量优于猪油和鱼油且价格低廉的涂香，大量销售到海外，并为商人们出谋划策，应制作马来人日常使用的腰带，要物美价廉，一定有销路。但是事与愿违，孔子也是生不逢时，没有一个人采纳我的意见。十年后听说有人做腰带生意，但没有听说有人经营涂香。

民俗（3）

春药有多种多样。中国妇女喜爱将吉丁虫装饰在身上或放在镜盒里，而日本妇人则喜爱彩虹虫和鸳鸯尾部的羽毛，这是因为上述各种动植物也属于春药。最烈性的如希波马涅斯，有时甚至可以伤害人命。人们相信身上携带艳丽的昆虫可以保持容颜美丽，口服动物的阳具可以壮阳，这些想法都是源于同感学说，古时十分盛行，现代经过研究试验，人们已经明白表面上相似的东西没有任何作用，实际上这些春药只有在没有现代科学知识的原始民族中才会流行。不过以芳香为主要成分的春药确实有使人兴奋的作用，即使没有回春之力，只要适当使用，可以达到欢悦享乐的效果。香味和光线与音响不同，很难用数值精确测量，所以现代科学还没有完全解开香味之谜。因此欧美人讲嗅觉和味觉要低于听觉和视觉，还说香味和口味不能像绘画、雕刻、音乐那样同时表现在众人面前，所以无法成为艺术，这是因为他们对于日本的香道和茶道无知的缘故，笔者不屑于和他们辩论。有的动物（例如狗）嗅觉极为灵敏，人类当中也有土著民族和残疾人等由于丧失了其他感官所以嗅觉发达的人，于是有人说嗅觉越迟钝，文明程度越高。这其实是一种谬论，正如海狸这种动物的群体是自由平等的，所以它们羡慕君主独裁，另一方面像蜜蜂、蚂蚁等君主支配的群体羡慕自由平等的政治文明，这只不过是因为它们不了解对方罢了。

藤原佐世在宽平年间撰写的《日本国见在书目录》中的《龙树菩萨和香方》第一卷中，将龙树菩萨奉为香道的开山鼻祖，据说这位大师由香引发出骚乱并受到感化。《法苑珠林》第五十三卷记述了龙树菩萨的生平："托生南天竺国，出梵志种，大豪贵家，始生之时在于树下，由龙成道，因号龙树。少小聪哲才学超世，本童子时处在襁褓，闻诸梵志诵四韦陀论，其典渊博有四万偈，各三十二字，皆即照了达其句味。弱冠驰名擅步诸国，天文地理星纬图谶，及余道术无不综练。朋友三人天姿奇秀，相与议曰：'天下理义开寤神明，洞发幽旨增长智慧。若斯之事吾等悉达，更以何方而自娱乐。'复作是言，世间唯有追求好色纵情极欲，最是一生上妙快乐，宜可共求隐身之药。事若斯果此愿必就，咸言善哉。斯言甚快，即至术处求隐身法。术师念曰：'此四梵志才智高远生大憍慢，草芥群生，今以术故屈辱就我，然此人辈研穷博达所不知者，唯此贱术。若授其方则永见弃，且与彼药使不知之，药尽必来，师咨可久，即便各授青药一丸。'而告之曰：'汝持此药以水磨之用涂眼睑，形当自隐。'寻受师教各磨此药，龙树闻香即便识之，分数多少锱铢无失。还向其师具陈斯事，此药满足有七十种，名字两数皆如其方。师闻惊愕问其所由，龙树答言：'大师当知，一切诸药自有气分，因此知之，何足为怪。'师闻其言叹未曾有。即作是念：'若此人者闻之犹难，况我亲遇而惜斯术。'即以其法具授四人，四人依方和合此药。自翳其身游行自在，即共相将入王后宫，宫中美人皆被侵掠。百余日后怀妊者众，寻往白王庶免罪咎。王闻是已心大不悦，此何不祥为怪乃尔。召诸智臣共谋斯事。时有一臣即白王言：'凡此之事应有二种。一是鬼魅，二是方术。可以细土置诸门中，令人守卫断往来者，若是方术其迹自现，设鬼魅入必无其迹，人可兵除，鬼当咒灭。'王用其计依法为之，见四人迹从门而入。时防卫者骤以闻王，王将勇士凡数百人，挥刀空中斩三人首。近王七尺内刀所不至，龙树敛身依王而立。于是始寤欲为苦本败德危身污辱梵行，即自誓曰：'我若得脱免斯厄难，当诣沙门受出家法。'既出入山至一佛塔，舍离欲爱出家为道，于九十日诵阎浮提所有经论，皆悉通达。"从此龙树入龙宫获得深奥的经典，成为大乘佛教的祖师，弘扬了佛法。所谓隐形的香药大概是中国的一种线香，点燃后可以熏醉对方行窃，这种香散发出一种特殊的芳香，用它可以熏翻守卫偷偷潜入宫中。

　　日本戒律宗的祖师鉴真和尚从大唐带来许多药物，双目失明之后可以通过气味辨别真伪，死后火葬时奇香弥漫山野。元兴寺的守印和尚是兼学法相宗和俱舍宗的著名僧人，他可以通过气味嗅出自己不在时房间是否来过客人。胜尾寺的证如和尚所经过的地方必定留下奇异的香味，临终时香气四处飘散。除此之外，名人名僧生前死后从身上散发出奇香的传说很多，可能是这些人对于香道的造诣很深，事先随身携带了香料。木村重成等许多人在誓死出战之前都用香料熏烤全身，最典型的是平定文，他是容貌教养闻名一时的纨绔子弟，上至宫廷女官下至良家妇女，他从来不放过任何一个挑逗女人的机会。[1]但是只有上皇的一个女官不上他的圈套，于是平定文百般寻找她的疏漏，可是没有发现丝毫破绽。有一次发现侍女去厕所倒这位女官的便盆，便中途抢下来，发现便盆里的小便是菜汤，大便是植物掺入香料伪装成的。平定文十分佩服这位女官的智慧，于是越发思念这位女官，欲火中烧，不幸身亡。如此，古时候的人对于香料的嗜好极强，这和当今的西洋人便后不洗手，早上起床后不洗脸，饭后喝咖啡洗刷牙垢并咽到肚子里有天壤之别。最早发现香料并积累了大量香料知识的应是亚洲大陆的各国，中国的《神农本草经》中收录的香剂有很多种，《诗经》《离骚》中也经常见到有关芳草的描述，为了招魂敬神焚烧名贵香料的文章不绝于目。

1781年被缅甸兼并的古老的若开帝国，[2]鼎盛时期国中有十二座宫殿，分散在十二个城镇。每个城镇的地方官每年在当地良家百姓新生的女儿中挑选十二名最美丽的，寄养在宫殿中教习她们歌舞，十二岁时送入王宫，依照旧制

---

[1] 参照《今昔物语》第30卷。——原书注
[2] 此处作者的记述有误，若开邦位于缅甸西部，曾是一个强大富有的独立王国，1785年被缅甸贡榜王朝所兼并。——译注

接受国王的考核。首先让姑娘们沐浴，然后换上干净洁白的丝绸衣服，站在高台上从清晨站到晌午，在烈日的曝晒之下，姑娘们汗流浃背，衣服被汗水浸湿，然后让她们分别换上新衣，将汗水淋漓的衣服呈献给国王，同时在衣服上注明本人和父亲的姓名以及住址，国王根据汗水的气味选择中意的姑娘纳入宫中。国王将剩下的衣服交给手下大臣，大臣们则按照衣服上的姓名地址找到姑娘娶为妻室，可见若开的国王代代不是以貌取人，而更重视女人的香气。① 在印度，人们按照身体的气味将女人分为四等，最上等是莲花，其次是百花，再次是酒，最低档是鱼。② 爱神迦摩射出用五种香花装饰的弓箭使人类难以摆脱烦恼。其中一种瞻葡迦的花香可以使人春心荡漾，因此人们在这种花下聚会，青年男女唱歌跳舞吸引对方。前面已经讲过大日如来佛生出香、华、灯、涂四位菩萨供养四佛。《维摩经》中讲，聚香世界的香积佛用少许的香料就可超度众生，这个世界的诸位菩萨听说娑婆世界的众生刚强难以超度，释尊要用严辞传道，感到非常吃惊。③ 如此，东方人掌握的香料的知识要远胜于西方人，西洋人对于自己不懂的事物动辄斥之为落后、野蛮，这是当今西洋文化开始衰退的前兆。不过，从前他们认为微不足道的日本的三弦琴，现在却承

---

① 详见拉姆西奥《航海纪行全集》（1588年）第1卷第316页。——原书注
② 参照拉梅雷斯《万诱宝鉴》（1891年法译本）第14页。——原书注
③ 近年有位学者声称蚂蚁分泌出一种香味代替语言互相沟通。——原书注

认是最先进的乐器之一，对于日本的香道虽然不理解，但是开始有人论述其是高雅的艺术，可见西方人并不都是白痴。①

日本人自远古时代就用清水沐浴清洁身体，似乎并不使用香水和薰香之类化妆。实际上从清洁卫生的观点讲，这是最好的方法。米舒勒曾指出，中世纪的欧洲人暴露身体属于严重的罪孽，因此不能洗澡，只能用香水掩盖体臭。教士的传记中记载着没有洗澡的时间，时间越长越引以为荣，在公元3世纪，因此发生了席卷欧洲的疥癣病的流行，谢特勒、帕尔塞法尔、特里斯丹以及伊索德等当时名噪一时的佳人俊秀其实都是从来不洗澡，臭如乞丐一般的人物。日本掌握调香的知识是自中国和印度的文明传入之后才开始的。②后来经过研究，发展成为世界上第一流的香道艺术。不过据《薰集类抄》的记录推断，调香的主要材料始终使用进口材料，这些香料都无法移植，进口也是不得已，铁浆、蕈汁等用日本产的代替，后来还添加了如鲸鱼粪等古代配方中没有的原料。《徒然草》记载："甲香是像宝螺贝一样，细小而且嘴细长的贝。产于武藏国金泽浦，当地人以方言命名。"③在此之前，日本一直依赖进口材料，现在终

---

① 详见《大英百科全书》第11版关于美术和音乐的条目。——原书注
② 参照《佛教大辞典》第1卷有关香料的条目，久米邦武博士《日本古代史》第84节有关推古天皇采药的条目。——原书注
③ 《镰仓揽胜考》附录中有插图。——原书注

于在国内找到了同样的材料,可见古人的一番辛苦。这种贝壳的盖子单独加热后会散发出一种恶臭,如果和其他香料调和在一起烘烤则能添加香味,是合香中必不可少的。贝克说这种贝壳产于红海,和某种海藻一起调和入香料中,点燃后用烟熏烤女人的身体,对男人有强烈的诱惑力。

以上是上流社会中流行的香道的故事,这些香料都是十分高雅精致的,用画来作比喻,如同水墨山水的挂轴,而头油的香味则属于中下层社会,好像浮世绘,虽不上档次,但对人的感染力强,通俗易懂。因此笔者曾经为商界出谋划策制作同类的涂香,不断改良可以贩卖到国外。不过日本人的目光短浅,只会模仿外国人的发明,缺乏独创精神,所以笔者在此多费笔墨写下二十余年前的旧事。

有些香料的出处很奇特,玛亚斯所著《人品以及死后残存论》(1903年)第二卷第九章附录讲精神失常的人头顶上可以渗出两种芳香的液体。笔者并不相信,但是自八九年前,每逢春季总是情绪烦躁,头部肿胀,不断流出略似奇南香或山羊气味的液体。对于气味,人的好恶不同,如同香油一般略微黏稠,我自己很喜欢这种气味,医生说是疥癣的一种,外敷了药膏至今仍没有痊愈,香液只渗出三年就自动停止了。人畜身体中产生出的液体可以调和涂香的原料很多,在此不一一阐述,不过这些体液远不如麝、麝鼠、麝牛、灵猫、海狸等动物分泌的香料,各种野兽的胆、结石以及鞭等都可以作为药用。利奥·阿弗里卡纳斯在书中记载说，非洲的塞内加尔人抓到马以后，一边诵念咒语一边在马身上涂抹香料。

去年逝世的英国地主玛夏姆是一个百万富翁，留下了一百零一万六千一百五十英镑十一便士的巨额遗产。他在遗嘱中说生前饲养的坐骑、跑马以及驾辕马不得出卖或转让，必须全部杀死。1917年的英国贵族尚且如此，古代各国以及现在的偏远部落人死后用马陪葬则丝毫不奇怪。南美巴塔哥尼亚人的事例前面已经讲述过，13世纪游历过蒙古的天主教士柏朗嘉宾记载，贵族死后将尸体端坐在帐篷正中，用一对马以及马驹陪葬，马要配有全套马具，另外再杀死一匹牝马，肉留作食用，马皮中填上干草，用木棒插在地面，以此来象征人死后在阴间仍然和活着时一样，住帐篷，喝马奶，并能骑马放牧马群。至今西伯利亚的布里亚特人，死后要陪葬他的坐骑，或者将其放生到野外。格萨克人的男子死后，他的妻子和坐骑要围绕坟墓转三圈，以后寡妇和马都不会改嫁。这是以前用马陪葬遗留下来的风俗。

在前文的"心理"一节中曾经援引佛经讲，人如果弑杀了父母要落入无间地狱，当被问及畜生杀了双亲后如何时，答案是聪慧的牲畜会落入地狱，而蠢笨的牲畜则不会。正因为如此，马在主人生前对主人忠实勤奋，所以主人才不肯独自前往阴曹地府，特意要马陪伴在身边，马也因此遭杀身之祸。达文尼埃在《波斯纪行》第四卷第十章记述说，亚美尼亚虔诚的基督徒在圣乔治祭奠期间，要绝食一个星期，这也没有什么新奇，不过有人却要马也绝食，对马来说简直是莫名其妙，无可奈何。波斯维尔曾向约翰逊博士请教如何处理老马，博士在回信中讲，人饲养马并让年富力强的马劳作是正当的，但是如何处理年老的马则比较困难。人养奶牛榨取牛奶，饲养羊割取羊毛，最终屠宰牛和羊也是无可厚非的。与此同理，马最终也要被屠宰，不应责备人忘恩负义。重要的是屠宰时尽可能不使它感到痛苦，这和齐宣王用羊换牛的做法虽差异很大，但约翰逊的主张也有道理。用马来陪葬的想法和约翰逊的主张大致相似，人饲养狗、羊、马、猪，屠宰这些牲畜是理所当然的，不过羊和猪用途有限，所以要招待客人或逢节假日时，人们会毫不犹豫地屠宰猪羊，对此并不放在心上。与此相反，良马一直陪伴主人，在关键时刻还会搭救主人，于是受到主人的特别恩宠，为了报恩，人们认为它应当随主人同死，以便来世尽忠尽力。

海顿在1307年所著述的《东方史》第四十八章中阐述，鞑靼人认为杀人并不是罪恶，但认为马吃草时不给它解开马嘴的缰绳，使它不能自由吃草却是犯了违背神的大罪。达文尼埃说，曼西人饲养马匹时让马忍耐饥渴，认为这样可以使马蹄坚硬从而无须钉马掌。他们认为马在土地上和冰上留下脚印是因为钉马掌的缘故，不过这样养马很难，五十匹中仅有八至十匹成功。长途旅行时除了好马之外一定带上两三匹驽马，不到紧要关头绝不乘好马。阿拉伯人最喜爱马，所以有关马的奇闻也特别多。例如马驹出生时，站在旁边的人一定要用手托住，不能让它落在地面上。与此相似，欧洲人认为槲寄生是神树和灵丹妙药，砍伐时必定用白布铺在地面上，绝不使树枝接触地面，他们说如果触到地面会失去药效。[①] 燕子的幼雏从母鸟遗传来并保存在腹中的灵石，如果幼雏接触了土地灵石便失去药效，《德累斯顿博物馆》（1655年丁根版，第七十二页）以及博埃奇乌斯所著《玉石论》（1609年初版，第四百三十九页）两本书都援引了老普林尼的《博物志》第三十七卷这方面的有关阐述。笔者曾经数次通览《博物志》全篇，没有找到原文，大概是中世纪民间有这样的传说，《博物志》是著名的百科全书，所以上述作者估计书中会有记载便随意杜撰。日本人一向认为欧洲的书籍比日本和中国的书籍要精确，但不知上述书中也有杜撰，所以不查阅原著随意引用十分危险。

柬埔寨民间传说讲竹梢上如果寄生着某种兰花，竹竿里会藏有一个小佛像。用尿润湿布片包住竹竿，然后割开竹子就可以获得佛像。将佛像摆在家中可以避免火灾，含在口中可以润口，佩戴在身上可以护身。不过据说如果不准备好用具而随意割开竹子，佛像就会潜入地下消失。[②] 人

[①] 参照格林《德意志鬼神志》第4版第2卷。——原书注
[②] 参照刊登在《法属越南杂志》第16期第136页的艾摩尼埃"柬埔寨风俗习惯"。——原书注

们认为土可以摄取世上万物的精髓，神灵之物有时会从地下消失，因此良驹如果落在地上力量会锐减。帕格列布的《阿拉伯中部以及东部纪行》第十章批驳阿拉伯人接生时的行为，主人和马同席吃饭，人马异常亲昵等都是虚假传说，其实这是他没有真正了解阿拉伯所产生的偏见。皮埃洛奇的《巴勒斯坦风俗传说》（1864年）生动描绘了阿拉伯人爱护马的情景。笔者文笔不畅，译出概略如下：

阿拉伯人在各种动物中最珍爱马匹，认为马是与人同甘苦共患难的忠实朋友。他们最关注马的繁育，各部族都十分珍惜种马，绝不轻易让它和其他部落的牝马交配，所以马的品种没有明显改善。阿拉伯人非常爱护牝马，让它们与人同住，绝不鞭打牝马。用自己的手或从衣襟下喂马，而且和马交谈，如同对待人一样。经过精心训练，马即使不用缰绳拴住也不会逃跑，并且召之即来，如果有人未经主人的许可便随意骑马，马见到主人的手势就会将此人掀翻在地。[①] 种马和牝马生病时，主人一家会心急如焚，连阿拉伯中最凶猛的贝都因人也会变得温和，随着马的病情时喜时忧。作者曾经巧遇一匹牝马难产，那个部落的酋长万分忧愁，痛哭流涕，不断向神祷告，牝马也随之不停呻吟。阿拉伯人很少以马起誓，如果以马起誓，则誓死也不违背

[①] 朱波亚的《印度风俗志》记述说，印度的马拉塔人也善于训马，马在等待主人时可以数小时纹丝不动。从前有人趁主人不在盗走马，主人从远处望见，发出信号，马立即会止步，无论盗贼如何鞭打绝不移动，盗贼没有办法只好步行逃跑。——原书注

诺言。我雇贝都因人做保镖时，曾经让他们以牝马立誓，于是他们忠心耿耿，尽职尽责。高贵的纯种马现在越来越少，为了表明马的血缘高贵，部族的酋长要求声名显赫的人士做担保，在转卖时要将这类证书和血缘图谱以及护身符放在锦囊中，挂在马脖子上一起买卖。

阿拉伯马未经阉割但性格十分温顺，耳朵和尾巴也不剪，直到临终一直活泼好动。人们更珍重牝马的原因并不是因为牝马能生马驹获利，而是因为牝马不轻易嘶叫，夜间偷袭敌人时不会暴露目标。阿拉伯马最值得称颂的特性是动作优雅，其他种类的马也有动作英俊敏捷的，但是世上绝没有阿拉伯马这样像画一般动作优雅敏捷的骏马。阿拉伯马可以跳跃十步或十二步远的高墙，还可以随骑手的指挥任意转弯奔驰，似乎在等待观众的欢呼。[①] 阿拉伯人喜爱马球游戏，马在叫喊声和飞舞的球棒中奔驰，进退自如，好像充分理解对战的方法。在真实的作战中，阿拉伯马动作敏捷迅速，不但可以使主人避开敌人的兵刃，马的技能有时还要胜过主人的武艺。有人曾经亲眼看到背上驮着贝都因人的骏马在枪林弹雨中奔驰，时而轻抬前蹄，时而压低后腿，时而挺胸抬头，好像帮主人躲避枪弹。而且有人目击到骑手落马时脚被脚蹬缠住，马似乎知道如果移动将

[①] 《天方夜谭》第47夜有女子跳跃9英尺的沟而王子的马却跳不过去的故事。巴顿注释说阿拉伯马不习惯跳跃。皮埃洛奇见到的巴勒斯坦的阿拉伯马和阿拉伯本土的阿拉伯马的性格和技能多少有些差别。——原书注

会伤害主人,会立即止步。还有人听说骑手因中暑落马,马会站在主人的身旁守护。我曾经夜间骑马,多亏马识途才脱离险境。阿拉伯马虽然威武凶猛,但和训练有素的军人一样,妇女儿童也可以放心骑乘。也许有人怀疑这段文字的真实性,如果在贝都因人的部落中居住一段时间就可以明白,绝无虚假。《圣经·约伯记》中有盛赞军马的文章,十分准确无误地描述了阿拉伯马的现状。[1]

阿拉伯人特别重视牝马,即使高价也不卖。这是因为牝马可以在人之前预测灾难,在沙漠中可以识别人的肉眼看不到的细小的标志,还可以在广漠的沙漠地带找到有人居住的帐篷,在旷野中辨别敌寇接近时的异常声响,向主人报警,而且马还可以终日不吃不喝,不停奔驰,带主人脱离险境。贝都因人最重视牝马,要向他们买牝马问价格,他们不会认真回答。先是讲这匹马可以送给你,当你第二次问价时,他们也不会正面回答,只是含糊其词。当你第三次问价时,他们会苦笑着说,我卖马不如卖我的家里人。这绝不是开玩笑,贝都因人为了朋友可以将父母做人质,如果遇到不幸不得已必须出卖牝马,一般会事先为马施绝

---

[1] 《旧约圣经·约伯记》的原文是:"马的力量,是你所赐?它颈上的长,是你所披?你岂能使它跳跃如蚱蜢?它雄壮的长嘶,实在使人胆寒。它在谷中欢跃奔驰,勇往直前,冲锋迎敌。它嗤笑胆怯,一无所惧;交锋之时,决不退缩。它背上的箭袋震震作响,还有闪烁发光的矛与枪。它一闻号角,即不肯停蹄,急躁狂怒,不断嘶地。每次号角一鸣,它必发出嘶声,由远处已闻到战争的气息,将领的号令和士卒的喊声。"——原书注

育手术后才出手。买家在商议价格之前，要向卖主的父母亲戚朋友确认是否有异议，否则付钱后会招致麻烦，或者马被偷走。买家应该要确认买的马可以生产以及没有其他的人提出拥有马的一部分身体的权利。贝都因人在急需用钱的时候，会将马分许多部分出卖。例如右前腿给谁，左前腿给谁，后腿归某某，尾巴卖给某人，耳朵卖给某人，等等，将一匹马分别卖给数人，这些人按照所持有部分的大小等待马卖出后的分成。如果不懂得这个风俗习惯，认为牝马是一个人的所有物，等付完钱款之后，马的各个部位的主人会来讨要各部分的价钱。如果不付钱则会引起争论，即使告到地方官府，结果还是因不懂当地的风俗而吃亏，招致不必要的麻烦。如果和地方联合部落的酋长关系亲密，得到酋长们的特别许可还可以，否则如果将牝马身体的所有权利毫无保留地全部出卖，此人会遭到周围人的憎恨，有时甚至会遭到杀身之祸，只有背井离乡逃出这个部落才能保住性命。买牡马不像买牝马那样难，但是也必须经过上述的手续。以上是购买血统纯正的骏马时的风俗，而购买劣等的马则很容易。

在以上的皮埃洛奇的文章中，牝马可以预测出人的灾祸，还可以识别出细小的脚印并分辨出音响。牝狗也比牡狗心细，更适于看门。前面已经阐述了牡马也有很多技能。俗话说以一推十，不善于推理的平民百姓总以为有一种技能的马肯定是万能的，于是赶鸭子上架，让马做起了力不能及的占卜的行当。古代库尔德人最相信马占卜，用公费在神林中饲养白马，当面临重要关头时，让白马跟随在神车之后，观察白马的动作和嘶叫声，以此占卜神意。撒克逊人也在神殿中饲养白马，大战前向神祷告之后，教士牵出白马，将长矛倒插在地上排成三排，让马横穿过去。如果马先迈右蹄，意味着胜利；如果迈左蹄，则是失败的前兆，会推迟出战。[1]日本也有类似事例，住吉是军神，世上如果发生重大事件，他马厩中的神马就会销声匿迹。享德二年（1453）八月，伊势、八幡、住吉三所神社饲养的神马同时死亡，人们说这是应仁动乱的前兆。[2]细算起来这一年比动乱开始要早十四年，这个前兆也过早了。"小妹出嫁日，马跌河滩中。人仰马翻处，恋爱不等时"，据说热恋中的人骑马容易摔跤，[3]幸亏笔者不骑马，否则会跌得鼻青脸肿。

《乡土研究》第一卷第八期上刊载的斋藤真的文章说，陆前（宫城县）的马驹岭每年冰雪消融后剩下的雪呈现出奔马的形状，有的农夫据此占卜收成的好坏。这和《著作堂一夕话》记载相似，据说富士山的残雪在宝永山边的凹陷处呈现出人的形状时会丰收，反之会歉收，人们称这个

---

[1] 参照克兰·布朗奇《妖怪事典》第4版第242页。——原书注
[2] 详见《和汉三才图会》第74卷。——原书注
[3] 详见《俊赖口传集》上卷。——原书注

"人"为农夫。另据《乡土研究》同卷第九期记述，地处陆中（岩手县）和秋田的交界处的驹形山每年冰雪融化时，在靠近山顶的地方会现出白马跳跃的图案。人们传说这是从前神在这里将坐马放生，马思念故乡回首嘶叫的缘故，农户同样依照马的图案预测农时。与此相似，京都东山著名的大字火把①也是奇观。英国也有这类人造景胜，伯克夏的白马（见图14）就是在海拔八百五十六英尺的白马上的北侧山顶下雕刻的长三百七十四英尺、深约两英尺的巨马的画像，面积大约有两英亩。《北窗琐谈》第二卷记述说，每逢七月十六日夜，京都东山上的大字火把的奇观在中国也看得到。火把的一横宽二十九丈，一撇长四十九丈二尺，

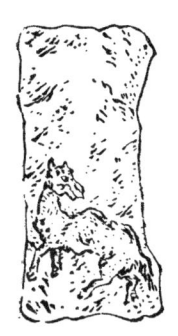

图14　英国伯克夏山上的白马图案　　　图15　马形石

---

① 京都东山的大字火把又称五山送火，是京都有名的民俗活动，和葵祭、祇园祭、时代祭并称京都传统四大节庆。现在每年8月16日在五山点燃火把，将称作精灵的死者之灵送到另一个世界。——译注

一捺则长四十七丈七尺八寸,笔者曾登上如意岭观看,只见火把坑极为宽大,要胜过英国的巨马像。英国的马的画像轮廓很粗糙,只是挖取表土露出白色岩石构成的,从山下看好像马在腾跃。据说京都东山的大字火把是古代祭祀北辰星遗留下的风俗,[1] 而这个白马画像的来历则不明。有人说是阿尔弗雷德大帝战胜瑞典人时的纪念物,实际上这个白马画像在罗马人占领英国以前就有了。当地人经常清除画像内生出的杂草,以前这里要举办运动会进行各种竞技,英国各地的高手云集此地和当地的能人比试高低,后来运动会停办了,至今不到六十年。

笔者认为这和日本有诸多马形神明、马形石[2](见图15)一样,可能是古代崇拜马的遗迹。在古代欧洲,崇拜马的事例极多,例如希腊的海神波塞冬、农作物的女神德米特尔等原本外形都是马,盖尔人崇拜马神鲁基奥普斯、马女神埃波娜。在欧洲各国认为马是谷物精灵的事例很多,这主要是因为马自古普遍用于农业。印度的曙光神是太阳神斯里亚和妻子桑尼亚分别变成牡马和牝马交尾产生的,这位大神乘坐三轮驴车。太阳神则乘坐七匹翡翠颜色的高头大马拉的独轮车。与此相似,希腊的太阳神赫利俄斯乘坐四匹雪白骏马牵引的宝车,这些骏马呼吸时喷出白光和

---

[1] 参照《嬉游笑览》第10卷。——原书注
[2] 《木曾路名胜图会》信州盐滩驿条目以及《山岛民谭集》第1卷。——原书注

图 16 古希腊太阳神赫利俄斯

图 17 古青铜器时代丹麦的文物太阳车

烈焰（见图16）。图17是古青铜器时代丹麦的青铜文物，马牵引着一辆太阳车，在表示太阳的圆盘周围镶嵌着黄金，刻着美丽的螺旋状花纹。

《风俗通》中罗列了诸多有关马为何称作一匹的奇闻，其中有说是因为马身和一匹布一样长，有的则说是因为死马的价值与一匹锦缎相仿，其中还有"或曰，马夜行目明照前四丈，故曰一匹"的说法。欧洲的民间传说中也有许多怪闻，例如马的眼睛看周围物体都很巨大，人也如同巨人，所以人类才能驯化马。如果真是这样，那么天下总是有不服从管教的马，难道这种马眼的水晶体是平面的，周围的物体看起来不会大吗？如果真是这样的话，为马戴上眼镜矫正就可解决问题了。不过有人反驳说，纵使马眼看周围的物体超出正常，周围的物体相应都会增大，它们之间的比例应该不变，因此在马的眼里，人应该仍然比其他马要小。[①] 这个观点在《安政三组杯》这本评书笔记中也有记载，不过日本的传闻和欧洲的观点有所不同，人如果迎面冲向奔马，这个人在马眼中会显得很大，这和水晶体的影像等物理学理论无关，而是心理学的问题。在前文"心理"一节中已经阐述过，马匹是非常容易受惊的动物，这是弊同时也是利，对于突然出现在眼前的人极为害怕，所以可以很快镇定。

---

① 详见《随笔问答》杂志（1916年6月24日）第509页。——原书注

田边地区有位著名的头脑痴呆的君子，活到五十多岁，几年前才去世，生前从不惧怕惊马，曾多次冲到惊马面前，百无一失，不过临死前有一次失手，被马咬伤手指。到底是他年老体衰，还是马的秉性不同呢？笔者不得而知，这可能是个有趣的研究课题。古时的戏剧[①]中判官讲畜生不服从命令时，使用咒语即可使它从命，不知是否有效。《甲阳军鉴》第十六卷刊载了可以制服马的秘诀，即在马的颈项上用手指比画水字，紧握缰绳，然后用鞭子的手柄在马的前额上画一个卍字，再手持鞭梢，口诵三遍"随我来"，并不断念诵咒语。如此这般，任何惊马都会大汗淋漓，俯首帖耳，不过现在如果有人使用这种咒语的话，会被人当作疯子。

本篇的开端讲述了梵授王赐给曾经搭救过自己的智慧马一半国土的故事，中国人也讲："免人于难者，其死也，葬之以帷为衾。马有功犹不可忘，又况人乎。"因此为宝马建立寺庙，赐地封官或者兴建城市纪念战马在外国也有实例，这在前文"传说（1）"一节已经讲述过。在日本，丰臣秀吉的马墓、德川吉宗的马像以及其他的例子很多，[②] 祭祀马头观音的地方也不少（见图18）。富田师所著《秘密辞林》讲这是明王观音两边的佛像，一个意思是"马口吞纳不余啖食"，另一个意思为"饥马食草无余念大悲专念"，

---

① 参照《新群书类从》第5卷。——原书注
② 参照《摄阳群谈》第9卷以及《甲子夜话》第51卷。——原书注

图18 唐图马头观音

冥暗,飞速到达悉地的三个意思。这是民间崇拜马为守护神,为了让马增添吉祥才在路旁兴建石像的原因。不过,佛教有三兽之喻,兔子和鹿渡水只为自己,而马载人涉水利己,同时也助人。所以菩萨要比声闻和缘觉更加功德显赫,观音救世的功绩也尤其显著,因此前面讲到的救助五百商人的天马是菩萨的化身,所有的马也都是观音的眷属。《天正日记》记载说,幕府行政官青山常陆介手下的武士的马匹践踏了浅草观音寺内晾晒的粮草,于是和寺中的僧众发生了争执,武士们争辩说马是观音的眷属,践踏了观音庙的粮草是自家内部的小事,不值得动怒,气得僧人们哑口无言。亚洲也和欧洲一样,认为马是谷物的保护神,印度的贡德人和霍人都崇拜马神。日本初午之日祭祀狐狸,另外还有以慈悲方便现大忿怒形,兼为大威日轮照亮行者认为狐狸是稻谷的保护神，[①]而在明治维新之前，这一天一般都祭祀观音。斯本·海金讲西藏的圣山冈仁波齐峰每到马年都会聚集众多参拜的香客，大概是因为马和观音有关系的缘故吧。[②]

在亚洲北部各民族中，巫师普遍受到尊重，这些巫师在祭祀行法时都使用一种马头仗，人们相信他们会骑神马前往天庭，聆听太上老君的旨意之后再返回人间。日本的巫术中也似乎曾经使用过马的画像，《鸟鹭合战物语》中也有歌颂马驹的和歌。中国和日本的禅刹中都烧纸马，印度的比尔人在山顶的石墓上供奉小土偶，认为这样死者的灵魂可以从土偶后面的小洞钻入前往极乐世界，而且他们相信将马献给土地神，可以增加军马。这些都是以前杀马殉葬以及用马祭神的遗风。

人类猎杀野马食用的时代另当别论，人们在日常生活中耕作、运输、驾乘时多使用马，而且对于身有创伤、步伐迟缓的驽马大多宰杀食用并取皮使用，因此各国都有很多马鬼的故事。[③]这些马鬼都是仿照人鬼编造的，例如印度的吉伯哈鬼藏在水中，身形似人但无头，厄文的《哥伦布传》中有无头幽灵骑马的记述。从前每逢4月24日夜晚，

[①] 参照《考古学杂志》第6卷第2期上刊载的拙文《荼吉尼天》。——原书注
[②] 参照《穿越喜马拉雅》（1909年）第2卷第190页。——原书注
[③] 参照《山岛民谭集》第1卷。——原书注

福井市都有纪念柴田军阵亡将士幽魂的游行队伍，队伍中的中军主将骑在马上但马没有头颅。[1]另外据笠井介绍说，阿波地区有一个无头马的传说，据说是被盗贼砍掉马头的幽灵马。古代瑞典的马怪变成美丽的蓝灰色马徘徊在海岸边，但是马的蹄子方向朝后，所以一目了然。如果有人不小心骑上这匹马，会立即被带入海中淹死。[2]海驴和海马的名称在中国和欧洲都有，从远处看外貌似马的海兽（例如海象）的脚都是呈鳍状方向朝后，所以才产生了上述的传说。不过妖怪的脚朝后的传说在世界各国普遍存在，例如《大宝积经》第十三章有"妖魅反足之物"，第一百零九章

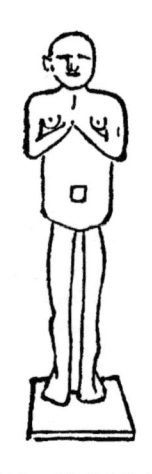

图19 双脚朝后的女像

---

[1] 详见《乡土研究》第2卷第9期。——原书注
[2] 参照伯克恩文库本、科特列的《鬼魅志》第162页。——原书注

有"地狱众生,其足反向后",《倾城返魂香》这部剧中讲去熊野参拜的亡灵有的倒立向后行走,这种传说当地至今仍然流传。《嬉游笑览》第八卷记载有占卜者面向后方的佛像,萨斯顿的《南印度风俗记》(1906年)中刊载了一具双脚朝后的妖怪塑像(见图19),大概出自拉克沙岛。在中国和印度,建造堤坝或祈祷胜利时大多杀马沉于水底,日本可能也有类似的事例。《近江舆地志略》第八十五卷讲,浅井郡马河在发洪水时马会出来骚扰过往行人。《沙石集》和《因果物语》等书中有许多因虐待马而遭到马的亡灵报复的故事,马死后变成恶鬼回来报复也理所当然。欧洲人说地狱的大王加麦基外表是马驹,而马怪曾抢走一百五十个儿童。笔者由此想到,马头观音属于明王观音两部,有时温和,有时喷怒,这表示马具有助人的善性,同时又取马鬼害人的恶性,是半菩萨半鬼王。

宫武外骨[①]所著《此花》中有腰挂纸马跳舞的图画,并考察了其中的民俗。这种舞蹈好像在宽政时期开始流行,取名为"上下行",马上的人物打扮似中国人或武士,口中不断尖声吆喝"诃尼诃罗"。这个号子似乎是荷兰语,还有人说纸马也是荷兰人传来的,但是这种舞蹈的名称是"上下行"而不是"诃尼诃罗",所以"诃尼诃罗"只不过是号

[①] 宫武外骨(1867—1955),本名龟四郎,是日本近代著名的记者、编辑,同是也是作家和新闻史研究家。——译注

图20 英国五朔节的小马舞

子,戴上纸马如鼓胀的船帆一般,于是大概用"幌"(诃罗)这个词喊号子。与马有关的球技马球是"polo",除此之外没有听说过欧洲语言中有"诃尼诃罗"这个词。不过这种舞蹈来自荷兰的说法倒有几分道理,从前英国五朔节会中流行的舞蹈小马舞(hobbyhorse),人们要挂木制的马头和马尾,画上颜色,腰下挂上彩色花布(见图20)。这原本是摩尔人发明的舞蹈,在西班牙以及15世纪的法国都曾流行,后来似乎经西班牙传入英国,16世纪广为流行。清教盛行时期,五朔节和舞蹈都遭到禁止,恢复王政之后曾一度复兴,但不久便销声匿迹了。笔者认识的一位皇家考古学会的成员曾反复提倡恢复这种舞蹈,但是由于欧洲的战事而无法实现。如果有学者认为"诃尼诃罗"是传入的欧洲语言的话，奉劝其应该先查明小马舞的来源。

斯本·海金在《穿越喜马拉雅》中记述说，在西藏扎西伦波的元旦，尼泊尔人在身上前后各挂一只灯笼，边唱边走，前面的灯笼是马头，后面是马尾，好像骑在一头通体透亮的马上（见图21）。由此可见，这类游戏并不是欧洲特有的。再举一例，三十年前笔者侨居美国期间，曾见到巡回马戏团中有一种木马，围成一圈，用机器转动，马的首尾上下移动，十分逼真。不仅是小孩，连成年人也争相付钱游玩，欢呼雀跃。笔者忘记了名称，今年读书才知这并不是西洋人的独创。《大清一统志》第二百六十四卷援引《方舆胜览》讲："四川（应为福建）大轮山，群峰环列，如异人奇鬼。或乘车张盖，或露冕巍峨，或如带甲，或如跃马，或如奔轮。"可见七百年前，宋朝人就早已有此构想。

图21　尼泊尔人的灯笼马

羊

日本有一首打油诗①说："一扇好屏风，沾满名人字和画，仅是羊饵料。"当今纸价和米价都日益高涨，在此时节撰写有关羊的文章，无异于增加废纸贴屏风，为羊添饲料，不过每逢新年发表的《生肖奇谭》的文章至今已经持续了六七年，笔者骑虎难下，欲停又不忍，只好抱病坚持继续写下去。

刚刚讲过米价高涨，于是本文就从米价谈起。从前瑞典大旱，饥荒蔓延，百姓召开大会决定杀死全国的老弱病残，留下年轻力壮的人，但是国王不忍下手，便向神请教对策。上天启示说，如果这个国家有年轻美丽的姑娘，富于智慧，不步行，不骑马，不乘车，既不在白天也不在夜晚，不是前半月也不是后半月，既不穿衣也不裸体，她如果能这样来到西格推纳的皇宫拜谒，这个姑娘就有解决当

---

① 这种打油诗名为"川柳"，由三句组成，第一句是五个字，第二句是七个字，第三句是五个字，不必押韵，内容要诙谐。这种诗表现了日本普通百姓的生活和幽默感。——译注

前灾难的妙计。这时本加因村有一个姑娘名叫吉萨,坚守贞操,外表俊美,举世无双。为了帮助数以千计的无辜平民百姓,绞尽脑汁按照上天的旨意解决了难题。

吉萨姑娘挑选了不属于任何月份、太阳当头普照的日子,身披网袋,这样便是既不裸体也不着衣,然后一只脚踏在雪橇上,另一脚踩在羊背上,在满月天的黄昏的薄暮中赶到了皇宫。国王欣喜万分,向她询问解救危难的妙计,吉萨回答说,国内荒地很多,应该鼓励百姓开垦荒地。国王听从她的计策,于是度过了危机。这个国王年富力强,是个英俊的青年,便娶吉萨为王后,举国欢庆。古代瑞典三大庆典之一的吉萨节就是为了纪念这位姑娘而开始的,瑞典信奉基督教之后,仍然将每年2月初的星期天作为纪念吉萨的庆典,一直延续至今,这在洛德的《瑞典小农生活》中有记载。山羊在瑞典人眼中是魔鬼的坐骑,在古代被认为是雷神杜尔的车夫。[1]吉萨原名歌娃,据说原是农作物的守护神。大概这个神也曾使用过山羊,所以才产生了上述传说。

英国的谚语说:"3月来势如猛狮,退潮似羔羊。"这是讲3月初十分严寒而月末则温暖。在有些国家有倒春寒现象,即天气转暖后有时会突然有寒流袭来,法国的东南部地区的人们称之为老太婆的怒气。民间传说每年2月末的

---

[1] 参照格林《德意志鬼神志》第2版第632页。——原书注

三天和3月初的三天会十分寒冷。据说从前有一个老太婆饲养绵羊，2月末天气转暖之后，便冷笑说："再见！2月，你已经无力用冰霜冻死我的羊。"于是2月雷霆震怒，从3月借来三天加上2月剩下的三天共下了六天霜，冻死了老太婆所有的绵羊，老太婆气得跺脚震怒。没有办法，她又买来了牝牛，一直饲养到3月末仍平安无事，但是老太婆不汲取教训，又嘲笑说3月已经快过去，再不必胆战心惊。于是3月又怒火冲天，从4月借来四天，加上3月剩下的三天，一连下了长达一周的霜，青草枯萎，老太婆的牝牛又全部死亡。

在西班牙，3月末经常风雨大作。据传说曾经有一个牧羊人对天发誓说，如果3月份的天气晴朗，将献上一只羊羔。于是天气十分稳定，3月只剩最后三天时，上天向牧羊人讨要羊羔，可是他觉得可惜，不愿拿出羊羔。于是3月震怒，斥责说："难道你不知道3月末4月初是产羊羔的重要季节吗？"于是放出寒流，连续六天刮风下雨，生下的羊羔全部夭折了。

阿博德在《马其顿民俗》（1903年）中讲，距卡瓦拉城东部的海滨不远的地方有一处颜色格外洁白的沙滩。据说这里黄色的细沙是原来盐池的底部，在太阳光的照射下盐池干涸，才变成现在的景象。从前有一个牧人有很多只洁白美丽的绵羊，有一次他发誓向神敬献一只羊但未还愿，于是天神震怒，掀起巨涛将牧人和绵羊卷入水底，从此那里变成了白色，羊群化作羊毛般的白色涟漪，至今仍然浮现在水面，人们称之为羊波。不仅如此，无数的羊群在广漠的旷野中吃草漫游，远远望去好像蛆虫爬行，但是更似海上的波涛。近来有个外国人说人们称海为洋是源于"洋洋"这个词，洋洋是形容水量充足的景象，这个人讲人们看到羊群才构思了洋字，所以"洋"是水和羊组成的。这种解释听起来似乎很有道理，不过绝不可轻信。从前王荆公曾牵强附会说波字意思是水的皮，于是苏东坡反驳说难道滑字的意思是水的骨头吗？所以这种解字不可轻易相信。《春秋繁露》记载："凡贽，卿用羔，羔有角而不用，如好仁者。执之不鸣，杀之不嗥，类死义者。饮其母必跪，类知礼者。故羊之为言犹祥，故以为贽。"这段解释其实是本末倒置，羊本来并不是象征吉祥的动物，羊原本是敬献神明请教吉凶征兆的动物，所以"祥"字是由羊和示两部分组成。

众所周知，《孟子》中有关于羊和牛被屠宰前恐惧程度的议论。曲亭马琴的《烹杂记》的大意讲，牛的本性是知道要被屠宰时极端恐怖，而羊的本性是即使死到临头也不觉恐惧。《蠡海集》记述说："牛共羊居丑未之位，牛色苍，虽有杂毛而苍多，近于春阳之生气，故闻死则觳觫。羊色白，虽有杂色而白多，近于秋阴之杀气，故闻死则不惧。凡草木经牛啖之必重茂，经羊啖之必悴槁。谚有之曰：'牛食如浇，羊食如烧。'信夫，是盖生杀之气致然也。"这种说法可以用来解释《孟子》中的章节。曲亭马琴谈及《孟子·梁惠王》中的以羊易牛的故事，阐述说其实齐宣王的意思并不是以小易大，也不是见牛未见羊，而是不忍牛闻死而恐惧，所以说"不忍其觳觫若无罪而就死地，故以羊易之"。这是因为羊闻死不惧，如果是这样的话，以猪易牛也无妨。孟子并未谈论牛和羊的秉性，只是说："见牛未见羊也，君子之于禽兽也，见其生不忍见其死，闻其声不忍食其肉，是以君子远庖厨也。"这是仁者之言，为了使君主成为尧舜那样的圣王才做出如此荒唐的事，不过是为了教育儿童才特意做了注释。志村知孝反驳说，虽表面说注释是为了教育儿童，其实是为了猎奇。齐宣王所谓"以羊易牛"是孟子所谓"以小易大，见牛未见羊"之意，并不是因为牛的本性是怕死而不忍屠宰，羊不怕死才以羊易牛，其本意明显在于"王若隐其无罪而就死地，则牛羊何择焉"。齐宣王如果认为牛怕死而羊不惧死才以羊易牛的话，应该明确说明其中的理由，像现在这样说反而会使儿童们迷惘。[1]

佛经将人面对无常而若无其事比作牛亲眼见到同类被杀却置若罔闻，但是朗曼兹在《动物智慧篇》中记述说，牛进入屠宰场后见到其他的牛先后被屠宰和肢解，理解了真相之后会感觉恐惧万分，和人没有多少区别，不过根据牛的不同，感受也有所差别。笔者在海外居住时经常住在

---

[1] 详见《古今要览稿》第531卷末。——原书注

屠宰场附近，时常见到很多的牛排成一列被赶入屠宰间时不断哀鸣，心中不免感到十分凄凉，而绵羊在屠宰前却不发一声，十分宁静。《经律异相》第四十九卷记载，在羊鸣地狱中饱受煎熬的人们，痛苦不堪，不断哀嚎，但是舌头不会转动，看上去似乎同羊一般鸣叫。拉采尔的《人类史》说，非洲的祖鲁人刚刚成为巫师时屠宰牛和山羊以及其他动物，但不宰杀绵羊，因为绵羊从不哀叫。

综上所述，似乎曲亭马琴的分析有道理。即齐宣王坐于堂上，有牵牛而过堂下者，王见之曰："牛何之？"对曰："将以牛血涂钟。"王曰："舍之，吾不忍其觳觫若无罪而就死地。"对曰："然则废以血涂钟欤？"曰："何可废也。以羊易之。"王见牛恐惧不欲趋死，故以小易大。然百姓皆谓王啬爱其财。在这里孟子反复追问宣王，宣王也做了各种解释，但没有想到牛怕死哀鸣而羊则无动于衷这一理由。于是孟子替宣王辩解说："见牛未见羊也，君子之于禽兽也，见其生不忍见其死，闻其声不忍食其肉，是以君子远庖厨也。"宣王大喜，赞道："《诗》云：'他人有心，予忖度之，夫子之谓也。夫我乃行之，反而求之，不得吾心，夫子言之，于我心有戚戚焉。'"在中国，吃肉是日常生活中的习惯，羊不像牛那样怕死之类的现象是人们司空见惯的事，所以宣王一时没有想起这个重要的理由。

在中国古代，不仅以动物血涂钟，有时还以人血祭新铸的钟，这样可以使死者的灵魂留在钟上，使钟声更加洪亮。《说苑》第十二卷中有明确记载："秦、楚毂兵，秦王使人使楚，楚王使人戏之曰：'子来亦卜之乎？'对曰：'然。卜之谓何？'对曰：'吉。'楚人曰：'噫！甚矣！子之国无良龟也。王方杀子以衅钟，其吉如何？'使者曰：'秦、楚毂兵，吾王使我先窥，我死而不还，则吾王知警戒整齐兵以备楚，是吾所谓吉也。且使死者而无知也，又何衅于钟死者而有知也。吾岂错秦相楚哉？我将使楚之钟鼓无声，钟鼓无声则将无以整齐其士卒而理君军夫。夫杀人之使，绝人之谋，非古之通议也。'子大夫试孰计之。使者以报楚王，楚王赦之。"

顺便提一点，《日本灵异记》以及《本朝文粹》记载景戒和奝然曾自称羊僧。《尘添壒囊抄》[①]第十三卷讲，所谓羊僧是讲不以嘴说法的意思，羊是卑贱的动物，所以僧人认为自己身份卑微才自称羊僧。不过这种解释不正确，《古今要览稿》第五百三十卷中引用《佛说大方广十轮经》说："不知根本罪，不知犯不犯，不知轻重，不知微细罪而可忏悔。愚痴无知不见有罪可畏，亦不依止善知识丈夫，不数亲近善知识丈夫故。不能咨问经中深义，何者是善非善？何者犯重何者犯轻？修行何事为善何事为恶？如是等相名哑羊僧。"由此可知，所谓羊僧实际上是哑羊僧的省略，为

[①]《尘添壒囊抄》最早出版于天文元年（1532），是室町时代编撰的字典，共20卷。现存的版本大概是1650年至1660年间出版的。该书的内容主要是关于词汇的起源、典故以及神社和寺院的起源等。——译注

什么称这些僧人为哑羊僧则不得而知。笔者经查阅《大智度论》得知，僧人分为羞僧、无羞僧、哑羊僧、实僧四类。"虽不破戒，钝根无慧，不别好丑，不知轻重，不知有罪无罪，若有僧事，二人共诤，不能断决，默然无言。譬如白羊乃至人杀不能作声，是名哑羊僧。"由此可知羊僧这个名称的来源。西洋的十二星座之一的牡绵羊宫，自古汉语就翻译为白羊宫，可见所谓白羊就是指绵羊。

西非的阿散蒂人传说从前上帝曾居住在人世间，和人面对面交谈，所以人类才获得幸福。例如上帝和小孩子一起烧烤山芋时，如果想吃其他菜的话，上帝会口诵咒语将木棒抛向空中马上就会有鱼。可是快乐的世界并不会长久，有一天，妇女们在做饭时，上帝正巧路过便停步观看，被妇女们驱赶，但上帝不肯走，于是女人们用手中的磨棒将上帝痛打了一顿，上帝回到天庭不再降落人间，世上便长期被妖魔统治。因此人们至今仍然怀念往昔，叹息如果当时女人们没有痛打上帝，人们仍旧能过上幸福生活。不过上帝对人类仍然十分友善，回到天庭后派山羊来告诉人们，今后死亡会降临人间，但是灵魂不会消失，人的灵魂会升到天堂和上帝为伴。山羊在路上见到青草便细嚼慢咽，上帝见到后又派出绵羊来传话，没想到绵羊错将上帝的旨意传达为人们最终会死。迟来的山羊传达的上帝的旨意是人最终会死，但灵魂不会消失，升上天堂陪伴在上帝的身边。这时人们不相信山羊的话，而认为绵羊讲的才是上帝的旨意，于是人类开始死亡。在阿散蒂人中还有一种说法，最初绵羊秉承上帝的旨意是向人类传达长生不死的消息，绵羊在路上贪吃青草的时候，山羊向人们传达了死亡降临的消息，人们不知内中的含意便兴高采烈地接受了，从此人类便受到死亡的困扰。[1]

《太平记》中所引用的唇亡齿寒的故事尽人皆知，但是另外一个鲁酒薄而邯郸围的故事则需要解释一番。"楚宣王朝诸侯，鲁恭公后至而酒薄，宣王怒，欲辱之。恭王不受命，乃曰：'我周公之胤，长于诸侯，行天子礼乐，勋在周室。我送酒已失礼，方责其薄，无乃太甚！'遂不辞而还。宣王怒，乃发兵与齐攻鲁。梁惠王常欲击赵而畏楚救，楚以鲁为事，故梁得围邯郸。"这就如同塞尔维亚人刺杀了奥地利的皇太子从而爆发了第一次世界大战，日本得以发战争财，社会上涌现了许多暴发户一样，事物之间有间接的关联。印度也有上述的比喻。《杂宝藏经》第八卷记载："昔有一婢，禀性廉谨，常为主人，曲熬麦豆。时主人家，有一羯羝伺空逐便啖食麦豆，斗量折损，为主所嗔。信已不取，皆由羊啖。缘是之故，婢常因嫌，每以杖捶，用打羯羝，羝亦含怒，来抵触婢。如此相犯，前后非一。婢因一日空手取火，羊见无杖，直来触婢。婢缘急故，用所取火，着羊脊上，羊得火热，所在触突，焚烧村人，延及山

---

[1] 参照贝雷哥的《关于阿散蒂》（1906年）第198页。——原书注

野。于时山中五百猕猴，火来炽盛，不及避走，即皆一时被火烧死。诸天见已，而说偈言：嗔恚斗诤间，不应于中止，羝羊共婢斗，村人猕猴死。"《菩萨本行经》讲："时有一妇人，炒谷作糗，有𪊏抵来捵炒麦，不可奈何，捉摘火杖用打𪊏抵，杖头有火着羊毛住，羊毛得火热用揩象厩，象厩火然并烧王象，象身烂破便杀猕猴用拍象身。"克罗弗德在《出使泰国记》中讲过泰国人相信在象厩里养猴可以为大象息灾。

《说苑》第七卷记述说："杨朱见梁王，言治天下如运诸掌然，梁王曰：'先生有一妻一妾不能治，三亩之园不能芸，言治天下如运诸手掌，何以？'杨朱曰：'臣有之，君不见夫羊乎？百羊而群，使五尺童子荷仗而随之，欲东而东，欲西而西。君且使尧牵一羊，舜荷仗而随之，则乱之始也……将治大者不治小，成大功者不小荷，此之谓也。'"据末吉安恭来函说，琉球人不认为山羊是温顺的动物，他们认为山羊刚毅执着，用绳子牵羊时，山羊有时会止步不前，这时如果向后拉，山羊会向前走，如果向前拉，它会向后退，所以人们称山羊是与人唱反调的小鬼，这是因为羊蹄的构造的缘故。但是另一方面，山羊、绵羊绝非人们一般认为的那样温顺，卞彬曾说，"羊性淫而很"，"很"的意思是"无听从而欲行难"。正如杨朱所讲的那样，成群的羊好管而单只羊难牵。笔者在欧洲时，曾和一位著名的学者一起步行去车站，在路上我向他请教各种问题，但是他的回答都很平淡无奇。我们在人流中来来回回，所以即使是著名学者也无法集中精力，这样看来人也许也和羊一样，群体要比个人易于管理。

《孔子家语》和《说苑》中记载："季恒子穿井得土缶，中有羊，以问孔子，言得狗。孔子曰：以吾所闻，非狗乃羊也。木之怪夔罔两，水之怪龙罔象，土之怪羵羊也，非狗也。桓子曰：善哉！"《韩诗外传》记述说："鲁哀公使人穿井三月不得泉，得一生羊焉，公使祝鼓舞之，欲上之于天，羊不能上。孔子见曰：'水之精为玉，土之精为羊。此羊肝土也。公使杀羊，视肝即土。'"这段听起来似乎是虚构，其实也有一定的根据。《旧唐书》中记载："（拂林国①）有羊羔生于土中，其国人候其欲萌，乃筑墙以院之，防外兽所食也。然其脐与地连，割之则死，惟人著甲走马及击铜鼓以骇之，其羔惊鸣而脐绝，便逐水草……凡西域诸珍宝多出其国，隋炀帝常欲通拂林，竟不能致。"这种东西在中国称为羔子，即所谓鞑靼的植物羔，从前欧洲人认为是贵重的草药，人们传说羊羔从土地中自然生长，狼喜爱吃这种植物，这种植物受伤后会流血。《古今要览稿》中引用《西使记》讲："垅种羊出自西海。以羊脐种于土中，以水溉之。闻雷脐系生于地中，及长以木惊之，脐则断，则能行走吃草。至秋可食，脐内有种。"这完全是无稽之谈。《渊

---

① 古代东罗马帝国，隋唐时期的名称。——译注

颖集》记载:"(西域)土城留种羊胫骨。四周筑垣闻杵声,羊子还从胫骨生。青草丛抽脐未断,马蹄踣铁绕垣行。羊子跳踉却在草。"这段记述也是不可思议。

18世纪法国植物学泰斗居里说,所谓植物羔是栉羊齿类植物的一种,林奈氏为其命名了学名。这种植物茎长一尺左右,横卧在地,由四五条根支撑。植物的全身长满金黄色茸毛,和西突厥的羊羔完全一样。于是由此产生了各种奇怪的传说。[①]笔者从前曾见过从鞑靼传入欧洲的植物羔,经过人手巧妙地加工过,外表和羊羔一模一样。孔子见到的所谓羵羊大概也是这种植物。《辍耕录》讲:"漠北种羊角,能产羊,其大如兔,食之肥美。"[②]林斯科登的《航海记》(1638年,阿姆斯特丹)第一百一十二页介绍说,果阿市郊外的土堤上扔着许多羊角和牛角,印度人很忌讳这类兽角,西班牙和葡萄牙的移民咒骂淫妇的丈夫头会生角,便偷偷地在门前放上兽角。这和近松门左卫门的戏剧《净琉璃》的情节相似,日本的戏剧讲丈夫不在家,妻子在家偷男人,丈夫归来后,朋友们默不作声送来苎麻堆在门前。兽角以及兽角的形状表示这家的女人和他人通奸,所以当地人非常忌讳兽角。遗弃在这个土堤上的兽角天长日久会生根,像草木一样在布满石块的荒地上扎根。该书的作者

---

① 参照《自然科学字典》第4卷第85页。——原书注
② 参照《渊鉴类函》第436卷。——原书注

也认为这是天大的奇闻，并曾经亲眼看见过，所以人们幽默地说果阿的特产是淫妇，剃掉了角还会生根。日本人形容炉忌时也使用角这个词，大概是相同的意思，不过上述的故事确实是奇闻。

布朗曾说，将槲寄生的种子播撒在土地上生长是件难事，果阿附近的土地羊角都能生根，所以绝不可丧失信心。[①] 笔者认为这也是和羰羊以及羔子一样，有一定的根据。日本有一种名为鹿角芝的坚硬的角状菌类，这种菌类多生于热带地区，大概偶尔会长在遗弃兽角的荒地上，于是人们误认为是丢弃的兽角生根。梁朝的任昉所著的《述异记》下卷中有类似的记述。所谓"秦穆公时，陈仓人掘地得物，若羊非羊，似猪非猪。牵以献穆公，道中逢二童子，云此名媪。在地中食死人脑，若柏木穿其首则死，故今种柏在墓上以防其害也"。《史记评林》第二十八卷引用《列异传》说："秦穆公时，陈仓人掘地得物，若羊非羊，若猪非猪，牵以献穆公，道逢二童子。童子曰：'此名为媪，常在地食死人脑，若欲杀之，以柏插其首。'媪复曰：'彼二童子名为陈宝。得雄者王，得雌者霸。'陈仓人舍媪逐二童子。童子化为雉，飞入平林。陈仓人告穆公，穆公发徒大猎，果得雌。又化为石。置之汧、渭之间。至文公时为立祠，名陈宝，雄飞南阳，每陈仓祠时有赤光，长十余丈，从雉县

---

① 参照《西普勒斯要塞》第547页。——原书注

来，入陈宝祠中，有声如雄雉。"秦穆公只捉到雌，所以只能是诸侯的首领。

像上述的故事一样，印度也有妖怪相互诉说本性的故事，而且其中的一方也潜伏在土中。《诸经要集》中引述《譬喻经》讲："有人窖粟数百石，时有谷贼盗主人粟，尽开窖不见一粒，主人唯见一虫，身躯极大。捉得拷问：'汝何以盗我粟尽，汝是何神？'虫报主人言：'汝将我至四衢路首，有识知我者。主人取语，将至交首，道逢有官骑黄马着黄衣，车乘衣服皆同黄色。'黄官问虫云：'谷贼汝何在此？'主人方知虫是谷贼。主人又问：'向乘马黄衣是谁？'谷贼言：'是黄金之精。'以报主人食粟之直，主人因此得金，用不可尽，良由人鬼趣别，感见不同，故圣制黄幡，为其亡人挂之塔冢，令魂神寻见得实救济冥之也。"另据《阿育王譬喻经》记载："昔有大长者财富无量，窖谷千斛后出之不见谷，见一小儿可年三岁亦不知语，长者亦不知字名何物，举门前大道边，陌上行人尚有识者。舍东有一车来，乘驾黄牛'人着黄衣'，从人皆黄，过见小儿便言：'谷贼何以坐此？'是儿五谷之神，语长者持锹、斧来，我语君一盆金处。适始行过者是金神，顺陌西去得道南回，行二百步，道西当有朽故树，其下有盆有十斛金。君往掘取可以还君谷直，长者即随小儿教得此治家足成大富。"

谈到五谷之神，欧洲至今仍然有谷物神的传说。德国的曼哈鲁特收集了大量的素材加以研究，据他说人们认为谷物的生命存在于谷物之外，有时是动物，有时会以男人、女人或小孩的形象出现，这就是所谓对于谷物神的信仰。作为谷物神出现的动物一般是牛、马、狗、猫、猪、兔、鹿、绵羊、山羊、狐狸、老鼠、鸡、天鹅以及其他的动物。中国和日本的玄猪神以及稻荷神也都是谷物神。弗雷泽说，为什么人们相信谷物神以各种动物形象出现呢？在古代，原始人看到动物来到田地，相信谷草和动物之间有一种神秘的关系，在远古时代，田地周围没有围栏，各种动物可以自由出入，因此当时像牛马那样的大型动物也毫无顾忌地出入农田，所以有些地方的人们相信谷物神变成牛马。收割谷物时，兔子和野鸡会躲藏在未收割的庄稼中，当这些庄稼也被收割时，兔子和野鸡便窜出田地，于是原始人误以为谷物神化作兔子和野鸡。如果这时有陌生人经过，人们会认为谷物神变化成人，这样谷物神变成人或各种动物的迷信便产生了。笔者并不完全赞同弗雷泽的学说，但是暂且举几个以羊为谷物神的事例。在瑞士的一些地区，人们将割掉最后一把麦穗的人称为小麦的山羊，像山羊一样在这个人的脖子上挂上铜铃，游街狂欢，喝酒跳舞。在苏格兰的斯凯岛，割完自家田地的小麦的农户会将一束麦穗送给附近没有收割的农家，这个农家收割完时同样会将这一束送给未收割的邻居。就这样，直到全村全部收割完，这束麦穗在全村的农户中传来传去。人们称这束麦穗为跛脚山羊，意思是谷物神藏在最后一束麦穗中，当被割掉后一只脚会被割伤。法国格勒诺布尔地区的人们在收割完小麦之前，会用花和彩带装饰山羊然后放入田地中，农夫们会竞赛捕捉这只羊。谁捉到了，这家的主妇便会按住羊头，丈夫亲手宰杀，然后用羊肉制作丰收筵席的佳肴。主妇要将其中的一片肉腌制成咸肉，一直保存到第二年的秋季，届时将宰杀另外一头羊，再和这片咸肉交换。[1]这些都是人们相信山羊是谷物神的风俗的遗留，有的地方，人们在春天屠宰被视为谷物神的动物，将动物的血和骨头与谷物的种子混合在一起祈祷丰年。在春天，人们用脱谷棒击打谷物赶出藏在粮仓里的谷物神，阴历十一月，农家准备开始新年的农活时谷物神会再次出现，等等。和日本人信仰玄猪神相似，在欧洲人们对于谷物神的迷信至今仍然普遍存在，这种以动物形象出现的谷物神也会演变成为希腊的德米特尔那样的外貌似人的谷物女神，这和狐狸变成外表如同老翁一般的稻荷大明神同出一辙。

---

[1] 参照弗雷泽《金枝》初版第2卷第3章。——原书注

猴

疾

概论（1）

摄政公一条兼良①的面容酷似猴子。据说他十三岁行元服礼时，半空中有个奇怪的声音说："猴子头戴乌纱帽。"于是一条兼良立即跑到房檐边接上一句道："元服应在未时②中。"笔者在《太阳》杂志上发表《羊的民俗与传说》时，时局混乱，罢工不断，笔者也顺应时代潮流，时常怠工。现在正值羊年岁晚猴年将至之时，博文馆出版社和热心读者催促我继续写《生肖奇谭》，因此这次认真完成这篇猴论。

笔者查阅了猴子的各国名称，希伯来语为"קוֹף"，埃塞俄比亚语为"ዝንጀሮ"，波斯语为"نومیه"，希腊语为"píthikos"，拉丁语为"cebus"，梵语名是"kapi"。众所周知，《旧约圣经》的发源地巴勒斯坦没有猴子，但是所罗门王从国外引进的商品中有猴，他施③的商船每三年一次运来

---

① 一条兼良（1402—1481），室町时代的宫廷贵族，曾位居关白太政大臣。他博学多才，通晓古籍和佛教并擅长写作和歌。——译注
② 未时（羊）是下午1点至3点，之后是申时（猴）即下午3点到5点。——译注
③ 他施是《旧约圣经》中记载的古国，在当时以金银等贸易著称于世。——译注

图1 古代阿西利亚的古石碑上雕刻的象和猴

金银、象牙、猴、孔雀。从商品的名单看，象牙以下的名称不是希伯来语，名单记载的象、孔雀、猴的名称发音都源于梵语，而且当时孔雀只产于印度，因此可知所罗门王引进的猴子和大象不是来自非洲，而是来自印度。

察看古代阿西利亚的撒缦以色的黑尖碑（见图1），碑上雕刻着的画上，一个人手牵一只大猴跟随在大象的后面，另一个人也牵着一只猴，肩上还背着一只同样的猴。碑文说这些猴子和大象是亚美尼亚以及大夏的进贡品，但这些地方都地处寒带，不出产这些动物，所以应该是从印度进口之后又进贡给阿西利亚的。在希腊，最初人们把猴子当作人，在日本也曾将猴子和仆人视为同类，称呼相似。阿西利亚人似乎也认为猴子是外国的土著人，上述的石碑上雕刻的猴子的手脚和人相同，而且面颊上长有胡须，因此阿西利亚人称猴子为乌当。这似乎是希伯来语的亚当（男人）的词根。在印度受人崇拜的哈努曼猴中，长相俊美的猴子和雕像中的猴相似。[①] 猴子的名称，阿拉伯语为"درق"，印地语为"बंदर"，马来语为"monyet"，爪哇语为"kethek"，16世纪以前的英语称所有的猴子为"ape"，现在主要用于近似人类的无尾类人猿，其他的猴子一概称为"monkey"。"monkey"是法语和意大利语的表示"小"的词加上"key"，而法语和意大利语的"小"字源于阿拉伯语。据说苏格拉底的长相酷似羊头鬼，孔子的相貌好像也十分丑陋。《荀子》中记载："仲尼之状，面如蒙倛。"自古以来关于倛的解释一般认为是宗教仪式中蒙在脸上的假面具，从前认识的一位英国人读到《本草纲目》中的"蒙颂，猱状，即蒙贵也。状如蜼而小，紫黑色，可畜，健捕鼠，胜于猫"，便根据这段文字牵强附会说："蒙倛就是蒙贵，也就是英语的'monkey'，所以孔子的长相像猴子。"英语的"猴子"一词产生于16世纪，公元前255年任兰陵县令的荀子不可能知道英语的"monkey"一词，可见现在的世道是大话满天飞。

猴子的另一个英语名"ape"源于希腊语和拉丁语，而这两种语言的"猴子"一词又取自梵语，另外古英语中的"猴子"一词和荷兰语以及古德语一样，据说都是源于猴子

[①] 参照霍顿《古博物学概览》第19页以下。——原书注

的叫声。由于猴子善于模仿，因此英语的动词"ape"也有模仿的意思，梵语等语言中也有根据猴子产生的表示模仿的动词。日本的《本草启蒙》中列举了十二种猴子的名称。在印度，《十诵律》第一卷将动物分为双足、四足、多足以及无足四类，各种鸟类、猩猩以及人类统称为双足类，第十九卷中将孔雀、鹦鹉、猩猩、各种鸟类以及猴子归入鸟类。在日本也根据双足行走这一特点将猴子列为鸟类，猴子吃树上的果实，而且高声鸣叫，所以称猴子为呼子鸟。

从前，日本的宫廷贵族因生活艰难而倡导和歌的秘诀，借口传授秘诀来赚取学费。对于所谓呼子鸟的解释则是秘诀中的机密，一般解释为猴子，但是有时解释为杜鹃或鸡，更有甚者有时解释为神武天皇，真是众说纷纭。市川白猿[1]曾作诗讽刺。《奥羽观迹闻老志》第九卷介绍说，气仙郡五叶岳的山王神以猴子为仆人，每年6月15日，猴子聚众登山祭拜神社，其中有一只高三尺左右的老猴佩带腰刀登山，如果有参拜的猴子身体不洁净，这只老猴会挥刀将其赶走，人们认为这非常奇怪。在谈到马的部分时曾讲过，阿拉伯名马不会让和女人行房后没有洗澡净身的人骑乘。毛里求斯岛的居民喂给猴子水果，如果猴子不吃就认为有毒。[2]笔

---

[1] 市川白猿，歌舞伎名角第五代市川团十郎（1741—1806）使用的俳名，此后第七代和第八代市川团十郎也曾沿用。2020年5月，第十三代市川团十郎也继承了市川白猿的名称。——译注

[2] 参照露加《航行记》（1891年）第2卷。——原书注

者认为，人们挑选可以嗅出异味的老猴，经训练后让它们佩带腰刀，在神殿前巡视，如果发现有身体不洁的人进山参拜，便挥刀将其赶走，这在日本各地司空见惯。猴子不但活跃在神殿前，而且曾在受巫女的训练后在神前翩翩起舞。猴子的名称也大多源于此。

日本猴子的名称来历不得而知，不过巫女的首领曾被称为女君，由此可见，日语的猴子的名称是日本独自产生的。现在手头没有朝鲜语和虾夷语①的字典，目前无法查对，不过查看瓦利斯在南洋收集的猴子的各类名称，仅有两三个发音略微相似。《翻译名义集》中记载猕猴的梵语名称是摩斯吒或么迦吒。笔者查阅了两三种收藏的梵语词典，发现么迦吒是梵语的译名，但没有找到摩斯吒的梵语。因此，和歌中涉及猴子时广泛使用的"马茨拉"这个名称，其源于古代摩斯吒这种说法有待商榷。不过奇怪的是，17世纪法国人达文尼埃的《印度纪行》中记述说，西姆拉地方有一座石塔，是印度最大的石塔之一。石塔旁有一个饲养猴子的地方，饲养着当地以及附近地区出产的猴子，商人们出钱提供食物。这个石塔的名字是马茨拉，以前亚穆纳河流经塔下，参拜前沐浴净身十分方便，所以前来拜佛的香客络绎不绝，但是后来河流改道，于是香客日渐稀少。

---

① 亦称阿依努语，是日本北海道地区的土著民族使用的语言。现在作为日常用语几乎没有人使用。——译注

英国皇家院士鲍尔注释说,这个名称的来源是4世纪晋朝的法显去印度取经时,将当时佛教圣地摩头罗国的国名当作石塔的名称。17世纪奥朗则布王[①]侵入该地,毁坏了大量的佛教寺庙和石塔,但是猴子仍大量出没于市中,受到居民们的礼遇。法显的遗作《法显传》(《佛国记》)记述说当地佛教十分盛行,但丝毫没有提到当地有猴子。距此二百年之后去印度取经的唐朝玄奘在《西域记》中将马茨拉标记为秣菟罗,并记述说这座城周围有二十余里,佛教昌盛,国中有一片干涸的沼泽,旁边有一座石塔。据说从前如来在附近讲经时,猴子献上蜜汁,佛祖用水调和后施舍给众人,于是猴子们欢欣雀跃,不慎坠落坑中摔死,后来依靠献蜜的功德转生为人。看来此地自古与猴子有缘。

《和州旧迹幽考》中讲猿泽池是模拟印度的猕猴池建造而成,池塘的西北松井草堂附近有一座猴子的塑像,据说是弘法雕刻的。毗舍利国猕猴池西面的猴群手持如来的钵上树采蜜,池塘南面的猴群则将蜜汁献给佛祖。这段文字明显引述《西域记》的记载,佛祖看来十分喜爱吃甜,猴子心领神会,为了转生成人才献蜜汁给佛祖。《贤愚因缘经》第十二卷记载:"(舍卫国婆罗门师质)居家大富,无有子息,诣六

[①] 奥朗则布(Aurangzeb, 1658—1707),印度莫卧儿王朝皇帝,为沙·贾汉第三子。1636年任德干副王,1658年即位,1659年称帝,号"阿拉姆吉尔"(意为世界的征服者)。他的统治分前后两个时期:前期(1658—1681)主要在北印度进行征服拉杰普特的战争,后期(1682—1707)全力以赴为吞并德干与马拉特人进行战争。——译注

师所，问其因缘。六师答言：'汝相无儿。'尔时师质便还归家，着垢腻衣，愁思不乐，而自念言：'我无子息，一旦命终，居家财物，当入国王。'思惟是已，益增愁恼。婆罗门妇与一比丘尼共为知识。时比丘尼值到其舍，见其夫主，忧愁憔悴，便问之言：'汝夫何故愁悴如是？'婆罗门妇即答之曰：'家无子姓，往问六师，六师占相云当无儿。'以是之故，愁忧不乐。时比丘尼复语之言：'六师之徒非一切智，何能知人业行因缘。如来在世，明达诸法，过去未来，无所障碍，可往问之，必足了知。'比丘尼去后，妇便白夫，如向所闻。时夫闻已，心便开悟，更着新衣，往诣佛所，稽首佛足，而白佛言：'我之相命当有儿不？'世尊告曰：'汝当有儿福德具足，生长已大当乐出家。'婆罗门闻欢喜无量，而作是言：'但使有儿，学道何苦？'时因请佛及比丘僧，明日舍食。是时世尊默然许之。明日时到，佛与众僧往诣其家。众坐已定，婆罗门夫妇齐心同志，敬奉饮食。众会食竟，佛及众僧还归所止。路由一泽，中有泉水，甚为清美。佛与比丘僧便住休息，诸比丘众各各洗钵，有一猕猴来从阿难，求索其钵。阿难恐破，不欲与之。佛告阿难，速与勿忧。奉教便与，猕猴得钵，持至蜜树，盛满钵来，奉上世尊。世尊告曰：'去中不净。'猕猴即时拾去蜂虫，极令洁净。佛便告言：'以水和之。'如语着水，和调已竟，奉授世尊。世尊受已，分布与僧，咸共饮之，皆悉周遍。猕猴欢喜，腾跃起舞，堕大坑中，即便命终。魂识受胎于师质家，时师质妇便觉有娠，日月已足，生一男儿，面首端正，世之少双。当生之时，家内器物自然满蜜。师质夫妇喜不自胜，请诸相师占其吉凶。相师占讫而告之言：'此儿有德，甚善无比。'因为作字，字摩头罗瑟质。晋言蜜胜，以其初生之日蜜为瑞应，故因名焉。儿年已大，求索出家，父母恋惜不肯放之，儿复殷勤白其父母：'若必违遮不从我愿，当取命终，不能处俗。'父母议言：'昔日世尊，已豫记之，云当出家，今若固留，或能取死，就当听之。'共议已决，而告儿言：'随汝所志。'儿大欣踊往到佛所，稽首作礼求索出家。世尊告言：'善来比丘。'须发自堕，法衣在身，便成沙门。因为广说四谛妙法种种诸理，心开结尽，得阿罗汉。每与诸比丘，人间游化，若渴乏时，掷钵空中，自然满蜜，众人共饮，咸蒙充足。"《大智度论》第二十六卷讲摩头波斯咤比丘跳上梁棚或墙壁以及树上。这大概讲述的是同一个人物。从这些事例看，不论"摩头罗"这个词的本意如何，作为国名或人名在佛经中出现时都和猴子有联系，因此日语中猴子的古代名称马茨拉有可能源于此。①

本来日本有"猴子"这个词，但是古书中经常使用"马茨拉"这个外来语，究其原因首先是由于佛教在日本广泛传播，另外日本的"猴子"这个词的发音近似"离开"这个词，十分不吉祥，而"马茨拉"这个外来语的发音则

---

① 在日语中，"马茨拉"和"摩头罗"的发音相似，所以作者得出此结论。——译注

接近"优胜"，所以这也可能是当时这个外来语盛行的原因。《弓马秘传闻书》记载祭祀的贡品中忌讳猴皮包裹的箭囊。《闲窗自语》记载说，元文二年（1737）春天，有一只来历不明的巨大的猴子出没徘徊在仙洞、二条、近卫等重臣的官邸，其后，中御门院天皇驾崩，各位重臣也相继去世。因此人们忌讳猴子，至今仍有一些行业听到猴子这个词便关门歇业。笔者认识的一个饭店的女招待，在谈到小学语文课本中的猴子和螃蟹的故事时，总是将猴子读作"得手"。以前笔者曾经坐船畅游熊野河，在下游经常见到岸上有猴子，艄公称这些猴子为野猿或得手吉，绝不称呼猴子的名字。因此《续日本书纪》中记述的柿本朝臣佐留（音为猴子）、日本的和歌集中提及的猿丸大夫，以及后来的著名武士上杉兼信的小名为猿松、前田利常的小名是猴子，以此推断，大概远古时代以猴子为图腾的部落很多，这些名称都是当时部落风俗的遗留。《载猿草纸》讲丹波山中有一只老猴，名为增尾权头。至今这个地方庆祝猴神节时，农民会聚集在一起祈求农作物丰收。所谓得手吉是男人性器的绰号，可能是猴子经常裸露性器才得此名。《古事记》神代篇中的猿田彦的鼻子长达七尺，《参宫名所图会》中的道镜被称为猿丸大夫，在中国猴子写作狙，其中的"且"是阳具的象形字，[①] 这些都源于上述的词义。有个赌徒

---

① 参照《和汉三才图会》第12卷。——原书注

曾说得手吉是得而吉,大吉大利,但是布做成的猴子饰物名称带有捆绑的意思,所以赌徒一般忌讳猴子。黄巢起义后准备攻打金陵时,有一位说客前往黄巢的大营对他说,大王的名字是巢,如果进入了金陵就会成为"鐬",十分不吉利,于是黄巢便退兵了。①

从前有人批评《狂月坊》中的诗词手法拙劣,于是他回答说:"乞天让我毛遍体,世人赞我名诗人。"②人们通过毛遍体这个词联想到猴子,中国人称女人的性器为猢狲,③在日本的京都和大阪地区则称为猿猴。笔者在美国学习解剖学时,大学生们则俗称为猴子,这些俗称和《松屋笔记》的记述综合在一起可知这些联想分别在各地自然产生,并非互相影响而产生的。《甲子夜话》续篇第十七卷中记述说,有个女婿去岳父家登门拜访,在闲谈中岳父拿出一张熊皮,说是从北方传来的,女婿用手抚摸着熊皮赞不绝口,同时联想到要为妻子转达对父母的问候。熊皮的毛较短,但可以从颜色联想到女人。佛经和南欧的书籍中描述美女时,不仅是头发的颜色,其他部位毛发的颜色和形状都一一详尽描述,北欧人毛发不是黑色,所以他们读到这些描

---

① 参照《焦氏笔乘》续8卷。——原书注
② 《狂月坊》是江户时代的狂歌绘本,作者是纪定丸,其中收录了72首狂歌和喜多川歌麿绘画的五幅望月题材的插图。1789年由耕书堂出版。作者在这里使用了一个谐音词,"猴子"和"著名"这两个词谐音,所以前句遍体长毛的意思是变成猴子。——译注
③ 详见《笑林广记》第3卷。——原书注

述引发不起任何同感,因此见到熊皮也不会联想起妻子。这看似小事一桩,其实是心理学的理论,同时也对国家的政治外交有意义,如果向伊斯兰教信徒讲述轮回转生,向美国人大谈忠孝仁义,如同对牛弹琴。马隆的《莎翁集》第十卷中盛赞欧洲的文豪拉伯雷和拉封丹等,说他们在作品中描述女人将阴部比作伤口来和男人调侃的手法非常精彩。实际上对于东亚人来说,这种手法已经十分陈腐。佛教的律藏中有很多将阴道称为疮门(即创口)的描述。《白云点百韵俳谐》以及彦山权现的戏剧中都有将刀伤比作女人阴部的描写。现在是太平盛世,我们无法见到刀伤,这些描写自然也就失去了魅力。东西方的人们见到毛发和刀伤,竟不约而同地想到女人的相同部位却值得惊叹。

东西方人还同时将女人比作猴子,英国的政治家赛尔登讨厌女人,经常说有妻室的人要为花钱买首饰而发愁,这如同养猴子的人要不断支付破碎的玻璃瓶的开销一样。贝罗阿·贝鲁贝约撰写的《升官之道》讲妇人在寺庙中是天女,在家庭中是恶魔,在床上是猴子。佛经中记载释尊见到他的弟弟难陀和妻子无比欢爱,为了使他头脑清醒,启发他说女人要比瞎眼母猴还低劣。《类聚名物考》中讲"意马心猿"是中国人根据《慈恩传》中的"制情猿逸躁,系意马奔驰"创造的。笔者查阅《出曜经》第三卷,发现有"意如放逸者,犹如摩楼树。在在处处游,如猿游求果",所以至少心猿(此处为意猿)在印度早已存在。

《大和本草》记载说津轻地区有野生猩猩①，这似乎不太可能；《輶轩小录》讲伊藤仁斋年轻时，京都附近的医生从津轻带来了猩猩，晚上用尾巴掩面而卧，从记载看这似乎是松鼠类的动物，不是真正的猩猩。据《本草纲目》记载："猩猩一名猚，或仙猴，鼻孔向天，雨则挂木上，以尾塞鼻孔。喜群行，老者前少者后，食相让，居相爱。"《唐国史补》赞美说："剑南人之采猩猩者，获一猩猩则数十猩猩可尽得矣。何哉？其猩猩性仁，不忍伤类，见被获者，聚族而啼，虽杀之，终不去也。唉，此乃兽之状，人之心也。乐羊食其子，史牟杀其甥，则人之状，兽之心也。"舜帝规定天子的御衣上的十二标记时，第五个标记绣着猴和虎，《和汉三才图会》记载日本天皇在大尝会②等重要的祭祀中用作礼服。二十多年前，笔者从海外回国之前，在大英博物馆见到从中国寄来的仰鼻猴的标本，于是笔者考证出这就是《尔雅》所记载的猚，并撰写了一篇文章刊登在《日本及日本人》杂志第六百六十九期上。不便在此重复，此处仅刊载图像（见图2），如有兴趣请阅读该期刊。因此津轻地区有野生猩猩属于误传，台湾猴子的种类至少有一种，日本本土只有一种学名为"macaca fuscata"（日本猴）的猴子。

---

① 这里指长尾猴，详见《本草纲目》的解释。——译注
② 天皇即位后首次举办的祭祀礼，传说自天武天皇开始，后来曾一度中断，18世纪中叶的樱町天皇以后恢复，直到现在。——译注

图2 中国四川产的金丝猴

猴子虽然种类繁多，但主要产于热带和亚热带，欧洲只有直布罗陀栖息着一种非洲出产的"macaca sylvanus"，这种猴酷似日本猴，但无尾，不过十年前染上流行病全部死亡了。因此欧洲的古代文学以及民间故事中很少有猴子的故事，这和日本的古籍中没有羊的记载一样。戈佩尔纳其斯曾说，亚洲的民间故事中猴子担当的角色在欧洲的故事中一般由熊代劳。[1] 中国自古出产多种猿猴，能对此详加观察，并分别命名，令人佩服。

李时珍说："其类有数种，小而尾短者，猴也。似猴而

---

[1] 详见戈佩尔纳其斯的《动物谭原》第2卷第11章。——原书注

多髯者，獿也。似猴而大者，玃也。大而尾长赤目者，禺也。小而尾长仰鼻者，狖也。似狖而大者，猱獿也。似狖而小者，蒙颂也。似狖而善跃者，猓猢也。似猴而长臂者，猿也。似猿而金尾者，狨也。似猿而大能食猿猴者，独也。"笔者没有详细考察中国的动物，所以无法逐一推论，但从"小而尾短者，猴也"来看，即使和日本猴不同种，也应该属于短尾猴类，只是和日本不同，种类较多。中国北部冬季严寒，栖息在此地的"macaca silennus"猴浑身长满厚厚的茸毛，"macaca sinica"猴从头顶的旋上长出长发，英国人称之为头巾猴，这和所谓的"楚人沐猴而冠"形成精彩的对照。李时珍的书被誉为东方博物学的标准学说，从该书中引用关于猴子的记载如下。班固的《白虎通》说："猴，候也，见人设食伏机，则凭高四望，善于候者也。猴好拭面如沐，故谓之沐。而后人讹沐为母，又讹母为猕，愈讹愈失矣。"《说文》云："为字象母猴之形，即沐猴也，非牝也。猴形似愁胡，故曰胡孙。"《庄子》："谓之狙，养马者厩中畜之，能辟马病，俗亦称马留。"《本草集解》记载："猴状似人而颊陷有嗛，腹无脾以行消食。尻无毛而尾短，手足如人亦能竖行，声嗝嗝若咳。孕五月而生子，生子多浴于涧，其性躁动害物。畜之者使坐杙上，鞭搒旬月乃驯也。"

比李时珍早约一千五百年的罗马人老普林尼写作的《博物志》虽然内容粗糙，却是考察古代欧洲学术水平的重要著作。罗马虽不出产猴子，但当时帝国处于鼎盛时期，曾进口了大量猴子，所以《博物志》的记述也并不都是想象和虚构，其中说猴子是最接近于人类的动物，有许多种类，以尾部的特点加以区分。猴子狡猾多端，有人说猎人用年糕和鞋子做圈套，猴子模仿猎人将年糕涂在身上并穿上鞋子才被捉住。穆其阿努斯说猴子能识别蜡制的象棋子，可以模仿人下象棋。他还说有尾猴在下弦月时情绪低落，见到新月时则欣喜若狂，顶礼膜拜。猴子也和其他的各种动物一样，害怕日食和月食。各类猴子都非常爱惜幼崽，人饲养的猴子如果生了小猴会抱来给客人看，见到客人抚摸小猴会非常高兴，似乎能理解人的感情。因此会出现过度怀抱致使小猴窒息而死的现象。狐猴异常凶猛，而细毛猴则和其他猴不同，脸上长着胡须，产于埃塞俄比亚，不适应其他气候。被誉为博览精深的老普林尼的书中，有关猴子的记载，仅此而已，和李时珍的详细记述相比稍显逊色，这是因为罗马没有猴子而中国出产多种猴子的缘故。

前面讲述的用年糕和鞋子捕猴的故事出自斯托拉蓬的《印度志》，书中讲猎人见猴子聚集在树上，便当着猴子的面用盘里的水清洗眼睛，然后迅速将盘子换成盛有年糕的盘子，躲在树丛观察。猴子从树上下来用年糕涂在眼上，双目被遮住，于是轻而易举地被猎人捉住。埃里亚努斯的《动物志》记载说猎人当着猴子的面穿鞋给猴子看，然后放上一双铅制的鞋，猴子出于好奇穿上铅鞋，之后便动弹不得，变成了瓮中之鳖。日本熊野地区的人传说以前也曾用年糕捕猴，方法和斯托拉蓬所讲的一样。《渊鉴类函》中记载："阮汧曾使封溪，见邑人云猩猩在山谷间，尝有数百为群，里人以酒并糟设于路侧，又爱着屐，里人织草为屐，更相连结。猩猩见酒及屐，则知设者祖先姓字，及呼名云，奴欲杀我，舍尔而去，复自再三相谓曰：'试共尝酒及饮甘味，逮乎醉，因去屐而著之，乃皆获，辄无遗者。'"这和埃里亚努斯所讲的方法相似。猩猩原来写作狌狌。

《山海经》写道："（招摇之山）有兽焉，其状如禺而白耳，伏行人走其名曰猩猩，食之善走。"《礼记》中的"猩猩能言，不离禽兽"等，在中国早已广为人知，原本好像出自中国的属国交趾[①]。在猿猴类中有十分接近人类的类人猿，其中有一种脑的构造和人十分近似的动物，日本和中国一般都使用猩猩这个名称。这种动物只产于婆罗洲和苏门答腊的原始丛林，栖息在树木之上，并不产自交趾。古书上记载："猩猩形若狗而人面，头颜端正，善与人言，音声妙丽，如妇人对语……猩猩在山谷中行无常路，百数为群。"这些描述和实际的猩猩完全不符。《荀子》中有"猩猩无尾"，似乎是强调近似人类，中国南部常见的长臂猿也没有尾巴，由此考虑，最初被称为猩猩的动物应该是长臂猿的一种。后来从国外传入红毛毯之后，人们不知道颜色是如何染成的，于是民间传说是用猩猩血染的，满身红色毛发、

[①] 原是越南北部河内等地的古代地名，后泛指越南。——译注

喜爱喝酒的类人猿由此便被认为是猩猩。这种猩猩不产于中国，人们只是偶尔在印度洋的岛上见到，便传说其栖息在海洋中的岛屿上，因此中国的古书中记述说出自海中。日本人读到后，在《训蒙图汇大成》中注解说猩猩是栖息在海中的动物，于是画中画有猩猩坐在汪洋之中的岩石上，谣曲中唱到猩猩居住在浔阳江，出没于汪洋的波涛之间。由此可知，人们认为猩猩原本出自大海。这个谣曲形容猩猩将神泉送给酿酒作坊的孝子，可见在日本猩猩是非常吉祥的动物。樱井秀在《荫凉轩日录》中发现有段记录，延德三年（1491）盗贼扮作猩猩在夜间闯入泉界的富商家，将富商家中财宝抢劫一空。这种骗术现在行不通，但是据查，《义残后觉》第七卷记载有个名叫太郎的大力士头戴鬼脸面具在路上抢劫。《石田军记》第三卷讲伊吹地区的山贼装扮成鬼骚扰乡里，可见在迷信横行的时代，这种骗术是可行的。若狭地区有猩猩洞，能登半岛的云津村是一个有数千户人家的渔村，据传说他们因为杀死了登陆游玩的猩猩而遭到报应，巨大的海啸毁灭了整个渔村。① 附近有一个村庄，因为从海上不时有海驴上岸，所以人们称之为海驴滩。在北欧有许多海驴变成人的故事。② 书籍中记述的日本北陆地区的猩猩大概是对海驴的误解。

---

① 参照《若狭郡县志》第2卷，《能登名胜古迹志》坤卷。——原书注
② 参照科特列的《精魅志》。——原书注

侍候德川家康洗澡的侍女曾为他生了一个儿子，名为上总介忠辉，他是个著名的暴君。在其领地里有个名叫今猩猩庄左卫门的渔夫，他是一个酒豪。忠辉在海上钓得许多鱼乘兴举办酒宴，强迫臣民喝酒，这个渔夫喝下三四斗酒却丝毫不醉，忠辉便将他带回城里继续让他饮酒，喝完六斗便沉睡不醒。忠辉亲眼所见，觉得十分奇怪，便让人割开他的腹部，发现肚中没有一滴酒，两肋下却有一对三寸大小的小瓶，如铁石一般锤打不碎，两只瓶子装满六斗酒，风味依旧。忠辉大喜，将这两只日本无双的至宝命名为猩猩瓶，随身携带。这位暴君嗜酒如命，用瓶子装满酒后在海上河流和湖泊中待上五至十天都不会缺酒。他厚葬了猩猩的尸体，赐给他的亲属金银和稻米。[1]这个故事大概是《齐东野语》中割开山怪的腰得到宝印以及唱颂猩猩的歌谣"众多猩猩登大瓶，争先恐后夺泉盖，泉水涌，泉水流，取之不尽，用之不竭"两者综合在一起捏造而成的。《齐东野语》中有："野婆出南丹州，黄发椎髻，裸形跣足，俨然若一媪也。群雌无牡，上下山谷如飞猱，自腰以下有皮盖膝，每遇男子必负去求合，尝为健夫所杀死，以手护腰间，剖之得印方寸，莹若苍玉，有文类符篆也。"这是将腰缠兽皮并在腰间佩戴玉石作为护符或装饰的土著民误认为是猴子。

有的民族在军队、劳作以及祭祀等特定期间，禁止男女

---

[1] 详见《古今武家盛衰记》第19卷。——原书注

同居，这到近代仍然常见。古希腊和马来半岛以及南美都有女儿国的传说，这绝不是毫无根据的捏造。[1]野人部落的女人渴望和健壮的男人野合也是常事，希腊的传说讲亚历山大王率军队经过女儿国时，女王带领三百人的娘子军赶来恳求国王留下后代，国王恩准以后，两军欢爱了十三个昼夜。日本的八丈岛是汪洋中的孤岛，连鸟都飞不到，如果本土人登上该岛，如仙女下凡般的美女争相迎请回家，殷勤服侍在家同居。有本土人来家做女婿，这家的户主也会心花怒放，感到脸上有光，让本土人慢慢歇息，自己则去其他地方暂住。[2]这个消息似乎早已传到海外，令人羡慕。1585年，这一年比记述这个故事的《北条五代记》中记载的最末年还要早二十九年，门多萨在《大中华帝国志》记述说，距日本不远有一座岛屿，名叫女儿国。岛上只有女人，善于使用弓箭。为了便于射箭而压平右胸。[3]每年某月都有商船从日本前来，先派两个人上岸告诉女王船员的人数，女王便许可在某天登岸。当天，女王让与船员的数量相同的女人各自带一双鞋前往海滨，鞋上绣着不同的标记，随便扔在沙滩上。船员们上岸后任意穿上鞋之后，女人们来找自己的标记并带男人回家。这

---

[1] 参照《说教文学》(1819年，里昂出版)第5卷第498页以下。福伯特《回归线内美洲旅行自述》第2卷第399页以下。可利福德《在克多和磅同》第171页以下。——原书注
[2] 参照《北条五代记》第5卷。——原书注
[3] 这是抄袭古代希腊女儿国的故事情节。——原书注

个规矩是听天认命，丑女配帅哥，即使女王抽了下签也不准抱怨。等女王规定的时间到来之后，男人们各自写下自己的姓名和住址，双方便挥泪而别。如果生下了孩子，女孩的话便留在岛上继承家业，男孩的话便送给父亲。[①]这段故事的真实性值得怀疑。不过，讲述这个故事的是一个虔诚的教徒，据说这个教徒是从其他人那里听说的，这个人最近两年内曾前往该岛和女人接触过。不过日本的天主教徒的来往信函从没有提及此事，似乎值得怀疑。

世上没有绝对的谎言，加藤咄堂[②]所著《日本风俗志》中卷援引《伊豆日记》记述说，八丈岛的男人恋爱不写情书或诗歌，而是赠给意中人一个小纸包，里面包着一双小草鞋和各色彩线。女人如果有心便收下礼物，如果无意就原封退还。还有传说讲男人渡海登上女护岛，岛民会拿出许多草鞋，根据男人选中的草鞋的标记认领妻子。15世纪游历亚洲各国的俄国人尼奇金在游记中记载说，有个地方似乎是越南附近，那里的女人白天和丈夫同居，晚上则出外和外国男子偷情。由此可见，中国古书中所谓"（野婆）群雌无牡，上下山谷如飞猱。自腰以下有皮盖膝。每遇男子必负去求合"之类的记载并不是捏造的谎言。在日本的冈

[①] 这段也和希腊的传说相混淆。——原书注
[②] 加藤咄堂（1870—1949），本名加藤熊一郎，他是佛教学家，曾担任佛教系列报纸《明教新志》的主笔，同时撰写了《大圣释迦》《佛教概论》《日本佛教史》等著作。——译注

山地区流传着山怪化作美女与三村家亲幽会，最终被斩杀的故事，但未曾听说过有背回去强求野合的传说。《和汉三才图会》讲："《和名抄》以猨与猕猴为一物。后讹传以猿字统称，猨与猿乃同字。"这其中有误，但这个错误并不始于《和名抄》，《日本书纪》中就已经有猿天彦、猿女君等人物，本应该写作猴，可作者误记为猿或猨。正如《嘻游笑览》所述，家鸭写作鸭，野鸭不写作凫也写作鸭。狸的表述也有几种，本来表示狸的英文词汇"raccoon dog"是正确的，但是人们一般仍然沿用"badger"（獾）这个词来形容狐狸，很难纠正。长臂猿英文称作"gibbon"，或取汉语音为"yuan"，十分接近人类，仅次于黑猩猩、大猩猩和猩猩，它的牙齿比上述三种猩猩更近似人。手臂较长所以人称长臂猿，或称为猿猴。种类不限于一种，产于东南亚及附近的岛屿。它在树上移动时手臂左右交替攀援树枝，如同一条手臂缩回传通到另一条手臂一样，所以旧称猿猴通臂。很多绘画中的长臂猿都是一只臂长一只臂短，《东海道中膝栗毛》讲："路上拾到的银钱如同猿猴的手一般，由左至右倒手变成了酒。"这其中的意思也是讲猿猴的手是通臂。

　　《本草纲目》讲："猿初生毛黑而雄，老则变黄，溃去势囊转雄为雌，与黑者交而孕。"据说琼州猴中的雌猴成年后由黑转变成灰茶色，[1] 由此推论，最初雌雄都是黑色的，

---

[1] 详见《大英百科全书》第11卷。——原书注

雌猴变色，于是人们认为猴子是后来变成雌性的。《列子》讲"猵变化为猿"，《庄子》说"猨狙以猿为雌"，这都是认为雌雄是不同的种类。长臂猿臂长而且有力，可以在树梢之间攀援跳跃。学者形容长臂猿如飞燕一般轻盈，《吕览》记述说："荆王有神白猿，王自射之，则搏树而嬉，使养由基射之，始调弓矫矢，未发，猿拥树而号。"《吴越春秋》讲越国的少女挥杖击中白猿，这是说少女的绝技非凡。笔者曾亲耳听人说长臂猿跳跃时的尖叫声十分刺耳，夜深人静之时通宵听到这种叫声，印象十分深刻，日本的猴子无法相比。"峡中猿鸣至清，诸山谷传其响，泠泠不绝，行者歌之曰：'巴东三峡猿鸣悲，猿鸣三声泪沾衣。'"诗句十分精彩。日本的诗形容说，"夜深人静时，独居野山中，听闻猿高啼，其声甚凄凉"。这些诗大多模仿中国的诗歌。

长臂猿在树梢跳跃时极其敏捷，移动时只有夫妇和子女，所以难以捕捉。《琅邪代醉篇》第三十八卷记载："自横州捕猿入贡，故打捕者皆南乡之人。旬日，村老一人来告，三百人合围，得一小黑猿于独岭之上，如增二百人，伐尽岭上之木，即可获猿。应其请，三日内则得一猿。"猿只有口渴时才从树上下到地面，直立行走。日本的猴子在野外都是爬行，人工饲养后经训练才会直立行走。猩猩等侧身爬行，因此从姿势来看，长臂猿最接近人类，而且腿并不像画上的那么短，一般比上身长，因为手臂非常长，所以显得腿短。

《七颂堂识小录》讲述说，捕捉到长臂猿上贡的人总是同时携带数十只猕猴，让猕猴在周围蹦跳喧嚣，据说长臂猿听到人的哭声会断肠而死，这样可以分散长臂猿的注意力。文中说"猿声悲，故有峡中沾裳之谣，兹乃畏人之声，悲异哉"，其实并没有什么特别的，在当今社会中也有许多官僚"只许州官放火，不许百姓点灯"。长臂猿躲避人类，亲眼观察长臂猿的自然习性的学者不多，所以不论是否可信，中国人的有关记载一直是重要的研究参考资料。例如《本草启蒙》中引述的《典籍便览》说："（猿）类仁让孝慈，居相爱，食相先，行有列，饮有序，有难，则内其柔弱者。不践稼疏，木实未熟，相与视之谨，既熟，啸乎群萃，然后食，衍衍焉。山之小草木，必环而行，遂其植。（猴之德皆反之）。"长臂猿实在是十分出色的动物。

中国的本草类书籍中最难于理解的要数平猴、风母、风生兽、风狸。唐朝的陈藏器曾说："风狸生邕州以南，似兔而短，栖息高树上，候风而吹至他树。食果子，其尿如乳，甚难得，人取养之乃可得。"明代李时珍考证各类书刊后说这种动物产自岭南以及蜀西的山林中，"状如猿猴而小，目赤其尾短如无，其色青黄而黑……昼则蜷伏不动如猬，夜则因风胜跃甚捷，越岩过树如鸟飞空中。人网得之，则如羞而叩头乞怜之态。人槌击之，倏然而死矣，以口向风，须臾复活。惟碎其骨破其脑乃死"。

汉代的东方朔所著《十洲记》讲："炎州在南海中，上有风生兽，似豹，青色，状如狸。张取之，积薪数车以烧之，薪尽而此兽在火中，然其毛不焦，斫刺不入，打之如皮囊，以铁锥锻其头数十下乃死，以其口向风，须臾便活而起，以石上菖蒲塞其鼻即死，取其脑，和菊花服之，尽十斤，得寿五百岁。"另外唐朝孟琯的《岭南异物志》记载："此兽常持一杖指，飞走悉不能去，见人则弃之，人获之击打至极，人取以指物，令所欲如意也。"

这个记载十分奇怪，仔细想来，这是对猫猴的夸张描述。猫猴（见图3），英语称为"flying lemur"或"flying cat"，外貌酷似鼯鼠，但属不同的种类。鼯鼠的前后脚之间有皮膜，从树上飞下来时发挥作用，而猫猴的皮膜不仅前后脚之间有，前脚和颈项两侧、后脚和尾部之间以及足趾间都有，好似蝙蝠一样。不过不同的是蝙蝠的皮膜没有毛，

图3 猫猴

猫猴的皮膜下端光滑而上部覆盖着厚厚的一层茸毛。猫猴白天和蝙蝠一样吊在树上打瞌睡，夜间则张开双翼在树木之间飞翔，采食树叶和昆虫，就像从高处撑开雨伞跳下一样，只能安全下降，并不能像鸟和蝙蝠那样上下飞翔，飞过数次之后便降落在地面，只好再努力爬上树梢，然后再重新开始。猫猴飞翔技术不断进步，现在飞行数百英尺高度仅下降五分之一。以前人们认为这种动物是猿猴类中较低等的狐猴的一种，经研究，有人认为它是蝙蝠的近亲，有人则认为是鼹鼠之类的食虫动物，至今仍没有定论，还有的学者建议为猫猴之类的动物特别设立一科分类。

笔者认为，如以上所述，猫猴几乎平行飞翔，所以在中国被称作平猴，《十洲记》称其产于南海中的炎洲，大概指的是印度洋中的热带地区，如爪哇、婆罗洲、苏门答腊等地。现在这些岛屿以及马来半岛、泰国、缅甸、印度都有猫猴，而且有四五个变种。吕宋岛有一种短耳、小头、上前牙宽大的猫猴，毛色呈橄榄绿，有白色斑点，大小如猫，生命力极其旺盛，用普通的手法很难杀死。[1]这正好和《本草纲目》第五十一卷记载的"大如狸……色青黄而黑，其文如豹……人槌击之，倏然而死矣，以口向风，须臾复活"相吻合。这种动物昼伏夜行，而且轻易不会死，实在是不可思议，所以中国的古籍中有各种各样的奇闻。有的

---

[1] 参照华莱士《马来群岛自然考察记》（1883年）135页。——原书注

说如果吃了猫猴的脑可以长生不老，有的则说得到这种动物使用的拐杖可以心想事成，中国人认为中风、大风（麻风病）等都是由风引起的，所以人们认为别名风狸的猫猴的尿可以治疗这种中风症。虽没有听说过中国出产猫猴，不过前面讲过的金丝猴以及韩愈曾在文章中提及的鳄鱼等，最近在中国发现了许多让人意想不到的动物，可见中国的动物还有待调查。因此，笔者认为中国南方现存有一种猫猴，或者从前曾经有过猫猴存在的证据终究会被发现。关于猴的具体细节，且听下文分解。

概论（2）

《佛本行集经》第三十三卷说："尔时世尊作如是念：其优陀罗迦罗摩子，心应巧智，辨了聪明，长夜成就，其心虽复少有尘垢，诸使结薄，根熟智利。我今应当于优陀罗迦罗摩子，对于其前，先为说法。我所说法，彼能速疾，证知我法。世尊如是思惟念已，时有一天，在于空中，隐身不现，来向佛所而出声言：'迦罗摩子其命终来，已经七日。'世尊更复内心智，见优陀摩子，实命终来，已经七日。世尊复念：'优陀摩子命终已后，当生何处？'而世尊心复生智见，优陀摩子命终生于非非想天。尔时世尊复如是念：'非非想天寿命几许，有边际不？'是时世尊心生智见，非非想天寿命，八万四千大劫。尔时世尊复如是念：'优陀摩子生非非想，彼寿终后，复生何处？'尔时世尊心生智见：知优陀罗迦罗摩子，今在非想，彼处命终后还堕落生于此处，受飞狸身。而彼既得飞狸身已，若有众生，生于水中，或居陆地，或空飞行，常当杀害于彼生命。或复共彼诸众生等，行于欲事，报尽于后，饥饿而死。尔时世尊复心思惟：'其优陀罗迦罗摩子，舍飞狸已，复受何生？'尔时世尊心生智见：知优陀罗迦罗摩子，从飞狸身，命终已后，生于地狱。"《经律异相》第三十九卷引用《毗毗昙婆沙》记述说："优陀罗摩子，有王常施其食。若食时至，以神足力飞腾虚空诣于王宫，王即迎抱坐金床上，以诸仙人所食之味而供养之。时彼仙人饭食已竟，除器澡漱说偈咒愿飞空而去。是王后时，以国事故应诣余处，无人给事仙人。仙人性躁，或起嗔恚而咒咀我，或失王位或断我命。便问其女：'仙人若来如我常法汝能供养不？'女答言能。时王重约敕女尽心奉养，然后乃行，营理国事。后日食时，仙人飞来。王女如王法，躬身迎抱坐金床上。"

基督教认为凝视如同奸淫，儒家的经典也讲宋代的华父督在路上遇见孔父的妻子，注视并目送她许久，然后说："美而艳。"竹添进一郎[①]曾来信说："所谓女子的美丽一般是指容颜，即艳则有光彩。美丽的东西必然光彩照人，这三个字终于成为后世称赞美人的典范。"孔父之妻是个绝代佳人，华父督后来杀死了孔父抢夺了他的妻子，由于害怕主君殇公迁怒于己，便杀死了这个美女，可见基督教和儒教都认为目光是挑逗性欲的罪魁祸首。因此，《十善法语》也记述说佛教认为触摸皮肤最性感，用细滑一词来形容。仙人经王妃柔软的手一抱，腿便失去了神力，吃完饭后想飞时，腿却不听使唤。仙人无奈只好步入皇宫后院，专心修行忘记王妃的细滑，希望恢复腿的神力。"王女身体细软，仙人触女退失神足。饮食讫，除器澡漱说偈咒愿，欲

---

① 竹添进一郎（1842—1917），汉名渐，字光鸿，号井井。早年学习儒学，曾担任过天津领事、北京公使馆书记官等职位，甲申政变时的日本驻朝鲜公使，1893年在东京帝国大学任汉学教授，是一名活跃的汉学家，晚年获日本学士院奖、文学博士学位。——译注

飞不能。"这与笔者的经历相似,笔者曾在国外修行十五载,在伦敦自称金粟如来再世,受到学者们崇拜。回国时,在轮船上花光伦敦大学校长特意相赠的所有盘缠。到达新加坡时,想上岸品尝中国菜,但身无分文,于是便同金田和三郎(现在海军少将或者大佐)相商告贷。登岸后没走出二里地就遇到一个天草出身的艺伎,长相丑八怪,但是笔者仍觉得"美而艳",垂涎三尺,状如久米仙人见到美女险些从车上跌落一般。

"时王宫中有后园林,即入其中欲修神足,闻象马车乘之声而不得修。时城中人恒作是念:若令大仙在地行者,我等当得亲近礼足。仙人聪明黠慧善知方便,语王女言:汝今宣告城中人民,今日大仙当从王宫步行而出,汝等人民所应作者皆悉作之。时彼王女如其所敕,即便宣告,街陌清净无瓦砾粪秽,悬幡烧香散种种花,严饰鲜洁。仙人步出去城不远,入林树间欲修神足,闻众鸟声修不能得。便舍林树复诣河边,以其本法欲修神足,复闻水中鱼鳖回转之声,而不得修。便上山上作是思惟:我今所以退失善法皆由众生,凡我所有善法净行,使我当作如是众生,能害世间所见地行飞行水性众生,无免我者,发是恶誓愿见,离八地欲生非想非非想有顶处,开甘露门寂静园田,八万劫中处闲静乐,业报尽已乃还此间,答波树林县摩阿兰若处,作著翅狸,身广五十由旬,两翅各广五十由旬,其身量百五十由旬。以此大身杀害空行水陆众生,无得免者,

809

身坏命终生阿鼻地狱。"

《佛本行集经》中的飞狸,《经律异相》中的著翅狸,两者都是优陀罗摩仙转生的,所以应该是相同,在中国的华南称为狸的动物实际上是野猫而不是狐狸。所以中国翻译的佛经中的飞狸、著翅狸应该是飞狐猴,英文名称是"flying cat",与飞猫等名称相吻合。如上所述,这种动物非常奇特,而且印度也有[①],所以佛经中记述的所谓飞狸应该是飞狐猴。《僧伽罗刹所集经》第一卷和第二卷中有翅飞鬼和罗刹有翅,哈佛·斯宾赛讲,欧洲人描绘天上的魔鬼时总是添上翅膀,这源于他们认为蝙蝠是妖怪。印度的罗刹鬼有翅膀,同样可能是源于蝙蝠,但从以上引用的经文看,大部分应该源于飞狐猴。日本民间传说中的所谓天狗的形象源于佛经中的有翅飞鬼,曲亭马琴在《烹杂记》中提出的这种观点的确有理。于是,天狗在家谱上应该是猫猴的孙子。总之,笔者论证了自古以来使学者们困惑不解的平猴就是飞狐猴,这值得自我吹嘘一番。

优陀罗摩仙一旦失去腿的神力,就会被水陆两地的杂音所困扰,无法专心修行。根据这个传说,日本熊野的神社本来要建在距田边仅三里的富田海岸边,由于神仙觉得海滨波涛喧嚣,便迁往山上,每日以松籁之声为伴。有歌唱道:"回避涛声,居山修行,苦海无边,松风依然。"

---

① 参照鲍尔弗《印度事典》第2卷。——原书注

《一话一言》第十五卷引用《寿世青篇》讲，伏气有三种眠法，病龙眠时屈膝，寒猿眠时抱膝，龟鹤眠时踵膝。现在民间俗称抱着膝盖睡觉的姿势为猴子睡法。笔者没有见过日本的猴子这样睡觉，但仔细观察热带地区的各类猿猴，可以发现猴子的夜视能力很差，天黑之后一般席地而坐，双膝夹住头再以手抱膝，昏睡不醒。即使有人用手推醒，猴子也仅仅抬起头，略微眨眼之后又低头睡去。仔细想来，大概日本的猴子也是如此，所以才有人称之为猴子睡法。古时候传说，土蜘蛛妖怪要杀害源赖光，他手下的卫士渡边纲和坂田金时夜间在赖光的行宫守候，保护赖光。古画上的这两个人守夜时也是这样坐着打瞌睡，由此可见，前面引述的信实的歌词的意思是指守夜时不平躺睡觉。猴子这样睡觉也并不是夜晚视力不好，而是夜晚在树上歇息，这种姿势可以御寒的缘故。罗伯特·肖所著的《高鞑靼行记》中记述了在海拔一万九千英尺的高山夜晚遇到云雾时的情景，这时人们坐在地上，身体倚靠岩石，头夹在双膝之间，从头到脚用外套蒙住，如果风不大，撑开外套内侧以便呼吸，以此御寒。不过脚最冷，所以尽可能缩紧全身，这样可以安眠入睡。如果用外套盖头伸腿仰卧的话，绝对无法入睡。这就是所谓的猴子睡法，笔者以前不知道这种方法，寒夜在高山上平躺，使脚落下了残疾。

图4所示的钝猴是最低级的猴类，产自印度南部和斯里兰卡，这种猴夜间出没捕食鸟虫，所以双眼巨大，而白

图4 钝猴

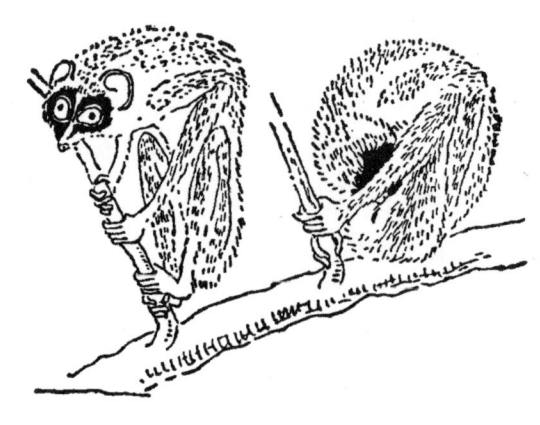

天睡眠时采用的就是猴子睡法。笔者侨居在海外时，各地的动物园饲养热带地区的猿猴和鹦鹉，一般都使用人工加热的温室，近来人们废弃了这种方法，发现只要注意调配食物，动物会自我适应温带寒暑的变化，健康成活。可见世上任何事情，过分爱护都没有好结果。

前面引述的李时珍关于猴子的记载中有"尻无毛"，不仅无毛，猴屁股的皮硬化以便坐在树上和岩石上。发情期时阴部鼓胀，颜色变红。古希腊同性恋盛行时期，裸体少年们在摔跤场的沙坑上玩耍，临走时一定要将坐过的地方的印记抹掉。日本自古盛行同性恋，这方面的诗歌也有很多。[1]因此，猴臀部的颜色有助于发情期引诱对方。日本民

---

[1] 详见《后撰夷曲集》。——原书注

间传说猴子可以用臀部的硬皮剥开板栗。西半球的猴子没有这种硬皮，非洲的梅蒙猴的脸部和臀部分别是鲜艳的红蓝两色，可以说是野兽中最美的动物。

亚里士多德早就将猴子分为有尾、无尾、狐猴三类，这在当时是十分卓越的分类法。无尾的是猩猩、猿猴等，日本的猴类属于有尾类，而狐猴仅产自阿拉伯和非洲，是一种凶猛的猴子，这种猴极富有智慧，在古埃及被奉为神。模仿人类的动作是猴子的天性，《杂譬喻经》中有猴子模仿僧人坐禅从树上掉下来摔死的故事。上杉景胜平素是个不苟言笑的人，但是见到猴子模仿郡主头戴乌纱帽也忍不住笑出声来。传说加藤清正见到猴子用毛笔在《论语》上涂抹，便笑着说："难道你也尊敬圣贤书吗？"帕金斯所著《埃塞俄比亚居住记》第一卷讲述了阿拉伯人用酒捕捉狐猴的故事，书中写到，有一天他读书时，旁边有一只狐猴坐在地上捕捉苍蝇，有时还爬到他的肩上用手抓刺青的花纹。当他去抽烟的时候，狐猴则坐在他的位置上将书放在膝盖上做出一副凝思冥想的样子，不过当他回来时，猴子已经撕烂了半本书。而且猴子趁他离开时，还坐在椅子上偷偷用他的烟斗吸烟，看到他回来会十分小心地将烟斗放回原处。书中还说，听一位十分可信的人讲，有一耍猴人在煮肉时听到清真寺的钟声便去祷告，临走前让平时训练有素的狐猴照看锅里的鸡肉。开始这只猴子在灶中加柴，见到鸡肉煮熟了便一块接一块地不停偷吃，不久锅里只剩下汤和骨头了，猴子才醒悟闯了大祸。这时正巧有许多只老鹰在天空盘旋，猴子心生一计，在土灰中打了一个滚儿，全身涂成灰白，然后屁股朝天倒立。老鹰从天上看下去，见到白白的土堆上有两块鲜红的肉，便有两三只俯冲下来，当即被猴子捉住，连毛一起被扔进了汤锅。据说有人在高处全程目睹了这一情景。

《嬉游笑览》中引用了《犬筑波集》和《尤草纸》以及《犬子集》中以红叶比照猴子的红色臀部联想出的诗歌，同时在谈及丹前能、日高川的故事时说"无论多么可怕的故事，都如同猴子屁股一般"，这是说这些故事都是极其幼稚的想象而已。而且日本的古代童话中也有猴子和螃蟹等类似的故事。日语中的"红色"一词源于汉语的"真如此"，原意是指所谓赤胆忠心的忠诚的意思，后来联想到猴子屁股之后，词义发生变化，现在形容昭然若揭的谎言时一般使用红色这个词，表示明确无误的。这是词汇的变化，形成表里双重意思。

性质

前面的"概论"一节中曾谈到平猴，与此相似的动物在明代黄省曾所著《西洋朝贡典录》中卷以及《渊鉴类函》第二百三十四卷中均有记述。综合两本书的记述内容如下："阿鲁国，一名哑鲁。在西南海中。其国南去大深山，北大海，西边苏门答剌（苏门答腊），国语婚丧等事与爪哇相同。山出飞虎如猫，灰色有肉翅，如蝙蝠，能走能飞。"这个岛国在苏门答腊以东，应该不是西南而是东南海中的荷兰殖民地小巽他岛，所谓飞虎好像是该岛的动物的一种。这种动物和袋鼠一样，属于有袋类动物，与平猴（猫猴）无关。

上一节引述的"回避涛声，居山修行，苦海无边，松风依然"这首歌讲的是连熊野的神仙也不能躲避海边的涛声和山中的刺耳松籁声，无处藏身，更不用说人间万事，不可能都随心所欲，现在和歌山的人遇到不顺心的事也念诵这个歌词安慰自己。这首歌虽然并不是佳作，但广为流行，近松门左卫门的戏剧《萨摩歌》中卷以及近松半二和近松加作合著的《伊贺越道中双六》中都提到这首歌，但其参考的文献出自何处则不得而知。

《水经注》第三十三卷讲，广溪峡有许多长臂猿，但仅限于南岸，北岸则踪迹皆无。这一平淡记述很容易被人忽略，查阅《大英百科全书》第二十二卷时偶尔发现书中引用佛尔茨博士的调查结果，书中说在苏门答腊岛的各地杂居着两种长臂猿，在塔帕土安地区的山区也有杂居，并以这个地区的河流为界，在两岸各自栖息，即使在狭窄的上游也绝不杂居，两者的叫声不同，界线一目了然。笔者读到这里想起了魏帝叹息长江分断南北，可见《水经注》的记述有明确的事实依据。

福伯特所著《回归线内美洲旅行记》说鳄鱼和鲨鱼所处地点不同，性格也不相同，有的伤人，有的并不危害人。居住在奥里诺河以及亚马孙河附近的印第安人了解猴子的秉性，他们知道即使是同一类的猴子，性格也不尽相同。居住在岛上的猴子不惧怕人，易于驯服，而栖息在附近陆地上的猴子则不同，一旦被抓住就会烦躁不安，不久便死，所以他们从不费力去抓陆地的猴子。仅仅因地势不同，实在难以解释猴子为何性格迥异，大概与食物以及气候环境因素有关。因此日本的耍猴人讲四国地区的猴子容易训练，而熊野地区的猴子则生性暴躁，不适宜表演，这些都是长年累月积累的经验，言之有据。

《连珠合璧》上卷讲猴子攀援树梢行走，另外俗话说猴子也有不小心从树上掉下来的时候，[1]人们认为猴子都会轻松地在树梢上跳跃奔腾。不过华莱士在《马来群岛自然考

---

[1] 译成谚语是"智成千虑，必有一失"。——译注

察记》（1883年）第一百三十三页中记述说，苏门答腊岛上有两种身体修长消瘦且尾巴极长的长尾猴类的猴子，这种猴非常大胆，毫不惧怕当地人。瓦利斯曾走近一只猴子观察，这只猴子和他对视了一二分钟才离开，十分有趣。曾经有几只猴从一棵树跳跃到另一棵稍低的树时，猴王轻松自如，其他众猴则战战兢兢地跟随其后，最后的一两只猴迟疑不决，见到其他猴子踪影消失之后才咬牙纵身一跃，被树梢的细枝阻挡没能抓住，从而跌落在地上，十分可笑。由此可见猴子攀树也绝非易事。

世上有猴子耍小聪明的说法，《甲子夜话》续篇第二十一卷中讲四国的猴子比其他地区的要小，易于训练，善于舞蹈，因此当地的耍猴人抓住后卖到其他地区赚钱。这种猴子也有聪明和愚笨之分，愚笨的猴子训练起来十分吃力，于是最初的鉴别十分重要。当地人发明了一种鉴别方法，先做一个人能出入的笼子，关门之后门闩会自动落下，然后在里面放上食物，拿到猴子聚集的山中，人先进去当着猴子面吃东西，出来后藏在树林里观察，猴子等人走后便钻进笼子拿取食物。蠢笨的猴子进去之后不懂得关门，所以见到人来会立即逃回山中。而聪明的猴子钻进笼子之后，为了防备人来会随手关上笼门，于是便被反锁在笼内。人们以此来分辨猴子的智商，即所谓猴子会耍小聪明。这就是猴子耍小聪明，其结果是聪明反被聪明误。佛经中一般认为猴子是傻瓜，《百喻经》下卷讲猴子被大人打，无可奈何之下反倒怨恨小孩。另外还有猴子掉了一粒豆子，于是便扔下手中的豆子来捡这粒豆子，鸡鸭趁机抢食了地上的豆子。笔者不知道这是否真实，但有一次在院子中见到一只螃蟹，便扔给它一片咸菜，螃蟹走来用右钳夹住，当我又扔出一片之后，它便用左钳抓起。我扔出第三片之后，它放下右钳的咸菜来拿新扔下的，再扔一片，它又放下左钳来抓。如此反复，最后抓住两片回到洞中，并不出来抓取其他丢在地上的咸菜，似乎完全忘记了。如果只满足于两片，那么根本没有必要多次更换，螃蟹蠢得连这点道理也不懂，不过世上这种人实际上有很多。

《僧祇律》记载："佛告诸比丘，过去世时，有城名波罗奈，国名伽尸。于空闲处有五百猕猴，游行林中，到一尼俱律树。树下有井，井中有月影现，时猕猴主见是月影，语诸伴言：'月今日死落在井中，当共出之。莫令世间长夜暗冥，共作议言。云何能出？'时猕猴主言：'我知出法，我捉树枝，汝捉我尾，展转相连，乃可出之。'时诸猕猴即如主语，展转相捉，小未至水，连猕猴重，树弱枝折一切猕猴堕井水中。尔时树神便说偈言：'是等骏榛兽，痴众共相随。坐自生苦恼，何能救世间。'"[①]这加上谢灵运的《名山记》中的"猿猱下饮，百臂相连"可以合成一幅日本和中国常见的猴子捞月图。《法句譬喻经》第三卷讲："乃往

---

① 参照谢菲尔德《西藏故事》英译本第353页。——原书注

昔时有二猕猴王，各主五百猕猴。一王起嫉妒意欲杀一王，规图独治便往共斗，数数不如羞惭退去。到大海边海曲之中，有水聚沫风吹积聚高数百丈，猕猴王愚痴谓是雪山，语群辈言：'久闻海中有雪山其中快乐甘果恣口，今日乃见。吾当先往行视，若审乐者不能复还，若不乐者当来语汝。'于是上树尽力跳腾，投聚沫中溺没海底，余者怪之不出，谓必大乐，一一投中断群溺死。"因为是热带地区的猴子，所以才向往雪山为乐土。中国也有猴子因为耍小聪明而丧身的事例，《北史》中有"高昂母张氏始生一男二女，令婢为汤将浴之，婢置而去，养猿系解以儿投鼎中，烂而死。张使积薪于村外，缚婢及猿焚杀之"。①

英国皇家科学院士佩奇格律所著《造化意匠》（1908年）第二卷中有一章泛论猴子的秉性，繁简适中，在此略述大意。猴子在人类日常生活中毫无实用价值，既不会搬运，也不能打水，对于人类的文明进步不起任何作用，只不过偶尔作为宠物供人娱乐。仅此一点猴子也不能忠于职守，顽皮好动，有时甚至咬伤主人，因此不适宜作为宠物。不过猴子的秉性与人极为相似，令人惊叹。达尔文称赞猴子重母子情意，举例说明美洲猴不辞辛苦驱赶小猴脸上的苍蝇，长臂猿在流水中为小猴洗脸，而且北非的一种猴子丧子后，母猴会伤心至死，猴群一般收留孤儿猴，精心抚

---

① 参照《渊鉴类函》第431卷。——原书注

养。约伯逊说，长臂猿对同类十分友善，但是当同类死去时，其他猴子则无动于衷，与此相反，他枪杀了一头猩猩之后，其他的猩猩运走了尸体。有人在《自然》杂志上撰文说，园中放养的一只长臂猿小猴玩耍时不慎从树上掉下来，手腕关节脱位，其他众猴纷纷照料，有一只老猴和这只小猴毫无血缘关系，却特别精心照料，每天分到的香蕉自己不吃，先让给小猴。一只猴如果感觉恐怖、疼痛，或者忧伤号叫时，其他猴子会跑上前拥抱爱抚。

克罗船长航海时曾经在船上装载数只种类体形各异的猴子。其中有一种体形小且性情温和，受人宠爱而不撒娇的小猴，众猴也十分喜爱这只猴子，不幸的是这只小猴生病了，众猴倍加爱护，竞相安慰，纷纷取来美味食物，率先拿给病猴，并轻轻拥抱小猴，像母亲那样轻声呼唤，可是小猴体力不支，有时像婴儿一样哀鸣。尽管人和猴竭尽全力看护，小猴最终还是不治身亡。詹姆斯·马尔克姆带着两只印度东部出产的猴子航海时，一只猴子不慎落入海中，另一只猴子为了救它，将绑在身上的绳子抛入海中，可惜长度不够，水手见状扔下了长绳才救起落水的猴子。约翰逊大尉讲，在印度的博帕尔地区骑马出游时，马受到群猴的惊吓，狂奔不停，于是大尉拿出手枪近距离射中了其中的一只，这种伤猴当即跳至树梢，指着被血染红的伤口给他看，似乎在倾诉什么。这个情景深深地印在他的脑海里，久久难忘，自此以后他再也没有射杀过猴子。当他回到帐篷向一行人讲述了这件事之后，马夫前来禀告说猴子死了，他立刻让马夫找来尸体，但是猴子们早已将尸体拖走，踪迹皆无。

笔者认为，已故朗曼兹说猴类的标本总是收集不全，这是因为从负伤至死期间的情景让人觉得惨不忍睹，因此人们不愿枪杀猴子。《三国志》中出使吴国不辱君命的蜀汉名士邓芝是个文武全才的大将，在攻打涪陵时，"见猿抱子在树上，引弩射之，中猿母。其子为拔箭，以木叶塞创。芝乃叹曰：吾违物之性。见将死矣，投弩水中"，不久猴子便死了。又有"南唐李后主猎青龙山，一牝猿触纲，见主两泪稽颊，指其腹。戒虞人保守之。是夕，诞二子。还幸大理寺，录囚系有大辟妇，以孕在狱，未几诞二子。煜感猿事，罪止于流"。①日本也传说栉笥殿在北山大原的领地用火枪瞄准一只大牝猴，尽管猴指腹合掌求饶，但他仍然打死了猴子，后被猴子的鬼魂夺去了性命。②1920年元旦的《大正日日新闻》载文说，越前（福井县）敦贺郡爱癸村字刀根的气比神社，据说是民间故事中的英雄岩见重太郎击败猩猩的地方。至今，在祭礼时抽签挑选一个姑娘放入轿中，青年们抬着供奉到神前。据说轿中的姑娘日后必得良缘，因而姑娘们竞相抽签，希望自己中选。这个村子每年

---

① 参照《渊鉴类函》第432卷。——原书注
② 参照《新著闻集》复仇篇。——原书注

有两三百只猴聚众前来糟蹋庄稼，村民包围后抓住小猴贩卖。这时怀孕的母猴指着自己的腹部求饶，更有趣的是有时公猴也模仿母猴的样子手指腹部请求饶命。笔者常听熊野的猎人讲，用猎枪瞄准猴子之后，猴子常常会合掌请求饶命。一般人可能都认为这是胡编乱造，但不可一概而论。几年前，住在笔者书斋对面的一位妓院老鸨曾说她养的一只浮树蛙合掌而死，菩萨心极强，不知是否抹了几滴茶碗里的水，竟然落下了几粒珍珠般的眼泪，据说她还特意请了和尚诵经并厚葬了这只青蛙。善男信女之辈的成汤之德竟然波及禽兽，这位老鸨的仁慈之心赢得四邻的称赞，人们结队前去凭吊。其实事实相反，笔者曾饲养过许多只浮树蛙，死后半浮在水面，全部都是合掌的姿势。这种青蛙的体形使其死时的动作自然成为这样的姿势，根本不是因为所谓的虔诚的菩萨心。查尔斯·纽菲尔德在《伽里法的一个囚犯》（1899年再版）中记述说，作者在狱中时曾接受炮弹在头顶炸裂的心理实验，当时狱中的囚犯几乎都感到不适，均有腹痛和腹泻的现象。我们年幼的时候，当受到严厉责备不知所措时，也都会感到不适。现在想来，猴子和人一样，由于肌肉构造上的特点，当面对死亡的时候，最初由于惊恐万状身不由己地合掌，后来恐惧转变为敬畏，合掌祈求对方的饶恕。怀有身孕的牝猴和女人，在惊恐至极的时候，出于下意识也会用手指肚子，牡猴和男人同样也是出于下意识才做出这种动作，结果看起来好像是在模仿孕妇。

佩奇格律博士还说，他曾经精心测量过高等哺乳类动物的心室和心耳的动作，将一只猴放入袋子里，为了防止猴子抓挠，在猴子身上注射氯仿，猴子好像察觉出他的目的，脸上露出一副极为悲伤的表情，任他摆布并不抵抗，但是这种表情反而促使他大动恻隐之心。由于猴子的表情和小孩子打麻药的时候十分相似，因此他绝不再为猴子注射麻药针。另外还有一次，他曾在伦敦动物园见到黑猩猩做出类似人的动作。这是一只年轻的牝猩猩，饲养员喂给它喜爱的米饭加炖肉汤，当它慢慢吃完，用右手指拨弄铝盆底，拣食粘在上面的米粒儿，然后开始玩弄铝盆。饲养员让它还回来，这时黑猩猩开始发脾气，将空盆扔向饲养员，跳上床用毛毯蒙住全身，那种样子和平时被娇惯的小孩子一模一样。朗曼兹的记载说，牝猩猩饭后会将饭盆倒扣在头上，有意逗观众发笑。萨维奇博士曾说黑猩猩有时会聚众游玩，用棒子敲打地板发出噪声取乐。众所周知，猴子在动物园会做出各种有趣的动作挑逗观众，它们有时聚在一起玩耍，有时会突然变脸互相厮打，还会像人那样做出种种恶作剧。有个名叫安德鲁·史密斯的人曾在好望角见到一个军官经常欺负一只狐猴，有一个星期天，这只猴子见到那个军官盛装前来，便在土坑中倒进水，当军官走近时扔进石头溅了他一身泥水，逗得周围人哈哈大笑。从此之后，那只狐猴每见到这个军官，总是露出一副扬扬得意的表情。

猴子特别喜爱奇怪的东西，当它见到映在镜子中的身影时，起先以为是其他的猴子，当看到镜子后面发现这是虚影之后，便察觉自己受骗上当而大为光火。猴子还富于识别能力，莱格尔讲，猴子如果被刀割伤，绝不会再碰这把刀，即使再拿也会变得十分小心翼翼。将砂糖和蜜蜂一起包在纸里给它，一旦被蜜蜂蜇过，以后再见到纸包就会先拿到耳边仔细听里面是否有蜜蜂。只要见到煮熟的鸡蛋落在地上皮能破裂，日后它拿到煮鸡蛋后总是用手敲打，然后剥开蛋壳，猴爪极其灵活。贝鲁特曾亲眼看过长尾猴能迅速解开缠绕在一起的绳索，而且会利用秋千拿远处的东西，有时还会趁人抚摸自己时掏出人口袋里的东西。丘比埃饲养的猩猩可以使用椅子打开门闩。莱格尔说有的猴子懂得杠杆原理，会使用木棒撬开箱子盖。赫森饲养的一只猴想攀上垂在笼子上的树枝，只要它打开笼门爬到门的上端，便可抓到树枝，可是这扇门打开后总会自动关上，无法利用。于是猴子开动脑筋，打开笼门后用毛毯挂在门上，这样就可以固定住笼门，很轻松地达到目的。希普说好望角的狐猴为了阻止敌人从山下爬上来会收集石头扔下去，丹皮尔·威发在书中记述说猴子可以用石头敲开牡蛎。和许多低级动物、小孩以及土著民一样，猴子也善于模仿，挑担卖货的商人在炎热的夏天担着扁担卖红布帽子，走累了在树下歇息，拿出一顶帽子盖在脸上午睡。猴子见了纷纷从树上下来各自拿了一顶帽子回到树上，商贩醒来之后见到帽子都被猴子偷走，十分失望，便气急败坏地将头上的帽子摔在地上，于是众猴子也跟着将帽子扔了下来，商贩无意中收回了丢失的商品。

笔者认为这个故事似乎出自伊斯兰教的国家，类似的故事在古代的佛经中也有。《出曜经》第十六卷和《四分律》第四十三卷记载：''乃往过去世，有伽奢国王梵施拘萨罗王长生，父祖怨仇。梵施王兵众威力勇健财宝复多，长生王兵众威力不如财宝复少。后异时梵施王与四部兵来至，拘萨罗国罚长生王，夺得一切国土兵众库藏珍宝。时王长生，与第一夫人逃走，至波罗奈国。假作螺髻婆罗门，夫妇在陶师家住。后异时长生王第一夫人心生如是念：'欲得其地，平整四交道头，日初出时见四部兵共斗，洗刀汁饮。'即至王所白言：'王欲知不？我今如是念，欲得其地平整四交道头，日初出时见四部兵共斗，洗刀汁饮。'王言：'汝今何由得从如是愿？梵施王与我父祖怨仇，夺我国土兵众库藏珍宝无有遗余。'夫人言：'我若不得从如是愿者便当死时。梵施王，有大臣字富卢醯侈是长生王伴。'长生王语妇言：'须我语伴令知。'时长生王，即至富卢醯侈所语如是言：'伴今知不？我第一夫人生如是念，欲得其地平整于四交道头，日初出时见四部兵斗，洗刀汁饮。'念已即来白我说如是事，我语言：'汝今何由得从如是愿，梵施王与我父祖怨仇，夺我一切国土兵众库藏财宝都尽。'夫人即言：'我若不得从如是愿者便当死。'我即语言：'须我以此因缘语伴令知。'富卢醯侈言：'小止，须我瞻其腹内。'时富卢醯侈，往瞻长生王第一夫人腹内已。即偏露右肩长跪执手三反称言：'拘萨罗王在腹内。'语夫人言：'当得其地平整于四交道头，日初出时见四部兵共斗，洗刀汁饮。'在某处住，时富卢醯侈，往梵施王所白如是言：'王欲知不？有如是星出，时应清旦，日初出时在四交道头，四部兵共斗，洗刀刃。'王言：'富卢醯侈，今正是时。'时富卢醯侈，即集四部兵于四交道头共斗洗刀刃。时长生王夫人，得其地平整于四交道头，日初出时见四部兵共斗，洗刀刃。时夫人得洗刀汁饮已胞胎成足，遂便生男儿，颜貌端正，即字为长。其年长大，王长生甚爱念之。时王梵施，闻拘萨罗王长生与第一夫人逃走作螺髻婆罗门在陶师家住。即敕傍人言：'汝往陶师家，收取长生王及第一夫人，坚牢执持将来，并打恶声鼓为现死相，从右门出破为七分着尖标头。'时王长生，闻梵施王作如是教敕，即唤儿长语言：'汝今知不？伽奢国王梵施，是我父祖怨仇，彼夺我一切国土兵众，财宝都尽，并敕傍人令杀我等，汝可逃走，勿为梵施王所杀。'时王子长即逃走。时梵施王，使人即收王长生及第一夫人执缚，并打恶声鼓现死相。众人聚集，时长生王子微服，寻父母后啼泣流泪。时王长生，顾见其子作如是言：'怨无轻重，皆不足报。以怨报怨，怨终不除，唯有无怨而除怨耳。'如是再三言。时众人作如是念，拘萨罗王颠狂心乱。今日方教长摩纳，今谁是长摩纳也？时众人亦如是三言。时梵施王，使人即将长生王从右门出分为七分着尖标头。时长生王子长，从彼还入波罗奈城，学种种技术，学书学、瞻相、星宿、秘谶、算数及画诸形像音乐戏笑，在于众中最为第一。尔时梵施王妓女所住处，去边不远有调象师。时王子长，往象师所语言：'我欲学调象。'答言：'可学。'时长摩纳，夜时过半，弹琴歌戏出美音声。时王梵施，于夜闻弹琴歌戏声，其音调美。闻已即问旁人言：'谁于夜过半弹琴歌戏，其音调好？'答言：'王今知不？去王妓女不远有调象师住，彼有弟子字长摩纳，是彼于夜过半弹琴歌戏声，其音调好。'闻已即言：'唤来我欲见之。'即受教往唤来，头面礼王足已一面住。王问言：'汝实于夜过半弹琴歌戏出美音声耶？'答言：'尔。'王言：'汝今于我前可弹琴歌戏出美音声。'时即于王前弹琴歌戏出美音声，王闻之极大欢喜。王言：'住此，当与汝食。'答言：'尔。'时王梵施第一夫人住屋无人得入者，唯王、夫人及长摩纳。后异时，夫人失摩尼珠。夫人至王所白言：'王知不？我失摩尼珠。'王言：'有谁入者？'夫人言：'更无人入，唯有王及我、长摩纳。'时王即唤长摩纳问言：'我第一夫人失珠，汝取耶？'彼作如是念：'王夫人屋更无人入，唯有王、夫人及我，若我言不取，恐王必当治我，我且由来习乐不堪苦毒。'即报王言：'我取。'王言：'共谁取？'答言：'共王大子。''更复有谁？'答言：'复共第一

827

有智慧大臣。''更复有谁？'答言：'与王国中第一大长者。''更复共谁？'答言：'共第一淫女。'时王即收长摩纳、太子、大臣、长者、第一淫女系之。王太子语长摩纳言：'汝知我实不取珠，而虚言我取耶？'长摩纳言：'汝实不取我亦不取。汝是王第一太子，王所爱重，必不为珠故断汝命，以是故相引耳。'第一有智慧大臣，语长摩纳言：'汝实知我不取珠，而虚言我取耶？'长摩纳言：'汝实不取我亦不取，汝是有智慧大臣能觅得珠，是故相引耳。'大长者语长摩纳言：'汝实知我不取珠，而虚言我取耶？'长摩纳答言：'汝实不取我亦不取，汝是国之大长者，大富财宝无数。若王须珠汝能与之，以是故相引耳。'第一淫女语长摩纳言：'汝知我不取珠，而虚言我取耶？'答言：'汝实不取我亦不取，汝是第一淫女，多人系意在汝，未得汝者必求觅得珠，以是故相引耳。'时波罗奈国白贼，闻王第一夫人失珠，王收系摩纳、太子、大臣、大长者、淫女，即来至长摩纳所问言：'王夫人实失珠不？'答言：'失珠。'问言：'谁入夫人屋？'答言：'唯王、夫人及我。'问言：'谁在中行？'答言：'有猕猴在中行。'彼言：'长摩纳今珠可得耳。'时贼即往梵施王所白王言：'王今知不？今珠可得。王可出女人庄严具。'王即出种种庄严具璎珞，集众猕猴令着璎珞置在宫中。时彼先在内猕猴，见诸猕猴皆着璎珞，便出所偷夫人珠，以自严身。时贼即四方围绕捕取猕猴，以白王言：'王今知不？我已得珠。'时王梵施，即唤长摩纳来语言:'汝不取珠,何故言取耶?'即答王言:'我作如是念,夫人屋无人入者,唯王、夫人及我。我若言不取,恐王治我苦毒。而我不堪苦毒,故言取之耳。''汝复何故引太子耶?'答言:'我作是念,太子王甚爱念,必不以珠故而断其命,以是故引太子耳。''汝何故引第一大臣?'答言:'我作是念,大臣多知,必能作方便还求得珠,以是故引耳。''汝复何故引大长者?'答言:'我作是念,王若须宝,长者大富,足能与王珠,是故引耳。''汝复何故引淫女?'答言:'我作是念,国中人及与众贼,系心在彼淫女,其未得者,必能为淫女故,还觅得珠,是故引耳。'王言:'未曾有。长摩纳,有如是智慧!'王即用长摩纳作一切处尊。

"后于异时,梵施王严四部兵出行游猎。时王及四部兵,各各众乱逐鹿。时天热疲极,时长摩纳,即将王车至屏处止息。王下车在车阴中,枕长摩纳膝上眠。时长摩纳作如是念:'此王是我父祖怨仇,破我国土,夺我父祖四部兵众及库藏宝物,一切皆尽。杀我父母,断拘萨罗王种。'念昔日怨故,即时拔剑欲断王头。念父往言,怨无轻重,皆不足报。以怨除怨,怨无已时,唯有无怨而怨自除耳。即还内剑。时梵施王惊觉,长摩纳问王言:'何故惊耶?'王言:'拘萨罗王有儿,字长摩纳,拔剑欲断我命。'即答王言:'今此何处有长生王子长摩纳,唯有王及我耳。'王但安眠,王第二眠亦如是,乃至第三眠。长摩纳如前思惟复拔剑,王即惊觉。时长摩纳即撮王头,王言:'汝欲杀我耶？'答言：'尔。''以何事故？'答言：'我是长生王子长摩纳，王是我父祖怨仇，破我国土，夺我父一切兵众库藏宝物都尽，杀我父母，断拘萨罗王种。念此怨仇故，是故欲杀王耳。'王即语言：'今还汝父祖兵众国土一切珍宝，莫得杀我。'答言：'当活王命，王亦莫杀我。'王答言：'亦赦汝命。'时彼共除父祖时怨，即共和合犹若父子，共同一乘还波罗捺国。时王梵施，集诸大臣告如是言：'若见长生王子长摩纳者当取云何？'或有言治令如贝；或有言以刀杀之；或有言车掉之；或有言高悬其头；或有言然令如炬；或有言热油煎之；或有言划其身；或有言利钩钩肉；或有言以蜜煮之；或有言缠身放火；或有言衣裹烧之；或有言截手截脚截耳截鼻；或言生贯着尖标头；或言截头。王即示诸臣言：'此是长生王子长摩纳，自今已去一切众人不得论说。何以故？彼活我命，我活彼命。'时王即还其父时兵众及一切国土库藏珍宝，即庄严其女与之……（立为拘萨罗国王。）"以前谁都没有注意到长摩纳用剑顶住梵施王时，王做了一个相同的梦。《日本书纪》的《垂仁纪》中天皇枕着狭穗姬皇后的膝盖睡觉时，梦见一条小蛇缠绕在脖子上，这两段情节十分相似。长摩纳欲杀梵施王而最终没有下手的段落和《吉野拾遗》中的宇野熊王刺杀楠正仪的故事类似，而猕猴模仿其他的猴子将偷窃的珠子拿出来则和上述的红帽商贩的故事有相同之处。

佩奇格律还说，猴子不仅模仿人，还有洞察力。有一种褐色戴帽猴经常将扫帚柄拧下来并拧回去。最初猴子将扫帚柄的一端插入螺丝口，拧了几下发现尺寸不合适，便换了另一端才拧上。猴子用两只前爪固定扫帚的柄，拧螺丝口时非常不便，于是用一只后爪（猴子没有脚，前后四只都是爪子）抓住扫帚，十分耐心地对上螺丝口，然后迅速地拧上去。让人十分惊奇的是猴子发现螺丝口尺寸不合适后，绝不犯同样的错误。一旦拧上去之后会马上拧下来，重新反复一遍，第二次要比第一次熟练。反复几次之后便扔下扫帚去玩其他的游戏。上述的全部过程对于猴子来说既没有必要又十分复杂，但是猴子可以坚持到底，这一点令人吃惊。驱使猴子完成上述复杂的工作的动机是一旦动手，无论再难都会坚持到底，这样才有成功的喜悦。这除了人类之外其他动物是没有的，猴子完成上述的工作并不是为了给人看，也不是想得到奖赏，而完全是出于自身的好奇心。这只猴子还记住了如何打开和关闭窗帘，铃铛把有三道螺丝口，这只猴子可以十分轻松地拆开并重新组装。这种褐色戴帽猴是猴类中最聪明的，在野生大自然中无法接触到能够发挥它们的智慧和模仿力的事物，因此略显低能。一旦和人类共同生活，接触到各种器具，它们的天才便可显现出来。这种猴子夜晚睡觉时会使用毛毯，可以像人那样扔东西，还可以拿来东西，也会挥舞木棒驱赶其他猴子，用铁锤砸碎栗子壳，用木棒撬开箱子盖，还会折断木棒，拆开并重新组装扫帚柄，还可以和人握手，点燃蜡烛并守候在灯火旁边，还会用炭灰放在头上取暖。这种猴子经接触人类，唤起了头脑中本来具有的智慧，这种事例在其他家畜中也常见。猴子本来并不是人类的宠物，与其他家畜相比，接触人类的机会较少。因此从上述各种事例来看，猴类很机智，善于适应环境，不过，猴子的智慧毕竟有限，在质和量上都无法和人相比，猴子的智力较接近于各种家畜，和狗与象的水准大致相同。

以上佩奇格律所举的各种事例都是经科学家鉴定得到认可的，其中很多都取自朗曼兹的《动物智慧论》。除此之外，沃特顿的博物论文、巴克兰德的《博物奇谈》、杰津所著的《博物文库》第二十七卷，凯瑟尔出版的《猴类博物学》和《猴史》等书中有许多关于猴子的故事，但是其中也夹杂不少虚构的传说。

东方的古籍中有许多猴子的奇闻，尽管大半都是无稽之谈，但是其中有不少是西洋人没有察觉的现象，值得认真研究。例如《类聚名物考》讲，猴子喜吃白萝卜和榧树的果实，特别讨厌螃蟹壳和螃蟹钳，这些都是根据长年的经验得出的结论。保罗撰写的《印度丛林生活》记述说，印度的猴子喜欢在海边采食螃蟹。缅甸的吃蟹猴是专吃螃蟹的猴子。在熊野的胜浦等地，以前猴子聚集在溪边采食螃蟹，用石头砸碎蟹壳掏吃蟹肉。据当地的长老说经常有猴子被蟹钳夹住，惨叫声不绝于耳。笔者幼年时代邻居家有一只名叫阿德的母猴，人们用纸包住螃蟹给它，它误以为是馒头，打开一看是螃蟹，吓得惊慌失措。以后有人即使给它馒头，猴子也会十分谨慎地拿到耳边，确认纸包中没有响声才会打开。《醒睡笑》讲海边的人入赘到山里人家做女婿，携带章鱼、海螺以及海蚌作为礼物，山里人不知这些东西是什么，便拿去问村里的和尚。和尚说一个是龙王的阳具，一个是鬼的拳头，另外一个是飞石。可见无论是谁，对没有见过的东西都怀有恐惧心理，母猴也一样，对于没有见过的螃蟹感觉十分恐惧。笔者家中养的母鸡最初给它蚯蚓时吓得不敢吃，现在则非常喜欢。《皇都午睡》初篇中卷讲，以前信州（长野县）的诗友寄来猴酒，于是开怀畅饮了一番。这种酒是自然酿成的，猴子秋天捡拾树木的果实藏在树杈或树洞中，经雨露风霜浸泡成熟，腐烂变成酒浆。山里人发现后拿回家，放在麻布中用力挤压后榨出黑色的汤汁，味道苦涩兼有甘甜，好像传说中的仙药。听说熊野偶尔也能发现这种酒，不过没有听说海外有类似的事例，笔者曾在《酒泉的故事》[①]中讲过，树木以及竹竿中自然酿出类似酒一样的液体的事例有很多，笔者手里保存有一些标本。由此推想，兽类储藏的水果或吃剩的食物自然发酵酿成酒是完全可能的。

福伯特曾说，猴类和人有许多相似之处，同样多愁善感，智慧增加，快乐反而减少。正所谓圣贤忧苦多，傻瓜

[①] 本文刊载在《日本及日本人》春季增刊（1917年）。——原书注

常快乐。不过，这种结论应该通过仔细观察野生的猴群，而不应该只看人饲养的猴。《奥羽观迹闻老志》第九卷讲五叶山的山王神以猴子为奴仆，每年6月15日猴子聚众登山。在和歌山县的白崎，以前榕树果实成熟时，猴群会来采集树果，在田边附近的龙神山，人们见过上千只的猴群，不过近年销声匿迹。要研究猿猴这种群居动物的行为特点必须深入山区，接近猴群观察，但日本猴在日益减少。中国也曾有过千只猴子聚群的记载，程伯淳游山未见一只猴，听山僧说："晏元献公来，猕猴满山。"便随口作了一首绝句："闻说猕猴性颇灵，相车来使满山迎。鞭羸到此何曾见，如觉毛虫亦世情。"连猴子也轻视穷书生，作者只好苦笑。

贝克的《埃塞俄比亚尼罗河的诸源流》第十章说，进入10月之后，大地干涸，大群狐猴聚集到河边，争食岸边丛生的灌木的浆果，此时观察它们的举止动作十分有趣。首先一只大牡猴缓步在前，大群的老幼猴紧随在后，小猴骑在母猴的背上，有的伸出后腿，用前爪紧抓母猴的背毛。眼光锐利的年轻猴子发现了挂满浆果的灌木，便飞身上树，将浆果大把塞入口中，小猴们也争先恐后争吃浆果。这时大猴赶来，又打又拉，又咬又拽，终于控制住了混乱局面，然后亲自坐在树下，慢慢地品尝浆果。这种狐猴能发出不同的叫声，这似乎是交流的语言，仔细听来可以分出它有时在报警，有时在唤起注意。例如这种猴子发现有人躲藏在树荫下观察，便发出特殊的叫声。

帕金斯的《埃塞俄比亚居住记》第一卷中有关于狐猴的记述，其中说这种猴子十分伶俐，让人惊奇。每个猴群都有首领率领群猴，战斗、征掠、觅食等都有一定规则，纪律严整，小心谨慎。它们多栖息在悬崖的裂缝之间，当群猴从山上下来时，长着像狮子一般鬃毛的老猴们有的在前带路，有的在高处观望，有的在猴群前面做尖兵，还有的则在后面断后。它们布置得十分周密，不时高声尖叫整顿队伍并警告敌人将要接近。这些叫声各不相同，有经验的人可以分辨出叫声的含意。猴群的大队主要由牝猴和缺乏经验的牡猴以及老弱病残组成，母猴背负着小猴。打头阵的猴群威风凛凛，而中阵大队却队列稀松，步伐混乱，只依靠尖兵的信号行进，其中年轻的猴子们有时贪吃路边树上的果实，于是断后的猴子便前来驱赶。母猴有时停下脚步给小猴喂奶，有时则一边喂奶一边梳理皮毛。其他年轻的牝猴则会为一点小事而互相扭打在一起，毫无一丝妙龄少女的斯文，直到首领发出怒吼才罢休。当听到警报后，大队立即停步准备御敌，直到听到另一种叫声才继续前进。到达田地后，尖兵们登上高处四面张望，其他猴则迅速采集食物，颊囊里塞满了之后，双臂又夹住许多麦穗。通过仔细观察，发现尖兵们自始至终都在张望，绝不收集食物，等散开后再与众猴分享食物。它们寻找水源时也很机敏，能迅速发现沙中的积水，像人那样用手掘开沙土，如果地下水较深，则轮流交替挖掘。猴子的窝一般在悬崖的裂缝中，这样不但可以遮风避雨，而且还可以避免其他野兽的侵袭。不过豹子可以和狐猴一样攀岩上树，是猴子的天敌，有时候偷袭猴窝引起猴群大惊。土著人讲豹子几乎很少猎杀成年猴子，只是偶尔偷吃猴崽。狐猴身强力壮，动作敏捷，而且牙齿尖利，作为对手十分棘手，幸好这种猴子一般仅限于自卫，从不主动攻击人类。如果这种猴子斗志旺盛的话，经常两三百只的猴群出没，可以封锁住村庄，村民们必须全副武装才能够保护住庄稼。但是作者曾经亲眼见过猴子攻击家犬，也曾听说过猴群在路上和树林中袭击独自赶路的妇女，还曾听说过有一个女人遭到狐猴的围攻，幸好被行商们搭救，但不久便不幸身亡。

民俗（1）

前一节曾写到没有听说海外有猴酒的事例，不慎犯了一个智者千虑、必有一失的错误，查看《嬉游笑览》第十卷上，其中引述《秋坪新语》讲忠州、山州的黑猿经常酿酒，名为猢狲酒，和鳜酢①是天配的一对。这说明海外也有猴酒的先例。为了确保无误，笔者曾在6月发行的《随便问答》杂志第十二辑第六卷第二百九十五页撰文向海内外人士广征日本和中国以外的先例，但是没有收到海内外的广大读者的回音。唯一的来信是一位名叫戈尔登·罗的人，他在信中指教说，海外没有听说过猴酒，不过英语中有"猴面包"（monkey bread）一词，指酸瓠树的果实。另据皮特·西姆普讲，英语中有一个所谓猴子喝法（suck the monkey）的俚语，意思是椰子壳去掉椰汁，放入糖酒饮用，或者用麦秆插入酒桶里喝酒。由此可见，猴子酿酒的传说似乎只有日本和中国有先例。所谓酸瓠树，这种又名猴面包的树和马来群岛的著名水果榴莲属于同一科，与日本的梧桐类较接近，原产于非洲，现在野生在印度各地。这种树是世界上大型的树种之一，树干比较低矮，周长有七十至九十英尺。福伯特曾测量了其中的一种，断定树龄有五千一百五十年。这种树的皮和叶可以作为驱虫剂，晒干的

---

① 在岩石的背阴处储藏的鱼类经潮水浸泡后，自然发酵变成了寿司的味道。——译注

树叶可以治疗痢疾，特别值得一提的是它可以减少出汗，木材还可以用于渔网的浮漂，等等，是一种用途广泛的树木。其中最重要的是它的果实，外壳是木质，内部是酸甜冰凉的肉质果实，胶质黏稠。大小如同葫芦，适宜生吃，味道鲜美，榨成汁调入砂糖饮用对治疗瘟疫有特效。埃及人将果肉晒干，用水服下后可以治疗腹泻。① 由此可见，所谓猴面包的功效要胜过猴酒，猴酒是否存在令人置疑。

日本有一种名叫猴梨的树果，这是和木天蓼同类的灌木，树叶似梨，所以人称山梨。山梨县的山梨郡可能与此树有缘才得名。这种树的树皮有黏性可用于造纸，果实和柚子一样十分甘美。《本草启蒙》中讲这种植物的种子如罂粟子，下种易生，但是和歌山中不见有人栽培这种树。不过记载日本古代平安朝的朝廷御膳食谱的《厨事类记》将猕猴桃、柑橘以及柿子列为美味珍品，当时十分珍贵。《本草纲目》第三十三卷记载："其形如梨，其色如桃，而猕猴喜食有诸名（猕猴梨、猕猴桃）。"因此日本的猴梨可能是从中文名翻译的。另外还有一种猴柿子，和一般的柿子不同，果实较小，汉语名为君迁子，这种柿子的涩汁对于增强养蚕用的网的强度很重要，和歌山每年都要从长野大量买进这种柿子。笔者觉得这样做很浪费，便向一位名叫胡

---

① 详见《大英百科全书》第3卷，林德列的《植物界》第3版第361页。鲍尔弗《印度事典》第3版第1卷第22页以及第276页。——原书注

桃泽堪内①的民俗学家要来了种子，种植研究之后发现这种植物在和歌山地区的山中到处都有野生，因为人们从不栽培，所以被忽略了。国人忽视的这类事物有很多，据说是足利时代写成的《柿本氏家谱》记载有信浓（长野县）前司猴柿，由此可知这种猴柿原来就是这个地区的特产，这可能是因为猴子喜欢吃才得此名。

讲述猴子的民俗应该从猴崇拜的民俗讲起。《大英百科全书》第十一版第二卷中动物崇拜的条目讲，印度的猴神哈努曼崇拜最为显著，信仰印度教的村民绝不伤害猴子。非洲的特布人也崇拜猴，在法属西非的科特迪瓦，人们认为小猴是双生子的守护神。马来半岛的塞芒人相信造物主塔蓬大神的敌人卡库全身像黑炭一样，居住在西天，因此东方发亮后西方会变黑，天上有三层，卡库在最高处，像山一样巨大的猴子守卫在这里，见到有人登天偷吃仙果，便抛下长满刺的树果将他驱赶开。当世界末日来临时，世上的一切将归这只巨猴所有，②不过拥有了一切，世界仍然要毁灭，没有任何意义。关于这个猴子（椰子猴，学名"macaca nemestrina"），马来人的谚语中说："打官司找猴

---

① 胡桃泽堪内（1885—1940），长野县东筑摩郡岛内村（现松本市岛内）出身，是俳句、和歌诗人，在民俗学方面，和柳田国男、折口信夫以及南方熊楠有交往，在文化界、实业界、政界都曾留下足迹。现在南方熊楠彰馆保存有书信和明信片等资料。——译注
② 参照斯基特和布拉克顿共著的《马来半岛异教民族篇》第2卷第210页。——原书注

839

子。"有一个人在他人的土地上种香蕉,果实成熟后二人便互相争夺,相持之下没有结果便请猴子做出裁决,于是猴子将香蕉分为两堆,但是其中一人抱怨对方的数量过多,猴子便抽出了一些香蕉吃了,另外一个人也抱怨自己的少,于是猴子又抽出几根香蕉,如此反复几次,双方所剩无几。打官司双方争相贿赂判官,结果两败俱伤,这就是"打官司找猴子"的意思。[1]

爪哇的苏腊巴亚地区也崇拜猴子为神,明代的黄省曾所著《西洋朝贡典录》上卷就有相关记载,注释说:"爪哇国其港口有一洲,林木深茂,有长尾猢狲,万数聚止于上。有一黑色老雄猴为主,却有一老番妇人伴随在侧。其国中妇人无子嗣者,备果酒饭饼之类,往祷于老狝猴,其老猴喜,则先食其物,余令诸猴争食,食尽,即有雌雄二猴来前交感为验,此妇回家即便有孕,否则无孕也。"《渊鉴类函》第四百三十二卷讲:"爪哇国山多猴,不畏人。呼以霄霄之声则出,或投以果实。则其二大猴先至,土人谓之猴王猴夫人。食毕群猴食其余。"日本也有类似苏腊巴亚向猴子祈祷受孕的事例,出口米吉[2]撰写的文章《民俗备忘录》[3]中引用《大阪朝日新闻》说,尾张(爱知县)海东郡甚目

---

[1] 参照斯基特《马来方术》第187页。——原书注
[2] 出口米吉(1871—1937),民间的民俗学研究者,出生于石川县金泽市,毕业于东京高等师范学校英语专修科,其间在《东京人类学杂志》上发表多篇论文。——译注
[3] 详见《人类学杂志》第28卷第10期。——原书注

寺观音院境内有一个猴神，如同送子观音一样，信徒众多。寺院中的神像是一个木刻的猴像，高一尺左右，怀抱一颗半身大的仙桃正坐在殿中央。除此之外还有一个猴像，这是因为一百年以前信徒剧增，于是寺院又雕刻了一尊副像。据说人们将这个猴像借回家过夜之后就可怀孕，周边的人们纷纷前来租借，至今络绎不绝，租费一周一日元。在马来群岛的拉乌特岛，婚礼宴上新婚夫妇的中间坐着一对童男童女，预祝夫妇多子多孙。在锡安坦岛，新婚初夜要有一个儿童睡在夫妇中间。①《隋书》记载："女国在葱岭南……又有树神，岁初以人祭，或用猕猴祭。"《抱朴子》有"周穆王南征，一军尽化，君子为猿鹤，小人为虫为沙"。《风来六六集》刊载了民谣说，平民佐治兵卫游历四国的寺庙拜佛时变成了猴子。在非洲的安哥拉，人们称猴为神的仆人，是没有转生成人的动物。塞舌尔人和马达加斯加人相信人如果有罪孽会变成猴子。②

1684年出版的桑托斯所著《东埃塞俄比亚史》（巴黎版）第一卷第七章记载，科图人说猴子原本是人，因为不喜欢干活儿才变成了猴。从人变成猴子的传说可以知道，从前中亚地区的女儿国起初用人来祭祀树神，后来发现猴子近似人，便以猴子代替人来祭神。与此相似，让他人的

---

① 参照拉采尔《人类史》英译本第1卷第440页。——原书注
② 详见舒尔茨《物神崇拜》第5章第6节。——原书注

孩子睡在新婚夫妇之间祝愿多子多孙，借来甚目寺的猴像来祈求怀孕，等等，都是因为人们认为猴子和人一样的缘故。就连人们认为文明先进的美国人也相信，让刚生下的婴儿在年轻夫妇的床上睡觉可以使妻子怀孕，所以人们不应该盲目嘲笑爱知县人的风俗愚昧。[1]萨西《随得手录》第二辑记述说，印度的奴德西亚王为了给猴子成婚花费了十万卢比，派出盛装的马队、车驾以及骆驼和大象，在队列中有一台辇，上面坐着一只雄猴，头戴王冠，辇车旁有人为猴子摇扇。不仅灯火通明眩人双目，在队伍行进中还燃放烟火，美如婵娟的舞女歌舞奏乐，人们舞蹈、歌舞、畅饮，狂欢长达十二天之久，随着僧人诵经让雌雄双猴完婚，达到祝愿国王夫妻恩爱并借猴子婚礼的感化而达到多子多孙的目的。

和歌山附近有个地方名叫有本，这里有座山王庙，隔窗观看会发现庙里面有许多大大小小的炼瓦的猴像。临产的产妇从庙里借去一个祭神，顺产之后再买一个同样的猴像送回庙里，这如同京都北野地区的送子娃娃一样。1920年长崎市发行的《土铃》第二期上刊登了炼瓦的猴像，是笔者凭记忆描绘的。该杂志第一期刊登的猴像的照片是近年来改造的，据说猴子不但可以保佑顺产，而且可以减轻痘疮的痛苦，所以产妇纷纷祭拜。马来半岛的产妇认为如果

---

[1] 参照巴根编著《英语通用民间流行迷信》（1896年）第25页。——原书注

触摸了猴子，会生出相貌似猴的丑孩子，因此十分忌讳猴子。①帝国书院出版的《盐尻》第三十四卷讲，天皇出疱疮时，坂本山王神社中饲养的猴子也必定长疱疮，天皇的痘疮减轻则猴子的病情就会加重。这次东山天皇②生病时，山王的猴子也在劫难逃，天皇让人缝制了衣服给它穿，可惜不久便死了，而天皇则痊愈了，实在令人不可思议。古书中没有相关的记载，这是近代的传说。十年前《大阪每日新闻》曾载文说，至今天王寺院内仍然养猴，据说人们在大堂祈祷可以治疗眼病，可怜这里的猴子一年四季都要受眼病的折磨。这些都如前所述，猴子因为近似人类，所以人们认为猴子可以代替人受难，英语讲"scapegoat"最初就是认为病魔可以转移才开始的。

在印度，想生孩子的妇女一般去哈努曼猴神庙供奉香火。古代传说讲，阿哈莉亚是梵天开天辟地时首先创造的女人，是瞿昙仙人的妻子。上帝不满梵天将如此的美女配给仙人，便率领月神昌多拉谋反，变成雄鸡赶到宫中，趁瞿昙仙人不在，让月神守卫宫门，自己化作瞿昙溜入宫中与其妻子欢爱。没想到瞿昙仙人赶回，见到这个场面恼羞成怒，将上帝变成石头并加上千只子宫沉入水底。后来诸神觉得可怜，便将千只子宫换成千只眼。另外传说瞿昙仙

---

① 参照拉采尔《人类史》第1卷第472页。——原书注
② 东山天皇（1675—1709），江户中期的天皇，名叫朝仁，1687年至1709年在位。——译注

人诅咒使上帝失去睾丸，诸神怜悯便为他加上羊的睾丸。①这个传说在佛经中也有记载，僧伽斯那所撰《菩萨本缘经》第三卷讲："（一个年老的婆罗门欲取月光王项上首级，他在夸耀婆罗门的威力时讲）瞿昙仙人于释身上化千女根，婆私吒仙变帝释身为羝羊形。"

恩特赫本所著的《古吉拉特民俗记》（1914年，孟买）第五十四页记述说，有一说法是上帝私通瞿昙仙人的妻子时，安迦妮女神搭救了上帝，于是瞿昙仙人诅咒她，说要让她生出私生子。安迦妮女神十分恐惧，将腰埋在土里修行并向湿婆求助。湿婆受到感动，让风神那落陀将真言吹入她的耳中，但是风神错将真言吹入她的子宫，于是女神便生下了哈努曼。女神怀孕时见到附近树上的猴子，因此哈努曼外貌便是猴子。塞芒人说远古时代的夫妇不知如何生孩子，其他的动物都有后代，惟独人类无子，故而感到十分羞耻，便怀抱木柴装作孩子。椰子猴见到后顿生恻隐之心，教给人类生育的方法，于是夫妇生下了两男两女。这两对同胞按照猴子的传授不断繁育后代，这时飞来一只鸽子，告诫他们近亲繁衍的害处，没有办法，姐妹只好分开，交换丈夫重新结婚。②向猴子祈祷生育并非从印度开始，

---

① 参照戈佩尔纳其斯《动物谭原》第1卷第414页，第2卷第208页。——原书注
② 参照斯基特和布拉克顿共著的《马来半岛异教民族篇》第2卷第218页。——原书注

图5 哈努曼猴

和田遗址曾经发现哈努曼的猴像,[1]曾有记录表明从前学识渊博的婆罗门曾在中国传播印度教来对抗佛教,[2]甚且寺借猴像求子的习俗或许是从哈努曼猴神信仰转化而来的。据说南印度贝勒姆普尔的诸王是哈努曼猴神的后裔,臀部有尾,[3]但终究是人,不可能是猴子变的,也有可能是猴神怜悯没有孩子的女人而亲自授予的后代,总之不可思议。

哈努曼猴的学名是"semnopithecus entellus"(见图5),产于印度,幼时是灰茶色,从背至腰有一道暗茶色的条纹,随着成长,毛发中混杂入黑毛而全身呈灰色。面部和四肢是黑色,从鼻子到尾部的根部长三四英尺,尾巴更长。与其他猴不同的是,它喜欢吃树叶,和牛羊一样有复胃,鼻梁略微

---

[1] 详见兰斯德尔《中国境内中亚地区》(1893年)第2卷第176页。——原书注
[2] 详见《高僧传》第6卷。——原书注
[3] 详见玉尔《马可·波罗游记之书》(1875年)第2卷285页。——原书注

近似人，面貌比其他猴俊美。[1]这种猴从前曾随哈努曼王出征，立下大功，所以被称作哈努曼猴。印度教毗纽天派的教徒最尊崇哈努曼神，其他教派的信徒也同样尊敬这位神，从寺院园林至郊外旷野到处都可见到这种猴的雕像，毗纽天派信徒聚居的地方更是鳞次栉比，随处可见。供奉给这种猴的食物只能是自然植物，不能使用动物肉，每天拿着食物和水果去这种猴聚集的地方喂食被认为是最大的功德。[2]汉密尔顿的《东印度记》（1727年）讲，维沙卡帕特南的神殿中供奉着活猴，数百只猴子吃食时聚集到这里，分享僧人提供的饭食，吃完之后列队离开。据说在当地杀了猴子要比杀人的罪过更大，17世纪曾周游印度的达文尼埃在《印度纪行》中说，阿拉哈巴德附近的猴子，每周的星期二和星期五都会到市区来吃居民放在屋顶的稻谷和香蕉，塞满脸颊囊之后才离开。如果居民没有在屋顶供奉食物，它们就会打破房瓦。直到现在，云尼斯的寺院仍然供养着大量的猴子，这些猴子会毫不介意地在集市中阔步游荡，随手拿喜爱的食物。和歌山田边地区有个戏称为世和志的人曾在天保五年（1834）撰写的手抄本《三月的海滨》中记述说，不仅是严岛的神社，就连村内也有许多梅花鹿和人嬉戏，屋顶上聚集着许多猴子，每一户人家都要防备猴子和鹿偷吃庄稼，

---

[1] 参照伍德《博物画谱》第1卷。——原书注
[2] 参照朱波亚所著《印度的风俗习惯以及礼节》第2卷第6章。——原书注

由此可以想象印度的猴子是如何猖狂。达文尼埃还说卡瓦腊提岛上有珍藏哈努曼猴王的尸骨和趾甲的银棺，棺材供奉在宝塔中，信徒从印度各地前来朝拜。果阿的天主教大神父以武力抢夺了这个银棺，印度教徒打算以重金赎回，果阿的居民同意了，但劝教徒们应该用钱武装军队保护平民，教徒们不听，于是大神父将尸骨火化。他又担心信徒们会收集骨灰重新祭拜，便用船将银棺运到海上二十里外沉入海底。

众所周知，《罗摩衍那》是印度教两大史诗之一，哈努曼猴王的业绩是其中的精髓。这首长诗的梗概详见《日本及日本人》（1914年）刊登的猪狩史山的文章《罗摩王的故事》，笔者也曾在同年8月的《考古学杂志》上刊载了《日本和中国的古籍记载的罗摩王的故事》。迦旃延子所著《鞞婆沙论》讲，罗摩衍那有一万两千章，主要内容是罗摩泥和罗摩为争夺悉多而厮杀，为了一个女人而连累十八垓（一百八十亿）的无辜生命，全篇讲述的都是残杀，无聊至极。因此日本的僧侣对这本书不屑一顾，其实这种态度和西洋人一样，西洋人认为《古事记》《日本书纪》是猥亵混杂不值一提的书，笔者结交的众多印度学生都认为罗摩有勇，悉多贞洁，哈努曼忠义，读此书时催人泪下。以下从朱波亚的书中节选出梗概，文中的人名的汉字不是出自笔者之手，而是曾前往中国讲经的克什米尔国的僧人伽跛澄翻译的。

罗摩是阿瑜陀国王十车王和王后所生的孩子，最初在丛林中拜瞿昙仙人为师时，瞿昙仙人怀疑自己的妻子失去贞洁便将她诅咒为石头，罗摩用脚触摸石头使她恢复原形。罗摩拜访密锡拉国谒见国王迦纳卡，听说国王有一只湿婆神的强弓但没有人能拉开，便尝试拉这只弓。结果很轻松地拉开了强弓，于是密锡拉王将女儿悉多嫁给了他。这时罗摩突然被父王召回继承了王位。有一天当他张弓练箭时发出一声巨响，惊吓了身旁的孕妇，致使她流产，孕妇的丈夫婆罗门恼羞成怒，将罗摩诅咒为庸人，于是罗摩便失去了天生的神智。其后不久，父王的第四个妃子想立自己所生的儿子为王，便不断规劝罗摩让位，罗摩同意之后就带着弟弟罗什曼那和妻子悉多隐居在山林。有一天罗摩不在家时，罗什曼那割掉了苏鲁帕那卡的双耳，她是楞伽（斯里兰卡）的十首魔王的妹妹。这个怪物名叫罗摩泥，身体巨大，有十个头。罗摩泥为了给妹妹报仇掠走了悉多，罗摩回来后发现妻子失踪便扑倒在地，痛哭流涕，然后便四处寻找。路上遇到猴王须竭哩陀和他的哥哥为领地争斗，他便帮助猴王杀死了他的哥哥。猴王十分高兴并提出要为罗摩尽力助阵，罗摩想派人去楞伽刺探敌情，但因隔着大海一时找不到合适的人选。于是须竭哩陀猴王派遣身体轻盈敏捷的督军哈努曼，在水面飞驰来到楞伽岛，经过千辛万苦终于找到悉多，见到悉多躲在树荫下慨叹自己的命运，并听到她坚守贞洁，思念丈夫咒骂魔王，便飞快赶回报告罗摩。其后它拔掉高山巨岩，将无数的石头背到海边，经过努力，终于在大陆和海岛之间架起一座桥梁。罗摩带领猴军和熊军攻打楞伽城，经过多次战斗，终于战胜了敌人，诛杀了魔王，救出悉多回到故乡。

龙树菩萨的《大智度论》第二十三卷记载："问曰：'有人见无常事至，转更坚着。如国王夫人宝女从地中生，为十头罗刹将度大海，王大忧愁，智臣谏言王，智力具足，夫人还在不久何以怀忧？'答言：'我所以忧者，不虑我妇叵得，但恐壮时易过。'"《罗摩衍那》中讲，悉多实际上不是人的后代，她的父王因为没有子嗣求神保佑，挖掘土地时发现里面有一个人间罕见的美少女便命名为宝女。古代印度人认为斯里兰卡的土著人不是人类而是鬼魅，称他们是罗刹。所谓十首地府罗刹不过是十个酋长编为一组统率土著人，大概他们羡慕罗摩的艳妻所以才掠走她。

罗摩王从苦难中解救出夫人，带她返回家园。有一天国王微服私访在城中视察，正巧遇上一对洗衣人夫妇吵架。丈夫怀疑妻子有外遇，大声说："我和脑袋糊涂的罗摩王不同，绝不会让不干不净的女人留在家里。"男人的骂声如晴天霹雳震撼了罗摩王的心，他怒从心头起，马上返回皇宫叫来弟弟罗什曼那，命他在树林中杀死悉多。罗什曼那觉得嫂子怀孕且马上就要临盆十分可怜，左思右想心生一计，找到树林中流淌红色树汁的树，割开树皮在箭上涂上红色树汁，并将悉多放在树林。然后他回来拿出涂上红色的箭头给哥哥看，谎报已经杀死了嫂子。悉多在树林中徘徊放声痛哭，这时隐居在树林中的蚁蛭仙人前来询问究竟，对她十分同情，安慰她并将她带回寺庙照料，几天后悉多生下了两个孩子，仙人像对待亲生儿子一样细心哺育。不久罗摩王准备举行大祭，这种大祭在《诗经》中记述为"骍牡[①]既备"，在《史记》中有秦襄公用骝驹祠白帝，可见中国自古就有以马祭神的风俗。印度吠陀教全盛时期，国王大祭时也曾用马祭神。罗摩王准备用来祭神的马挣脱缰绳来到悉多的两个儿子的住处，两个孩子才刚刚五岁就已经力大绝伦，奋力擒住了那匹马。罗摩不知内情，便派遣哈努曼率大军前来讨伐。但大败于两个孩子的手下。于是罗摩亲自督阵再来征伐，又惨遭败绩，损兵折将。仙人动了恻隐之心，唱颂咒语救活了被杀的将士。

罗摩王回到王宫，准备重新祭神，邀请邻国的诸位国王以及国内德高望重的僧人参加。僧人们向国王进言说要想大祭成功必须召回悉多，罗摩先是提出各种异议，最后无奈只好召回悉多并热情招待才使大祭顺利完成。可是罗摩仍然怀疑妻子的贞洁，要将她再次赶回密林，因各国王苦苦相劝才作罢。不过罗摩仍然不放心，对悉多说："如果你在楞伽期间没有被魔王奸污，必须对火起誓证明自己清白。"悉多坚信自身洁白无瑕，便投身于烈火之中任烈火焚

[①] 指红毛的雄牛。——译注

烧，但是烈火不能烧死她。她还用其他方法证明自己的清白，可是仍然不能消除罗摩王的疑虑。悉多失望地慨叹道："烈火也不能救我。"她彻底绝望，面对孕育自己的大地声嘶力竭地喊道："如果能证明我的贞洁，求你裂开一道缝唤我回家。"于是大地裂开，淹没了悉多。罗摩见状后悔不已，将国土分给两个儿子，自己则隐居在恒河岸边，修行之后去世。这是其中一个传说，还有一些内容不同的传说。

很多欧洲人批评这个传说，从日本人的价值观来讲也有许多异议，不过不应该以自己的价值观强加于人。例如欧洲人和印度人认为蟾蜍是丑陋并有剧毒的动物，十分忌讳，而在日本喜欢蟾蜍的人众多，美洲印第安人亦是如此。莫尼埃·威廉姆斯的《印度教》说，世界上大多数的民族都非常讨厌蛇，但印度人几乎天生从心底里喜爱蛇。笔者在伦敦南肯辛顿博物馆工作时，曾见到英国贵妇人在印度艺术品面前高声谈笑，高举双臂露出腋窝，于是便对她们说这样对于印度的绅士极不礼貌，那人非常认真地强辩说自己没有错，而且指着陈列的日本的浮世绘仕女像，对画中美女裸露腿深表不满。

太宰春台[①]曾说，通读《通鉴纲目》全篇没有一个朱子喜欢的人物。与此相似，就连儒教道德论的经典《春秋》

---

① 太宰春台（1680—1747），本名太宰纯，通统弥右卫门，他是江户中期的儒学家，荻生徂徕的弟子。他曾撰写《经济录》《弁道书》《圣学问答》等著作。——译注

和《左传》讲的也大多是弑杀父王、兄妹通奸、夺人爱妻之类的故事。日本人称曾我兄弟的老母是贤母的楷模，即使她年轻时也曾在京都与人私通生下小次郎；袈裟御前[①]代替丈夫受死值得称颂，不过临死前一天被远藤盛远奸污留下千古遗恨；常盘为救三个儿子的性命忍泪委身于丈夫的世仇可说是美谈，不过晚节不保，失宠之后又转嫁其他男人生下许多孩子，让人慨叹。[②]这些女人的故事并不是基于伦理道德而编造的，分别都是根据史实加工润色出来的，主要是颂扬她们处于危难时感人泪下的言行，并不着重于她们一生是否都是完整无缺的圣女。更何况在古代女人的权利不被尊重，在很多情况下她们都身不由己。印度和日本的风俗习惯迥然不同，《罗摩衍那》中的事件发生的时间据说是比公元前950年还要早八十六万七千一百零二年的远古时代，当今的外国人对此说三道四实在令人可笑。另一方面，对于这类情节的故事，现代的印度人仍然感动得泪流满面也未免太过幼稚。

---

① 平安时代末期的女性，容貌端庄，代替丈夫受死，这个故事在《源平盛衰记》中有记载。——译注
② 参照《曾我物语》第4卷第9节，《源平盛衰记》第19卷，《昔语质屋库》第5卷第11节，《平治物语》牛若下奥州的条目。——原书注

民俗（2）

日本最早记载罗摩衍那的故事的书是《宝物集》，据说是治承年间[1]平康赖撰写的，大意是：从前释迦如来降生为印度一个大国的国王时，邻国舅氏国遭遇天灾，人民几乎饿死。舅氏国的人们商议说与其坐着等死，不如去邻国的大国夺取粮食，以解燃眉之急，即使多活一天也好，于是他们组成军队准备来犯。大国的人听到这个消息后嘲笑小国力单势薄，声称要活捉敌将，但大国的国王听说后对宫廷大臣说："打仗要死伤众多的无辜百姓，希望能制止战争。"大臣们回答说："我们无能为力，邻国要来侵略，如果不抵抗就只有坐以待毙。"国王叫来王后说："我作为国王，如果放弃战争，就可以使国民免受战火的煎熬，我打算去深山修炼佛法，不知你意下如何？"王后回答说："愿追随大王左右。"于是国王和王后躲入了深山老林。大国的军队失去了主帅，不战自溃，向小国投降了。

大王在深山捡拾树果，摘取野菜，这时来了一位僧人愿跟随大王。当国王在山上捡拾树果的时候，僧人掠走了王后。大王回来见到王后失去踪影，便在深山老林中寻找，路遇一只大鸟，双翅折断，奄奄一息。大鸟说僧人抢走了王后，我在逃跑的路上阻挡，希望能等到大王回来，僧人

---

[1] 日本的平安时代，具体指1177年至1180年间。——译注

现出龙王的真形，踢断了我的翅膀。说到这里便一命归西了。国王非常伤心，在山上掩埋了大鸟的尸体，由于知道僧人便是龙王，就面向南方召集深山中无量千百万的猴子。猿猴见到大王十分高兴，便说："邻国要来攻打我们的领地，明日午时开战，我们想要奉大王为元帅。"大王虽然后悔来的不是时候，但也硬着头皮答应了。随后猴子拿来一张弓交给大王。果然如猴子所说，第二天午时，数万大军赶来，大王听从猿猴的劝告，面向敌人猛力拉开了强弓，弯弓张开如满月。敌人见到大王的弓势，吓得不战而退。

猿猴们欢呼雀跃，问大王希望如何回报，国王告诉猿猴，自己的结发之妻被龙王掠走，现在要向南去龙宫。猿猴们说："我们能逃出劫难多亏了大王相助，无论如何要报大王的救命之恩，我们送大王去龙宫。"于是数以万计的猿猴随大王前往。斗转星移，梵天上帝见到国王为避免杀生竟能放弃家园，猿猴也能知恩图报，顿生恻隐之心，于是变成小猴夹杂在数以万计的猴群中。小猴说："龙宫虽说易守难攻，但也是可以攻破的，每个猴子准备一块木板一把草绳编织成木筏，组成桥可以到达龙宫。"大家听从小猴的计策，各自准备一块木板、一把草绳编织成木筏，组成桥到达了龙宫。龙王大怒，大喝一声震如霹雳，放出亮光如电闪。猿猴们在雾和雪的惊吓中纷纷倒下，小猴登上雪山砍伐大药王树的树枝，回来后用树枝抚摸昏倒的猴的身体，于是众猴猛醒，各自奋力攻打龙宫。龙王准备再次释放雷鸣闪电时，国王射出了利箭，龙王中箭身亡，落入猴群中。众小龙不战自退，溃不成军。猿猴们攻入龙宫，救出了王后，夺取了七宝，回到原来的深山老林。这时小国舅氏国的国王驾崩，于是大国小国的重臣们来迎请国王，国王便一举成为两国的国王。细节请参照《六波罗密经》。

笔者认为不必参照《六波罗密经》，三国时代来中国传道的印度三藏法师康僧会所译的《六度集经》第五卷中就有《罗摩衍那》的故事，笔者发现后曾在《考古学杂志》（1914年）第四卷第十二期撰文刊登出来。《六度集经》的经文用中国当时的白话写成，比较难懂，大意和上述的《宝物集》相似，不过攻打龙宫时不是用木板和稻草，而是背石头填海攻入龙宫。王妃悉多的结局和前述的故事大同小异。当国王平定敌人回来后问王妃："夫人和丈夫分离，即使独行一宿也会遭受嫌疑，更何况时经旬朔？现在你回你父母家才合乎古代的礼法。"王妃说："我虽身陷蛆虫狼窝，但如莲花出污泥而不染，如果相信我的话，大地会裂开一条缝隙。"她的话音未落，大地便裂开了。于是王妃说："我的话得到了证明。"国王便同意了，从此国民因国王的仁慈和王妃的忠贞而受到感化。

这本《六度集经》大概是中国最早刊登罗摩衍那故事的书籍。据说最初的《罗摩衍那》是抚养悉多的两个儿子的仙人所作，不过类似的传说有很多，现存主要有三大版本。每个版本所载的故事有三分之一与其他版本不同，但都是用梵语书写，而成书的时期应该是佛祖释迦牟尼创教以后的年代。不过这个故事在佛祖在世时就已经于民间广为流传，经过各种修改和补充，在日本和中国流传的版本与印度的版本有许多差别也是理所当然。佛教经典中认为这个故事是为了一个女人而连累十八垓（一百八十亿）的无辜生命，全篇讲述的都是残杀，斥之为无聊至极。《六度集经》将罗摩比作释尊，悉多比作释尊的妻子瞿夷，哈努曼原身帝释天则是继承释尊的未来的弥勒佛，但是书中抹去了罗摩和悉多等人的名字，只使用大国王和王妃等名称。因此《罗摩衍那》在三国时代就已经传入中国，大概除了笔者之外至今还没有人发现。

哈努曼猴对于罗摩尽忠尽力从而被奉为神明，印度人认为杀死猴子是十恶不赦的大罪。登纳特在《斯里兰卡博物志略》中说，印度人相信如果哈努曼猴被杀，这一带的居民不久都会死，而且掩埋猴子尸骨的地方日后不会兴盛。所以在建房盖屋之前必须招来算命先生，请他占卜确认土中没有猴骨后方可动工。他们认为猴子的尸骨是非常不吉祥的东西，即使见到也绝不声张。斯里兰卡的僧伽罗人说猴子即使死了也不会暴露尸骨，他们的谚语说："白鸟和白鹭，笔直的椰树和死去的猴子，见到这些的人长寿不老。"这大概是印度人见到猴子的尸骨也绝不声张的习俗的演变。注释说在直布罗陀也没有见过猴子的尸体，俗话说虎死留皮，今井兼平[1]等人视死如归，流芳百世，《愚管抄》也赞誉源重成临终亦不为人所知。《大和本草》记述说猫死时的样子很痛苦，所以不给人看，不过笔者曾见过数次。有个熟人说可以见到猫的死尸，而纯种的日本狗的尸体则见不到。

关于前文讲述的哈努曼猴王的秉性有各种传说。罗摩王的父亲十车王忧虑没有后代，便用牲畜祭神，神从祭火中现身，授予大王天食。大王遵照神的旨意将天食分给三位妃子，雄鹰抓走其中一份送给正在刻苦修行求子心切的安迦妮手中。她吃了天食之后立即受孕，生下的孩子据说就是哈努曼。哈努曼猴王大难不死，身体如同金刚，臂力过人，帮助罗摩攻打楞伽国时能理解鸟语，可跳跃汪洋大海，还可以化作狸猫，又能力拔高山并手持高山飞行，还能神出鬼没变化无穷，为挽救悉多立下了汗马功劳。如果通读一遍《罗摩衍那》，就会认为中国《西游记》中孙悟空的原形就是哈努曼猴。罗摩战胜魔王后将楞伽国交给魔王的弟弟统治，让哈努曼守卫这个岛国。哈努曼终身不娶，作为强大而仁慈的神给天下人带来幸福，它统治各种鬼魅、妖孽、恶鬼、巫咒。妖孽附体的人如果祭拜这个神就可以

---

[1] 今井兼平是平安时代末期的武将，木曾的豪族出身，木曾义仲举兵时跟随其左右立下战功。1183年7月攻克平氏把守的京城后随义仲入京。11月，后白河法皇与义仲对立时，今井奉命抓捕了后白河法皇，其后，木曾义仲的军队被源义经、源范赖的军队打败，今井兼平自杀身亡，年仅33岁。《平家物语》的最后有相关描写。——译注

脱离邪恶，世上流行瘟疫时也会祭拜这个神。因鬼魂附体而发热病的人只要眺望神像或神庙就可以治愈，人称为鬼叫。印度人认为由于天象的原因，在七年半的周期内会遇到大灾，这时邪恶女神的金银铜铁的脚会钻入人体。如果钻入头里会使人昏倒，钻入心脏会使人贫困，进入脚则会使人生病。从前十首魔王的堂弟阿希和魔希用魔法抓住罗摩兄弟，准备用他们的血祭神的时候，哈努曼闯进神庙救出了两人。由于这个原因，当人们遭受厄运时会断绝烟火向哈努曼祈祷，这样可以避过灾难。俗话说这个猴王每十二年喊叫一声，听到叫声的人会像宦官一样被阉割。

人们认为将猴王像上浇注的油涂在眼睛上可以增强视力，避开邪恶。星期六最适宜祭拜猴王，据说猴王最喜欢朱砂和油。从前哈努曼为了治疗受伤的猴兵去北海边采集草药，由于担心天黑找不到，便拔起长有草药的山返回，途中被利箭射中，涂了朱砂和油才治愈。平定楞伽国之后，它将获得的战利品分给部下的猴兵们，自己只剩下朱砂和油。[①]

《柯钦民俗记》第二章讲，一般的村庄都在村口设有猴王像，作为湿婆大神的化身供各个阶层的居民祭拜。在祭日，人们用绿叶和鲜花装饰庙堂，还用朱砂和油涂抹石像，在石像的颈项上佩戴花环，并供奉鲜果，点燃樟脑在四周熏陶，烧香并献上各种食品。寺官将供奉在神前的椰子打

---

① 参照恩特赫本所著的《古吉拉特民俗记》(1914年)第54至56页。——原书注

碎分发给信徒。在村口祭祀猴王的原因是这个神可以为全村守卫门户阻止鬼神进入，从前兴建城堡时都要竖立猴王像。这个猴王曾保护圣人、仙人、婆罗门僧以及牛，因此才得以升上神位。日本的熊野地区自古也认为牛是神圣的动物，在藤白王子神社以南地区都放养牛。每到春天，耍猴人到来后会将猴子装扮成神官，让猴子在牛舍前祷告后舞蹈。在和深村附近，至今仍然有在牛舍中掩埋猴爪避牛瘟的习惯。《柯钦民俗记》还说如果念诵神咒论，可以变得身强力壮，据说神咒论是猴王所作。哈努曼像有勇士和侍者两种姿态，前者是作为猴王庙的本尊像，后者则是在供奉罗摩或毗纽天的庙中放在主佛像旁边的陪雕（图6是笔者描绘的陪雕）。由于这个神又是大力神，所以大力士经常

图6 哈努曼神像

将其图案佩戴在臂腕上,并供奉在赛场里。这个神据说还是佛教十二天神中的第十一个神风神的化身,因此喜欢"十一"这个数字。求子的人用红色在墙壁上画上猴像,每日供奉檀香和鲜花,还要用面粉制作成盘子,在其中放上奶酪并点上蜡烛。前述的雄鹰抓走天食使女人受孕生下猴王的类似的故事刊登在《性的研究》上,在此不再重复。

1893年,笔者在协助已故的沃拉斯顿·弗兰克斯[1]整理大英博物馆的佛像时,曾提起日本各地祭祀的庚申青面金刚像周围都有三只猴像的事,弗兰克斯说大概来源于印度教崇拜的哈努曼。当时曾就此询问过逗留在巴黎的土宜法龙师[2],他回答说青面金刚可能是罗摩的原身毗纽天转化而来的。对比两者的形象,应该说弗兰克斯的推测较为正确。[3] 笔者认为两位先生的见解都很精辟,在此不逐一详述。《垂加文集》讲庚申的由来是帝释天让猿猴来天王寺,据说这是浮屠盗窃通家的学说自己编造的。远在三国时代就已经翻译成汉语的《六度集经》记载:"猴王率众由径临海,忧无以渡,天帝释即化为猕猴,身病疥癣,来进曰:今士众之多,其踰海沙,何忧不达于彼洲乎?今各复负石杜海,可以为高山,何但通洲而已。猴王即封之为监众从其谋,

---

[1] 详见《大英百科全书》第11版第11卷的传记条目。——原书注
[2] 土宜法龙师现在是高野山寺庙的住持。——原书注
[3] 参照1903年伦敦发行的《随便问答》杂志第9辑第11卷第430页以下刊载的拙文《三猴考》。——原书注

负石功成，众得济度。"《宝物集》中也有类似的记载。《梨俱吠陀》中记述哈努曼的父亲风神是帝释天最有力的帮手，而毗纽天又是帝释天的现身。后来随着毗纽天名望的升高，哈努曼和帝释天分开，成为风神猴跟随毗纽天。[1]因此毗纽天转化成为的青面金刚作为帝释天的仆人，而猴子又成为青面金刚的手足，都是很有道理的。《嬉游笑览》中引用《远碧轩随笔》说庚申的三猴本来是天台大师三大部中的止观[2]中空、假、中，这三个谛视比喻为不见、不听、不言，由此转化为猴子，创立了传教大师的三猴。

莫尼埃·威廉姆斯的《佛教讲义》中说牛津大学博物馆收藏的金刚尊以三猴为侍者，根据文章前后内容推敲，似乎是西藏附近出产的佛像而不是日本的。笔者曾写信向他询问佛像的出处，可惜作者年老体衰又在病中，因而没有能给出明确答复，再后来因笔者回国就此失去联系。有的人没有读到《南亩莠言》就认为胜军地藏是日本人捏造出来的，笔者曾在西藏和北京目睹过雕像，与此相似，庚申的三猴大概也是在传教过程中创造出来的。道家的学说认为人体中有彭姓三尸，监察人的罪过，每到庚申之日便上天禀告上帝，所以人们这一夜要彻夜不眠守三尸。这种风俗传入日本后，最初在当天人们非常认真地关门闭户，

---

[1] 参照戈佩尔纳其斯《动物谭原》第2卷第99页。——原书注
[2] 去除杂念将心灵集中于一个对象称为"止"，凭正确的智慧观察对象称为"观"。天台宗中有渐次、圆顿、不定三大止观。——译注

斋戒守夜，但是后来演变为彻夜宴游以此来避邪气，更有甚者曾有人在喧闹中猝死。不过这一夜行男女之道被认为是犯大罪，会被禀告给上帝，因此这一夜人们尽可能多数聚集在一起守夜。三尸似乎是小鬼之类的东西，一般认为庚申的三猴表示的就是三尸。

前面曾讲过在印度见到猴子的尸体很不吉利，后来由此转化为传说猴子不死，庚申之夜避免行夫妇之道的风俗中产生了一个迷信。据《下学集》记载："是夜利于行盗贼之事，故诸人不眠守夜。有云：'是夜行夫妇淫，即其妊之子必为盗，故夫妇慎之。'"明和二年（1765）被斩首的大盗真刀德次郎就是这一夜受孕的。庚申的申是十二属相中的猴子，猴子的手脚不干净经常偷窃。据帕金斯所著《埃塞俄比亚居住记》第一卷介绍，在卡拉福，有人饲养一只牡猴两只牝猴，靠耍狐猴为生。此人曾对作者坦白，这只牡猴是天生的扒手，它在表演的同时可以偷窃到一天的食物，而且要亲自表演给作者看。只见耍猴人将猴子带到卖枣的商贩旁边，让它表演翻跟头。仔细观察会发现猴子一开始就盯上了筐里的红枣，但绝不露出声色，猴子起先并不靠近枣篮，只是一边翻跟头一边向前移动，表演到一半时突然躺在地上纹丝不动。不久又突然跳起来瞪着卖枣人的眼大声吼叫，似乎在发脾气，与此同时，它趁人不注意用后肢偷枣，前肢则纹丝不动。卖枣人被猴子瞪得不知所措，丝毫没有察觉猴子的偷窃行为，当旁人告诉他时方才省悟，不觉开口大笑。这期间猴子迅速将偷得的红枣抛入颊囊中，迅速离开了枣筐。偶尔有一个小孩扯了它的尾巴，猴子以为是卖枣人在报复它，便回头来咬这人的脚，耍猴人赶紧制止才算了事。

明代陶宗仪的《辍耕录》第二十三卷记载："尝见优人杜生彦明说，向自江西回至韶州，寓宿旅邸。邸先有客，曰：'相公者居焉……'至其室，见柱上锁一小猴，形神精狡，既而纵使周旋席间，忽番语遣之，俄捧一碟至，复番语罝之，即易一碗至。生惊异，询其故？客曰：'某有婢得子，弥月而亡，时此猴生旬有五日，其母毙于猎犬，终日叫号可怜，因令此婢就乳之，及长成，遂能随人指使，兼解番语耳。'生别后，至清州，留吴同知处，忽报客有携一猴入城者，吴语生云：'此人乃江湖巨盗，凡至人家，窥见房室路径，并藏蓄所在，至夜，使猴入内偷窃，彼则在外应接。吾必夺此猴，为人除害也。'明日，客谒吴，吴款以饭，需其猴，初甚拒，吴曰：'否则就此断其首。'客不得已，允许吴酬白金十两。临去，番语嘱猴。适译史闻得，来告吴曰：'客教猴云，汝若不饮不食，彼必解尔缚，可亟逃来，我只在十里外小寺中伺也。'吴未之信，至晚，试与之果核水食之类，皆不食。急使人觇之，此客果未行。归报，引猴挝杀之。"

《大清一统志》第七十九卷讲："（明代）王士嘉善决断疑狱，有赍钱百缗卧树下失之者，士嘉曰：'此树为祟，吾将治之。趋驾出，士民倾城往视，密令人侦不往者，果得盗．'代王内藏失物户扃如故。士嘉曰：'此必猿公教猿窃之。乃陈币于庭，呼群猿过，伺而观之，果有猿攫去，诘其主皆服，人以为神。'"

《犬子集》和《筑紫琴歌》中都有诗歌表示，在庚申之夜，如果祈祷能通达神猴，便可以心想事成。可是另一方面，在和歌山等地的乡村，人们又认为猴子的手臂较长，庚申之夜行房生出的孩子会像猴子一样手脚不干净。但人们同时也相信如果祈祷猴神，不仅可以避免失窃，还可以找回走失的人或丢掉的东西。在盗贼横行的地方，庚申之夜祈祷之后，盗贼也很忌讳，故而自己将窃得的物品送回去的事例很多，于是很多地方自发地组织起来，聚众依次参拜青面金刚和三猴的画像。这种参拜活动的发起人一般是乡村中的旅店主人，旅店由于常常发生偷窃事件，所以店主一般会在道旁竖立一块纪念庚申猴神的石碑，祈求防盗和道路平安。

《俗说辨惑》第一卷和《温故随笔》记述说，德川幕府中期的神官们批驳庚申的猴神是猿田彦命大神的说法，尤其是《俗说辨惑》斥责说日本的神德高尚的大神不可能是禽兽。不过出口米吉撰写的《日本崇拜生殖器略说》中引述了《日本书纪通证》，其中援引的《扶桑拾遗集》讲："源顺，庚申之夜，参拜伊势斋宫，奉献和歌。小序曰挂麻久毛畏几大神，怜礼登毛，爱美幸赐天牟。"这充分证明道祖神猿田彦大神就是青面金刚，即三猿猴神的主人。这和道家敬神的观点相同，道家讲为了防止所谓的三尸上天禀告人的罪恶，在庚申之夜守夜祈求长寿。由此可见，在日本平安朝时代人们就已经相信猿田彦和庚申是同一个神。《俗说赘辩》咒骂神德高尚的日本的大神不可能是禽兽，但是从《玉铧百首》诗集的歌中也可以看到，远古时代的人对于奇特的人或物都认为是神，这在世界各国都很常见，秦大津夫曾经在山里见到两只狼相互厮打，便从马上下来，漱口洗手之后祷告说："二位高贵的大神在此做出这样的粗行，如果遇到猎人会被捉住，请赶快住手。"然后为它们擦拭了黏在毛发上的血污。[1]这个人如同殷代的传说一样也是因为托梦而受到钦明天皇的提拔，是一位司掌财政大权的贤士，连这样的读书人也相信狼是大神，可见古代人相信大猴是神不足为怪。

在此举一个类似的事例，在古代，埃及就已经有灿烂的文明，连埃及人也信奉几种猴子为神。其中最受崇拜的是名叫"hamadryas"的狒狒，在古埃及的神谱中占据显著的位置。现在这种猴在埃及已经绝迹，主要栖息于阿拉伯以及埃塞俄比亚，偶尔聚集成群。这种猴身高四英尺左右，面部酷似狗且很长，双肩肌肉发达，长着粗厚的鬃毛，身体其他部分较为光滑，牝猴的双肩没有竖立的鬃毛。这种猴不仅是文字神的仆人，有时候文字神本身也以这种猴的面目出现（见

---

[1] 详见《日本书纪》第19卷。——原书注

图7）。文字神一般是人身红鹭头。埃及人认为这种猴善于裁决。图8画的是头似胡狼的阿努比斯神和头似老鹰的陵墓守护神，还有坐在衡量死者罪孽的天平上的狐猴，正在将死者的心脏与象征法律的翅膀放在天平上称重，向文字神汇报结果。司掌书记一职的文字神再将结果报告给诸神。又如图9所示，象征恶人灵魂的猪被装载在船上，送往人世间再次受苦。人们还认为这种猴是月神的仆人，不仅将它供奉在神殿之中，还将死猴的尸体制成木乃伊，葬在特设的墓地中。

巴齐所著《埃及诸神谱》第一卷第二十一页记述说，狐猴非常伶俐，土著人认为它是各种动物中最富有智慧的，它的狡诈要超过人类。古代埃及人也饲养狐猴，训练它们采集无花果。不过威尔金森指出，现在在开罗的街头巷尾，狐猴一般和着耍猴人的腰鼓的节拍跳舞，稍有差错便遭到鞭挞，这和古代被崇拜为神的时代相比可说是天壤之别。[1]威尔金森还说，在埃塞俄比亚的南部，至今人们仍然训练猴子帮助人做各种各样的事情，例如晚间聚餐时，让猴子排列成一排坐在椅子上手举火把，纹丝不动地为客人照明。猴子们的忍耐也是有目的的，宴会结束之后能吃到美味的残羹剩饭。不过有时也有懒惰的猴子脱手扔掉火把，更有甚者猴子偶尔还会将火把扔到正在欢宴的客人当中，这时主人会用皮鞭猛打，并以不给它喂食作为惩罚，使它接受

---

[1] 参照《古代埃及人的习俗》第3卷。——原书注

教训。这听起来好像是天方夜谭，不过像威尔金森这样的权威应该不会信口开河。

1916年12月出版的《太阳》杂志第一百三十八页刊登的《用于战争的动物》一文中，笔者曾阐述过，1877年前后十分畅销的西国合信的《博物新篇》讲，有很多人相信

图7 埃及的猴头文字神　　　图8 古埃及人死后的审判

图9 狐猴将恶人的灵魂送回人间

人点燃的篝火熄灭后猴子会聚集在附近靠残灰取暖,直到火完全消失后才散去,但猴子却不懂得向篝火中添柴,其实这是没见过世面的蠢猴。第二节的帕金斯的事例以及前面讲到的威尔金森的事例都表明,至少狐猴中最富于智慧的猴、古埃及人奉为神的所谓橄榄狒狒能够模仿人向灶中添柴,而且还可以手举松明火把。但丁的朋友曾经训练猫举着蜡烛坐在桌子上,作为晚宴的活烛台。这人向但丁夸耀说,事在人为,猫经过教育也可以助人,虽身份低贱但心灵高尚。但丁听了觉得很刺耳,于是一天晚上带着一只老鼠来到这个朋友家,突然放在桌上,这只猫便扔下蜡烛,到处追赶老鼠,弄得桌上杯盘狼藉。但丁对朋友说,你要知道教育难改天生的本性,说完便扬长而去。海豹的四肢是扁平的鱼鳍状,在路上行走都显得非常困难,可是在伦敦的游乐场海豹却可以放枪。如此看来,只要训练有方,猴子不但可以手举火把而且还有可能学会放枪。不过《五杂俎》记载的明将戚继光训练数百只猴使用火枪击败倭寇,还有三轮环的《传说中的朝鲜》第一百七十六页讲述的杨镐使用猴子骑兵击退日军的故事,则纯属虚构。

在前面"性质"一节中曾经介绍过,佩奇格律博士认为猴子在人类日常生活中毫无实用价值,既不会搬运,也不能打水,对于人类的文明进步起不到任何作用,只不过偶尔作为宠物供人娱乐。但仅此一点,猴子也不能忠实职守,它顽皮好动,有时甚至咬伤主人,的确不适宜作为宠物。这一观点并没有错，不过另一方面，帕金斯还讲过猴子可以和耍猴人一起舞蹈，帮助主人糊口，还可以帮助主人照料灶中的炉火。威尔金森也介绍过帮人做活的猴子。因此，17世纪的法国人巴蓬在西非的塞拉利昂见到土著人捉住小猩猩，训练它们直立行走，然后又教它们舂米，头顶瓦罐运水，用炭火烤肉等大概都是事实。[1]猴子还喜欢吃牡蛎，在退潮时常跑到海边，看见牡蛎在烈日下张开贝壳，便放入小石头顶住，然后掏吃牡蛎肉。偶尔石头滑出来，猴爪被牡蛎夹住，疼得上蹿下跳，这时猴子便会被黑人捉住吃掉。欧洲人也有吃猴子的，据说味道很香，不过据说巴蓬对此不感兴趣。猴子的外貌和表情酷似人类，因此宰杀猴子并食用有违人类的常理。据说古代楚人也曾煮猴吃，并在招待邻人时拿出猴肉，开始人们以为是狗羹，吃起来味道鲜美，后来听说是猴，全都扑倒在地吐了出来。[2]

近年去世的黑戈尔猎杀了一只埃纳大学博物馆中没有的猴子，英国人米勒大校说，这虽是为了科学研究，但是其犯下的罪过也相当于谋杀一个人。[3]克伦威尔参观了云尼斯的猴馆见到众多饲养的猴子，记述了猴子有自傲轻视人的秉性。这是猴子的特点，用人的话来说也是猴子的缺点，它们不会彻底服从人类，一有机会就反叛，而且不像狗和马那样在人

---

[1] 参照阿斯特列的《新编纪行航记全集》第2卷第314页。——原书注
[2] 参照《淮南鸿烈解》修务训。——原书注
[3] 详见克伦威尔《东方诸贤巡礼记》（1906年）第317页。——原书注

类社会中发挥着必不可少的作用。《大集经》记载："慧炬菩萨，现猕猴身。"大概印度也曾经让猴子手持火把照明。

日本的《古事记》中也有与上述巴蓬见到的西非的猴子相似的记载，猿田毗古神在伊势国阿耶诃时曾在海中打鱼，手被海蚌夹住，因此沉入海底。这位大神沉入水底时的名称是到底御魂，海水翻卷发出水泡时的名称是水泡御神，水泡升到水面裂开时的名称是开花御神。本居宣长将这种海蚌解释为日月贝，确实学识渊博。笔者曾询问乡里人，据说有的地方还保留着古时候的名称，有一种名为平贝的海蚌和这种海蚌名称相近。

田边村附近的新庄村有一个六十多岁的老太婆，经常到笔者这里来卖盐。这位老太婆早年耳聋，现在讲的话都是四五十年前听到的。因此她知道的方言和风俗都是纯正的传说，不会受外来因素的干扰。记得四年前的 4 月，这位老太婆挑来的盐筐里放了许多当地特产的海蚌。这种海蚌在《本草启蒙》第四十二卷中列举了数个名称，其特征是"产于海中，形似蚌而体大，壳薄易碎，色黑。举之映日，微透绿色。长尺余，一头尖，一头阔，五六寸，形如微开扇状。肉中央有一肉柱，色白而圆，径长一寸余，大者可至数寸。如横切成薄片，则形如团扇，故江户称团扇，炙食烹食味极甘美，此乃江瑶柱。另有三柱，合计四柱，皆小而不堪食。故宋人刘子翚《食蚌房》诗云'江瑶贵一柱'。其肉腥韧不可食。制成鲣鳅稍可食。备前及纪州人曰此介化为鸟,试割全肉实为鸟形,唐山(中国)亦有此说。实化与否则不得而知"。

《纪伊风土记续》第九十七卷也记载"立贝,一名鸟贝,名称甚多。似玉珧(平贝)宽度较窄,长七八寸,冬春季食用。夏月肉化为鸟。外形似蓝矶鸫,头白无尾。鸣叫声似雏鸡,多产于牟娄郡曾根庄贺田浦"。海蚌可以变成鸟。海蚌变鸟的故事在欧洲和中国也有,[①]这是因为海蚌肉的形状和鸟相似。那位老太婆挑来的海蚌有两种,都是直立在海底,这是因为蚌嘴的下端有毛,可以吸附在石头上,海外用这种毛编织手套。图10上图的海蚌壳尾部宽,有纵横细条纹和众多小刺,人称"立贝"。下图的海蚌壳的尾巴

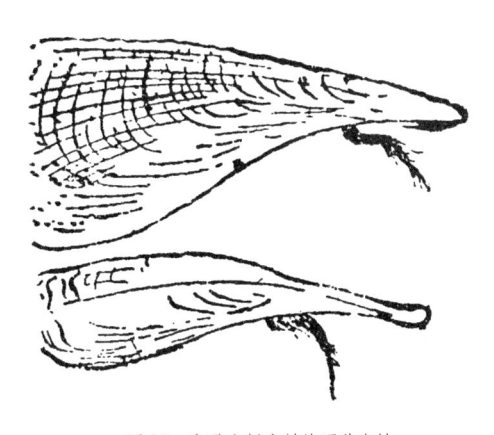

图10 和歌山新庄村的两种海蚌

---

① 参照马克斯·米勒《语言学讲义》(1882年)第2卷第586页,王士禛《香祖笔记》第10卷。——原书注

同样宽，但与上图的海蚌相比较薄，条纹也较粗且有众多裂纹，但无刺。其肉有烟草味道，爱吸烟的人喜欢吃。方言俗称为"小帽子"。《和汉三才图会》第四十六卷讲："玉珧、俗称平贝，又称乌帽子贝。"因为它比平贝小，所以大概才得俗名"小帽子"。笔者认为正如《纪伊风土记续》所言，这两种立贝和平贝不同，贝壳的颜色不是黑色，而是浅黑黄色，但是外形十分相似。新庄村人所说的平贝，即真正的立贝是《古事记》中描述的夹住猿田彦的手指导致它淹死的海蚌，其文中所讲的海贝就是平贝，这一点毋庸置疑。本居宣长推测为平贝是正确的，询问乡里的人们，据说有的地区至今仍然使用古代的名称，果然纪州（和歌山县）西牟娄郡新庄村仍然保留古代的名称。以上虽和猴论无关，但《古事记》是世界上少有的古典，一字一句都有明确解释，因此从猿田彦谈到了海蚌。

猿田彦的手指被海蚌夹住痛苦不堪，沉入水底时的名称是到底御魂，海水翻卷发出水泡时的名称是水泡御神，水泡升到水面裂开时的名称是开花御神，这是因为作者认为临终时灵魂会分解开，附着在各种物体上。[①] 人遇到紧急情况时会产生各种念头，如同氧气变化为臭氧产生异变一样，人们相信灵魂也会异化。波利尼西亚的岛民认为人有两个灵魂，西非人相信每个人有四个灵魂，其他还有众多

[①] 参照《古事记》第16卷。——原书注

的灵魂难以区别。阿尔泰人①也认为人有数个灵魂，图瓦人②认为人体的各个部位分别都有灵魂。③中国的《抱朴子》也认为人身上有三魂七魄，《酉阳杂俎》讲人身上有三万六千个神。

海蚌夹住动物的故事最典型的例子是《战国策》中鹬蚌相争的故事，其碛撰写的《国姓爷明朝太平记》第二卷第一章记述说，旅客乘马向渔民购买海蚌时，海蚌夹住了马的下颚，旅客的随从赶上前说道："你是长崎丸山的出岛屋万六，是最知名的妓院老板，今天海蚌自己夹住马的缰绳，这是漂亮姑娘自己送上门的前兆。"这个故事也是根据海蚌夹住动物的传说编造的。《甲子夜话》第十七章记述说，在平户的海边，猴子抓鲍鱼时手被夹住，一时性急陷入岩石缝中不能自拔，有个叫川上的官员帮它解了围，猴子跪在地上磕头感谢之后才离去。文中没有讲猴子送来礼物，反倒显得似乎真实可信。9世纪曾出使中国的波斯人阿布扎伊德·哈桑的旅行记中讲，狐狸见到海蚌张开贝壳，便想吃蚌肉，伸进嘴之后被紧紧夹住，窒息而死。正巧在场的阿拉伯人见到海蚌中有个东西闪烁发光，打破贝壳得

---

① 分布于中亚、俄罗斯的西伯利亚平原西部以及中国的准噶尔盆地一带的民族，使用阿尔泰语。——译注
② 居住在俄罗斯西伯利亚东北部的居民，以捕捞海兽或养鹿为生。——译注
③ 详见沃茨和格尔兰共著的《未开化民族志》（1872年）第6卷第312页，金斯利《西非研究》（1901年）第170页，登纳特《黑人的心理》（1906年）第79页。查普里卡《西伯利亚原住民》（1914年）第282及第260页。——原书注

873

到一颗珍贵的珍珠。①

本居宣长讲，有人说猿田毗古神的名字和猴子相似是本末倒置，应该是野兽的猴和神的形象相似。②这和《俗说赘辩》咒骂神德高尚的日本的大神不可能是禽兽见解相似。所谓猿田毗古不是和猴子相似，而是猴像猿田毗古神的解释和《唐书》中的说法一样，都属于强词夺理。《唐书》记载："张昌宗以姿貌见幸于则天，杨再思语人曰：人言六郎貌似莲花，正莲花似六郎耳。"《日本书纪》记载说，天孙下凡时，带路的人回去禀告说，有一个神等在天上的八达路口，这位神鼻长七尺，背长七尺有余，身长七寻，而且脸和臀部明亮光耀，眼如八尺明镜，光耀如红酸浆果。这明显是年老的雄猴的形象。本居宣长对此注释说："根据猿猴的外形和这个神的外貌相似这一点考虑，鼻子的长度也和猿猴相似。所谓背长七尺有余，一般说人直立时的后身为背，人一般总是直立的姿势，这样的话，应该只用长这个字，这里特意用背这个字，这是说像猴一样爬行的姿势时神的背长。神有多种多样，爬行并不为怪。如果像一般人那样直立行走，所谓臀部明亮光耀也不准确。"这话也不无道理。猿田彦大神被海蚌夹住手落入潮水中丧命，这本身也是以猴为神的证据。在熊野地区，人们讲有一种专职放

---

① 参照列农的法语译本，1845年出版，第150页。——原书注
② 参照《古事记》第15卷。——原书注

风的猴，猴群在觅食时总有一只或三四只老猴放风，见到异常情况会用叫声发出警报，在"性质"一节中帕金斯讲到的埃塞俄比亚的狐猴中也有放风猴。中国人说猴子能耐心等候，所以叫作猴。与此相似，猴群的首领在四通八达的路口为猴群放风，这时猴群在田地里践踏庄稼，因此人们认为猴是守卫十字路口的神，同时也是道路和旅行的守护神，虽然旅途中遇到盗窃是常事，前面曾讲过猴子是偷盗能手，朱波亚指出印度人崇拜猴子为神明的其中一个原因是因为猴子善于偷窃，因此猴子还是偷窃之神。

提到猴子的话题必定涉及《今昔物语》第二十六卷"飞弹国之猿神制止生赘的故事第八"，该卷记载人们用一个体格消瘦的人祭猴神，猴神大怒，于是庄稼歉收，百姓生病，乡里日夜不安宁，自此以后便产生了让祭神的人吃饱喝足的风俗。凶年瘟疫流行，社会动荡是司空见惯的常事，据上文可知当时飞弹地区的猴神是田地的保护神。其他地方如何不清楚，不过和歌山至今仍然有几个祭祀猴神的神社，每到祭日百姓们都步行五六里路前来参拜。人们口诵猴子的名字祈祷农作物丰收。猴子毁坏庄稼的事例在"性质"一节中已经介绍，在此再举一两个事例。《酉阳杂俎》第四卷记载："（婆弥烂）国西有山，巉岩峻险，上多猿，猿形绝长大，常暴田种，年有二三十万，国中起春以后，屯集甲兵与猿战，虽岁杀数万，不能尽其巢穴。"阿斯特列的《新编纪行航记全集》第二卷所收录的布卢尤所著《第二次

875

萨纳加河航行记》(1698年)讲，在西非的恩康桑巴，猴子数量极多，四处毁坏庄稼，而且经常闯入人家，骚扰居民，因此居民们经常要驱赶猴子。他们见到欧洲人偶尔出钱买猴子觉得不可思议，便捉来老鼠说这和猴子一样毁坏庄稼，要求欧洲人出相同的价钱买老鼠。熊野地区名叫五村的地方的居民说，猴群如果盯上了萝卜地，人简直束手无策，猴子拔掉白萝卜之后会将吃剩的根插回原处，根本无法察觉，不久根叶开始枯萎才知道遭殃。大概是最初人们害怕猴子糟蹋庄稼，便供给猴子食物并祷告猴子尽可能不要损毁庄稼，后来由此演变为守候田地、促使庄稼丰收的神明。"性质"一节中记述的日本越前刀根这个地方至今仍然有在祭礼时挑选一个姑娘放入轿中祭猴神的遗风，同时每年为了保护庄稼还要猎猴，分不清楚到底是崇拜还是憎恶。从前敬畏猴子，后来每年又猎杀猴子，为了凭吊死猴的亡魂，每年挑选姑娘祭猴神以此安慰猴子的亡灵。这就如同为了防范盗贼而设立的寺院的武僧后来反叛赶走了法皇，为了通商而设立的东印度公司摇身一变成了统治印度的机构，世上的事情创建初始和以后的发展有巨大的不同。

《西阳杂俎》第十一卷记载："道士郭采真言人影数至九。(段)成式尝试之，至六七而已，外乱莫能辨，郭言渐益炬则可别。九影各有名……旧抄九影名在麻面纸中……全食不辨。"笔者五六岁时曾点过多只蜡烛灯，从而知道自己的影子会随着灯的数量而增加，但学识渊博的段成式对于这点小事也觉得奇怪，实在是令人费解。

1787年7月9日，在伦敦的街头，有一个名叫埃利奥特的学者对着一位绅士和一个妇人开了两枪，两人大吃一惊，幸好两人都没有受伤，仅妇人的衣服被穿了一个洞，但埃利奥特被关进了牢房。这位学者的朋友们向法庭申诉说他精神失常，精神病院的院长西蒙斯被公认为是当时著名的精神病学者，他作证说自己和埃利奥特交往十多年，知道他精神失常。法官要西蒙斯提出确凿的证据，于是他回答说，埃利奥特曾送给自己一份他向皇家研究院提交的有关天体光学的论文，这篇文章可以充分证明他精神失常。西蒙斯在法庭上朗读的文章中阐述说："太阳并不是像一般的天文学家认为的那样是一个燃烧的火球，实际上太阳的表面有一层均匀浓厚的极光层发出阳光，这种光线充分向太阳表面的居民提供光亮，而且对于远距离的居民并不会带来危害。"他认为这一节文字就是充分的证据。法官拒绝接受这个基于学术研究判定人的精神状态的解释，可是根据法律判断，又无法证明埃利奥特使用的枪支中是否用过实弹，最终宣布无罪释放。但这位博士被拘留后一直绝食，并于十三天后死亡。罗伯特·钱伯斯指出，这个事件的记录很容易被当作一般的案件忽略，当时埃利奥特的观点和当前（1864年）的一流天文学家的观点不谋而合。他从这一点领悟出一个道理，那就是当今的疯子可能就是后世的圣贤，而当今的圣贤的学说百年之后可能无人理睬。笔者认为这段阐述实在精辟，钱伯斯并没有明确指明当今一流天文学者的姓名，不过最近的研究表明没有科学家相信太阳的表面有一层均匀浓厚的极光层发出阳光，这种光线充分向太阳表面的居民提供光亮，而且对于远距离的居民并不会带来危害之类的学说，也就是说仅过了六十年当初的硕学就已经成为当今的白痴。

前几年，日本的当权者为了实现其个人浅薄的理想，提倡神社合并，于是大小地方官员纷纷响应，不顾国家的历史和民情，销毁神社滥伐神林，抛售土地中饱私囊。更有甚者将古代至尊的上皇和法皇祭拜过的、国司地方官历来尊奉的许多神社纷纷破坏，神殿被遗弃在路旁，任凭风吹日晒。笔者游历各地见到此景，感觉破坏文化有损国家个人的品质，于是昼夜奔走向各方进言，请人在国会提出议案，最终因此身陷囹圄但无一丝后悔之念。可是笔者的苦心并没有起到任何作用，在积极推行神社合并的地区都发生了许多贪污腐化的案件。可见当初笔者反复提出的合并神社的恶果不幸成为现实，实乃可悲可叹之事。古代郑国有贤士，但是最终郑国灭亡的原因却是不启用贤士。神社合并后无人参拜，于是有人号召火车票减价以此鼓励百姓参拜，又有人提出用公费扩建某某神社，但都为时已晚，恶有恶报。由此可见，十年前认为笔者精神不正常的人们现在该省悟笔者有先见之明。魏征曾对唐太宗说："愿陛下使臣为良臣，勿使臣为忠臣。"希望当权者今后要小心谨慎，不可再做出让笔者自夸有先见之明的蠢事。

世道如此，也难怪有人听段成式说人有九影，便佩服得五体投地，并记录在《酉阳杂俎》中，与此同理，更不可嘲笑各地的土著民相信人有数个灵魂。嘲笑他人日后反倒被他人嘲笑，近来的许多心理学书籍都研究双重人格和多重人格。有的甚至说人脑中有时会有相反的人格，所谓A和B两种对立人格共存。因此，《古事记》的记述根据猿田彦临死前表现出的不同的动作，表示人的心理与平时不同。人在各个阶段有不同的灵魂，用不同的名字命名，这和阿尔泰人相信每个人都有数个灵魂相似，并认为各自的性质、作用、存在方式均有所不同。与此相同，一个神或佛陀菩萨不可能身兼数个功能，根据功能分开，创造出多个神仙和佛陀，读过希腊罗马的神话以及佛经的人对此都有所了解，于是出现了各种各样的猴神。把猿田彦与印度的青面金刚、中国的三尸综合在一起就形成了半神半佛的庚申神，在民间广泛信仰，出口米吉在《日本崇拜生殖器略说》中已经介绍了概略，本文不再详论，除了管理道路旅行和盗窃的庚申神以外，前面已经介绍猴神掌管农田和庄稼，除此之外，人们还认为猴是山神。

玄奘三藏在《大唐西域记》第十章写道："（驮那羯磔迦国）城东据山有弗婆势罗（唐言东山）僧伽蓝，城西据山有阿伐罗势罗（唐言西山）僧伽蓝。此国先王为佛建焉，奠川通径，疏崖峙阁，长廊步檐，枕岩接岫，灵神警卫，圣贤游息。自佛寂灭，千年之内，每岁有千凡夫僧同入安居，其解安居日，皆证罗汉，以神通力，凌虚而去。千年之后，凡圣同居。自百余年，无复僧侣，而山神易形，或作豺狼，或为猿玃，惊恐行人。以故空荒，阒无僧众。"猿就是长臂猿，玃是鼻孔朝上的长尾猴。前几年，笔者曾在田边的一个旅馆发现一张连环画，画中描述的是山神暗恋上虎鱼，请水獭做媒和虎鱼通信，早就对虎鱼情有独钟的章鱼顿生妒火，带领乌贼和虾前去偷袭，抢夺虎鱼，虎鱼吓得躲入深山，与山神结为夫妻。后来笔者在《东京人类学会杂志》第二百九十九期刊载这幅连环画，还请画师临摹一张，题字之后赠送给了美国人斯温格尔，据说他后来请木村仙秀裱糊，做成一幅画卷珍藏至今。这幅画上的山神是狼，在熊野的一部分地区以狼为山神，专司狩猎。同是熊野，安堵峰一带的山神是女神，据说祭拜山神这一天，人们计算一座山上生长的树木时，一种树用多个名字唱诵，尽可能多地计算数量。樵夫当天怕自己也被计算在内不敢进山，而且男人特别喜欢在树荫下手淫。佐佐木繁指出，这是因为山神和海神喜爱夸耀自己领地的东西多，而且各国的神仙和人都不愿公开自己的姓名。[1] 所谓祭拜山神一般在阴历十一月初的申日举行，这种山神主要司掌森林，他按照自己的脸色和名字，将一种树命为三个名字，从而虚报数量。

---

[1] 参照《乡土研究》第1卷第7期《呼名之灵》。——原书注

人们知道牡猴一旦懂得手淫便一发而不可止，直至衰竭而死，据多夏普尔的《医学百科辞典》（1886年）第二篇第十四卷记载，狗和熊有自慰现象，猴子尤其喜欢手淫，医书中经常告诫不要带少年少女去动物园看猴。笔者年轻时曾随着各方的马戏团观察，见到黑人在雌雄猴面前做出各种下流动作时，猴有的高兴，有的则愤怒。《十诵律》第一卷讲："佛在舍卫国，尔时憍萨罗国有一比丘独住林中。有雌猕猴常数来往此比丘所，比丘即与饮食诱之，猕猴心软便共行淫。是比丘多有知识，来相问讯在一面坐。时猕猴来欲行淫，一一看诸比丘面，次到所爱比丘前住谛视其面。时此比丘心耻不视猕猴，猕猴寻嗔攫其耳鼻伤破便去……是比丘得波罗夷不应共住。"第五十五卷记述说："（尔时世尊在毗舍离）尔时有一乞食比丘依林中住，有一雌猕猴先在彼林中。时乞食比丘到村乞食还在林中食，食已余食与此猕猴，如是渐渐调顺。逐比丘后行乃至手捉不去，此比丘即捉猕猴共行不净。时有众多比丘案行住处，次至彼林中，时彼猕猴在比丘前，回身背之现其淫相。时诸比丘作是念：'此猕猴在我等前回身现其淫相，将无与余比丘作不净行耶？'咸共相告在屏处伺之，彼比丘乞食还在林中食已，以余食与彼猕猴。猕猴食已，便共行不净行。诸比丘见已，即来语言：'如来不制言比丘不得行不净行耶？'彼比丘报言：'如来所制男犯妇女，不制畜生。'"[①]如

[①] 经查此段经文应出自《四分律》第1卷。——译注

881

来佛将此定为波罗夷罪。就像这样，牝猴有时欲火旺盛，在人面前露丑，另外山中的女神大概喜爱看男人手淫。

《日本及日本人》杂志第七百二十五期叙述了山神的形象，其中《谭海》第十二卷讲，猴子年老变成狒狒，狒狒年老变成山神。《松屋笔记》讲《今昔物语》中的美作中参神是猿猴，"参"表示山的声音，中山的神是该地区的大神之一。根据猴子是山神这一观念，《好色十二人男》中讲"讨一个像庚申猴一样的老婆实属悲哀"，这里所讲的"像庚申猴一样"并不是说老婆的面貌丑陋，而是拐弯抹角地将老婆比喻为山神。其实并不指限于老婆，《乱胫三根枪》中有"女佣送至筱山，心中无山神牵挂"的情节。明治维新时威名盖世的豪杰白井小助[①]是个酒豪，他退隐回乡之后仍然不时来东京，让山县有朋[②]感到头疼。据说他有一个年轻的妻子，平常称呼她为猴子。

克伦威尔见到云尼斯的猴宫中有众多的各种各样的猴子受到僧侣和百姓的照料，他最初的印象是这个地方的规矩似乎是从远古时代的猴群传下来的，后来人们逐渐占领

[①] 白井小助（1826—1902），幕府时代末期的志士，他早年在江户游学，跟随佐久间象山学习炮术，跟随斋藤弥九郎学习剑法，与吉田松阴私交甚密。1862年曾与高杉晋作等人放火英国公使馆，是一位著名的攘夷论的志士。——译注

[②] 山县有朋（1838—1922），明治大正时期著名的政治家，他早年投身推翻幕府统治的运动，明治维新制订了征兵令，创建了陆军。后历任内务大臣、首相。在中日甲午战争时任第1军司令，日俄战争时期任参谋长。他主张吞并朝鲜和侵略中国，作为陆军元帅，在军界和政界中长期发挥了重要的影响。——译注

了它们的栖息地，最后只剩下这个宫殿供猴子栖息。这虽然是笑话但也有一定道理。《立世阿毗昙论》第二卷指出这个世界除了人居住的四大洲以外，还有金翅鸟洲、牛洲、羊洲、椰子洲、宝洲、神洲、猴洲、象洲、女洲，所谓猴洲就是只有猴子居住的地方。阿拉伯的《天方夜谭》以及日本的童话"猴子和螃蟹"中也提到有猴岛，《大清一统志》中记载福建有猴岛。宋代庞元英的《谈薮》记载："（有人来到筠州五峰游历）马上遥见山中草木蠕蠕动，疑为地震。驭者云满山皆猴也。数以千万计，行人独过常遭戏虐，每群呼跳浪而至攀援，头目胸项手足，滚成毛球。虽有兵刃亦无所施，往往致死。"这是猴子称王的地方。俄国人尼奇金的游记讲，印度有猴王，猴兵们手持武器保卫猴王住的森林。人如果捉住了猴子，其余的猴子会禀告猴王，猴王便会派猴兵搜索，猴兵来到市里毁坏人家，殴打居民。各种猴子使用特殊的语言，并大量生育后代。如果小猴不像父母，便会被抛弃在大道边，印度人捡回去抚养，训练小猴学会各种手工和舞蹈，在夜晚再将它变卖。如果白天转手的话，小猴会记住路，自己找回来。阿拉伯的大旅行家伊本·白图泰[①]也说有四只猴手持木棒守卫印度的猴

[①] 伊本·白图泰（Ibn Battuta，1304—1377），阿拉伯旅行家，他出生在摩洛哥，他经过非洲、阿拉伯、波斯和印度，在元末顺帝时到达元大都（北京），著有口述的游记《旅行记》。——译注

王。在这些游记中都将土著人与猴子混淆了,[1]但是在古代,人的数量不多的时代,有的地方只有猴子栖息。正如泰勒指出的那样,在人类文明没有成熟的时期,猴子要比人类在自然中占据主导地位,与其他动物相比,猴子不但数量庞大,而且会聚众滋事,所以人们只好承认猴子是当地的主人。

与东方人相同,以高度文明自居的欧洲,古代的德谟克利特曾主张对犯下大罪的动物实施死刑,瓦洛曾经考虑过对杀死牛的人判处杀人罪,因为牛是罗马人劳动的帮手。在中世纪以前,人们将动物和人同等对待,在法庭上审判动物的事例很多。[2]随着日本的人文地理知识的发展,人们认识到世界的主人是人类之后也没有像基督徒那样毁灭信奉异教的人种,而是尽可能地保存不危害人类的动植物,将它们奉为神木和神兽,作为神的使者加以敬爱。从奈良、宫岛的猴子和鹿群到鸟海山的杜夫鱼,都受到了精心的保护。这说明与欧洲人相比,爱护动植物是日本人固有的美德,同时也保存了研究日本建国以来历史的自然史料。据说伊豆三岛的大神以鳗鱼作为仆人,在神池边轻轻拍手就会有无数的鳗鱼聚集而来。这对于欧洲人来说大概是奇闻,所以江户时代来到日本的欧洲人在书中都记载过这类的传说。可惜的是现在神池干涸,鳗鱼绝迹。去年冬天,鱼类

---

[1] 参照泰勒《原始人文篇》第1卷第11章。——原书注
[2] 参照《科学杂志》第3辑第3卷的乐凯萨尼《动物罪孽论》。——原书注

学家田中茂穗来访时慨叹鱼类心理学至今仍没有任何开端，神池的鳗鱼正是绝好的研究资料，可惜已经不复存在。

以猴子为神的仆人的例子见于《若狭郡县志》，其中讲上中郡贺茂村的贺茂大明神降临时，有一只白猿伴随其左右，人们在它所指的地方建立了神殿。飞弹宕井户村山王宫好像是司掌田地的神明，每年都有一只硕大的淡白毛的猴从越中鱼津村山王渡过舟津町的藤条桥来这里一两次。[1] 江州伊香郡坂口村的菅山寺据说是从前猴子带领传旨官找到的宝地。[2] 在枥木县至福岛县一带广泛流传的传说讲，猴王和山中女神生下了勇士磐次和磐三郎，猴王帮助这两位神攻打赤城神取得了胜利，作为奖赏获得了狩猎权，从此司掌山林。[3] 这和哈努曼猴的故事相似。猴是严岛的神兽，数量很多，但是没有人见过猴子的死尸，到底尸体到哪里去了不得而知，这和前面讲过的印度哈努曼猴隐藏尸体相似。其谚翁所著《滑稽杂谈》第三卷讲述了安艺宫岛的猴开口的祭礼，这个岛上猴子很多，每年2月11日的申时，国岛八幡神社的神官举行七天祭祀，在这天申时登上这个岛进行猴开口的祭礼。据说从这一天开始，岛上的猴子开始鸣叫。11月上旬的申日，八幡神社的神官再次举行同样的祭礼，人们称这是猴闭口的祭礼，猴子从这一天收声。

---

[1] 参照《高原旧事》。——原书注
[2] 参照《近江舆地志略》第90卷。——原书注
[3] 详见《乡土研究》第2卷第1期刊载的柳田的文章。——原书注

《严神钞》讲山王神的第一个仆人是猴，第二个仆人是鹿。春日大明神的第一个仆人是鹿，第二个仆人是猴。日吉地区也和印度、斯里兰卡一样，传说猴子隐藏死尸。人们说地下有一个洞，老猴临死前都钻进这个洞里不出来，所以人们见不到死猴，大神的仆人们的作用古今不计其数。[1]《严神钞》还讲最初有三座山王来小比睿峰，大宫神搬到其他地方，二宫神原本是这里的山神，只好在此独居，这时猴子山神们聚集在一起玩耍，以此安慰二宫神。人们说这是猴乐的起源。《日吉神社道秘密记》记载："大行司神是僧形猴面，毗沙门弥行司与猴行司相同。猿田彦大神是天上第一智慧神。"日吉地区有二十一个神社，佛经和神道混杂，文献记录牵强附会的地方很多，难以搞清真相。大体上讲，传教大师将这个神社和延历寺合并之前，二宫就是这座山的山神，而在此以前猴子被认为是这座山的原始山神。仿照克伦威尔的话说，最初的拜猴教演变为二宫神信仰，而二宫神信仰又被新兴的两部神道合并，最初的猴神被认为与《日本书纪》以及《古事记》的猿田彦神同列，作为大行司神列为二十一个神社的中班，与以前相比被严重降格了，不过猴子们作为日吉的神使受到保护，被认为是大行司猴神或山王的保护神占据了重要的地位，知天命而明哲保身使一族安康，可见综合各国宗教是日本特

---

[1] 参照《日吉神社道秘密记》。——原书注

有的富于和雍宽宏的精神。《严神钞》记载，所谓日吉是因为在天上统御七天，人称日吉的葵、加茂的桂，葵是太阳的精灵，所以用葵装饰，加茂统治月夜，所以用桂装饰。这似乎在解释日吉名称的定义，不过由此可以知道这段说明与太阳崇拜有关。巴齐说古埃及人的《死者之书》中画着六七只狐猴对着旭日举手欢呼，这表示拂晓的精灵。附记说古埃及人认为旭日从地平线升起之后即化为狐猴，实际上这种猴多栖居于非洲大陆的丛林中，每到日出以前都喧叫不止。这和中国人认为乌鸦是太阳神相似，日吉的山王神以猴子为仆人的意义也在此，日本的猴子也是黎明时分就起床喧嚣。

《和汉三才图会》记载："猴忌触秽，见血即愁。恶见念珠，此乃喜生厌死之义。故为嘉仪之物弄此。"笔者经常听农民说猴子有增加繁殖的意思，为了图吉利，在熊野地区每到初春，耍猴人会来牛舍前耍猴。有时还将猴子的爪子挂在牛舍门上或埋在地下消灾避难。埃尔沃斯的《邪视》讲，在各国人们都会画出手的形状以此避开邪视。至今在田边地区仍有在门上悬挂元三大师的手印的风俗，而以猴作为嘉仪之物的理由很多，其中一个重要的原因是可以避开邪视。有关邪视的问题在蛇论中有所涉及，在此省略。详论见于《东京人类学会杂志》第二百七十八期刊登的拙文《读出口君〈小孩与除妖〉》。

《日本书纪》天孙下凡的条目写到，带路的人回去禀告说，有一个神等在天上的八达路口，这位神鼻长七尺，背长七尺有余,身长七寻,而且脸和臀部明亮光耀,眼如八尺明镜,光耀如红酸浆果。天孙即派随从的神去寻问,这时有八十万神,个个眼光闪烁,不能相问。天钿女即露出她的胸乳,并将衣带拉到脐下,一脸嘲笑地站在那里。询问对方的名字,得知是猿田彦大神。天钿女又问道:"你让我们先走还是你先走?"猿田彦大神回答说:"我在前面带路。"这段描写是猿田彦送天孙一行去伊势狭长的五十铃河时的情景,八十万神的眼光敌不过猿田彦的邪视,天钿女露出阴部诱惑猿田彦的眼神,这才削弱了他的眼光的力量。天钿女得胜后,让他避开皇孙一行逃窜到远方。前面已经介绍过,在印度,祭祀哈努曼猴神的原因也因为可以避开邪视,祭祀青面金刚的风俗也是从哈努曼猴崇拜演变而来的。这些风俗传到日本,与具有强大邪视力的猿田彦结合,形成了现在的崇拜庚申神的风俗,这是根据以毒攻毒的道理,以前仅仅作为保护道路的神明的猿田彦,因为能有效防范邪视,于是便形成了庚申崇拜,人们期待他能用强有力的眼毒打破凶神恶煞的邪视。庚申堂上悬挂着的用三角袋包裹的猴像,在旁遮普一带也用于避开邪视,一个作用是为了增加庚申神的避邪力,另一个作用是缓解庚申神的眼毒对参拜的人们的影响。印度、欧洲以及其他各地都有人畜露出阴阳部位的雕像,其中很多都是为了防止恶鬼凶神的邪视。在日本也有不少这种塑像,尤其是猴子露出阳具的石像最多。这些事例详细刊载在出口米吉撰写的《日

图 11　猴石像

本崇拜生殖器略说》(1920年9月)。笔者经出口君同意，本打算在此刊载一些罕见的猴像，但经再三考虑决定割爱，以图11代替。这是笔者在伦敦南肯辛顿博物馆从猴像照片临摹的，曾经询问过许多印度人，但谁都不知道。这可能是日本道祖神中的一种，即和合神①的原型。

关于在马厩中养猴的风俗，柳田国男的《山岛民谭集》中有详细解释。为避免重复，在此只介绍该书没有收录的文献。《广益俗说辩》以及其他的书籍都说，这是基于《稗海》记载的晋朝赵固的马生病，根据郭璞的建议让马和猴子同住，才使马得以痊愈，《梅村载笔》说《周礼注疏》中就有"维猴于厩益于马"的记载。笔者手头虽有《周礼注

---

① 《天野政德随笔》第1卷中有图示。——原书注

疏》，但册数很多，一时没有找到。如果在注中确有此句，说明这种说法要早于晋代，在后汉就已经存在。如果是在疏中，则要晚于晋代，现在还不能确定。《渊鉴类函》第四百三十二卷讲后汉王延寿的《王孙赋》中就有"缚遂璎珞，以縻羁归锁系于庭厩"的记述，所以说这种风俗始于郭璞是不正确的。伊势贞丈说武士知道马厩神的人很少，他还从《诸社根元记》和《扶桑略记》两书中举出延喜、天德年间坐阵马厩的生马神和保马神，指出这是从《日本书纪》的保食神生育牛马演变出来的。① 这二位神与猴无关，《尘添盖囊抄》第八卷讲，将猴子作为马的守护神拴在马厩中的原因，大概是认为猴子是山之父，马是山之子，取自父护子的含意。不过有一种名为马枥神的马厩守护神，这种神脚踏猿猴和脊令鸟，手持双剑。宋代曾以这种神为马厩守护神，这个神所踏的只有猴子。橘守国的《写宝袋》刊载着画像，但和《尘添盖囊抄》记述的不同。柳田国男曾说这种像中有猴子可以理解，但不知道脊令鸟的意思是什么，也许可以用作推测马神和水神的关系的材料。日本民间歌谣歌颂过这种鸟，大概是由于这种鸟的特殊动作。

今村鞆[②]曾任元山府尹，他出版了《增补朝鲜风俗集》

---

① 参照《种葵》上卷。——原书注
② 今村鞆（1870—1943），出生于高知县土佐市，先后在朝鲜各地的警察署任职，其间开始民俗学研究。1912年出版《朝鲜社会考》后，又撰写了《朝鲜风俗集》和《朝鲜漫谈》等。——译注

并送给了笔者一本，其中说朝鲜的文学单调，没有恋爱小说，叙述到男女恋爱时只有"私通""御之"之类的粗野露骨的描述。关于他的批评是否正确暂且不提，在此提一点，《淮南子》讲，"景阳淫酒，被发而御妇人，威服诸侯"，其他古文中也有很多"御妇人"的说法。这和所谓六艺"礼、乐、射、御、书、数"中的御字意思不同但属于同源，本意是摆动腰肢的意思。所谓脊令是一种不停摆动尾巴的鸟，而且脊令是熟练驾驭马匹的象征。马枋神脚踏可以为马除灾的猴子以及可以增加马术的脊令，表示可以平安养马和骑马，其中的道理之深奥令人钦佩。怀特的《塞尔堡博物志》指出，牛在水中吃草时，脊令在牛的周围飞翔，捕捉落在牛鼻子或牛肚子上的苍蝇，互不干扰，互为有利。共同的利益可以使他人聚合在一起，中国有句古话是"义乃利之和"，克鲁泡特金的《互助论》中也有相关的阐述。笔者认为中国人早就知道脊令可以帮助清除马的害虫。张华的《博物志》记载："蜀中西南高山之上有物与猴相类。长七尺，能作人行，善走逐人，人名曰猴玃，一名马化，或曰玃。伺道行妇女，有美者，辄盗取将去。"

《奥羽观迹闻老志》第四卷讲，驹岳之神，生时乃马首兽身，父母恐怖而弃之，猴以葛叶哺育，死后为神。《摩诃婆罗多》[①]中有迦梨女神，她是马和猴的母亲。可见马和猴

[①] 古代印度的叙事诗。现存的是4世纪撰写的版本，印度教徒认为是宗教、哲学、伦理、政治、法律及其他各方面的规范。——译注

似乎是近亲。《虎钤经》中说,在马厩蓄养猴可以为马避患,去疥癣。所谓避患就是西方讲的避开邪视,这是最准确的解释。阿拉伯人十分担心骏马受到恶鬼和人的眼毒的影响,在马身上佩戴各种饰物辟邪。日本和中国原本为了避开邪视在马厩中养猴,猴子不停地上蹿下跳,可以将凝视马的邪视引到猴身上,以减弱眼毒的威力。所谓去疥癣是因为猴子可以吃掉附着在马毛上的寄生虫和虫卵,使马安静。猴子还经常打扫烟袋管,拨弄小孩子的头发。《新增犬筑波集》的俳句中有"折断珍藏春花枝""春风拂面揽娇儿""抓挠虱子壬生猿",笔者不理解"壬生猿"为何意,但人们经常可以看到猴子互捉对方身上的虱子。阿克尔曼《常见谬误》中记述说,伦敦动物园书记米歇尔博士在动物园的说明上标记的内容和一般人的想象不同,他说其实猴子身上很少有虱子,这确实是因为猴子互相捕捉的原因,猴子互相在毛发中捡食的大多不是虱子,而是猴子的汗毛孔排泄出来的略带咸味的结晶体。在此联想到江岛其碛所著《渡世品行谈义》第五卷的一个情节,当时的妓女为了博得通情达理的美名,不惜为情夫花钱,从而遭到老鸨的毒打。因无钱赎身,妓女被转手倒卖到各地,最后被卖到遥远偏僻地方的妓院,由妓女变为茶店女佣,再变成澡堂的擦身妇,俗称猴子,身份越来越低。所谓澡堂的猴子在《嬉游笑览》第九卷、《好色一代女》第五卷,以及《倾城禁短气》和《御前义经记》第五卷中都有谈及。另外还有一种猴子的比喻，《信长记》第八卷记述说，美浓和近江的交界处有一个名叫山中的地方，道旁总有一个乞丐。织田信长向当地人询问原因，据说这人是当初在这里杀死源义经的母亲常盘御前的罪犯的后代，代代是残疾，所以在这里讨饭，人称山中猴子。6月26日，当织田信长前往京都时，在路上突然想起这个乞丐，便亲自拿出一匹棉布赐给山中猴子，命他用其中的一半在当地人家的旁边盖一间小屋，让人们照顾他，不要让他饿死。自此乡里人收获粮食后，一年施舍给他两次。这种比喻是对有残疾的贱民的蔑称，因相貌丑陋而称呼他们为猴子。

最后谈一点，前面讲到印度和泰国人都相信在象舍中养猴可以避瘟疫，近日发现在西尔潘的《泰国史》（1771年，巴黎）中记述说，泰国象舍中饲养猴，如果邪气袭来，猴子可以引开邪气使象避免受害，大象天生喜爱猴子。这里所谓的邪气就是当今学者们谈论的邪视，猴子如同避雷针一样减弱邪视力，保证大象的安全。从前述熊野的牛舍的事例可知并不仅限于马厩养猴。前几年笔者曾在伦敦发表论述植物间相辅相克的论文，引起巨大的反响，后来收到来信说，欧洲人相信绵羊会妨碍鹿的繁育生殖，在牛舍饲养山羊可以促进牛的生长。朗曼兹的《动物智慧论》也有鳄鱼喜爱猫的事例。笔者认为，除了可以驱除寄生虫、避开邪视以外，实际上象、马、牛也许天生喜爱猴子，这有待心理学家和农学家以及兽医做进一步研究。

译后记

南方熊楠与《生肖奇谭》

南方熊楠堪称日本近代文化史上的一位传奇人物，从学术上讲他是著名的民俗学家、生物学家以及博学家，他毕生致力于黏菌研究，但在他的人生经历中有各种奇闻逸事，有些甚至是脍炙人口的故事。凡是读过介绍南方的书籍或南方著作的人都会对他广博的学识和非凡的经历留下深刻印象。

翻开《南方熊楠全集》的扉页，读者首先会被南方熊楠的相貌吸引。二十五岁的南方浓眉大眼，鼻梁高挑挺拔，平头短发，身着西装，如同时代骄子，十分潇洒；而六十三岁的南方头顶光秃，蓄着胡须，身着和服，看上去宛如一位山野凶僧。无论是年轻还是老年的照片，他那双巨大的圆眼总是凝视前方，目光犀利，咄咄逼人。

南方熊楠的奇特之处首先是他的非凡经历。南方自少年时代就喜爱读书，而且博学强记。他于1873年上小学，1879年进入和歌山中学，是明治初期政府推行的新式教育体制下的第一代学生。不过，对他影响最大的却是江户时代的汉学。在上小学期间，他便通读了江户时代的中村惕斋编写的百科全书《训蒙图汇》、儒学家寺岛良安编纂的百科全书《和汉三才图会》(一百零五卷)、唐代段成式所做的《酉阳杂俎》(五卷)和明代李时珍编写的《本草纲目》(五十二卷)，除此之外，他还阅读了《大和本草》《日本书纪》《太平纪》《诸国名胜图会》以及《一切经》等大量书籍，凭借超高的记忆力做了大量笔记，在和歌山的田边地区被称为神童。

1883年3月，南方熊楠中学毕业后前往东京求学，在神田的公立学校学习英语，1884年9月考入东京大学预科(东京第一高等学校前身，学制四年)，同窗中有后来成为文学研究家的芳贺矢一、作家夏目漱石和山田美妙、俳句诗人正冈子规以及海军战略家秋山真之等日本近代史上赫赫有名的人物。南方不重视在教室听讲，喜爱独自去图书馆、博物馆、植物园等博览群书，陶冶情操。二年级时因代数成绩不佳导致留级，最终选择退学返乡。

1887年1月，二十一岁的南方远渡重洋到美国留学，先后就读于旧金山的太平洋商科学院和密西根州立农科大学，但是，他仍然不满足于学校的课程，最终选择退学，自学研究黏菌和苔藓等植物。1892年9月，南方告别生活近六年的美国，离开纽约来到伦敦，在英伦度过近八年的时光。其间，他曾在大英博物馆从事东方文献目录的整理工作，还在英国最权威的《自然》杂志上发表论文，获得好评。依照这番经历，只要他顺应时代潮流，则前途无量，甚至会和他的同窗一样声名显赫。但是查阅南方熊楠的简历会发现他的正式学历仅仅是初中毕业，终身并无一官半职，始终甘愿做民间学者，连生活都要靠他的兄弟接济。

其中一个原因是南方性格豪爽，嗜酒如命，不拘小节。在大学预科和留学期间，他厌倦学习死板的书本知识，乐于自由研究，经常出入图书馆阅读书刊，热衷于野外考古，观察大自然并采集各类动植物标本，可以说是一个自由人，完全靠自学成才。

南方熊楠交友广泛，早年在美国佛罗里达州游学时，就曾结识广东商人江圣聪，白天在江的店里打工，晚上寄宿在店里翻阅《水浒传》，梁山泊英雄好汉豪爽的人生经历深深地打动了他。后来南方独自一人来到古巴，结识了当时著名的意大利马戏团的成员，并随马戏团游历中南美洲以及西印度群岛，其间他观察了解各国的民俗风情，增加了许多阅历。在伦敦生活期间，南方熊楠还曾和中国民主革命的先驱孙中山先生有过交往。1897年3月，孙中山和南方相识后，两人一见如故，交往甚密。孙中山6月30日离开英国，在短短的三个月间，南方和孙中山在大英博物馆会面多达二十次，而且，南方还先后七次去寓所拜会孙中山，并且陪同孙中山参观当时在英国访问的日本军舰富士舰和自然历史博物馆，直到后来，他们一直保持着友谊。1901年2月13日，孙中山在日本逗留期间特意从横滨来到和歌山拜访南方，在当地停留两天和南方畅叙友情，并与南方以及弟弟南方常楠一家合影留念，留下近代中日交流史上的一段佳话。

南方熊楠生性奔放不羁，刚直不阿，藐视权威。他在英国期间曾接触当代一流的著名学者，呼吸西方自由的学术空气，因此他终生对笼罩在日本社会的注重学历和门第的权威主义抱有强烈反感。当年他在伦敦学会的天文学有奖征文中脱颖而出获得一等奖，论文刊载在《自然》杂志后受到世人瞩目，当时日本驻英公使特地出面宴请他，但遭到他的拒绝。另外，为考证17世纪中国的字典《正字通》中的"落斯马"这个词汇，南方曾和当时荷兰的汉学界泰斗施古德（Gustav Schlegel，1840—1903）在信函中展开激烈的辩论，最终将施古德的论点批驳得体无完肤，这也成为南方在海外的一桩逸事。19世纪末的英国正处于维多利亚朝的鼎盛时期，伦敦不仅是"日不落帝国"的首府，更是当时世界的中心，因此伦敦人十分高傲，歧视亚洲人更是司空见惯。就连东京大学英文科毕业的夏目漱石在伦敦留学期间也深为英国人的高傲感到痛苦，在日记中留下诸多切齿痛恨的言辞。在这样的环境中，南方曾对孙中山慷慨陈词，说出愿我们东亚人将所有西洋人一举赶出境外之类的豪言壮语。他的这种思想不仅仅是愿望而且付诸行动，这就导致他在伦敦的生活不可能一帆风顺，他曾因琐事和"长期歧视"自己的大英博物馆馆员汤姆逊发生口角，并出手将对方打翻在地；而且当南方见到英国妇人在古埃及文物展厅中高声谈笑时当众厉声斥责，这些故事后来作为南方的逸事广为流传。但是身为东亚人，他的这些"壮举"当然不会为英国人所容忍，最终南方被迫离开大英博物馆，并在1900年凄然离开了逗留七年有余的伦敦，返回故乡和歌山。回国后，南方仍然蔑视权威，1907年，他对明治政府倡导的神社合并政策提出异议，批评该项措施不但毁坏文物而且破坏森林，掀起了激烈的抗议运动，虽然其中不乏有些过激的行为，但是其行动作为保护自然环境运动的先驱，在现代受到了重新评价。

南方熊楠学识渊博，通晓汉学和欧洲的多种语言，过目成诵，书富五车，堪称是一位奇人。他所著的《生肖奇谭》是他一生中为数不多的长篇论著之一，该书的首篇《虎》发表于1914年，在此后的十年中，南方每年都连载一篇关于干支属相动物的考证和趣闻的文章，内容博征旁引，涉及《本草纲目》《渊鉴类函》《酉阳杂俎》《五杂俎》等诸多汉籍，《古事记》《日本书纪》、历代和歌集、《大藏经》

等日本的古籍和佛典、希腊神话、欧洲民间故事、民俗学、动植物学以及各类游记，且该书行文幽默，联想奇异，知识渊博且富于深度，这一切使其文章成为前无古人、后无来者的经典之作。

阅读南方的《生肖奇谭》，能体会到一种畅游在浩瀚知识海洋中的快感。南方不但博学多才，而且才思敏捷，能够贯通东西方书籍中的各类知识，取其精华要点加以比较。南方熊楠的知识兼容东西学，剖析《生肖奇谭》的知识源泉，一类是中国清代的《渊鉴类函》等东方百科词典，另一类则是以《大英百科全书》为代表的西方百科全书。除此之外，笔者认为还有两点值得注意，其一是南方多次引用《酉阳杂俎》和《五杂俎》中的文字，《五杂俎》是明代谢肇淛的随笔集，共分五部十六卷，是反映明代政治、社会、文化的重要资料，遗憾的是该书没有被收录在《四库全书》中，长期受到国人冷落。其二是南方还多次引用意大利学者安杰罗·戈佩尔纳其斯的《动物谭原》(*Zoological Mythology*)、德国学者弗雷德里希·拉采尔的《人类史》(*History of Mankind*)，这些当年的名著现在已经被人们遗忘。南方在文章中列举的许多书籍和事例都非常奇特，有些甚至鲜为人知，因此阅读南方的文章可以弥补知识面的不足，可以说南方的著作为我们打开了一扇通往近代初期知识体系的窗户。

当然，世上的事不可能尽善尽美，日本学界对于南方的评价历来也是褒贬不一，正如有人讥讽南方是杂学家那样，南方的文章思维时常跳跃，论证也略欠严谨，有时言简意赅，有时则多次反复，有时甚至让人感觉作者似乎在"神侃"，使人难以把握文章的结构。这些主要是南方熊楠撰文时总是一气呵成，并不反复斟酌修改的缘故。

总之，开卷有益，当今社会经济发展，重新提倡国学之风方兴未艾，南方熊楠的《生肖奇谭》不仅继承了中国学的传统，而且不拘泥于中国学的传统体系，引入西方的论述和博学体系。他不求功名，不惧权威，只注重书籍的知识性，因此，阅读《生肖奇谭》可以增长见识，弥补知识，读后会油然产生一种要将书中的故事讲述给亲友的欲望和快感。十二生肖是东亚汉字文化圈中、各国民俗中共通的文化现象，但是具体考证论述这种文化现象的书籍并不多见，该书可以说弥补了这个缺憾，希望各位读者能通过此书领略到民俗学、博物学以及比较文化学的乐趣。

本书的日文原名是《十二支考》，自1914年至1924年陆续发表在明治和大正时期著名的杂志《太阳》上，译文依照的原著是《南方熊楠全集》（平凡社、1971年）第一卷。遗憾的是，南方只写了十一篇，没有撰写关于牛的考证。为了忠实原著，译文尽量保持原著的风格，同时兼顾行文之便，在个别章节对原著略做删减。原著引用《四库全书》时有些地方略有疏漏和错别字，对此译者逐一查证并加以纠正。为避免烦琐，对修改之处并未逐一加注说明。为便于广大读者理解原文，译者对一些事项添加了注释。由于译者学识所限，译文中可能存在诸多不足之处，恳请各位有识之士赐教为盼。

最后衷心感谢上海浦睿文化传播有限公司热诚相邀，使尘封多年的《生肖奇谭》再次呈现于国人面前，期盼本书能为国学在新时代的发展添砖加瓦。

栾殿武于日本千叶瀚海阁
2021 年初夏

图书在版编目（CIP）数据

生肖奇谭/（日）南方熊楠著；栾殿武译.—长沙：湖南人民出版社，2022.1
ISBN 978-7-5561-2776-4

Ⅰ.①生… Ⅱ.①南… ②栾… Ⅲ.①民俗学-研究-日本 Ⅳ.①K893.13

中国版本图书馆CIP数据核字（2021）第181481号

生肖奇谭
SHENGXIAO QITAN
〔日〕南方熊楠 著 栾殿武 译

出 品 人	陈 垦
出 品 方	中南出版传媒集团股份有限公司
	上海浦睿文化传播有限公司
	上海市巨鹿路417号705室（200020）
责任编辑	曾诗玉
封面设计	凌 瑛
责任印制	王 磊
出版发行	湖南人民出版社
	长沙市营盘东路3号（410005）
网 址	www.hnppp.net
经 销	湖南省新华书店
印 刷	河北鹏润印刷有限公司

开本：787mm×1092mm 1/32	印张：29.25 字数：530千字
版次：2022年1月第1版	印次：2022年1月第1次印刷
书号：ISBN 978-7-5561-2776-4	定价：108.00元（全三卷）

版权专有，未经本社许可，不得翻印。
如有倒装、破损、少页等印装质量问题，请联系电话：021-60455819

浦睿文化
INSIGHT MEDIA

出 品 人：陈　垦
策 划 人：陈　垦
出版统筹：胡　萍
监　　制：余　西　于　欣
编　　辑：朱琛瑶
封面设计：凌　瑛

欢迎出版合作，请邮件联系：insight@prshanghai.com
微信公众号：浦睿文化